# LAROUSSE

## FRANÇAIS-ITALIEN
## ITALIEN-FRANÇAIS

21, rue du Montparnasse
75283 Paris Cedex 06 - France
www.larousse.fr

ISBN 978-2-03-590981-7

# LAROUSSE

# DICTIONNAIRE

## FRANCESE-ITALIANO
## ITALIANO-FRANCESE

LAROUSSE

Ce dictionnaire est, de par son format, le dictionnaire de poche par excellence.

Cet ouvrage présente non seulement le vocabulaire courant, mais aussi de nombreuses expressions permettant, en vacances ou en voyage, de déchiffrer panneaux de signalisation ou cartes de restaurant.

Le vocabulaire essentiel y est éclairé par des exemples ; des indications claires mènent sans hésitation à la bonne traduction; enfin, une présentation étudiée facilite la consultation.

Très pratique, cet ouvrage est une source d'informations précieuse, à emporter partout.

"Buona fortuna", et n'hésitez pas à nous faire part de vos suggestions.

L'ÉDITEUR

| **Abbreviazioni** | | **Abréviations** |
|---|---|---|
| abbreviazione | *abbr/abr* | abréviation |
| aggettivo | *adj* | adjectif |
| avverbio | *adv* | adverbe |
| aggettivo | *agg* | adjectif |
| anatomia | *ANAT* | anatomie |
| articolo | *art* | article |
| ausiliare | *aus* | auxiliaire |
| automobile | *AUT(O)* | automobile |
| ausiliare | *aux* | auxiliaire |
| avverbio | *avv* | adverbe |
| francese belga | *Belg* | belgicisme |
| francese canadese | *Can* | canadianisme |
| commercio | *COMM* | commerce |
| comparativo | *compar* | comparatif |
| congiunzione | *cong/conj* | conjonction |
| cucina, culinaria | *CULIN* | cuisine, art culinaire |
| davanti a | *dav* | avant |
| diritto | *DIR* | juridique |
| esclamazione | *esclam/excl* | interjection |
| femminile | *f* | féminin |
| familiare | *fam* | familier |
| figurato | *fig* | figuré |
| finanza | *FIN* | finances |
| generalmente | *gen/gén* | généralement |
| geografia | *GEOG* | géographie |
| grammatica | *GRAM(M)* | grammaire |
| francese svizzero | *Helv* | helvétisme |
| informatica | *INFORM* | informatique |
| interrogativo | *interr* | interrogatif |
| invariabile | *inv* | invariable |
| diritto | *JUR* | juridique |
| maschile | *m* | masculin |
| matematica | *MAT(H)* | mathématiques |
| medicina | *MED/MÉD* | médecine |

| | | |
|---|---|---|
| militare | *MIL* | domaine militaire |
| musica | *MUS* | musique |
| sostantivo | *n* | nom |
| nautica | *NAUT/NAVIG* | navigation |
| numerale | *num* | numéral |
| spregiativo | *péj* | péjoratif |
| plurale | *pl* | pluriel |
| politica | *POL* | politique |
| participio passato | *pp* | participe passé |
| participio presente | *ppr* | participe présent |
| preposizione | *prep/prép* | préposition |
| pronome | *pron* | pronom |
| qualcosa | *qc* | |
| qualcuno | *qn* | |
| | *qqch* | quelque chose |
| | *qqn* | quelqu'un |
| marchio registrato | ® | nom déposé |
| religione | *RELIG* | religion |
| sostantivo | *s* | nom |
| scuola | *SCOL* | scolarité |
| formale | *sout* | soutenu |
| spregiativo | *spreg* | péjoratif |
| soggetto | *suj* | sujet |
| superlativo | *superl* | superlatif |
| tecnologia | *TECNOL/TECH* | domaine technique |
| trasporto | *TRANSP* | transport |
| verbo | *v* | verbe |
| verbo intransitivo | *vi* | verbe intransitif |
| verbo impersonale | *v impers* | verbe impersonnel |
| verbo pronominale | *vp* | verbe pronominal |
| verbo riflessivo | *vr* | verbe réfléchi |
| verbo transitivo | *vt* | verbe transitif |
| volgare | *volg/vulg* | vulgaire |
| equivalenza culturale | ≃ | équivalence culturelle |

**Marchi registrati**

Le parole considerate marchi registrati sono contrassegnate in questo dizionario con il simbolo ®. In ogni caso, né la presenza né l'assenza di tale simbolo implica alcuna valutazione del reale stato giuridico di un marchio.

**Noms de marque**

Les noms de marque sont désignés dans ce dictionnaire par le symbole ®. Néanmoins, ni ce symbole ni son absence éventuelle ne peuvent être considérés comme susceptibles d'avoir une incidence quelconque sur le statut légal d'une marque.

## TRASCRIZIONE FONETICA

### Vocali italiane

| | |
|---|---|
| [a] | pane, casa |
| [e] | verde, entrare |
| [ɛ] | letto, pezzo |
| [i] | vino, isola |
| [o] | monte, pozzo |
| [ɔ] | corpo, sciocco |
| [u] | una, cultura |

## TRANSCRIPTION PHONÉTIQUE

### Voyelles françaises

| | |
|---|---|
| [i] | fille, île |
| [e] | pays, année |
| [ɛ] | bec, aime |
| [a] | lac, papillon |
| [o] | drôle, aube |
| [u] | outil, goût |
| [y] | usage, lune |
| [ø] | aveu, jeu |
| [œ] | peuple, bœuf |
| [ə] | le, je |

### Nasales françaises

| | |
|---|---|
| [ɛ̃] | timbre, main |
| [ɑ̃] | champ, ennui |
| [ɔ̃] | ongle, mon |
| [œ̃] | parfum, brun |

| Semivocali | | Semi-voyelles |
|---|---|---|
| ieri, viola | [j] | yeux, lieu |
| fuori, guasto | [w] | ouest, oui |
| | [ɥ] | lui, nuit |

| Consonanti | | Consonnes |
|---|---|---|
| porta, sapore | [p] | prendre, grippe |
| barca, libro | [b] | bateau, rosbif |
| torre, patata | [t] | théâtre, temps |
| dare, odore | [d] | dalle, ronde |
| cane, chiesa | [k] | coq, quatre |
| gara, ghiro | [g] | garder, épilogue |
| cena, ciao | [tʃ] | |
| gente, gioco | [dʒ] | |
| fine, afa | [f] | physique, fort |
| vero, ovvio | [v] | voir, rive |
| stella, casa | [s] | cela, savant |
| sdraio, rosa | [z] | fraise, zéro |
| scimmia,ascia | [ʃ] | charrue, schéma |

| | | |
|---|---|---|
| | [ʒ] | ou**g**e, **j**eune |
| **m**a**mm**a, a**m**ico | [m] | **m**ât, dra**m**e |
| **n**otte, a**nn**o | [n] | **n**ager, trô**n**e |
| | [ŋ] | joggi**ng** |
| **gn**occhi, o**gn**i | [ɲ] | a**gn**eau, pei**gn**er |
| **l**ana, po**ll**o | [l] | ha**ll**e, **l**it |
| **gli**, fi**gli**o | [ʎ] | |
| **r**e, do**r**ato | [r] | a**rr**acher, sab**re** |

Il simbolo [ʼ] rappresenta l'h aspirata in francese, ad esempio **hachis** [ʼaʃi].

L'accento nelle voci italiane è segnalato da un punto sotto la vocale accentata (**cạmera, valịgia**), con l'eccezione delle parole con l'accento sull'ultima sillaba, per le quali l'ortografia italiana prevede l'accento grafico (**città, perché**). Le parole di origine straniera sono seguite dalla trascrizione fonetica nei casi in cui la pronuncia generalmente adottata non rispetta le regole fonetiche dell'italiano (**cracker** [ˈkrɛker], **brioche** [briˈɔʃ]).

Le symbole [ʼ] représente le «h aspiré» français, par exemple **hachis** [ʼaʃi].

La place de l'accent tonique en italien est signalée par un point sous la voyelle accentuée (**cạmera, valịgia**). En revanche, pour les mots accentués sur la dernière syllabe, l'orthographe italienne prévoit un accent graphique (**città, perché**). Les mots d'origine étrangère sont suivis d'une transcription phonétique lorsque leur prononciation ne respecte pas les règles de la phonétique italienne (**cracker** [ˈkrɛker], **brioche** [briˈɔʃ]).

## Verbes Italiens

**Abréviations:** *pr ind* = presente indicativo, *imperf* = imperfetto, *fut* = futuro, *cond* = condizionale, *pr cong* = presente congiuntivo, *imperat* = imperativo, *ger* = gerundio, *pp* = participio passato

**AMARE:** *pr ind* amo, ami, ama, amiamo, amate, amano, *imperf* amavo, amavi, amava, amavamo, amavate, amavano, *fut* amerò, amerai, amerà, ameremo, amerete, ameranno, *cond* amerei, ameresti, amerebbe, ameremmo, amereste, amerebbero, *pr cong* ami, ami, ami, amiamo, amiate, amino, *imperat* ama, ami, amate, *ger* amando, *pp* amato

**andare:** *pr ind* vado, vai, va, andiamo, andate, vanno, *fut* andrò, *cond* andrei, *pr cong* vada, vada, vada, andiamo, andiate, vadano, *imperat* va', vada, andate, *ger* andando, *pp* andato

**aprire:** *pr ind* apro, *pr cong* apra, *pp* aperto

**avere:** *pr ind* ho, hai, ha, abbiamo, avete, hanno, *imperf* avevo, *fut* avrò, *cond* avrei, *pr cong* abbia, *imperat* abbi, abbia, abbiate, *ger* avendo, *pp* avuto

**bere:** *pr ind* bevo, *imperf* bevevo, *fut* berrò, *cond* berrei, *pr cong* beva, *imperat* bevi, beva, bevete, *ger* bevendo, *pp* bevuto

**cadere:** *fut* cadrò

**correre:** *pp* corso

**cuocere:** *pr ind* cuocio, cuoci, cuoce, cuociamo, cuocete, cuociono, *pp* cotto

**dare:** *pr ind* do, dai, dà, diamo, date, danno, *fut* darò, *pr cong* dia, *imperat* da', dia, date

**dire:** *pr ind* dico, dici, dice, diciamo, dite, dicono, *imperf* dicevo, *fut* dirò, *pr cong* dica, dica, dica, diciamo, diciate, dicano, *imperat* di', dica, dite, *ger* dicendo, *pp* detto

**dovere:** *pr ind* devo, devi, deve, dobbiamo, dovete, devono, *fut* dovrò, *cond* dovrei, *pr cong* debba, debba, debba, dobbiamo, dobbiate, debbano

**essere:** *pr ind* sono, sei, è, siamo, siete, sono, *imperf* ero, eri, era, eravamo, eravate, erano, *fut* sarò, *cond* sarei, *pr cong* sia, *imperat* sii, sia, siate, *ger* essendo, *pp* stato

**fare:** *pr ind* faccio, fai, fa, facciamo, fate, fanno, *imperf* facevo, *pr cong* faccia, *imperat* fai, faccia, fate, *ger* facendo, *pp* fatto

**FINIRE:** *pr ind* finisco, finisci, finisce, finiamo, finite, finiscono, *imperf* finivo, finivi, finiva, finivamo, finivate, finivano, *fut* finirò, finirai, finirà, finiremo, finirete, finiranno, *cond* finirei, finiresti, finirebbe, finiremmo, finireste, finirebbero, *pr cong* finisca, finisca, finisca, finiamo, finiate, finiscano, *imperat* finisci, finisca, finite, *ger* finendo, *pp* finito

**giungere:** *pp* giunto

**leggere:** *pp* letto

**mettere:** *pp* messo

**morire:** *pr ind* muoio, muori, muore, moriamo, morite, muoiono, *fut* morirò, *pr cong* muoia, *imperat* muori, muoia, morite, *pp* morto

**muovere:** *pp* mosso

**nascere:** *pp* nato

**piacere:** *pr ind* piaccio, piaci, piace, piacciamo, piacete, piacciono, *pr cong* piaccia, *pp* piaciuto

**porre:** *pr ind* pongo, poni, pone, poniamo, ponete, pongono, *imperf* ponevo, *fut* porrò, *cond* porrei, *pr cong* ponga, *imperat* poni, ponga, ponete, *ger* ponendo, *pp* posto

**potere:** *pr ind* posso, puoi, può, possiamo, potete, possono, *fut* potrò, *pr cong* possa

**prendere:** *pp* preso

**ridurre:** *pr ind* riduco, *imperf* riducevo, *fut* ridurrò, *pr cong* riduca, *ger* riducendo, *pp* ridotto

**riempire:** *pr ind* riempio, riempi, riempie, riempiamo, riempite, riempiono, *ger* riempiendo

**rimanere:** *pr ind* rimango, rimani, rimane, rimaniamo, rimanete, rimangono, *fut* rimarrò, *pr cong* rimanga, *pp* rimasto

**rispondere:** *pp* risposto

**salire:** *pr ind* salgo, sali, sale, saliamo, salite, salgono, *pr cong* salga

**sapere:** *pr ind* so, sai, sa, sappiamo, sapete, sanno, *fut* saprò, *pr cong* sappia, *imperat* sappi, sappia, sappiate

**scegliere:** *pr ind* scelgo, scegli, sceglie, scegliamo, scegliete, scelgono, *pr cong* scelga, *imperat* scegli, scelga, scegliete, *pp* scelto

**sciogliere:** *pr ind* sciolgo, sciogli, scioglie, sciogliamo, sciogliete, sciolgono, *pr cong* sciolga, *imperat* sciogli, sciolga, sciogliete, *pp* sciolto

**scrivere:** *pp* scritto

**sedere:** *pr ind* siedo, siedi, siede, sediamo, sedete, siedono, *pr cong* sieda

**SERVIRE:** *pr ind* servo, servi, serve, serviamo, servite, servono, *imperf* servivo, servivi, serviva, servivamo, servivate, servivano, *fut* servirò, servirai, servirà, serviremo, servirete, serviranno, *cond* servirei, serviresti, servirebbe, serviremmo, servireste, servirebbero, *pr cong* serva, serva, serva, serviamo, serviate, servano, *imperat* servi, serva, servite, *ger* servendo, *pp* servito

**spegnere:** *pr ind* spengo, spegni, spegne, spegniamo, spegnete, spengono, *pr cong* spenga, *pp* spento

**stare:** *pr ind* sto, stai, sta, stiamo, state, stanno, *fut* starò, *pr cong* stia, *imperat* sta', stia, state, *pp* stato

**tacere:** *pr ind* taccio, taci, tace, tacciamo, tacete, tacciono, *pr cong* taccia, *pp* taciuto

**TEMERE:** *pr ind* temo, temi, teme, temiamo, temete, temono, *imperf* temevo, temevi, temeva, temevamo, temevate, temevano, *fut* temerò, temerai, temerà, temeremo, temerete, temeranno, *cond* temerei, temeresti, temerebbe, temeremmo, temereste, temerebbero, *pr cong* tema, tema, tema, temiamo, temiate, temano, *imperat* temi, tema, temete, *ger* temendo, *pp* temuto

**tenere:** *pr ind* tengo, tieni, tiene, teniamo, tenete, tengono, *fut* terrò, *pr cong* tenga

**togliere:** *pr ind* tolgo, togli, toglie, togliamo, togliete, tolgono, *pr cong* tolga, *imperat* togli, tolga, togliete, *pp* tolto

**trarre:** *pr ind* traggo, trai, trae, traiamo, traete, traggono, *fut* trarrò, *pr cong* tragga, *imperat* trai, tragga, traete, *ger* traendo, *pp* tratto

**uscire:** *pr ind* esco, esci, esce, usciamo, uscite, escono, *pr cong* esca

**vedere:** *fut* vedrò, *pp* visto

**venire:** *pr ind* vengo, vieni, viene, veniamo, venite, vengono, *fut* verrò, *pr cong* venga, *pp* venuto

**vivere:** *pp* vissuto

**volere:** *pr ind* voglio, vuoi, vuole, vogliamo, volete, vogliono, *fut* vorrò, *cond* vorrei, *pr cong* voglia

# FRANÇAIS - ITALIEN
# FRANCESE-ITALIANO

# A

**a** [a] → **avoir**.

**à** [a] *prép* 1. *(introduit un complément d'objet indirect)* a; **penser à** pensare a; **donner qqch à qqn** dare qc a qn. 2. *(indique le lieu où l'on est)* a; **j'habite à Paris** abito a Parigi; **rester à la maison** restare a casa; **à la campagne/montagne** in campagna/montagna; **il y a une piscine à deux kilomètres du village** c'è una piscina a due chilometri dal paese. 3. *(indique le lieu où l'on va)* a; **allons au théâtre** andiamo a teatro; **aller au Portugal** andare in Portogallo; **aller à Paris** andare a Parigi. 4. *(introduit un complément de temps)* a; **embarquement à 21 h 30** imbarco alle 21.30; **au mois d'août** nel mese di agosto; **le musée est à cinq minutes d'ici** il museo è a cinque minuti da qui; **à jeudi!** a giovedì! 5. *(indique la manière, le moyen)* a; **à deux** in due; **à pied** a piedi; **écrire au crayon** scrivere a matita. 6. *(indique l'appartenance)*: **cet argent est à moi/à lui/à Isabelle** questi soldi sono miei/suoi/di Isabella; **une amie à moi** una mia amica. 7. *(indique un prix)* da; **une place à 30 €** un posto da 30 euro. 8. *(indique une caractéristique)*: **le garçon aux yeux bleus** il ragazzo con gli occhi blu; **une chemise à manches courtes** una camicia a maniche corte; **un bateau à vapeur** un battello a vapore. 9. *(indique un rapport)* a; **100 km à l'heure** 100 km all'ora.

**A** *(abr de* **autoroute***)* A.

**abaisser** [abese] *vt (manette)* abbassare.

**abandonné**, **-e** [abɑ̃dɔne] *adj* abbandonato(-a).
**abandonner** [abɑ̃dɔne] *vt* abbandonare. ◆ *vi* rinunciare.
**abat-jour** [abaʒur] *nm inv* paralume *m*.
**abats** [aba] *nmpl* frattaglie *fpl*.
**abattoir** [abatwar] *nm* macello *m*.
**abattre** [abatr] *vt* abbattere.
**abbaye** [abei] *nf* abbazia *f*.
**abcès** [apsɛ] *nm* ascesso *m*.
**abeille** [abɛj] *nf* ape *f*.
**aberrant**, **-e** [aberɑ̃, ɑ̃t] *adj* aberrante.
**abîmer** [abime] *vt* rovinare.
**abominable** [abɔminabl] *adj* *(temps)* orrendo(-a); *(crime)* abominevole.
**abondant**, **-e** [abɔ̃dɑ̃, ɑ̃t] *adj* abbondante.
**abonnement** [abɔnmɑ̃] *nm* abbonamento *m*.
**abonner** [abɔne]: **s'abonner à** *vp + prép* abbonarsi a.
**abord** [abɔr]: **d'abord** *adv* *(avant)* prima; *(premièrement)* innanzitutto.
❑ **abords** *nmpl* dintorni *mpl*.
**abordable** [abɔrdabl] *adj* *(peu cher)* abbordabile.
**aborder** [abɔrde] *vt* *(personne)* avvicinare; *(sujet)* affrontare.
**aboutir** [abutir] *vi* *(réussir)* avere esito positivo; **~ à** condurre a.
**aboyer** [abwaje] *vi* abbaiare.
**abréger** [abreʒe] *vt* abbreviare.
**abréviation** [abrevjasjɔ̃] *nf* abbreviazione *f*.
**abri** [abri] *nm* riparo *m*; **à l'~ (de)** al riparo (da).
**abricot** [abriko] *nm* albicocca *f*.
**abriter** [abrite]: **s'abriter (de)** *vp (+ prép)* ripararsi (da).
**abrupt**, **-e** [abrypt] *adj* *(escarpé)* ripido(-a).
**absence** [apsɑ̃s] *nf* assenza *f*.
**absent**, **-e** [apsɑ̃, ɑ̃t] *adj* assente. ◆ *nm, f* assente *mf*.
**absenter** [apsɑ̃te]: **s'absenter** *vp* assentarsi.
**absolu**, **-e** [apsɔly] *adj* assoluto(-a).

**absolument** [apsɔlymɑ̃] *adv* assolutamente; *(bien sûr)* certamente.

**absorber** [apsɔrbe] *vt* assorbire; *(nourriture)* ingerire.

**abstenir** [apstənir]: **s'abstenir** *vp (de voter)* astenersi; **s'~ de faire qqch** astenersi dal fare qc.

**abstenu, -e** [apstəny] *pp* → **abstenir**.

**abstrait, -e** [apstrɛ, ɛt] *adj* astratto(-a).

**absurde** [apsyrd] *adj* assurdo(-a).

**abuser** [abyze] *vi (exagérer)* esagerare; **~ de** *(nourriture, boisson)* fare abuso di; *(force, autorité)* abusare di.

**accaparer** [akapare] *vt* monopolizzare.

**accéder** [aksede]: **accéder à** *v + prép* accedere a.

**accélérateur** [akseleratœr] *nm* acceleratore *m*.

**accélérer** [akselere] *vi (AUT)* accelerare; *(se dépêcher)* sbrigarsi.

**accent** [aksɑ̃] *nm* accento *m*; **~ aigu** accento acuto; **~ circonflexe** accento circonflesso; **~ grave** accento grave.

**accentuer** [aksɑ̃tɥe] *vt (mot)* accentare. ❑ **s'accentuer** *vp* accentuarsi.

**accepter** [aksɛpte] *vt* accettare; **~ de faire qqch** accettare di fare qc.

**accès** [aksɛ] *nm* accesso *m*; **'~ interdit'** 'divieto d'accesso'; **'~ aux trains'** 'ai binari'.

**accessoire** [akseswar] *nm (bijou, écharpe)* accessorio *m*; *(outil)* utensile *m*.

**accident** [aksidɑ̃] *nm* incidente *m*; **~ de la route** incidente stradale; **~ de voiture** incidente d'auto.

**accidentel, -elle** [aksidɑ̃tɛl] *adj (mort)* accidentale; *(rencontre, découverte)* casuale.

**accompagnateur, -trice** [akɔ̃paɲatœr, tris] *nm, f (MUS)* accompagnatore *m* (-trice *f*).

**accompagner** [akɔ̃paɲe] *vt* accompagnare.

**accomplir** [akɔ̃plir] *vt* compiere.

**accord** [akɔr] *nm* accordo *m*; *(GRAMM)* concordanza *f*; **d'~!** d'accordo!; **se mettre d'~** mettersi d'accordo; **être d'~ avec** essere d'accordo con.

**accordéon** [akɔrdeɔ̃] *nm* fisarmonica *f*.

**accorder** [akɔrde] *vt (MUS)*

accordare; ~ **qqch à qqn** concedere qc a qn.

**accoster** [akɔste] *vt (personne)* avvicinare. ♦ *vi (NAVIG)* accostare.

**accouchement** [akuʃmɑ̃] *nm* parto *m*.

**accoucher** [akuʃe] *vi* : ~ **(de)** partorire.

**accouder** [akude]: **s'accouder** *vp* appoggiarsi con i gomiti.

**accoudoir** [akudwar] *nm* bracciolo *m*.

**accroc** [akro] *nm* strappo *m*.

**accrochage** [akrɔʃaʒ] *nm (accident)* scontro *m*; *(fam: dispute)* battibecco *m*.

**accrocher** [akrɔʃe] *vt (attacher)* attaccare; *(suspendre)* appendere; *(déchirer)* strappare; *(heurter)* urtare. ❑ **s'accrocher** *vp (fam: persévérer)* tener duro; **s'~ à** *(se tenir à)* aggrapparsi a.

**accroupir** [akrupir]: **s'accroupir** *vp* accovacciarsi.

**accueil** [akœj] *nm (bienvenue)* accoglienza *f*; *(bureau)* reception *f inv*.

**accueillant, -e** [akœjɑ̃, ɑ̃t] *adj* accogliente.

**accueillir** [akœjir] *vt* accogliere.

**accumuler** [akymyle] *vt* accumulare. ❑ **s'accumuler** *vp* accumularsi.

**accuser** [akyze] *vt* accusare; ~ **qqn de qqch** accusare qn di qc; ~ **qqn de faire qqch** accusare qn di fare qc.

**acharner** [aʃarne]: **s'acharner** *vp* : **s'~ sur** *(en paroles)* accanirsi contro; *(physiquement)* accanirsi su.

**achat** [aʃa] *nm* acquisto *m*; **faire des ~s** fare acquisti.

**acheter** [aʃte] *vt* comperare, comprare; ~ **qqch à qqn** *(pour soi)* comprare qc da qn; *(en cadeau)* comprare qc a qn.

**achever** [aʃve] *vt* terminare; *(tuer)* finire. ❑ **s'achever** *vp* terminare.

**acide** [asid] *adj* acido(-a). ♦ *nm* acido *m*.

**acier** [asje] *nm* acciaio *m*; ~ **inoxydable** acciaio inossidabile.

**acompte** [akɔ̃t] *nm* acconto *m*.

**acoustique** [akustik] *nf* acustica *f*.

**acquérir** [akerir] *vt (acheter)* acquistare; *(réputation, expérience)* acquisire.

**acquis, -e** [aki, iz] *pp* → **acquérir**.

**âcre** [akr] *adj (odeur)* acre.
**acrobate** [akrɔbat] *nmf* acrobata *mf*.
**acrobatie** [akrɔbasi] *nf* acrobazia *f*.
**acrylique** [akrilik] *nm* acrilico *m*.
**acte** [akt] *nm* atto *m*.
**acteur, -trice** [aktœr, tris] *nm, f* attore *m* (-trice *f*).
**actif, -ive** [aktif, iv] *adj* attivo(-a).
**action** [aksjɔ̃] *nf* azione *f*; *(effet)* effetto *m*.
**activer** [aktive] *vt (feu)* attizzare. ❑ **s'activer** *vp (se dépêcher)* sbrigarsi.
**activité** [aktivite] *nf* attività *f*.
**actrice** → **acteur**.
**actualité** [aktɥalite] *nf* : **l'~** l'attualità *f*; **d'~** d'attualità. ❑ **actualités** *nfpl (à la radio)* giornale *m* radio; *(à la télévision)* telegiornale *m*.
**actuel, -elle** [aktɥel] *adj* attuale.
**actuellement** [aktɥelmɑ̃] *adv* attualmente.
**acupuncture** [akypɔ̃ktyr] *nf* agopuntura *f*.
**adaptateur** [adaptatœr] *nm (pour prise de courant)* adattatore *m*.
**adapter** [adapte] *vt* adattare. ❑ **s'adapter** *vp* adattarsi.
**addition** [adisjɔ̃] *nf (calcul)* addizione *f*; *(note)* conto *m*; **payer l'~** pagare il conto; **l'~, s'il vous plaît!** il conto, per favore!
**adéquat, -e** [adekwa, at] *adj* adeguato(-a).
**adhérent, -e** [aderɑ̃, ɑ̃t] *nm, f* aderente *mf*.
**adhésif, -ive** [adezif, iv] *adj* adesivo(-a).
**adieu, -x** [adjø] *nm* addio *m*; **~!** addio!; **faire ses ~x à qqn** prendere commiato da qn.
**adjoint, -e** [adʒwɛ̃, ɛ̃t] *nm, f* vice *mf inv*.
**admettre** [admɛtr] *vt* ammettere; *(SCOL)* promuovere.
**administration** [administrasjɔ̃] *nf* amministrazione *f*; **l'Administration** la Pubblica Amministrazione.
**admirer** [admire] *vt* ammirare.
**admis, -e** [admi, iz] *pp* → **admettre**.
**adolescence** [adɔlesɑ̃s] *nf* adolescenza *f*.
**adolescent, -e** [adɔlesɑ̃, ɑ̃t] *nm, f* adolescente *mf*.

**adopter** [adɔpte] *vt* adottare.
**adoptif, -ive** [adɔptif, iv] *adj* adottivo(-a).
**adorable** [adɔrabl] *adj* adorabile.
**adorer** [adɔre] *vt* adorare.
**adosser** [adose] *vp* : **s'~ à** *ou* **contre** addossarsi a.
**adresse** [adrɛs] *nf (domicile)* indirizzo *m*; *(habileté)* destrezza *f*.
**adresser** [adrese]: **s'adresser à** *vp + prép (parler à)* rivolgersi a; *(concerner)* essere indirizzato a.
**Adriatique** [adrijatik] *nf* : **l'~** l'Adriatico *m*.
**adroit, -e** [adrwa, at] *adj* abile.
**adulte** [adylt] *nmf* adulto *m* (-a *f*).
**adversaire** [advɛrsɛr] *nmf* avversario *m* (-a *f*).
**aération** [aerasjɔ̃] *nf* aerazione *f*.
**aérer** [aere] *vt* aerare.
**aérien, -enne** [aerjɛ̃, ɛn] *adj* aereo(-a).
**aérodrome** [aerɔdrom] *nm* aerodromo *m*.
**aérogare** [aerɔgar] *nf* (air-) terminal *m inv*.
**aéroglisseur** [aerɔglisœr] *nm* hovercraft *m inv*.
**aérophagie** [aerɔfaʒi] *nf* aerofagia *f*.
**aéroport** [aerɔpɔr] *nm* aeroporto *m*.
**aérosol** [aerɔsɔl] *nm* aerosol *m inv*.
**affaiblir** [afeblir]: **s'affaiblir** *vp (personne)* indebolirsi; *(lumière)* affievolirsi; *(son)* attenuarsi.
**affaire** [afɛr] *nf (entreprise)* azienda *f*; *(marché)* affare *m*; *(question)* faccenda *f*; *(scandale)* scandalo *m*. ❑ **affaires** *nfpl (objets)* cose *fpl*; **les ~s** (FIN) gli affari; **occupe-toi de tes ~s** pensa ai fatti tuoi.
**affaisser** [afese]: **s'affaisser** *vp (personne)* accasciarsi; *(sol)* cedere.
**affamé, -e** [afame] *adj* affamato(-a).
**affection** [afɛksjɔ̃] *nf (sentiment)* affetto *m*.
**affectueux, -euse** [afɛktɥø, øz] *adj* affettuoso(-a).
**affiche** [afiʃ] *nf (électorale, publicitaire)* manifesto *m*; *(de cinéma, de théâtre)* cartellone *m*; *(décorative)* poster *m inv*.
**afficher** [afiʃe] *vt (placarder)* affiggere.
**affilée** [afile]: **d'affilée** *adv* di fila.

**affirmer** [afirme] *vt* affermare.

**affluence** [aflyɑ̃s] *nf* affluenza *f.*

**affluent** [aflyɑ̃] *nm* affluente *m.*

**affoler** [afɔle]: **s'affoler** *vp* perdere la testa.

**affranchir** [afrɑ̃ʃir] *vt (timbrer)* affrancare.

**affreux**, **-euse** [afrø, øz] *adj (laid)* orrendo(-a); *(terrible)* spaventoso(-a).

**affronter** [afrɔ̃te] *vt* affrontare. ❑ **s'affronter** *vp* affrontarsi.

**affûter** [afyte] *vt* affilare.

**afin** [afɛ̃]: **afin de** *prép* per. ❑ **afin que** *conj* affinché.

**africain**, **-e** [afrikɛ̃, ɛn] *adj* africano(-a).

**Afrique** [afrik] *nf* : **l'~** l'Africa *f.*

**agaçant**, **-e** [agasɑ̃, ɑ̃t] *adj* irritante.

**agacer** [agase] *vt* irritare.

**âge** [aʒ] *nm* età *f*; **quel ~ as-tu?** quanti anni hai?

**âgé**, **-e** [aʒe] *adj* anziano(-a); **~ de 13 ans** di 13 anni.

**agence** [aʒɑ̃s] *nf* agenzia *f*; **~ de voyages** agenzia di viaggi.

**agenda** [aʒɛ̃da] *nm* agenda *f.*

**agenouiller** [aʒnuje]: **s'agenouiller** *vp* inginocchiarsi.

**agent** [aʒɑ̃] *nm* : **~ (de police)** agente *m* (di polizia).

**agglomération** [aglɔmerasjɔ̃] *nf* agglomerato *m*; **l'~ parisienne** *Parigi con la periferia.*

**aggraver** [agrave] *vt* aggravare. ❑ **s'aggraver** *vp* aggravarsi.

**agile** [aʒil] *adj* agile.

**agir** [aʒir] *vi* agire. ❑ **s'agir** *v impers* : **dans ce livre, il s'agit de...** questo libro tratta di...

**agité**, **-e** [aʒite] *adj* agitato(-a).

**agiter** [aʒite] *vt* agitare. ❑ **s'agiter** *vp* agitarsi.

**agneau**, **-x** [aɲo] *nm* agnello *m.*

**agrafe** [agraf] *nf (de bureau)* graffetta *f*; *(de vêtement)* gancio *m.*

**agrafer** [agrafe] *vt* pinzare.

**agrandir** [agrɑ̃dir] *vt* ingrandire. ❑ **s'agrandir** *vp* ingrandirsi.

**agrandissement** [agrɑ̃dismɑ̃] *nm (photo)* ingrandimento *m.*

**agréable** [agreabl] *adj* piacevole.

**agressif**, **-ive** [agresif, iv] *adj* aggressivo(-a).

**agricole** [agrikɔl] *adj* agricolo(-a).

**agriculteur**, **-trice** [agrikyltœr, tris] *nm, f* agricoltore *m* (-trice *f*).

**agriculture** [agrikyltyr] *nf* agricoltura *f*.

**agripper** [agripe] *vt* afferrare. ❑ **s'agripper à** *vp + prép* aggrapparsi a.

**ahuri**, **-e** [ayri] *adj* sbalordito(-a).

**ai** [ɛ] → **avoir**.

**aide** [ɛd] *nf* aiuto *m*; **à l'~!** aiuto!; **à l'~ de** *(avec)* per mezzo di.

**aider** [ede] *vt* aiutare; **~ qqn à faire qqch** aiutare qn a fare qc.

**aie** [ɛ] → **avoir**.

**aigle** [ɛgl] *nm* aquila *f*.

**aigre** [ɛgr] *adj* aspro(-a).

**aigre-doux**, **-douce** [ɛgrədu, dus] *(mpl* **aigres-doux**, *fpl* **aigres-douces)** *adj (sauce)* agrodolce; **porc ~** *ou* **à l'aigre-douce** maiale in agrodolce.

**aigu**, **-uë** [egy] *adj* acuto(-a).

**aiguille** [egɥij] *nf* ago *m*; *(de montre)* lancetta *f*.

**aiguillette** [egɥijɛt] *nf* : **~s de canard** *fettine di filetto d'anatra tagliate sottili.*

**aiguiser** [egize] *vt* affilare.

**ail** [aj] *nm* aglio *m*.

**aile** [ɛl] *nf* ala *f*.

**aille** [aj] → **aller**.

**ailleurs** [ajœr] *adv* altrove; **d'~** *(du reste)* del resto, d'altronde; *(à propos)* a proposito.

**aimable** [emabl] *adj* gentile.

**aimant** [emɑ̃] *nm* calamita *f*.

**aimer** [eme] *vt (d'amour)* amare; **j'aime (bien) le chocolat** mi piace il cioccolato; **j'aime (bien) nager** mi piace nuotare; **j'aime bien Paul** Paul mi è simpatico; **~ mieux** preferire.

**aîné**, **-e** [ene] *adj* maggiore. ◆ *nm, f* maggiore *mf*.

**ainsi** [ɛ̃si] *adv* così; **~ que** *(et)* e; **et ~ de suite** e così via.

**aïoli** [ajɔli] *nm maionese all'aglio.*

**air** [ɛr] *nm* aria *f*; **avoir l'~ (d'être) malade** aver l'aria malata; **il a l'~ de faire beau** sembra che faccia bello; **en l'~** *(en haut)* in aria; **prendre l'~** prendere una boccata d'aria; **~ conditionné** aria condizionata.

**aire** [ɛr] *nf (surface)* area *f*; **~ de jeu** parco *m* giochi; **~ de repos** area di sosta; **~ de stationnement** area di parcheggio.

**airelle** [ɛrɛl] *nf bacca rossa, simile al mirtillo.*

**aise** [ɛz] *nf* : **à l'~** a proprio agio; **mal à l'~** a disagio.

**aisé, -e** [eze] *adj (riche)* agiato(-a).

**aisselle** [esɛl] *nf* ascella *f.*

**ajouter** [aʒute] *vt* : **~ qqch (à)** aggiungere qc (a); **~ que** aggiungere che.

**alarme** [alarm] *nf* allarme *m*; **donner l'~** dare l'allarme.

**albanais, -e** [albanɛ, ɛz] *adj* albanese. ◆ *nm (langue)* albanese *m.*

**Albanie** [albani] *nf* : **l'~** l'Albania *f.*

**album** [albɔm] *nm (livre)* albo *m*; *(disque)* album *m*; **~ (de) photos** album di fotografie.

**alcool** [alkɔl] *nm* alcol *m*; **sans ~** analcolico; **~ à 90°** alcol a 90°.

**alcoolique** [alkɔlik] *nmf* alcolizzato *m* (-a *f*).

**alcoolisé, -e** [alkɔlize] *adj* alcolico(-a); **non ~** analcolico(-a).

**Alcotest**® [alkɔtɛst] *nm* alcoltest® *m inv.*

**alentours** [alɑ̃tur] *nmpl* dintorni *mpl*; **aux ~ (de)** nei dintorni (di).

**alerte** [alɛrt] *nf* allarme *m*. ◆ *adj* vivace; **donner l'~** dare l'allarme.

**alerter** [alɛrte] *vt (d'un danger)* allertare; *(informer)* avvertire.

**Algérie** [alʒeri] *nf* : **l'~** l'Algeria *f.*

**algérien, -enne** [alʒerjɛ̃, ɛn] *adj* algerino(-a).

**algues** [alg] *nfpl* alghe *fpl.*

**aligner** [aliɲe] *vt* allineare. ❑ **s'aligner** *vp* allinearsi.

**aliment** [alimɑ̃] *nm* alimento *m.*

**alimentation** [alimɑ̃tasjɔ̃] *nf* alimentazione *f*; *(épicerie)* generi alimentari *mpl.*

**allée** [ale] *nf* viale *m.*

**allégé, -e** [aleʒe] *adj (aliment) a basso contenuto di grassi.*

**Allemagne** [almaɲ] *nf* : **l'~** la Germania.

**allemand, -e** [almɑ̃, ɑ̃d] *adj* tedesco(-a). ◆ *nm (langue)* tedesco *m.*

**aller** [ale] *nm* **1.** *(parcours)*

andata *f*; **à l'~** all'andata.
2. *(billet)*: **~ (simple)** biglietto *m* di sola andata; **~ et retour** biglietto andata e ritorno.
◆ *vi* 1. *(se déplacer)* andare; **~ au Portugal** andare in Portogallo; **pour ~ à la cathédrale, s'il vous plaît?** per andare alla cattedrale, per favore?; **~ en vacances** andare in vacanza.
2. *(suj: route)* andare.
3. *(exprime un état)*: **comment allez-vous?** come sta?; **(comment) ça va? - ça va** come va? - bene; **~ bien/mal** *(personne)* stare bene/male; *(situation)* andare bene/male.
4. *(convenir)* andar bene; **~ à qqn** *(couleur, style)* star bene a qn; *(taille)* andar bene a qn; **~ avec qqch** star bene con qc.
5. *(suivi d'un infinitif, exprime le but)*: **j'irai le chercher à la gare** andrò a prenderlo alla stazione; **~ voir** andare a vedere.
6. *(suivi d'un infinitif, exprime le futur proche)*: **quand vas-tu te décider?** quando ti decidi?; **le film va commencer** il film sta per cominciare.
7. *(dans des expressions)*: **allez!** su!; **allons!** su!; **vas-y!** *(pars)* vai!; *(décide-toi)* dai!
❑ **s'en aller** *vp* andarsene; *(suj: tache, couleur)* andar via; **allez-vous-en!** andate via!

**allergie** [alɛrʒi] *nf* allergia *f*.

**allergique** [alɛrʒik] *adj* : **être ~ à** essere allergico(-a) a.

**aller-retour** [aler(ə)tur] (*pl* **allers-retours**) *nm (billet)* biglietto *m* andata e ritorno.

**alliance** [aljɑ̃s] *nf (bague)* fede *f*; *(union)* intesa *f*.

**allô** [alo] *excl* pronto!

**allonger** [alɔ̃ʒe] *vt* allungare. ❑ **s'allonger** *vp (augmenter)* allungarsi; *(s'étendre)* stendersi.

**allume-cigares** [alymsigar] *nm inv* accendisigaro *m*.

**allumer** [alyme] *vt* accendere. ❑ **s'allumer** *vp* accendersi.

**allumette** [alymɛt] *nf* fiammifero *m*.

**allure** [alyr] *nf (apparence)* aspetto *m*; *(vitesse)* andatura *f*; **à toute ~** a tutta velocità.

**allusion** [alyzjɔ̃] *nf* allusione *f*; **faire ~ à** fare allusione a.

**alors** [alɔr] *adv* allora; **~, tu viens?** allora, vieni?; **ça ~!** questa poi!; **~ que** mentre.

**alourdir** [alurdir] *vt* appesantire.

**Alpes** [alp] *nfpl* : **les ~** le Alpi.

**alphabet** [alfabɛ] *nm* alfabeto *m*.

**alphabétique** [alfabetik] *adj* alfabetico(-a); **par ordre ~** in ordine alfabetico.

**alpin** [alpɛ̃] *adj m* → **ski**.

**alpinisme** [alpinism] *nm* alpinismo *m*.

**alpiniste** [alpinist] *nmf* alpinista *mf*.

**Alsace** [alzas] *nf* : **l'~** l'Alsazia *f*.

**altitude** [altityd] *nf* altitudine *f*; **à 2 000 m d'~** a quota 2 000.

**aluminium** [alyminjɔm] *nm* alluminio *m*.

**amaigrissant, -e** [amegrisɑ̃, ɑ̃t] *adj* dimagrante.

**amande** [amɑ̃d] *nf* mandorla *f*.

**amant** [amɑ̃] *nm* amante *m*.

**amarrer** [amare] *vt (bateau)* ormeggiare.

**amasser** [amase] *vt (empiler)* ammassare; *(argent)* accumulare.

**amateur** [amatœr] *nm (non-professionnel)* amatore *m* (-trice *f*); **être ~ de** essere amante di.

**ambassade** [ɑ̃basad] *nf* ambasciata *f*.

**ambassadeur, -drice** [ɑ̃basadœr, dris] *nm, f* ambasciatore *m* (-trice *f*).

**ambiance** [ɑ̃bjɑ̃s] *nf (atmosphère)* atmosfera *f*; *(entrain)* animazione *f*.

**ambigu, -uë** [ɑ̃bigy] *adj* ambiguo(-a).

**ambitieux, -euse** [ɑ̃bisjø, øz] *adj* ambizioso(-a).

**ambulance** [ɑ̃bylɑ̃s] *nf* ambulanza *f*.

**âme** [am] *nf* anima *f*.

**amélioration** [ameljɔrasjɔ̃] *nf* miglioramento *m*.

**améliorer** [ameljɔre] *vt* migliorare. ❑ **s'améliorer** *vp* migliorare.

**aménagé, -e** [amenaʒe] *adj* attrezzato(-a).

**aménager** [amenaʒe] *vt (reconstruire)* ristrutturare; *(équiper)* arredare.

**amende** [amɑ̃d] *nf* multa *f*, ammenda *f*.

**amener** [amne] *vt* portare; *(causer)* causare; **~ qqn à faire qqch** indurre qn a fare qc.

**amer, -ère** [amɛr] *adj* amaro(-a).

**américain, -e** [amerikɛ̃, ɛn] *adj* americano(-a).

**Amérique** [amerik] *nf* : **l'~** l'America *f*; **l'~ du Sud** l'America del Sud.

**ameublement** [amœbləmɑ̃] *nm* arredamento *m*.

**ami, -e** [ami] *nm, f* amico *m* (-a *f*); *(amant)* compagno *m* (-a *f*); **être (très) ~s** essere (molto) amici.

**amical, -e, -aux** [amikal, o] *adj* amichevole.

**amicalement** [amikalmɑ̃] *adv* amichevolmente; *(dans une lettre)* cordiali saluti.

**amincir** [amɛ̃sir] *vt (suj: régime)* far dimagrire; *(suj: vêtement)* snellire.

**amitié** [amitje] *nf* amicizia *f*; **~s** *(dans une lettre)* saluti.

**amortir** [amɔrtir] *vt (choc, son)* attutire.

**amortisseur** [amɔrtisœr] *nm* ammortizzatore *m*.

**amour** [amur] *nm* amore *m*; **faire l'~** fare l'amore.

**amoureux, -euse** [amurø, øz] *adj* innamorato(-a). ♦ *nmpl* innamorati *mpl*; **être ~ de qqn** essere innamorato di qn.

**amovible** [amɔvibl] *adj* staccabile.

**amphithéâtre** [ɑ̃fiteatr] *nm (gradins)* anfiteatro *m*.

**ample** [ɑ̃pl] *adj* ampio(-a).

**amplificateur** [ɑ̃plifikatœr] *nm* amplificatore *m*.

**ampoule** [ɑ̃pul] *nf (de lampe)* lampadina *f*; *(de médicament)* fiala *f*; *(cloque)* vescica *f*.

**amputer** [ɑ̃pyte] *vt* amputare.

**amusant, -e** [amyzɑ̃, ɑ̃t] *adj* divertente.

**amuse-gueule** [amyzgœl] *nm inv* stuzzichino *m*.

**amuser** [amyze] *vt* divertire. ❑ **s'amuser** *vp* divertirsi; **s'~ à faire qqch** divertirsi a fare qc.

**amygdales** [amidal] *nfpl* tonsille *fpl*.

**an** [ɑ̃] *nm* anno *m*; **il a neuf ~s** ha nove anni; **en l'~ 2000** nel 2000.

**analyse** [analiz] *nf* analisi *f inv*.

**analyser** [analize] *vt* analizzare.

**ananas** [anana(s)] *nm* ananas *m*.

**anatomie** [anatɔmi] *nf* anatomia *f*.

**ancêtre** [ɑ̃sɛtr] *nmf (parent)* antenato *m* (-a *f*).

**anchois** [ɑ̃ʃwa] *nm* acciuga *f*.

**ancien, -enne** [ɑ̃sjɛ̃, ɛn] *adj (du passé)* antico(-a); *(vieux)* vecchio(-a); *(ex-)* ex.

**ancienneté** [ɑ̃sjɛnte] *nf* anzianità *f*.

**ancre** [ɑ̃kr] *nf* ancora *f*.

**Andorre** [ɑ̃dɔr] *nf* : **l'~** l'Andorra *f*.

**andouille** [ɑ̃duj] *nf (CULIN) salsiccia di trippa di maiale, consumata fredda e tagliata a fettine; (fam: imbécile)* salame *m*.

**andouillette** [ɑ̃dujɛt] *nf salsiccia di trippe di maiale da mangiare cotta.*

**âne** [an] *nm* asino *m*.

**anecdote** [anɛkdɔt] *nf* aneddoto *m*.

**anesthésie** [anɛstezi] *nf* anestesia *f*; **être sous ~** essere sotto anestesia; **~ générale** anestesia generale; **~ locale** anestesia locale.

**ange** [ɑ̃ʒ] *nm* angelo *m*.

**angine** [ɑ̃ʒin] *nf* angina *f*; **~ de poitrine** angina pectoris.

**anglais, -e** [ɑ̃glɛ, ɛz] *adj* inglese. ◆ *nm (langue)* inglese *m*.

**angle** [ɑ̃gl] *nm* angolo *m*; **~ droit** angolo retto.

**Angleterre** [ɑ̃glətɛr] *nf* : **l'~** l'Inghilterra *f*.

**angoissé, -e** [ɑ̃gwase] *adj* angosciato(-a).

**anguille** [ɑ̃gij] *nf* anguilla *f*.

**animal, -aux** [animal, o] *nm* animale *m*; **~ domestique** animale domestico.

**animateur, -trice** [animatœr, tris] *nm, f (de club, de groupe)* animatore *m* (-trice *f*); *(à la radio, la télévision)* presentatore *m* (-trice *f*).

**animation** [animasjɔ̃] *nf* animazione *f*. ❑ **animations** *nfpl (culturelles)* manifestazioni *fpl*.

**animé, -e** [anime] *adj (rue)* movimentato(-a); *(conversation)* animato(-a).

**animer** [anime] *vt* animare; *(émission)* presentare. ❑ **s'animer** *vp* animarsi.

**anis** [ani(s)] *nm* anice *m*.

**ankyloser** [ɑ̃kiloze]: **s'ankyloser** *vp* intorpidirsi.

**anneau, -x** [ano] *nm* anello *m*.

**année** [ane] *nf* anno *m*; **~ bissextile** anno bisestile; **~ scolaire** anno scolastico.

**août** [ut] *nm* agosto *m*; → **septembre**.

**Apennins** [apenɛ̃] *nmpl* Appennini *mpl*.

**apercevoir** [apɛrsəvwar] *vt* intravedere. ❑ **s'apercevoir** *vp* : **s'~ de** accorgersi di; **s'~ que** accorgersi che.

**aperçu, -e** [apɛrsy] *pp* → **apercevoir**. ◆ *nm* idea *f*.

**apéritif** [aperitif] *nm* aperitivo *m*.

**aphone** [afɔn] *adj* afono(-a).

**aphte** [aft] *nm* afta *f*.

**apitoyer** [apitwaje]: **s'apitoyer sur** *vp* + *prép (personne)* impietosirsi per.

**aplatir** [aplatir] *vt* appiattire.

**aplomb** [aplɔ̃] *nm (culot)* sfacciataggine *f*; **d'~** *(vertical)* a piombo.

**apostrophe** [apɔstrɔf] *nf* apostrofo *m*; **s ~** s apostrofo.

**apparaître** [aparɛtr] *vi* apparire; *(sembler)* sembrare.

**appareil** [aparɛj] *nm* apparecchio *m*; **qui est à l'~?** chi parla?; **~ ménager** elettrodomestico *m*; **~ photo** macchina *f* fotografica.

**apparemment** [aparamɑ̃] *adv* apparentemente.

**apparence** [aparɑ̃s] *nf* apparenza *f*.

**apparent, -e** [aparɑ̃, ɑ̃t] *adj (poutres, pierres)* a vista; *(superficiel)* apparente.

**appartement** [apartəmɑ̃] *nm* appartamento *m*.

**appartenir** [apartənir] *vi* : **~ à** appartenere a.

**appartenu** [apartəny] *pp* → **appartenir**.

**apparu, -e** [apary] *pp* → **apparaître**.

**appel** [apɛl] *nm (cri)* richiamo *m*; *(coup de téléphone)* chiamata *f*; **~ de phares** lampeggio *m* di fari.

**appeler** [aple] *vt* chiamare. ❑ **s'appeler** *vp (se nommer)* chiamarsi; *(se téléphoner)* telefonarsi; **comment t'appelles-tu?** come ti chiami?; **je m'appelle...** mi chiamo...

**appendicite** [apɛ̃disit] *nf* appendicite *f*.

**appétissant, -e** [apetisɑ̃, ɑ̃t] *adj* appetitoso(-a).

**appétit** [apeti] *nm* appetito *m*; **bon ~!** buon appetito!

**applaudir** [aplodir] *vt* & *vi* applaudire.

**applaudissements** [aplodismɑ̃] *nmpl* applausi *mpl*.

**applique** [aplik] *nf* applique *f inv*.

**appliqué, -e** [aplike] *adj* *(élève)* diligente; *(écriture)* accurato(-a).

**appliquer** [aplike] *vt* *(loi, tarif)* applicare; *(peinture)* stendere. ❑ **s'appliquer** *vp* *(élève)* applicarsi.

**appoint** [apwɛ̃] *nm* : **faire l'~** pagare con denaro contato; **d'~** *(chauffage, lit)* supplementare.

**apporter** [apɔrte] *vt* portare.

**apprécier** [apresje] *vt* *(aimer)* apprezzare; *(évaluer)* valutare.

**apprendre** [aprɑ̃dr] *vt* *(étudier)* imparare; *(nouvelle)* apprendere; **~ qqch à qqn** *(discipline)* insegnare qc a qn; *(nouvelle)* informare qn di qc; **~ à faire qqch** imparare a fare qc.

**apprenti, -e** [aprɑ̃ti] *nm, f* apprendista *mf*.

**apprêter** [aprete]: **s'apprêter à** *vp* + *prép* accingersi a.

**appris, -e** [apri, iz] *pp* → **apprendre**.

**approcher** [aprɔʃe] *vt* avvicinare. ◆ *vi* avvicinarsi; **~ qqch de** avvicinare qc a; **~ de** avvicinarsi a. ❑ **s'approcher** *vp* avvicinarsi; **s'~ de** avvicinarsi a.

**approuver** [apruve] *vt* approvare.

**approvisionner** [aprɔvizjɔne]: **s'approvisionner** *vp* *(faire ses courses)* fare provviste; **s'~ en** rifornirsi di.

**approximatif, -ive** [aprɔksimatif, iv] *adj* approssimativo(-a).

**appui-tête** [apɥitɛt] (*pl* **appuis-tête**) *nm* poggiatesta *m inv*.

**appuyer** [apɥije] *vt* appoggiare. ◆ *vi* : **~ sur** *(touche, bouton)* premere; *(frein, stylo)* premere su. ❑ **s'appuyer** *vp* : **s'~ à** appoggiarsi a.

**après** [aprɛ] *prép & adv* dopo; **~ avoir fait qqch** dopo aver fatto qc; **~ tout** dopo tutto; **l'année d'~** l'anno dopo; **d'~ moi** secondo me.

**après-demain** [aprɛdmɛ̃] *adv* dopodomani.

**après-midi** [aprɛmidi] *nm inv ou nf inv* pomeriggio *m*; **l'~** *(tous les jours)* di pomeriggio.

**après-rasage, -s** [aprɛrazaʒ] *nm* dopobarba *m inv*.

**après-ski, -s** [aprɛski] *nm* doposcì *m inv*.

**a priori** [aprijɔri] *adv* a priori.
**aptitudes** [aptityd] *nfpl* disposizione *f.*
**aquarium** [akwarjɔm] *nm* acquario *m.*
**aquatique** [akwatik] *adj* acquatico(-a).
**aqueduc** [akdyk] *nm* acquedotto *m.*
**arabe** [arab] *adj* arabo(-a). ◆ *nm (langue)* arabo *m.*
**arachide** [araʃid] *nf* arachide *f.*
**araignée** [areɲe] *nf* ragno *m.*
**arbitre** [arbitr] *nm* arbitro *m.*
**arbre** [arbr] *nm* albero *m*; ~ **fruitier** albero da frutto.
**arbuste** [arbyst] *nm* arbusto *m.*
**arc** [ark] *nm* arco *m.*
**arcade** [arkad] *nf* arcata *f.*
**arc-en-ciel** [arkɑ̃sjɛl] (*pl* **arcs-en-ciel**) *nm* arcobaleno *m.*
**arche** [arʃ] *nf* arcata *f.*
**archéologie** [arkeɔlɔʒi] *nf* archeologia *f.*
**archipel** [arʃipɛl] *nm* arcipelago *m.*
**architecte** [arʃitɛkt] *nmf* architetto *m.*
**architecture** [arʃitɛktyr] *nf* architettura *f.*
**archives** [arʃiv] *nfpl* archivio *m.*
**Arctique** [arktik] *nm* : **l'(océan)** ~ l'(oceano) Artico *m.*
**arènes** [arɛn] *nfpl* arena *f.*
**arête** [arɛt] *nf (de poisson)* lisca *f*; *(angle)* spigolo *m.*
**argent** [arʒɑ̃] *nm (métal)* argento *m*; *(monnaie)* denaro *m*; ~ **liquide** denaro liquido; ~ **de poche** *(d'un enfant)* paghetta *f*; *(pour petites dépenses)* denaro per piccole spese.
**argile** [arʒil] *nf* argilla *f.*
**argot** [argo] *nm* linguaggio *m* gergale.
**argument** [argymɑ̃] *nm* argomentazione *f.*
**aride** [arid] *adj* arido(-a).
**arme** [arm] *nf* arma *f*; ~ **à feu** arma da fuoco.
**armé**, **-e** [arme] *adj* armato(-a).
**armée** [arme] *nf* esercito *m.*
**armement** [arməmɑ̃] *nm* armamento *m.*
**armer** [arme] *vt* armare; *(appareil photo)* caricare.
**armoire** [armwar] *nf* armadio *m*; ~ **à pharmacie**

armadietto *m* dei medicinali.

**armure** [armyr] *nf* armatura *f*.

**aromate** [arɔmat] *nm* aroma *m*.

**aromatique** [arɔmatik] *adj* aromatico(-a).

**aromatisé, -e** [arɔmatize] *adj* aromatizzato(-a).

**arôme** [arom] *nm* aroma *m*.

**arracher** [araʃe] *vt (feuille)* strappare; *(mauvaises herbes)* estirpare; *(dent)* estrarre; **~ qqch à qqn** strappare qc a qn.

**arranger** [arɑ̃ʒe] *vt (organiser)* sistemare; *(résoudre)* risolvere; *(réparer)* aggiustare; **cela m'arrange** mi fa comodo. ❑ **s'arranger** *vp (s'améliorer)* sistemarsi; **s'~ pour faire qqch** fare in modo di fare qc.

**arrestation** [arɛstasjɔ̃] *nf* arresto *m*.

**arrêt** [arɛ] *nm (interruption)* interruzione *f*; *(immobilisation)* arresto *m*; *(station)* fermata *f*; **'~ interdit'** 'divieto di sosta'; **~ d'autobus** fermata d'autobus; **sans ~** *(parler, travailler)* senza sosta.

**arrêter** [arete] *vt* smettere; *(circulation)* bloccare; *(passant)* fermare; *(suspect)* arrestare. ◆ *vi* smettere; **arrête!** smettila!; **~ de faire qqch** smettere di fare qc. ❑ **s'arrêter** *vp (personne)* fermarsi; *(activité)* smettere; **s'~ de faire qqch** smettere di fare qc.

**arrhes** [ar] *nfpl* caparra *f*.

**arrière** [arjɛr] *adj inv* posteriore. ◆ *nm* parte *f* posteriore; **à l'~** dietro; **en ~** *(rester, regarder)* indietro; *(tomber)* all'indietro.

**arrière-grand-mère** [arjɛrgrɑ̃mɛr] (*pl* **arrière-grands-mères**) *nf* bisnonna *f*.

**arrière-grand-père** [arjɛrgrɑ̃pɛr] (*pl* **arrière-grands-pères**) *nm* bisnonno *m*.

**arrière-grands-parents** [arjɛrgrɑ̃parɑ̃] *nmpl* bisnonni *mpl*.

**arrière-plan, -s** [arjɛrplɑ̃] *nm* : **à l'~** *(d'un tableau)* sullo sfondo.

**arrivée** [arive] *nf* arrivo *m*; *(d'une course)* traguardo *m*; **'~s'** 'arrivi'.

**arriver** [arive] *vi* arrivare; *(se produire)* capitare. ◆ *v impers* : **il arrive que** capita che; **il m'arrive d'oublier**

**son nom** mi capita di dimenticare il suo nome; **que t'est-il arrivé?** che cosa ti è capitato?; **~ à faire qqch** riuscire a fare qc.

**arrondir** [arɔ̃dir] *vt* arrotondare.

**arrondissement** [arɔ̃dismɑ̃] *nm circoscrizione amministrativa delle grandi città.*

**arroser** [aroze] *vt* annaffiare.

**arrosoir** [arozwar] *nm* annaffiatoio *m.*

**Arrt** *abr* = **arrondissement**.

**art** [ar] *nm* : **l'~** l'arte *f.*

**artère** [artɛr] *nf* arteria *f.*

**artichaut** [artiʃo] *nm* carciofo *m.*

**article** [artikl] *nm* articolo *m.*

**articulation** [artikylasjɔ̃] *nf* articolazione *f.*

**articuler** [artikyle] *vt* & *vi* articolare.

**artifice** [artifis] *nm* → **feu**.

**artificiel, -elle** [artifisjɛl] *adj (lac, fleur)* artificiale.

**artisan** [artizɑ̃] *nm* artigiano *m.*

**artisanal, -e, -aux** [artizanal, o] *adj* artigianale.

**artisanat** [artizana] *nm* artigianato *m.*

**artiste** [artist] *nmf* artista *mf.*

**artistique** [artistik] *adj* artistico(-a).

**as**[1] [a] → **avoir**.

**as**[2] [as] *nm* asso *m.*

**ascenseur** [asɑ̃sœr] *nm* ascensore *m.*

**ascension** [asɑ̃sjɔ̃] *nf* scalata *f.* ❑ **Ascension** *nf* : **l'Ascension** l'Ascensione *f.*

**asiatique** [azjatik] *adj* asiatico(-a).

**Asie** [azi] *nf* : **l'~** l'Asia *f.*

**asile** [azil] *nm (psychiatrique)* manicomio *m*; *(pour sans-abri)* ricovero *m.*

**aspect** [aspɛ] *nm* aspetto *m.*

**asperge** [aspɛrʒ] *nf* asparago *m.*

**asperger** [aspɛrʒe] *vt* aspergere.

**asphyxier** [asfiksje] *vt* asfissiare. ❑ **s'asphyxier** *vp* asfissiarsi.

**aspirateur** [aspiratœr] *nm* aspirapolvere *m.*

**aspirer** [aspire] *vt* aspirare.

**aspirine** [aspirin] *nf* aspirina *f.*

**assaisonnement** [asezɔnmɑ̃] *nm* condimento *m.*

**assassin** [asasɛ̃] *nm* assassino *m* (-a *f*).

**assassiner** [asasine] *vt* assassinare.

**assemblée** [asɑ̃ble] *nf* assemblea *f*; **l'Assemblée (nationale)** ≈ la Camera dei Deputati.

**assembler** [asɑ̃ble] *vt* *(meuble)* montare.

**asseoir** [aswar]: **s'asseoir** *vp* sedersi.

**assez** [ase] *adv* abbastanza; **~ de temps/provisions** abbastanza tempo/provviste; **en avoir ~ (de)** averne abbastanza (di).

**assiette** [asjɛt] *nf* piatto *m*; **~ de crudités** *piatto di verdure crude miste*; **~ creuse** piatto fondo; **~ à dessert** piatto da dessert; **~ plate** piatto piano.

**assis, -e** [asi, iz] *pp* → **asseoir.** ◆ *adj* : **être ~** essere seduto(-a).

**assistance** [asistɑ̃s] *nf* *(public)* spettatori *mpl*; *(aide)* assistenza *f*.

**assistant, -e** [asistɑ̃, ɑ̃t] *nm, f* assistente *mf*.

**assister** [asiste] *vt* assistere; **~ à** assistere a.

**association** [asɔsjasjɔ̃] *nf* associazione *f*.

**associer** [asɔsje] *vt* associare. ❑ **s'associer** *vp* : **s'~ (à** *ou* **avec)** associarsi (a *ou* con).

**assombrir** [asɔ̃brir] *vt* oscurare. ❑ **s'assombrir** *vp* oscurarsi.

**assommer** [asɔme] *vt* stordire.

**assorti, -e** [asɔrti] *adj* assortito(-a).

**assoupir** [asupir]: **s'assoupir** *vp* assopirsi.

**assouplissant** [asuplisɑ̃] *nm* ammorbidente *m*.

**assouplisseur** [asuplisœr] = **assouplissant**.

**assumer** [asyme] *vt* *(conséquences)* accettare; *(responsabilité)* assumersi; *(fonction, rôle)* svolgere.

**assurance** [asyrɑ̃s] *nf* *(contrat)* assicurazione *f*; *(aisance)* sicurezza *f*; **~ automobile** assicurazione automobile; **~ tous risques** assicurazione multirischio.

**assurer** [asyre] *vt* *(maison, voiture)* assicurare; *(fonction, tâche)* svolgere; **je t'assure que** ti assicuro che. ❑ **s'assurer** *vp* assicurarsi; **s'~ contre le vol** assicurarsi contro il furto; **s'~ de** assicurarsi di; **s'~ que** assicurarsi che.

**asthmatique** [asmatik] *adj* asmatico(-a).
**asthme** [asm] *nm* asma *f.*
**astiquer** [astike] *vt* lucidare.
**astrologie** [astrɔlɔʒi] *nf* astrologia *f.*
**astronaute** [astrɔnot] *nm* astronauta *m.*
**astuce** [astys] *nf (ingéniosité)* astuzia *f; (truc)* stratagemma *m.*
**astucieux, -euse** [astysjø, øz] *adj* astuto(-a).
**atelier** [atəlje] *nm (d'usine)* officina *f; (de peintre)* studio *m.*
**athénée** [atene] *nm (Belg)* scuola *f* secondaria.
**athlète** [atlɛt] *nmf* atleta *mf.*
**athlétisme** [atletism] *nm* atletica *f.*
**Atlantique** [atlɑ̃tik] *nm* : **l'(océan) ~** l'(oceano) Atlantico *m.*
**atlas** [atlas] *nm* atlante *m.*
**atmosphère** [atmɔsfɛr] *nf* atmosfera *f.*
**atomique** [atɔmik] *adj* atomico(-a).
**atomiseur** [atɔmizœr] *nm* spray *m inv.*
**atroce** [atrɔs] *adj* atroce.
**attaché-case** [ataʃekɛz] *(pl* **attachés-cases)** *nm* ventiquattr'ore *f inv.*
**attacher** [ataʃe] *vt* attaccare; **attachez vos ceintures** allacciate le cinture. ❑ **s'attacher** *vp* attaccarsi; **s'~ à qqn** attaccarsi a qn.
**attaque** [atak] *nf* attacco *m.*
**attaquer** [atake] *vt* attaccare; *(abîmer)* intaccare. ❑ **s'attaquer à** *vp + prép (en paroles)* prendersela con; *(problème, tâche)* affrontare.
**attarder** [atarde]: **s'attarder** *vp* attardarsi.
**atteindre** [atɛ̃dr] *vt* arrivare a; *(émouvoir)* toccare; *(suj: balle)* colpire; **être atteint de** essere affetto da.
**atteint, -e** [atɛ̃, ɛ̃t] *pp* → **atteindre.**
**attendre** [atɑ̃dr] *vt & vi* aspettare. ❑ **s'attendre à** *vp + prép* aspettarsi.
**attentat** [atɑ̃ta] *nm* attentato *m*; **~ à la bombe** attentato con bomba.
**attentif, -ive** [atɑ̃tif, iv] *adj* attento(-a).
**attention** [atɑ̃sjɔ̃] *nf* attenzione *f*; **~!** attenzione!; **faire ~ (à)** *(se concentrer)* prestare attenzione (a);

*(être prudent)* fare attenzione (a).

**atténuer** [atenɥe] *vt* attenuare.

**atterrir** [aterir] *vi* atterrare.

**atterrissage** [aterisaʒ] *nm* atterraggio *m*.

**attirer** [atire] *vt* attirare; **~ l'attention de qqn** attirare l'attenzione di qn.

**attitude** [atityd] *nf (comportement)* atteggiamento *m*.

**attraper** [atrape] *vt* prendere; *(surprendre)* sorprendere; *(gronder)* sgridare.

**attribuer** [atribɥe] *vt* : **~ qqch à qqn** attribuire qc a qn.

**attroupement** [atrupmɑ̃] *nm* assembramento *m*.

**au** [o] = **à + le**, **→ à**.

**aube** [ob] *nf* alba *f*; **à l'~** all'alba.

**auberge** [obɛrʒ] *nf* locanda *f*; **~ de jeunesse** ostello *m* (della gioventù).

**aubergine** [obɛrʒin] *nf* melanzana *f*.

**aucun**, **-e** [okœ̃, yn] *adj* nessuno(-a). ♦ *pron* nessuno(-a); **~e idée!** non ne ho idea!; **~ des deux** nessuno dei due; **~ d'entre nous** nessuno di noi.

**au-delà** [odəla] *adv* oltre; **~ de** oltre.

**au-dessous** [odsu] *adv* sotto; **~ de** sotto.

**au-dessus** [odəsy] *adv* sopra; *(dans une hiérarchie)* oltre; **~ de** sopra.

**audiovisuel**, **-elle** [odjɔvizɥɛl] *adj* audiovisivo(-a).

**auditeur**, **-trice** [oditœr, tris] *nm, f* ascoltatore *m* (-trice *f*).

**augmentation** [ɔgmɑ̃tasjɔ̃] *nf* aumento *m*; **~ (de salaire)** aumento (di stipendio); **en ~** in aumento.

**augmenter** [ɔgmɑ̃te] *vt* & *vi* aumentare.

**aujourd'hui** [oʒurdɥi] *adv* oggi; **d'~** di oggi; *(de notre époque)* d'oggi.

**auparavant** [oparavɑ̃] *adv* prima.

**auquel** [okɛl] = **à + lequel**, **→ lequel**.

**aura** *etc* **→ avoir**.

**ausculter** [ɔskylte] *vt* auscultare.

**aussi** [osi] *adv* **1.** *(également)* anche; **j'ai faim - moi ~!** ho fame - anch'io!
**2.** *(introduit une comparaison)*: **il n'est pas ~ sympathique que sa sœur** non è simpatico come sua sorella; **elle**

**travaille ~ bien que moi** lavora bene quanto me.

3. *(à ce point)* così; **je n'ai jamais rien vu d'~ beau** non ho mai visto niente di così bello.

◆ *conj (par conséquent)* così.

**aussitôt** [osito] *adv* subito; **~ que** appena.

**Australie** [ostrali] *nf* : **l'~** l'Australia *f.*

**australien, -enne** [ostraljɛ̃, ɛn] *adj* australiano(-a).

**autant** [otɑ̃] *adv* 1. *(exprime la comparaison)*: **~ que** quanto; **je n'ai pas ~ d'amis que lui** non ho tanti amici quanti lui.

2. *(exprime l'intensité)* così tanto; **je ne savais pas qu'il pleuvait ~ ici** non sapevo che piovesse così tanto qui; **si j'avais ~ de temps/~ de vacances, ...** se avessi tutto questo tempo/tutte queste vacanze, ...

3. *(il vaut mieux)*: **~ partir demain** tanto vale partire domani.

4. *(dans des expressions)*: **j'aime ~...** preferisco...; **d'~ (plus) que** tanto più che.

**autel** [otɛl] *nm* altare *m.*

**auteur** [otœr] *nm* autore *m.*

**auto** [oto] *nf* auto *f inv*; **~s tamponneuses** autoscontri *mpl.*

**autobus** [otɔbys] *nm* autobus *m.*

**autocar** [otɔkar] *nm (de ligne)* corriera *f*; *(de tourisme)* pullman *m inv.*

**autocollant** [otɔkɔlɑ̃] *nm* adesivo *m.*

**autocouchette(s)** [otɔkuʃɛt] *adj inv* : **train ~** treno *m* con vetture a seguito.

**auto-école, -s** [otɔekɔl] *nf* scuola *f* guida.

**automatique** [otɔmatik] *adj* automatico(-a).

**automne** [otɔn] *nm* autunno *m*; **en ~** in autunno.

**automobile** [otɔmɔbil] *nf* automobile *f.*

**automobiliste** [otɔmɔbilist] *nmf* automobilista *mf.*

**autonome** [otɔnɔm] *adj* autonomo(-a).

**autoradio** [otɔradjo] *nm* autoradio *f inv.*

**autorisation** [otɔrizasjɔ̃] *nf* autorizzazione *f.*

**autoriser** [otɔrize] *vt* autorizzare; **~ qqn à faire qqch** autorizzare qn a fare qc.

**autoritaire** [otɔritɛr] *adj* autoritario(-a).

**autorité** [otɔrite] *nf* autorità *f inv*.

**autoroute** [otɔrut] *nf* autostrada *f*; **~ à péage** autostrada a pagamento.

**auto-stop** [otɔstɔp] *nm* autostop *m inv*; **faire de l'~** fare l'autostop.

**autour** [otur] *adv* intorno; **tout ~** intorno; **~ de** intorno a; *(environ)* circa.

**autre** [otr] *adj* 1. *(différent)* altro(-a); **j'aimerais essayer une ~ couleur** vorrei provare un altro colore.
2. *(supplémentaire)* altro(-a); **il n'y a rien d'~ à voir ici** non c'è nient'altro da vedere qui; **veux-tu ~ chose** *ou* **quelque chose d'~?** vuoi qualcos'altro?
3. *(restant)* altro(-a).
4. *(dans des expressions)*: **~ part** altrove; **d'~ part** d'altra parte.
◆ *pron* altro(-a); **un ~** un altro; **j'aime les bons vins, entre ~s ceux de Bordeaux** mi piacciono i vini buoni, ad esempio quelli di Bordeaux; → **un**.

**autrefois** [otrəfwa] *adv* una volta.

**autrement** [otrəmɑ̃] *adv* *(différemment)* diversamente; *(sinon)* altrimenti; **~ dit** in altri termini.

**Autriche** [otriʃ] *nf* : **l'~** l'Austria *f*.

**autrichien, -enne** [otriʃjɛ̃, ɛn] *adj* austriaco(-a).

**auvent** [ovɑ̃] *nm* pensilina *f*.

**Auvergne** [ovɛrɲ] *nf* → **bleu**.

**aux** [o] = **à + les**, → **à**.

**auxquelles** [okɛl] = **à + lesquelles**, → **lequel**.

**auxquels** [okɛl] = **à + lesquels**, → **lequel**.

**av.** *abr* = **avenue**.

**avalanche** [avalɑ̃ʃ] *nf* valanga *f*.

**avaler** [avale] *vt* inghiottire.

**avance** [avɑ̃s] *nf* *(progression)* avanzata *f*; *(prêt)* anticipo *m*; **à l'~, d'~** *(payer, remercier)* in anticipo; **en ~** in anticipo.

**avancer** [avɑ̃se] *vt* spostare in avanti; *(main, assiette)* allungare; *(anticiper, prêter)* anticipare. ◆ *vi* avanzare; *(progresser)* andare avanti; *(montre, pendule)* essere avanti; **avance!** vai avanti!; **~ de cinq minutes** essere avanti di cinque minuti. ❑ **s'avancer**

*vp* avvicinarsi; *(partir devant)* andare avanti.

**avant** [avɑ̃] *prép* prima di. ◆ *adv* prima. ◆ *nm (partie antérieure)* parte *f* anteriore. ◆ *adj inv* anteriore; **~ de faire qqch** prima di fare qc; **~ que** prima che; **~ tout** prima di tutto; **l'année d'~** l'anno prima; **en ~** *(tomber)* in avanti; *(partir)* avanti; **à l'~** davanti.

**avantage** [avɑ̃taʒ] *nm* vantaggio *m*.

**avantageux, -euse** [avɑ̃taʒø, øz] *adj* vantaggioso(-a).

**avant-bras** [avɑ̃bra] *nm inv* avambraccio *m*.

**avant-dernier, -ère, -s** [avɑ̃dɛrnje, ɛr] *adj* penultimo(-a). ◆ *nm, f* penultimo *m* (-a *f*).

**avant-hier** [avɑ̃tjɛr] *adv* l'altro ieri.

**avare** [avar] *adj* avaro(-a). ◆ *nmf* avaro *m* (-a *f*).

**avarié, -e** [avarje] *adj* avariato(-a).

**avec** [avɛk] *prép* con; **et ~ ça?** desidera altro?

**avenir** [avnir] *nm* avvenire *m*; **à l'~** in futuro.

**aventure** [avɑ̃tyr] *nf* avventura *f*.

**avenue** [avny] *nf* viale *m*.

**averse** [avɛrs] *nf* acquazzone *m*.

**avertir** [avɛrtir] *vt* avvertire; **~ qqn de qqch** avvertire qn di qc.

**avertissement** [avɛrtismɑ̃] *nm* avvertimento *m*.

**aveugle** [avœgl] *adj* cieco(-a). ◆ *nmf* cieco *m* (-a *f*).

**aveugler** [avœgle] *vt* accecare.

**aviateur** [avjatœr] *nm* aviatore *m*.

**aviation** [avjasjɔ̃] *nf (MIL)* aviazione *f*.

**avion** [avjɔ̃] *nm* aereo *m*; **~ à réaction** aereo a reazione; **'par ~'** 'per via aerea'.

**avis** [avi] *nm* avviso *m*; **changer d'~** cambiare idea; **à mon ~** a mio avviso.

**avocat** [avɔka] *nm (homme de loi)* avvocato *m*; *(fruit)* avocado *m*.

**avoir** [avwar] *vt* **1.** *(posséder)* avere.

**2.** *(comme caractéristique)* avere; **~ les cheveux bruns** avere i capelli scuri.

**3.** *(être âgé de)*: **quel âge as-tu?** quanti anni hai?; **j'ai 13 ans** ho 13 anni.

**4.** *(obtenir)* prendere.

5. *(éprouver)* avere.
6. *(fam: duper)*: **se faire ~** farsi fregare.
7. *(exprime l'obligation)*: **~ à faire qqch** dover fare qc.
8. *(dans des expressions)*: **vous en avez encore pour longtemps?** ne avete ancora per molto?; **nous en avons eu pour 200 €** abbiamo speso 200 euros.
◆ *v aux* avere; **j'ai terminé** ho finito; **hier nous avons visité le château** ieri abbiamo visitato il castello; **elle a été malade** è stata malata.
❑ **il y a** *v impers* 1. *(il existe)*: **il y a un problème** c'è un problema; **y a-t-il des toilettes dans les environs?** ci sono dei bagni nei paraggi?; **qu'est-ce qu'il y a?** cosa c'è?
2. *(temporel)*: **il y a trois ans** tre anni fa; **il y a plusieurs années que nous venons ici** è da diversi anni che veniamo qui.

**avorter** [avɔrte] *vi* abortire.

**avouer** [avwe] *vt* confessare; **il faut ~ que...** bisogna ammettere che...

**avril** [avril] *nm* aprile *m*; **le premier ~** il primo aprile; **→ septembre**.

**axe** [aks] *nm* asse *m*; **~ rouge** *sezione della rete stradale parigina nella quale è vietato sostare a causa del traffico intenso*.

**ayant** [ejɑ̃] *ppr* **→ avoir**.

**ayons** [ejɔ̃] **→ avoir**.

**Azur** [azyr] *nm* **→ côte**.

# B

**baba** [baba] *nm* : **~ au rhum** baba *m inv* al rum.

**baby-foot** [babifut] *nm inv* calcetto *m*.

**bac** [bak] *nm (d'un évier)* vasca *f*; *(bateau)* traghetto *m*; *(fam) (abr de* **baccalauréat***)* ≈ maturità *f*.

**baccalauréat** [bakalɔrea] *nm* ≈ maturità *f*.

**bâche** [baʃ] *nf* telone *m*.

**badge** [badʒ] *nm (pour décorer)* spilla *f* rotonda; *(d'identité)* badge *m inv*.

**badminton** [badmintɔn] *nm* volano *m*.

**baffle** [bafl] *nm* cassa *f* acustica.

**bagage** [bagaʒ] *nm* bagaglio *m*; ~ **à main** bagaglio a mano.

**bagarre** [bagar] *nf* rissa *f*.

**bagarrer** [bagare]: **se bagarrer** *vp (se battre)* azzuffarsi; *(se disputer)* litigare.

**bagnole** [baɲɔl] *nf (fam)* macchina *f*.

**bague** [bag] *nf* anello *m*.

**baguette** [bagɛt] *nf* bacchetta *f*; *(chinoise)* bastoncino *m*; *(pain)* baguette *f inv*.

**baie** [bɛ] *nf (fruit)* bacca *f*; *(golfe)* baia *f*; ~ **vitrée** vetrata *f*.

**baignade** [beɲad] *nf* bagno *m*; '~ **interdite**' 'divieto di balneazione'.

**baigner** [beɲe] *vi* : ~ **dans** essere immerso in. ❑ **se baigner** *vp* fare il bagno.

**baignoire** [beɲwar] *nf* vasca *f* da bagno.

**bâiller** [baje] *vi* sbadigliare; *(porte, fenêtre)* essere socchiuso.

**bain** [bɛ̃] *nm* bagno *m*; **prendre un** ~ fare il bagno; **prendre un** ~ **de soleil** prendere il sole; **grand** ~ *(de piscine)* vasca *f* grande; **petit** ~ *(de piscine)* vasca piccola.

**baiser** [beze] *nm* bacio *m*.

**baisse** [bɛs] *nf* diminuzione *f*; **en** ~ in ribasso.

**baisser** [bese] *vt* abbassare. ◆ *vi (descendre)* scendere; *(diminuer)* diminuire. ❑ **se baisser** *vp* abbassarsi.

**bal** [bal] *nm* ballo *m*.

**balader** [balade]: **se balader** *vp* andare a spasso.

**baladeur** [baladœr] *nm* Walkman® *m inv*.

**balai** [balɛ] *nm* scopa *f*; *(d'essuie-glace)* spazzola *f*.

**balance** [balɑ̃s] *nf* bilancia *f*.

**balancer** [balɑ̃se] *vt* dondolare; *(fam: jeter)* scaraventare. ❑ **se balancer** *vp* dondolarsi.

**balançoire** [balɑ̃swar] *nf* altalena *f*.

**balayer** [baleje] *vt* spazzare.

**balayeur** [balejœr] *nm* spazzino *m*.

**balcon** [balkɔ̃] *nm* balcone *m*; *(au théâtre)* galleria *f*.

**baleine** [balɛn] *nf (animal)* balena *f*; *(de parapluie)* stecca *f*.

**balise** [baliz] *nf* (NAVIG) boa *f* da segnale; *(de randonnée)* segnalazione *f*.

**balle** [bal] *nf* (SPORT) palla *f*; *(d'arme à feu)* pallottola *f*; *(fam: franc)* franco *m*.

**ballet** [balɛ] *nm* balletto *m*.

**ballon** [balɔ̃] *nm* pallone *m*; *(d'enfant, pour fête)* palloncino *m*.

**balnéaire** [balneɛr] *adj* → **station**.

**balustrade** [balystrad] *nf* balaustra *f*.

**bambou** [bɑ̃bu] *nm* bambù *m*.

**banal, -e** [banal] *adj* banale.

**banane** [banan] *nf* banana *f*; *(porte-monnaie)* marsupio *m*.

**banc** [bɑ̃] *nm* panca *f*; **~ public** panchina *f*; **~ de sable** banco di sabbia.

**bancal, -e** [bɑ̃kal] *adj* sbilenco(-a).

**bandage** [bɑ̃daʒ] *nm* fasciatura *f*.

**bande** [bɑ̃d] *nf (de tissu, de papier)* striscia *f*; *(pansement)* banda *f*; *(groupe)* gruppo *m*; **~ d'arrêt d'urgence** corsia *f* di emergenza; **~ blanche** *(sur route)* striscia bianca; **~ dessinée** fumetto *m*.

**bandeau, -x** [bɑ̃do] *nm (dans les cheveux)* fascia *f*; *(sur les yeux)* benda *f*.

**bander** [bɑ̃de] *vt* bendare.

**banderole** [bɑ̃drɔl] *nf* banderuola *f*.

**bandit** [bɑ̃di] *nm* bandito *m*.

**bandoulière** [bɑ̃duljɛr] *nf* bandoliera *f*; **en ~** a tracolla.

**banlieue** [bɑ̃ljø] *nf* periferia *f*; **les ~s** *zone della periferia delle grandi città caratterizzate da problemi sociali.*

**banque** [bɑ̃k] *nf* banca *f*.

**banquette** [bɑ̃kɛt] *nf* sedile *m*.

**banquier** [bɑ̃kje] *nm* banchiere *m*.

**baptême** [batɛm] *nm* battesimo *m*; **~ de l'air** battesimo dell'aria.

**bar** [bar] *nm* bar *m inv*; *(comptoir)* banco *m*; **~ à café** *(Helv) bar nel quale vengono serviti solo analcolici.*

**barbe** [barb] *nf* barba *f*; **~ à papa** zucchero *m* filato.

**barbecue** [barbəkju] *nm* barbecue *m inv*.

**barbelé** [barbəle] *nm* : **(fil de fer) ~** filo *m* (di ferro) spinato.

**barbouillé, -e** [barbuje] *adj* : **être ~** avere lo stomaco sottosopra.

**barbu** [barby] *adj m* barbuto.

**bariolé, -e** [barjɔle] *adj* variopinto(-a).

**barman** [barman] *nm* barista *m*.

**baromètre** [barɔmɛtr] *nm* barometro *m*.

**barque** [bark] *nf* barca *f*.

**barrage** [baraʒ] *nm (sur une rivière)* diga *f*; **~ de police** posto *m* di blocco.

**barre** [bar] *nf* sbarra *f*; *(de chocolat)* stecca *f*; *(NAVIG)* barra *f*.

**barreau, -x** [baro] *nm* sbarra *f*.

**barrer** [bare] *vt* sbarrare; *(NAVIG)* pilotare (col timone).

**barrette** [barɛt] *nf (à cheveux)* fermaglio *m*.

**barrière** [barjɛr] *nf (clôture)* barriera *f*.

**bar-tabac** [bartaba] (*pl* **bars-tabacs**) *nm* bar-tabacchi *m inv*.

**bas, basse** [ba, bas] *adj* basso(-a). ◆ *nm (partie inférieure)* parte *f* inferiore; *(vêtement)* calza *f*. ◆ *adv* in basso; *(parler)* a bassa voce; **en ~** in basso; *(à l'étage inférieur)* di sotto; *(de l'escalier)* giù; **en ~ de** in fondo a.

**bas-côté, -s** [bakote] *nm (de la route)* banchina *f*.

**basculer** [baskyle] *vt* ribaltare. ◆ *vi* cadere.

**base** [baz] *nf* base *f*; **à ~ de** a base di.

**basilic** [bazilik] *nm* basilico *m*.

**basilique** [bazilik] *nf* basilica *f*.

**basket** [baskɛt] *nm ou nf (chaussure)* scarpa *f* da basket.

**basket(-ball)** [baskɛt(bol)] *nm* pallacanestro *f*, basket *m*.

**basquaise** [baskɛz] *adj f* → **poulet**.

**basque** [bask] *adj* basco(-a). ◆ *nm (langue)* basco *m*.

**basse** → **bas**.

**bassin** [basɛ̃] *nm* bacino *m*; **le Bassin parisien** il bacino parigino; **grand ~** *(de piscine)* vasca *f* grande; **petit ~** *(de piscine)* vasca piccola.

**bassine** [basin] *nf* bacinella *f*.

**bataille** [bataj] *nf* battaglia *f*.

**bateau, -x** [bato] *nm* barca *f*; *(sur le trottoir)* passo *m* carraio; **~ de pêche** peschereccio *m*; **~ à voiles** barca a vela.

**bateau-mouche** [batomuʃ] (*pl* **bateaux-mouches**)

*nm battello turistico in servizio a Parigi.*

**bâtiment** [batimɑ̃] *nm* edificio *m*; **le ~** *(activité)* l'edilizia *f*.

**bâtir** [batir] *vt* costruire.

**bâton** [batɔ̃] *nm* bastone *m*; **~ de rouge à lèvres** rossetto *m*.

**bâtonnet** [batɔnɛ] *nm* bastoncino *m*; **~ de glace** gelato *m* con lo stecco.

**batterie** [batri] *nf* batteria *f*.

**batteur, -euse** [batœr, øz] *nm, f (MUS)* batterista *mf*. ◆ *nm (mélangeur)* frusta *f*.

**battre** [batr] *vt (personne)* picchiare; *(tapis, adversaire)* battere. ◆ *vi (cœur)* battere; *(porte, volet)* sbattere; **~ des œufs en neige** montare gli albumi a neve. ❑ **se battre** *vp* : **se ~ (avec qqn)** battersi (con qn).

**bavard, -e** [bavar, ard] *adj* chiacchierone(-a).

**bavarder** [bavarde] *vi* chiacchierare.

**bavarois** [bavarwa] *nm (CULIN)* bavarese *f*.

**baveux, -euse** [bavø, øz] *adj (omelette)* poco cotto(-a).

**bazar** [bazar] *nm (magasin)* bazar *m inv*; *(fam: désordre)* baraonda *f*.

**Bd** *abr* = **boulevard**.

**BD** *abr* = **bande dessinée**.

**beau, belle** [bo, bɛl] (*m* **bel** [bɛl] *devant voyelle ou h muet, mpl* **beaux** [bo]) *adj* bello(-a). ◆ *adv* : **il fait ~** fa bello.

**beaucoup** [boku] *adv* molto; **il faut ~ de patience** ci vuole molta pazienza; **~ plus cher** molto più caro; **je travaille ~ plus maintenant** lavoro molto di più adesso; **~ plus de fautes** molti più errori.

**beau-fils** [bofis] (*pl* **beaux-fils**) *nm (fils du conjoint)* figliastro *m*; *(gendre)* genero *m*.

**beau-frère** [bofrɛr] (*pl* **beaux-frères**) *nm* cognato *m*.

**beau-père** [bopɛr] (*pl* **beaux-pères**) *nm (père du conjoint)* suocero *m*; *(conjoint de la mère)* patrigno *m*.

**beauté** [bote] *nf* bellezza *f*.

**beaux-parents** [boparɑ̃] *nmpl* suoceri *mpl*.

**bébé** [bebe] *nm* bambino *m* piccolo (bambina piccola *f*).

**bec** [bɛk] *nm* becco *m*.

**béchamel** [beʃamɛl] *nf* : **(sauce) ~** besciamella *f*.

**bêcher** [beʃe] *vt* vangare.

**bée** [be] *adj f* : **bouche ~** a bocca aperta.

**bégayer** [begeje] *vi* balbettare.

**beige** [bɛʒ] *adj* beige *(inv)*. ◆ *nm* beige *m*.

**beigne** [bɛɲ] *nm (Can) frittella a ciambella cosparsa di zucchero a velo*.

**beignet** [bɛɲɛ] *nm* frittella *f*.

**bel** → **beau**.

**belge** [bɛlʒ] *adj* belga. ❑ **Belge** *nmf* belga *mf*.

**Belgique** [bɛlʒik] *nf* : **la ~** il Belgio.

**bélier** [belje] *nm* montone *m*.

**belle-fille** [bɛlfij] (*pl* **belles-filles**) *nf (fille du conjoint)* figliastra *f*; *(conjointe du fils)* nuora *f*.

**Belle-Hélène** [bɛlelɛn] *adj* → **poire**.

**belle-mère** [bɛlmɛr] (*pl* **belles-mères**) *nf (mère du conjoint)* suocera *f*; *(conjointe du père)* matrigna *f*.

**belle-sœur** [bɛlsœr] (*pl* **belles-sœurs**) *nf* cognata *f*.

**belote** [bəlɔt] *nf* belote *f (gioco di carte)*.

**bénéfice** [benefis] *nm (financier)* profitto *m*; *(avantage)* vantaggio *m*.

**bénéficier** [benefisje]: **bénéficier de** *v + prép* beneficiare di.

**bénir** *vt* benedire.

**bénitier** [benitje] *nm* acquasantiera *f*.

**benne** [bɛn] *nf* benna *f*.

**béquille** [bekij] *nf (MÉD)* stampella *f*; *(de vélo, de moto)* cavalletto *m*.

**berceau**, **-x** [bɛrso] *nm* culla *f*.

**bercer** [bɛrse] *vt* cullare.

**berceuse** [bɛrsøz] *nf* ninnananna *f*.

**béret** [berɛ] *nm* berretto *m*.

**berge** [bɛrʒ] *nf* argine *m*.

**berlingot** [bɛrlɛ̃go] *nm (bonbon)* caramella *f*; *(de lait, de Javel)* tubetto *m*.

**bermuda** [bɛrmyda] *nm* bermuda *mpl*.

**Berne** [bɛrn] *n* Berna *f*.

**besogne** [bəzɔɲ] *nf* lavoro *m*.

**besoin** [bəzwɛ̃] *nm* bisogno *m*; **avoir ~ de qqch** avere bisogno di qc; **faire ses ~s** fare i propri bisogni.

**bestiole** [bɛstjɔl] *nf* bestiola *f.*

**best-seller, -s** [bɛstsɛlœr] *nm* best-seller *m inv.*

**bétail** [betaj] *nm* bestiame *m.*

**bête** [bɛt] *adj* stupido(-a). ◆ *nf* bestia *f.*

**bêtise** [betiz] *nf (acte, parole)* stupidaggine *f; (stupidité)* stupidità *f.*

**béton** [betɔ̃] *nm* calcestruzzo *m*, cemento *m.*

**bette** [bɛt] *nf* bietola *f.*

**betterave** [bɛtrav] *nf* barbabietola *f.*

**beurre** [bœr] *nm* burro *m.*

**beurrer** [bœre] *vt* imburrare.

**bibelot** [biblo] *nm* soprammobile *m.*

**biberon** [bibrɔ̃] *nm* biberon *m inv*; **donner le ~ à** dare il biberon a.

**Bible** [bibl] *nf* : **la ~** la Bibbia.

**bibliothécaire** [biblijɔtekɛr] *nmf* bibliotecario *m* (-a *f*).

**bibliothèque** [biblijɔtɛk] *nf (salle, édifice)* biblioteca *f; (meuble)* libreria *f.*

**biche** [biʃ] *nf* cerva *f.*

**bicyclette** [bisiklet] *nf* bicicletta *f.*

**bidet** [bidɛ] *nm* bidè *m inv.*

**bidon** [bidɔ̃] *nm* bidone *m.*

**bidonville** [bidɔ̃vil] *nm* bidonville *f inv.*

**bien** [bjɛ̃] *(compar & superl* **mieux**) *adv* **1.** *(de façon satisfaisante)* bene.
**2.** *(beaucoup, très)* molto; **j'espère ~ que...** spero bene che...; **~ plus** molto di più.
**3.** *(au moins)* almeno.
**4.** *(effectivement)* proprio; **c'est ~ ce qu'il me semblait** è proprio come mi sembrava.
**5.** *(dans des expressions)*: **~ des gens** molta gente; **il a ~ de la chance** ha una bella fortuna; **(c'est) ~ fait (pour toi)!** ti sta bene!; **nous ferions ~ de réserver à l'avance** faremmo meglio a prenotare prima.
◆ *adj inv* **1.** *(satisfaisant, de bonne qualité)* bello(-a).
**2.** *(moralement)* giusto(-a); **c'est une fille ~** è una ragazza in gamba.
**3.** *(convenable)* perbene *(inv).*
**4.** *(en bonne santé)* bene *(inv)*; **être/se sentir ~** stare/sentirsi bene.
**5.** *(à l'aise)* bene *(inv).*
**6.** *(beau)* bello(-a); **elle est ~ avec cet ensemble** sta

bene con questo completo.

◆ *excl* bene!

◆ *nm* 1. *(intérêt)* bene *m*.

2. *(sens moral)* bene *m*.

3. *(dans des expressions)*: **dire du ~ de** parlare bene di; **faire du ~ à qqn** far bene a qn.

**bientôt** [bjɛ̃to] *adv* presto; **à ~!** a presto!

**bienvenue** [bjɛ̃vny] *nf* : **~!** benvenuto(-a)!; **souhaiter la ~ à qqn** dare il benvenuto a qn.

**bière** [bjɛr] *nf* birra *f*.

**bifteck** [biftɛk] *nm* bistecca *f*.

**bifurquer** [bifyrke] *vi* *(route)* biforcarsi; *(voiture)* deviare.

**Bige**® [biʒ] *adj inv* : **billet ~** biglietto *m* Bige®.

**bigorneau, -x** [bigɔrno] *nm* lumachina *f* di mare.

**bijou, -x** [biʒu] *nm* gioiello *m*.

**bijouterie** [biʒutri] *nf* gioielleria *f*.

**Bikini**® [bikini] *nm* bikini® *m inv*.

**bilan** [bilɑ̃] *nm* bilancio *m*.

**bilingue** [bilɛ̃g] *adj* bilingue.

**bille** [bij] *nf* *(petite boule)* pallina *f*; *(pour jouer)* biglia *f*.

**billet** [bijɛ] *nm* biglietto *m*; **~ (de banque)** banconota *f*; **~ aller et retour** biglietto andata e ritorno; **~ simple** biglietto sola andata.

**billetterie** [bijɛtri] *nf* *(guichet)* biglietteria *f*; **~ automatique** *(de billets de train)* biglietteria automatica; *(de billets de banque)* distributore *m* automatico.

**biologique** [bjɔlɔʒik] *adj* biologico(-a).

**bis** [bis] *excl* bis! ◆ *adv* bis; **6 ~** 6 bis.

**biscotte** [biskɔt] *nf* fetta *f* biscottata.

**biscuit** [biskɥi] *nm* biscotto *m*; **~ salé** cracker *m inv*.

**bise** [biz] *nf* *(baiser)* bacio *m*; **faire une ~ à qqn** dare un bacio a qn; **grosses ~s** *(dans une lettre)* bacioni.

**bison** [bizɔ̃] *nm* bisonte *m*; **Bison Futé** *servizio francese d'informazione sul traffico stradale,* ≈ Onda *f* verde.

**bisou** [bizu] *nm* *(fam)* bacino *m*.

**bisque** [bisk] *nf* *passato di crostacei servito con panna liquida.*

**bissextile** [bisekstil] *adj* → **année**.

**bistro(t)** [bistro] *nm* caffè *m*.

**bizarre** [bizar] *adj* strano(-a).

**blague** [blag] *nf (histoire drôle)* barzelletta *f*; *(mensonge, farce)* scherzo *m*; **sans ~!** davvero!

**blanc**, **blanche** [blɑ̃, blɑ̃ʃ] *adj* bianco(-a). ♦ *nm* bianco *m*; *(espace)* spazio *m* bianco; *(vin)* vino *m* bianco; **~ cassé** bianco sporco; **~ d'œuf** albume *m*; **~ de poulet** petto *m* di pollo. ❑ **Blanc**, **Blanche** *nm, f* bianco *m* (-a *f*).

**blanchir** [blɑ̃ʃir] *vt* imbiancare. ♦ *vi* diventare bianco.

**blanchisserie** [blɑ̃ʃisri] *nf* lavanderia *f*.

**blanquette** [blɑ̃kɛt] *nf (plat) spezzatino di carne bianca; (vin) vino bianco spumante della Linguadoca (sud-ovest della Francia)*; **~ de veau** *spezzatino di vitello*.

**blazer** [blazɛr] *nm* blazer *m inv*.

**blé** [ble] *nm* grano *m*; **~ d'Inde** *(Can)* granturco *m*.

**blessé** [blese] *nm* ferito *m*.

**blesser** [blese] *vt* ferire. ❑ **se blesser** *vp* ferirsi; **se ~ à la main** ferirsi alla mano.

**blessure** [blesyr] *nf* ferita *f*.

**bleu**, **-e** [blø] *adj* blu *(inv)*, azzurro(-a); *(steak)* molto al sangue. ♦ *nm* blu *m inv*, azzurro *m*; *(hématome)* livido *m*; **~ (d'Auvergne)** *formaggio con muffa della regione omonima*; **~ ciel** azzurro cielo; **~ marine** blu scuro.

**bleuet** [bløɛ] *nm* fiordaliso *m*; *(Can)* mirtillo *m*.

**blindé**, **-e** [blɛ̃de] *adj* blindato(-a).

**bloc** [blɔk] *nm* blocco *m*; **à ~** a fondo; **en ~** in blocco.

**bloc-notes** [blɔknɔt] (*pl* **blocs-notes**) *nm* bloc-notes *m inv*.

**blond**, **-e** [blɔ̃, blɔ̃d] *adj* biondo(-a).

**blonde** [blɔ̃d] *nf (cigarette)* sigaretta *f* bionda; **(bière) ~** (birra) chiara *f*.

**bloquer** [blɔke] *vt* bloccare.

**blouse** [bluz] *nf (de médecin)* camice *m*; *(chemisier)* camicetta *f*.

**blouson** [bluzɔ̃] *nm* giubbotto *m*.

**bob** [bɔb] *nm (chapeau)* cappello *m*.

**bobine** [bɔbin] *nf* bobina *f*.

**bocal, -aux** [bɔkal, o] *nm (de conserves)* barattolo *m*; *(à poissons)* vaso *m*.

**bœuf** [bœf, *pl* bø] *nm* bue *m*; *(CULIN)* manzo *m*; ~ **bourguignon** *manzo brasato nel vino rosso con cipolla e pezzi di pancetta*.

**bof** [bɔf] *excl* mah!

**boire** [bwar] *vt* bere; *(absorber)* assorbire. ◆ *vi* bere; ~ **un coup** bere un bicchiere.

**bois** [bwa] *nm (matière)* legno *m*; *(forêt)* bosco *m*.

**boisson** [bwasɔ̃] *nf* bevanda *f*; **la** ~ *(alcool)* l'alcool *m*.

**boîte** [bwat] *nf* scatola *f*; ~ **d'allumettes** scatola di fiammiferi; ~ **de conserve** barattolo *m* di conserva; ~ **aux lettres** buca *f* delle lettere; ~ **(de nuit)** locale *m* notturno; ~ **à outils** cassetta *f* per gli attrezzi; ~ **postale** cassetta postale; ~ **de vitesses** cambio *m*.

**boiter** [bwate] *vi* zoppicare.

**boîtier** [bwatje] *nm (de montre)* cassa *f*; *(de cassette)* scatola *f*; *(d'appareil photo)* corpo *m*.

**bol** [bɔl] *nm* tazza *f*.

**bolide** [bɔlid] *nm* bolide *m*.

**Bologne** [bɔlɔɲ] *n* Bologna *f*.

**bombardement** [bɔ̃bardəmɑ̃] *nm* bombardamento *m*.

**bombarder** [bɔ̃barde] *vt* bombardare.

**bombe** [bɔ̃b] *nf (arme)* bomba *f*; *(vaporisateur)* bomboletta *f*.

**bon, bonne** [bɔ̃, bɔn] *(compar & superl* **meilleur**) *adj* 1. *(agréable)* buono(-a); **nous avons passé de très bonnes vacances** abbiamo passato delle ottime vacanze.
2. *(de qualité)* buono(-a).
3. *(doué)* bravo(-a); **être ~ en qqch** essere bravo in qc.
4. *(correct)* giusto(-a).
5. *(généreux)* buono(-a).
6. *(utile)*: **c'est ~ pour la santé** fa bene alla salute; **c'est ~ à savoir** buono a sapersi.
7. *(en intensif)*: **ça fait une bonne heure que j'attends** è un'ora buona che aspetto.
8. *(dans l'expression des souhaits)*: **bonne année!** buon

anno!; **bonnes vacances!** buone vacanze!
9. *(dans des expressions)*: **~!** *(d'accord)* bene!; *(pour conclure)* allora!; **ah ~?** ah sì?; **c'est ~!** *(soit)* va bene!
♦ *adv* : **il fait ~** si sta bene; **sentir ~** profumare; **tenir ~** *(physiquement)* tener duro; *(mentalement)* resistere.
♦ *nm* buono *m*.

**bonbon** [bɔ̃bɔ̃] *nm* caramella *f*.

**bond** [bɔ̃] *nm* balzo *m*.

**bondé, -e** [bɔ̃de] *adj* strapieno(-a).

**bondir** [bɔ̃dir] *vi* balzare; *(fig: réagir)* andare in bestia.

**bonheur** [bɔnœr] *nm* felicità *f*; *(chance)* fortuna *f*; *(plaisir)* piacere *m*.

**bonhomme** [bɔnɔm] (*pl* **bonshommes** [bɔ̃zɔm]) *nm* *(fam: homme)* tipo *m*; *(silhouette)* pupazzo *m*; **~ de neige** pupazzo di neve.

**bonjour** [bɔ̃ʒur] *excl* buongiorno!; **dire ~ à qqn** salutare qn.

**bonne** [bɔn] *adj* → **bon.** ♦ *nf* domestica *f*.

**bonnet** [bɔnɛ] *nm* berretto *m*; **~ de bain** cuffia *f* da bagno.

**bonsoir** [bɔ̃swar] *excl* buonasera!

**bonté** [bɔ̃te] *nf* bontà *f*.

**bord** [bɔr] *nm* bordo *m*; *(d'une jupe, d'une nappe)* orlo *m*; *(de la route)* ciglio *m*; *(d'une rivière)* riva *f*; **à ~ (de)** a bordo (di); **au ~ (de)** *(route)* sul ciglio (di); *(rivière)* sulla riva (di); **au ~ de la mer** in riva al mare.

**border** [bɔrde] *vt* *(longer)* costeggiare; *(enfant)* rimboccare le coperte a; **bordé de** bordato di.

**bordure** [bɔrdyr] *nf* bordo *m*; *(liséré)* profilo *m*; **en ~ de** *(mer, rivière)* in riva a; *(forêt)* ai margini di.

**borne** [bɔrn] *nf* *(sur la route)* ≈ pietra *f* miliare.

**Bosnie-Herzégovine** [bɔsniɛrzegɔvin] *nf* : **la ~** la Bosnia-Erzegovina.

**bosquet** [bɔskɛ] *nm* boschetto *m*.

**bosse** [bɔs] *nf* gobba *f*; *(au front)* bernoccolo *m*.

**botanique** [bɔtanik] *adj* botanico(-a).

**botte** [bɔt] *nf* *(chaussure)* stivale *m*; *(de légumes, de fleurs)* mazzo *m*; *(de foin)* balla *f*.

**Bottin**® [bɔtɛ̃] *nm* elenco *m* (telefonico).

**bottine** [bɔtin] *nf* stivaletto *m*.

**bouche** [buʃ] *nf* bocca *f*; **~ d'égout** tombino *m*; **~ de métro** entrata *f* della metropolitana.

**bouchée** [buʃe] *nf* boccone *m*; *(au chocolat)* cioccolatino *m* ripieno; **~ à la reine** *vol-au-vent ripieno di carne bianca in salsa e servito come primo.*

**boucher**[1] [buʃe] *vt* tappare; *(passage)* ostruire; *(vue)* impedire.

**boucher**[2], **-ère** [buʃe, ɛr] *nm, f* macellaio *m* (-a *f*).

**boucherie** [buʃri] *nf* macelleria *f*.

**bouchon** [buʃɔ̃] *nm* tappo *m*; *(embouteillage)* ingorgo *m*; *(de pêche)* galleggiante *m*.

**boucle** [bukl] *nf (de cheveux)* ricciolo *m*; *(de ceinture)* fibbia *f*; *(circuit)* circuito *m*; **~ d'oreille** orecchino *m*.

**bouclé, -e** [bukle] *adj (frisé)* riccio(-a).

**bouder** [bude] *vi* fare il muso.

**boudin** [budɛ̃] *nm* : **~ blanc** *salsicciotto di carne bianca e latte, tipico del periodo natalizio*; **~ noir** sanguinaccio *m*.

**boue** [bu] *nf* fango *m*.

**bouée** [bwe] *nf (pour nager)* salvagente *m inv*; *(balise)* boa *f*; **~ de sauvetage** salvagente.

**bouffée** [bufe] *nf (d'air)* soffio *m*; *(de tabac)* boccata *f*; *(de chaleur)* vampata *f*.

**bouger** [buʒe] *vt* muovere. ◆ *vi* muoversi; *(dent)* ballare; *(situation)* smuovere.

**bougie** [buʒi] *nf* candela *f*.

**bouillabaisse** [bujabɛs] *nf specialità provenzale a base di pesce bollito, condito con olio d'oliva, zafferano, ecc. e servito con fette di pane.*

**bouillie** [buji] *nf (pour bébé)* pappa *f*; *(pâte)* poltiglia *f*.

**bouillir** [bujir] *vi* bollire.

**bouilloire** [bujwar] *nf* bollitore *m*.

**bouillon** [bujɔ̃] *nm* brodo *m*.

**bouillotte** [bujɔt] *nf* borsa *f* dell'acqua calda.

**boulanger, -ère** [bulɑ̃ʒe, ɛr] *nm, f* panettiere *m* (-a *f*).

**boulangerie** [bulɑ̃ʒri] *nf* panetteria *f*.

**boule** [bul] *nf* palla *f*; *(de pétanque)* boccia *f*; **jouer aux ~s** giocare a bocce.

**bouledogue** [buldɔg] *nm* bulldog *m inv*.

**boulette** [bulɛt] *nf* pallina *f*; **~ de viande** polpetta *f (di carne)*.

**boulevard** [bulvar] *nm* viale *m*; **les grands ~s** *(à Paris) i viali tra i quartieri della Madeleine e della République a Parigi*.

**bouleverser** [bulvɛrse] *vt* sconvolgere.

**boulot** [bulo] *nm (fam)* lavoro *m*.

**bouquet** [bukɛ] *nm* mazzo *m*; *(crevette)* gamberone *m*; *(d'un vin)* bouquet *m inv (aroma del vino)*.

**bouquin** [bukɛ̃] *nm (fam)* libro *m*.

**bourdon** [burdɔ̃] *nm* calabrone *m*.

**bourgeon** [burʒɔ̃] *nm* gemma *f*.

**Bourgogne** [burgɔɲ] *nf* : **la ~** la Borgogna.

**bourguignon, -onne** [burgiɲɔ̃, ɔn] *adj* → **bœuf, fondue.**

**bourrasque** [burask] *nf* bufera *f*.

**bourratif, -ive** [buratif, iv] *adj* che riempie.

**bourré, -e** [bure] *adj (plein)* strapieno(-a); **~ de** imbottito di.

**bourse** [burs] *nf* borsa *f*.

**boursouflé, -e** [bursufle] *adj* gonfio(-a).

**bousculer** [buskyle] *vt* urtare; *(fig: presser)* mettere fretta a.

**boussole** [busɔl] *nf* bussola *f*.

**bout** [bu] *nm (d'une pièce, d'une corde)* estremità *f inv*; *(du nez, des doigts)* punta *f*; *(morceau)* pezzo *m*; **au ~ de** *(dans l'espace)* in fondo a; *(à la fin de)* alla fine di; *(après)* dopo.

**bouteille** [butɛj] *nf* bottiglia *f*; **~ de gaz** bombola *f* di gas; **~ d'oxygène** bombola d'ossigeno.

**boutique** [butik] *nf* negozio *m*; **~ franche** *ou* **hors taxes** duty free (shop) *m inv*.

**bouton** [butɔ̃] *nm* bottone *m*; *(sur la peau)* brufolo *m*; *(de fleur)* bocciolo *m*.

**bouton-d'or** [butɔ̃dɔr] (*pl* **boutons-d'or**) *nm* botton d'oro *m*.

**boutonner** [butɔne] *vt* abbottonare.

**boutonnière** [butɔnjɛr] *nf* asola *f*.

**bowling** [buliŋ] *nm* bowling *m inv*.

**boxe** [bɔks] *nf* pugilato *m*.

**boyau, -x** [bwajo] *nm (de roue)* tubolare *m*. ❑ **boyaux** *nmpl* (ANAT) budella *fpl*.

**BP** *(abr de* **boîte postale***)* CP.

**bracelet** [braslɛ] *nm* braccialetto *m; (de montre)* cinturino *m*.

**bracelet-montre** [braslɛmɔ̃tr] *(pl* **bracelets-montres***) nm* orologio *m* da polso.

**brader** [brade] *vt* svendere; **'on brade'** 'svendita'.

**braderie** [bradri] *nf* svendita *f (all'aperto)*.

**braguette** [bragɛt] *nf* cerniera *f* (dei pantaloni).

**braise** [brɛz] *nf* brace *f*.

**brancard** [brɑ̃kar] *nm* barella *f*.

**branche** [brɑ̃ʃ] *nf* ramo *m; (de lunettes)* stanghetta *f*.

**brancher** [brɑ̃ʃe] *vt* collegare.

**brandade** [brɑ̃dad] *nf* : ~ **(de morue)** *purè di baccalà con latte, olio d'oliva e, per lo più, aglio*.

**braquer** [brake] *vi* sterzare. ◆ *vt (diriger)*: ~ **qqch sur** puntare qc contro.

**bras** [bra] *nm* braccio *m; (de fauteuil)* bracciolo *m;* ~ **de mer** braccio di mare.

**brasse** [bras] *nf (nage)* rana *f*.

**brasserie** [brasri] *nf (bar à bière)* birreria *f; (restaurant)* caffè ristorante *m*.

**brassière** [brasjɛr] *nf (pour bébé)* camicino *m; (Can: soutien-gorge)* reggiseno *m*.

**brave** [brav] *adj (courageux)* coraggioso(-a); **il est bien** ~ *(gentil)* è una brava persona.

**bravo** [bravo] *excl (à une personne)* bravo(-a)!; *(à plusieurs personnes)* bravi(-e)!

**break** [brɛk] *nm (voiture)* familiare *f*.

**brebis** [brəbi] *nf* pecora *f*.

**brèche** [brɛʃ] *nf* breccia *f*.

**bref, brève** [brɛf, brɛv] *adj* breve. ◆ *adv* in breve.

**Bretagne** [brətaɲ] *nf* : **la** ~ la Bretagna.

**bretelle** [brətɛl] *nf* spallina *f; (d'autoroute)* raccordo *m* (autostradale). ❑ **bretelles** *nfpl* bretelle *fpl*.

**breton, -onne** [brətɔ̃, ɔn] *adj* bretone. ◆ *nm (langue)* bretone *m*.

**brève** → **bref**.

**bricolage** [brikɔlaʒ] *nm* fai

da te *m inv*, bricolage *m*; **faire du ~** fare del bricolage.
**bricole** [brikɔl] *nf* cosetta *f*.
**bricoler** [brikɔle] *vi fare piccoli lavori manuali.*
**bride** [brid] *nf* briglia *f*.
**bridé, -e** [bride] *adj* : **avoir les yeux ~s** avere gli occhi a mandorla.
**bridge** [bridʒ] *nm* bridge *m*.
**brie** [bri] *nm* brie *m inv (formaggio fermentato a pasta molle).*
**brièvement** [brijɛvmɑ̃] *adv* brevemente.
**brillant, -e** [brijɑ̃, ɑ̃t] *adj* brillante. ◆ *nm (diamant)* brillante *m*.
**briller** [brije] *vi* brillare.
**brin** [brɛ̃] *nm (de laine)* filo *m*; **~ d'herbe** filo d'erba; **~ de muguet** ramo *m* di mughetto.
**brindille** [brɛ̃dij] *nf* ramoscello *m*.
**brioche** [brijɔʃ] *nf* brioche *f inv*.
**brique** [brik] *nf* mattone *m*; *(de lait, de jus de fruit)* cartone *m*.
**briquet** [brikɛ] *nm* accendino *m*.
**brise** [briz] *nf* brezza *f*.
**briser** [brize] *vt* spezzare.
**britannique** [britanik] *adj* britannico(-a).
**brocante** [brɔkɑ̃t] *nf* commercio *m* di anticaglie.
**brocanteur** [brɔkɑ̃tœr] *nm* commerciante *m* di anticaglie.
**broche** [brɔʃ] *nf* spilla *f*; (CULIN) spiedo *m*.
**brochet** [brɔʃɛ] *nm* luccio *m*.
**brochette** [brɔʃɛt] *nf* spiedino *m*.
**brochure** [brɔʃyr] *nf* opuscolo *m*.
**brocoli** [brɔkɔli] *nm* broccolo *m*.
**broderie** [brɔdri] *nf* ricamo *m*.
**bronchite** [brɔ̃ʃit] *nf* bronchite *f*.
**bronzage** [brɔ̃zaʒ] *nm* abbronzatura *f*.
**bronzer** [brɔ̃ze] *vi* abbronzarsi; **se faire ~** prendere il sole.
**brosse** [brɔs] *nf* spazzola *f*; **~ à cheveux** spazzola per capelli; **~ à dents** spazzolino *m* (da denti).

**brosser** [brɔse] *vt* spazzolare. ❑ **se brosser** *vp* spazzolarsi; **se ~ les dents** lavarsi i denti.
**brouette** [bruɛt] *nf* carriola *f*.
**brouillard** [brujar] *nm* nebbia *f*.
**brouillé** [bruje] *adj m* → œuf.
**broussailles** [brusaj] *nfpl* cespugli *mpl*.
**brucelles** [brysɛl] *nfpl* *(Helv: pince à épiler)* pinzette *fpl*.
**brugnon** [bryɲɔ̃] *nm* pescanoce *f*.
**bruine** [brɥin] *nf* pioggerellina *f*.
**bruit** [brɥi] *nm* rumore *m*; **faire du ~** fare rumore.
**brûlant, -e** [brylɑ̃, ɑ̃t] *adj* bollente; *(soleil)* cocente.
**brûler** [bryle] *vt* bruciare. ◆ *vi (flamber)* bruciare; *(chauffer)* scottare; **~ un feu rouge** passare col rosso. ❑ **se brûler** *vp* bruciarsi; **se ~ la main** scottarsi la mano.
**brûlure** [brylyr] *nf* ustione *f*; *(sensation)* bruciore *m*; **~s d'estomac** bruciori di stomaco.
**brume** [brym] *nf* foschia *f*.
**brun, -e** [brœ̃, bryn] *adj* bruno(-a); *(tabac)* scuro(-a).
**brune** [bryn] *nf (cigarette)* sigaretta *f* di tabacco scuro; **(bière) ~** (birra) scura *f*.
**brut, -e** [bryt] *adj (poids, salaire)* lordo(-a); *(cidre, champagne)* brut *(inv)*.
**brutal, -e, -aux** [brytal, o] *adj* brutale.
**Bruxelles** [bry(k)sɛl] *n* Bruxelles *f*.
**bruyant, -e** [brɥijɑ̃, ɑ̃t] *adj* rumoroso(-a).
**bruyère** [bryjɛr] *nf* brughiera *f*.
**bu, -e** [by] *pp* → **boire**.
**buanderie** [byɑ̃dri] *nf* *(Can: blanchisserie)* lavanderia *f*.
**bûche** [byʃ] *nf* ceppo *m*; **~ de Noël** *dolce natalizio a forma di tronchetto composto di pan di Spagna ripieno, arrotolato e ricoperto di crema*.
**budget** [bydʒɛ] *nm (d'une entreprise)* bilancio *m* preventivo; *(moyens financiers)* finanze *fpl*.
**buée** [bɥe] *nf* : **il y a de la ~ sur les vitres** i vetri sono appannati.
**buffet** [byfɛ] *nm (repas, cafétéria)* buffet *m inv*; *(meu-*

*ble)* credenza *f*; ~ **froid** buffet freddo.

**buisson** [bɥisɔ̃] *nm* cespuglio *m*.

**bulle** [byl] *nf* bolla *f*.

**bulletin** [byltɛ̃] *nm (papier)* bollettino *m*; *(d'informations)* notiziario *m* flash; ~ **météorologique** bollettino meteorologico.

**bungalow** [bœ̃galo] *nm* bungalow *m inv*.

**bureau** [byro] *nm* ufficio *m*; *(meuble)* scrivania *f*; ~ **de change** cambio *m*; ~ **de poste** ufficio postale; ~ **de tabac** tabaccheria *f*.

**bus** [bys] *nm* autobus *m*.

**buste** [byst] *nm* busto *m*.

**but** [byt] *nm (intention)* scopo *m*; *(destination)* meta *f*; *(SPORT: point)* gol *m inv*, rete *f*; **les ~s** *(SPORT: zone)* le reti; **dans le ~ de** allo scopo di.

**butane** [bytan] *nm* butano *m*.

**buter** [byte] *vi* : ~ **sur** *ou* **contre** inciampare in; *(difficulté)* intoppare in.

**butte** [byt] *nf* collinetta *f*.

**buvette** [byvɛt] *nf* chiosco *m* (delle bibite).

# C

**c'** → **ce**.

**ça** [sa] *pron* questo; *(objet lointain)* quello; ~ **c'est la gare centrale** questa è la stazione centrale; ~ **n'est pas facile** non è semplice; **comment ~?** ma come?; **c'est ~** *(c'est exact)* proprio così.

**cabane** [kaban] *nf* capanna *f*.

**cabaret** [kabarɛ] *nm* cabaret *m inv*.

**cabillaud** [kabijo] *nm* merluzzo *m*.

**cabine** [kabin] *nf* cabina *f*; ~ **de douche** cabina della doccia; ~ **d'essayage** camerino *m* (di prove); ~ **(de pilotage)** cabina (di pilotaggio); ~ **(téléphonique)** cabina (telefonica).

**cabinet** [kabinɛ] *nm (d'avocat, de médecin)* studio *m*; ~ **de toilette** *piccolo bagno con doccia*. ❑ **cabinets** *nmpl* gabinetto *m*.

**câble** [kabl] *nm* cavo *m*.

**cacah(o)uète** [kakawɛt] *nf* nocciolina *f* (americana).

**cacao** [kakao] *nm* cacao *m*.

**cachemire** [kaʃmir] *nm* cachemire *m*.

**cacher** [kaʃe] *vt* nascondere; *(vue, soleil)* parare. ❑ **se cacher** *vp* nascondersi.

**cachet** [kaʃɛ] *nm (comprimé)* compressa *f*, cachet *m inv*; *(tampon)* timbro *m*; *(allure)* stile *m*.

**cachette** [kaʃɛt] *nf* nascondiglio *m*; **en ~** di nascosto.

**cactus** [kaktys] *nm* cactus *m inv*.

**cadavre** [kadavr] *nm* cadavere *m*.

**Caddie**® [kadi] *nm* carrello *m*.

**cadeau, -x** [kado] *nm* regalo *m*; **faire un ~ à qqn** fare un regalo a qn; **faire ~ de qqch à qqn** regalare qc a qn.

**cadenas** [kadna] *nm* lucchetto *m*.

**cadran** [kadrɑ̃] *nm* quadrante *m*.

**cadre** [kadr] *nm* quadro *m*; *(bordure)* cornice *f*; *(de vélo)* telaio *m*.

**cafard** [kafar] *nm (insecte)* scarafaggio *m*; **avoir le ~** *(fam)* essere giù di corda.

**café** [kafe] *nm* caffè *m inv*; **~ crème** OU **au lait** caffellatte *m inv*; **~ liégeois** *gelato al caffè ricoperto di panna montata*; **~ noir** caffè nero.

**cafétéria** [kafeterja] *nf* self-service *m inv*.

**café-théâtre** [kafeteatr] (*pl* **cafés-théâtres**) *nm caffè nel quale, consumando, si assiste ad uno spettacolo (per lo più comico)*.

**cafetière** [kaftjɛr] *nf* caffettiera *f*.

**cage** [kaʒ] *nf* gabbia *f*; *(SPORT)* rete *f*; **~ d'escalier** tromba *f* delle scale.

**cahier** [kaje] *nm* quaderno *m*.

**caille** [kaj] *nf* quaglia *f*.

**caillou, -x** [kaju] *nm* sasso *m*.

**caisse** [kɛs] *nf* cassa *f*; **~ (enregistreuse)** registratore *m* di cassa; **~ d'épargne** cassa di risparmio; **~ rapide** cassa rapida.

**caissier, -ère** [kesje, ɛr] *nm, f* cassiere *m* (-a *f*).

**cajou** [kaʒu] *nm* → **noix**.

**cake** [kɛk] *nm* plum-cake *m inv*.

**Calabre** [kalabr] *nf* Calabria *f*.

**calamars** [kalamar] *nmpl* calamari *mpl*.

**calcul** [kalkyl] *nm* calcolo *m*; **le ~** l'aritmetica *f*.
**calculatrice** [kalkylatris] *nf* calcolatrice *f* (tascabile).
**calculer** [kalkyle] *vt* calcolare.
**caleçon** [kalsɔ̃] *nm (sous-vêtement)* boxer *m inv*; *(pantalon)* fuseaux *mpl*.
**calendrier** [kalɑ̃drije] *nm* calendario *m*.
**caler** [kale] *vt* rendere stabile. ◆ *vi (voiture, moteur)* spegnersi.
**câlin** [kalɛ̃] *nm* : **faire un ~ à qqn** fare una coccola a qn.
**calmant** [kalmɑ̃] *nm* calmante *m*.
**calmars** [kalmar] = **calamars**.
**calme** [kalm] *adj* calmo(-a). ◆ *nm* calma *f*; **du ~!** calma!
**calmer** [kalme] *vt* calmare. ❑ **se calmer** *vp* calmarsi.
**calorie** [kalɔri] *nf* caloria *f*.
**calvados** [kalvados] *nm* calvados *m inv*.
**camarade** [kamarad] *nmf* compagno *m* (-a *f*).
**cambriolage** [kɑ̃brijɔlaʒ] *nm* furto *m* con scasso.
**cambrioler** [kɑ̃brijɔle] *vt* svaligiare.
**cambrioleur** [kɑ̃brijɔlœr] *nm* scassinatore *m*.
**camembert** [kamɑ̃bɛr] *nm* camembert *m inv*.
**caméra** [kamera] *nf (de cinéma)* cinepresa *f*; *(de télévision)* telecamera *f*.
**Caméscope®** [kameskɔp] *nm* cinepresa *f*.
**camion** [kamjɔ̃] *nm* camion *m inv*.
**camionnette** [kamjɔnɛt] *nf* camioncino *m*.
**camionneur** [kamjɔnœr] *nm* camionista *m*.
**camp** [kɑ̃] *nm (tentes)* accampamento *m*; *(de joueurs, de sportifs)* squadra *f*; **~ de vacances** campo *m* estivo.
**campagne** [kɑ̃paɲ] *nf* campagna *f*.
**camper** [kɑ̃pe] *vi* campeggiare.
**campeur, -euse** [kɑ̃pœr, øz] *nm, f* campeggiatore *m* (-trice *f*).
**camping** [kɑ̃piŋ] *nm* campeggio *m*; **faire du ~** fare del campeggio; **~ à la ferme** *piccolo campeggio attrezzato di servizi sul terreno di un'azienda agricola*; **~ sauvage** campeggio libero.
**camping-car, -s** [kɑ̃piŋkar] *nm* camper *m inv*.
**Camping-Gaz®** [kɑ̃piŋgaz]

*nm inv* fornello *m* da campeggio.

**Canada** [kanada] *nm* : **le ~** il Canada.

**canadien, -enne** [kanadjɛ̃, ɛn] *adj* canadese. ❑ **Canadien, -enne** *nm, f* canadese *mf*.

**canal, -aux** [kanal, o] *nm* canale *m*; **Canal +** *rete televisiva francese a pagamento.*

**canalisation** [kanalizasjɔ̃] *nf* tubazione *f*.

**canapé** [kanape] *nm (siège)* divano *m*; *(toast)* tartina *f*.

**canapé-lit** [kanapeli] (*pl* **canapés-lits**) *nm* divano letto *m*.

**canard** [kanar] *nm* anatra *f*; **~ à l'orange** anatra all'arancia; **~ laqué** anatra glassata.

**canari** [kanari] *nm* canarino *m*.

**cancer** [kɑ̃sɛr] *nm* cancro *m*.

**candidat, -e** [kɑ̃dida, at] *nm, f* candidato *m* (-a *f*).

**canette** [kanɛt] *nf (bouteille)* lattina *f*.

**caniche** [kaniʃ] *nm* barboncino *m*.

**canicule** [kanikyl] *nf* canicola *f*.

**canif** [kanif] *nm* temperino *m*.

**canne** [kan] *nf* bastone *m*; **~ à pêche** canna *f* da pesca.

**canneberge** [kanbɛrʒ] *nf bacca rossa simile al mirtillo.*

**cannelle** [kanɛl] *nf* cannella *f*.

**cannelloni(s)** [kanelɔni] *nmpl* cannelloni *mpl*.

**canoë** [kanɔe] *nm* canoa *f*; **faire du ~** andare in canoa.

**canoë-kayak** [kanɔekajak] (*pl* **canoës-kayaks**) *nm* canoa-kayak *f*; **faire du ~** andare in canoa-kayak.

**canon** [kanɔ̃] *nm (MIL)* cannone *m*; *(d'une arme à feu)* canna *f*.

**canot** [kano] *nm* canotto *m*; **~ pneumatique** canotto pneumatico; **~ de sauvetage** scialuppa *f* di salvataggio.

**cantal** [kɑ̃tal] *nm formaggio di latte di mucca prodotto nella regione omonima.*

**cantine** [kɑ̃tin] *nf* mensa *f*.

**canton** [kɑ̃tɔ̃] *nm (en France)* circoscrizione *f* elettorale; *(en Suisse)* cantone *m*.

**cantonais** [kɑ̃tɔnɛ] *adj m* → **riz**.

**caoutchouc** [kautʃu] *nm* gomma *f*.

**cap** [kap] *nm (pointe de terre)* capo *m*; (NAVIG) rotta *f*; **mettre le ~ sur** fare rotta verso.

**capable** [kapabl] *adj* capace; **être ~ de faire qqch** essere capace di fare qc.

**capitaine** [kapitɛn] *nm* capitano *m*.

**capitale** [kapital] *nf (ville)* capitale *f*; *(lettre)* maiuscola *f*.

**capot** [kapo] *nm* cofano *m*.

**câpre** [kapr] *nf* cappero *m*.

**caprice** [kapris] *nm (envie)* capriccio *m*; **faire un ~** fare i capricci.

**capsule** [kapsyl] *nf (de bouteille)* tappo *m*.

**capturer** [kaptyre] *vt* catturare.

**capuche** [kapyʃ] *nf* cappuccio *m*.

**capuchon** [kapyʃɔ̃] *nm* cappuccio *m*.

**caquelon** [kaklɔ̃] *nm (Helv) recipiente da fonduta*.

**car**[1] [kar] *conj* perché.

**car**[2] [kar] *nm (de ligne)* corriera *f*; *(de tourisme)* pullman *m inv*.

**carabine** [karabin] *nf* carabina *f*.

**caractère** [karaktɛr] *nm* carattere *m*; **avoir bon ~** avere un buon carattere; **avoir mauvais ~** avere un brutto carattere.

**caractéristique** [karakteristik] *nf* caratteristica *f*. ◆ *adj* : **~ de** caratteristico(-a) di.

**carafe** [karaf] *nf* caraffa *f*.

**caramel** [karamɛl] *nm (sucre brûlé)* caramello *m*; *(bonbon)* caramella *f* al mou.

**caravane** [karavan] *nf* roulotte *f inv*.

**carbonade** [karbɔnad] *nf* : **~s flamandes** *spezzatino di manzo e cipolle preparato con birra*.

**carburant** [karbyrɑ̃] *nm* carburante *m*.

**cardiaque** [kardjak] *adj (maladie)* cardiaco(-a); *(personne)* cardiopatico(-a).

**cardinaux** [kardino] *adj mpl* → **point**.

**cardiologue** [kardjɔlɔg] *nmf* cardiologo *m* (-a *f*).

**caresse** [karɛs] *nf* carezza *f*.

**caresser** [karese] *vt* accarezzare.

**caricature** [karikatyr] *nf* caricatura *f*.

**carie** [kari] *nf* carie *f inv.*

**carnaval** [karnaval] *nm* carnevale *m.*

**carnet** [karnɛ] *nm* taccuino *m; (de tickets, de timbres)* blocchetto *m;* ~ **d'adresses** agendina *f;* ~ **de chèques** libretto *m* degli assegni.

**carnotzet** [karnɔtze] *nm (Helv: dans un restaurant) sala o parte di un ristorante riservata ai clienti che consumano piatti a base di formaggio.*

**carotte** [karɔt] *nf* carota *f.*

**carpe** [karp] *nf* carpa *f.*

**carré, -e** [kare] *adj* quadrato(-a). ♦ *nm* quadrato *m; (de chocolat)* quadratino *m; (d'agneau, de porc)* lombata *f;* **deux mètres ~s** due metri quadri.

**carreau, -x** [karo] *nm (vitre)* vetro *m; (sur le sol, les murs)* piastrella *f; (carré)* quadrato *m; (aux cartes)* quadri *mpl;* **à ~x** a quadri.

**carrefour** [karfur] *nm* incrocio *m.*

**carrelage** [karlaʒ] *nm* piastrelle *fpl.*

**carrière** [karjɛr] *nf (de pierre)* cava *f; (profession)* carriera *f;* **faire ~ dans qqch** fare carriera in qc.

**carrosserie** [karɔsri] *nf* carrozzeria *f.*

**carrure** [karyr] *nf* larghezza *f* di spalle.

**cartable** [kartabl] *nm* cartella *f.*

**carte** [kart] *nf (à jouer)* carta *f; (document officiel)* tessera *f; (plan)* cartina *f; (de restaurant)* menu *m inv;* **à la ~** *(menu)* alla carta; ~ **bancaire** ≈ bancomat® *m inv;* **Carte Bleue**® *bancomat® funzionante anche come carta di credito;* ~ **de crédit** carta di credito; ~ **d'embarquement** carta d'imbarco; ~ **grise** libretto *m* di circolazione; ~ **(nationale) d'identité** carta d'identità; **Carte Orange** *abbonamento valido su pullman, metropolitana e treni nella regione parigina;* ~ **postale** cartolina *f;* ~ **téléphonique** OU **de téléphone** scheda *f* telefonica; ~ **des vins** lista *f* dei vini; ~ **de visite** biglietto *m* da visita.

**carton** [kartɔ̃] *nm (matière)* cartone *m; (boîte)* scatolone *m; (feuille)* cartoncino *m.*

**cartouche** [kartuʃ] *nf* cartuccia *f; (de cigarettes)* stecca *f.*

**cas** [ka] *nm* caso *m;* **au ~ où** nel caso in cui; **dans ce**

~ in tal caso; **en ~ de** in caso di; **en tout ~** in ogni caso.

**cascade** [kaskad] *nf (chute d'eau)* cascata *f*; *(au cinéma)* scena *f* pericolosa.

**case** [kaz] *nf (de damier, de mots croisés)* casella *f*; *(compartiment)* scomparto *m*; *(hutte)* capanna *f*.

**caserne** [kazɛrn] *nf* caserma *f*.

**casier** [kazje] *nm (compartiment)* casella *f*.

**casino** [kazino] *nm* casinò *m inv*.

**casque** [kask] *nm* casco *m*; *(écouteurs)* cuffia *f*.

**casquette** [kaskɛt] *nf* coppola *f*.

**casse-croûte** [kaskrut] *nm inv* spuntino *m*.

**casse-noix** [kasnwa] *nm inv* schiaccianoci *m inv*.

**casser** [kase] *vt* rompere. ❑ **se casser** *vp* rompersi; **se ~ le bras** rompersi il braccio; **se ~ la figure** *(fam: tomber)* cadere.

**casserole** [kasrɔl] *nf (contenant)* tegame *m*.

**cassette** [kasɛt] *nf (de musique)* cassetta *f*; **~ vidéo** videocassetta *f*.

**cassis** [kasis] *nm* ribes *m* nero.

**cassoulet** [kasulɛ] *nm carne in umido di anatra, oca, maiale o montone con fagioli bianchi, piatto tipico della regione di Tolosa.*

**catalogue** [katalɔg] *nm* catalogo *m*.

**catastrophe** [katastrɔf] *nf* catastrofe *f*.

**catégorie** [kategɔri] *nf* categoria *f*.

**cathédrale** [katedral] *nf* cattedrale *f*.

**catholique** [katɔlik] *adj* cattolico(-a). ◆ *nmf* cattolico *m* (-a *f*).

**cauchemar** [koʃmar] *nm* incubo *m*.

**cause** [koz] *nf (raison)* causa *f*; **'fermé pour ~ de...'** 'chiuso per...'; **à ~ de** a causa di.

**causer** [koze] *vt* causare. ◆ *vi* chiacchierare.

**caution** [kosjɔ̃] *nf (pour une location)* cauzione *f*.

**cave** [kav] *nf* cantina *f*.

**caverne** [kavɛrn] *nf* caverna *f*.

**caviar** [kavjar] *nm* caviale *m*.

**CB** *abr* = **Carte Bleue®**.

**CD** [sede] *nm (abr de* **Compact Disc***)* CD *m*.

**ce, cet** [sə, sɛt] *(f* **cette**

[sɛt], *mpl* **ces** [se]) *adj* 1. *(proche dans l'espace ou dans le temps)* questo(-a); **cette nuit** stanotte.
2. *(éloigné dans l'espace ou dans le temps)* quello(-a).
◆ *pron* 1. *(pour mettre en valeur)*: **c'est** è; **~ sont** sono; **c'est moi!** sono io!; **c'est votre collègue qui m'a renseigné** è il suo collega che mi ha dato le informazioni.
2. *(dans des interrogations)*: **est-~ bien là?** è là?; **qui est-~?** chi è?
3. *(avec un relatif)*: **~ que tu voudras** quello che vorrai; **~ dont vous aurez besoin en camping** quello di cui avrete bisogno in campeggio.
4. *(en intensif)*: **~ qu'il fait chaud!** che caldo (che fa)!

**ceci** [səsi] *pron* questo.

**céder** [sede] *vt & vi* cedere; **'cédez le passage'** 'dare la precedenza'.

**CEE** *nf (abr de* **Communauté européenne***)* CE *f*.

**ceinture** [sɛ̃tyr] *nf* cintura *f*; *(d'un vêtement, d'une personne)* vita *f*; **~ de sécurité** cintura di sicurezza.

**cela** [səla] *pron dém* ciò; *(ce dont on a parlé)* questo; **comment ~?** ma come?; **c'est ~** *(c'est exact)* proprio così.

**célèbre** [selɛbr] *adj* celebre.

**céleri** [sɛlri] *nm* sedano *m*; **~ rémoulade** *sedano rapa grattugiato servito con maionese alla senape e alle erbe aromatiche.*

**célibataire** [selibatɛr] *adj (homme)* celibe; *(femme)* nubile. ◆ *nmf* celibe *m* (nubile *f*).

**celle** → **celui**.

**celle-ci** → **celui-ci**.

**celle-là** → **celui-là**.

**celui** [səlɥi] (*f* **celle** [sɛl], *mpl* **ceux** [sø]) *pron* quello(-a); **~ de devant** quello davanti; **~ de Pierre** quello di Pierre; **~ qui part à 13 h 30** quello che parte alle 13.30.

**celui-ci** [səlɥisi] (*f* **celle-ci** [sɛlsi], *mpl* **ceux-ci** [søsi]) *pron* questo(-a); *(dont on vient de parler)* quest'ultimo(-a).

**celui-là** [səlɥila] (*f* **celle-là** [sɛlla], *mpl* **ceux-là** [søla]) *pron* quello(-a); *(dont on a parlé)* il primo (la prima).

**cendre** [sɑ̃dr] *nf* cenere *f*.

**cendrier** [sɑ̃drije] *nm* posacenere *m inv*.

**cent** [sɑ̃] *num* cento; → **six**.

**centaine** [sɑ̃tɛn] *nf* : **une ~ (de)** un centinaio (di).

**centième** [sɑ̃tjɛm] *num* centesimo(-a); → **sixième**.

**centime** [sɑ̃tim] *nm* centesimo *m*.

**centimètre** [sɑ̃timɛtr] *nm* centimetro *m*.

**central, -e, -aux** [sɑ̃tral, o] *adj* centrale.

**centre** [sɑ̃tr] *nm* centro *m*; **~ commercial** centro commerciale.

**centre-ville** [sɑ̃trəvil] (*pl* **centres-villes**) *nm* centro *m (di città)*.

**cèpe** [sɛp] *nm* porcino *m*.

**cependant** [səpɑ̃dɑ̃] *conj* tuttavia.

**cercle** [sɛrkl] *nm* cerchio *m*.

**cercueil** [sɛrkœj] *nm* bara *f*.

**céréale** [sereal] *nf* cereale *m*.

**cérémonie** [seremɔni] *nf* cerimonia *f*.

**cerf** [sɛr] *nm* cervo *m*.

**cerf-volant** [sɛrvɔlɑ̃] (*pl* **cerfs-volants**) *nm* aquilone *m*.

**cerise** [səriz] *nf* ciliegia *f*.

**cerisier** [sərizje] *nm* ciliegio *m*.

**certain, -e** [sɛrtɛ̃, ɛn] *adj* certo(-a); **être ~ que** essere certo che; **un ~ temps** un certo tempo; **un ~ Jean** un certo Jean. ❑ **certains, certaines** *adj* alcuni(-e), certi(-e). ◆ *pron* alcuni(-e).

**certainement** [sɛrtɛnmɑ̃] *adv (probablement)* molto probabilmente; *(bien sûr)* certamente.

**certes** [sɛrt] *adv* certo.

**certificat** [sɛrtifika] *nm* certificato *m*.

**cerveau, -x** [sɛrvo] *nm* cervello *m*.

**cervelas** [sɛrvəla] *nm* *grossa salsiccia aromatizzata da mangiare cotta o cruda.*

**cervelle** [sɛrvɛl] *nf* cervella *f*.

**ces** → **ce**.

**cesser** [sese] *vi* smettere; **~ de faire qqch** smettere di fare qc.

**c'est-à-dire** [setadir] *adv* cioè.

**cet** → **ce**.

**cette** → **ce**.

**ceux** → **celui**.

**ceux-ci** → **celui-ci**.

**ceux-là** → **celui-là**.

**chacun, -e** [ʃakœ̃, yn] *pron* ognuno(-a).

**chagrin** [ʃagrɛ̃] *nm* dispiacere *m*; **avoir du ~** essere triste.

**chaîne** [ʃɛn] *nf* catena *f*; *(de télévision)* canale *m*; **~ (hi-fi)** (impianto) stereo *m*; **~ laser** *stereo con lettore di compact disc*; **~ de montagnes** catena montuosa.

**chair** [ʃɛr] *nf* carne *f*; *(de fruit)* polpa *f*. ◆ *adj inv (couleur)* carne *(inv)*; **~ à saucisse** carne da insaccato; **avoir la ~ de poule** avere la pelle d'oca.

**chaise** [ʃɛz] *nf* sedia *f*; **~ longue** sedia a sdraio.

**châle** [ʃal] *nm* scialle *m*.

**chalet** [ʃalɛ] *nm* chalet *m inv*; *(Can: maison de campagne)* casa *f* in campagna.

**chaleur** [ʃalœr] *nf* calore *m*.

**chambre** [ʃɑ̃br] *nf* : **~ (à coucher)** camera *f* (da letto); **~ à air** camera d'aria; **~ d'amis** camera degli ospiti; **~ d'hôte** *camera per ospiti paganti presso un privato*; **~ double** camera doppia; **~ pour une personne** camera singola.

**champ** [ʃɑ̃] *nm* campo *m*; **~ de courses** ippodromo *m*.

**champagne** [ʃɑ̃paɲ] *nm* champagne *m inv*.

**champignon** [ʃɑ̃piɲɔ̃] *nm* fungo *m*; **~s à la grecque** *champignon serviti freddi conditi con olio d'oliva, limone e spezie*; **~ de Paris** champignon *m inv*.

**champion, -ionne** [ʃɑ̃pjɔ̃, ɔn] *nm, f* campione *m* (-essa *f*).

**chance** [ʃɑ̃s] *nf (sort favorable)* fortuna *f*; *(probabilité)* probabilità *f inv*; **avoir de la ~** avere fortuna; **avoir des ~s de faire qqch** avere delle possibilità di fare qc; **bonne ~!** buona fortuna!

**chandail** [ʃɑ̃daj] *nm* maglione *m*.

**chandelier** [ʃɑ̃dəlje] *nm* candeliere *m*.

**chandelle** [ʃɑ̃dɛl] *nf* candela *f*.

**change** [ʃɑ̃ʒ] *nm* cambio *m*.

**changement** [ʃɑ̃ʒmɑ̃] *nm* cambiamento *m*; **~ de vitesse** cambio *m* (di velocità).

**changer** [ʃɑ̃ʒe] *vt & vi* cambiare; **~ des euros en dollars** cambiare dei euro in dollari; **~ de chemise** cambiarsi la camicia. ❑ **se**

**changer** *vp (s'habiller)* cambiarsi.

**chanson** [ʃɑ̃sɔ̃] *nf* canzone *f.*

**chanter** [ʃɑ̃te] *vt & vi* cantare.

**chanteur**, **-euse** [ʃɑ̃tœr, øz] *nm, f* cantante *mf.*

**chantier** [ʃɑ̃tje] *nm* cantiere *m.*

**chantilly** [ʃɑ̃tiji] *nf* : **(crème) ~** panna *f* montata.

**chapeau**, **-x** [ʃapo] *nm* cappello *m.*

**chapelle** [ʃapɛl] *nf* cappella *f.*

**chapelure** [ʃaplyr] *nf* pangrattato *m.*

**chapitre** [ʃapitr] *nm* capitolo *m.*

**chaque** [ʃak] *adj* ogni.

**char** [ʃar] *nm (de carnaval)* carro *m*; *(Can: voiture)* auto *f*; **~ à voile** windsurf *m inv* da terra.

**charbon** [ʃarbɔ̃] *nm* carbone *m.*

**charcuterie** [ʃarkytri] *nf (aliments)* salumi *mpl*; *(magasin)* salumeria *f.*

**chargement** [ʃarʒəmɑ̃] *nm* carico *m.*

**charger** [ʃarʒe] *vt* caricare; **~ qqn de faire qqch** incaricare qn di fare qc. ❑ **se charger de** *vp + prép* occuparsi di.

**chariot** [ʃarjo] *nm* carrello *m.*

**charlotte** [ʃarlɔt] *nf dolce freddo o caldo a base di crema (al cioccolato o alla frutta) o gelato e rivestito di savoiardi.*

**charmant**, **-e** [ʃarmɑ̃, ɑ̃t] *adj (joli)* incantevole; *(sympathique)* molto simpatico(-a).

**charme** [ʃarm] *nm* fascino *m.*

**charrette** [ʃarɛt] *nf* carretta *f.*

**charrue** [ʃary] *nf* aratro *m.*

**charter** [ʃartɛr] *nm* : **(vol) ~** charter *m inv.*

**chasse** [ʃas] *nf* caccia *f*; **aller à la ~** andare a caccia; **tirer la ~ (d'eau)** tirare l'acqua.

**chasselas** [ʃasla] *nm vitigno molto comune in Svizzera dal quale si ricavano vini bianchi.*

**chasse-neige** [ʃasnɛʒ] *nm inv* spazzaneve *m inv.*

**chasser** [ʃase] *vt (animal)* cacciare; *(personne)* cacciare (via). ◆ *vi* cacciare.

**chasseur** [ʃasœr] *nm* cacciatore *m* (-trice *f*).

**chat**, **chatte** [ʃa, ʃat] *nm, f* gatto *m* (-a *f*).

**châtaigne** [ʃatɛɲ] *nf* castagna *f*.

**châtain** [ʃatɛ̃] *adj* castano(-a).

**château**, **-x** [ʃato] *nm* castello *m*; **~ fort** roccaforte *f*.

**chatouiller** [ʃatuje] *vt* solleticare.

**chatte** → chat.

**chaud**, **-e** [ʃo, ʃod] *adj* caldo(-a); *(vêtement)* pesante. ◆ *nm* : **il fait ~** fa caldo; **avoir ~** avere caldo; **tenir ~** tenere caldo.

**chaudière** [ʃodjɛr] *nf* caldaia *f*.

**chauffage** [ʃofaʒ] *nm* riscaldamento *m*; **~ central** riscaldamento centrale.

**chauffante** [ʃofɑ̃t] *adj f* → **plaque**.

**chauffard** [ʃofar] *nm* guidatore *m* (-trice *f*) della domenica.

**chauffe-eau** [ʃofo] *nm inv* boiler *m inv*.

**chauffer** [ʃofe] *vt* scaldare. ◆ *vi* scaldare; *(surchauffer)* scaldarsi.

**chauffeur** [ʃofœr] *nm* conducente *m*; **~ de taxi** tassista *mf*.

**chaussée** [ʃose] *nf* carreggiata *f*; **'~ déformée'** 'strada dissestata'.

**chausser** [ʃose] *vi* : **~ du 38** portare il 38. ❑ **se chausser** *vp* mettersi le scarpe.

**chaussette** [ʃosɛt] *nf* calzino *m*, calza *f*.

**chausson** [ʃosɔ̃] *nm* pantofola *f*; **~ aux pommes** fagottino *m* di mele.

**chaussure** [ʃosyr] *nf* scarpa *f*; **~s de marche** scarpe da passeggio.

**chauve** [ʃov] *adj* calvo(-a).

**chef** [ʃɛf] *nm* capo *m*; *(cuisinier)* chef *m inv*; **~ d'État** capo di Stato; **~ de gare** capostazione *m*; **~ d'orchestre** direttore d'orchestra.

**chef-d'œuvre** [ʃɛdœvr] (*pl* **chefs-d'œuvre**) *nm* capolavoro *m*.

**chemin** [ʃəmɛ̃] *nm* stradina *f*; *(parcours)* strada *f*; **en ~** per strada.

**chemin de fer** [ʃəmɛ̃dəfɛr] (*pl* **chemins de fer**) *nm* ferrovia *f*.

**cheminée** [ʃəmine] *nf (de maison)* camino *m*; *(d'usine)* ciminiera *f*.

**chemise** [ʃəmiz] *nf* camicia *f*; *(en carton)* cartellina *f*; **~ de nuit** camicia da notte.

**chemisier** [ʃəmizje] *nm* camicetta *f*.
**chêne** [ʃɛn] *nm* quercia *f*.
**chenille** [ʃənij] *nf* bruco *m*; *(de véhicule)* cingolo *m*.
**chèque** [ʃɛk] *nm* assegno *m*; **~ en blanc** assegno in bianco; **~ sans provision** assegno scoperto; **~ de voyage** traveller's cheque *m inv*.
**chéquier** [ʃekje] *nm* libretto *m* degli assegni.
**cher**, **chère** [ʃɛr] *adj & adv* caro(-a); **~ Monsieur** gentile Signore; **~ Laurent** caro Laurent.
**chercher** [ʃɛrʃe] *vt* cercare; **aller ~** andare a prendere. ❑ **chercher à** *v + prép* cercare di.
**cheval**, **-aux** [ʃəval, o] *nm* cavallo *m*; **monter à ~** cavalcare; **faire du ~** fare equitazione; **à ~ sur** *(chaise, branche)* a cavallo di.
**chevet** [ʃəvɛ] *nm* → **lampe, table**.
**cheveu**, **-x** [ʃəvø] *nm* capello *m*. ❑ **cheveux** *nmpl* capelli *mpl*.
**cheville** [ʃəvij] *nf (ANAT)* caviglia *f*; *(en plastique)* tassello *m*.
**chèvre** [ʃɛvr] *nf* capra *f*.
**chevreuil** [ʃəvrœj] *nm* capriolo *m*.
**chewing-gum**, **-s** [ʃwiŋgɔm] *nm* gomma *f* da masticare.
**chez** [ʃe] *prép* da; *(dans une adresse)* c/o; **~ moi** a casa (mia); **~ le dentiste** dal dentista.
**chic** [ʃik] *adj* chic *(inv)*.
**chiche** [ʃiʃ] *adj m* → **pois**.
**chien**, **chienne** [ʃjɛ̃, ʃjɛn] *nm, f* cane *m* (cagna *f*).
**chiffon** [ʃifɔ̃] *nm* straccio *m*.
**chiffre** [ʃifr] *nm* cifra *f*.
**chignon** [ʃiɲɔ̃] *nm* chignon *m inv*.
**chimique** [ʃimik] *adj* chimico(-a).
**Chine** [ʃin] *nf* : **la ~** la Cina.
**chinois**, **-e** [ʃinwa, az] *adj* cinese. ◆ *nm (langue)* cinese *m*.
**chipolata** [ʃipɔlata] *nf salsiccia lunga e sottile*.
**chips** [ʃips] *nfpl* patatine *fpl*.
**chirurgie** [ʃiryrʒi] *nf* chirurgia *f*.
**chirurgien**, **-enne** [ʃiryrʒjɛ̃, ɛn] *nm, f* chirurgo *m* (-a *f*).
**choc** [ʃɔk] *nm (physique)*

urto *m*; *(émotion)* shock *m inv*.

**chocolat** [ʃɔkɔla] *nm* cioccolato *m*; *(boisson)* cioccolata *f*; ~ **blanc** cioccolato bianco; ~ **au lait** cioccolato al latte; ~ **liégeois** *gelato al cioccolato ricoperto di panna montata*; ~ **noir** cioccolato fondente.

**chocolatier** [ʃɔkɔlatje] *nm* cioccolataio *m*.

**choesels** [tʃuzœl] *mpl (Belg) spezzatino di carni e trippe varie cotto a fuoco lento con cipolle e birra*.

**choisir** [ʃwazir] *vt* scegliere.

**choix** [ʃwa] *nm* scelta *f*; **avoir le** ~ poter scegliere; **au** ~ a scelta.

**cholestérol** [kɔlɛsterɔl] *nm* colesterolo *m*.

**chômage** [ʃomaʒ] *nm* disoccupazione *f*; **être au** ~ essere disoccupato.

**chômeur, -euse** [ʃomœr, øz] *nm, f* disoccupato *m* (-a *f*).

**choquer** [ʃɔke] *vt* scioccare.

**chorale** [kɔral] *nf* corale *f*.

**chose** [ʃoz] *nf* cosa *f*.

**chou, -x** [ʃu] *nm* cavolo *m*; ~ **de Bruxelles** cavolino *m* di Bruxelles; ~ **à la crème** bignè *m inv*; ~ **rouge** cavolo rosso.

**choucroute** [ʃukrut] *nf* : ~ **(garnie)** *specialità alsaziana a base di crauti, patate, salsicce e carni*.

**chouette** [ʃwɛt] *nf* civetta *f*. ◆ *adj (fam)* bello(-a).

**chou-fleur** [ʃuflœr] (*pl* **choux-fleurs**) *nm* cavolfiore *m*.

**chrétien, -enne** [kretjɛ̃, ɛn] *adj* cristiano(-a). ◆ *nm, f* cristiano *m* (-a *f*).

**chuchoter** [ʃyʃɔte] *vt & vi* bisbigliare.

**chut** [ʃyt] *excl* sss!

**chute** [ʃyt] *nf (fait de tomber)* caduta *f*; ~ **d'eau** cascata *f*; ~ **de neige** nevicata *f*.

**ci** [si] *adv* : **ce livre-~** questo libro; **ces jours-~** questi giorni.

**ciboulette** [sibulɛt] *nf* erba *f* cipollina.

**cicatrice** [sikatris] *nf* cicatrice *f*.

**cicatriser** [sikatrize] *vi* cicatrizzare.

**cidre** [sidr] *nm* sidro *m*.

**ciel** [sjɛl] *nm* cielo *m*.

**cierge** [sjɛrʒ] *nm* cero *m*.

**cigale** [sigal] *nf* cicala *f*.

**cigare** [sigar] *nm* sigaro *m*.

**cigarette** [sigarɛt] *nf* sigaretta *f*; **~ filtre** sigaretta con filtro.
**cil** [sil] *nm* ciglio *m*.
**cime** [sim] *nf* cima *f*.
**cimetière** [simtjɛr] *nm* cimitero *m*.
**cinéma** [sinema] *nm* cinema *m inv*.
**cinq** [sɛ̃k] *num* cinque; **→ six**.
**cinquante** [sɛ̃kɑ̃t] *num* cinquanta; **→ six**.
**cinquantième** [sɛ̃kɑ̃tjɛm] *num* cinquantesimo(-a); **→ sixième**.
**cinquième** [sɛ̃kjɛm] *num* quinto(-a). ◆ *nf (SCOL)* ≈ seconda media *f*; *(vitesse)* quinta *f*; **→ sixième**.
**cintre** [sɛ̃tr] *nm* gruccia *f*.
**cirage** [siraʒ] *nm* lucido *m* da scarpe.
**circonflexe** [sirkɔ̃flɛks] *adj* **→ accent**.
**circonstances** [sirkɔ̃stɑ̃s] *nfpl* circostanze *fpl*.
**circuit** [sirkɥi] *nm* circuito *m*; *(trajet)* giro *m*; **~ touristique** giro turistico.
**circulation** [sirkylasjɔ̃] *nf (routière)* traffico *m*; *(du sang)* circolazione *f*.
**circuler** [sirkyle] *vi* circolare.
**cire** [sir] *nf* cera *f*.
**ciré** [sire] *nm* cerata *f*.
**cirer** [sire] *vt* lucidare.
**cirque** [sirk] *nm* circo *m*.
**ciseaux** [sizo] *nmpl* : **(une paire de) ~** (un paio di) forbici *fpl*.
**cité** [site] *nf* città *f inv*; *(groupe d'immeubles) gruppo di caseggiati popolari nella periferia delle grandi città*; **~ universitaire** collegio *m* universitario.
**citron** [sitrɔ̃] *nm* limone *m*; **~ vert** limone verde.
**citrouille** [sitruj] *nf* zucca *f*.
**civet** [sivɛ] *nm spezzatino di lepre, coniglio o altra selvaggina preparato con vino rosso, cipolle e pancetta affumicata*.
**civière** [sivjɛr] *nf* barella *f*.
**civilisation** [sivilizasjɔ̃] *nf* civiltà *f inv*.
**clafoutis** [klafuti] *nm flan alle ciliegie o ad altri frutti*.
**clair, -e** [klɛr] *adj* chiaro(-a). ◆ *adv* chiaro. ◆ *nm* : **~ de lune** chiaro *m* di luna.
**clairement** [klɛrmɑ̃] *adv* chiaramente.
**clairière** [klɛrjɛr] *nf* radura *f*.
**clandestin, -e** [klɑ̃dɛstɛ̃, in] *adj* clandestino(-a).

**claque** [klak] *nf* schiaffo *m*.

**claquer** [klake] *vt & vi* sbattere; **~ des dents** battere i denti; **~ des doigts** schioccare le dita.

**classe** [klas] *nf* classe *f*; **aller en ~** andare a scuola; **première ~** prima classe; **~ affaires** business class *f inv*; **~ touriste** classe turistica.

**classer** [klase] *vt* classificare.

**classeur** [klasœr] *nm* classificatore *m*.

**classique** [klasik] *adj* classico(-a).

**clavicule** [klavikyl] *nf* clavicola *f*.

**clavier** [klavje] *nm* tastiera *f*.

**clé** [kle] *nf* chiave *f*; **fermer qqch à ~** chiudere qc a chiave; **~ de contact** chiavetta *f* di accensione; **~ à molette** chiave regolabile.

**clef** [kle] = **clé**.

**clémentine** [klemɑ̃tin] *nf* mandarancio *m*.

**client**, **-e** [klijɑ̃, ɑ̃t] *nm, f* cliente *mf*.

**clientèle** [klijɑ̃tɛl] *nf* clientela *f*.

**cligner** [kliɲe] *vi* : **~ des yeux** strizzare gli occhi.

**clignotant** [kliɲɔtɑ̃] *nm* lampeggiatore *m*, freccia *f*.

**climat** [klima] *nm* clima *m*.

**climatisation** [klimatizasjɔ̃] *nf* aria *f* condizionata.

**climatisé**, **-e** [klimatize] *adj* climatizzato(-a).

**clin d'œil** [klɛ̃dœj] *nm* : **faire un ~ à qqn** fare l'occhiolino a qn.

**clinique** [klinik] *nf* clinica *f*.

**clochard**, **-e** [klɔʃar, ard] *nm, f* barbone *m* (-a *f*).

**cloche** [klɔʃ] *nf* campana *f*; **~ à fromage** copriformaggio *m inv*.

**clocher** [klɔʃe] *nm* campanile *m*.

**cloison** [klwazɔ̃] *nf* parete *f* divisoria.

**cloître** [klwatr] *nm* chiostro *m*.

**cloque** [klɔk] *nf* bolla *f*.

**clôture** [klotyr] *nf* (*barrière*) recinto *m*.

**clou** [klu] *nm* chiodo *m*; **~ de girofle** chiodo di garofano. ❑ **clous** *nmpl* (*passage piétons*) strisce *fpl* (pedonali).

**clouer** [klue] *vt* inchiodare.

**clouté** [klute] *adj m* →

passage.

**clown** [klun] *nm* clown *m inv*, pagliaccio *m*.

**club** [klœb] *nm* club *m inv*.

**cm** (*abr de* **centimètre**) cm.

**Coca(-Cola)**® [kɔka(kɔla)] *nm inv* Coca(-Cola)® *f inv*.

**coccinelle** [kɔksinɛl] *nf* coccinella *f*.

**cocher** [kɔʃe] *vt* contrassegnare.

**cochon, -onne** [kɔʃɔ̃, ɔn] *nm, f* (*fam*: *personne sale*) sporcaccione *m* (-a *f*). ♦ *nm* maiale *m*; **~ d'Inde** porcellino *m* d'India.

**cocktail** [kɔktɛl] *nm* cocktail *m inv*.

**coco** [koko] *nm* → **noix**.

**Cocotte-Minute**® [kɔkɔtminyt] (*pl* **Cocottes-Minute**) *nf* pentola *f* a pressione.

**code** [kɔd] *nm* codice *m*; **~ confidentiel** codice (personale) segreto; **~ postal** codice d'avviamento postale; **~ de la route** codice stradale. ❑ **codes** *nmpl* (AUT) anabbaglianti *mpl*.

**code-barres** (*pl* **codes-barres**) *nm* codice *m* a barre.

**cœur** [kœr] *nm* cuore *m*; (*aux cartes*) cuori *mpl*; **par ~** a memoria; **~ d'artichaut** cuore di carciofo; **~ de palmier** cuore di palma.

**coffre** [kɔfr] *nm* (*de voiture*) bagagliaio *m*; (*malle*) baule *m*.

**coffre-fort** [kɔfrəfɔr] (*pl* **coffres-forts**) *nm* cassaforte *f*.

**coffret** [kɔfrɛ] *nm* cofanetto *m*.

**cognac** [kɔɲak] *nm* cognac *m inv*.

**cogner** [kɔɲe] *vi* battere. ❑ **se cogner** *vp* sbattere; **se ~ la tête** sbattere la testa.

**coiffer** [kwafe] *vt* pettinare; **coiffé de qqch** con qc in testa. ❑ **se coiffer** *vp* pettinarsi.

**coiffeur, -euse** [kwafœr, øz] *nm, f* parrucchiere *m* (-a *f*).

**coiffure** [kwafyr] *nf* pettinatura *f*.

**coin** [kwɛ̃] *nm* angolo *m*; (*d'une table*) spigolo *m*; **au ~ de** all'angolo di; **dans le ~** (*dans les environs*) nei dintorni.

**coincer** [kwɛ̃se] *vt* incastrare. ❑ **se coincer** *vp* incastrarsi; **se ~ le doigt** pizzicarsi il dito.

**coïncidence** [kɔɛ̃sidɑ̃s] *nf*

coincidenza *f*.

**col** [kɔl] *nm (de veste, de robe)* collo *m*; *(de chemise)* colletto *m*; *(en montagne)* passo *m*; **~ roulé** collo alto; **~ en pointe** *OU* **en V** collo a V.

**colère** [kɔlɛr] *nf* collera *f*; **être en ~ (contre qqn)** essere in collera (con qn); **se mettre en ~** andare in collera.

**colique** [kɔlik] *nf* colica *f*.

**colis** [kɔli] *nm* : **~ postal** pacco *m* postale.

**collaborer** [kɔlabɔre] *vi* collaborare.

**collant, -e** [kɔlɑ̃, ɑ̃t] *adj (adhésif)* adesivo(-a); *(étroit)* aderente. ◆ *nm* collant *m inv*; *(épais)* calzamaglia *f*.

**colle** [kɔl] *nf* colla *f*.

**collection** [kɔlɛksjɔ̃] *nf* collezione *f*.

**collectionner** [kɔlɛksjɔne] *vt* collezionare.

**collège** [kɔlɛʒ] *nm* ≈ scuola *f* media inferiore.

**collègue** [kɔlɛg] *nmf* collega *mf*.

**coller** [kɔle] *vt* incollare.

**collier** [kɔlje] *nm* collana *f*; *(de chien)* collare *m*.

**colline** [kɔlin] *nf* collina *f*.

**collision** [kɔlizjɔ̃] *nf* scontro *m*.

**Cologne** [kɔlɔɲ] *n* → **eau**.

**colonie** [kɔlɔni] *nf* colonia *f*; **~ de vacances** colonia estiva.

**colonne** [kɔlɔn] *nf* colonna *f*; **~ vertébrale** colonna vertebrale.

**colorant** [kɔlɔrɑ̃] *nm* colorante *m*; **'sans ~s'** 'senza coloranti'.

**coma** [kɔma] *nm* coma *m inv*; **être dans le ~** essere in coma.

**combat** [kɔ̃ba] *nm* combattimento *m*.

**combien** [kɔ̃bjɛ̃] *adv* quanto; **~ ça coûte?** quanto costa?; **~ de temps faut-il?** quanto tempo ci vuole?; **~ de valises avez-vous?** quante valigie ha?

**combinaison** [kɔ̃binɛzɔ̃] *nf (sous-vêtement)* sottoveste *f*; *(de motard, de skieur)* tuta *f*; **~ de plongée** muta *f*.

**combiné** [kɔ̃bine] *nm* : **~ (téléphonique)** ricevitore *m* (telefonico).

**Côme** [kom] *n* : **le lac de ~** il lago di Como.

**comédie** [kɔmedi] *nf* commedia *f*; *(fam: caprice)* capricci *mpl*; **~ musicale** commedia musicale.

**comédien**, **-enne** [kɔmedjɛ̃, ɛn] *nm, f (acteur)* attore *m* (-trice *f*); *(hypocrite)* commediante *mf*.

**comestible** [kɔmestibl] *adj* commestibile.

**comique** [kɔmik] *adj (genre, acteur)* comico(-a); *(drôle)* buffo(-a).

**commandant** [kɔmɑ̃dɑ̃] *nm (MIL: gradé)* maggiore *m*; *(d'un bateau, d'un avion)* comandante *m*.

**commande** [kɔmɑ̃d] *nf* comando *m*; *(COMM: achat)* ordine *m*.

**commander** [kɔmɑ̃de] *vt (armée, mécanisme)* comandare; *(dans un bar, par correspondance)* ordinare.

**comme** [kɔm] *conj* 1. *(introduit une comparaison)* come; **~ si rien ne s'était passé** come se non fosse successo niente.

2. *(de la manière que)* come; **~ il faut** come si deve.

3. *(par exemple)* come; **les villes fortifiées ~ Carcassonne** le città fortificate come Carcassonne.

4. *(en tant que)* come; **qu'est-ce que vous avez ~ desserts?** cosa avete come dolce?

5. *(étant donné que)* siccome; **~ vous n'arriviez pas, nous sommes passés à table** siccome non arrivavate, ci siamo messi a tavola.

6. *(dans des expressions)*: **~ ça** così; **~ ci ~ ça** *(fam)* così così; **sympa ~ tout** *(fam)* davvero simpatico.

◆ *adv (marque l'intensité)*: **~ c'est grand!** che grande!; **vous savez ~ il est difficile de se loger ici** sa com'è difficile trovare una camera qui.

**commencer** [kɔmɑ̃se] *vt & vi* cominciare; **~ à faire qqch** cominciare a fare qc.

**comment** [kɔmɑ̃] *adv* come.

**commerçant**, **-e** [kɔmɛrsɑ̃, ɑ̃t] *adj* commerciale. ◆ *nm, f* commerciante *mf*.

**commerce** [kɔmɛrs] *nm (activité)* commercio *m*; *(boutique)* negozio *m*.

**commissaire** [kɔmisɛr] *nm* : **~ (de police)** commissario *m* (di polizia).

**commissariat** [kɔmisarja] *nm* : **~ (de police)** commissariato *m* (di polizia).

**commission** [kɔmisjɔ̃] *nf* commissione *f*. ❑ **commissions** *nfpl (courses)* spesa *f*; **faire les ~s** fare la spesa.

**commode** [kɔmɔd] *adj* pratico(-a). ◆ *nf* comò *m inv*.

**commun**, **-e** [kɔmɛ̃, yn] *adj* comune.

**communauté** [kɔmynote] *nf* comunità *f inv*; **la Communauté économique européenne** la Comunità economica europea.

**commune** [kɔmyn] *nf* comune *m*.

**communication** [kɔmynikasjɔ̃] *nf* comunicazione *f*; **~ (téléphonique)** comunicazione (telefonica).

**communion** [kɔmynjɔ̃] *nf* comunione *f*.

**communiquer** [kɔmynike] *vt* & *vi* comunicare.

**compact**, **-e** [kɔ̃pakt] *adj* compatto(-a). ◆ *nm* : **(disque) ~** compact (disc) *m inv*.

**Compact Disc®**, **-s** [kɔ̃paktdisk] *nm* compact (disc) *m inv*.

**compagnie** [kɔ̃paɲi] *nf* compagnia *f*; **tenir ~ à** fare compagnia a; **~ aérienne** compagnia aerea.

**compagnon** [kɔ̃paɲɔ̃] *nm* compagno *m*.

**comparaison** [kɔ̃parɛzɔ̃] *nf* paragone *m*.

**comparer** [kɔ̃pare] *vt* paragonare.

**compartiment** [kɔ̃partimɑ̃] *nm (case)* scomparto *m*; *(de wagon)* scompartimento *m*; **~ fumeurs** scompartimento fumatori; **~ non-fumeurs** scompartimento non fumatori.

**compensation** [kɔ̃pɑ̃sasjɔ̃] *nf* compensazione *f*.

**compétent**, **-e** [kɔ̃petɑ̃, ɑ̃t] *adj* competente.

**compétitif**, **-ive** [kɔ̃petitif, iv] *adj (entreprise)* competitivo(-a); *(prix)* concorrenziale.

**compétition** [kɔ̃petisjɔ̃] *nf* competizione *f*.

**complément** [kɔ̃plemɑ̃] *nm* complemento *m*.

**complet**, **-ète** [kɔ̃plɛ, ɛt] *adj (entier)* completo(-a); *(plein)* pieno(-a); *(aliment)* integrale; **'complet'** *(spectacle)* 'tutto esaurito'; *(hôtel, parking)* 'completo'.

**complètement** [kɔ̃plɛtmɑ̃] *adv* completamente.

**compléter** [kɔ̃plete] *vt* completare.

**complexe** [kɔ̃plɛks] *adj*

complesso(-a). ♦ *nm* complesso *m*.
**compliment** [kɔ̃plimɑ̃] *nm* complimento *m*.
**compliqué, -e** [kɔ̃plike] *adj* complicato(-a).
**compliquer** [kɔ̃plike] *vt* complicare. ❑ **se compliquer** *vp* complicarsi.
**comportement** [kɔ̃pɔrtəmɑ̃] *nm* comportamento *m*.
**comporter** [kɔ̃pɔrte] *vt* comportare. ❑ **se comporter** *vp* comportarsi.
**composer** [kɔ̃poze] *vt* comporre; **composé de** composto da. ❑ **se composer de** *vp + prép* essere composto da.
**composition** [kɔ̃pozisjɔ̃] *nf* composizione *f*.
**composter** [kɔ̃pɔste] *vt* obliterare; **'compostez votre billet'** 'timbrare il biglietto'.
**compote** [kɔ̃pɔt] *nf purè di frutta cotta in acqua e zucchero*; ~ **de pommes** "compote" di mele.
**comprendre** [kɔ̃prɑ̃dr] *vt* capire; *(comporter)* comprendere.
**compresse** [kɔ̃prɛs] *nf* compressa *f* (di garza).
**comprimé** [kɔ̃prime] *nm* compressa *f*.
**compris, -e** [kɔ̃pri, iz] *pp* → **comprendre**. ♦ *adj (inclus)* compreso(-a); **non** ~ non compreso; **tout** ~ tutto compreso; **y** ~ **mes amies** comprese le mie amiche.
**comptant** [kɔ̃tɑ̃] *adv* : **payer** ~ pagare in contanti.
**compte** [kɔ̃t] *nm* conto *m*; **faire ses ~s** fare i conti; **se rendre** ~ **de/que** rendersi conto di/che; **en fin de ~, tout ~ fait** in fin dei conti, tutto sommato.
**compter** [kɔ̃te] *vt & vi* contare; ~ **faire qqch** contare di fare qc. ❑ **compter sur** *v + prép* contare su.
**compteur** [kɔ̃tœr] *nm* contatore *m*; ~ **(kilométrique)** contachilometri *m inv*; ~ **(de vitesse)** tachimetro *m*.
**comptoir** [kɔ̃twar] *nm* banco *m*.
**concentré, -e** [kɔ̃sɑ̃tre] *adj* concentrato(-a). ♦ *nm* : ~ **de tomate** concentrato *m* di pomodoro.
**concentrer** [kɔ̃sɑ̃tre] *vt* concentrare. ❑ **se concentrer (sur)** *vp (+ prép)* concentrarsi (su).

**concerner** [kɔ̃sɛrne] *vt* riguardare.

**concert** [kɔ̃sɛr] *nm* concerto *m*.

**concevoir** [kɔ̃səvwar] *vt* concepire.

**concierge** [kɔ̃sjɛrʒ] *nmf* portinaio *m* (-a *f*).

**conclure** [kɔ̃klyr] *vt* concludere.

**conclusion** [kɔ̃klyzjɔ̃] *nf* conclusione *f*.

**concombre** [kɔ̃kɔ̃br] *nm* cetriolo *m*.

**concours** [kɔ̃kur] *nm* concorso *m*.

**concret, -ète** [kɔ̃krɛ, ɛt] *adj* concreto(-a).

**concurrence** [kɔ̃kyrɑ̃s] *nf* concorrenza *f*.

**concurrent, -e** [kɔ̃kyrɑ̃, ɑ̃t] *nm, f* concorrente *mf*.

**condamner** [kɔ̃dane] *vt* condannare.

**condensation** [kɔ̃dɑ̃sasjɔ̃] *nf* condensazione *f*.

**condiment** [kɔ̃dimɑ̃] *nm* condimento *m*.

**condition** [kɔ̃disjɔ̃] *nf* condizione *f*; **à ~ de/que** a condizione di/che.

**conditionné** [kɔ̃disjɔne] *adj m* → **air**.

**conducteur, -trice** [kɔ̃dyktœr, tris] *nm, f* conducente *mf*.

**conduire** [kɔ̃dɥir] *vt* condurre; *(véhicule)* guidare. ◆ *vi (automobiliste)* guidare; **~ à** *(chemin, couloir)* condurre a. ❑ **se conduire** *vp* comportarsi.

**conduit, -e** [kɔ̃dɥi, it] *pp* → **conduire**.

**conduite** [kɔ̃dɥit] *nf* condotta *f*; **avec ~ à gauche** col volante a sinistra.

**cône** [kon] *nm* cono *m*; *(glace)* cornetto *m*.

**conférence** [kɔ̃ferɑ̃s] *nf* conferenza *f*.

**confettis** [kɔ̃feti] *nmpl* coriandoli *mpl*.

**confiance** [kɔ̃fjɑ̃s] *nf* fiducia *f*; **avoir ~ en** avere fiducia in; **faire ~ à qqn** fidarsi di qn.

**confidence** [kɔ̃fidɑ̃s] *nf* confidenza *f*.

**confidentiel, -elle** [kɔ̃fidɑ̃sjɛl] *adj* confidenziale.

**confier** [kɔ̃fje] *vt* : **~ qqch à qqn** *(objet)* affidare qc a qn; *(secret)* confidare qc a qn.

**confirmer** [kɔ̃firme] *vt* confermare. ❑ **se confirmer** *vp* confermarsi.

**confiserie** [kɔ̃fizri] *nf (su-*

*creries)* dolciumi *mpl*; *(magasin)* negozio *m* di dolciumi.

**confisquer** [kɔ̃fiske] *vt* confiscare.

**confit** [kɔ̃fi] *adj m* → **fruit**. ♦ *nm* : ~ **de canard/d'oie** *pezzi d'anatra/oca cotti nel loro grasso e conservati in barattolo*.

**confiture** [kɔ̃fityr] *nf* marmellata *f*.

**confondre** [kɔ̃fɔ̃dr] *vt (mélanger)* confondere.

**confort** [kɔ̃fɔr] *nm* comfort *m inv*; **'tout ~'** 'tutti i comfort'.

**confortable** [kɔ̃fɔrtabl] *adj (pièce)* confortevole; *(fauteuil)* comodo(-a).

**confus**, **-e** [kɔ̃fy, yz] *adj* confuso(-a).

**congé** [kɔ̃ʒe] *nm* ferie *fpl*; **être en ~** essere in ferie.

**congélateur** [kɔ̃ʒelatœr] *nm* congelatore *m*.

**congeler** [kɔ̃ʒle] *vt* congelare.

**congolais** [kɔ̃gɔlɛ] *nm pasticcino al cocco*.

**congrès** [kɔ̃grɛ] *nm* congresso *m*.

**conjoint** [kɔ̃ʒwɛ̃] *nm* coniuge *m*.

**conjonctivite** [kɔ̃ʒɔ̃ktivit] *nf* congiuntivite *f*.

**conjugaison** [kɔ̃ʒygɛzɔ̃] *nf* coniugazione *f*.

**connaissance** [kɔnɛsɑ̃s] *nf (savoir)* conoscenza *f*; *(relation)* conoscente *mf*; **faire la ~ de qqn** fare la conoscenza di qn; **perdre ~** perdere conoscenza.

**connaisseur**, **-euse** [kɔ̃nɛsœr, øz] *nm, f* intenditore *m* (-trice *f*).

**connaître** [kɔnɛtr] *vt* conoscere; *(leçon, adresse)* sapere. ❑ **s'y connaître en** *vp + prép* intendersi di.

**connu**, **-e** [kɔny] *pp* → **connaître**. ♦ *adj* noto(-a).

**consacrer** [kɔ̃sakre] *vt* : **~ qqch à** dedicare qc a. ❑ **se consacrer à** *vp + prép* dedicarsi a.

**consciemment** [kɔ̃sjamɑ̃] *adv* consapevolmente.

**conscience** [kɔ̃sjɑ̃s] *nf* coscienza *f*; **avoir mauvaise ~** avere la coscienza sporca.

**conscient**, **-e** [kɔ̃sjɑ̃, ɑ̃t] *adj* cosciente.

**consécutif**, **-ive** [kɔ̃sekytif, iv] *adj* consecutivo(-a); **~ à** conseguente a.

**conseil** [kɔ̃sɛj] *nm* consiglio *m*; **demander ~ à qqn** chiedere consiglio a qn.

**conseiller** [kɔ̃seje] *vt* consigliare; **~ à qqn de faire**

**qqch** consigliare a qn di fare qc.

**conséquence** [kɔ̃sekɑ̃s] *nf* conseguenza *f.*

**conséquent** [kɔ̃sekɑ̃]: **par conséquent** *adv* di conseguenza.

**conservateur** [kɔ̃sɛrvatœr] *nm (alimentaire)* conservante *m.*

**conserve** [kɔ̃sɛrv] *nf (boîte)* scatola *f.*

**conserver** [kɔ̃sɛrve] *vt* conservare.

**considérable** [kɔ̃siderabl] *adj* considerevole.

**considérer** [kɔ̃sidere] *vt* : **~ que** considerare che; **~ qqn/qqch comme** considerare qn/qc come.

**consigne** [kɔ̃siɲ] *nf (de gare)* deposito *m* (bagagli); *(instructions)* istruzione *f*; **~ automatique** deposito automatico.

**consister** [kɔ̃siste] *vi* : **~ en** consistere di.

**consoler** [kɔ̃sɔle] *vt* consolare.

**consommateur**, **-trice** [kɔ̃sɔmatœr, tris] *nm, f* consumatore *m* (-trice *f*); *(dans un bar)* cliente *mf.*

**consommation** [kɔ̃sɔmasjɔ̃] *nf* consumo *m*; *(boisson)* consumazione *f.*

**consommé** [kɔ̃sɔme] *nm* consommé *m inv (brodo di carne o pesce servito come primo).*

**consommer** [kɔ̃sɔme] *vt* consumare; **'à ~ avant le...'** 'da consumare entro il...'

**constamment** [kɔ̃stamɑ̃] *adv* costantemente.

**constater** [kɔ̃state] *vt* constatare.

**constipé**, **-e** [kɔ̃stipe] *adj* costipato(-a).

**constituer** [kɔ̃stitɥe] *vt* costituire; **constitué de** costituito da *ou* di.

**construction** [kɔ̃stryksjɔ̃] *nf* costruzione *f.*

**construire** [kɔ̃strɥir] *vt* costruire.

**construit**, **-e** [kɔ̃stɥi, it] *pp* → **construire**.

**consulat** [kɔ̃syla] *nm* consolato *m.*

**consulter** [kɔ̃sylte] *vt* consultare.

**contact** [kɔ̃takt] *nm* contatto *m*; **couper le ~** staccare il contatto; **mettre le ~** stabilire il contatto; **entrer en ~ avec** venire a contatto con.

**contacter** [kɔ̃takte] *vt* contattare.

**contagieux, -euse** [kɔ̃taʒjø, øz] *adj* contagioso(-a).
**contaminer** [kɔ̃tamine] *vt* contaminare.
**conte** [kɔ̃t] *nm* racconto *m.*
**contempler** [kɔ̃tɑ̃ple] *vt* contemplare.
**contemporain, -e** [kɔ̃tɑ̃pɔrɛ̃, ɛn] *adj* contemporaneo(-a).
**contenir** [kɔ̃tnir] *vt* contenere.
**content, -e** [kɔ̃tɑ̃, ɑ̃t] *adj* contento(-a); **être ~ de qqch** essere contento di qc.
**contenter** [kɔ̃tɑ̃te]: **se contenter de** *vp + prép* accontentarsi di.
**contenu, -e** [kɔ̃tny] *pp* → **contenir.** ◆ *nm* contenuto *m.*
**continent** [kɔ̃tinɑ̃] *nm* continente *m.*
**continuellement** [kɔ̃tinɥɛlmɑ̃] *adv* continuamente.
**continuer** [kɔ̃tinɥe] *vt & vi* continuare; **~ à** *ou* **de faire qqch** continuare a fare qc.
**contour** [kɔ̃tur] *nm* contorno *m.*
**contourner** [kɔ̃turne] *vt* aggirare; *(ville, montagne)* girare intorno a.
**contraceptif, -ive** [kɔ̃traseptif, iv] *adj* contraccettivo(-a). ◆ *nm* contraccettivo *m.*
**contradictoire** [kɔ̃tradiktwar] *adj* contraddittorio(-a).
**contraire** [kɔ̃trɛr] *nm* contrario *m.* ◆ *adj* opposto(-a); **~ à** contrario(-a) a; **au ~** al contrario.
**contrairement** [kɔ̃trɛrmɑ̃]: **contrairement à** *prép* contrariamente a.
**contraste** [kɔ̃trast] *nm* contrasto *m.*
**contrat** [kɔ̃tra] *nm* contratto *m.*
**contravention** [kɔ̃travɑ̃sjɔ̃] *nf (P-V)* contravvenzione *f.*
**contre** [kɔ̃tr] *prép* contro; *(en échange de)* in cambio di; **par ~** invece.
**contrebande** [kɔ̃trəbɑ̃d] *nf* contrabbando *m.*
**contredire** [kɔ̃trədir] *vt* contraddire.
**contre-indication, -s** [kɔ̃trɛ̃dikasjɔ̃] *nf* controindicazione *f.*
**contre-jour** [kɔ̃trəʒur]: **à contre-jour** *adv* (in) controluce.
**contrepartie** [kɔ̃trəparti]

*nf* contropartita *f*; **en ~** in compenso.

**contribuer** [kɔ̃tribɥe]: **contribuer à** *v + prép* contribuire a.

**contrôle** [kɔ̃trol] *nm (vérification technique)* revisione *f*; *(des billets, des papiers)* controllo *m*; **~ d'identité** controllo documenti.

**contrôler** [kɔ̃trole] *vt* controllare.

**contrôleur** [kɔ̃trolœr] *nm* controllore *m*.

**convaincre** [kɔ̃vɛ̃kr] *vt* convincere; **~ qqn de faire qqch** convincere qn a fare qc.

**convenable** [kɔ̃vnabl] *adj (adapté)* adeguato(-a); *(décent)* decoroso(-a).

**convenir** [kɔ̃vnir]: **convenir à** *v + prép (satisfaire)* andar bene a; *(être adapté à)* essere adatto a.

**convenu, -e** [kɔ̃vny] *pp* → **convenir**.

**conversation** [kɔ̃vɛrsasjɔ̃] *nf* conversazione *f*.

**convocation** [kɔ̃vɔkasjɔ̃] *nf (à un examen) comunicazione con cui si convocano gli studenti agli esami*.

**coopérer** [kɔɔpere] *vi* cooperare.

**coordonnées** [kɔɔrdɔne] *nfpl (adresse)* recapito *m*.

**copain, copine** [kɔpɛ̃, kɔpin] *nm, f (fam: ami)* amico *m* (-a *f*); *(petit ami)* ragazzo *m* (-a *f*).

**copie** [kɔpi] *nf* copia *f*; *(devoir)* compito *m*; *(feuille)* foglio *m*.

**copier** [kɔpje] *vt* copiare; **~ (qqch) sur qqn** copiare (qc) da qn.

**copieux, -euse** [kɔpjø, øz] *adj* abbondante.

**copine** → **copain**.

**coq** [kɔk] *nm* gallo *m*; **~ au vin** *gallo (più comunemente pollo o gallina) cotto a fuoco lento nel vino rosso con pancetta, funghi e cipolle*.

**coque** [kɔk] *nf (de bateau)* scafo *m*; *(coquillage) piccolo mollusco dalla conchiglia tonda*.

**coquelicot** [kɔkliko] *nm* papavero *m*.

**coquet, -ette** [kɔkɛ, ɛt] *adj (qui aime s'habiller)* che tiene all'eleganza.

**coquetier** [kɔktje] *nm* portauovo *m inv*.

**coquillage** [kɔkijaʒ] *nm* conchiglia *f*.

**coquille** [kɔkij] *nf (d'œuf, de noix, de mollusque)* guscio *m*; **~ Saint-Jacques** *mollusco servito nel proprio guscio, a volte in gratin*.

**coquin**, **-e** [kɔkɛ̃, in] *adj (enfant)* birichino(-a).
**corail**, **-aux** [kɔraj, o] *nm* corallo *m*; **(train) Corail** *treno senza scompartimenti*.
**Coran** [kɔrɑ̃] *nm* Corano *m*.
**corbeau**, **-x** [kɔrbo] *nm* corvo *m*.
**corbeille** [kɔrbɛj] *nf* cesto *m*; **~ à papiers** cestino *m* della carta.
**corde** [kɔrd] *nf* corda *f*.
**cordon** [kɔrdɔ̃] *nm* cordone *m*.
**cordonnerie** [kɔrdɔnri] *nf* calzoleria *f*.
**coriandre** [kɔrjɑ̃dr] *nf* coriandolo *m*.
**corne** [kɔrn] *nf* corno *m*.
**cornichon** [kɔrniʃɔ̃] *nm* cetriolo *m* sottaceto.
**corps** [kɔr] *nm* corpo *m*.
**correct**, **-e** [kɔrɛkt] *adj* corretto(-a).
**correction** [kɔrɛksjɔ̃] *nf* correzione *f*; *(punition)* punizione *f* (corporale).
**correspondance** [kɔrɛspɔ̃dɑ̃s] *nf (courrier)* corrispondenza *f*; *(transport)* collegamento *m*; *(train, métro)* coincidenza *f*.
**correspondant**, **-e** [kɔrɛspɔ̃dɑ̃, ɑ̃t] *adj* corrispondente. ♦ *nm, f* corrispondente *mf*.
**correspondre** [kɔrɛspɔ̃dr] *vi (coïncider)* corrispondere; *(écrire)* essere in corrispondenza; **~ à** corrispondere a.
**corriger** [kɔriʒe] *vt* correggere.
**corse** [kɔrs] *adj* corso(-a). ❑ **Corse** *nmf* corso *m* (-a *f*). ♦ *nf* : **la Corse** la Corsica.
**costaud** [kɔsto] *adj (fam: musclé)* ben piantato(-a); *(solide)* robusto(-a).
**costume** [kɔstym] *nm (d'homme)* vestito *m* (da uomo); *(de théâtre, de déguisement)* costume *m*.
**côte** [kot] *nf (pente, bord de mer)* costa *f*; *(ANAT)* costola *f*; *(d'agneau, de porc, etc)* costata *f*; **~ à ~** fianco a fianco; **la Côte d'Azur** la Costa Azzurra.
**côté** [kote] *nm* lato *m*; **de quel ~ dois-je aller?** da che parte devo andare?; **à ~** accanto; **à ~ de** accanto a; **de l'autre ~ (de)** dall'altra parte (di).
**côtelette** [kotlɛt] *nf* costoletta *f*.
**coton** [kɔtɔ̃] *nm* cotone *m*;

~ **(hydrophile)** cotone (idrofilo).

**Coton-Tige**® [kɔtɔ̃tiʒ] (*pl* **Cotons-Tiges**) *nm* cotton-fioc® *m inv*.

**cou** [ku] *nm* collo *m*.

**couchage** [kuʃaʒ] *nm* → **sac**.

**couchant** [kuʃɑ̃] *adj m* → **soleil**.

**couche** [kuʃ] *nf (épaisseur)* strato *m*; *(de bébé)* pannolino *m*.

**couche-culotte** [kuʃkylɔt] (*pl* **couches-culottes**) *nf* pannolino *m*.

**coucher** [kuʃe] *vt (mettre au lit)* mettere a letto; *(étendre)* coricare. ◆ *vi (dormir)* dormire; **être couché** *(être étendu)* essere disteso; *(être au lit)* essere a letto; ~ **avec qqn** *(fam)* andare a letto con qn. ❑ **se coucher** *vp (personne)* andare a letto; *(soleil)* tramontare.

**couchette** [kuʃɛt] *nf* cuccetta *f*.

**coude** [kud] *nm* gomito *m*.

**coudre** [kudr] *vt* & *vi* cucire.

**couette** [kwɛt] *nf (édredon)* piumino *m* (da letto). ❑ **couettes** *nfpl (coiffure)* codini *mpl*.

**cougnou** [kuɲu] *nm (Belg)* grossa brioche piatta a forma di Gesù bambino, specialità natalizia.

**couler** [kule] *vi (rivière)* scorrere; *(liquide)* colare; *(bateau)* affondare.

**couleur** [kulœr] *nf* colore *m*; *(de cartes)* segno *m*.

**couleuvre** [kulœvr] *nf* biscia *f*.

**coulis** [kuli] *nm crema di verdure, crostacei o frutti*.

**couloir** [kulwar] *nm* corridoio *m*; *(de bus)* corsia *f* preferenziale.

**coup** [ku] *nm* 1. *(choc physique)* colpo *m*; **donner un ~ à qqn** colpire qn; ~ **de feu** sparo *m*; ~ **de pied** calcio *m*; ~ **de poing** pugno *m*.

2. *(avec un instrument)*: **passer un ~ de balai** dare una spazzata.

3. *(choc moral)* colpo *m*; ~ **dur** *(fam)* brutto colpo.

4. *(d'horloge)* rintocco *m*; *(à la porte)* colpo *m*.

5. *(aux échecs)* mossa *f*; *(au tennis)* colpo *m*; *(au foot)* calcio *m*; ~ **franc** calcio di punizione.

6. *(action malhonnête)* (brutto) tiro *m*; **faire un ~ à qqn** giocare un (brutto) tiro a qn.

7. *(fam: fois)* volta *f*; **du pre-**

mier ~ al primo tentativo; **d'un (seul) ~** *(en une fois)* in una volta; *(soudainement)* di colpo.
8. *(dans des expressions)*: **~ de fil** *ou* **de téléphone** colpo di telefono; **donner un ~ de main à qqn** dare una mano a qn; **jeter un ~ d'œil (à)** dare un'occhiata (a); **~ de soleil** colpo di sole; **du ~...** e così...; **tenir le ~** resistere.

**coupable** [kupabl] *adj* colpevole. ◆ *nmf* colpevole *mf*; **~ de** colpevole di.

**coupe** [kup] *nf* coppa *f*; *(de cheveux, de vêtements)* taglio *m*.

**couper** [kupe] *vt* tagliare; *(cartes)* coppare. ◆ *vi* tagliare. ❑ **se couper** *vp* tagliarsi.

**couple** [kupl] *nm* coppia *f*.

**coupure** [kupyr] *nf* taglio *m*; *(interruption)* interruzione *f*; **~ de courant** black-out *m inv*.

**couque** [kuk] *nf (Belg: biscuit)* biscotto *m*; *(pain d'épices)* panpepato *m*; *(brioche)* brioche *f inv*.

**cour** [kur] *nf (d'immeuble, de ferme)* cortile *m*; **~ (de récréation)** cortile.

**courage** [kuraʒ] *nm* coraggio *m*; **bon ~!** *(bon travail)* buon lavoro!; *(bonne chance)* buona fortuna!

**courageux, -euse** [kuraʒø, øz] *adj* coraggioso(-a).

**couramment** [kuramɑ̃] *adv (fréquemment)* frequentemente; *(parler)* correntemente.

**courant, -e** [kurɑ̃, ɑ̃t] *adj (fréquent)* comune. ◆ *nm* corrente *f*; **être au ~ (de)** essere al corrente di; **~ d'air** corrente d'aria.

**coureur, -euse** [kurœr, øz] *nm, f* : **~ automobile** pilota *mf*; **~ cycliste** ciclista *mf*; **~ à pied** corridore *m* (-trice *f*).

**courgette** [kurʒɛt] *nf* zucchina *f*.

**courir** [kurir] *vi & vt* correre.

**couronne** [kurɔn] *nf* corona *f*.

**courrier** [kurje] *nm* posta *f*.

**courroie** [kurwa] *nf* cinghia *f*.

**cours** [kur] *nm (leçon)* lezione *f*; *(d'une monnaie, d'une marchandise)* corso *m*; **au ~ de** durante; **en ~** in corso.

**course** [kurs] *nf* corsa *f*; *(démarche)* commissione *f*.

❑ **courses** *nfpl (achats)* spesa *f*; **faire les ~s** fare la spesa.

**court**, **-e** [kur, kurt] *adj* corto(-a). ◆ *nm (de tennis)* campo *m* da tennis. ◆ *adv* : **ses cheveux sont coupés ~** i suoi capelli sono tagliati corti.

**court-circuit** [kursirkɥi] (*pl* **courts-circuits**) *nm* cortocircuito *m*.

**couru**, **-e** [kury] *pp* → **courir**.

**couscous** [kuskus] *nm (plat)* cuscus *m inv (piatto speziato di origine magrebina a base di semola, carne e verdura)*.

**cousin**, **-e** [kuzɛ̃, in] *nm, f* cugino *m* (-a *f*); **~ germain** cugino di primo grado.

**coussin** [kusɛ̃] *nm* cuscino *m*.

**cousu**, **-e** [kuzy] *pp* → **coudre**.

**coût** [ku] *nm* costo *m*.

**couteau**, **-x** [kuto] *nm* coltello *m*.

**coûter** [kute] *vt & vi* costare; **combien ça coûte?** quanto costa?

**coutume** [kutym] *nf* costume *m*.

**couture** [kutyr] *nf (sur un vêtement)* cucitura *f*; *(activité)* cucito *m*.

**couturier**, **-ère** [kutyrje, ɛr] *nm, f* sarto *m* (-a *f*).

**couvent** [kuvɑ̃] *nm* convento *m*.

**couvercle** [kuvɛrkl] *nm* coperchio *m*.

**couvert**, **-e** [kuvɛr, ɛrt] *pp* → **couvrir**. ◆ *nm (couteau, fourchette)* posata *f*. ◆ *adj* coperto(-a); **~ de** coperto di; **mettre le ~** apparecchiare.

**couverture** [kuvɛrtyr] *nf* coperta *f*; *(de livre)* copertina *f*.

**couvrir** [kuvrir] *vt* coprire; *(livre, cahier)* foderare; **~ qqch de** coprire qc di *OU* con. ❑ **se couvrir** *vp* coprirsi.

**crabe** [krab] *nm* granchio *m*.

**craindre** [krɛ̃dr] *vt* temere; *(être sensible à)* soffrire.

**craint**, **-e** [krɛ̃, ɛ̃t] *pp* → **craindre**.

**crainte** [krɛ̃t] *nf* timore *m*; **de ~ que** per timore che.

**cramique** [kramik] *nm (Belg) brioche di pasta sfoglia a spirale guarnita di uvetta*.

**crampe** [krɑ̃p] *nf* crampo *m*.

**cran** [krɑ̃] *nm (de ceinture)* buco *m*; *(fam: courage)* fegato *m*; **(couteau à) ~ d'arrêt** coltello *m* a scatto.

**crâne** [kran] *nm* cranio *m*.

**crapaud** [krapo] *nm* rospo *m*.

**craquement** [krakmɑ̃] *nm* scricchiolio *m*.

**craquer** [krake] *vi (faire un bruit)* scricchiolare; *(casser)* cedere; *(nerveusement)* crollare. ◆ *vt (allumette)* sfregare.

**cravate** [kravat] *nf* cravatta *f*.

**crawl** [krol] *nm* stile *m* libero.

**crayon** [krɛjɔ̃] *nm* matita *f*; **~ de couleur** matita colorata.

**crèche** [krɛʃ] *nf (garderie)* asilo *m* nido; *(RELIG)* presepio *m*.

**crédit** [kredi] *nm* credito *m*; **acheter qqch à ~** comperare qc a credito.

**créer** [kree] *vt* creare.

**crème** [krɛm] *nf* crema *f*; **~ anglaise** crema; **~ caramel** crème *m inv* caramel; **~ fraîche** panna *f*; **~ glacée** gelato *m*; **~ pâtissière** crema pasticciera.

**crêpe** [krɛp] *nf* crêpe *f inv*; **~ bretonne** crêpe bretone *(spesso a base di farina di grano saraceno)*.

**crêperie** [krɛpri] *nf* crêperie *f inv*.

**cresson** [kresɔ̃ ou] *nm* crescione *m*.

**crête** [krɛt] *nf* cresta *f*.

**cretons** [krətɔ̃] *nmpl (Can) specie di "rillettes" di maiale*.

**creuser** [krøze] *vt* scavare.

**creux**, **creuse** [krø, krøz] *adj* cavo(-a). ◆ *nm* incavo *m*.

**crevaison** [krəvɛzɔ̃] *nf* scoppio *m* in un pneumatico.

**crevasse** [krəvas] *nf (en montagne)* crepaccio *m*.

**crevé**, **-e** [krəve] *adj (fam: fatigué)* stanco morto (stanca morta).

**crever** [krəve] *vt (percer)* far scoppiare; *(fam: fatiguer)* spossare. ◆ *vi (exploser)* scoppiare; *(avoir une crevaison)* forare.

**crevette** [krəvɛt] *nf* gamberetto *m*; **~ grise** gamberetto grigio *(pescato sulle coste della Manica e del mare del Nord)*; **~ rose** gamberetto rosa.

**cri** [kri] *nm* grido *m*; **pousser un ~** cacciare un grido.

**cric** [krik] *nm* cric *m inv*.

**crier** [krije] *vi (de douleur,*

*de colère)* urlare; *(parler fort)* gridare. ◆ *vt* urlare.

**crime** [krim] *nm (meurtre)* delitto *m*; *(faute grave)* crimine *m*.

**crise** [kriz] *nf* crisi *f inv*; **~ cardiaque** crisi cardiaca; **~ de foie** crisi di fegato; **~ de nerfs** crisi di nervi.

**cristal, -aux** [kristal, o] *nm* cristallo *m*.

**critique** [kritik] *adj* critico(-a). ◆ *nmf* critico *m* (-a *f*). ◆ *nf* critica *f*.

**critiquer** [kritike] *vt* criticare.

**Croatie** [krɔasi] *nf* : **la ~** la Croazia.

**crochet** [krɔʃɛ] *nm* gancio *m*; *(fig: détour)* deviazione *f*.

**crocodile** [krɔkɔdil] *nm* coccodrillo *m*.

**croire** [krwar] *vt* credere. ◆ *vi* : **~ à** credere a; **~ en** credere in; **~ que** credere che *(+ subjonctif)*; **il croit avoir raison** OU **qu'il a raison** crede di avere ragione.

**croisement** [krwazmɑ̃] *nm* incrocio *m*.

**croiser** [krwaze] *vt* incrociare. ❑ **se croiser** *vp* incrociarsi.

**croisière** [krwazjɛr] *nf* crociera *f*.

**croissant** [krwasɑ̃] *nm (pâtisserie)* ≈ cornetto *m*, brioche *f inv*; *(de lune)* mezzaluna *f*.

**croix** [krwa] *nf* croce *f*.

**croque-madame** [krɔkmadam] *nm inv toast ricoperto da un uovo fritto*.

**croque-monsieur** [krɔkməsjø] *nm inv* ≈ toast *m inv*.

**croquer** [krɔke] *vt (pomme)* addentare; *(bonbon)* masticare.

**cross** [krɔs] *nm inv (à moto)* motocross *m inv*; *(à pied)* corsa *f* campestre.

**crotte** [krɔt] *nf* sterco *m*.

**crottin** [krɔtɛ̃] *nm* sterco *m (di equini, ovini)*; *(fromage) piccolo formaggio di capra, fresco o stagionato, spesso servito caldo con insalata*.

**croustade** [krustad] *nf fagotto di pasta sfoglia ripieno*.

**croustillant, -e** [krustijɑ̃, ɑ̃t] *adj* croccante.

**croûte** [krut] *nf* crosta *f*; **~ au fromage** *(Helv) fetta di pane gratinata al formaggio e vino bianco, a volte con un uovo*.

**croûton** [krutɔ̃] *nm (pain frit)* crostino *m*; *(extrémité du pain)* estremità *f* di baguette.

**cru**, **-e** [kry] *pp* → **croire**. ♦ *adj* crudo(-a). ♦ *nm (vin)* vino *m*.

**crudités** [krydite] *nfpl assortimento di verdure crude condite e servite generalmente come primo*.

**crue** [kry] *nf* piena *f*; **être en ~** essere in piena.

**cruel**, **-elle** [kryɛl] *adj (comportement)* crudele; *(animal)* feroce.

**crustacés** [krystase] *nmpl* crostacei *mpl*.

**cueillir** [kœjir] *vt* cogliere.

**cuiller** [kɥijɛr] = **cuillère**.

**cuillère** [kɥijɛr] *nf* cucchiaio *m*; **~ à café, petite ~** cucchiaino *m* (da caffè); **~ à soupe** cucchiaio.

**cuir** [kɥir] *nm (matériau)* pelle *f*.

**cuire** [kɥir] *vt & vi* cuocere.

**cuisine** [kɥizin] *nf* cucina *f*; **faire la ~** cucinare.

**cuisinier**, **-ère** [kɥizinje, ɛr] *nm, f* cuoco *m* (-a *f*).

**cuisinière** [kɥizinjɛr] *nf (fourneau)* cucina *f* economica; → **cuisinier**.

**cuisse** [kɥis] *nf* coscia *f*.

**cuit**, **-e** [kɥi, kɥit] *adj* cotto(-a).

**culotte** [kylɔt] *nf (slip)* mutande *fpl*.

**cultiver** [kyltive] *vt* coltivare. ❑ **se cultiver** *vp* coltivarsi.

**culture** [kyltyr] *nf (connaissances, civilisation)* cultura *f*. ❑ **cultures** *nfpl (terres cultivées)* colture *fpl*.

**culturel**, **-elle** [kyltyrel] *adj* culturale.

**cumin** [kymɛ̃] *nm* cumino *m*.

**curé** [kyre] *nm* parroco *m*.

**curieux**, **-euse** [kyrjø, øz] *adj* curioso(-a).

**curiosité** [kyrjɔzite] *nf* curiosità *f inv*.

**curry** [kyri] *nm (épice)* curry *m inv*; *(plat) piatto al curry*.

**cutanée** [kytane] *adj f* → **éruption**.

**cuvette** [kyvɛt] *nf (bassine)* catino *m*, bacinella *f*.

**cyclable** [siklabl] *adj* → **piste**.

**cycliste** [siklist] *adj* ciclistico(-a). ♦ *nmf* ciclista *mf*.

**cyclone** [siklon] *nm* ciclone *m*.

**cygne** [siɲ] *nm* cigno *m*.

# D

**daim** [dɛ̃] *nm* daino *m.*
**dalle** [dal] *nf* pietra *f.*
**dame** [dam] *nf* signora *f;* *(aux cartes)* donna *f,* regina *f.* ❑ **dames** *nfpl (jeu)* dama *f.*
**Danemark** [danmark] *nm* : **le ~** la Danimarca.
**danger** [dɑ̃ʒe] *nm* pericolo *m;* **être en ~** essere in pericolo.
**dangereux, -euse** [dɑ̃ʒrø, dɑ̃ʒr, øz] *adj* pericoloso(-a).
**danois, -e** [danwa, az] *adj* danese. ♦ *nm (langue)* danese *m.*
**dans** [dɑ̃] *prép* **1.** *(indique la situation)* in; **je vis ~ le sud de la France** vivo nel sud della Francia.
**2.** *(indique la direction)* in; **nous allons en vacances ~ les Alpes** andiamo in vacanza sulle Alpi; **vous allez ~ la mauvaise direction** andate nella direzione sbagliata.
**3.** *(indique la provenance)* in; **choisissez un dessert ~ notre sélection du jour** scelga un dessert nella nostra selezione del giorno.
**4.** *(indique le moment)*: **~ mon enfance** durante la mia infanzia; **le spectacle commence ~ cinq minutes** lo spettacolo comincia tra cinque minuti.
**danse** [dɑ̃s] *nf* : **la ~** la danza; **une ~** un ballo; **~ classique** danza classica; **~ moderne** danza moderna.
**danser** [dɑ̃se] *vt & vi* ballare.
**danseur, -euse** [dɑ̃sœr, øz] *nm, f* ballerino *m* (-a *f*).
**darne** [darn] *nf* trancio *m.*
**date** [dat] *nf* data *f;* **'~ limite de consommation'** 'data di scadenza'; **'~ limite de vente'** *etichetta indicante il termine ultimo di vendita di un prodotto;* **~ de naissance** data di nascita.
**dater** [date] *vi (être vieux)* essere datato; **~ de** *(remonter à)* risalire a.
**datte** [dat] *nf* dattero *m.*
**daube** [dob] *nf* : **(bœuf en) ~** *stufato di manzo cotto nel vino rosso con spezie.*
**dauphine** [dofin] *nf* → **pomme.**
**dauphinois** [dofinwa] *adj m* → **gratin.**
**daurade** [dɔrad] *nf* orata *f.*

**davantage** [davɑ̃taʒ] *adv* di più; **~ de** più.

**de** [də] *prép* **1.** *(indique l'appartenance)* di; **la porte du salon** la porta della sala; **le frère ~ Pierre** il fratello di Pierre.

**2.** *(indique la provenance)* da; **j'arrive ~ Lille** arrivo da Lilla; **d'où êtes-vous? - ~ Bordeaux** di dove siete? - di Bordeaux.

**3.** *(avec « à »)*: **~ Paris à Tokyo** da Parigi a Tokyo; **~ la mi-août à début septembre** dalla metà di agosto all'inizio di settembre.

**4.** *(indique une caractéristique)* di; **une statue ~ pierre** una statua di pietra; **des billets ~ 100 €** dei biglietti da 100 euro; **l'avion ~ 7 h 20** l'aereo delle 7 e 20.

**5.** *(introduit un complément)*: **parler ~ qqch** parlare di qc; **arrêter ~ faire qqch** smettere di fare qc.

**6.** *(désigne le contenu)* di; **une bouteille d'eau minérale** una bottiglia d'acqua minerale.

**7.** *(parmi)* di; **la moitié du temps/~ nos clients** la metà del tempo/dei nostri clienti.

**8.** *(indique le moyen, la manière)* con; **saluer qqn d'un mouvement de tête** salutare qn con un cenno della testa; **d'un air distrait** con aria distratta.

**9.** *(indique la cause)* di; **je meurs ~ faim!** sto morendo di fame!

◆ *art* di; **je voudrais du vin/~ la confiture** vorrei del vino/della marmellata; **achète des yaourts/des pommes/des journaux** compra degli yoghurt/delle mele/dei giornali; **ils n'ont pas d'enfants** non hanno figli.

**dé** [de] *nm (à jouer)* dado *m*.

**déballer** [debale] *vt (cadeau)* scartare; **~ ses affaires** disfare le valigie.

**débardeur** [debardœr] *nm (T-shirt)* canottiera *f*.

**débarquer** [debarke] *vt & vi* sbarcare.

**débarrasser** [debarase] *vt (désencombrer)* sbarazzare; **~ (la table)** sparecchiare; **~ qqn de qqch** *(vêtement, paquets)* prendere qc da qn. ❑ **se débarrasser de** *vp + prép* sbarazzarsi di.

**débiter** [debite] *vt (compte)*

addebitare; *(couper)* tagliare a pezzi.
**débloquer** [deblɔke] *vt* sbloccare.
**déboîter** [debwate] *vt (objet)* disincastrare. ◆ *vi (voiture)* uscire dalla fila. ❑ **se déboîter** *vp* : **se ~ l'épaule** lussarsi la spalla.
**débordé, -e** *adj* : **être ~ (de travail)** essere stracarico(-a) (di lavoro).
**déborder** [debɔrde] *vi (lait, casserole)* traboccare; *(rivière)* straripare.
**déboucher** [debuʃe] *vt* sturare. ❑ **déboucher sur** *v + prép* sboccare su.
**debout** [dəbu] *adv* in piedi; **se mettre ~** alzarsi in piedi; **tenir ~** stare in piedi.
**déboutonner** [debutɔne] *vt* sbottonare.
**débrancher** [debrɑ̃ʃe] *vt* staccare.
**débris** [debri] *nmpl* cocci *mpl*.
**débrouiller** [debruje]: **se débrouiller** *vp* arrangiarsi.
**début** [deby] *nm* inizio *m*; **au ~ (de)** all'inizio (di).
**débuter** [debyte] *vi* cominciare; *(artiste)* debuttare.
**décaféiné, -e** [dekafeine] *adj* decaffeinato(-a).
**décalage** [dekalaʒ] *nm* scarto *m*; **~ horaire** cambiamento *m* di fuso orario.
**décaler** [dekale] *vt* spostare.
**décapotable** [dekapɔtabl] *nf* : **(voiture) ~** decappottabile *f*.
**décapsuleur** [dekapsylœr] *nm* apribottiglie *m inv*.
**décéder** [desede] *vi (sout)* decedere.
**décembre** [desɑ̃br] *nm* dicembre *m*; → **septembre**.
**déception** [desɛpsjɔ̃] *nf* delusione *f*.
**décès** [desɛ] *nm* decesso *m*.
**décevant, -e** [desəvɑ̃, ɑ̃t] *adj* deludente.
**décevoir** [desəvwar] *vt* deludere.
**décharge** [deʃarʒ] *nf (d'ordures)* discarica *f*; *(électrique)* scarica *f*.
**décharger** [deʃarʒe] *vt* scaricare.
**déchets** [deʃɛ] *nmpl* scarti *mpl*.
**déchiffrer** [deʃifre] *vt* decifrare.
**déchirer** [deʃire] *vt* strap-

pare. ❑ **se déchirer** *vp* strapparsi.

**déci** [desi] *nm (Helv) bicchiere di vino da 10 cl.*

**décidé**, **-e** [deside] *adj* deciso(-a).

**décider** [deside] *vt* decidere; **~ de faire qqch** decidere di fare qc. ❑ **se décider** *vp* decidersi.

**décision** [desizjɔ̃] *nf* decisione *f.*

**déclaration** [deklarasjɔ̃] *nf* dichiarazione *f.*

**déclarer** [deklare] *vt* dichiarare; **rien à ~** niente da dichiarare.

**déclencher** [deklɑ̃ʃe] *vt (mécanisme)* innescare; *(guerre)* scatenare.

**déclic** [deklik] *nm* scatto *m*; *(fig: illumination)* lampo *m* di genio.

**décoiffer** [dekwafe] *vt* spettinare.

**décollage** [dekɔlaʒ] *nm* decollo *m.*

**décoller** [dekɔle] *vt* scollare. ◆ *vi (avion)* decollare. ❑ **se décoller** *vp* scollarsi.

**décolleté**, **-e** [dekɔlte] *adj* scollato(-a). ◆ *nm* scollatura *f.*

**décolorer** [dekɔlɔre] *vt (tissu)* scolorire; *(cheveux)* decolorare.

**décomposer** [dekɔ̃poze]: **se décomposer** *vp (pourrir)* decomporsi.

**déconseiller** [dekɔ̃seje] *vt* : **~ à qqn de faire qqch** sconsigliare a qn di fare qc.

**décontracté**, **-e** [dekɔ̃trakte] *adj (personne, sourire)* rilassato(-a); *(tenue)* casual *(inv).*

**décor** [dekɔr] *nm* scenario *m*; *(d'une pièce)* arredamento *m.*

**décoration** [dekɔrasjɔ̃] *nf (d'une pièce)* arredo *m*; *(médaille)* decorazione *f.*

**décorer** [dekɔre] *vt* decorare; *(pièce)* arredare.

**décortiquer** [dekɔrtike] *vt (noix, crabe)* sgusciare.

**découdre** [dekudr] *vt* scucire. ❑ **se découdre** *vp* scucirsi.

**découper** [dekupe] *vt (gâteau, viande)* tagliare; *(images, photos)* ritagliare.

**décourager** [dekuraʒe] *vt* scoraggiare. ❑ **se décourager** *vp* scoraggiarsi.

**décousu**, **-e** [dekuzy] *adj (vêtement)* scucito(-a).

**découvert**, **-e** [dekuvɛr, ɛrt] *pp* → **découvrir**. ◆ *nm (bancaire)* scoperto *m.*

**découverte** [dekuvɛrt] *nf* scoperta *f.*

**découvrir** [dekuvrir] *vt* scoprire.

**décrire** [dekrir] *vt* descrivere.

**décrocher** [dekrɔʃe] *vt (tableau)* staccare; **~ (le téléphone)** *(pour répondre)* rispondere (al telefono); **'décrochez (le combiné)'** 'sollevare il ricevitore'. ▫ **se décrocher** *vp* staccarsi.

**déçu**, **-e** [desy] *pp* → **décevoir**. ◆ *adj* deluso(-a).

**dedans** [dədɑ̃] *adv* dentro. ◆ *nm* interno *m*; **en ~** all'interno.

**dédommager** [dedɔmaʒe] *vt* risarcire.

**déduire** [dedɥir] *vt* : **~ qqch de qqch** dedurre qc da qc.

**déduit**, **-e** [dedɥi, it] *pp* → **déduire**.

**défaire** [defɛr] *vt* disfare. ▫ **se défaire** *vp (nœud)* disfarsi; *(chignon)* sciogliersi.

**défait**, **-e** [defɛ, ɛt] *pp* → **défaire**.

**défaite** [defɛt] *nf* disfatta *f*.

**défaut** [defo] *nm* difetto *m*; **à ~ de** in mancanza di.

**défectueux**, **-euse** [defɛktɥø, øz] *adj* difettoso(-a).

**défendre** [defɑ̃dr] *vt* difendere; **~ à qqn de faire qqch** vietare a qn di fare qc. ▫ **se défendre** *vp* difendersi.

**défense** [defɑ̃s] *nf* difesa *f*; *(d'éléphant)* zanna *f*; **prendre la ~ de qqn** prendere le difese di qn; **'~ d'entrer'** 'vietato l'ingresso'.

**défilé** [defile] *nm (de mode, militaire)* sfilata *f*; *(gorges)* passo *m*.

**défiler** [defile] *vi* sfilare.

**définir** [definir] *vt* definire.

**définitif**, **-ive** [definitif, iv] *adj* definitivo(-a); **en définitive** in definitiva.

**définition** [definisjɔ̃] *nf* definizione *f*.

**définitivement** [definitivmɑ̃] *adv* definitivamente.

**déformé**, **-e** [defɔrme] *adj (vêtement)* deformato(-a); *(route)* dissestato(-a).

**déformer** [defɔrme] *vt* deformare.

**défouler** [defule]: **se défouler** *vp* sfogarsi.

**dégager** [degaʒe] *vt (déblayer)* sgomberare; **~ qqn/qqch de** liberare qn/qc da. ▫ **se dégager** *vp* liberarsi; *(ciel)* schiarirsi; **se ~ de** *(se libérer de)* liberarsi da.

**dégarni**, **-e** [degarni] *adj*

*(crâne, personne)* stempiato(-a).

**dégâts** [dega] *nmpl* danni *mpl*; **faire des ~** provocare danni.

**dégeler** [deʒle] *vt* sgelare. ◆ *vi (lac, surgelé)* sgelarsi.

**dégivrage** [deʒivraʒ] *nm* sbrinamento *m*.

**dégivrer** [deʒivre] *vt* sbrinare.

**dégonfler** [degɔ̃fle]: **se dégonfler** *vp* sgonfiarsi.

**dégouliner** [deguline] *vi* gocciolare.

**dégourdir** [degurdir]: **se dégourdir** *vp* : **se ~ les jambes** sgranchirsi le gambe.

**dégoûtant, -e** [degutɑ̃, ɑ̃t] *adj* disgustoso(-a).

**dégoûter** [degute] *vt* disgustare.

**degré** [dəgre] *nm* grado *m*.

**dégressif, -ive** [degresif, iv] *adj* scalare.

**déguisement** [degizmɑ̃] *nm* travestimento *m*.

**déguiser** [degize]: **se déguiser** *vp* travestirsi; **se ~ en** travestirsi da.

**dégustation** [degystasjɔ̃] *nf* degustazione *f*.

**dehors** [dəɔr] *adv* fuori. ◆ *nm* esterno *m*; **jeter** OU **mettre qqn ~** buttar fuori qn; **en ~** infuori; **en ~ de** fuori da; *(sauf)* all'infuori di.

**déjà** [deʒa] *adv* già.

**déjeuner** [deʒœne] *nm* pranzo *m*; *(petit déjeuner)* (prima) colazione *f*. ◆ *vi* pranzare; *(le matin)* fare colazione.

**délabré, -e** [delabre] *adj* scalcinato(-a).

**délai** [delɛ] *nm (durée)* termine *m*; *(temps supplémentaire)* proroga *f*.

**délavé, -e** [delave] *adj* sbiadito(-a).

**délayer** [deleje] *vt (mélanger)* diluire.

**délicat, -e** [delika, at] *adj* delicato(-a).

**délicieux, -euse** [delisjø, øz] *adj* delizioso(-a).

**délimiter** [delimite] *vt* delimitare.

**délinquant, -e** [delɛ̃kɑ̃, ɑ̃t] *nm, f* delinquente *mf*.

**délivrer** [delivre] *vt (prisonnier)* liberare; *(autorisation, reçu)* rilasciare.

**deltaplane** [dɛltaplan] *nm* deltaplano *m*.

**déluge** [delyʒ] *nm* diluvio *m*.

**demain** [dəmɛ̃] *adv* domani; **à ~!** a domani!; **~ matin/soir** domani mattina/sera.

**demande** [dəmɑ̃d] *nf* domanda *f.*

**demander** [dəmɑ̃de] *vt* chiedere, domandare; *(nécessiter)* richiedere; **~ qqch à qqn** chiedere qc a qn; **~ à qqn de faire qqch** chiedere a qn di fare qc. ❑ **se demander** *vp* chiedersi, domandarsi.

**démangeaison** [demɑ̃ʒɛzɔ̃] *nf* prurito *m*; **avoir des ~s** avere dei pruriti.

**démanger** [demɑ̃ʒe] *vt* prudere a.

**démaquillant** [demakijɑ̃] *nm* struccante *m.*

**démarche** [demarʃ] *nf (allure)* andatura *f*; **~s** *(administratives)* pratiche *fpl.*

**démarrer** [demare] *vi (partir)* partire; *(commencer)* iniziare.

**démarreur** [demarœr] *nm* motorino *m* d'avviamento.

**démêler** [demele] *vt* sbrogliare.

**déménagement** [demenaʒmɑ̃] *nm* trasloco *m.*

**déménager** [demenaʒe] *vt* & *vi* traslocare.

**démesuré, -e** [deməzyre] *adj* smisurato(-a).

**démettre** [demɛtr]: **se démettre** *vp* : **se ~ l'épaule** slogarsi una spalla.

**demeure** [dəmœr] *nf (manoir)* dimora *f* signorile.

**demi, -e** [dəmi] *adj* mezzo(-a). ◆ *nm (bière)* (birra) piccola *f*; **il est cinq heures et ~e** sono le cinque e mezzo; **un ~-kilo de** mezzo chilo di; **à ~ fermé** semichiuso.

**demi-frère, -s** [dəmifrɛr] *nm* fratellastro *m.*

**demi-heure, -s** [dəmijœr] *nf* mezz'ora *f.*

**demi-pension, -s** [dəmipɑ̃sjɔ̃] *nf (à l'hôtel)* mezza pensione *f.*

**démis, -e** [demi, iz] *pp* → **démettre.**

**demi-sœur, -s** [dəmisœr] *nf* sorellastra *f.*

**démission** [demisjɔ̃] *nf* dimissioni *fpl*; **donner sa ~** dare le dimissioni.

**démissionner** [demisjɔne] *vi* dare le dimissioni.

**demi-tarif, -s** [dəmitarif] *nm prezzo ridotto del 50%.*

**démodé, -e** [demɔde] *adj* fuori moda *(inv)*.

**demoiselle** [dəmwazɛl] *nf* signorina *f.*

**démolir** [demɔlir] *vt* demolire.
**démonter** [demɔ̃te] *vt* smontare.
**démontrer** [demɔ̃tre] *vt* dimostrare.
**démoraliser** [demɔralize] *vt* demoralizzare.
**dénivellation** [denivelasjɔ̃] *nf* dislivello *m*.
**dénoncer** [denɔ̃se] *vt* denunciare.
**dénouer** [denwe] *vt* sciogliere.
**dénoyauter** [denwajɔte] *vt* snocciolare.
**dense** [dɑ̃s] *adj* denso(-a).
**dent** [dɑ̃] *nf* dente *m*; **~ de lait** dente da latte; **~ de sagesse** dente del giudizio.
**dentelle** [dɑ̃tɛl] *nf* pizzo *m*.
**dentier** [dɑ̃tje] *nm* dentiera *f*.
**dentifrice** [dɑ̃tifris] *nm* dentifricio *m*.
**dentiste** [dɑ̃tist] *nmf* dentista *mf*.
**déodorant** [deɔdɔrɑ̃] *nm* deodorante *m*.
**dépannage** [depanaʒ] *nm* riparazione *f*; **service de ~** (*AUT*) soccorso *m* stradale.
**dépanner** [depane] *vt* riparare; (*fig: aider*) trarre d'impiccio.
**dépanneur** [depanœr] *nm* (*Can: épicerie) negozio di alimentari aperto oltre l'orario normale*.
**départ** [depar] *nm* partenza *f*; **au ~** (*au début*) all'inizio; **'~s'** 'partenze'.
**département** [departəmɑ̃] *nm* (*division administrative) unità territoriale e amministrativa della Francia*; (*service*) reparto *m*.
**départementale** [departəmɑ̃tal] *nf* : **(route) ~** ≃ (strada) provinciale *f*.
**dépasser** [depase] *vt* superare. ◆ *vi* (*déborder*) spuntare.
**dépaysement** [depeizmɑ̃] *nm* cambiamento *m* d'aria.
**dépêcher** [depeʃe]: **se dépêcher** *vp* sbrigarsi; **se ~ de faire qqch** sbrigarsi a fare qc.
**dépendre** [depɑ̃dr] *vi* : **~ de** dipendere da; **ça dépend** dipende.
**dépense** [depɑ̃s] *nf* spesa *f*.
**dépenser** [depɑ̃se] *vt* spendere. ❑ **se dépenser** *vp* (*physiquement*) consumare energia.
**dépensier, -ère** [depɑ̃sje, ɛr] *adj* spendaccione(-a).

**déplacement** [deplasmɑ̃] *nm* viaggio *m*; **en ~** in trasferta.

**déplacer** [deplase] *vt* spostare. ❑ **se déplacer** *vp* spostarsi; *(voyager)* viaggiare.

**déplaire** [deplɛr]: **déplaire à** *v* + *prép* : **ça me déplaît** non mi piace.

**déplaisant, -e** [deplɛzɑ̃, ɑ̃t] *adj* sgradevole.

**dépliant** [deplijɑ̃] *nm* dépliant *m inv*.

**déplier** [deplije] *vt* aprire.

**déployer** [deplwaje] *vt (ailes, carte)* spiegare.

**déposer** [depoze] *vt* depositare.

**dépôt** [depo] *nm* deposito *m*.

**dépotoir** [depɔtwar] *nm* immondezzaio *m*.

**dépourvu, -e** [depurvy] *adj* : **~ de** sprovvisto(-a) di; **prendre qqn au ~** prendere qn alla sprovvista.

**dépression** [depresjɔ̃] *nf* : **~ (nerveuse)** esaurimento *m* (nervoso).

**déprimer** [deprime] *vt* deprimere. ◆ *vi* essere depresso.

**depuis** [dəpɥi] *prép* da. ◆ *adv* da allora; **je travaille ici ~ trois ans** lavoro qui da tre anni; **~ quand est-il marié?** da quando è sposato?; **~ que** da quando.

**dérailler** [deraje] *vi (train)* deragliare.

**dérangement** [derɑ̃ʒmɑ̃] *nm (gêne)* disturbo *m*; **en ~** guasto.

**déranger** [derɑ̃ʒe] *vt (gêner)* disturbare; **ça vous dérange si...?** la disturba se...?

**déraper** [derape] *vi* slittare.

**dérégler** [deregle] *vt* guastare. ❑ **se dérégler** *vp* guastarsi.

**dériver** [derive] *vi* derivare.

**dermatologue** [dɛrmatɔlɔg] *nmf* dermatologo *m* (-a *f*).

**dernier, -ère** [dɛrnje, ɛr] *adj* ultimo(-a). ◆ *nm, f* ultimo *m* (-a *f*); **la semaine dernière** la settimana scorsa; **en ~** *(enfin)* infine; *(arriver)* per ultimo.

**dernièrement** [dɛrnjɛrmɑ̃] *adv* ultimamente.

**dérouler** [derule] *vt* srotolare. ❑ **se dérouler** *vp (avoir lieu)* svolgersi.

**derrière** [dɛrjɛr] *prép* &

*adv* dietro. ♦ *nm (partie arrière)* retro *m*; *(fesses)* didietro *m*.

**des** [dɛ] = **de + les → de, un**.

**dès** [dɛ] *prép* (a partire) da; ~ **que** (non) appena.

**désagréable** [dezagreabl] *adj* sgradevole.

**désapprouver** [dezapruve] *vt* disapprovare.

**désastre** [dezastr] *nm* disastro *m*.

**désastreux, -euse** [dezastrø, øz] *adj* disastroso(-a).

**désavantager** [dezavɑ̃taʒe] *vt* svantaggiare.

**descendre** [desɑ̃dr] *vt (rue, escalier)* scendere; *(transporter)* portare giù. ♦ *vi* scendere; ~ **de** *(voiture, vélo)* scendere da.

**descente** [desɑ̃t] *nf* discesa *f*.

**description** [dɛskripsjɔ̃] *nf* descrizione *f*.

**déséquilibre** [dezekilibr] *nm* squilibrio *m*; **en** ~ in bilico.

**déséquilibrer** [dezekilibre] *vt* squilibrare.

**désert, -e** [dezɛr, ɛrt] *adj* deserto(-a). ♦ *nm* deserto *m*.

**désertique** [dezɛrtik] *adj* desertico(-a).

**désespéré, -e** [dezɛspere] *adj* disperato(-a).

**désespoir** [dezɛspwar] *nm* disperazione *f*.

**déshabiller** [dezabije] *vt* spogliare. ❑ **se déshabiller** *vp* spogliarsi.

**désherbant** [dezɛrbɑ̃] *nm* diserbante *m*.

**déshydraté, -e** [dezidrate] *adj (aliment)* liofilizzato(-a).

**déshydrater** [dezidrate]: **se déshydrater** *vp* disidratarsi.

**désigner** [deziɲe] *vt* designare.

**désinfectant** [dezɛ̃fɛktɑ̃] *nm* disinfettante *m*.

**désinfecter** [dezɛ̃fɛkte] *vt* disinfettare.

**désir** [dezir] *nm* desiderio *m*.

**désirer** [dezire] *vt* desiderare; **vous désirez?** desidera?

**désobéir** [dezɔbeir] *vi* disubbidire; ~ **à** disubbidire a.

**désobéissant, -e** [dezɔbeisɑ̃, ɑ̃t] *adj* disubbidiente.

**désodorisant** [dezɔdɔrizɑ̃] *nm* deodorante *m* (per ambienti).

**désolé, -e** [dezɔle] *adj* desolato(-a); **je suis ~ (de)** sono spiacente (di).

**désordre** [dezɔrdr] *nm* disordine *m*; **être en ~** essere in disordine.

**désormais** [dezɔrmɛ] *adv* ormai.

**desquelles** [dekɛl] = **de + lesquelles, → lequel.**

**desquels** [dekɛl] = **de + lesquels → lequel.**

**dessécher** [deseʃe] *vt* seccare. ❑ **se dessécher** *vp* seccarsi.

**desserrer** [desere] *vt* allentare; *(dents, poing)* aprire.

**dessert** [desɛr] *nm* dolce *m*, dessert *m inv*.

**desservir** [desɛrvir] *vt* *(ville, gare)* assicurare il servizio con; *(table)* sparecchiare.

**dessin** [desɛ̃] *nm* disegno *m*; **~ animé** cartone *m* animato.

**dessinateur, -trice** [desinatœr, tris] *nm, f* disegnatore *m* (-trice *f*).

**dessiner** [desine] *vt* disegnare.

**dessous** [dəsu] *adv* sotto. ◆ *nm* disotto *m*; **les voisins du ~** i vicini del piano di sotto; **en ~** sotto.

**dessous-de-plat** [dəsudpla] *nm inv* sottopiatto *m*.

**dessus** [dəsy] *adv* sopra. ◆ *nm* disopra *m*; **les voisins du ~** i vicini del piano di sopra.

**dessus-de-lit** [dəsydli] *nm inv* copriletto *m inv*.

**destinataire** [dɛstinatɛr] *nmf* destinatario *m* (-a *f*).

**destination** [dɛstinasjɔ̃] *nf* destinazione *f*; **arriver à ~** arrivare a destinazione; **à ~ de** a destinazione di.

**destiné, -e** [dɛstine] *adj* : **être ~ à** essere destinato(-a) a.

**détachant** [detaʃɑ̃] *nm* smacchiatore *m*.

**détacher** [detaʃe] *vt* slegare; *(découper)* staccare. ❑ **se détacher** *vp (se défaire)* slegarsi; *(se séparer)* staccarsi.

**détail** [detaj] *nm* dettaglio *m*; **au ~** al dettaglio; **en ~** dettagliatamente.

**détaillant** [detajɑ̃] *nm* venditore *m* al dettaglio.

**détaillé, -e** [detaje] *adj* dettagliato(-a).

**détaxé, -e** [detakse] *adj* duty free *(inv)*.

**détecter** [detɛkte] *vt* scoprire.

**déteindre** [detɛ̃dr] *vi* stin-

gere; ~ **sur qqch** *(vêtement)* macchiare qc.
**déteint**, **-e** [detɛ̃, ɛ̃t] *pp* → **déteindre**.
**détendre** [detɑ̃dr]: **se détendre** *vp (corde, élastique)* allentarsi; *(se décontracter)* rilassarsi.
**détendu**, **-e** [detɑ̃dy] *adj (décontracté)* rilassato(-a).
**détergent** [detɛrʒɑ̃] *nm* detersivo *m*.
**détériorer** [deterjɔre]: **se détériorer** *vp* deteriorarsi.
**déterminé**, **-e** [determine] *adj* determinato(-a).
**détester** [deteste] *vt* detestare.
**détour** [detur] *nm* : **faire un ~** fare una deviazione.
**détourner** [deturne] *vt (regard, attention)* distogliere; *(circulation)* deviare; *(argent)* sottrarre.
**détritus** [detrity(s)] *nmpl* rifiuti *mpl*.
**détroit** [detrwa] *nm* stretto *m*.
**détruire** [detrɥir] *vt* distruggere.
**détruit**, **-e** [detrɥi, it] *pp* → **détruire**.
**dette** [dɛt] *nf* debito *m*.
**deux** [dø] *num* due; **à ~** in due; → **six**.
**deuxième** [døzjɛm] *num* secondo(-a); → **sixième**.
**deux-pièces** [døpjɛs] *nm (maillot de bain)* duepezzi *m inv*; *(appartement)* bilocale *m*.
**deux-roues** [døru] *nm* (veicolo a) due ruote *m*.
**devant** [dəvɑ̃] *prép* davanti a. ◆ *adv* davanti; *(en avant)* in avanti. ◆ *nm* davanti *m inv*.
**devanture** [devɑ̃tyr] *nf* vetrina *f*.
**développement** [devlɔpmɑ̃] *nm* sviluppo *m*.
**développer** [devlɔpe] *vt* sviluppare. ❑ **se développer** *vp* svilupparsi.
**devenir** [dəvnir] *vi* diventare.
**devenu**, **-e** [dəvnu] *pp* → **devenir**.
**déviation** [devjasjɔ̃] *nf* deviazione *f*.
**deviner** [dəvine] *vt* indovinare; *(apercevoir)* intuire.
**devinette** [dəvinɛt] *nf* indovinello *m*.
**dévisager** [devizaʒe] *vt* squadrare.
**devise** [dəviz] *nf (slogan)* motto *m*; *(argent)* valuta *f* estera.
**devoir** [dəvwar] *vt* **1.** *(ar-*

*gent, explications)*: **~ qqch à qqn** dovere qc a qn.
2. *(exprime l'obligation)*: **~ faire qqch** dover fare qc.
3. *(pour suggérer)*: **vous devriez essayer le rafting** dovrebbe provare il rafting.
4. *(exprime le regret)*: **j'aurais dû/je n'aurais pas dû l'écouter** avrei dovuto/non avrei dovuto ascoltarlo.
5. *(exprime la probabilité)* dovere; **ça doit coûter cher** deve costar caro; **le temps devrait s'améliorer cette semaine** il tempo dovrebbe migliorare questa settimana.
6. *(exprime l'intention)* dovere; **nous devions partir hier, mais...** dovevamo partire ieri, ma...
❑ **devoirs** *nmpl (SCOL)* compiti *mpl*; **faire ses ~s** fare i compiti.

**dévorer** [devɔre] *vt* divorare.

**devra** *etc* → **devoir**.

**diabète** [djabɛt] *nm* diabete *m*.

**diabétique** [djabetik] *adj* diabetico(-a).

**diable** [djabl] *nm* diavolo *m*.

**diabolo** [djabɔlo] *nm (boisson) bevanda composta da gassosa e sciroppo di frutta*; **~ menthe** gassosa *f* alla menta.

**diagnostic** [djagnɔstik] *nm* diagnosi *f inv*.

**dialecte** [djalɛkt] *nm* dialetto *m*.

**dialogue** [djalɔg] *nm* dialogo *m*.

**diamant** [djamɑ̃] *nm* diamante *m*; *(d'un électrophone)* puntina *f*.

**diamètre** [djamɛtr] *nm* diametro *m*.

**diapositive** [djapozitiv] *nf* diapositiva *f*.

**diarrhée** [djare] *nf* diarrea *f*.

**dictée** [dikte] *nf* dettato *m*.

**dictionnaire** [diksjɔnɛr] *nm* dizionario *m*.

**diesel** [djezel] *nm* diesel *m inv*. ◆ *adj* diesel *(inv)*.

**diététique** [djetetik] *adj* dietetico(-a).

**dieu, -x** [djø] *nm* dio *m*. ❑ **Dieu** *nm* Dio *m*; **mon Dieu!** Dio mio!

**différence** [diferɑ̃s] *nf* differenza *f*.

**différent, -e** [diferɑ̃, ɑ̃t] *adj* differente; **~ de** differente da. ❑ **différents, -es** *adj (divers)* diversi(-e).

**difficile** [difisil] *adj* difficile.

**difficulté** [difikylte] *nf* difficoltà *f inv*; **avoir des ~s à faire qqch** avere difficoltà nel fare qc.

**digérer** [diʒere] *vt* digerire.

**digestif**, **-ive** [diʒɛstif, iv] *adj* digestivo(-a). ◆ *nm* digestivo *m*.

**digestion** [diʒɛstjɔ̃] *nf* digestione *f*.

**Digicode**® [diʒikɔd] *nm sistema per l'apertura del portone tramite codice.*

**digue** [dig] *nf* argine *m*.

**diluer** [dilɥe] *vt* diluire.

**dimanche** [dimɑ̃ʃ] *nm* domenica *f*; → **samedi**.

**dimension** [dimɑ̃sjɔ̃] *nf* dimensione *f*.

**diminuer** [diminɥe] *vt (chiffre, mesure)* diminuire. ◆ *vi* diminuire, calare.

**dinde** [dɛ̃d] *nf* tacchina *f*; **~ aux marrons** *tacchina farcita con castagne, preparata specialmente durante le feste natalizie.*

**dîner** [dine] *nm* cena *f*. ◆ *vi* cenare.

**diplomate** [diplɔmat] *nmf* diplomatico *m* (-a *f*). ◆ *nm (CULIN) dessert a base di savoiardi, canditi e crema.*

**diplôme** [diplom] *nm* diploma *m*.

**dire** [dir] *vt* 1. *(prononcer, exprimer)* dire; **~ à qqn que/pourquoi** dire a qn che/perché; **comment dit-on « de rien » en italien?** come si dice "de rien" in italiano?
2. *(ordonner)*: **~ à qqn de faire qqch** dire a qn di fare qc.
3. *(penser)* dire; **qu'est-ce que vous en dites?** che ne dite?; **que dirais-tu de...?** cosa diresti di...?; **on dirait qu'il va pleuvoir** si direbbe che sta per piovere.
4. *(dans des expressions)*: **à vrai ~...** a dire il vero...; **ça ne me dit rien** non mi tenta; **cela dit...** ciononostante...
❑ **se dire** *vp (penser)* dirsi.

**direct**, **-e** [dirɛkt] *adj* diretto(-a). ◆ *nm* : **en ~ (de)** in diretta (da).

**directement** [dirɛktəmɑ̃] *adv* direttamente.

**directeur**, **-trice** [dirɛktœr, tris] *nm, f* direttore *m* (-trice *f*).

**direction** [dirɛksjɔ̃] *nf* direzione *f*; *(AUT)* sterzo *m*; **en ~ de** diretto a; **'toutes ~s'** 'tutte le direzioni'.

**diriger** [diriʒe] *vt* dirigere; *(véhicule)* guidare. ❑ **se diriger vers** *vp + prép* dirigersi verso.

**dis** → **dire**.

**discipline** [disiplin] *nf* disciplina *f*.

**disco** [disko] *nf (fam: discothèque)* discoteca *f*.

**discothèque** [diskɔtɛk] *nf* discoteca *f*.

**discours** [diskur] *nm* discorso *m*.

**discret**, **-ète** [diskrɛ, ɛt] *adj* discreto(-a).

**discussion** [diskysjɔ̃] *nf* discussione *f*.

**discuter** [diskyte] *vi* discutere; ~ **de qqch (avec qqn)** discutere di qc (con qn).

**dise** *etc* → **dire**.

**disons** → **dire**.

**disparaître** [disparɛtr] *vi* sparire, scomparire; *(coutume, civilisation)* scomparire.

**disparu**, **-e** [dispary] *pp* → **disparaître**.

**disperser** [dispɛrse] *vt* disperdere.

**disponible** [dispɔnibl] *adj* disponibile.

**disposé**, **-e** [dispoze] *adj* : **être ~ à faire qqch** essere disposto(-a) a fare qc.

**disposer** [dispoze] *vt* disporre. ❑ **disposer de** *v + prép* disporre di.

**dispositif** [dispozitif] *nm* dispositivo *m*.

**disposition** [dispozisjɔ̃] *nf* disposizione *f*; **à la ~ de qqn** a disposizione di qn.

**dispute** [dispyt] *nf* disputa *f*.

**disputer** [dispyte]: **se disputer** *vp* litigare.

**disquaire** [diskɛr] *nmf* negoziante *mf* di dischi.

**disque** [disk] *nm* disco *m*; ~ **laser** disco laser; ~ **dur** hard disk *m inv*, disco fisso.

**disquette** [diskɛt] *nf* dischetto *m*.

**dissolvant** [disɔlvɑ̃] *nm* solvente *m*.

**dissuader** [disɥade] *vt* : ~ **qqn de faire qqch** dissuadere qn dal fare qc.

**distance** [distɑ̃s] *nf* distanza *f*; **à une ~ de 20 km, à 20 km de ~** a una distanza di 20 km, a 20 km di distanza.

**distinction** [distɛ̃ksjɔ̃] *nf* : **faire une ~ entre** fare una distinzione fra.

**distingué**, **-e** [distɛ̃ge] *adj* distinto(-a).

**distinguer** [distɛ̃ge] *vt (faire la différence entre)* distinguere tra; *(voir)* distinguere. ❑ **se distinguer de** *vp + prép* distinguersi da.

**distraction** [distraksjɔ̃] *nf* distrazione *f.*

**distraire** [distrɛr] *vt* distrarre. ❑ **se distraire** *vp* distrarsi.

**distrait**, **-e** [distrɛ, ɛt] *pp* → **distraire**. ♦ *adj* distratto(-a).

**distribuer** [distribɥe] *vt* distribuire.

**distributeur** [distribytœr] *nm* distributore *m*; ~ **(automatique) de billets** *(FIN)* bancomat® *m inv*.

**dit**, **-e** [di, dit] *pp* → **dire**.

**dites** → **dire**.

**divan** [divɑ̃] *nm* divano *m*.

**divers**, **-es** [divɛr, ɛrs] *adj* *(variés)* vari (varie); *(plusieurs)* vari (varie), parecchi (parecchie).

**divertissement** [divɛrtismɑ̃] *nm* divertimento *m*.

**diviser** [divize] *vt* dividere.

**division** [divizjɔ̃] *nf* divisione *f.*

**divorce** [divɔrs] *nm* divorzio *m*.

**divorcer** [divɔrse] *vi* divorziare.

**dix** [dis] *num* dieci; → **six**.

**dix-huit** [dizɥit] *num* diciotto; → **six**.

**dix-huitième** [dizɥitjɛm] *num* diciottesimo(-a); → **sixième**.

**dixième** [dizjɛm] *num* decimo(-a); → **sixième**.

**dix-neuf** [diznœf] *num* diciannove; → **six**.

**dix-neuvième** [diznœvjɛm] *num* diciannovesimo(-a); → **sixième**.

**dix-sept** [dissɛt] *num* diciassette; → **six**.

**dix-septième** [dissɛtjɛm] *num* diciassettesimo(-a); → **sixième**.

**dizaine** [dizɛn] *nf* : **une ~ (de)** una decina (di).

**docks** [dɔk] *nmpl* banchine *fpl*.

**docteur** [dɔktœr] *nm* dottore *m*.

**document** [dɔkymɑ̃] *nm* documento *m*.

**documentaire** [dɔkymɑ̃tɛr] *nm* documentario *m*.

**documentation** [dɔkymɑ̃tasjɔ̃] *nf* documentazione *f*.

**doigt** [dwa] *nm* dito *m*; ~ **de pied** dito del piede.

**dois** → **devoir**.

**doive** *etc* → **devoir**.

**dollar** [dɔlar] *nm* dollaro *m*.

**domaine** [dɔmɛn] *nm (propriété)* proprietà *f inv*; *(secteur)* campo *m*.

**dôme** [dom] *nm* cupola *f*.

**domicile** [dɔmisil] *nm* domicilio *m*; **à ~** a domicilio.

**dominer** [dɔmine] *vt & vi* dominare.

**dommage** [dɔmaʒ] *nm* : **(quel) ~!** (che) peccato!; **c'est ~ de devoir partir déjà** è un peccato dover andare già via; **c'est ~ que...** è un peccato che...

**DOM-TOM** [dɔmtɔm] *nmpl territori francesi d'oltremare*.

**donc** [dɔ̃k] *conj (par conséquent)* quindi; *(pour reprendre)* dunque.

**donjon** [dɔ̃ʒɔ̃] *nm* torrione *m*.

**données** [dɔne] *nfpl* dati *mpl*.

**donner** [dɔne] *vt* dare; **~ qqch à qqn** dare qc a qn; **~ à manger à qqn** dare da mangiare a qn; **~ chaud** far caldo; **~ soif** mettere sete. ❑ **donner sur** *v + prép* dare su.

**dont** [dɔ̃] *pron relatif* 1. *(complément du verbe)*: **la façon ~ ça s'est passé** il modo in cui è accaduto; **c'est le camping ~ on nous a parlé** è il campeggio di cui ci hanno parlato.
2. *(complément de l'adjectif)* di cui, del quale; **l'établissement ~ ils sont responsables** l'ente del quale sono responsabili.
3. *(complément du nom, exprime l'appartenance)* il cui (la cui); **pour ceux ~ la passion est le sport** per coloro la cui passione è lo sport.
4. *(parmi lesquels)*: **nous avons passé plusieurs jours au Portugal, ~ trois à la plage** abbiamo passato parecchi giorni in Portogallo, di cui tre al mare; **certaines personnes, ~ moi, pensent que...** certe persone, tra cui io, pensano che...

**doré, -e** [dɔre] *adj* dorato(-a). ◆ *nm pesce d'acqua dolce commestibile*.

**dorénavant** [dɔrenavɑ̃] *adv* d'ora in avanti, d'ora in poi.

**dormir** [dɔrmir] *vi* dormire.

**dortoir** [dɔrtwar] *nm* dormitorio *m*.

**dos** [do] *nm* schiena *f*; *(d'un siège)* schienale *m*; *(d'un livre, d'une feuille)* retro *m*; **au ~ (de)** sul retro (di); **de ~** di spalle.

**dose** [doz] *nf* dose *f.*

**dossier** [dɔsje] *nm (d'un siège)* spalliera *f; (documents)* pratica *f.*

**douane** [dwan] *nf* dogana *f.*

**douanier** [dwanje] *nm* doganiere *m.*

**double** [dubl] *adj* doppio(-a). ◆ *nm (copie)* duplicato *m; (partie de tennis)* doppio *m.* ◆ *adv (compter, voir)* doppio; **le ~ (de)** il doppio (di).

**doubler** [duble] *vt* raddoppiare; *(vêtement)* foderare; *(AUT)* sorpassare; *(film)* doppiare. ◆ *vi* raddoppiare; *(AUT)* sorpassare.

**doublure** [dublyr] *nf (d'un vêtement)* fodera *f.*

**douce** → **doux**.

**doucement** [dusmɑ̃] *adv* piano.

**douche** [duʃ] *nf* doccia *f;* **prendre une ~** farsi la doccia.

**doucher** [duʃe]: **se doucher** *vp* farsi la doccia.

**doué, -e** [dwe] *adj* dotato(-a); **~ pour** *OU* **en qqch** portato(-a) per qc.

**douleur** [dulœr] *nf* dolore *m.*

**douloureux, -euse** [dulurø, øz] *adj (opération, souvenir)* doloroso(-a); *(partie du corps)* dolorante.

**doute** [dut] *nm* dubbio *m;* **sans ~** *(probablement)* probabilmente.

**douter** [dute] *vt* : **~ que** dubitare che. ❑ **douter de** *v + prép* dubitare di. ❑ **se douter** *vp* : **se ~ de qqch** sospettare qc; **se ~ que** sospettare che.

**doux, douce** [du, dus] *adj* dolce; *(au toucher)* morbido(-a); *(temps)* mite.

**douzaine** [duzɛn] *nf* : **une ~ (de)** una dozzina (di).

**douze** [duz] *num* dodici; → **six**.

**douzième** [duzjɛm] *num* dodicesimo(-a); → **sixième**.

**draguer** [drage] *vt (fam: personne)* rimorchiare.

**drame** [dram] *nm* dramma *m.*

**drap** [dra] *nm* lenzuolo *m.*

**drapeau, -x** [drapo] *nm* bandiera *f.*

**drap-housse** [draus] *(pl* **draps-housses***) nm* lenzuolo *m* con gli angoli.

**dresser** [drese] *vt (tête)* sollevare; *(animal)* addestrare; *(plan, procès-verbal)* stendere.

**drogue** [drɔg] *nf* droga *f.*

**drogué, -e** [drɔge] *nm, f* drogato *m* (-a *f*).

**droguer** [drɔge]: **se droguer** *vp* drogarsi.

**droit, -e** [drwa, drwat] *adj* diritto(-a), dritto(-a); *(côté, main)* destro(-a). ◆ *adv* diritto, dritto. ◆ *nm (autorisation)* diritto *m*; **avoir le ~ de faire qqch** avere il diritto di fare qc; **avoir ~ à qqch** avere diritto a qc.

**droite** [drwat] *nf* : **la ~** la destra; **à ~ (de)** a destra (di); **de ~** di destra.

**droitier, -ère** [drwatje, ɛr] *adj* che usa la destra.

**drôle** [drol] *adj (amusant)* divertente; *(bizarre)* strano(-a); **un ~ de bonhomme** uno strano tipo.

**drôlement** [drolmɑ̃] *adv (fam: très)* terribilmente.

**du** [dy] = **de + le → de.**

**dû, due** [dy] *pp* **→ devoir.**

**dune** [dyn] *nf* duna *f*.

**duo** [dyo] *nm (MUS)* duetto *m*; *(d'artistes)* duo *m*.

**duquel** [dykɛl] = **de + lequel, → lequel.**

**dur, -e** [dyr] *adj* duro(-a). ◆ *adv* duro.

**durant** [dyrɑ̃] *prép* durante.

**durcir** [dyrsir] *vi* indurire.

**durée** [dyre] *nf* durata *f*.

**durer** [dyre] *vi* durare.

**duvet** [dyvɛ] *nm (plumes)* piumino *m*; *(sac de couchage)* sacco *m* a pelo.

**dynamique** [dinamik] *adj* dinamico(-a).

# E

**E** *(abr de* **est***)* E.

**eau, -x** [o] *nf* acqua *f*; **~ de Cologne** acqua di colonia; **~ gazeuse** acqua gasata; **~ minérale** acqua minerale; **~ plate** acqua naturale; **~ potable/non potable** acqua potabile/non potabile; **~ du robinet** acqua del rubinetto; **~ de toilette** eau de toilette *f inv*.

**eau-de-vie** [odvi] (*pl* **eaux-de-vie**) *nf* acquavite *f*.

**éboueur** [ebwœr] *nm* netturbino *m*.

**ébouillanter** [ebujɑ̃te] *vt* scottare.

**éboulement** [ebulmɑ̃] *nm* frana *f*.

**écaille** [ekaj] *nf (de poisson)* squama *f*; *(d'huître)* valva *f*; *(matière)* tartaruga *f*.

**écart** [ekar] *nm (distance)* distanza *f*; *(différence)* scarto *m*; **faire un ~** deviare.

**écarter** [ekarte] *vt (ouvrir)* allargare; *(éloigner)* allontanare.

**échafaudage** [eʃafodaʒ] *nm* impalcatura *f*.

**échalote** [eʃalɔt] *nf* scalogno *m*.

**échancré, -e** [eʃɑ̃kre] *adj (robe)* scollato(-a); *(maillot de bain)* sgambato(-a).

**échange** [eʃɑ̃ʒ] *nm* scambio *m*; *(SCOL)* gemellaggio *m*; **en ~ (de)** in cambio (di).

**échanger** [eʃɑ̃ʒe] *vt* scambiare; **~ qqch contre** scambiare qc con.

**échangeur** [eʃɑ̃ʒœr] *nm (d'autoroute)* svincolo *m*.

**échappement** [eʃapmɑ̃] *nm* → **pot, tuyau**.

**échapper** [eʃape]: **échapper à** *v + prép* sfuggire a; **ça m'a échappé** *(nom, détail)* mi è sfuggito di mente; *(paroles)* mi è sfuggito; **ça m'a échappé des mains** mi è sfuggito di mano. ❑ **s'échapper** *vp* scappare; **s'~ de** scappare da.

**écharpe** [eʃarp] *nf (cache-nez)* sciarpa *f*; **en ~** al collo.

**échec** [eʃɛk] *nm* insuccesso *m*. ❑ **échecs** *nmpl* scacchi *mpl*.

**échelle** [eʃɛl] *nf* scala *f*; **faire la courte ~ à qqn** fare scaletta a qn.

**échelon** [eʃlɔ̃] *nm (d'échelle)* piolo *m*; *(grade)* livello *m*.

**échiquier** [eʃikje] *nm* scacchiera *f*.

**écho** [eko] *nm* eco *m ou f*.

**échographie** [ekografi] *nf* ecografia *f*.

**échouer** [eʃwe] *vi (rater)* fallire. ❑ **s'échouer** *vp* incagliarsi.

**éclabousser** [eklabuse] *vt* schizzare.

**éclair** [eklɛr] *nm* lampo *m*; *(gâteau) bignè allungato, ripieno di crema al caffè o al cioccolato e ricoperto di glassa*.

**éclairage** [eklɛraʒ] *nm* illuminazione *f*.

**éclaircie** [eklɛrsi] *nf* schiarita *f*.

**éclaircir** [eklɛrsir] *vt* schiarire. ❑ **s'éclaircir** *vp (ciel)* schiarirsi.

**éclaircissement** [eklɛrsismɑ̃] *nm* chiarimento *m*.

**éclairer** [eklere] *vt* illuminare.
**éclat** [ekla] *nm* *(de verre)* scheggia *f*; *(d'une lumière)* bagliore *m*; **~s de rire** scoppi *mpl* di risa.
**éclater** [eklate] *vi* scoppiare; **~ de rire** scoppiare a ridere; **~ en sanglots** scoppiare in singhiozzi.
**écluse** [eklyz] *nf* chiusa *f*.
**écœurant, -e** [ekœrɑ̃, ɑ̃t] *adj* nauseante.
**écœurer** [ekœre] *vt* *(dégoûter)* nauseare.
**école** [ekɔl] *nf* scuola *f*; **à l'~** a scuola.
**écolier, -ère** [ekɔlje, ɛr] *nm, f* scolaro *m* (-a *f*).
**écologie** [ekɔlɔʒi] *nf* ecologia *f*.
**écologique** [ekɔlɔʒik] *adj* ecologico(-a).
**économie** [ekɔnɔmi] *nf* economia *f*. ❑ **économies** *nfpl* risparmi *mpl*; **faire des ~s** fare economia.
**économique** [ekɔnɔmik] *adj* economico(-a).
**économiser** [ekɔnɔmize] *vt* risparmiare.
**écouler** [ekule]: **s'écouler** *vp* scorrere.
**écouter** [ekute] *vt* ascoltare.
**écouteur** [ekutœr] *nm* *(de téléphone)* ricevitore *m*; **~s** *(casque)* cuffie *fpl*.
**écran** [ekrɑ̃] *nm* schermo *m*; **(crème) ~ total** crema *f* protezione totale.
**écraser** [ekraze] *vt* schiacciare; *(en voiture)* investire; **se faire ~** *(par une voiture)* essere investito. ❑ **s'écraser** *vp* *(avion)* schiantarsi.
**écrémé, -e** [ekreme] *adj* scremato(-a); **demi-~** parzialmente scremato.
**écrevisse** [ekrəvis] *nf* gambero *m* di fiume.
**écrire** [ekrir] *vt* & *vi* scrivere. ❑ **s'écrire** *vp* scriversi.
**écrit, -e** [ekri, it] *pp* → **écrire**. ◆ *nm* : **par ~** per iscritto.
**écriteau, -x** [ekrito] *nm* cartello *m*.
**écriture** [ekrityr] *nf* scrittura *f*.
**écrivain** [ekrivɛ̃] *nm* scrittore *m* (-trice *f*).
**écrouler** [ekrule]: **s'écrouler** *vp* crollare.
**écru, -e** [ekry] *adj* *(couleur)* crema *(inv)*.
**écume** [ekym] *nf* schiuma *f*.

**écureuil** [ekyrœj] *nm* scoiattolo *m*.
**écurie** [ekyri] *nf* scuderia *f*.
**eczéma** [ɛgzema] *nm* eczema *m*.
**édifice** [edifis] *nm* edificio *m*.
**éditer** [edite] *vt* pubblicare.
**édition** [edisjɔ̃] *nf (exemplaires)* edizione *f*; *(industrie)* editoria *f*.
**édredon** [edrədɔ̃] *nm* piumino *m* (del letto).
**éducation** [edykasjɔ̃] *nf* educazione *f*.
**effacer** [efase] *vt* cancellare.
**effectivement** [efektivmɑ̃] *adv* effettivamente.
**effectuer** [efɛktɥe] *vt* effettuare.
**effervescent, -e** [efɛrvesɑ̃, ɑ̃t] *adj* effervescente.
**effet** [efɛ] *nm (résultat)* effetto *m*; *(impression)* impressione *f*; **faire de l'~** fare effetto; **en ~** in effetti.
**efficace** [efikas] *adj (médicament, mesure)* efficace; *(personne, travail)* efficiente.
**effleurer** [eflœre] *vt* sfiorare.
**effondrer** [efɔ̃dre]: **s'effondrer** *vp* crollare.
**efforcer** [efɔrse]: **s'efforcer de** *vp + prép* sforzarsi di.
**effort** [efɔr] *nm* sforzo *m*; **faire des ~s (pour)** far degli sforzi (per).
**effrayant, -e** [efrɛjɑ̃, ɑ̃t] *adj* spaventoso(-a).
**effrayer** [efreje] *vt* spaventare.
**égal, -e, -aux** [egal, o] *adj (identique)* uguale; *(régulier)* regolare; **ça m'est ~** è indifferente; **~ à** pari *(inv) a*.
**également** [egalmɑ̃] *adv (aussi)* anche.
**égalité** [egalite] *nf* uguaglianza *f*; **être à ~** *(SPORT)* essere pari.
**égard** [egar] *nm* : **à l'~ de** riguardo a.
**église** [egliz] *nf* chiesa *f*.
**égoïste** [egɔist] *adj* egoista. ♦ *nmf* egoista *mf*.
**égouts** [egu] *nmpl* fognature *fpl*.
**égoutter** [egute] *vt* scolare.
**égouttoir** [egutwar] *nm (passoire)* colapasta *m inv*; *(à vaisselle)* scolapiatti *m inv*.
**égratigner** [egratiɲe] *vt* graffiare. ❑ **s'égratigner**

*vp* graffiarsi; **s'~ le genou** graffiarsi il ginocchio.

**eh** [e] *excl* ehi!; **~ bien...** *(marque l'hésitation)* mah...

**élan** [elɑ̃] *nm* slancio *m*; **prendre de l'~** prendere lo slancio.

**élargir** [elarʒir] *vt* allargare. ❑ **s'élargir** *vp* allargarsi.

**élastique** [elastik] *adj* elastico(-a). ◆ *nm* elastico *m*.

**élections** [elɛksjɔ̃] *nfpl* elezioni *fpl*.

**électricien** [elɛktrisjɛ̃] *nm* elettricista *m*.

**électricité** [elɛktrisite] *nf* elettricità *f*.

**électrique** [elɛktrik] *adj* elettrico(-a).

**électronique** [elɛktrɔnik] *adj* elettronico(-a). ◆ *nf* elettronica *f*.

**élégant, -e** [elegɑ̃, ɑ̃t] *adj* elegante.

**élément** [elemɑ̃] *nm* elemento *m*.

**éléphant** [elefɑ̃] *nm* elefante *m*.

**élevage** [elvaʒ] *nm* allevamento *m*.

**élève** [elɛv] *nmf* allievo *m* (-a *f*).

**élevé, -e** [elve] *adj* *(haut)* elevato(-a); *(important)* alto(-a); **bien ~** (ben) educato(-a); **mal ~** maleducato(-a).

**élever** [elve] *vt* *(enfant, animaux)* allevare; *(niveau, voix)* alzare. ❑ **s'élever** *vp* *(monter)* innalzarsi; *(augmenter)* aumentare; **s'~ à** ammontare a.

**éleveur, -euse** [elvœr, øz] *nm, f* allevatore *m* (-trice *f*).

**éliminer** [elimine] *vt* eliminare. ◆ *vi* *(en transpirant)* eliminare le tossine.

**elle** [ɛl] *pron* *(après prép ou comparaison)* lei; **~ est grande** è grande; **~, elle est grande** lei è grande; **~-même** lei stessa; **elle ne se préoccupe que d'~-même** si preoccupa solo di se stessa. ❑ **elles** *pron* *(après prép ou comparaison)* loro; **~s sont arrivées** sono arrivate; **~s-mêmes** loro stesse; **elles ne se préoccupent que d'~s-mêmes** si preoccupano solo di se stesse.

**éloigné, -e** [elwaɲe] *adj* lontano(-a); **~ de** lontano da.

**éloigner** [elwaɲe] *vt* allontanare. ❑ **s'éloigner (de)**

*vp (+ prép)* allontanarsi (da).
**élongation** [elɔ̃gasjɔ̃] *nf* stiramento *m.*
**élu, -e** [ely] *pp* → **élire.**
**émail, -aux** [emaj, o] *nm* smalto *m.*
**emballage** [ɑ̃balaʒ] *nm* imballaggio *m.*
**emballer** [ɑ̃bale] *vt* imballare.
**embarcadère** [ɑ̃barkadɛr] *nm* imbarcadero *m.*
**embarquement** [ɑ̃barkəmɑ̃] *nm* imbarco *m*; **'~ immédiat'** 'imbarco immediato'.
**embarquer** [ɑ̃barke] *vi* imbarcarsi. ❑ **s'embarquer** *vp* imbarcarsi.
**embarrassant, -e** [ɑ̃barasɑ̃, ɑ̃t] *adj* imbarazzante.
**embarrasser** [ɑ̃barase] *vt (encombrer)* ingombrare; *(gêner)* mettere in imbarazzo.
**embaucher** [ɑ̃boʃe] *vt* assumere.
**embêtant, -e** [ɑ̃bɛtɑ̃, ɑ̃t] *adj* seccante.
**embêter** [ɑ̃bete] *vt (taquiner)* scocciare; *(contrarier)* infastidire. ❑ **s'embêter** *vp (s'ennuyer)* scocciarsi.
**emboîter** [ɑ̃bwate] *vt* incastrare. ❑ **s'emboîter** *vp* incastrarsi.
**embouchure** [ɑ̃buʃyr] *nf (d'un fleuve)* foce *f.*
**embout** [ɑ̃bu] *nm* puntale *m.*
**embouteillage** [ɑ̃butɛjaʒ] *nm* ingorgo *m.*
**embranchement** [ɑ̃brɑ̃ʃmɑ̃] *nm (carrefour)* diramazione *f.*
**embrasser** [ɑ̃brase] *vt* baciare. ❑ **s'embrasser** *vp* baciarsi.
**embrayage** [ɑ̃brɛjaʒ] *nm* frizione *f.*
**embrayer** [ɑ̃breje] *vi* innestare la frizione.
**émeraude** [emrod] *nf* smeraldo *m.* ◆ *adj inv* verde smeraldo *(inv).*
**émerger** [emɛrʒe] *vi* emergere.
**émerveillé, -e** [emɛrveje] *adj* meravigliato(-a).
**émetteur** [emetœr] *nm* emittente *f.*
**émettre** [emɛtr] *vt* emettere; *(émission)* trasmettere.
**émietter** [emjete] *vt* sbriciolare.
**émigrer** [emigre] *vi* emigrare.
**émincé** [emɛ̃se] *nm sottili fette di carne arrostita, brasata*

*o lessa, ricoperte di salsa;* ~ **de veau à la zurichoise** *carne e rognoni di vitello preparati con panna, funghi e vino bianco.*

**émis, -e** [emi, iz] *pp* → émettre.

**émission** [emisjɔ̃] *nf* trasmissione *f.*

**emmêler** [ɑ̃mele] *vt (fil, cheveux)* aggrovigliare. ❑ **s'emmêler** *vp (fil, cheveux)* aggrovigliarsi.

**emménager** [ɑ̃menaʒe] *vi* traslocare.

**emmener** [ɑ̃mne] *vt* portare.

**emmental** [emɛ̃tal] *nm* emmental *m.*

**émotif, -ive** [emɔtif, iv] *adj* emotivo(-a).

**émotion** [emɔsjɔ̃] *nf* emozione *f.*

**émouvant, -e** [emuvɑ̃, ɑ̃t] *adj* commovente.

**empaqueter** [ɑ̃pakte] *vt* impacchettare.

**empêchement** [ɑ̃pɛʃmɑ̃] *nm* impedimento *m;* **avoir un** ~ avere un contrattempo.

**empêcher** [ɑ̃peʃe] *vt* impedire; ~ **qqn de faire qqch** impedire a qn di fare qc; **(il) n'empêche que** ciò non toglie che. ❑ **s'empêcher de** *vp + prép* : **je n'ai pas pu m'**~ **de rire** non ho potuto trattenermi dal ridere.

**empester** [ɑ̃pɛste] *vt (sentir)* puzzare di. ◆ *vi* puzzare.

**empiler** [ɑ̃pile] *vt* impilare. ❑ **s'empiler** *vp* ammucchiarsi.

**empire** [ɑ̃pir] *nm* impero *m.*

**empirer** [ɑ̃pire] *vi* peggiorare.

**emplacement** [ɑ̃plasmɑ̃] *nm* posizione *f; (de parking)* posto *m* macchina; **'~ réservé'** 'parcheggio riservato'.

**emploi** [ɑ̃plwa] *nm* impiego *m;* **l'~** *(en économie)* l'occupazione *f;* ~ **du temps** orario *m.*

**employé, -e** [ɑ̃plwaje] *nm, f* dipendente *mf;* ~ **de bureau** impiegato *m* (-a *f*).

**employer** [ɑ̃plwaje] *vt (salarié)* impiegare; *(objet, mot)* usare.

**employeur, -euse** [ɑ̃plwajœr, øz] *nm, f* datore *m* (-trice *f*) di lavoro.

**empoisonnement** [ɑ̃pwazɔnmɑ̃] *nm* avvelenamento *m.*

**emporter** [ɑ̃pɔrte] *vt* portarsi; *(suj: vent, rivière)* portare via; **à ~** *(plats)* da asportare.

**empreinte** [ɑ̃prɛ̃t] *nf* impronta *f*; **~s digitales** impronte digitali.

**emprisonner** [ɑ̃prizɔne] *vt* imprigionare.

**emprunt** [ɑ̃prœ̃] *nm* prestito *m*.

**emprunter** [ɑ̃prœ̃te] *vt* prendere in prestito; *(itinéraire)* prendere; **~ qqch à qqn** prendere in prestito qc da qn.

**ému, -e** [emy] *adj* commosso(-a).

**en** [ɑ̃] *prép* **1.** *(indique le moment)* in; **~ été** in estate; **~ août** a agosto; **~ 1995** nel 1995.

**2.** *(indique le lieu)* in; **habiter ~ France** abitare in Francia; **aller ~ ville/~ Dordogne** andare in città/in Dordogna.

**3.** *(désigne la matière)* di; **un pull ~ laine** un golf di lana.

**4.** *(indique la durée)* in; **~ dix minutes** in dieci minuti.

**5.** *(indique l'état)* in; **être ~ vacances** essere in vacanza; **s'habiller ~ noir** vestirsi di nero; **combien ça fait ~ euros?** quant'è in euro?; **ça se dit « tazza » ~ italien** si dice "tazza" in italiano.

**6.** *(indique le moyen)* in; **voyager ~ avion/voiture** viaggiare in aereo/macchina.

**7.** *(devant un participe présent)*: **~ arrivant à Paris** arrivando a Parigi.

◆ *pron* **1.** *(objet indirect)* ne; **n'~ parlons plus** non parliamone più.

**2.** *(avec un indéfini)* ne; **~ reprendrez-vous?** ne riprende?

**3.** *(indique la provenance)*: **il est entré dans le magasin au moment où j'~ sortais** è entrato nel negozio mentre io uscivo.

**4.** *(complément du nom, de l'adjectif)* ne; **j'~ garde un excellent souvenir** ne conservo un ottimo ricordo.

**encaisser** [ɑ̃kese] *vt* incassare.

**enceinte** [ɑ̃sɛ̃t] *adj f* incinta. ◆ *nf (haut-parleur)* cassa *f* (acustica); *(d'une ville)* cinta *f*.

**enchaîner** [ɑ̃ʃene] *vt (attacher)* incatenare; *(idées, phrases)* concatenare. ❑ **s'enchaîner** *vp (se suivre)* concatenarsi.

**enchanté, -e** [ɑ̃ʃɑ̃te] *adj* contentissimo(-a); **~ (de faire votre connaissance)!** molto lieto (di conoscerla)!

**enchères** [ɑ̃ʃɛr] *nfpl* asta *f*; **vendre qqch aux ~** vendere qc all'asta.

**enclencher** [ɑ̃klɑ̃ʃe] *vt* innescare.

**encolure** [ɑ̃kɔlyr] *nf (de vêtement)* collo *m*.

**encombrant, -e** [ɑ̃kɔ̃brɑ̃, ɑ̃t] *adj* ingombrante.

**encombrements** [ɑ̃kɔ̃brəmɑ̃] *nmpl (embouteillage)* ingorghi *mpl*.

**encombrer** [ɑ̃kɔ̃bre] *vt* intralciare; **encombré de** *(pièce, table)* ingombro di.

**encore** [ɑ̃kɔr] *adv* **1.** *(toujours)* ancora; **il reste ~ une centaine de kilomètres** restano ancora un centinaio di chilometri; **pas ~** non ancora.
2. *(de nouveau)* ancora; **j'ai ~ oublié mes clefs!** ho ancora dimenticato le chiavi!
3. *(en plus)* ancora; **~ un peu de légumes?** ancora un po' di verdura?
4. *(en intensif)* ancora; **c'est ~ plus cher ici** è ancora più caro qui.

**encourager** [ɑ̃kuraʒe] *vt* incoraggiare; **~ qqn à faire qqch** incoraggiare qn a fare qc.

**encre** [ɑ̃kr] *nf* inchiostro *m*.

**encyclopédie** [ɑ̃siklɔpedi] *nf* enciclopedia *f*.

**endive** [ɑ̃div] *nf* insalata *f* belga.

**endommager** [ɑ̃dɔmaʒe] *vt* danneggiare.

**endormir** [ɑ̃dɔrmir] *vt* addormentare. ❑ **s'endormir** *vp* addormentarsi.

**endroit** [ɑ̃drwa] *nm* luogo *m*; *(d'un pull)* diritto *m*; *(d'une feuille)* fronte *m*; **à l'~** dal diritto.

**énergie** [enɛrʒi] *nf* energia *f*.

**énergique** [enɛrʒik] *adj* energico(-a).

**énerver** [enɛrve] *vt* innervosire. ❑ **s'énerver** *vp* innervosirsi.

**enfance** [ɑ̃fɑ̃s] *nf* infanzia *f*.

**enfant** [ɑ̃fɑ̃] *nmf* bambino *m* (-a *f*); *(descendant)* figlio *m* (-a *f*).

**enfer** [ɑ̃fɛr] *nm* inferno *m*.

**enfermer** [ɑ̃fɛrme] *vt (personne)* rinchiudere; *(objet)* chiudere.

**enfin** [ɑ̃fɛ̃] *adv (finalement)*

finalmente; *(en dernier)* infine.

**enflammer** [ɑ̃flame]: **s'enflammer** *vp* infiammarsi.

**enfler** [ɑ̃fle] *vi* gonfiarsi.

**enfoncer** [ɑ̃fɔ̃se] *vt (clou)* conficcare; *(porte, aile de voiture)* sfondare. ❑ **s'enfoncer** *vp* sprofondare.

**enfuir** [ɑ̃fɥir]: **s'enfuir** *vp* fuggire.

**enfumé, -e** [ɑ̃fyme] *adj* affumicato(-a).

**engager** [ɑ̃gaʒe] *vt (salarié, domestique)* assumere; *(conversation, négociations)* iniziare. ❑ **s'engager** *vp* : **s'~ à faire qqch** impegnarsi a fare qc.

**engin** [ɑ̃ʒɛ̃] *nm* apparecchio *m*.

**engloutir** [ɑ̃glutir] *vt (nourriture)* divorare; *(submerger)* sprofondare.

**engrais** [ɑ̃grɛ] *nm* concime *m*.

**engrenage** [ɑ̃grənaʒ] *nm* ingranaggio *m*.

**énigme** [enigm] *nf* enigma *m*.

**enlaidir** [ɑ̃ledir] *vt* imbruttire.

**enlever** [ɑ̃lve] *vt* togliere; *(kidnapper)* rapire. ❑ **s'enlever** *vp (tache)* andare via.

**enliser** [ɑ̃lize]: **s'enliser** *vp* impantanarsi.

**ennemi, -e** [ɛnmi] *nm, f* nemico *m* (-a *f*).

**ennui** [ɑ̃nɥi] *nm* noia *f*; **avoir des ~s** avere delle noie.

**ennuyer** [ɑ̃nɥije] *vt (lasser)* annoiare; *(contrarier)* seccare. ❑ **s'ennuyer** *vp* annoiarsi.

**ennuyeux, -euse** [ɑ̃nɥijø, øz] *adj (lassant)* noioso(-a); *(contrariant)* seccante.

**énorme** [enɔrm] *adj* enorme.

**énormément** [enɔrmemɑ̃] *adv* enormemente; **~ de** una enorme quantità di; **il a fait ~ de progrès** ha fatto dei progressi enormi.

**enquête** [ɑ̃kɛt] *nf* inchiesta *f*.

**enregistrement** [ɑ̃rəʒistrəmɑ̃] *nm (musical, de données)* registrazione *f*; **~ des bagages** check-in *m inv*.

**enregistrer** [ɑ̃rəʒistre] *vt* registrare.

**enrhumé, -e** [ɑ̃ryme] *adj* raffreddato(-a).

**enrhumer** [ɑ̃ryme]: **s'enrhumer** *vp* prendere il raffreddore.

**enroué, -e** [ɑ̃rwe] *adj* rauco(-a).

**enrouler** [ɑ̃rule] *vt* arrotolare. ▫ **s'enrouler** *vp* arrotolarsi.

**enseignant**, **-e** [ɑ̃sɛɲɑ̃, ɑ̃t] *nm, f* insegnante *mf*.

**enseigne** [ɑ̃sɛɲ] *nf* insegna *f*; **~ lumineuse** insegna luminosa.

**enseignement** [ɑ̃sɛɲmɑ̃] *nm* insegnamento *m*.

**enseigner** [ɑ̃seɲe] *vt & vi* insegnare; **~ qqch à qqn** insegnare qc a qn.

**ensemble** [ɑ̃sɑ̃bl] *adv* insieme. ◆ *nm* insieme *m*; *(vêtement)* completo *m*; **dans l'~** nell'insieme.

**ensoleillé**, **-e** [ɑ̃sɔleje] *adj* soleggiato(-a).

**ensuite** [ɑ̃sɥit] *adv* poi, dopo.

**entaille** [ɑ̃taj] *nf (fente)* incisione *f*; *(blessure)* taglio *m*.

**entamer** [ɑ̃tame] *vt* cominciare.

**entasser** [ɑ̃tase] *vt (mettre en tas)* ammucchiare; *(serrer)* stipare. ▫ **s'entasser** *vp (voyageurs)* stiparsi.

**entendre** [ɑ̃tɑ̃dr] *vt* sentire; **~ dire que** sentir dire che; **~ parler de** sentir parlare di. ▫ **s'entendre** *vp (sympathiser)* andar d'accordo; **s'~ (bien) avec qqn** andar d'accordo con qn.

**entendu**, **-e** [ɑ̃tɑ̃dy] *adj (convenu)* inteso(-a); **(c'est) ~!** siamo intesi!; **bien ~** beninteso.

**enterrement** [ɑ̃tɛrmɑ̃] *nm* sepoltura *f*.

**enthousiasmer** [ɑ̃tuzjasme] *vt* entusiasmare. ▫ **s'enthousiasmer pour** *vp + prép* entusiasmarsi per.

**enthousiaste** [ɑ̃tuzjast] *adj* entusiasta.

**entier**, **-ère** [ɑ̃tje, ɛr] *adj* intero(-a); *(confiance, liberté)* completo(-a); **dans le monde ~** nel mondo intero; **en ~** per intero.

**entièrement** [ɑ̃tjɛrmɑ̃] *adv* interamente.

**entonnoir** [ɑ̃tɔnwar] *nm* imbuto *m*.

**entorse** [ɑ̃tɔrs] *nf* storta *f*; **se faire une ~** prendere una storta.

**entourer** [ɑ̃ture] *vt (cerner)* circondare; *(mot, phrase)* cerchiare; **entouré d'une clôture** circondato da un recinto.

**entracte** [ɑ̃trakt] *nm* intervallo *m*.

**entrain** [ɑ̃trɛ̃] *nm* : **avec ~**

con brio; **plein d'~** pieno di brio.

**entraînant, -e** [ɑ̃trenɑ̃, ɑ̃t] *adj* trascinante.

**entraîner** [ɑ̃trene] *vt (emporter, emmener)* trascinare; *(provoquer)* comportare. ❑ **s'entraîner** *vp* allenarsi; **s'~ à faire qqch** allenarsi a fare qc.

**entre** [ɑ̃tr] *prép* tra, fra; **~ amis** tra *ou* fra amici; **l'un d'~ nous** uno di noi.

**entrecôte** [ɑ̃trəkot] *nf* costata *f*; **~ à la bordelaise** *costata alla griglia accompagnata da una salsa al vino rosso e allo scalogno.*

**entrée** [ɑ̃tre] *nf* ingresso *m*; *(CULIN)* primo (piatto) *m*; **'~ gratuite'** 'ingresso gratuito'; **'~ interdite'** 'vietato l'ingresso'; **'~ libre'** 'ingresso libero'.

**entremets** [ɑ̃trəmɛ] *nm* dessert *m* al cucchiaio.

**entrepôt** [ɑ̃trəpo] *nm* magazzino *m*.

**entreprendre** [ɑ̃trəprɑ̃dr] *vt* intraprendere.

**entrepris, -e** [ɑ̃trəpri, iz] *pp* → **entreprendre**.

**entreprise** [ɑ̃trəpriz] *nf* impresa *f*.

**entrer** [ɑ̃tre] *vi* entrare; **entrez!** avanti!; **~ dans** entrare in; *(foncer dans)* andare contro.

**entre-temps** [ɑ̃trətɑ̃] *adv* nel frattempo.

**entretenir** [ɑ̃trətənir] *vt (maison, plante)* prendersi cura di.

**entretenu, -e** [ɑ̃trətəny] *pp* → **entretenir**.

**entretien** [ɑ̃trətjɛ̃] *nm (d'un vêtement, d'une machine)* manutenzione *f*; *(conversation)* colloquio *m*.

**énumérer** [enymere] *vt* enumerare.

**envahir** [ɑ̃vair] *vt* invadere.

**enveloppe** [ɑ̃vlɔp] *nf* busta *f*.

**envelopper** [ɑ̃vlɔpe] *vt* avvolgere.

**envers** [ɑ̃vɛr] *prép* verso. ◆ *nm* retro *m*; **~ lui** verso di lui; **à l'~** a rovescio.

**envie** [ɑ̃vi] *nf (désir)* voglia *f*; *(jalousie)* invidia *f*; **avoir ~ de faire qqch** avere voglia di fare qc; **avoir ~ de qqch** avere voglia di qc.

**envier** [ɑ̃vje] *vt* invidiare.

**environ** [ɑ̃virɔ̃] *adv* circa. ❑ **environs** *nmpl* dintorni *mpl*; **aux ~s de** *(heure, nombre)* intorno a; *(lieu)* nei dintorni di; **dans les ~s** nei dintorni.

**environnement** [ɑ̃virɔnmɑ̃] *nm* ambiente *m*.

**envisager** [ɑ̃vizaʒe] *vt* *(considérer)* considerare; *(prévoir)* pensare a; **~ de faire qqch** pensare di fare qc.

**envoi** [ɑ̃vwa] *nm* *(colis)* pacco *m*.

**envoler** [ɑ̃vɔle]: **s'envoler** *vp* *(oiseau, avion)* prendere il volo; *(feuilles)* volare via.

**envoyer** [ɑ̃vwaje] *vt* *(lettre, paquet)* mandare, inviare; *(balle, objet)* lanciare; *(personne)* mandare.

**épagneul** [epaɲœl] *nm* épagneul *m inv*.

**épais, -aisse** [epɛ, ɛs] *adj* *(large)* spesso(-a); *(cheveux, brouillard)* fitto(-a); *(soupe)* denso(-a).

**épaisseur** [epesœr] *nf* spessore *m*.

**épargner** [eparɲe] *vt* risparmiare.

**épaule** [epol] *nf* spalla *f*.

**épave** [epav] *nf* relitto *m*.

**épée** [epe] *nf* spada *f*.

**épeler** [eple] *vt* *pronunciare scandendo ogni parola*.

**épi** [epi] *nm* *(de blé, de maïs)* spiga *f*; *(de cheveux)* ciuffo *m* ribelle.

**épice** [epis] *nf* spezia *f*.

**épicé, -e** [epise] *adj* piccante.

**épicerie** [episri] *nf* *(denrées)* (generi) alimentari *mpl*; *(magasin)* negozio *m* di (generi) alimentari; **~ fine** specialità *fpl* gastronomiche.

**épicier, -ère** [episje, ɛr] *nm, f* negoziante *mf* di alimentari.

**épidémie** [epidemi] *nf* epidemia *f*.

**épilepsie** [epilɛpsi] *nf* epilessia *f*.

**épiler** [epile] *vt* depilare.

**épinards** [epinar] *nmpl* spinaci *mpl*.

**épine** [epin] *nf* spina *f*.

**épingle** [epɛ̃gl] *nf* spillo *m*; **~ à cheveux** forcina *f*; **~ de nourrice** spilla *f* da balia.

**épisode** [epizɔd] *nm* *(de feuilleton)* puntata *f*.

**éplucher** [eplyʃe] *vt* sbucciare.

**éponge** [epɔ̃ʒ] *nf* spugna *f*.

**éponger** [epɔ̃ʒe] *vt* asciugare.

**époque** [epɔk] *nf* epoca *f*.

**épouse** → **époux**.

**épouser** [epuze] *vt* sposare.

**épouvantable** [epuvɑ̃tabl] *adj* spaventoso(-a).
**épouvante** [epuvɑ̃t] *nf* → **film**.
**époux**, **épouse** [epu, epuz] *nm, f* marito *m* (moglie *f*).
**épreuve** [eprœv] *nf* prova *f*.
**éprouver** [epruve] *vt* provare.
**épuisant**, **-e** [epɥizɑ̃, ɑ̃t] *adj* estenuante.
**épuisé**, **-e** [epɥize] *adj* sfinito(-a); *(livre, produit)* esaurito(-a).
**épuisette** [epɥizɛt] *nf* guadino *m*.
**équateur** [ekwatœr] *nm* equatore *m*.
**équilibre** [ekilibr] *nm* equilibrio *m*; **en ~** in equilibrio; **perdre l'~** perdere l'equilibrio.
**équilibré**, **-e** [ekilibre] *adj* equilibrato(-a).
**équipage** [ekipaʒ] *nm* equipaggio *m*.
**équipe** [ekip] *nf* squadra *f*; *(d'employés)* gruppo *m*.
**équipement** [ekipmɑ̃] *nm* attrezzatura *f*.
**équiper** [ekipe] *vt* *(personne)* equipaggiare; *(cuisine, voiture)* attrezzare.
❑ **s'équiper (de)** *vp (+ prép)* equipaggiarsi (di).
**équitation** [ekitasjɔ̃] *nf* equitazione *f*; **faire de l'~** fare equitazione.
**équivalent**, **-e** [ekivalɑ̃, ɑ̃t] *adj* equivalente. ◆ *nm* equivalente *m*.
**équivaloir** [ekivalwar] *vi* : **ça équivaut à (faire)...** questo equivale a (fare)...
**équivalu** [ekivaly] *pp* → **équivaloir**.
**érable** [erabl] *nm* acero *m*.
**éraflure** [eraflyr] *nf* scalfittura *f*.
**erreur** [erœr] *nf* errore *m*; **faire une ~** fare un errore.
**éruption** [erypsjɔ̃] *nf* eruzione *f*; **~ cutanée** eruzione cutanea.
**es** → **être**.
**escabeau**, **-x** [ɛskabo] *nm* scaletta *f*.
**escalader** [ɛskalade] *vt* scalare.
**Escalator®** [ɛskalatɔr] *nm* scala *f* mobile.
**escale** [ɛskal] *nf* scalo *m*; **faire ~ (à)** fare scalo (a); **vol sans ~** volo senza scalo.
**escalier** [ɛskalje] *nm* scala

*f*; **les ~s** le scale; **~ roulant** scala mobile.

**escalope** [ɛskalɔp] *nf* scaloppina *f*.

**escargot** [ɛskargo] *nm* lumaca *f*.

**escarpé, -e** [ɛskarpe] *adj* scosceso(-a).

**escrime** [ɛskrim] *nf* scherma *f*.

**escroc** [ɛskro] *nm* truffatore *m*.

**escroquerie** [ɛskrɔkri] *nf* truffa *f*.

**espace** [ɛspas] *nm* spazio *m*; **~ fumeurs/non-fumeurs** zona *f* fumatori/non fumatori; **~s verts** zone verdi.

**espadrille** [ɛspadrij] *nf* espadrilla *f*.

**Espagne** [ɛspaɲ] *nf* : **l'~** la Spagna.

**espagnol, -e** [ɛspaɲɔl] *adj* spagnolo(-a). ◆ *nm (langue)* spagnolo *m*.

**espèce** [ɛspɛs] *nf (race)* specie *f*; **une ~ de** una specie di; **~ d'imbécile!** pezzo di imbecille! ❑ **espèces** *nfpl* contanti *mpl*; **en ~s** in contante.

**espérer** [ɛspere] *vt* sperare; **~ faire qqch** sperare di fare qc.

**espionner** [ɛspjɔne] *vt* spiare.

**esplanade** [ɛsplanad] *nf* piazzale *m*.

**espoir** [ɛspwar] *nm* speranza *f*.

**esprit** [ɛspri] *nm (pensée)* mente *f*.

**Esquimau, -aude, -x** [ɛskimo, od] *nm, f* eschimese *mf*; **Esquimau** *(glace)* ≈ pinguino *m*.

**essai** [esɛ] *nm (test)* prova *f*; *(tentative)* tentativo *m*; *(littéraire)* saggio *m*; *(SPORT)* meta *f*.

**essayage** [esɛjaʒ] *nm* → **cabine**.

**essayer** [eseje] *vt* provare; *(tenter)* tentare; **~ de faire qqch** tentare di fare qc.

**essence** [esɑ̃s] *nf* benzina *f*; **~ sans plomb** benzina senza piombo.

**essentiel, -elle** [esɑ̃sjɛl] *adj* essenziale. ◆ *nm* : **l'~** l'essenziale *m*.

**essieu, -x** [esjø] *nm* asse *m*.

**essorage** [esɔraʒ] *nm (sur un lave-linge)* centrifuga *f*.

**essuie-glace, -s** [esɥiglas] *nm* tergicristallo *m*.

**essuie-mains** [esɥimɛ̃] *nm inv* asciugamano *m*.

**essuyer** [esɥije] *vt* asciu

gare. ❑ **s'essuyer** *vp* asciugarsi; **s'~ les mains** asciugarsi le mani.

**est**[1] [ɛ] → **être**.

**est**[2] [ɛst] *adj inv* orientale. ◆ *nm* est *m*; **à l'~ (de)** a est (di).

**est-ce que** [ɛskə] *adv* : **~ Marc est là?** c'è Marc?; **comment ~ ça s'est passé?** com'è andato?

**estimer** [ɛstime] *vt* stimare; **~ que** ritenere che.

**estivant, -e** [ɛstivɑ̃, ɑ̃t] *nm, f* villeggiante *mf*.

**estomac** [ɛstɔma] *nm* stomaco *m*.

**estrade** [ɛstrad] *nf* pedana *f*.

**estragon** [ɛstragɔ̃] *nm* dragoncello *m*.

**estuaire** [ɛstɥɛr] *nm* estuario *m*.

**et** [e] *conj* e; **je l'aime bien, ~ toi?** mi piace, e a te?; **vingt ~ un** ventuno.

**établir** [etablir] *vt (commerce, entreprise)* mettere su; *(liste, devis)* fare; *(contacts)* stabilire.

**étage** [etaʒ] *nm* piano *m*; **au premier ~** al primo piano.

**étagère** [etaʒɛr] *nf (dans un meuble)* ripiano *m*, scaffale *m*; *(meuble)* mobile *m* a ripiani.

**étain** [etɛ̃] *nm* stagno *m*.

**étais** → **être**.

**étal** [etal] *nm (sur les marchés)* bancarella *f*.

**étalage** [etalaʒ] *nm (vitrine)* vetrina *f*.

**étaler** [etale] *vt (nappe, carte)* stendere; *(beurre, confiture)* spalmare; *(paiements)* ripartire; *(connaissances, richesse)* mostrare.

**étanche** [etɑ̃ʃ] *adj* stagno(-a).

**étang** [etɑ̃] *nm* stagno *m*.

**étant** [etɑ̃] *ppr* → **être**.

**étape** [etap] *nf* tappa *f*; **faire ~ à** fare tappa a.

**état** [eta] *nm* stato *m*; **en ~ (de marche)** in grado di funzionare; **en bon ~** in buone condizioni; **en mauvais ~** in cattive condizioni; **~ civil** stato civile; **~ d'esprit** stato d'animo. ❑ **État** *nm (POL)* Stato *m*.

**États-Unis** [etazyni] *nmpl* : **les ~** gli Stati Uniti.

**etc.** *(abr de* **et cetera***)* ecc.

**et cetera** [ɛtsetera] *adv* eccetera.

**été**[1] [ete] *pp* → **être**.

**été**[2] [ete] *nm* estate *f*; **en ~** d'estate.

**éteindre** [etɛ̃dr] *vt* spegnere. ❑ **s'éteindre** *vp* spegnersi.

**éteint, -e** [etɛ̃, ɛ̃t] *pp* → éteindre.

**étendre** [etɑ̃dr] *vt* stendere; *(personne)* distendere. ❑ **s'étendre** *vp (se coucher)* stendersi; *(être situé, se propager)* estendersi.

**étendu, -e** [etɑ̃dy] *adj (grand)* vasto(-a).

**éternité** [etɛrnite] *nf* eternità *f*; **cela fait une ~ que...** è una vita che...

**éternuer** [etɛrnɥe] *vi* starnutire.

**êtes** → être.

**étincelle** [etɛ̃sɛl] *nf* scintilla *f*.

**étiquette** [etikɛt] *nf* etichetta *f*.

**étoffe** [etɔf] *nf* stoffa *f*.

**étoile** [etwal] *nf* stella *f*; *(dessin)* asterisco *m*; **hôtel deux/trois ~s** albergo a due/tre stelle; **~ de mer** stella marina.

**étonnant, -e** [etɔnɑ̃, ɑ̃t] *adj* sorprendente.

**étonner** [etɔne] *vt* stupire. ❑ **s'étonner** *vp* : **s'~ que** stupirsi che.

**étouffant, -e** [etufɑ̃, ɑ̃t] *adj* soffocante.

**étouffer** [etufe] *vt & vi* soffocare. ❑ **s'étouffer** *vp (manquer d'air)* soffocare; *(mourir)* strozzarsi.

**étourderie** [eturdəri] *nf* : **faire une ~** fare un errore di distrazione.

**étourdi, -e** [eturdi] *adj* sbadato(-a).

**étourdissement** [eturdismɑ̃] *nm* stordimento *m*.

**étrange** [etrɑ̃ʒ] *adj* strano(-a).

**étranger, -ère** [etrɑ̃ʒe, ɛr] *adj (ville, coutume)* straniero(-a); *(inconnu)* estraneo(-a). ◆ *nm, f (d'un autre pays)* straniero *m* (-a *f*); *(inconnu)* estraneo *m* (-a *f*). ◆ *nm* : **à l'~** all'estero.

**étrangler** [etrɑ̃gle] *vt* strozzare. ❑ **s'étrangler** *vp* strozzarsi.

**être** [ɛtr] *vi* **1.** *(pour décrire)* essere; **~ content** essere contento; **je suis architecte** sono architetto.
**2.** *(pour désigner le lieu, l'origine)* essere; **nous serons à Naples/à la maison à partir de demain** saremo a Napoli/a casa a partire da domani; **d'où êtes-vous?** di dove siete?
**3.** *(pour donner la date)*: **quel**

**jour sommes-nous?** che giorno è oggi?; **c'est jeudi** è giovedì.
4. *(aller)*: **j'ai été trois fois en Italie** sono stato tre volte in Italia.
◆ *v impers* 1. *(pour désigner le moment)*: **il est 8 h** sono le 8; **il est tard** è tardi.
2. *(avec un adjectif ou un participe passé)*: **il est difficile de savoir si...** è difficile sapere se...
◆ *v aux* 1. *(pour former le passé composé)* essere; **nous sommes partis hier** siamo partiti ieri; **je suis née en 1976** sono nata nel 1976.
2. *(pour former le passif)* essere; **le train a été retardé** il treno è stato ritardato.
◆ *nm (créature)* essere *m*; **~ humain** essere umano.

**étroit, -e** [etrwa, at] *adj* stretto(-a); **être à l'~** stare stretto.

**étude** [etyd] *nf* studio *m*; *(salle d'école)* aula *f* di studio. ❑ **études** *nfpl* studi *mpl*; **faire des ~s (de qqch)** studiare (qc).

**étudiant, -e** [etydjɑ̃, ɑ̃t] *adj* studentesco(-a). ◆ *nm, f* studente *m* (-essa *f*).

**étudier** [etydje] *vt* & *vi* studiare.

**étui** [etɥi] *nm* astuccio *m*.

**eu, -e** [y] *pp* → **avoir**.

**eurochèque** [øʀɔʃɛk] *nm* eurochèque *m inv*.

**Europe** [øʀɔp] *nf* : **l'~** l'Europa *f*; **l'~ de l'Est** l'Europa dell'Est.

**européen, -enne** [øʀɔpeɛ̃, ɛn] *adj* europeo(-a). ❑ **Européen, -enne** *nm, f* europeo *m* (-a *f*).

**eux** [ø] *pron* loro; **~-mêmes** loro stessi.

**évacuer** [evakɥe] *vt* evacuare.

**évader** [evade]: **s'évader** *vp* evadere.

**évaluer** [evalɥe] *vt* valutare.

**évanouir** [evanwiʀ]: **s'évanouir** *vp* svenire.

**évaporer** [evapɔʀe]: **s'évaporer** *vp* evaporare.

**événement** [evɛnmɑ̃] *nm (fait)* evento *m*; *(fait important)* avvenimento *m*.

**éventuellement** [evɑ̃tɥɛlmɑ̃] *adv* eventualmente.

**évêque** [evɛk] *nm* vescovo *m*.

**évidemment** [evidamɑ̃] *adv* evidentemente.

**évident, -e** [evidɑ̃, ɑ̃t] *adj* evidente.

**évier** [evje] *nm* acquaio *m*.

**évitement** [evitmɑ̃] *nm* *(Belg: déviation)* deviazione *f*.

**éviter** [evite] *vt (voiture, personne, endroit)* evitare; **~ de faire qqch** evitare di fare qc.

**évoluer** [evɔlɥe] *vi* evolversi.

**évolution** [evɔlusjɔ̃] *nf* evoluzione *f*.

**évoquer** [evɔke] *vt (faire penser à)* rievocare; *(mentionner)* accennare a.

**ex-** [ɛks] *préf (ancien)* ex-.

**exact, -e** [ɛgzakt] *adj* esatto(-a); *(ponctuel)* puntuale; **c'est ~** è esatto.

**exactement** [ɛgzaktəmɑ̃] *adv* esattamente.

**ex aequo** [ɛgzeko] *adj inv* ex aequo.

**exagérer** [ɛgzaʒere] *vt & vi* esagerare.

**examen** [ɛgzamɛ̃] *nm* esame *m*.

**examiner** [ɛgzamine] *vt* esaminare; *(malade)* visitare.

**excédent** [ɛksedɑ̃] *nm* eccedenza *f*; **~ de bagages** bagaglio *m* in eccedenza.

**excéder** [ɛksede] *vt (dépasser)* superare; *(énerver)* esasperare.

**excellent, -e** [ɛkselɑ̃, ɑ̃t] *adj* ottimo(-a).

**excepté** [ɛksɛpte] *prép* eccetto.

**exception** [ɛksɛpsjɔ̃] *nf* eccezione *f*; **faire une ~** fare un'eccezione; **à l'~ de** a eccezione di; **sans ~** senza eccezione.

**exceptionnel, -elle** [ɛksɛpsjɔnɛl] *adj* eccezionale.

**excès** [ɛksɛ] *nm* eccesso *m*; **~ de vitesse** eccesso di velocità.

**excessif, -ive** [ɛksesif, iv] *adj* eccessivo(-a).

**excitant, -e** [ɛksitɑ̃, ɑ̃t] *adj* eccitante. ♦ *nm* eccitante *m*.

**exciter** [ɛksite] *vt* eccitare.

**exclure** [ɛksklyr] *vt* escludere.

**exclusivité** [ɛksklyzivite] *nf* esclusiva *f*; **en ~** *(film)* in prima visione.

**excursion** [ɛkskyrsjɔ̃] *nf* gita *f*.

**excuse** [ɛkskyz] *nf* scusa *f*. ❑ **excuses** *nfpl* : **faire des ~s à qqn** fare le proprie scuse a qn.

**excuser** [ɛkskyze] *vt* scusare; **excusez-moi** (mi) scusi. ❑ **s'excuser** *vp* scusarsi; **s'~ de faire qqch** scusarsi di fare qc.

**exécuter** [ɛgzekyte] *vt* eseguire; *(personne)* giustiziare.

**exemplaire** [ɛgzɑ̃plɛr] *nm* esemplare *m.*

**exemple** [ɛgzɑ̃pl] *nm* esempio *m*; **par ~** ad *ou* per esempio.

**exercer** [ɛgzɛrse] *vt* esercitare. ❑ **s'exercer** *vp* esercitarsi.

**exercice** [ɛgzɛrsis] *nm* esercizio *m*; **faire de l'~** fare esercizio.

**exhiber** [ɛgzibe] *vt* *(péj)* sfoggiare. ❑ **s'exhiber** *vp* *(péj)* mettersi in mostra.

**exigeant, -e** [ɛgziʒɑ̃, ɑ̃t] *adj* esigente.

**exiger** [ɛgziʒe] *vt* esigere; *(avoir besoin de)* richiedere.

**existence** [ɛgzistɑ̃s] *nf* esistenza *f.*

**exister** [ɛgziste] *vi* esistere; **il existe un endroit où...** c'è un posto in cui...; **il existe plusieurs types de pain** esistono diversi tipi di pane.

**exotique** [ɛgzɔtik] *adj* esotico(-a).

**expédier** [ɛkspedje] *vt* *(envoyer)* spedire.

**expéditeur, -trice** [ɛkspeditœr, tris] *nm, f* mittente *mf.*

**expédition** [ɛkspedisjɔ̃] *nf* spedizione *f.*

**expérience** [ɛksperjɑ̃s] *nf* esperienza *f*; *(scientifique)* esperimento *m*; **~ (professionnelle)** esperienza (professionale).

**expérimenté, -e** [ɛksperimɑ̃te] *adj* con esperienza.

**expert** [ɛkspɛr] *nm* esperto *m*; **~ en** esperto di.

**expirer** [ɛkspire] *vi* *(souffler)* espirare; *(finir)* finire.

**explication** [ɛksplikasjɔ̃] *nf* spiegazione *f*; *(discussion)* chiarimento *m.*

**expliquer** [ɛksplike] *vt* spiegare; *(justifier)* giustificare; **~ qqch à qqn** spiegare qc a qn. ❑ **s'expliquer** *vp* spiegarsi; *(se justifier)* fornire spiegazioni.

**exploit** [ɛksplwa] *nm* exploit *m inv*, prodezza *f.*

**exploitation** [ɛksplwatasjɔ̃] *nf* sfruttamento *m*; **~ (agricole)** azienda *f* agricola.

**exploiter** [ɛksplwate] *vt* sfruttare.

**explorer** [ɛksplɔre] *vt* esplorare.

**exploser** [ɛksploze] *vi* esplodere.

**explosion** [ɛksplozjɔ̃] *nf* esplosione *f.*
**exportation** [ɛkspɔrtasjɔ̃] *nf* esportazione *f.*
**exporter** [ɛkspɔrte] *vt* esportare.
**exposé, -e** [ɛkspoze] *adj* esposto(-a). ◆ *nm* esposizione *f*; **~ au sud** esposto a sud.
**exposer** [ɛkspoze] *vt* esporre. ❑ **s'exposer à** *vp* + *prép* esporsi a.
**exposition** [ɛkspozisjɔ̃] *nf* mostra *f*; *(d'une maison)* esposizione *f.*
**exprès** [ɛksprɛ] *adv* apposta; **faire ~ de faire qqch** fare apposta a fare qc.
**express** [ɛksprɛs] *nm (café)* = **expresso**; **(train) ~** (treno) espresso *m.*
**expression** [ɛkspresjɔ̃] *nf* espressione *f.*
**expresso** [ɛkspreso] *nm* espresso *m.*
**exprimer** [ɛksprime] *vt* esprimere. ❑ **s'exprimer** *vp* esprimersi.
**expulser** [ɛkspylse] *vt* espellere.
**extensible** [ɛkstɑ̃sibl] *adj* elastico(-a).
**extérieur, -e** [ɛksterjœr] *adj (escalier, boulevard)* esterno(-a); *(commerce, politique)* estero(-a). ◆ *nm* esterno *m*; **à l'~** fuori; *(SPORT)* fuori casa; **à l'~ de** all'esterno di.
**externe** [ɛkstɛrn] *adj* esterno(-a). ◆ *nmf (élève)* esterno *m* (-a *f*).
**extincteur** [ɛkstɛ̃ktœr] *nm* estintore *m.*
**extinction** [ɛkstɛ̃ksjɔ̃] *nf* : **~ de voix** abbassamento *m* di voce.
**extra** [ɛkstra] *adj inv (qualité)* extra *(inv)*; *(fam: formidable)* straordinario(-a). ◆ *préf (très)* extra-.
**extraire** [ɛkstrɛr] *vt* estrarre; **~ qqn/qqch de** estrarre qn/qc da.
**extrait** [ɛkstrɛ] *nm* estratto *m.*
**extraordinaire** [ɛkstraɔrdinɛr] *adj* straordinario(-a).
**extravagant, -e** [ɛkstravagɑ̃, ɑ̃t] *adj* stravagante.
**extrême** [ɛkstrɛm] *adj* estremo(-a). ◆ *nm* estremo *m.*
**extrêmement** [ɛkstrɛmmɑ̃] *adv* estremamente.
**extrémité** [ɛkstremite] *nf* estremità *f inv.*

# F

**F** *(abr de* **franc***)* fr.
**fabrication** [fabrikasjɔ̃] *nf* fabbricazione *f.*
**fabriquer** [fabrike] *vt* fabbricare.
**fac** [fak] *nf (fam)* università *f inv.*
**façade** [fasad] *nf* facciata *f.*
**face** [fas] *nf (côté)* lato *m; (d'une pièce)* testa *f; (visage)* faccia *f;* **de ~** di fronte; **en ~ (de)** di fronte (a); **~ à ~** faccia a faccia.
**fâché, -e** [faʃe] *adj* arrabbiato; **ils sont ~s** *(brouillés)* hanno litigato.
**fâcher** [faʃe]: **se fâcher** *vp* arrabbiarsi; *(se brouiller)* litigare.
**facile** [fasil] *adj* facile.
**facilement** [fasilmɑ̃] *adv* facilmente; *(au moins)* al meno.
**faciliter** [fasilite] *vt* facilitare.
**façon** [fasɔ̃] *nf* modo *m;* **de toute ~** in ogni modo; **non merci, sans ~** no grazie, senza complimenti.
❑ **façons** *nfpl (comportement)* modi *mpl.*
**facteur, -trice** [faktœr, tris] *nm, f* postino *m* (-a *f*). ◆ *nm* fattore *m.*
**facture** [faktyr] *nf (de magasin)* fattura *f; (de gaz, de téléphone)* bolletta *f.*
**facturer** [faktyre] *vt* fatturare.
**facturette** [faktyrɛt] *nf* ricevuta *f* della carta di credito.
**faculté** *nf* facoltà *f inv.*
**fade** [fad] *adj (aliment)* insipido(-a); *(couleur)* scialbo(-a).
**faible** [fɛbl] *adj* debole; *(son)* fievole; *(lumière)* fioco(-a); *(revenus)* modesto(-a); *(élève)* scarso(-a).
**faiblir** [feblir] *vi (physiquement)* indebolirsi; *(diminuer)* diminuire.
**faïence** [fajɑ̃s] *nf* ceramica *f.*
**faille** [faj] *nf (du terrain)* faglia *f; (défaut)* pecca *f.*
**faillir** [fajir] *vi* : **il a failli tomber** per poco non cadeva.
**faim** [fɛ̃] *nf* fame *f;* **avoir ~** aver fame.
**fainéant, -e** [feneɑ̃, ɑ̃t] *adj* pigro(-a). ◆ *nm, f* fannullone *m* (-a *f*).

**faire** [fɛr] *vt* 1. *(fabriquer, préparer)* fare.
2. *(effectuer)* fare; **~ les comptes** fare i conti.
3. *(arranger, nettoyer)*: **~ son lit** farsi il letto; **~ la vaisselle** lavare i piatti; **~ ses valises** fare le valigie.
4. *(s'occuper a)* fare; **que faites-vous comme métier?** che lavoro fa?
5. *(provoquer)* fare; **~ mal à qqn** far male a qn; **~ de la peine à qqn** dare un dispiacere a qn.
6. *(imiter)* fare; **~ l'imbécile** fare lo scemo.
7. *(parcourir)* fare; **nous avons fait 150 km en deux heures** abbiamo fatto 150 km in due ore; **~ du 80 (à l'heure)** andare agli 80 (all'ora).
8. *(avec des mesures)* essere; **je fais 1,68 m** sono 1,68 m; **je fais du 40** porto il 40.
9. *(MATH)*: **10 et 3 font 13** 10 più 3 fa 13.
10. *(dans des expressions)*: **ça ne fait rien** non fa niente; **qu'est-ce que ça peut te ~?** che cosa te ne importa?; **qu'est-ce que j'ai fait de mes clefs?** cosa ho fatto delle mie chiavi?
◆ *vi* 1. *(agir)* fare; **vas-y, mais fais vite** vacci, ma fa'in fretta; **vous feriez mieux de...** fareste meglio a...
2. *(avoir l'air)*: **~ jeune/vieux** aver l'aria giovane/invecchiata.
◆ *v impers* 1. *(climat, température)*: **il fait chaud** fa caldo; **il fait -2° C** ci sono -2° C.
2. *(exprime la durée)*: **ça fait trois jours que nous avons quitté Rouen** è da tre giorni che siamo partiti da Rouen; **ça fait dix ans que j'habite ici** è da dieci anni che abito qui.
◆ *v aux* fare; **~ tomber/cuire qqch** far cadere/cuocere qc; **~ nettoyer un vêtement** far lavare un abito.
◆ *v substitut* fare; **on lui a conseillé de réserver mais il ne l'a pas fait** gli hanno consigliato di prenotare, ma non l'ha fatto.
❑ **se faire** *vp* 1. *(être convenable, à la mode)*: **ça se fait** *(c'est à la mode)* va di moda; **ça ne se fait pas** *(ce n'est pas à la mode)* è fuori moda; **ça se fait d'apporter une bouteille de vin** si usa

portare una bottiglia di vino.
2. *(avoir, provoquer)* farsi; **se ~ des amis** farsi degli amici; **se ~ du souci** preoccuparsi.
3. *(avec un infinitif)* farsi; **se ~ aider** farsi aiutare; **se ~ opérer** operarsi.
4. *(devenir)*: **se ~ vieux** farsi vecchio; **il se fait tard** si fa tardi.
5. *(dans des expressions)*: **comment se fait-il que...?** com'è che.; **ne pas s'en ~** non preoccuparsi.
❑ **se faire à** *vp+prép (s'habituer à)* abituarsi a.

**fais** → **faire**.

**faisable** [fəzabl] *adj* fattibile.

**faisant** [fəzɑ̃] *ppr* → **faire**.

**faisons** → **faire**.

**fait**, **-e** [fɛ, fɛt] *pp* → **faire**. ◆ *adj* fatto(-a); *(fromage)* stagionato(-a). ◆ *nm* fatto *m*; **bien ~ (pour toi)!** sta bene!; **au ~** *(à propos)* a proposito; **en ~** in realtà.

**faites** → **faire**.

**falaise** [falɛz] *nf* scogliera *f*.

**falloir** [falwar] *v impers* : **il faut du courage pour faire ça** occorre coraggio per farlo; **il faut y aller** *ou* **que nous y allions** occorre andarci *ou* che ci andiamo; **il me faut deux kilos d'oranges** mi occorrono due chili di aranci.

**fallu** [faly] *pp* → **falloir**.

**fameux**, **-euse** [famø, øz] *adj (célèbre)* famoso(-a); *(très bon)* ottimo(-a).

**familial**, **-e**, **-iaux** [familjal, o] *adj* familiare.

**familier**, **-ère** [familje, ɛr] *adj* familiare.

**famille** [famij] *nf* famiglia *f*; **en ~** in famiglia.

**fané**, **-e** [fane] *adj (fleur)* appassito(-a); *(couleur, tissu)* sbiadito(-a).

**fanfare** [fɑ̃far] *nf* fanfara *f*.

**fantaisie** [fɑ̃tezi] *nf (imagination)* fantasia *f*; **bijou ~** gioiello *m* di bigiotteria.

**fantastique** [fɑ̃tastik] *adj* fantastico(-a).

**fantôme** [fɑ̃tom] *nm* fantasma *m*.

**far** [far] *nm* : **~ breton** *flan alle prugne servito freddo o tiepido.*

**farce** [fars] *nf (plaisanterie)* scherzo *m*; *(CULIN)* ripieno *m*; **faire une ~ à qqn** fare uno scherzo a qn.

**farci**, **-e** [farsi] *adj* ripieno(-a).

**fard** [far] *nm* : **~ à joues** fard *m inv*; **~ à paupières** ombretto *m*.

**farine** [farin] *nf* farina *f*.

**fasciner** [fasine] *vt* affascinare.

**fasse** *etc* **→ faire**.

**fatigant, -e** [fatigɑ̃, ɑ̃t] *adj* faticoso(-a); *(agaçant)* seccante.

**fatigue** [fatig] *nf* stanchezza *f*.

**fatigué, -e** [fatige] *adj* stanco(-a); **être ~ de faire qqch** essere stanco di fare qc.

**fatiguer** [fatige] *vt* stancare; *(agacer)* stufare. ❑ **se fatiguer** *vp* stancarsi.

**faubourg** [fobur] *nm* periferia *f*.

**faudra → falloir**.

**faufiler** [fofile]: **se faufiler** *vp* intrufolarsi.

**faune** [fon] *nf* fauna *f*.

**fausse → faux**.

**faut → falloir**.

**faute** [fot] *nf* errore *m*; *(responsabilité)* colpa *f*; **c'est (de) ma ~** è colpa mia; **nous avons dû écourter nos vacances ~ d'argent** abbiamo dovuto abbreviare le vacanze per mancanza di soldi.

**fauteuil** [fotœj] *nm* poltrona *f*; **~ roulant** sedia a rotelle.

**fauve** [fov] *nm* belva *f*.

**faux, fausse** [fo, fos] *adj (incorrect)* sbagliato(-a); *(billet)* falso(-a); *(moustache)* finto(-a). ◆ *adv* : **chanter ~** essere stonato; **fausse note** stonatura *f*; **~ numéro** numero *m* sbagliato.

**faux-filet, -s** [fofilɛ] *nm* controfiletto *m*.

**favorable** [favɔrabl] *adj* favorevole; **être ~ à** essere favorevole a.

**favori, -ite** [favɔri, it] *adj* favorito(-a).

**fax** [faks] *nm* fax *m inv*.

**faxer** [fakse] *vt* inviare per fax.

**féculent** [fekylɑ̃] *nm* farinaceo *m*.

**feignant, -e** [fɛɲɑ̃, ɑ̃t] *adj (fam)* sfaticato(-a).

**fêler** [fele]: **se fêler** *vp* incrinarsi.

**félicitations** [felisitasjɔ̃] *nfpl* congratulazioni *fpl*.

**féliciter** [felisite] *vt* congratularsi con.

**femelle** [fəmɛl] *nf* femmina *f*.

**féminin, -e** [feminɛ̃, in] *adj* femminile.

**femme** [fam] *nf* donna *f*; *(épouse)* moglie *f*; **~ de ménage** donna delle pulizie.

**fendant** [fɑ̃dɑ̃] *nm vino bianco del cantone del Valais in Svizzera.*

**fendre** [fɑ̃dr] *vt* spaccare.

**fenêtre** [fənɛtr] *nf* finestra *f*.

**fenouil** [fənuj] *nm* finocchio *m*.

**fente** [fɑ̃t] *nf* fessura *f*.

**fer** [fɛr] *nm* ferro *m*; **~ à repasser** ferro da stiro.

**fera** *etc* → **faire.**

**féra** [fera] *nf pesce del lago Léman (Ginevra), dalle carni bianche e con poche lische.*

**férié** [ferje] *adj m* → **jour.**

**ferme** [fɛrm] *adj (dur)* duro(-a); *(strict)* fermo(-a). ◆ *nf* fattoria *f*; **~ auberge** *cascina nella quale sono serviti pasti casalinghi a base di prodotti locali.*

**fermé, -e** [fɛrme] *adj* chiuso(-a).

**fermer** [fɛrme] *vt* chiudere. ◆ *vi* chiudere; **~ qqch à clef** chiudere qc a chiave. ❑ **se fermer** *vp* chiudersi.

**fermeture** [fɛrmətyr] *nf* chiusura *f*; **'~ annuelle'** 'chiusura annuale'; **~ Éclair®** cerniera *f* (lampo).

**fermier, -ère** [fɛrmje, ɛr] *nm, f* agricoltore *m* (-trice *f*).

**fermoir** [fɛrmwar] *nm* fermaglio *m*.

**ferry** [feri] (*pl* **ferries**) *nm* traghetto *m*.

**fesse** [fɛs] *nf* natica *f*. ❑ **fesses** *nfpl* sedere *m*.

**festival** [festival] *nm* festival *m inv*.

**fête** [fɛt] *nf* festa *f*; *(jour du saint)* onomastico *m*; **faire la ~** divertirsi; **bonne ~!** buona festa!; **~ foraine** giostre *fpl*; **~ des Mères** festa della Mamma; **la ~ de la Musique** *festival musicale che ha luogo la notte del 21 giugno nelle strade*; **~ nationale** festa nazionale; **~ des Pères** festa del Papà. ❑ **fêtes** *nfpl* : **les ~s (de fin d'année)** le feste (di fine anno).

**fêter** [fete] *vt* festeggiare.

**feu, -x** [fø] *nm* fuoco *m*; *(lumière)* faro *m*; **avez-vous du ~?** ha da accendere?; **faire du ~** accendere il fuoco; **mettre le ~ à** dare fuoco a; **~ d'artifice** fuoco d'artificio; **~ rouge** semaforo *m* rosso; **~x de croisement** anabbaglianti *mpl*; **~x de signalisation** *ou* **tricolo-**

**res** semaforo; **en ~** *(forêt, maison)* in fiamme.

**feuillage** [fœjaʒ] *nm* fogliame *m*.

**feuille** [fœj] *nf (d'arbre)* foglia *f*; *(de papier)* foglio *m*; **~ morte** foglia morta.

**feuilleté, -e** [fœjte] *adj* → **pâte**. ◆ *nm torta salata o dolce di pasta sfoglia.*

**feuilleter** [fœjte] *vt* sfogliare.

**feuilleton** [fœjtɔ̃] *nm* serial *m inv*.

**feutre** [føtr] *nm (stylo)* pennarello *m*; *(chapeau)* feltro *m*.

**fève** [fɛv] *nf* fava *f*; *(de galette) figurina che si trova all'interno della "galette des Rois".*

**février** [fevrije] *nm* febbraio *m*; → **septembre**.

**FF** *(abr de* **franc français***)* fr.

**fiable** [fjabl] *adj* affidabile.

**fiancé, -e** [fijɑ̃se] *nm, f* fidanzato *m* (-a *f*).

**ficelle** [fisɛl] *nf* spago *m*; *(pain) baguette molto sottile.*

**fiche** [fiʃ] *nf (de carton, de papier)* scheda *f*; *(de prise)* punta *f*.

**ficher** [fiʃe] *vt (planter)* conficcare; *(fam: mettre)* ficcare; **mais qu'est-ce qu'il fiche?** *(fam)* ma cosa combina?; **fiche-moi la paix!** *(fam)* lasciami in pace! ❑ **se ficher de** *vp + prép (fam: ridiculiser)* prendere per i fondelli; **je m'en fiche** *(fam: ça m'est égal)* me ne infischio.

**fichier** [fiʃje] *nm (boîte)* schedario *m*; *(INFORM)* file *m inv*.

**fichu, -e** [fiʃy] *adj (fam)*: **c'est ~** *(raté)* non c'è più niente da fare; *(cassé, abîmé)* è andato.

**fidèle** [fidɛl] *adj* fedele.

**fier**[1] [fjɛr]: **se fier à** *vp + prép* fidarsi di.

**fier**[2], **fière** [fjɛr] *adj* fiero(-a); **être ~ de** essere fiero di.

**fièvre** [fjɛvr] *nf* febbre *f*; **avoir de la ~** avere la febbre.

**figer** [fiʒe]: **se figer** *vp (sauce)* rapprendersi.

**figue** [fig] *nf* fico *m*.

**figure** [figyr] *nf (visage)* faccia *f*; *(schéma)* figura *f*.

**fil** [fil] *nm* filo *m*; **~ de fer** filo di ferro.

**file** [fil] *nf* fila *f*; **~ (d'attente)** coda *f*; **à la ~** *(en suivant)* in fila.

**filer** [file] *vt (collant)* smagliare. ◆ *vi (aller vite)* filare; *(fam: partir)* filarsela; ~ **qqch à qqn** *(fam)* rifilare qc a qn.

**filet** [filɛ] *nm (de pêche, au tennis)* rete *f*; *(de poisson, de bœuf)* filetto *m*; *(d'eau)* filo *m*; ~ **américain (Belg)** (bistecca alla) tartara *f*.

**fille** [fij] *nf (enfant)* bambina *f*; *(jeune femme)* ragazza *f*; *(descendante)* figlia *f*.

**filleul, -e** [fijœl] *nm, f* figlioccio *m* (-a *f*).

**film** [film] *nm* film *m inv*; *(plastique)* pellicola *f*; ~ **d'horreur** *ou* **d'épouvante** film dell'orrore *ou* del terrore; ~ **vidéo** video *m inv*.

**filmer** [filme] *vt* filmare.

**fils** [fis] *nm* figlio *m*.

**filtre** [filtr] *nm* filtro *m*.

**fin, -e** [fɛ̃, fin] *adj (couche, cheveux, esprit)* sottile; *(sable, traits)* fine. ◆ *nf* fine *f*; ~ **juillet** a fine luglio; **à la ~ (de)** alla fine (di).

**final, -e, -als** *ou* **aux** [final, o] *adj* finale.

**finale** [final] *nf* finale *f*.

**finalement** [finalmɑ̃] *adv* alla fine.

**finance** [finɑ̃s] *nf* : **la ~** *(profession)* l'alta finanza *f*; **les ~s** le finanze.

**financer** [finɑ̃se] *vt* finanziare.

**financier, -ère** [finɑ̃sje, ɛr] *adj* finanziario(-a). ◆ *nm (gâteau) dolcetto di mandorle e frutta candita*; **sauce financière** finanziera *f (salsa ai tartufi e al madera)*.

**finir** [finir] *vt & vi* finire; ~ **de faire qqch** finire di fare qc; ~ **par faire qqch** finire per fare qc.

**finlandais, -e** [fɛ̃lɑ̃dɛ, ɛz] *adj* finlandese. ◆ *nm* = **finnois**.

**Finlande** [fɛ̃lɑ̃d] *nf* : **la ~** la Finlandia.

**finnois** [finwa] *nm* finlandese *m*.

**fissure** [fisyr] *nf (dans un mur)* fessura *f*.

**fissurer** [fisyre]: **se fissurer** *vp* creparsi.

**fixation** [fiksasjɔ̃] *nf (de ski)* attacco *m*.

**fixe** [fiks] *adj* fisso(-a).

**fixer** [fikse] *vt* fissare.

**flacon** [flakɔ̃] *nm* flacone *m*.

**flageolet** [flaʒɔlɛ] *nm* fagiolo *m* nano.

**flamand, -e** [flamɑ̃, ɑ̃d] *adj* fiammingo(-a). ◆ *nm (langue)* fiammingo *m*.

**flambé, -e** [flɑ̃be] *adj* flambé *(inv)*.
**flamiche** [flamiʃ] *nf torta salata, per lo più al formaggio e ai porri, tipica del Belgio e del nord della Francia.*
**flamme** [flam] *nf* fiamma *f*; **en ~s** in fiamme.
**flan** [flɑ̃] *nm* flan *m inv (crema di latte, uova e farina cotta in forno).*
**flâner** [flane] *vi* andare a zonzo.
**flaque** [flak] *nf (d'eau)* pozzanghera *f*; *(d'huile)* pozza *f*.
**flash, -s** *ou* **es** [flaʃ] *nm (d'appareil photo)* flash *m inv*.
**flatter** [flate] *vt* adulare.
**flèche** [flɛʃ] *nf* freccia *f*.
**fléchette** [fleʃɛt] *nf* freccetta *f*.
**fleur** [flœr] *nf* fiore *m*; **à ~s** a fiori; **en ~(s)** *(plante, arbre)* in fiore.
**fleuri, -e** [flœri] *adj (tissu, motif)* a fiori.
**fleurir** [flœrir] *vi* fiorire.
**fleuriste** [flœrist] *nmf* fiorista *mf*.
**fleuve** [flœv] *nm* fiume *m*.
**flexible** [flɛksibl] *adj* flessibile.
**flic** [flik] *nm (fam)* poliziotto *m*.
**flocon** [flɔkɔ̃] *nm* : **~ de neige** fiocco *m* di neve; **~s d'avoine** fiocchi d'avena.
**flore** [flɔr] *nf (végétaux)* flora *f*; *(livre)* erbario *m*.
**Florence** [flɔrɑ̃s] *n* Firenze *f*.
**flottante** [flɔtɑ̃t] *adj f* → **île**.
**flotter** [flɔte] *vi* galleggiare; *(au vent)* ondeggiare.
**flou, -e** [flu] *adj (photo)* sfuocato(-a); *(idée, souvenir)* vago(-a).
**fluide** [flɥid] *adj (substance)* fluido(-a); *(circulation)* scorrevole. ◆ *nm* fluido *m*.
**fluor** [flyɔr] *nm* fluoro *m*.
**fluorescent, -e** [flyɔresɑ̃, ɑ̃t] *adj* fluorescente.
**flûte** [flyt] *nf (pain) baguette sottile*; *(verre)* bicchiere *m* a calice. ◆ *excl* accidenti!; **~ (à bec)** flauto *m*.
**foie** [fwa] *nm* fegato *m*; **~ gras** foie gras *m inv (fegato d'oca o d'anatra)*; **~ de veau** fegato di vitello.
**foin** [fwɛ̃] *nm* fieno *m*.
**foire** [fwar] *nf* fiera *f*.
**fois** [fwa] *nf* volta *f*; **une ~ (par jour)** una volta (al giorno); **3 ~ 2** 3 per 2; **à la ~** allo stesso tempo; **des ~** *(parfois)* a volte; **une ~ que tu auras terminé...** una volta che hai finito...; **une**

**~ pour toutes** una volta per tutte.
**folie** [fɔli] *nf* follia *f*.
**folklorique** [fɔlklɔrik] *adj* folkloristico(-a).
**folle** → **fou**.
**foncé, -e** [fɔ̃se] *adj* scuro(-a).
**foncer** [fɔ̃se] *vi (s'assombrir)* scurirsi; *(fam: aller vite)* precipitarsi; **~ dans** lanciarsi contro.
**fonction** [fɔ̃ksjɔ̃] *nf* funzione *f*; **en ~ de** in funzione di.
**fonctionnaire** [fɔ̃ksjɔnɛr] *nmf* funzionario *m* (-a *f*).
**fonctionner** [fɔ̃ksjɔne] *vi* funzionare.
**fond** [fɔ̃] *nm* fondo *m*; *(d'une photo, d'un tableau)* sfondo *m*; **au ~, dans le ~** *(en réalité)* in fondo; **au ~ de** in fondo a; **~ d'artichaut** fondo di carciofo; **~ de teint** fondo tinta.
**fondamental, -e, -aux** [fɔ̃damɑ̃tal, o] *adj* fondamentale.
**fondant, -e** [fɔ̃dɑ̃, ɑ̃t] *adj* fondente. ♦ *nm* : **~ au chocolat** *dolce al cioccolato dalla consistenza fondente*.
**fondation** [fɔ̃dasjɔ̃] *nf* fondazione *f*. ❑ **fondations** *nfpl (d'une maison)* fondamenta *fpl*.
**fonder** [fɔ̃de] *vt* fondare.
**fondre** [fɔ̃dr] *vi* fondere; *(neige)* sciogliersi; **~ en larmes** scoppiare a piangere.
**fondue** [fɔ̃dy] *nf* : **~ bourguignonne** bourguignonne *f inv (carne tagliata a cubi, cotta in tavola nell'olio bollente e accompagnata da salse varie)*; **~ savoyarde** fonduta *f*.
**font** [fɔ̃] → **faire**.
**fontaine** [fɔ̃tɛn] *nf* fontana *f*.
**foot(ball)** [fut(bol)] *nm* calcio *m*.
**footing** [futiŋ] *nm* footing *m*; **faire un ~** fare footing.
**forain, -e** [forɛ̃, ɛn] *adj* → **fête**. ♦ *nm* baracconista *m*.
**force** [fɔrs] *nf* forza *f*; **~s** *(physiques)* forze; **de ~** *(par la violence)* di forza; **à ~ de faire qqch** a forza di fare qc.
**forcément** [fɔrsemɑ̃] *adv* per forza.
**forcer** [fɔrse] *vt* & *vi* forzare; **~ qqn à faire qqch** costringere qn a fare qc. ❑ **se forcer** *vp* : **se ~ (à faire qqch)** forzarsi (a fare qc).
**forêt** [fɔrɛ] *nf* foresta *f*.

**forêt-noire** [fɔrɛnwar] (*pl* **forêts-noires**) *nf torta al cioccolato con panna e ciliegie.*

**forfait** [fɔrfɛ] *nm (abonnement)* abbonamento *m*.

**forfaitaire** [fɔrfetɛr] *adj* forfettario(-a).

**formalités** [fɔrmalite] *nfpl* formalità *fpl*.

**format** [fɔrma] *nm* formato *m*.

**formation** [fɔrmasjɔ̃] *nf* formazione *f*.

**forme** [fɔrm] *nf* forma *f*; **en ~ de** a forma di; **être en (pleine) ~** essere in (piena) forma.

**former** [fɔrme] *vt* formare. ❑ **se former** *vp* formarsi.

**formidable** [fɔrmidabl] *adj* formidabile.

**formulaire** [fɔrmylɛr] *nm* formulario *m*, modulo *m*.

**formule** [fɔrmyl] *nf (de restaurant)* menu *m inv*.

**fort, -e** [fɔr, fɔrt] *adj* forte; *(gros)* robusto(-a). ◆ *adv* forte; **~ en maths** bravo(-a) in matematica.

**forteresse** [fɔrtərɛs] *nf* fortezza *f*.

**fortifications** [fɔrtifikasjɔ̃] *nfpl* fortificazioni *fpl*.

**fortune** [fɔrtyn] *nf* fortuna *f*; **faire ~** fare fortuna.

**fou, folle** [fu, fɔl] *adj* pazzo(-a); *(extraordinaire)* pazzesco(-a). ◆ *nm, f* pazzo *m* (-a *f*); **(avoir le) ~ rire** (avere la) ridarella *f*.

**foudre** [fudr] *nf* fulmine *m*.

**fouet** [fwɛ] *nm* frusta *f*; *(CULIN)* frusta, frullino *m*.

**fougère** [fuʒɛr] *nf* felce *f*.

**fouiller** [fuje] *vt* perquisire.

**foulard** [fular] *nm* foulard *m inv*.

**foule** [ful] *nf* folla *f*.

**fouler** [fule]: **se fouler** *vp* : **se ~ la cheville** slogarsi la caviglia.

**four** [fur] *nm* forno *m*.

**fourche** [furʃ] *nf* forca *f*; *(carrefour)* bivio *m*.

**fourchette** [furʃɛt] *nf* forchetta *f*; *(de prix)* fascia *f*.

**fourgonnette** [furgɔnɛt] *nf* furgoncino *m*.

**fourmi** [furmi] *nf* formica *f*; **avoir des ~s dans les jambes** avere le gambe addormentate.

**fourneau, -x** [furno] *nm* fornello *m*.

**fournir** [furnir] *vt (marchandises, preuve, argument)* fornire; *(effort)* compiere; **~ qqch à qqn** fornire qc a qn; ~ **qqn en qqch** rifornire qn di qc.

**fourré, -e** [fure] *adj (vêtement)* foderato(-a); *(CULIN)* ripieno(-a).

**fourrière** [furjɛr] *nf (pour voitures)* deposito *m* d'auto; *(pour animaux)* canile *m*.

**fourrure** [furyr] *nf* pelliccia *f*.

**foyer** [fwaje] *nm (d'une cheminée)* focolare *m*; *(domicile)* casa *f*; *(établissement)* centro *m* di accoglienza; *(d'étudiants)* pensionato *m*; **femme/mère au ~** casalinga *f*.

**fracture** [fraktyr] *nf* frattura *f*.

**fracturer** [fraktyre]: **se fracturer** *vp* : **se ~ le crâne** fratturarsi il cranio.

**fragile** [fraʒil] *adj* fragile; *(santé)* delicato(-a).

**fraîche → frais.**

**fraîcheur** [frɛʃœr] *nf* frescura *f*; *(d'un aliment)* freschezza *f*.

**frais, fraîche** [frɛ, frɛʃ] *adj* fresco(-a). ◆ *nmpl (dépenses)* spese *fpl*. ◆ *nm* : **prendre le ~** prendere il fresco; **il fait ~** fa fresco; **'servir ~'** 'servire fresco'.

**fraise** [frɛz] *nf* fragola *f*.

**fraisier** [frezje] *nm* fragola *f*; *(gâteau)* torta a base di pan di Spagna imbevuto di kirsch e ricoperto di crema e fragole fresche.

**framboise** [frɑ̃bwaz] *nf* lampone *m*.

**franc, franche** [frɑ̃, frɑ̃ʃ] *adj* franco(-a). ◆ *nm (monnaie)* franco *m*; **~ belge** franco belga; **~ suisse** franco svizzero.

**français, -e** [frɑ̃sɛ, ɛz] *adj* francese. ◆ *nm (langue)* francese *m*. ❑ **Français, -e** *nm, f* francese *mf*.

**France** [frɑ̃s] *nf* : **la ~** la Francia.

**franche → franc.**

**franchement** [frɑ̃ʃmɑ̃] *adv* francamente; *(très)* molto.

**franchir** [frɑ̃ʃir] *vt* oltrepassare.

**franchise** [frɑ̃ʃiz] *nf* franchezza *f*; *(d'assurance, de location automobile)* franchigia *f*.

**francophone** [frɑ̃kɔfɔn] *adj* francofono(-a).

**frange** [frɑ̃ʒ] *nf* frangia *f*; **à ~s** a frange.

**frangipane** [frɑ̃ʒipan] *nf (crème)* crema pasticciera alle mandorle; *(gâteau)* torta di pasta sfoglia e crema alle mandorle.

**frapper** [frape] *vi* battere. ◆ *vt* picchiare; *(suj: fait, maladie)* colpire; ~ **(à la porte)** bussare (alla porta); ~ **dans ses mains** battere le mani.

**frayeur** [frejœr] *nf* spavento *m*.

**freezer** [frizœr] *nm* freezer *m inv*.

**frein** [frɛ̃] *nm* freno *m*; ~ **à main** freno a mano.

**freiner** [frene] *vt & vi* frenare.

**fréquence** [frekɑ̃s] *nf* frequenza *f*.

**fréquent, -e** [frekɑ̃, ɑ̃t] *adj* frequente.

**fréquenter** [frekɑ̃te] *vt* frequentare.

**frère** [frɛr] *nm* fratello *m*.

**fresque** [frɛsk] *nf* affresco *m*.

**friand** [frijɑ̃] *nm involtino di pasta sfoglia ripieno di salsiccia, formaggio, ecc. servito caldo.*

**fricassée** [frikase] *nf* fricassea *f*.

**Frigidaire**® [friʒidɛr] *nm* frigorifero *m*.

**frigo** [frigo] *nm (fam)* frigo *m inv*.

**frileux, -euse** [frilø, øz] *adj* freddoloso(-a).

**frire** [frir] *vt & vi* friggere; **faire** ~ far friggere.

**frisé, -e** [frize] *adj* riccio(-a).

**frisée** [frize] *nf* insalata *f* riccia.

**frit, -e** [fri, frit] *pp* → **frire**. ◆ *adj* fritto(-a).

**frites** [frit] *nfpl* : **(pommes)** ~ patate *fpl* fritte.

**friture** [frityr] *nf (huile)* olio *m* per friggere; *(poissons)* frittura *f*.

**froid, -e** [frwa, frwad] *adj* freddo(-a). ◆ *nm* freddo *m*. ◆ *adv* : **avoir** ~ avere freddo; **il fait** ~ fa freddo; **prendre** ~ prendere freddo.

**froisser** [frwase] *vt (papier)* spiegazzare; *(tissu)* stropicciare; *(fig: vexer)* offendere. ❑ **se froisser** *vp* stropicciarsi.

**frôler** [frole] *vt* sfiorare.

**fromage** [frɔmaʒ] *nm* formaggio *m*; ~ **blanc** *formaggio fresco cremoso con aggiunta di panna.*

**froncer** [frɔ̃se] *vt (vêtement)* arricciare; ~ **les sourcils** aggrottare le sopracciglia.

**front** [frɔ̃] *nm* fronte *f*; *(des combats)* fronte *m*.

**frontière** [frɔ̃tjɛr] *nf* frontiera *f*; *(fig: limite)* confine *m*.

**frotter** [frɔte] *vt* & *vi* sfregare.

**fruit** [frɥi] *nm* frutto *m*; **~ de la passion** frutto della passione; **~s confits** frutta *f* candita; **~s de mer** frutti di mare; **~s secs** frutta secca.

**fruitier** [frɥitje] *adj m* → **arbre**.

**fuir** [fɥir] *vi* fuggire; *(robinet)* perdere; *(eau)* fuoriuscire.

**fuite** [fɥit] *nf* fuga *f*; *(d'eau)* perdita *f*.

**fumé, -e** [fyme] *adj* (CULIN) affumicato(-a); *(verres de lunettes)* sfumato(-a).

**fumée** [fyme] *nf* fumo *m*.

**fumer** [fyme] *vt* & *vi* fumare.

**fumeur, -euse** [fymœr, øz] *nm, f* fumatore *m* (-trice *f*).

**funiculaire** [fynikylɛr] *nm* funicolare *m*.

**fur** [fyr]: **au fur et à mesure** *adv* man mano; **au ~ et à mesure que** man mano che.

**furieux, -euse** [fyrjø, øz] *adj* furioso(-a).

**fuseau, -x** [fyzo] *nm (pantalon)* pantaloni *mpl* con la staffa; **~ horaire** fuso orario *m*.

**fusée** [fyze] *nf* razzo *m*.

**fusible** [fyzibl] *nm* fusibile *m*.

**fusil** [fyzi] *nm* fucile *m*.

**futé, -e** [fyte] *adj* furbo(-a).

**futile** [fytil] *adj* futile.

**futur, -e** [fytyr] *adj* futuro(-a). ◆ *nm* futuro *m*.

# G

**gâcher** [gaʃe] *vt (détruire)* rovinare; *(gaspiller)* sprecare.

**gâchis** [gaʃi] *nm* spreco *m*.

**gadget** [gadʒɛt] *nm* accessorio *m*.

**gaffe** [gaf] *nf* : **faire une ~** fare una gaffe; **faire ~ (à)** *(fam)* fare attenzione (a).

**gagnant, -e** [gaɲɑ̃, ɑ̃t] *adj* vincente. ◆ *nm, f* vincitore *m* (-trice *f*).

**gagner** [gaɲe] *vi* vincere. ◆ *vt (concours, course, prix)* vincere; *(argent, temps, place)* guadagnare; *(atteindre)*: **(bien) ~ sa vie** guadagnare bene.

**gai, -e** [ge] *adj* allegro(-a).

**gaieté** [gete] *nf* allegria *f.*

**galerie** [galri] *nf (passage couvert)* galleria *f; (à bagages)* portabagagli *m inv;* **~ (d'art)** galleria (d'arte); **~ marchande** centro *m* commerciale.

**galet** [galɛ] *nm* ciottolo *m.*

**galette** [galɛt] *nf (gâteau)* focaccia *f; (crêpe)* crêpe *f inv* di grano saraceno; **~ bretonne** *(biscuit) biscotto al burro;* **~ des Rois** *dolce francese tipico dell'Epifania.*

**galoper** [galɔpe] *vi (cheval)* galoppare; *(personne)* trottare.

**gambader** [gɑ̃bade] *vi* saltellare.

**gambas** [gɑ̃bas] *nfpl* scampi *mpl.*

**gamin, -e** [gamɛ̃, in] *nm, f (fam)* bambino *m* (-a *f*).

**ganglion** [gɑ̃glijɔ̃] *nm* : **avoir des ~s** avere i gangli infiammati.

**gant** [gɑ̃] *nm* guanto *m;* **~ de toilette** guanto di spugna.

**garage** [garaʒ] *nm (d'une maison)* garage *m inv; (de réparation)* officina *f* (meccanica).

**garagiste** [garaʒist] *nm (mécanicien)* meccanico *m.*

**garantie** [garɑ̃ti] *nf* garanzia *f;* **(bon de) ~** garanzia; **appareil sous ~** apparecchio *m* in garanzia.

**garantir** [garɑ̃tir] *vt* garantire; **~ à qqn que** garantire a qn che.

**garçon** [garsɔ̃] *nm* bambino *m; (homme)* ragazzo *m;* **~ (de café)** cameriere *m.*

**garde** [gard] *nf (d'un endroit, d'un enfant)* sorveglianza *f; (soldats)* guardia *f;* **prendre ~ (à)** fare attenzione (a); **prendre ~ de ne pas faire qqch** stare attento a non fare qc; **de ~** *(pharmacie)* di turno; *(médecin)* di guardia.

**Garde** [gard] *n* : **le lac de ~** il lago di Garda.

**garde-fou, -s** [gardəfu] *nm* ringhiera *f.*

**garder** [garde] *vt* tenere; *(enfant, malade)* guardare; *(lieu, prisonnier)* sorvegliare; *(souvenir, impression)* conservare. ❑ **se garder** *vp (aliment)* conservarsi.

**garderie** [gardəri] *nf* ≈ asilo *m* nido.

**garde-robe, -s** [gardərɔb] *nf* guardaroba *m inv.*

**gardien, -enne** [gardjɛ̃, ɛn] *nm, f (de musée)* custode *mf; (d'immeuble)* portiere *m*

(-a *f*); ~ **de but** portiere; ~ **de nuit** guardiano *m* notturno.

**gare** [gar] *nf* stazione *f*. ◆ *excl* : ~ **à toi!** *(menace)* guai a te!; **entrer en** ~ entrare in stazione; ~ **routière** stazione dei pullman.

**garer** [gare] *vt* parcheggiare. ❑ **se garer** *vp* parcheggiare.

**gargouille** [garguj] *nf* doccione *m*.

**garni, -e** [garni] *adj* *(plat)* con contorno.

**garnir** [garnir] *vt* : ~ **qqch de** *(équiper)* dotare qc di; *(décorer)* guarnire qc di.

**garniture** [garnityr] *nf* *(légumes)* contorno *m*.

**gas-oil** [gazɔjl, gazwal] *nm* = **gazole**.

**gaspiller** [gaspije] *vt* sprecare.

**gastronomique** [gastrɔnɔmik] *adj* gastronomico(-a).

**gâteau, -x** [gato] *nm* dolce *m*; ~ **marbré** dolce marmorizzato; ~ **sec** biscotto *m* secco.

**gâter** [gate] *vt* *(enfant)* viziare. ❑ **se gâter** *vp* *(fruit, dent)* marcire; *(temps)* guastarsi.

**gauche** [goʃ] *adj* sinistro(-a); *(maladroit)* maldestro(-a). ◆ *nf* : **la** ~ la sinistra; **à** ~ **(de)** a sinistra (di); **de** ~ di sinistra.

**gaucher, -ère** [goʃe, ɛr] *adj* mancino(-a).

**gaufre** [gofr] *nf* *dolce rettangolare molto leggero, mangiato caldo e spolverato di zucchero a velo.*

**gaufrette** [gofrɛt] *nf* wafer *m inv*.

**gaz** [gaz] *nm inv* gas *m inv*.

**gaze** [gaz] *nf* garza *f*.

**gazinière** [gazinjɛr] *nf* cucina *f* a gas.

**gazole** [gazɔl] *nm* gasolio *m*.

**gazon** [gazɔ̃] *nm* *(herbe)* erba *f*.

**géant, -e** [ʒeɑ̃, ɑ̃t] *adj* gigantesco(-a); *(COMM: paquet)* gigante. ◆ *nm, f* gigante *m* (-essa *f*).

**gel** [ʒɛl] *nm* *(glace)* gelo *m*; *(pour cheveux, dentifrice)* gel *m inv*.

**gelée** [ʒəle] *nf* *(glace)* gelo *m*; *(de fruits)* gelatina *f*; **en** ~ in gelatina.

**geler** [ʒəle] *vt* & *vi* gelare; **il gèle** gela.

**gélule** [ʒelyl] *nf* capsula *f*.

**gênant, -e** [ʒenɑ̃, ɑ̃t] *adj* *(encombrant)* fastidioso(-a);

*(embarrassant)* imbarazzante.

**gencive** [ʒɑ̃siv] *nf* gengiva *f.*

**gendarme** [ʒɑ̃darm] *nm* ≈ carabiniere *m.*

**gendarmerie** [ʒɑ̃darməri] *nf* ≈ Carabinieri *mpl.*

**gêne** [ʒɛn] *nf (physique)* disturbo *m*; *(embarras)* imbarazzo *m.*

**gêner** [ʒene] *vt* dare fastidio a; *(embarrasser)* imbarazzare; **ça vous gêne si...?** le dà fastidio se...?

**général**, **-e**, **-aux** [ʒeneral, o] *adj* generale. ♦ *nm* generale *m*; **en ~** in generale.

**généralement** [ʒeneralmɑ̃] *adv* generalmente.

**généraliste** [ʒeneralist] *nm* : **(médecin) ~** medico *m* generico.

**génération** [ʒenerasjɔ̃] *nf* generazione *f.*

**généreux**, **-euse** [ʒenerø, øz] *adj* generoso(-a).

**générosité** [ʒenerozite] *nf* generosità *f.*

**Gênes** [ʒɛn] *n* Genova *f.*

**genêt** [ʒənɛ] *nm* ginestra *f.*

**Genève** [ʒənɛv] *n* Ginevra *f.*

**génial**, **-e**, **-aux** [ʒenjal, o] *adj (brillant)* geniale; *(fam: excellent)* stupendo(-a).

**génoise** [ʒenwaz] *nf* pan *m* di Spagna.

**genou**, **-x** [ʒənu] *nm* ginocchio *m*; **être/se mettre à ~x** essere/mettersi in ginocchio.

**genre** [ʒɑ̃r] *nm* genere *m*; **un ~ de** un tipo di.

**gens** [ʒɑ̃] *nmpl* gente *f.*

**gentil**, **-ille** [ʒɑ̃ti, ij] *adj* gentile; *(sage)*: **sois ~** stai buono.

**gentillesse** [ʒɑ̃tijɛs] *nf* gentilezza *f.*

**gentiment** [ʒɑ̃timɑ̃] *adv* gentilmente; *(Helv: tranquillement)* tranquillamente.

**géographie** [ʒeɔgrafi] *nf* geografia *f.*

**gercé**, **-e** [ʒɛrse] *adj* screpolato(-a).

**gérer** [ʒere] *vt* gestire.

**gésier** [ʒezje] *nm* ventriglio *m (parte dello stomaco degli uccelli utilizzata in cucina).*

**geste** [ʒɛst] *nm* gesto *m.*

**gestion** [ʒɛstjɔ̃] *nf* gestione *f.*

**gibier** [ʒibje] *nm* selvaggina *f.*

**giboulée** [ʒibule] *nf* temporale *m.*

**gicler** [ʒikle] *vi* schizzare.
**gifle** [ʒifl] *nf* schiaffo *m*.
**gigantesque** [ʒigɑ̃tɛsk] *adj* gigantesco(-a).
**gigot** [ʒigo] *nm* cosciotto *m*.
**gilet** [ʒile] *nm (pull)* cardigan *m inv*; *(sans manches)* gilè *m inv*; **~ de sauvetage** giubbotto *m* salvagente.
**girafe** [ʒiʀaf] *nf* giraffa *f*.
**giratoire** [ʒiʀatwaʀ] *adj* → **sens**.
**gitan, -e** [ʒitɑ̃, an] *nm, f* gitano *m (-a f)*.
**gîte** [ʒit] *nm (de bœuf)* controgirello *m*; **~ d'étape** tappa *f*; **~ (rural)** *casa in campagna affittata a vacanzieri*.
**givre** [ʒivʀ] *nm* brina *f*.
**givré, -e** [ʒivʀe] *adj* brinato(-a); **orange ~e** *gelato all'arancia servito in un'arancia svuotata ghiacciata*.
**glace** [glas] *nf* ghiaccio *m*; *(crème glacée)* gelato *m*; *(miroir)* specchio *m*.
**glacé, -e** [glase] *adj* ghiacciato(-a).
**glacial, -e, -s** *ou* **aux** [glasjal, o] *adj* glaciale.
**glacier** [glasje] *nm (de montagne)* ghiacciaio *m*; *(marchand)* gelataio *m*.
**glacière** [glasjɛʀ] *nf* ghiacciaia *f*.
**glaçon** [glasɔ̃] *nm* cubetto *m* di ghiaccio.
**glissant, -e** [glisɑ̃, ɑ̃t] *adj (route)* sdrucciolevole.
**glisser** [glise] *vt (sous une porte)* mettere. ◆ *vi* slittare; *(être glissant)* essere scivoloso.
**globe** [glɔb] *nm* globo *m*; *(représentant la Terre)* mappamondo *m*; **le ~ (terrestre)** il globo (terrestre).
**glossaire** [glɔsɛʀ] *nm* glossario *m*.
**gobelet** [gɔblɛ] *nm (à boire)* bicchiere *m*; *(à dés)* bussolotto *m*.
**goéland** [gɔelɑ̃] *nm grosso gabbiano*.
**goinfre** [gwɛ̃fʀ] *nmf* mangione *m (-a f)*.
**golf** [gɔlf] *nm* golf *m inv*; *(terrain)* campo *m* da golf; **~ miniature** minigolf *m inv*.
**golfe** [gɔlf] *nm* golfo *m*.
**gomme** [gɔm] *nf* gomma *f*.
**gommer** [gɔme] *vt (effacer)* cancellare.
**gond** [gɔ̃] *nm* cardine *m*.
**gonflé, -e** [gɔ̃fle] *adj (enflé)* gonfio(-a); *(fam: audacieux)*: **il est ~!** ha una bella faccia tosta!

**gonfler** [gɔ̃fle] *vt* gonfiare. ◆ *vi* gonfiarsi.
**gorge** [gɔrʒ] *nf* gola *f*.
**gorgée** [gɔrʒe] *nf* sorso *m*.
**gosse** [gɔs] *nmf (fam)* bambino *m* (-a *f*).
**gothique** [gɔtik] *adj* gotico(-a).
**goudron** [gudrɔ̃] *nm* catrame *m*.
**gouffre** [gufr] *nm* voragine *f*.
**goulot** [gulo] *nm* collo *m*; **boire au ~** bere alla bottiglia.
**gourde** [gurd] *nf* borraccia *f*.
**gourmand, -e** [gurmɑ̃, ɑ̃d] *adj* goloso(-a).
**gourmandise** [gurmɑ̃diz] *nf* golosità *f*.
**gourmet** [gurmɛ] *nm* buongustaio *m* (-a *f*).
**gousse** [gus] *nf* : **~ d'ail** spicchio *m* d'aglio.
**goût** [gu] *nm* gusto *m*; **avoir bon ~** *(aliment)* essere gustoso; *(personne)* avere buon gusto.
**goûter** [gute] *nm* merenda *f*. ◆ *vt (aliment, vin)* assaggiare. ◆ *vi* fare merenda; **~ à qqch** assaggiare qc.
**goutte** [gut] *nf* goccia *f*.
**gouttière** [gutjɛr] *nf* grondaia *f*.
**gouvernail** [guvɛrnaj] *nm* timone *m*.
**gouvernement** [guvɛrnəmɑ̃] *nm* governo *m*.
**grâce** [gras] *nf* grazia *f*; **~ à** grazie a.
**gradins** [gradɛ̃] *nmpl* gradinate *fpl*.
**grain** [grɛ̃] *nm (de sel, de sable)* granello *m*; *(de riz, de raisin, de café)* chicco *m*; **~ de beauté** neo *m*.
**graine** [grɛn] *nf* seme *m*.
**graisse** [grɛs] *nf* grasso *m*.
**grammaire** [gramɛr] *nf* grammatica *f*.
**gramme** [gram] *nm* grammo *m*.
**grand, -e** [grɑ̃, grɑ̃d] *adj* grande; *(personne)* alto(-a). ◆ *adv* : **~ ouvert** spalancato; **~ frère** fratello *m* maggiore; **~ magasin** grande magazzino *m*; **~e surface** supermercato *m*; **les ~es vacances** le vacanze estive.
**grand-chose** [grɑ̃ʃoz] *pron* : **il ne m'a pas dit ~** non mi ha detto un gran che.
**Grande-Bretagne** [grɑ̃dbrətaɲ] *nf* : **la ~** la Gran Bretagna.
**grandir** [grɑ̃dir] *vi* crescere.

**grand-mère** [grɑ̃mɛr] (*pl* **grands-mères**) *nf* nonna *f.*
**grand-père** [grɑ̃pɛr] (*pl* **grands-pères**) *nm* nonno *m.*
**Grand-Saint-Bernard** [grɑ̃sɛ̃bɛrnar] *nm* : **le col du ~** il passo del Gran San Bernardo.
**grands-parents** [grɑ̃parɑ̃] *nmpl* nonni *mpl.*
**granulé** [granyle] *nm* granulo *m.*
**grappe** [grap] *nf* grappolo *m.*
**gras**, **grasse** [gra, gras] *adj* grasso(-a); *(taché)* unto(-a). ◆ *nm* grasso *m*; **faire la grasse matinée** dormire fino a tardi.
**gratin** [gratɛ̃] *nm (CULIN) qualsiasi piatto ricoperto di formaggio grattugiato o pangrattato cotto in forno*; **~ dauphinois** *patate alla panna o al latte gratinate.*
**gratinée** [gratine] *nf (soupe)* zuppa *f* di cipolle gratinata.
**gratiner** [gratine] *vi* : **faire ~ qqch** far gratinare qc.
**gratis** [gratis] *adv* gratis.
**gratte-ciel** [gratsjɛl] *nm inv* grattacielo *m.*
**gratter** [grate] *vt (peau)* grattare; *(peinture, tache)* raschiare. ❑ **se gratter** *vp* grattarsi.
**gratuit**, **-e** [gratɥi, it] *adj* gratuito(-a).
**grave** [grav] *adj* grave.
**graver** [grave] *vt* incidere.
**gravier** [gravje] *nm* ghiaia *f.*
**gravillon** [gravijɔ̃] *nm* ghiaia *f.*
**gravure** [gravyr] *nf* incisione *f.*
**grec**, **grecque** [grɛk] *adj* greco(-a). ◆ *nm (langue)* greco *m.*
**Grèce** [grɛs] *nf* : **la ~** la Grecia.
**greffe** [grɛf] *nf* trapianto *m.*
**grêle** [grɛl] *nf* grandine *f.*
**grêler** [grele] *v impers* : **il grêle** grandina.
**grelotter** [grəlɔte] *vi* tremare.
**grenadine** [grənadin] *nf sciroppo al gusto di melagrana.*
**grenier** [grənje] *nm* salaio *m.*
**grenouille** [grənuj] *nf* rana *f.*
**grève** [grɛv] *nf (arrêt de travail)* sciopero *m*; **être/se mettre en ~** essere/entrare

in sciopero; **~ de la faim** sciopero della fame.

**grièvement** [grijɛvmɑ̃] *adv* gravemente.

**griffe** [grif] *nf* artiglio *m*; *(Belg: éraflure)* graffio *m*.

**griffer** [grife] *vt* graffiare.

**grignoter** [griɲɔte] *vt* sgranocchiare.

**gril** [gril] *nm* griglia *f*.

**grillade** [grijad] *nf* grigliata *f*.

**grillage** [grijaʒ] *nm (clôture)* grata *f*.

**grille** [grij] *nf (d'un jardin)* cancello *m*; *(de mots croisés)* reticolato *m*; *(de loto)* ricevuta *f*; *(tableau)* tabella *f*.

**grille-pain** [grijpɛ̃] *nm inv* tostapane *m inv*.

**griller** [grije] *vt (viande, poisson)* grigliare; *(pain)* tostare; **~ un feu rouge** *(fam)* passare col rosso.

**grillon** [grijɔ̃] *nm* grillo *m*.

**grimace** [grimas] *nf* smorfia *f*; **faire des ~s** fare le boccacce.

**grimper** [grɛ̃pe] *vt* arrampicarsi su. ◆ *vi (chemin)* inerpicarsi; *(alpiniste)* arrampicarsi; *(prix)* salire.

**grincement** [grɛ̃smɑ̃] *nm* cigolio *m*.

**griotte** [grijɔt] *nf* amarena *f*.

**grippe** [grip] *nf* influenza *f*; **avoir la ~** avere l'influenza.

**gris**, **-e** [gri, griz] *adj* grigio(-a). ◆ *nm* grigio *m*.

**grogner** [grɔɲe] *vi (animal)* grugnire; *(protester)* brontolare.

**grognon**, **-onne** [grɔɲɔ̃, ɔn] *adj* brontolone(-a).

**gronder** [grɔ̃de] *vt* sgridare. ◆ *vi (tonnerre)* tuonare; **se faire ~** essere sgridato.

**gros**, **grosse** [gro, gros] *adj* grosso(-a). ◆ *adv (écrire)* grande. ◆ *nm* : **en ~** *(environ)* a grandi linee; *(COMM)* all'ingrosso; **~ lot** primo premio *m*; **~ mot** parolaccia *f*.

**groseille** [grozɛj] *nf* ribes *m* rosso.

**grosse** → **gros**.

**grossesse** [grosɛs] *nf* gravidanza *f*.

**grosseur** [grosœr] *nf* grossezza *f*; *(MÉD)* gonfiore *m*.

**grossier**, **-ère** [grosje, ɛr] *adj* volgare; *(croquis, erreur)* grossolano(-a).

**grossièreté** [grosjɛrte] *nf* volgarità *f*.

**grossir** [grosir] *vi (prendre du poids)* ingrassare.

**grosso modo** [grosomodo] *adv* grossomodo.
**grotte** [grɔt] *nf* grotta *f*.
**groupe** [grup] *nm* gruppo *m*; **en ~** in gruppo; **~ sanguin** gruppo sanguigno.
**grouper** [grupe]: **se grouper** *vp* raggrupparsi.
**gruyère** [gryjɛr] *nm* gruviera *m ou f*.
**Guadeloupe** [gwadlup] *nf* : **la ~** la Guadalupa.
**guadeloupéen, -enne** [gwadlupeɛ̃, ɛn] *adj* della Guadalupa.
**guédille** [gedij] *nf (Can) panino imbottito di insalata di uova o di pollo*.
**guêpe** [gɛp] *nf* vespa *f*.
**guérir** [gerir] *vt & vi* guarire.
**guerre** [gɛr] *nf* guerra *f*; **~ mondiale** guerra mondiale.
**guetter** [gete] *vt (attendre)* fare la posta a; *(menacer)* minacciare.
**gueule** [gœl] *nf (d'animal)* muso *m*; *(vulg: visage)* muso; **avoir la ~ de bois** *(fam)* aver i postumi di una sbornia.
**gueuze** [gøz] *nf (Belg) birra forte, sottoposta a due fermentazioni*.
**guichet** [giʃɛ] *nm (de poste)* sportello *m*; *(de gare)* biglietteria *f*; **~ automatique (de banque)** sportello automatico.
**guide** [gid] *nmf* OU *nm* guida *f*; **~ touristique** guida turistica.
**guider** [gide] *vt* guidare.
**guidon** [gidɔ̃] *nm* manubrio *m*.
**guignol** [giɲɔl] *nm (théâtre)* burattino *m*.
**guirlande** [girlɑ̃d] *nf* ghirlanda *f*.
**guitare** [gitar] *nf* chitarra *f*; **~ électrique** chitarra elettrica.
**Guyane** [gɥijan] *nf* : **la ~ (française)** la Guyana francese.
**gymnase** [ʒimnaz] *nm* palestra *f*.
**gymnastique** [ʒimnastik] *nf* ginnastica *f*.
**gynécologue** [ʒinekɔlɔg] *nmf* ginecologo *m* (-a *f*).

# H

**habile** [abil] *adj* abile.
**habillé, -e** [abije] *adj* vestito(-a); *(tenue)* elegante.
**habiller** [abije]: **s'habiller**

*vp* vestirsi; *(élégamment)* mettersi elegante.
**habitant, -e** [abitɑ̃, ɑ̃t] *nm, f* abitante *mf*; *(Can: paysan)* contadino *m* (-a *f*); **loger chez l'~** alloggiare in casa privata.
**habiter** [abite] *vt (maison)* abitare (in); *(ville)* abitare a; *(pays)* abitare in. ♦ *vi* abitare.
**habits** [abi] *nmpl* abiti *mpl.*
**habitude** [abityd] *nf* abitudine *f*; **avoir l'~ de faire qqch** avere l'abitudine di fare qc; **d'~** di solito; **comme d'~** come al solito.
**habituellement** [abitɥɛlmɑ̃] *adv* abitualmente.
**habituer** [abitɥe] *vt* : **être habitué à faire qqch** essere abituato a fare qc. ❑ **s'habituer à** *vp* + *prép* : **s'~ à faire qqch** abituarsi a fare qc.
**hache** ['aʃ] *nf* ascia *f.*
**hacher** ['aʃe] *vt* tritare.
**hachis** ['aʃi] *nm carne o pesce finemente tritati*; **~ Parmentier** *carne di manzo tritata ricoperta di purè di patate e gratinata.*
**haie** ['ɛ] *nf* siepe *f.*
**haine** ['ɛn] *nf* odio *m.*
**haïr** ['air] *vt* odiare.
**haleine** [alɛn] *nf* fiato *m.*
**haleter** ['alte] *vi* ansimare.
**hall** ['ol] *nm* atrio *m.*
**halle** ['al] *nf* mercato *m* coperto.
**halogène** [alɔʒɛn] *nm* : **(lampe) ~** (lampada) alogena *f.*
**halte** ['alt] *nf (arrêt)* sosta *f*; *(lieu)* tappa *f*; **faire ~** fare sosta.
**hamac** ['amak] *nm* amaca *f.*
**hamburger** ['ɑ̃burgœr] *nm* hamburger *m inv.*
**hameçon** [amsɔ̃] *nm* amo *m.*
**hanche** ['ɑ̃ʃ] *nf* anca *f.*
**handball** ['ɑ̃dbal] *nm* pallamano *f.*
**handicapé, -e** ['ɑ̃dikape] *adj* handicappato(-a). ♦ *nm, f* handicappato *m* (-a *f*).
**hangar** ['ɑ̃gar] *nm* capannone *m.*
**harceler** ['arsəle] *vt* assillare.
**hareng** ['arɑ̃] *nm* aringa *f*; **~ saur** aringa affumicata.
**hargneux, -euse** ['arɲø, øz] *adj (personne, ton)* astioso(-a).
**haricot** ['ariko] *nm* fagiolo *m*; **~ blanc** fagiolo bianco; **~ vert** fagiolino *m.*

**harmonica** [armɔnika] *nm* armonica *f.*

**harmonieux, -euse** [armɔnjø, øz] *adj* armonioso(-a).

**harnais** ['arnɛ] *nm (d'alpiniste)* imbracatura *f; (de cheval)* bardatura *f.*

**hasard** ['azar] *nm* caso *m;* **au ~** a caso; **à tout ~** per ogni evenienza; **par ~** per caso.

**hâte** ['at] *nf* fretta *f;* **avoir ~ de faire qqch** avere fretta di fare qc.

**hausse** ['os] *nf* rialzo *m;* **être en ~** essere in rialzo.

**hausser** ['ose] *vt* alzare; **~ les épaules** alzare le spalle.

**haut, -e** ['o, 'ot] *adj* alto(-a). ♦ *nm* cima *f.* ♦ *adv* in alto; **de ~ en bas** da cima a fondo; **en ~** in cima; *(à l'étage)* di sopra; *(de l'escalier)* su; **en ~ de** in cima a; **la pièce fait 3 m de ~** la stanza è alta 3 m.

**hauteur** ['otœr] *nf* altezza *f; (colline)* altura *f.*

**haut-parleur, -s** ['oparlœr] *nm* altoparlante *m.*

**hebdomadaire** [ɛbdɔmadɛr] *adj* settimanale. ♦ *nm* settimanale *m.*

**hébergement** [ebɛrʒəmɑ̃] *nm* sistemazione *f.*

**hein** ['ɛ̃] *excl (fam)*: **tu ne lui diras pas, ~?** non glielo dirai, vero?; **~?** eh?

**hélas** ['elas] *excl* ahimè!

**hélice** [elis] *nf* elica *f.*

**hélicoptère** [elikɔptɛr] *nm* elicottero *m.*

**helvétique** [ɛlvetik] *adj* elvetico(-a).

**hématome** [ematom] *nm* ematoma *m.*

**hémorragie** [emɔraʒi] *nf* emorragia *f.*

**hépatite** [epatit] *nf* epatite *f.*

**herbe** [ɛrb] *nf* erba *f;* **fines ~s** erbe aromatiche.

**héréditaire** [ereditɛr] *adj* ereditario(-a).

**hérisson** ['erisɔ̃] *nm* riccio *m.*

**héritage** [eritaʒ] *nm* eredità *f inv.*

**hériter** [erite] *vt* ereditare. ❑ **hériter de** *v + prép* ereditare.

**hermétique** [ɛrmetik] *adj* ermetico(-a).

**hernie** ['ɛrni] *nf* ernia *f.*

**héroïne** [erɔin] *nf (drogue)* eroina *f;* → **héros.**

**héros, héroïne** ['ero, erɔin] *nm, f* eroe *m* (eroina *f*).

**herve** [ɛrv] *nm formaggio a*

*pasta molle della zona di Liegi, in Belgio.*

**hésiter** [ezite] *vi* esitare; **~ à faire qqch** esitare a fare qc.

**hêtre** ['ɛtr] *nm* faggio *m.*

**heure** [œr] *nf* ora *f; (moment)* momento *m;* **quelle ~ est-il? - il est quatre ~s** che ore sono *ou* che ora è? - sono le quattro; **il est trois ~s vingt** sono le tre e venti; **à quelle ~ part le train? - à deux ~s** a che ora parte il treno? - alle due; **c'est l'~ de...** è ora di...; **nous sommes arrivés à l'~** siamo arrivati puntuali; **de bonne ~** di buon'ora; **~s d'ouverture** orario d'apertura; **~s de pointe** ore di punta.

**heureusement** [ørøzmɑ̃] *adv* fortunatamente, per fortuna.

**heureux, -euse** [ørø, øz] *adj* felice.

**heurter** ['œrte] *vt* urtare.

**hibou, -x** [ibu] *nm* gufo *m.*

**hier** [ijɛr] *adv* ieri; **~ après-midi** ieri pomeriggio.

**hi-fi** ['ifi] *nf inv* hi-fi *m inv.*

**hindou, -e** [ɛ̃du] *adj* indù *(inv).* ◆ *nm, f* indù *mf inv.*

**hippodrome** [ipɔdrom] *nm* ippodromo *m.*

**hippopotame** [ipɔpɔtam] *nm* ippopotamo *m.*

**hirondelle** [irɔ̃dɛl] *nf* rondine *f.*

**histoire** [istwar] *nf* storia *f;* **faire des ~s** fare storie; **~ drôle** barzelletta *f.*

**historique** [istɔrik] *adj* storico(-a).

**hiver** [ivɛr] *nm* inverno *m;* **en ~** d'inverno.

**HLM** *nm inv ou nf inv* ≈ casa *f* popolare.

**hochepot** ['ɔʃpo] *nm lesso di carne di maiale, manzo, montone e verdure miste, specialità fiamminga.*

**hocher** ['ɔʃe] *vt* : **~ la tête** fare di sì con la testa.

**hockey** ['ɔkɛ] *nm* hockey *m;* **~ sur glace** hockey su ghiaccio.

**hold-up** ['ɔldœp] *nm inv* rapina *f* a mano armata.

**hollandais, -e** ['ɔlɑ̃dɛ, ɛz] *adj* olandese. ◆ *nm (langue)* olandese *m.*

**Hollande** ['ɔlɑ̃d] *nf* : **la ~** l'Olanda *f.*

**homard** ['ɔmar] *nm* astice *m;* **~ à l'américaine** *astice preparato in una salsa di vino bianco, cognac, pomodori, cipolle e aromi;* **~ Thermidor** *carne di astice grigliata servita*

*nella corazza con una salsa alla senape.*
**homéopathie** [ɔmeopati] *nf* omeopatia *f.*
**homme** [ɔm] *nm* uomo *m*; **~ d'affaires** uomo d'affari; **~ politique** politico *m*.
**homosexuel, -elle** [ɔmɔseksɥɛl] *adj* omosessuale. ◆ *nm, f* omosessuale *mf.*
**honnête** [ɔnɛt] *adj* onesto(-a).
**honnêteté** [ɔnɛtte] *nf* onestà *f.*
**honneur** [ɔnœr] *nm* onore *m*; **en l'~ de** in onore di.
**honoraires** [ɔnɔrɛr] *nmpl* onorario *m.*
**honte** ['ɔ̃t] *nf* vergogna *f*; **avoir ~ (de)** vergognarsi (di).
**hôpital, -aux** [ɔpital, o] *nm* ospedale *m.*
**hoquet** ['ɔkɛ] *nm* : **avoir le ~** avere il singhiozzo.
**horaire** [ɔrɛr] *nm* orario *m*; **'~s d'ouverture'** 'orario d'apertura'.
**horizon** [ɔrizɔ̃] *nm* orizzonte *m*; **à l'~** all'orizzonte.
**horloge** [ɔrlɔʒ] *nf* orologio *m*; **l'~ parlante** l'ora *f* esatta.
**horloger, -ère** [ɔrlɔʒe, ɛr] *nm, f* orologiaio *m* (-a *f*).
**horoscope** [ɔrɔskɔp] *nm* oroscopo *m.*
**horreur** [ɔrœr] *nf* orrore *m*; **quelle ~!** che orrore!; **avoir ~ de qqch** avere orrore di qc.
**horrible** [ɔribl] *adj* orribile.
**hors** ['ɔr] *prép* : **~ de** fuori da; **~ saison** fuori stagione; **'~ service'** 'guasto'; **~ taxes** *(prix)* esentasse; **~ d'haleine** senza fiato; **~ de prix** carissimo; **~ de question** fuori questione; **être ~ de soi** essere fuori di sé.
**hors-bord** ['ɔrbɔr] *nm inv* fuoribordo *m inv.*
**hors-d'œuvre** ['ɔrdœvr] *nm inv* antipasto *m.*
**hortensia** [ɔrtɑ̃sja] *nm* ortensia *f.*
**hospice** [ɔspis] *nm (de personnes âgées)* ospizio *m.*
**hospitaliser** [ɔspitalize] *vt* ricoverare in ospedale.
**hospitalité** [ɔspitalite] *nf* ospitalità *f.*
**hostile** [ɔstil] *adj* ostile.
**hostilité** [ɔstilite] *nf* ostilità *f inv.*
**hot dog, -s** ['ɔtdɔg] *nm* hot dog *m inv.*
**hôte, hôtesse** [ot, otɛs] *nm, f ou nm* ospite *mf.*
**hôtel** [otɛl] *nm* albergo *m*;

*(château)* palazzo *m* privato; **~ de ville** municipio *m*.

**hôtellerie** [otɛlri] *nf (hôtel)* albergo *m*; *(activité)* industria *f* alberghiera.

**hôtesse** [otɛs] *nf (d'accueil)* hostess *f inv*; **~ de l'air** hostess (di volo), = **hôte**.

**housse** ['us] *nf* fodera *f*; **~ de couette** copripiumone *m*.

**hovercraft** [ɔvœrkraft] *nm* hovercraft *m inv*.

**hublot** ['yblo] *nm* oblò *m inv*.

**huile** [ɥil] *nf* olio *m*; **~ d'arachide** olio d'arachide; **~ d'olive** olio d'oliva; **~ solaire** olio solare.

**huileux**, **-euse** [ɥilø, øz] *adj* oleoso(-a).

**huit** ['ɥit] *num* otto; **→ six**.

**huitième** ['ɥitjɛm] *num* ottavo(-a); **→ sixième**.

**huître** [ɥitr] *nf* ostrica *f*.

**humain**, **-e** [ymɛ̃, ɛn] *adj* umano(-a). ◆ *nm* umano *m*.

**humeur** [ymœr] *nf* umore *m*; **être de bonne/mauvaise ~** essere di buon/cattiva umore.

**humide** [ymid] *adj* umido(-a).

**humidité** [ymidite] *nf* umidità *f*.

**humiliant**, **-e** [ymiljɑ̃, ɑ̃t] *adj* umiliante.

**humoristique** [ymɔristik] *adj* umoristico(-a).

**humour** [ymur] *nm* umorismo *m*; **avoir de l'~** avere il senso dell'umorismo.

**hurler** ['yrle] *vi* urlare; *(chien, vent)* ululare.

**hydratant**, **-e** [idratɑ̃, ɑ̃t] *adj* idratante.

**hydrophile** [idrɔfil] *adj* **→ coton**.

**hygiène** [iʒjɛn] *nf* igiene *f*.

**hygiénique** [iʒjenik] *adj* igienico(-a).

**hypermarché** [ipɛrmarʃe] *nm* ipermercato *m*.

**hypertension** [ipɛrtɑ̃sjɔ̃] *nf* ipertensione *f*.

**hypocrite** [ipɔkrit] *adj* ipocrita. ◆ *nmf* ipocrita *mf*.

**hypothèse** [ipɔtɛz] *nf* ipotesi *f inv*.

**hystérique** [isterik] *adj* isterico(-a).

# I

**ici** [isi] *adv* qui, qua; **d'~ là** da qui ad allora; **par ~** *(de ce côté)* di qua; *(dans les environs)* da queste parti.

**icône** [ikon] *nf* icona *f.*

**idéal**, **-e**, **-aux** [ideal, o] *adj* ideale. ◆ *nm* ideale *m.*

**idée** [ide] *nf* idea *f*; **avoir une ~ de** avere idea di.

**identique** [idɑ̃tik] *adj* : **~ (à)** identico(-a) (a).

**identité** [idɑ̃tite] *nf (nom)* identità *f.*

**idiot**, **-e** [idjo, ɔt] *adj* scemo(-a). ◆ *nm, f* scemo *m* (-a *f*).

**ignoble** [iɲɔbl] *adj* ignobile.

**ignorant**, **-e** [iɲɔrɑ̃, ɑ̃t] *adj* ignorante. ◆ *nm, f* ignorante *mf.*

**ignorer** [iɲɔre] *vt* ignorare.

**il** [il] *pron (sujet masculin)*: **~ est grand** è grande; *(sujet de v impers)*: **~ pleut** piove. ❑ **ils** *pron* : **~ sont arrivés** sono arrivati.

**île** [il] *nf* isola *f*; **~ flottante** *dessert costituito da albumi montati a neve galleggianti su crema e ricoperti di crème caramel.*

**Île-de-France** [ildəfrɑ̃s] *nf regione nella quale è situata Parigi.*

**illégal**, **-e**, **-aux** [ilegal, o] *adj* illegale.

**illisible** [ilizibl] *adj* illeggibile.

**illuminer** [ilymine] *vt* illuminare. ❑ **s'illuminer** *vp* illuminarsi.

**illusion** [ilyzjɔ̃] *nf (idée fausse)* illusione *f*; **se faire des ~s** farsi delle illusioni.

**illustration** [ilystrasjɔ̃] *nf* illustrazione *f.*

**illustrer** [ilystre] *vt* illustrare.

**îlot** [ilo] *nm* isolotto *m.*

**ils** → **il**.

**image** [imaʒ] *nf* immagine *f*; *(comparaison)* similitudine *f.*

**imagination** [imaʒinasjɔ̃] *nf* immaginazione *f*; **avoir de l'~** avere molta fantasia.

**imaginer** [imaʒine] *vt* immaginare. ❑ **s'imaginer** *vp* immaginarsi; **s'~ que** credere che *(+ subjonctif)*.

**imbécile** [ɛ̃besil] *nmf* imbecille *mf.*

**imitation** [imitasjɔ̃] *nf*

imitazione *f*; ~ **cuir** in similpelle.
**imiter** [imite] *vt* imitare.
**immangeable** [ɛ̃mɑ̃ʒabl] *adj* immangiabile.
**immatriculation** [imatrikylasjɔ̃] *nf (numéro)* numero *m* di immatricolazione.
**immédiat**, **-e** [imedja, at] *adj* immediato(-a).
**immédiatement** [imedjatmɑ̃] *adv* immediatamente.
**immense** [imɑ̃s] *adj (personne)* altissimo(-a); *(pays, succès)* immenso(-a).
**immeuble** [imœbl] *nm* palazzo *m*, condominio *m*.
**immigration** [imigrasjɔ̃] *nf* immigrazione *f*.
**immigré**, **-e** [imigre] *adj* immigrato(-a). ◆ *nm, f* immigrato *m* (-a *f*).
**immobile** [imɔbil] *adj* immobile.
**immobiliser** [imɔbilize] *vt (personne)* immobilizzare; *(véhicule)* arrestare.
**immonde** [imɔ̃d] *adj* immondo(-a).
**immuniser** [imynize] *vt* immunizzare.
**impact** [ɛ̃pakt] *nm* impatto *m*.
**impair**, **-e** [ɛ̃pɛr] *adj* dispari *(inv)*.
**impasse** [ɛ̃pas] *nf* vicolo *m* cieco.
**impatience** [ɛ̃pasjɑ̃s] *nf* impazienza *f*.
**impatient**, **-e** [ɛ̃pasjɑ̃, ɑ̃t] *adj* impaziente.
**impatienter** [ɛ̃pasjɑ̃te]: **s'impatienter** *vp* spazientirsi.
**impeccable** [ɛ̃pekabl] *adj* impeccabile.
**imper** [ɛ̃pɛr] *nm* impermeabile *m*.
**imperceptible** [ɛ̃pɛrseptibl] *adj* impercettibile.
**imperméable** [ɛ̃pɛrmeabl] *adj* impermeabile. ◆ *nm* impermeabile *m*.
**impitoyable** [ɛ̃pitwajabl] *adj* spietato(-a).
**implanter** [ɛ̃plɑ̃te] *vt (entreprise)* impiantare. ❑ **s'implanter** *vp* impiantarsi.
**impliquer** [ɛ̃plike] *vt* implicare. ❑ **s'impliquer dans** *vp + prép* lasciarsi coinvolgere da.
**impoli**, **-e** [ɛ̃pɔli] *adj* maleducato(-a).
**import** [ɛ̃pɔr] *nm (Belg: montant)* importo *m*.
**importance** [ɛ̃pɔrtɑ̃s] *nf* importanza *f*.

**important**, **-e** [ɛ̃pɔrtɑ̃, ɑ̃t] *adj* importante.

**importation** [ɛ̃pɔrtasjɔ̃] *nf* importazione *f*.

**importer** [ɛ̃pɔrte] *vt* & *vi* importare; **n'importe comment** *(mal)* come capita; **n'importe quel** qualunque; **n'importe qui** chiunque.

**importuner** [ɛ̃pɔrtyne] *vt* importunare.

**imposer** [ɛ̃poze] *vt* : **~ qqch à qqn** imporre qc a qn. ❑ **s'imposer** *vp* imporsi.

**impossible** [ɛ̃posibl] *adj* impossibile; **il est ~ que** è impossibile che.

**impôt** [ɛ̃po] *nm* imposta *f*, tassa *f*.

**impraticable** [ɛ̃pratikabl] *adj* impraticabile.

**imprégner** [ɛ̃preɲe] *vt* : **~ qqch de** impregnare qc di. ❑ **s'imprégner de** *vp* impregnarsi di.

**impression** [ɛ̃presjɔ̃] *nf* *(sentiment)* impressione *f*; **avoir l'~ que** avere l'impressione che; **avoir l'~ de faire qqch** avere l'impressione di fare qc.

**impressionner** [ɛ̃presjɔne] *vt* impressionare.

**imprévisible** [ɛ̃previzibl] *adj* imprevedibile.

**imprévu**, **-e** [ɛ̃prevy] *adj* imprevisto(-a); **l'~** l'imprevisto *m*.

**imprimante** [ɛ̃primɑ̃t] *nf* stampante *f*.

**imprimé**, **-e** [ɛ̃prime] *adj* stampato(-a). ♦ *nm* *(publicitaire)* volantino *m*.

**imprimer** [ɛ̃prime] *vt* stampare.

**improviser** [ɛ̃prɔvize] *vt* & *vi* improvvisare.

**improviste** [ɛ̃prɔvist]: **à l'improviste** *adv* all'improvviso.

**imprudent**, **-e** [ɛ̃prydɑ̃, ɑ̃t] *adj* imprudente.

**impuissant**, **-e** [ɛ̃pɥisɑ̃, ɑ̃t] *adj* impotente.

**inabordable** [inabɔrdabl] *adj* *(prix)* proibitivo(-a).

**inacceptable** [inaksɛptabl] *adj* inaccettabile.

**inaccessible** [inaksesibl] *adj* inaccessibile.

**inachevé**, **-e** [inaʃve] *adj* incompiuto(-a).

**inadmissible** [inadmisibl] *adj* inammissibile.

**inanimé**, **-e** [inanime] *adj* *(sans connaissance)* esanime; *(mort)* senza vita *(inv)*.

**inattendu**, **-e** [inatɑ̃dy] *adj* inatteso(-a).

**inauguration** [inogyrasjɔ̃] *nf* inaugurazione *f*.

**inaugurer** [inogyre] *vt* inaugurare.

**incapable** [ɛ̃kapabl] *adj* : **être ~ de faire qqch** essere incapace di fare qc.

**incassable** [ɛ̃kasabl] *adj* infrangibile.

**incendie** [ɛ̃sɑ̃di] *nm* incendio *m*.

**incendier** [ɛ̃sɑ̃dje] *vt* incendiare.

**incertain**, **-e** [ɛ̃sɛrtɛ̃, ɛn] *adj* incerto(-a).

**incertitude** [ɛ̃sɛrtityd] *nf* incertezza *f*.

**incessant**, **-e** [ɛ̃sesɑ̃, ɑ̃t] *adj* incessante.

**incident** [ɛ̃sidɑ̃] *nm* incidente *m*.

**inciter** [ɛ̃site] *vt* : **~ qqn à faire qqch** incitare qn a fare qc.

**incliné**, **-e** [ɛ̃kline] *adj* inclinato(-a).

**incliner** [ɛ̃kline] *vt* inclinare. ❑ **s'incliner** *vp* inclinarsi, inchinarsi.

**inclure** [ɛ̃klyr] *vt* includere.

**inclus**, **-e** [ɛ̃kly, yz] *pp* → **inclure**. ◆ *adj* incluso(-a).

**incohérent**, **-e** [ɛ̃kɔerɑ̃, ɑ̃t] *adj* sconclusionato(-a).

**incomparable** [ɛ̃kɔ̃parabl] *adj* impareggiabile.

**incompatible** [ɛ̃kɔ̃patibl] *adj* incompatibile.

**incompétent**, **-e** [ɛ̃kɔ̃petɑ̃, ɑ̃t] *adj* incompetente.

**incomplet**, **-ète** [ɛ̃kɔ̃plɛ, ɛt] *adj* incompleto(-a).

**incompréhensible** [ɛ̃kɔ̃preɑ̃sibl] *adj* incomprensibile.

**inconnu**, **-e** [ɛ̃kɔny] *adj* sconosciuto(-a). ◆ *nm*, *f* sconosciuto *m* (-a *f*); **l'~** l'ignoto *m*.

**inconsciemment** [ɛ̃kɔ̃sjamɑ̃] *adv* inconsciamente.

**inconscient**, **-e** [ɛ̃kɔ̃sjɑ̃, ɑ̃t] *adj* incosciente; **l'~** l'inconscio *m*.

**incontestable** [ɛ̃kɔ̃tɛstabl] *adj* incontestabile.

**inconvénient** [ɛ̃kɔ̃venjɑ̃] *nm* inconveniente *m*.

**incorrect**, **-e** [ɛ̃kɔrɛkt] *adj* *(faux)* inesatto(-a); *(impoli)* scorretto(-a).

**incroyable** [ɛ̃krwajabl] *adj* incredibile.

**incruster** [ɛ̃kryste]: **s'incruster** *vp* *(tache, saleté)* incrostarsi.

**indécent**, **-e** [ɛ̃desɑ̃, ɑ̃t] *adj* indecente.

**indécis**, **-e** [ɛ̃desi, iz] *adj (hésitant)* indeciso(-a).
**indéfini**, **-e** [ɛ̃defini] *adj* indefinito(-a).
**indéfiniment** [ɛ̃definimɑ̃] *adv* indefinitamente.
**indemne** [ɛ̃dɛmn] *adj* indenne; **sortir ~ de** uscire indenne da.
**indemniser** [ɛ̃dɛmnize] *vt* indennizzare.
**indemnité** [ɛ̃dɛmnite] *nf* indennità *f inv*.
**indépendamment** [ɛ̃depɑ̃damɑ̃]: **indépendamment de** *prép (à part)* a prescindere da.
**indépendance** [ɛ̃depɑ̃dɑ̃s] *nf* indipendenza *f*.
**indépendant**, **-e** [ɛ̃depɑ̃dɑ̃, ɑ̃t] *adj* indipendente.
**index** [ɛ̃dɛks] *nm* indice *m*.
**indicateur** [ɛ̃dikatœr] *adj m* → **poteau**.
**indicatif** [ɛ̃dikatif] *nm (GRAMM)* indicativo *m*; **à titre ~** a titolo indicativo.
**indication** [ɛ̃dikasjɔ̃] *nf* indicazione *f*; **'~s'** *(sur un médicament)* 'indicazioni'.
**indice** [ɛ̃dis] *nm (signe)* indice *m*; *(dans une enquête)* indizio *m*.
**indifférence** [ɛ̃diferɑ̃s] *nf* indifferenza *f*.
**indifférent**, **-e** [ɛ̃diferɑ̃, ɑ̃t] *adj* indifferente.
**indigestion** [ɛ̃diʒɛstjɔ̃] *nf* indigestione *f*.
**indignation** [ɛ̃diɲasjɔ̃] *nf* indignazione *f*.
**indigner** [ɛ̃diɲe]: **s'indigner** *vp* **: s'~ de qqch** indignarsi per qc.
**indiquer** [ɛ̃dike] *vt (révéler)* rivelare; **~ qqn/qqch à qqn** indicare qn/qc a qn.
**indirect**, **-e** [ɛ̃dirɛkt] *adj* indiretto(-a).
**indirectement** [ɛ̃dirɛktəmɑ̃] *adv* indirettamente.
**indiscret**, **-ète** [ɛ̃diskrɛ, ɛt] *adj* indiscreto(-a).
**indispensable** [ɛ̃dispɑ̃sabl] *adj* indispensabile.
**indistinct**, **-e** [ɛ̃distɛ̃(kt), ɛ̃kt] *adj* indistinto(-a).
**individu** [ɛ̃dividy] *nm* individuo *m*.
**individuel**, **-elle** [ɛ̃dividɥɛl] *adj (portion)* singolo(-a).
**indolore** [ɛ̃dɔlɔr] *adj* indolore.
**indulgent**, **-e** [ɛ̃dylʒɑ̃, ɑ̃t] *adj* indulgente.
**industrie** [ɛ̃dystri] *nf* industria *f*.

**industriel, -elle** [ɛ̃dystrijɛl] *adj* industriale.
**inefficace** [inefikas] *adj (méthode, médicament)* inefficace; *(personne)* inefficiente.
**inégalité** [inegalite] *nf* disuguaglianza *f.*
**inerte** [inɛrt] *adj* inerte.
**inévitable** [inevitabl] *adj* inevitabile.
**inexact, -e** [inɛgza(kt), akt] *adj* inesatto(-a).
**inexistant, -e** [inɛgzistɑ̃, ɑ̃t] *adj* inesistente.
**inexplicable** [inɛksplikabl] *adj* inspiegabile.
**in extremis** [inɛkstremis] *adv* in extremis.
**infarctus** [ɛ̃farktys] *nm* infarto *m.*
**infatigable** [ɛ̃fatigabl] *adj* instancabile.
**infect, -e** [ɛ̃fɛkt] *adj* schifoso(-a).
**infecter** [ɛ̃fɛkte]: **s'infecter** *vp* infettarsi.
**infection** [ɛ̃fɛksjɔ̃] *nf* infezione *f; (odeur)* fetore *m.*
**inférieur, -e** [ɛ̃ferjœr] *adj* inferiore; ~ **à** inferiore a.
**infernal, -e, -aux** [ɛ̃fɛrnal, o] *adj (enfant)* terribile.
**infidèle** [ɛ̃fidɛl] *adj* infedele.
**infiltrer** [ɛ̃filtre]: **s'infiltrer** *vp* infiltrarsi.
**infime** [ɛ̃fim] *adj* infimo(-a).
**infini, -e** [ɛ̃fini] *adj* infinito(-a). ◆ *nm* infinito *m.*
**infiniment** [ɛ̃finimɑ̃] *adv* infinitamente.
**infirme** [ɛ̃firm] *adj* infermo(-a). ◆ *nmf* infermo *m* (-a *f*).
**infirmerie** [ɛ̃firməri] *nf* infermeria *f.*
**infirmier, -ère** [ɛ̃firmje, ɛr] *nm, f* infermiere *m* (-a *f*).
**inflammable** [ɛ̃flamabl] *adj* infiammabile.
**inflammation** [ɛ̃flamasjɔ̃] *nf* infiammazione *f.*
**influence** [ɛ̃flyɑ̃s] *nf* influenza *f.*
**influencer** [ɛ̃flyɑ̃se] *vt* influenzare.
**informaticien, -enne** [ɛ̃fɔrmatisjɛ̃, ɛn] *nm, f* informatico *m* (-a *f*).
**information** [ɛ̃fɔrmasjɔ̃] *nf* informazione *f.* ❑ **informations** *nfpl (à la télé)* telegiornale *m; (à la radio)* giornale *m* radio.
**informatique** [ɛ̃fɔrmatik] *adj* informatico(-a). ◆ *nf* informatica *f.*
**informer** [ɛ̃fɔrme] *vt* : ~

**qqn de/que** informare qn di/che. ❑ **s'informer (de)** *vp (+ prép)* informarsi (su).
**infusion** [ɛ̃fyzjɔ̃] *nf* infuso *m*.
**ingénieur** [ɛ̃ʒenjœr] *nm* ingegnere *mf*.
**ingrat**, **-e** [ɛ̃gra, at] *adj* ingrato(-a).
**ingrédient** [ɛ̃gredjɑ̃] *nm* ingrediente *m*.
**inhabituel**, **-elle** [inabitɥɛl] *adj* insolito(-a).
**inhumain**, **-e** [inymɛ̃, ɛn] *adj* disumano(-a).
**inimaginable** [inimaʒinabl] *adj* inimmaginabile.
**initial**, **-e**, **-iaux** [inisjal, o] *adj* iniziale.
**initiale** [inisjal] *nf* iniziale *f*.
**initiation** [inisjasjɔ̃] *nf* (SCOL: *apprentissage*) introduzione *f*.
**initiative** [inisjativ] *nf* iniziativa *f*.
**injecter** [ɛ̃ʒɛkte] *vt* iniettare.
**injure** [ɛ̃ʒyr] *nf* ingiuria *f*.
**injurier** [ɛ̃ʒyrje] *vt* ingiuriare.
**injuste** [ɛ̃ʒyst] *adj* ingiusto(-a).
**injustice** [ɛ̃ʒystis] *nf* ingiustizia *f*.
**innocence** [inɔsɑ̃s] *nf* innocenza *f*.
**innocent**, **-e** [inɔsɑ̃, ɑ̃t] *adj* innocente. ◆ *nm, f* innocente *mf*.
**innover** [inɔve] *vi* introdurre delle innovazioni.
**inoffensif**, **-ive** [inɔfɑ̃sif, iv] *adj* innocuo(-a).
**inondation** [inɔ̃dasjɔ̃] *nf* allagamento *m*.
**inonder** [inɔ̃de] *vt* allagare.
**inoubliable** [inublijabl] *adj* indimenticabile.
**Inox**® [inɔks] *nm* inox *m*.
**inoxydable** [inɔksidabl] *adj* inossidabile.
**inquiet**, **-iète** [ɛ̃kjɛ, ɛt] *adj* inquieto(-a).
**inquiétant**, **-e** [ɛ̃kjetɑ̃, ɑ̃t] *adj* inquietante.
**inquiéter** [ɛ̃kjete] *vt* preoccupare. ❑ **s'inquiéter** *vp* preoccuparsi.
**inscription** [ɛ̃skripsjɔ̃] *nf* *(sur une liste, à l'université)* iscrizione *f*; *(sur un mur)* scritta *f*.
**inscrire** [ɛ̃skrir] *vt* iscrivere. ❑ **s'inscrire** *vp* iscriversi.
**inscrit**, **-e** [ɛ̃skri, it] *pp* → **inscrire**.
**insecte** [ɛ̃sɛkt] *nm* insetto *m*.

**insecticide** [ɛ̃sɛktisid] *nm* insetticida *m*.

**insensible** [ɛ̃sɑ̃sibl] *adj* insensibile; *(léger)* impercettibile.

**inséparable** [ɛ̃separabl] *adj* inseparabile.

**insigne** [ɛ̃siɲ] *nm* distintivo *m*.

**insignifiant**, **-e** [ɛ̃siɲifjɑ̃, ɑ̃t] *adj* insignificante.

**insinuer** [ɛ̃sinɥe] *vt* insinuare.

**insister** [ɛ̃siste] *vi* insistere; **~ sur** insistere su.

**insolation** [ɛ̃sɔlasjɔ̃] *nf* insolazione *f*.

**insolent**, **-e** [ɛ̃sɔlɑ̃, ɑ̃t] *adj* insolente.

**insomnie** [ɛ̃sɔmni] *nf* insonnia *f*; **avoir des ~s** soffrire di insonnia.

**insonorisé**, **-e** [ɛ̃sɔnɔrize] *adj* insonorizzato(-a).

**insouciant**, **-e** [ɛ̃susjɑ̃, ɑ̃t] *adj* spensierato(-a).

**inspecter** [ɛ̃spɛkte] *vt* ispezionare.

**inspirer** [ɛ̃spire] *vi (respirer)* inspirare.

**instable** [ɛ̃stabl] *adj* instabile.

**installation** [ɛ̃stalasjɔ̃] *nf (emménagement)* sistemazione *f*; *(structure)* impianto *m*.

**installer** [ɛ̃stale] *vt* sistemare; *(eau, électricité)* installare. ❑ **s'installer** *vp (dans un appartement, professionnellement)* stabilirsi; *(dans un fauteuil)* sedersi.

**instant** [ɛ̃stɑ̃] *nm* istante *m*; **pour l'~** per il momento.

**instantané**, **-e** [ɛ̃stɑ̃tane] *adj* istantaneo(-a); *(café, potage)* solubile.

**instinct** [ɛ̃stɛ̃] *nm* istinto *m*.

**institut** [ɛ̃stity] *nm* istituto *m*; **~ de beauté** istituto di bellezza.

**instituteur**, **-trice** [ɛ̃stitytœr, tris] *nm, f* maestro *m* (-a *f*).

**instruction** [ɛ̃stryksjɔ̃] *nf* istruzione *f*.

**instruit**, **-e** [ɛ̃strɥi, it] *pp* → **instruire**. ◆ *adj (cultivé)* istruito(-a).

**instrument** [ɛ̃strymɑ̃] *nm* strumento *m*; **~ (de musique)** strumento (musicale).

**insuffisant**, **-e** [ɛ̃syfizɑ̃, ɑ̃t] *adj* insufficiente.

**insulte** [ɛ̃sylt] *nf* insulto *m*.

**insulter** [ɛ̃sylte] *vt* insultare.

**insupportable** [ɛ̃sypɔrtabl] *adj* insopportabile.

**intact, -e** [ɛ̃takt] *adj* intatto(-a).

**intégral, -e, -aux** [ɛ̃tegral, o] *adj* integrale.

**intégrer** [ɛ̃tegre] *vt* integrare. ❑ **s'intégrer** *vp* : **(bien) s'~** *(socialement)* integrarsi (bene).

**intellectuel, -elle** [ɛ̃telɛktɥɛl] *adj* intellettuale. ◆ *nm, f* intellettuale *mf*.

**intelligence** [ɛ̃teliʒɑ̃s] *nf* intelligenza *f*.

**intelligent, -e** [ɛ̃teliʒɑ̃, ɑ̃t] *adj* intelligente.

**intense** [ɛ̃tɑ̃s] *adj* intenso(-a).

**intention** [ɛ̃tɑ̃sjɔ̃] *nf* intenzione *f*; **avoir l'~ de faire qqch** avere l'intenzione di fare qc.

**intercaler** [ɛ̃tɛrkale] *vt* intercalare.

**intercepter** [ɛ̃tɛrsɛpte] *vt* intercettare.

**interdiction** [ɛ̃tɛrdiksjɔ̃] *nf* divieto *m*; **'~ de fumer'** 'vietato fumare'.

**interdire** [ɛ̃tɛrdir] *vt* vietare; **~ à qqn de faire qqch** vietare a qn di fare qc.

**interdit, -e** [ɛ̃tɛrdi, it] *pp* → **interdire.** ◆ *adj (défendu)* vietato(-a).

**intéressant, -e** [ɛ̃teresɑ̃, ɑ̃t] *adj* interessante.

**intéresser** [ɛ̃terese] *vt* interessare. ❑ **s'intéresser à** *vp + prép* interessarsi a.

**intérêt** [ɛ̃terɛ] *nm* interesse *m*; **tu as ~ à te dépêcher** ti conviene sbrigarti.

**intérieur, -e** [ɛ̃terjœr] *adj* interno(-a). ◆ *nm* interno *m*; **à l'~ (de)** all'interno (di).

**intermédiaire** [ɛ̃tɛrmedjɛr] *adj* intermedio(-a). ◆ *nmf* intermediario *m* (-a *f*). ◆ *nm* : **par l'~ de** per il tramite di.

**interminable** [ɛ̃tɛrminabl] *adj* interminabile.

**international, -e, -aux** [ɛ̃tɛrnasjɔnal, o] *adj* internazionale.

**interne** [ɛ̃tɛrn] *adj* interno(-a). ◆ *nmf (SCOL) allievo che alloggia presso l'istituto scolastico che frequenta.*

**Interphone®** [ɛ̃tɛrfɔn] *nm (d'un immeuble)* citofono *m*.

**interpréter** [ɛ̃tɛrprete] *vt* interpretare.

**interrogation** [ɛ̃terɔgasjɔ̃] *nf* : **~ (écrite)** compito *m* in classe.

**interroger** [ɛ̃terɔʒe] *vt* interrogare.

**interrompre** [ɛ̃terɔ̃pr] *vt* interrompere.

**interrupteur** [ɛ̃teryptœr] *nm* interruttore *m*.
**interruption** [ɛ̃terypsjɔ̃] *nf* interruzione *f*.
**intersection** [ɛ̃tɛrsɛksjɔ̃] *nf* intersezione *f*.
**intervalle** [ɛ̃tɛrval] *nm* intervallo *m*.
**intervenir** [ɛ̃tɛrvənir] *vi* intervenire.
**intervention** [ɛ̃tɛrvɑ̃sjɔ̃] *nf* intervento *m*.
**intervenu, -e** [ɛ̃tɛrvəny] *pp* → **intervenir**.
**interview** [ɛ̃tɛrvju] *nf* intervista *f*.
**intestin** [ɛ̃tɛstɛ̃] *nm* intestino *m*.
**intime** [ɛ̃tim] *adj* intimo(-a).
**intimider** [ɛ̃timide] *vt* intimidire.
**intituler** [ɛ̃tityle]: **s'intituler** *vp* intitolarsi.
**intolérable** [ɛ̃tɔlerabl] *adj* intollerabile.
**intoxication** [ɛ̃tɔksikasjɔ̃] *nf* : ~ **alimentaire** intossicazione *f* alimentare.
**introduction** [ɛ̃trɔdyksjɔ̃] *nf* introduzione *f*.
**introduire** [ɛ̃trɔdɥir] *vt* introdurre.
**introduit, -e** [ɛ̃trɔdɥi, it] *pp* → **introduire**.
**introuvable** [ɛ̃truvabl] *adj* introvabile.
**intuition** [ɛ̃tɥisjɔ̃] *nf* intuizione *f*.
**inutile** [inytil] *adj* inutile.
**inutilisable** [inytilizabl] *adj* inutilizzabile.
**invalide** [ɛ̃valid] *nmf* invalido *m* (-a *f*).
**inventaire** [ɛ̃vɑ̃tɛr] *nm* inventario *m*.
**inventer** [ɛ̃vɑ̃te] *vt* inventare.
**invention** [ɛ̃vɑ̃sjɔ̃] *nf* invenzione *f*.
**inverse** [ɛ̃vɛrs] *nm* contrario *m*; **à l'~ (de)** al contrario (di).
**investir** [ɛ̃vɛstir] *vt* investire.
**investissement** [ɛ̃vɛstismɑ̃] *nm* investimento *m*.
**invisible** [ɛ̃vizibl] *adj* invisibile.
**invitation** [ɛ̃vitasjɔ̃] *nf* invito *m*.
**invité, -e** [ɛ̃vite] *nm, f* invitato *m* (-a *f*).
**inviter** [ɛ̃vite] *vt* invitare.
**involontaire** [ɛ̃vɔlɔ̃tɛr] *adj* involontario(-a).
**invraisemblable** [ɛ̃vresɑ̃blabl] *adj* inverosimile.

**ira,** *etc* → **aller.**
**irlandais, -e** [irlɑ̃dɛ, ɛz] *adj* irlandese.
**Irlande** [irlɑ̃d] *nf* : **l'~ du Nord** l'Irlanda *f* del Nord; **la République d'~** la Repubblica di Irlanda.
**ironie** [irɔni] *nf* ironia *f.*
**ironique** [irɔnik] *adj* ironico(-a).
**irrégulier, -ère** [iregylje, ɛr] *adj* irregolare; *(résultats)* discontinuo(-a).
**irrésistible** [irezistibl] *adj* irresistibile.
**irrigation** [irigasjɔ̃] *nf* irrigazione *f.*
**irriter** [irite] *vt* irritare.
**isolant, -e** [izɔlɑ̃, ɑ̃t] *adj* isolante. ◆ *nm* isolante *m.*
**isolation** [izɔlasjɔ̃] *nf* isolamento *m.*
**isolé, -e** [izɔle] *adj* isolato(-a).
**isoler** [izɔle] *vt* isolare.
**issu, -e** [isy] *adj* : **être ~ de** *(famille)* venire da.
**issue** [isy] *nf (sortie)* uscita *f*; **'voie sans ~'** 'strada senza uscita'; **~ de secours** uscita di sicurezza.
**Italie** [itali] *nf* : **l'~** l'Italia *f.*
**italien, -enne** [italjɛ̃, ɛn] *adj* italiano(-a). ◆ *nm (langue)* italiano *m.* ❑ **Italien, -enne** *nm, f* italiano *m* (-a *f*).
**itinéraire** [itinerɛr] *nm* itinerario *m*; **~ bis** *itinerario alternativo per evitare il traffico.*
**ivre** [ivr] *adj* ubriaco(-a).
**ivrogne** [ivrɔɲ] *nmf* ubriacone *m* (-a *f*).

# J

**j'** → **je.**
**jalousie** [ʒaluzi] *nf* gelosia *f.*
**jaloux, -ouse** [ʒalu, uz] *adj* geloso(-a); **être ~ de** essere geloso di.
**jamais** [ʒamɛ] *adv* mai; **ne... ~** non... mai; **je ne reviendrai ~ plus** non tornerò mai più; **c'est le plus long voyage que j'aie ~ fait** è il viaggio più lungo che io abbia mai fatto; **si ~ tu le vois, ...** se mai lo vedessi, ...
**jambe** [ʒɑ̃b] *nf* gamba *f.*
**jambon** [ʒɑ̃bɔ̃] *nm* prosciutto *m*; **~ blanc** prosciutto cotto; **~ cru** prosciutto crudo.
**janvier** [ʒɑ̃vje] *nm* gennaio *m*; → **septembre.**

**jardin** [ʒardɛ̃] *nm* giardino *m*; ~ **public** giardino pubblico.

**jardinier**, **-ère** [ʒardinje, ɛr] *nm, f* giardiniere *m* (-a *f*).

**jardinière** [ʒardinjɛr] *nf (bac)* fioriera *f*; ~ **de légumes** verdure *fpl* cotte miste; → **jardinier**.

**jauge** [ʒoʒ] *nf* indicatore *m*.

**jaune** [ʒon] *adj* giallo(-a). ◆ *nm* giallo *m*; ~ **d'œuf** tuorlo *m*.

**jaunir** [ʒonir] *vi* ingiallire.

**Javel** [ʒavɛl] *nf* : **(eau de)** ~ candeggina *f*.

**je** [ʒə] *pron* : ~ **pense que ça va** penso che vada bene.

**jean** [dʒin] *nm* jeans *mpl*.

**Jésus-Christ** [ʒezykri] *nm* Jesù Cristo *m*; **après** ~ dopo Cristo; **avant** ~ avanti Cristo.

**jet** [ʒɛ] *nm (de liquide)* getto *m*; ~ **d'eau** getto d'acqua.

**jetable** [ʒətabl] *adj* usa e getta *(inv)*.

**jetée** [ʒəte] *nf* molo *m*.

**jeter** [ʒəte] *vt* gettare. ❑ **se jeter** *vp* : **se** ~ **sur** gettarsi su.

**jeu**, **-x** [ʒø] *nm* gioco *m*; *(assortiment)* serie *f inv*; ~ **de cartes** *(distraction)* gioco di carte; *(paquet)* mazzo *m* di carte; ~ **de mots** gioco di parole; ~ **de société** gioco di società; ~ **vidéo** videogioco *m*; **les ~x Olympiques** le olimpiadi.

**jeudi** [ʒødi] *nm* giovedì *m inv*; → **samedi**.

**jeun** [ʒœ̃]: **à jeun** *adj* a digiuno.

**jeune** [ʒœn] *adj* giovane. ◆ *nmf* giovane *mf*; ~ **fille** ragazza *f*; ~ **homme** ragazzo *m*.

**jeunesse** [ʒœnɛs] *nf* gioventù *f*.

**jogging** [dʒɔgiŋ] *nm (vêtement)* tuta *f* da ginnastica; *(course)* jogging *m*; **faire du** ~ fare jogging.

**joie** [ʒwa] *nf* gioia *f*.

**joindre** [ʒwɛ̃dr] *vt (relier)* unire; *(contacter)* mettersi in contatto con. ❑ **se joindre à** *vp + prép* unirsi a.

**joint**, **-e** [ʒwɛ̃, ɛ̃t] *pp* → **joindre**. ◆ *nm (TECH)* giunto *m*; *(fam: drogue)* spinello *m*.

**joli**, **-e** [ʒɔli] *adj* carino(-a); *(iron: désagréable)* bello(-a).

**joual** [ʒwal] *nm (Can) insieme delle varianti del francese parlato nel Québec*.

**joue** [ʒu] *nf* guancia *f.*
**jouer** [ʒwe] *vi (enfant)* giocare; *(musicien)* suonare; *(acteur)* recitare. ♦ *vt (carte, somme)* giocare; *(rôle)* recitare; *(pièce de théâtre)* rappresentare; *(mélodie, sonate)* suonare; **~ à** *(tennis, foot, cartes)* giocare a; **~ de** *(instrument)* suonare.
**jouet** [ʒwɛ] *nm* giocattolo *m.*
**joueur**, **-euse** [ʒwœr, øz] *nm, f* giocatore *m* (-trice *f*); **~ de flûte** suonatore di flauto.
**jour** [ʒur] *nm* giorno *m*; **il fait ~** è giorno; **~ de l'an** capodanno *m*; **~ férié** giorno festivo; **huit ~s** una settimana; **quinze ~s** due settimane; **de ~** di giorno; **de nos ~s** ai giorni nostri.
**journal**, **-aux** [ʒurnal, o] *nm* giornale *m*; **~ (intime)** diario *m*; **~ télévisé** telegiornale *m.*
**journaliste** [ʒurnalist] *nmf* giornalista *mf.*
**journée** [ʒurne] *nf* giornata *f*; **dans la ~** *(aujourd'hui)* in giornata; *(le jour)* di giorno; **toute la ~** tutto il giorno.
**joyeux**, **-euse** [ʒwajø, øz] *adj* allegro(-a); **~ anniversaire!** buon compleanno!; **~ Noël!** buon Natale!
**juger** [ʒyʒe] *vt* giudicare; *(estimer)* valutare.
**juif**, **-ive** [ʒɥif, iv] *adj* ebreo(-a). ❑ **Juif**, **-ive** *nm, f* ebreo *m* (-a *f*).
**juillet** [ʒɥijɛ] *nm* luglio *m*; **le 14-Juillet** *festa nazionale francese*; → **septembre**.
**juin** [ʒɥɛ̃] *nm* giugno *m*; → **septembre**.
**julienne** [ʒyljɛn] *nf minestra di verdure tagliate fini.*
**jumeau**, **-elle**, **-eaux** [ʒymo, ɛl] *adj* gemello(-a). ♦ *nm, f* : **des ~x** dei gemelli; **frère ~** fratello *m* gemello.
**jumelle** [ʒymɛl] → **jumeau**. ❑ **jumelles** *nfpl* binocolo *m.*
**jupe** [ʒyp] *nf* gonna *f.*
**jurer** [ʒyre] *vi* imprecare. ♦ *vt* : **~ (à qqn) que** giurare (a qn) che; **~ de faire qqch** giurare di fare qc.
**jus** [ʒy] *nm (de fruit)* succo *m*; *(de viande)* sugo *m*; **~ d'orange** succo d'arancia.
**jusque** [ʒysk(ə)]: **jusqu'à** *prép* : **allez jusqu'à l'église** vada fino alla chiesa; **jusqu'à midi** fino a mezzogiorno; **ils resteront jusqu'à ce que je parte** reste-

ranno finché non sarò partito; **jusqu'à présent** finora. ❑ **jusqu'ici** *adv (dans l'espace)* fin qui; *(dans le temps)* finora. ❑ **jusque-là** *adv (dans l'espace)* fin là; *(dans le temps)* fino a quel momento.

**juste** [ʒyst] *adj (jugement, addition)* giusto(-a); *(note, voix)* intonato(-a); *(vêtement)* stretto(-a); *(insuffisant)* appena sufficiente. ◆ *adv (seulement)* giusto; *(exactement)* proprio; **chanter ~** essere intonato; **au ~** esattamente; **il est 8 h ~** sono le 8 in punto.

**justement** [ʒystəmɑ̃] *adv (précisément)* proprio; *(à plus forte raison)* appunto.

**justesse** [ʒystɛs]: **de justesse** *adv* per un pelo.

**justice** [ʒystis] *nf* giustizia *f*.

**justifier** [ʒystifje] *vt* giustificare. ❑ **se justifier** *vp (s'excuser)* giustificarsi.

**juteux**, **-euse** [ʒytø, øz] *adj* succoso(-a).

# K

**kaki** [kaki] *adj inv* (color) cachi *(inv)*.

**kangourou** [kɑ̃guru] *nm* canguro *m*.

**kayak** [kajak] *nm* kayak *m inv*.

**kermesse** [kɛrmɛs] *nf* kermesse *f inv*.

**ketchup** [kɛtʃœp] *nm* ketchup *m*.

**kidnapper** [kidnape] *vt* rapire.

**kilo(gramme)** [kilo, kilɔgram] *nm* chilo(grammo) *m*.

**kilométrage** [kilɔmetraʒ] *nm* chilometraggio *m*; **~ illimité** chilometraggio illimitato.

**kilomètre** [kilɔmɛtr] *nm* chilometro *m*; **100 ~s (à l')heure** 100 chilometri all'ora.

**kinésithérapeute** [kineziterapøt] *nmf* cinesiterapista *mf*.

**kiosque** [kjɔsk] *nm (pavillon)* chiosco *m*; **~ à journaux** edicola *f*.

**kir** [kir] *nm aperitivo a base di vino bianco e liquore di ri-*

bes; ~ **royal** *aperitivo a base di champagne e liquore di ribes.*

**kiwi** [kiwi] *nm* kiwi *m inv.*

**Klaxon®** [klaksɔn] *nm* clacson *m inv.*

**klaxonner** [klaksɔne] *vi* suonare il clacson.

**Kleenex®** [klinɛks] *nm* kleenex® *m inv*, fazzolettino *m* di carta.

**km** *(abr de* **kilomètre***)* km.

**kouglof** [kuglɔf] *nm dolce alsaziano con uvetta e mandorle.*

**K-way®** [kawɛ] *nm inv* K-way® *m inv.*

**kyste** [kist] *nm* cisti *f inv.*

# L

**l** [ɛl] *(abr de* **litre***)* l.

**l'** → **le.**

**la** → **le.**

**là** [la] *adv (lieu)* là, lì; *(temps)* a quel punto; **par ~** *(de ce côté)* di là; *(dans les environs)* nelle vicinanze; **ils ne sont pas ~** non ci sono; **ce jour-~** quel giorno.

**là-bas** [laba] *adv* laggiù.

**laboratoire** [labɔratwar] *nm* laboratorio *m.*

**lac** [lak] *nm* lago *m.*

**lacet** [lasɛ] *nm (de chaussures)* stringa *f; (virage)* tornante *m.*

**lâche** [laʃ] *adj (peureux)* vigliacco(-a); *(nœud, corde)* lento(-a).

**lâcher** [laʃe] *vt (laisser partir)* lasciare (andare); *(desserrer)* allentare; *(parole)* lasciarsi sfuggire. ♦ *vi (corde, freins)* cedere.

**là-dedans** [ladədɑ̃] *adv (lieu)* là dentro.

**là-dessus** [ladsy] *adv (lieu)* là sopra.

**là-haut** [lao] *adv* lassù.

**laid, -e** [lɛ, lɛd] *adj* brutto(-a).

**laine** [lɛn] *nf* lana *f*; **en ~** di lana.

**laisse** [lɛs] *nf* guinzaglio *m*; **tenir un chien en ~** tenere un cane al guinzaglio.

**laisser** [lɛse] *vt* lasciare. ♦ *aux* : **~ qqn faire qqch** lasciare qn fare qc; **~ tomber** *(objet)* lasciar cadere; *(fig: projet, personne)* lasciar perdere. ❑ **se laisser** *vp* lasciarsi; **se ~ aller** lasciarsi andare; **se ~ faire** *(par lâcheté)* accettare passivamente; *(se laisser tenter)* lasciarsi convincere.

**lait** [lɛ] *nm* latte *m*; **~ démaquillant** latte detergente; **~ solaire** latte solare; **~ de toilette** latte detergente.

**laitage** [lɛtaʒ] *nm* latticino *m*.

**laitue** [lety] *nf* lattuga *f*.

**lambic** [lɑ̃bik] *nm (Belg)* *birra forte a base di malto e frumento a fermentazione spontanea.*

**lame** [lam] *nf* lama *f*; *(vague)* onda *f*; **~ de rasoir** lametta *f* da barba.

**lamelle** [lamɛl] *nf (tranche)* fetta *f* sottile.

**lamentable** [lamɑ̃tabl] *adj* penoso(-a).

**lampadaire** [lɑ̃padɛr] *nm (dans un appartement)* lampada *f* a stelo; *(dans la rue)* lampione *m*.

**lampe** [lɑ̃p] *nf* lampada *f*; **~ de chevet** lampada da comodino; **~ de poche** pila *f*.

**lancer** [lɑ̃se] *vt* lanciare. ❑ **se lancer** *vp* lanciarsi; **se ~ dans qqch** lanciarsi in qc.

**landau** [lɑ̃do] *nm* carrozzina *f*.

**lande** [lɑ̃d] *nf* landa *f*.

**langage** [lɑ̃gaʒ] *nm* linguaggio *m*.

**langouste** [lɑ̃gust] *nf* aragosta *f*.

**langoustine** [lɑ̃gustin] *nf* scampo *m*.

**langue** [lɑ̃g] *nf* lingua *f*; **~ étrangère** lingua straniera; **~ maternelle** lingua madre.

**langue-de-chat** [lɑ̃gdəʃa] (*pl* **langues-de-chat**) *nf* lingua *f* di gatto.

**lanière** [lanjɛr] *nf (de cuir)* cinghia *f*.

**lanterne** [lɑ̃tɛrn] *nf (lampe)* lanterna *f*.

**lapin** [lapɛ̃] *nm* coniglio *m*.

**laque** [lak] *nf* lacca *f*.

**laqué** [lake] *adj m* → **canard**.

**laquelle** → **lequel**.

**lard** [lar] *nm* pancetta *f*.

**lardon** [lardɔ̃] *nm* pezzetto *m* di pancetta.

**large** [larʒ] *adj* largo(-a); *(tolérant)* aperto(-a). ◆ *nm (en mer)* largo *m*. ◆ *adv* : **prévoir ~** abbondare nelle previsioni; **ça fait 2 mètres de ~** è largo 2 metri; **au ~ de** al largo di.

**largement** [larʒəmɑ̃] *adv (au minimum)* almeno; **il y en a ~ assez** ce n'è più che abbastanza.

**largeur** [larʒœr] *nf* larghezza *f.*

**larme** [larm] *nf* lacrima *f*; **être en ~s** essere in lacrime.

**lasagne(s)** [lazaɲ] *nfpl* lasagne *fpl.*

**lasser** [lase] *vt* stufare. ❑ **se lasser de** *vp + prép* stufarsi di.

**latin** [latɛ̃] *nm* latino *m.*

**laurier** [lɔrje] *nm* alloro *m.*

**lavable** [lavabl] *adj* lavabile.

**lavabo** [lavabo] *nm* lavandino *m.* ❑ **lavabos** *nmpl (toilettes)* gabinetti *mpl.*

**lavande** [lavɑ̃d] *nf* lavanda *f.*

**lave-linge** [lavlɛ̃ʒ] *nm inv* lavatrice *f.*

**laver** [lave] *vt* lavare; *(tache)* pulire. ❑ **se laver** *vp* lavarsi; **se ~ les dents** lavarsi i denti; **se ~ les mains** lavarsi le mani.

**laverie** [lavri] *nf* : **~ (automatique)** lavanderia *f* automatica.

**lave-vaisselle** [lavvɛsɛl] *nm inv* lavastoviglie *f inv.*

**le** [lə] (*f* **la** [la], *pl* **les** [le]) *article défini* **1.** *(gén)* il/lo (la), i/gli (le) *(pl)*; **~ lac** il lago; **~ sport** lo sport; **la fenêtre** la finestra; **l'homme** l'uomo; **les animaux** gli animali; **les enfants** i bambini; **nous sommes ~ 3 août** è il 3 agosto; **~ matin** al mattino; **~ samedi** il sabato; **elle a les yeux bleus** ha gli occhi azzurri.
**2.** *(chaque)*: **c'est 80 € la nuit** fanno 80 euro a *ou* per notte; **2 € ~ kilo** 2 euro al chilo.
◆ *pron* **1.** *(représente une personne, un animal, une chose)* lo (la), li (le) *(pl)*; **laissez-les-nous** lasciateceli. **2.** *(reprend un mot, une phrase)* lo; **je l'avais entendu dire** l'avevo sentito dire.

**lécher** [leʃe] *vt* leccare.

**lèche-vitrines** [lɛʃvitrin] *nm inv* : **faire du ~** guardare le vetrine.

**leçon** [ləsɔ̃] *nf* lezione *f*; *(conclusion)* insegnamento *m.*

**lecteur, -trice** [lɛktœr, tris] *nm, f* lettore *m* (-trice *f*). ◆ *nm (INFORM)* lettore *m*; **~ de cassettes** piastra *f*; **~ laser** *ou* **de CD** lettore laser *ou* compact.

**lecture** [lɛktyr] *nf* lettura *f.*

**léger**, **-ère** [leʒe, ɛr] *adj* leggero(-a).

**légèrement** [leʒɛrmɑ̃] *adv (un peu)* leggermente; *(s'habiller)* leggero(-a).

**légèreté** [leʒɛrte] *nf* leggerezza *f*.

**léguer** [lege] *vt* lasciare in eredità.

**légume** [legym] *nm* verdura *f*.

**lendemain** [lɑ̃dəmɛ̃] *nm* : **le ~ de notre arrivée** il giorno dopo il nostro arrivo; **le ~ matin** il mattino dopo.

**lent**, **-e** [lɑ̃, lɑ̃t] *adj* lento(-a).

**lentement** [lɑ̃tmɑ̃] *adv* lentamente.

**lentille** [lɑ̃tij] *nf (légume)* lenticchia *f*; *(verre de contact)* lente *f* a contatto.

**lequel** [ləkɛl] (*f* **laquelle** [lakɛl], *mpl* **lesquels** [lekɛl], *fpl* **lesquelles** [lekɛl]) *pron (sujet, objet)* il quale (la quale), i quali (le quali) *(pl)*; *(interrogatif)* quale, quali *(pl)*; **l'homme auquel j'ai parlé/duquel on m'a parlé** l'uomo con cui ho parlato/di cui mi hanno parlato.

**les** → **le**.

**lésion** [lezjɔ̃] *nf* lesione *f*.

**lesquelles** → **lequel**.

**lesquels** → **lequel**.

**lessive** [lesiv] *nf (poudre, liquide)* detersivo *m*; *(linge)* bucato *m*; **faire la ~** fare il bucato.

**lettre** [lɛtr] *nf* lettera *f*.

**leur** [lœr] *adj* il loro (la loro), i loro (le loro) *(pl)*. ◆ *pron* gli; **je vais ~ montrer le chemin** gli mostro la strada; **tu devrais le ~ renvoyer** dovresti rimandarglielo. ▫ **le leur** (*f* **la leur**, *pl* **les leurs**) *pron* il loro (la loro), i loro (le loro) *(pl)*.

**levant** [ləvɑ̃] *adj m* → **soleil**.

**levé**, **-e** [ləve] *adj (hors du lit)* alzato(-a), in piedi *(inv)*.

**lever** [ləve] *vt* alzare. ◆ *nm* : **le ~ du jour** lo spuntare del giorno; **le ~ du soleil** il sorgere del sole. ▫ **se lever** *vp* alzarsi; *(jour, soleil)* spuntare; *(temps)* schiarirsi.

**levier** [ləvje] *nm* leva *f*; **~ de vitesse** leva del cambio.

**lèvre** [lɛvr] *nf* labbro *m*.

**liaison** [ljɛzɔ̃] *nf (aérienne, routière)* collegamento *m*.

**liasse** [ljas] *nf* mazzetta *f*.

**libérer** [libere] *vt* liberare. ▫ **se libérer** *vp* liberarsi.

**liberté** [liberte] *nf* libertà

*f*; **en ~** *(animaux)* allo stato libero.

**librairie** [librɛri] *nf* libreria *f*.

**libre** [libr] *adj* libero(-a).

**libre-service** [librəsɛrvis] (*pl* **libres-services**) *nm* self-service *m inv*.

**licencier** [lisɑ̃sje] *vt (employé)* licenziare.

**liège** [ljɛʒ] *nm* sughero *m*.

**liégeois** [ljeʒwa] *adj m* → **café, chocolat**.

**lien** [ljɛ̃] *nm (ruban, sangle)* laccio *m*; *(relation)* legame *m*.

**lier** [lje] *vt (attacher)* legare; *(phénomènes, idées)* collegare; **~ conversation avec qqn** attaccar discorso con qn. ❑ **se lier** *vp* : **se ~ (d'amitié) avec qqn** stringere amicizia con qn.

**lierre** [ljɛr] *nm* edera *f*.

**lieu, -x** [ljø] *nm* luogo *m*; **avoir ~** aver luogo; **au ~ de** invece di.

**lièvre** [ljɛvr] *nm* lepre *f*.

**ligne** [liɲ] *nf* linea *f*; *(de texte)* riga *f*; **avoir la ~** avere la linea; **~ blanche** *(sur la route)* striscia *f* bianca; **(en) ~ droite** (in) linea retta; **'grandes ~s'** *segnale indicante le linee ferroviarie a lunghe percorrenze*.

**limace** [limas] *nf* lumacone *m*.

**limande** [limɑ̃d] *nf* limanda *f*.

**lime** [lim] *nf* lima *f*; **~ à ongles** limetta *f* per le unghie.

**limitation** [limitasjɔ̃] *nf* limitazione *f*; **~ de vitesse** limite *m* di velocità.

**limite** [limit] *nf (frontière)* confine *m*; *(maximum ou minimum)* limite *m*. ◆ *adj (date, prix)* limite *(inv)*; **à la ~** al limite.

**limiter** [limite] *vt* limitare. ❑ **se limiter à** *vp + prép* limitarsi a.

**limonade** [limɔnad] *nf* gassosa *f*.

**lin** [lɛ̃] *nm* lino *m*.

**linge** [lɛ̃ʒ] *nm (de maison)* biancheria *f*; *(lessive)* panni *mpl*.

**lingerie** [lɛ̃ʒri] *nf (sous-vêtements)* biancheria *f* intima femminile.

**lion** [ljɔ̃] *nm* leone *m*.

**liqueur** [likœr] *nf* liquore *m*.

**liquide** [likid] *adj* liquido(-a). ◆ *nm* liquido *m*; **(argent) ~** contanti *mpl*; **payer en (argent) ~** pagare in contanti.

**liquider** [likide] *vt (vendre)*

liquidare; *(fam: nourriture)* fare fuori.

**lire** [lir] *vt & vi* leggere.

**lisière** [lizjɛr] *nf* limite *m*.

**lisse** [lis] *adj* liscio(-a).

**liste** [list] *nf* lista *f*; **~ d'attente** lista d'attesa; **il est sur ~ rouge** non figura sull'elenco del telefono.

**lit** [li] *nm* letto *m*; **aller au ~** andare a letto; **~ de camp** branda *f*; **~ double, grand ~** letto matrimoniale; **~ simple, ~ à une place, petit ~** letto singolo; **~s jumeaux** letti gemelli; **~s superposés** letti a castello.

**literie** [litri] *nf* articoli *mpl* per il letto.

**litre** [litr] *nm* litro *m*.

**littérature** [literatyr] *nf* letteratura *f*.

**littoral, -aux** [litɔral, o] *nm* litorale *m*.

**livide** [livid] *adj* livido(-a).

**living(-room), -s** [liviŋ (rum)] *nm* soggiorno *m*.

**livraison** [livrɛzɔ̃] *nf* consegna *f*; **~ à domicile** consegna a domicilio; **'~ des bagages'** 'ritiro bagagli'.

**livre**[1] [livr] *nm* libro *m*.

**livre**[2] [livr] *nf* *(demi-kilo)* libbra *f*.

**livrer** [livre] *vt* consegnare.

**livret** [livrɛ] *nm* libretto *m*; **~ de famille** *libretto contenente l'estratto di matrimonio di una coppia e l'estratto di nascita dei figli.*

**local, -e, -aux** [lɔkal, o] *adj* locale. ◆ *nm* locale *m*.

**locataire** [lɔkatɛr] *nmf* inquilino *m* (-a *f*).

**location** [lɔkasjɔ̃] *nf (d'une maison)* affitto *m*; *(de costumes, de vélos)* noleggio *m*; *(ou spectacle)* prenotazione *f*; **'~ de voitures'** 'autonoleggio'.

**logement** [lɔʒmɑ̃] *nm* alloggio *m*; *(appartement)* abitazione *f*; **le ~** *(secteur)* l'abitazione.

**loger** [lɔʒe] *vt (héberger)* ospitare. ◆ *vi* alloggiare.

**logiciel** [lɔʒisjɛl] *nm* software *m*.

**logique** [lɔʒik] *adj* logico(-a). ◆ *nf* logica *f*.

**loi** [lwa] *nf* legge *f*; **la ~** la legge.

**loin** [lwɛ̃] *adv* lontano; **la piscine est encore ~** la piscina è ancora lontana; **de ~** da lontano; *(fig: nettement)* di gran lunga; **~ de** lontano da.

**lointain, -e** [lwɛ̃tɛ̃, ɛn] *adj*

lontano(-a); *(hautain)* distaccato(-a).

**Loire** [lwar] *nf* : **la ~** *(fleuve)* la Loira.

**loisirs** [lwazir] *nmpl (temps libre)* tempo *m* libero; *(activités)* passatempi *mpl*.

**Lombardie** [lɔ̃bardi] *nf* : **la ~** la Lombardia.

**long**, **longue** [lɔ̃, lɔ̃g] *adj* lungo(-a); **ça fait 10 mètres de ~** è lungo 10 metri, è 10 metri di lunghezza; **le ~ de la rivière** lungo il fiume; **à la longue** alla lunga.

**longer** [lɔ̃ʒe] *vt* costeggiare.

**longtemps** [lɔ̃tɑ̃] *adv* a lungo; **depuis ~** da molto; **il y a ~ que** è da molto che.

**longue** → **long**.

**longuement** [lɔ̃gmɑ̃] *adv* a lungo.

**longueur** [lɔ̃gœr] *nf* lunghezza *f*; **à ~ de journée** tutto il giorno; **~ d'onde** lunghezza d'onda.

**lorraine** [lɔrɛn] *adj f* → **quiche**.

**lors** [lɔr]: **lors de** *prép* al momento di.

**lorsque** [lɔrskə] *conj* quando.

**loterie** [lɔtri] *nf* lotteria *f*.

**lotion** [lɔsjɔ̃] *nf* lozione *f*.

**lotissement** [lɔtismɑ̃] *nm* area *f* lottizzata.

**loto** [lɔto] *nm (national)* lotteria *f* nazionale; **le ~ sportif** ≈ il totocalcio.

**lotte** [lɔt] *nf* pesce *m* rospo; **~ à l'américaine** *pesce rospo con pomodoro, scalogno e cognac*.

**louche** [luʃ] *adj* losco(-a). ◆ *nf* mestolo *m*.

**louer** [lwe] *vt* affittare; **'à ~'** 'affittasi'.

**loup** [lu] *nm* lupo *m*.

**lourd**, **-e** [lur, lurd] *adj* pesante; *(orageux)* afoso(-a). ◆ *adv* : **peser ~** pesare molto.

**loyer** [lwaje] *nm* affitto *m*.

**lu**, **-e** [ly] *pp* → **lire**.

**lucarne** [lykarn] *nf* lucernaio *m*.

**lucide** [lysid] *adj* lucido(-a).

**lueur** [lɥœr] *nf* barlume *m*.

**luge** [lyʒ] *nf* slitta *f*; **faire de la ~** andare in slitta.

**lugubre** [lygybr] *adj* lugubre.

**lui** [lɥi] *pron* 1. *(complément d'objet indirect)* gli (le); **dites-le-~ tout de suite** diteglielo subito; **je ~ ai serré la main** gli/le ho stretto la mano. 2. *(après une préposition, un comparatif)* lui; **j'en ai eu moins que ~** ne ho avuto meno di lui. 3. *(pour renforcer le sujet)* lui; **et ~, qu'est-ce qu'il en pense?** e lui, che cosa ne pensa?; **c'est ~ qui nous a renseignés** è lui che ci ha informati. 4. *(dans des expressions)*: **c'est ~-même qui l'a dit** l'ha detto lui stesso.

**lumière** [lymjɛr] *nf* luce *f*.

**lumineux, -euse** [lyminø, øz] *adj* luminoso(-a).

**lundi** [lœ̃di] *nm* lunedì *m inv*; → **samedi**.

**lune** [lyn] *nf* luna *f*; **pleine ~** luna piena.

**lunette** [lynɛt] *nf (astronomique)* cannocchiale *m*; **~ arrière** lunotto *m* posteriore. ❑ **lunettes** *nfpl* occhiali *mpl*; **~s de soleil** occhiali da sole.

**lustre** [lystr] *nm* lampadario *m*.

**lutter** [lyte] *vi* lottare.

**luxation** [lyksasjɔ̃] *nf* lussazione *f*.

**luxe** [lyks] *nm* lusso *m*; **de (grand) ~** *(hôtel, produit)* di (gran) lusso.

**Luxembourg** [lyksɑ̃bur] *nm* : **le ~** il Lussemburgo.

**luxembourgeois, -e** [lyksɑ̃burʒwa, az] *adj* lussemburghese. ◆ *nm (langue)* lussemburghese *m*.

**luxueux, -euse** [lyksɥø, øz] *adj* lussuoso(-a).

**lycée** [lise] *nm* ≈ scuola *f* superiore.

# M

**m** [ɛm] *(abr de* **mètre***)* m.

**m'** → **me**.

**M.** *(abr de* **Monsieur***)* Sig.

**ma** → **mon**.

**macaron** [makarɔ̃] *nm (gâteau) dolcetto di pasta di mandorle*.

**macaronis** [makarɔni] *nmpl* maccheroni *mpl*.

**macédoine** [masedwan] *nf* : **~ (de légumes)** *verdura mista condita con maionese*; **~ de fruits** macedonia *f* (di frutta).

**mâcher** [maʃe] *vt* masticare.

**machin** [maʃɛ̃] *nm (fam)* aggeggio *m*, coso *m*.

**machine** [maʃin] *nf* macchina *f*; **~ à écrire** macchina da scrivere; **~ à laver** lavatrice *f*; **~ à sous** slot-machine *f inv*.

**mâchoire** [maʃwar] *nf* mascella *f*.

**madame** [madam] (*pl* **mesdames** [medam]) *nf* : **~ X** la signora X; **bonjour ~/mesdames!** buongiorno signora/signore!

**madeleine** [madlɛn] *nf pasticcino a forma di barchetta aromatizzato al limone o all'arancia*.

**mademoiselle** [madmwazɛl] (*pl* **mesdemoiselles** [medmwazɛl]) *nf* : **~ X** la signorina X; **bonjour ~/mesdemoiselles!** buongiorno signorina/signorine!

**madère** [madɛr] *nm* → **sauce**.

**maf(f)ia** [mafja] *nf* mafia *f*.

**magasin** [magazɛ̃] *nm* negozio *m*; **en ~** in negozio.

**magazine** [magazin] *nm* rivista *f*.

**Maghrébin**, **-e** [magrebɛ̃, in] *nm, f* magrebino *m* (-a *f*).

**magicien**, **-enne** [maʒisjɛ̃, ɛn] *nm, f* mago *m* (-a *f*).

**magie** [maʒi] *nf* magia *f*.

**magnétophone** [maɲetɔfɔn] *nm* registratore *m*.

**magnétoscope** [maɲetɔskɔp] *nm* videoregistratore *m*.

**magnifique** [maɲifik] *adj* magnifico(-a).

**magret** [magrɛ] *nm* : **~ (de canard)** filetto *m* d'anatra.

**mai** [mɛ] *nm* maggio *m*; **le premier ~** *(fête)* il primo maggio; → **septembre**.

**maigre** [mɛgr] *adj* magro(-a).

**maigrir** [megrir] *vi* dimagrire.

**maillot** [majo] *nm* : **~ de bain** costume *m* da bagno; **~ de corps** canottiera *f*.

**main** [mɛ̃] *nf* mano *f*; **à ~ gauche** a sinistra; **fait (à la) ~** fatto a mano.

**maintenant** [mɛ̃tnɑ̃] *adv* ora, adesso; *(de nos jours)* adesso.

**maintenir** [mɛ̃tnir] *vt* sostenere; *(conserver)* mantenere. ❑ **se maintenir** *vp* mantenersi.

**maintenu**, **-e** [mɛ̃tny] *pp* → **maintenir**.

**maire** [mɛr] *nm* sindaco *m*.

**mairie** [meri] *nf* municipio *m*.

**mais** [mɛ] *conj* ma; **~ non!** macché!

**maïs** [mais] *nm* granoturco *m*, mais *m inv*.

**maison** [mɛzɔ̃] *nf* casa *f.* ◆ *adj inv* fatto(-a) in casa; **à la ~** in casa; **~ de campagne** casa di campagna.

**maître, -esse** [mɛtr, mɛtrɛs] *nm, f (d'un animal)* padrone *m* (-a *f*); **~ (d'école)** maestro *m* (-a *f*)(elementare); **~ d'hôtel** maître *m inv* d'hôtel; **~ nageur** istruttore *m* (-trice *f*)di nuoto.

**maîtresse** [mɛtrɛs] *nf (amie)* amante *f*; → **maître**.

**maîtriser** [metrize] *vt* dominare.

**majeur, -e** [maʒœr] *adj (adulte)* maggiorenne; *(principal)* principale. ◆ *nm (doigt)* medio *m*; **la ~e partie (de)** la maggior parte (di).

**majorité** [maʒɔrite] *nf (âge)* maggiore età *f*; *(plus grand nombre)* maggioranza *f*; **en ~** in maggioranza; **la ~ de** la maggior parte di.

**majuscule** [maʒyskyl] *nf* maiuscola *f.*

**mal** [mal] (*pl* **maux**) *nm (contraire du bien)* male *m.* ◆ *adv* male; **avoir ~** avere male; **avoir ~ au cœur** avere la nausea; **avoir ~ aux dents** avere mal di denti; **avoir ~ à la tête** avere mal di testa; **avoir ~ au ventre** avere mal di pancia; **faire ~ à** fare male a; **se faire ~** farsi male; **se donner du ~ (pour faire qqch)** darsi da fare (per fare qc); **~ de mer** mal di mare; **maux de tête** mal di testa; **pas ~!** *(fam)* niente male!; **pas ~ de** *(fam: beaucoup)* un bel po' di.

**malade** [malad] *adj* malato(-a). ◆ *nmf* malato *m* (-a *f*); **être ~** *(vomir)* vomitare.

**maladie** [maladi] *nf* malattia *f.*

**maladroit, -e** [maladrwa, at] *adj (personne, geste)* maldestro(-a); *(réponse, expression)* carente.

**malaise** [malɛz] *nm* malessere *m*; **avoir un ~** svenire.

**malchance** [malʃɑ̃s] *nf* sfortuna *f.*

**mâle** [mal] *adj* maschile. ◆ *nm* maschio *m.*

**malentendu** [malɑ̃tɑ̃dy] *nm* malinteso *m.*

**malformation** [malfɔrmasjɔ̃] *nf* malformazione *f.*

**malgré** [malgre] *prép* malgrado; **~ tout** malgrado tutto.

**malheur** [malœr] *nm (mal-*

*chance)* sfortuna *f*; *(événement)* disgrazia *f*.

**malheureusement** [malørøzmɑ̃] *adv* sfortunatamente.

**malheureux, -euse** [malørø, øz] *adj* infelice.

**malhonnête** [malɔnet] *adj* disonesto(-a).

**malicieux, -euse** [malisjø, øz] *adj* furbo(-a).

**malin, -igne** [malɛ̃, iɲ] *adj (habile, intelligent)* furbo(-a).

**mallette** [malɛt] *nf* valigetta *f*.

**malpoli, -e** [malpɔli] *adj* maleducato(-a).

**malsain, -e** [malsɛ̃, ɛn] *adj* malsano(-a).

**maltraiter** [maltrete] *vt* maltrattare.

**maman** [mamɑ̃] *nf* mamma *f*.

**mamie** [mami] *nf (fam)* nonna *f*.

**manche** [mɑ̃ʃ] *nf (de vêtement)* manica *f*; *(de jeu)* manche *f inv*. ♦ *nm* manico *m*; **à ~s courtes/longues** à maniche corte/lunghe.

**Manche** [mɑ̃ʃ] *nf* : **la ~** la Manica.

**mandarine** [mɑ̃darin] *nf* mandarino *m*.

**mandat** [mɑ̃da] *nm (postal)* vaglia *m inv*.

**manège** [manɛʒ] *nm (attraction)* giostra *f*.

**manger** [mɑ̃ʒe] *vt & vi* mangiare; **donner à ~ à qqn** dare da mangiare a qn.

**maniable** [manjabl] *adj* maneggevole.

**manie** [mani] *nf* mania *f*.

**manier** [manje] *vt* maneggiare.

**manière** [manjɛr] *nf* modo *m*, maniera *f*; **de ~ à faire qqch** in modo da fare qc; **de toute ~** ad ogni modo. ❑ **manières** *nfpl (attitude)* modi *mpl*; **faire des ~s** fare complimenti.

**maniéré, -e** [manjere] *adj* affettato(-a).

**manifestation** [manifɛstasjɔ̃] *nf* manifestazione *f*.

**manifester** [manifeste] *vt & vi* manifestare. ❑ **se manifester** *vp (apparaître)* manifestarsi.

**manipuler** [manipyle] *vt* maneggiare; *(fig: personne)* strumentalizzare.

**manivelle** [manivɛl] *nf* manovella *f*.

**mannequin** [mankɛ̃] *nm (de défilé)* indossatore *m* (-trice *f*); *(de vitrine)* manichino *m*.

**manœuvrer** [manœvre] *vt* manovrare. ◆ *vi (en voiture)* fare le manovre.

**manquant, -e** [mɑ̃kɑ̃, ɑ̃t] *adj* mancante.

**manque** [mɑ̃k] *nm* : **le ~ de** la mancanza di.

**manquer** [mɑ̃ke] *vt* perdere. ◆ *vi (être en moins)* mancare; *(à l'école)* essere assente; **elle nous manque** ci manca; **il me manque 10 €** mi mancano 10 euro; **~ de qqch** mancare di qc.

**manteau, -x** [mɑ̃to] *nm* cappotto *m*.

**manuel, -elle** [manɥɛl] *adj* manuale. ◆ *nm* manuale *m*.

**maquereau, -x** [makro] *nm* sgombro *m*.

**maquette** [makɛt] *nf* modellino *m*.

**maquillage** [makijaʒ] *nm* trucco *m*.

**maquiller** [makije]: **se maquiller** *vp* truccarsi.

**marais** [marɛ] *nm* palude *f*.

**marbre** [marbr] *nm* marmo *m*.

**marchand, -e** [marʃɑ̃, ɑ̃d] *nm, f* negoziante *mf*; **~ de fruits et légumes** OU **de primeurs** ortolano *m*; **~ de journaux** giornalaio *m*.

**marchander** [marʃɑ̃de] *vi* mercanteggiare.

**marchandise** [marʃɑ̃diz] *nf* merce *f*.

**marche** [marʃ] *nf (parcours)* camminata *f*; *(d'escalier)* gradino *m*; *(fonctionnement)* funzionamento *m*; **~ arrière** *(AUT)* retromarcia *f*; **faire de la ~** camminare; **à une heure de ~** a un'ora di cammino; **en ~** *(en fonctionnement)* in funzione.

**marché** [marʃe] *nm* mercato *m*; *(contrat)* accordo *m*; **le Marché commun** il Mercato comune; **~ aux puces** mercatino *m* delle pulci; **bon ~** a buon mercato.

**marchepied** [marʃəpje] *nm* predellino *m*.

**marcher** [marʃe] *vi* camminare; *(fonctionner)* funzionare; *(bien fonctionner)* andare bene; **faire ~ qqch** far funzionare qc; **faire ~ qqn** *(fam)* prendere qn per i fondelli.

**mardi** [mardi] *nm* martedì *m*; **~ gras** martedì grasso; → **samedi**.

**marécage** [marekaʒ] *nm* palude *f*.

**marée** [mare] *nf* marea *f*; **(à) ~ basse/haute** (con la) bassa/alta marea.

**margarine** [margarin] *nf* margarina *f.*

**marge** [marʒ] *nf* margine *m.*

**marguerite** [margərit] *nf* margherita *f.*

**mari** [mari] *nm* marito *m.*

**mariage** [marjaʒ] *nm* matrimonio *m.*

**marié, -e** [marje] *adj* sposato(-a). ◆ *nm, f* sposo *m* (-a *f*); **jeunes ~s** sposi novelli.

**marier** [marje]: **se marier** *vp* sposarsi.

**marin, -e** [marɛ̃, in] *adj* marino(-a). ◆ *nm* marinaio *m.*

**marine** [marin] *adj inv* blu scuro *(inv)*. ◆ *nf* marina *f.*

**marinière** [marinjɛr] *nf* → **moule**[2].

**marionnette** [marjɔnɛt] *nf* marionetta *f.*

**maritime** [maritim] *adj* marittimo(-a).

**marmite** [marmit] *nf* pentolone *m.*

**Maroc** [marɔk] *nm* : **le ~** il Marocco.

**marocain, -e** [marɔkɛ̃, ɛn] *adj* marocchino(-a).

**maroquinerie** [marɔkinri] *nf* pelletteria *f.*

**marque** [mark] *nf (trace)* segno *m*; *(commerciale)* marca *f.*

**marquer** [marke] *vt* segnare; *(impressionner)* lasciare il segno a.

**marraine** [marɛn] *nf* madrina *f.*

**marrant, -e** [marɑ̃, ɑ̃t] *adj (fam)* divertente.

**marre** [mar] *adv* : **en avoir ~ (de)** *(fam)* averne le scatole piene (di).

**marron** [marɔ̃] *adj inv* marrone *(inv)*. ◆ *nm (fruit)* castagna *f*; *(couleur)* marrone *m*; **~ glacé** marron glacé *m inv.*

**marronnier** [marɔnje] *nm* marrone *m (albero)*.

**mars** [mars] *nm* marzo *m*; → **septembre**.

**Marseille** [marsɛj] *n* Marsiglia *f.*

**marteau, -x** [marto] *nm* martello *m*; **~ piqueur** martello pneumatico.

**martiniquais, -e** [martinikɛ, ɛz] *adj* della Martinica.

**Martinique** [martinik] *nf* : **la ~** la Martinica.

**mascara** [maskara] *nm* mascara *m inv.*

**masculin, -e** [maskylɛ̃, in] *adj* maschile. ◆ *nm* maschile *m.*

**masque** [mask] *nm* maschera *f*.

**masquer** [maske] *vt (cacher à la vue)* nascondere.

**massacre** [masakr] *nm* massacro *m*.

**massage** [masaʒ] *nm* massaggio *m*.

**masse** [mas] *nf (bloc)* massa *f*; *(outil)* mazza *f*; **en ~** in massa.

**masser** [mase] *vt (dos, personne)* massaggiare. ❑ **se masser** *vp (se grouper)* ammassarsi.

**massif, -ive** [masif, iv] *adj* massiccio(-a). ◆ *nm (d'arbustes, de fleurs)* cespuglio *m*; *(montagneux)* massiccio *m*; **le Massif central** il Massiccio centrale.

**mastiquer** [mastike] *vt (mâcher)* masticare.

**mat, -e** [mat] *adj (métal, photo)* opaco(-a); *(peau)* olivastro(-a).

**mât** [ma] *nm* albero *m (di imbarcazione)*.

**match, -s** *ou* **es** [matʃ] *nm* partita *f*; **faire ~ nul** pareggiare.

**matelas** [matla] *nm* materasso *m*; **~ pneumatique** materassino *m* (gonfiabile).

**matelassé, -e** [matlase] *adj* imbottito(-a).

**matériaux** [materjo] *nmpl* materiali *mpl*.

**matériel, -elle** [materjɛl] *adj* materiale. ◆ *nm* attrezzatura *f*; *(INFORM)* hardware *m*; **~ de camping** attrezzatura da campeggio.

**maternel, -elle** [matɛrnɛl] *adj* materno(-a).

**maternelle** [matɛrnɛl] *nf* : **(école) ~** scuola *f* materna.

**maternité** [matɛrnite] *nf* maternità *f inv*.

**mathématiques** [matematik] *nfpl* matematica *f*.

**matière** [matjɛr] *nf* materia *f*; **~s grasses** grassi *mpl*.

**matin** [matɛ̃] *nm* mattino *m*, mattina *f*; **le ~** *(tous les jours)* al mattino, alla *ou* di mattina.

**matinal, -e, -aux** [matinal, o] *adj (personne)* mattiniero(-a).

**matinée** [matine] *nf* mattinata *f*; *(spectacle)* rappresentazione *f* diurna.

**mauvais, -e** [mɔvɛ, ɛz] *adj* cattivo(-a); *(faux)* sbagliato(-a); *(nuisible)* dannoso(-a); **il fait ~** è brutto; **être ~ en qqch** andare male in qc.

**mauve** [mov] *adj* (color) malva *(inv)*.

**maux** → mal.
**maximum** [maksimɔm] *nm* massimo *m.* ♦ *adj* massimo(-a); **au ~** al massimo.
**mayonnaise** [majɔnɛz] *nf* maionese *f.*
**mazout** [mazut] *nm* nafta *f.*
**me** [mə] *pron* mi; **il ~ l'a recommandé** me lo ha raccomandato.
**mec** [mɛk] *nm (fam)* tipo *m.*
**mécanicien**, **-enne** [mekanisjɛ̃, ɛn] *nm, f* meccanico *m.*
**mécanique** [mekanik] *adj* meccanico(-a). ♦ *nf* meccanica *f.*
**mécanisme** [mekanism] *nm* meccanismo *m.*
**méchanceté** [meʃɑ̃ste] *nf* cattiveria *f.*
**méchant**, **-e** [meʃɑ̃, ɑ̃t] *adj* cattivo(-a).
**mèche** [mɛʃ] *nf (de cheveux)* ciocca *f.*
**méchoui** [meʃwi] *nm (repas) agnello o montone intero cotto allo spiedo su fuoco a legna.*
**mécontent**, **-e** [mekɔ̃tɑ̃, ɑ̃t] *adj* scontento(-a).
**médaille** [medaj] *nf (récompense)* medaglia *f; (médaillon)* medaglietta *f.*
**médecin** [medsɛ̃] *nm* medico *m.*
**médecine** [medsin] *nf* medicina *f.*
**médias** [medja] *nmpl* media *mpl.*
**médical**, **-e**, **-aux** [medikal, o] *adj* medico(-a).
**médicament** [medikamɑ̃] *nm* medicina *f*, farmaco *m.*
**médiéval**, **-e**, **-aux** [medjeval, o] *adj* medievale.
**médiocre** [medjɔkr] *adj* mediocre.
**Méditerranée** [meditɛrane] *nf* : **la (mer) ~** il (mar) Mediterraneo.
**méditerranéen**, **-enne** [mediteraneɛ̃, ɛn] *adj* mediterraneo(-a).
**méduse** [medyz] *nf* medusa *f.*
**méfiant**, **-e** [mefjɑ̃, ɑ̃t] *adj* diffidente.
**méfier** [mefje]: **se méfier** *vp* diffidare; **se ~ de** non fidarsi di.
**mégot** [mego] *nm* mozzicone *m.*
**meilleur**, **-e** [mɛjœr] *adj* migliore. ♦ *nm, f* migliore *mf.*
**mélange** [melɑ̃ʒ] *nm* miscuglio *m.*

**mélanger** [melɑ̃ʒe] *vt* mescolare; *(confondre)* confondere.

**Melba** [mɛlba] *adj inv* → **pêche.**

**mêler** [mele]: **se mêler** *vp* : **se ~ de qqch** impicciarsi di qc.

**melon** [məlɔ̃] *nm* melone *m.*

**membre** [mɑ̃br] *nm* membro *m.*

**même** [mɛm] *adj* 1. *(identique)* stesso(-a); **nous avons les ~s places qu'à l'aller** abbiamo gli stessi posti che all'andata.
2. *(sert à renforcer)*: **c'est cela ~** (è) proprio così.
◆ *pron* : **le/la ~ (que)** lo stesso (la stessa) (che).
◆ *adv* 1. *(sert à renforcer)*: **~ les sandwichs sont chers ici** persino i panini sono cari qui; **il n'y a ~ pas de cinéma** non c'è nemmeno un cinema; **~ si** anche se.
2. *(exactement)* proprio; **ici ~** proprio qui; **c'est aujourd'hui ~** è oggi stesso.
3. *(dans des expressions)*: **bon appétit! - vous de ~** buon appetito! - altrettanto!; **faire de ~** fare lo stesso; **de ~ que** *(et)* e anche.

**mémoire** [memwar] *nf* memoria *f*; **de ~** *(réciter, jouer)* a memoria.

**menace** [mənas] *nf* minaccia *f.*

**menacer** [mənase] *vt* minacciare. ◆ *vi* : **la pluie menace** il cielo minaccia pioggia.

**ménage** [menaʒ] *nm* : **faire le ~** fare le pulizie di casa.

**ménagerie** [menaʒri] *nf* serraglio *m.*

**mendiant, -e** [mɑ̃djɑ̃, ɑ̃t] *nm, f* mendicante *mf.* ◆ *nm (gâteau) pasticcino con mandorle, fichi, uvetta e nocciole.*

**mendier** [mɑ̃dje] *vi* mendicare.

**mener** [məne] *vt (suj: chemin)* condurre; *(accompagner)* portare. ◆ *vi* (SPORT) condurre.

**mensonge** [mɑ̃sɔ̃ʒ] *nm* bugia *f.*

**mensuel, -elle** [mɑ̃sɥɛl] *adj* mensile. ◆ *nm* mensile *m.*

**mensurations** [mɑ̃syrasjɔ̃] *nfpl* misure *fpl.*

**mental, -e, -aux** [mɑ̃tal, o] *adj* mentale.

**menteur, -euse** [mɑ̃tœr, øz] *nm, f* bugiardo *m* (-a *f*).

**menthe** [mɑ̃t] *nf* menta *f*; **~ à l'eau** menta.

**mentir** [mɑ̃tir] *vi* mentire.
**menton** [mɑ̃tɔ̃] *nm* mento *m*.
**menu**, **-e** [məny] *adj (très mince)* minuto(-a). ◆ *nm* menu *m inv*; ~ **gastronomique** menu gastronomico; ~ **touristique** menu fisso.
**mépriser** [meprize] *vt* disprezzare.
**mer** [mɛr] *nf* mare *m*; **en** ~ in mare; **la** ~ **du Nord** il mare del Nord.
**merci** [mɛrsi] *excl* grazie!; ~ **beaucoup!** tante grazie!
**mercredi** [mɛrkrədi] *nm* mercoledì *m inv*; → **samedi**.
**merde** [mɛrd] *excl (vulg)* merda! ◆ *nf (vulg)* merda *f*.
**mère** [mɛr] *nf* madre *f*.
**merguez** [mɛrgɛz] *nf salsiccia piccante di manzo e montone originaria del Nord Africa.*
**méridional**, **-e**, **-aux** [meridjɔnal, o] *adj (du Midi)* del sud della Francia.
**meringue** [mərɛ̃g] *nf* meringa *f*.
**mériter** [merite] *vt* meritare.
**merlan** [mɛrlɑ̃] *nm* nasello *m*.
**merle** [mɛrl] *nm* merlo *m*.
**merlu** [mɛrly] *nm* merluzzo *m*.
**merveille** [mɛrvɛj] *nf* meraviglia *f*; *(beignet) dolcetto fritto tipico di carnevale.*
**merveilleux**, **-euse** [mɛrvɛjø, øz] *adj* meraviglioso(-a).
**mes** → **mon**.
**mesdames** → **madame**.
**mesdemoiselles** → **mademoiselle**.
**message** [mɛsaʒ] *nm* messaggio *m*.
**messe** [mɛs] *nf* messa *f*.
**messieurs** → **monsieur**.
**mesure** [məzyr] *nf* misura *f*; **sur** ~ su misura.
**mesurer** [məzyre] *vt* misurare; **il mesure 1,80 mètre** è alto 1,80 metri.
**met,** *etc* → **mettre**.
**métal**, **-aux** [metal, o] *nm* metallo *m*.
**métallique** [metalik] *adj* metallico(-a).
**météo** [meteo] *nf* : **(bulletin)** ~ previsioni *fpl* del tempo; ~ **marine** meteo *m inv* marino.
**méthode** [metɔd] *nf* metodo *m*.
**méticuleux**, **-euse** [metikylø, øz] *adj* meticoloso(-a).

**métier** [metje] *nm* mestiere *m*.

**métis, -isse** [metis] *nm, f (Blanc/Noir)* mulatto *m* (-a *f*).

**mètre** [mɛtr] *nm* metro *m*.

**métro** [metro] *nm* metro *m inv*, metropolitana *f*; **~ aérien** metropolitana leggera.

**metteur** [mɛtœr] *nm* : **~ en scène** regista *m*.

**mettre** [mɛtr] *vt* 1. *(placer, poser)* mettere; **~ qqch debout** raddrizzare qc.
2. *(vêtement)* mettersi.
3. *(temps)* metterci; **nous avons mis deux heures par l'autoroute** ci abbiamo messo due ore in autostrada.
4. *(déclencher)* mettere; *(télé, radio)* accendere; **~ le contact** girare la chiave.
5. *(dans un état différent)*: **~ qqn en colère** far arrabbiare qn.
❑ **se mettre** *vp* 1. *(se placer)* mettersi; **se ~ debout** alzarsi; **se ~ au lit** mettersi a letto.
2. *(dans un état différent)*: **se ~ en colère** arrabbiarsi; **se ~ d'accord** mettersi d'accordo.
3. *(vêtement, maquillage)* mettersi.
4. *(commencer)*: **se ~ à faire qqch** mettersi a fare qc; **se ~ au travail** mettersi al lavoro.

**meuble** [mœbl] *nm* mobile *m*.

**meubler** [mœble] *vt* ammobiliare.

**meule** [møl] *nf (de foin)* covone *m*.

**meunière** [mønjɛr] *nf* → **sole**.

**meurt** → **mourir**.

**meurtre** [mœrtr] *nm* omicidio *m*.

**meurtrier, -ère** [mœrtrije, ɛr] *nm, f* omicida *mf*.

**mi-** [mi] *préf* mezzo-; **à la ~mars** a metà marzo; **à ~chemin** a metà strada.

**miche** [miʃ] *nf* pagnotta *f*.

**micro** [mikro] *nm (amplificateur)* microfono *m*.

**microbe** [mikrɔb] *nm* microbo *m*.

**micro-ondes** [mikrɔɔ̃d] *nm inv* : **(four à) ~** forno *m* a microonde.

**micro-ordinateur, -s** [mikrɔɔrdinatœr] *nm* microcomputer *m inv*.

**microprocesseur** [mikrɔprɔsesœr] *nm* microprocessore *m*.

**microscope** [mikrɔskɔp] *nm* microscopio *m*.

**midi** [midi] *nm* mezzogiorno *m*; **le Midi** il Sud della Francia.

**mie** [mi] *nf* mollica *f*.

**miel** [mjɛl] *nm* miele *m*.

**mien** [mjɛ̃]: **le mien** (*f* **la mienne** [lamjɛn], *mpl* **les miens** [lemjɛ̃], *fpl* **les miennes** [lemjɛn]) *pron* il mio (la mia), i miei (le mie) *(pl)*.

**miette** [mjɛt] *nf* briciola *f*; **en ~s** *(en morceaux)* in briciole.

**mieux** [mjø] *adv & adj inv* meglio; **c'est ce qu'il fait le ~** è ciò che fa meglio; **le ~ équipé des deux hôtels** il meglio attrezzato dei due alberghi; **aller ~** andare meglio; **de ~ en ~** di bene in meglio; **c'est le ~ des deux/de tous** *(le plus beau)* è il più bello dei due/di tutti; **c'est le ~** *(la meilleure chose à faire)* è la cosa migliore.

**mignon**, **-onne** [miɲɔ̃, ɔn] *adj* carino(-a).

**migraine** [migrɛn] *nf* emicrania *f*.

**Milan** [milɑ̃] *n* Milano *f*.

**milieu**, **-x** [miljø] *nm* centro *m*; *(environnement)* ambiente *m*; **au ~ (de)** in mezzo (a).

**militaire** [militɛr] *adj* militare. ◆ *nm* militare *m*.

**milk-shake**, **-s** [milkʃɛk] *nm* frappé *m inv*.

**mille** [mil] *num* mille; → **six**.

**mille-feuille**, **-s** [milfœj] *nm* millefoglie *m inv*.

**milliard** [miljar] *nm* miliardo *m*.

**millier** [milje] *nm* migliaio *m*; **des ~s de** *(un grand nombre de)* migliaia di.

**million** [miljɔ̃] *nm* milione *m*.

**mime** [mim] *nm* mimo *m*.

**mince** [mɛ̃s] *adj (personne)* snello(-a); *(tissu, tranche)* sottile. ◆ *excl* mannaggia!

**mine** [min] *nf (de charbon)* miniera *f*; *(de crayon)* mina *f*; *(visage)* faccia *f*; **avoir bonne/mauvaise ~** avere una bella/brutta cera.

**minéral**, **-e**, **-aux** [mineral, o] *adj* minerale. ◆ *nm* minerale *m*.

**minéralogique** [mineralɔʒik] *adj* → **plaque**.

**mineur**, **-e** [minœr] *nm, f (enfant)* minorenne *mf*. ◆ *nm (ouvrier)* minatore *m*.

**miniature** [minjatyr] *adj*

in miniatura. ◆ *nf (de manuscrit, peinture)* miniatura *f.*
**minijupe** [miniʒyp] *nf* minigonna *f.*
**minimum** [minimɔm] *adj* minimo(-a). ◆ *nm* minimo *m*; **au ~** come minimo.
**ministère** [ministɛr] *nm* ministero *m.*
**ministre** [ministr] *nm (POL)* ministro *m.*
**Minitel®** [minitɛl] *nm* ≈ videotel® *m inv (monitor collegato alla linea telefonica che permette di utilizzare vari servizi).*
**minorité** [minɔrite] *nf* minoranza *f.*
**minuit** [minɥi] *nm* mezzanotte *f.*
**minuscule** [minyskyl] *adj* minuscolo(-a).
**minute** [minyt] *nf* minuto *m.*
**minuterie** [minytri] *nf* timer *m inv.*
**minutieux, -euse** [minysjø, øz] *adj* minuzioso(-a).
**miracle** [mirakl] *nm* miracolo *m.*
**miroir** [mirwar] *nm* specchio *m.*
**mis, -e** [mi, miz] *pp* → **mettre**.
**misérable** [mizerabl] *adj (pauvre)* miserabile; *(lamentable)* misero(-a).
**misère** [mizɛr] *nf (pauvreté)* miseria *f.*
**missile** [misil] *nm* missile *m.*
**mistral** [mistral] *nm* maestrale *m.*
**mitaine** [mitɛn] *nf* guanto *m* senza dita.
**mite** [mit] *nf* tarma *f.*
**mi-temps** [mitɑ̃] *nf inv (moitié d'un match)* tempo *m*; *(pause)* intervallo *m*; **travailler à ~** lavorare part time.
**mitraillette** [mitrajɛt] *nf* mitra *m inv.*
**mixer** [mikse] *vt* frullare.
**mixe(u)r** [miksœr] *nm* mixer *m inv.*
**mixte** [mikst] *adj* misto(-a).
**Mlle** *(abr de* **mademoiselle***)* Sig.na.
**Mme** *(abr de* **madame***)* Sig.ra.
**mobile** [mɔbil] *adj (cloison, pièce)* mobile.
**mobilier** [mɔbilje] *nm* mobilio *m.*
**Mobylette®** [mɔbilɛt] *nf* motorino *m.*
**mocassin** [mɔkasɛ̃] *nm* mocassino *m.*

**moche** [mɔʃ] *adj (fam: laid)* brutto(-a).
**mode**[1] [mɔd] *nm* modo *m*; **~ d'emploi** istruzioni *fpl* per l'uso.
**mode**[2] [mɔd] *nf* moda *f*; **à la ~** alla moda.
**modèle** [mɔdɛl] *nm* modello *m*; **~ réduit** modello ridotto.
**modem** [mɔdɛm] *nm* modem *m inv*.
**modéré, -e** [mɔdere] *adj (prix)* modico(-a).
**moderne** [mɔdɛrn] *adj* moderno(-a).
**moderniser** [mɔdɛrnize] *vt* modernizzare.
**modeste** [mɔdɛst] *adj* modesto(-a).
**modification** [mɔdifikasjɔ̃] *nf* modifica *f*.
**modifier** [mɔdifje] *vt* modificare.
**moelle** [mwal] *nf* midollo *m*.
**moelleux, -euse** [mwalø, øz] *adj* soffice.
**moi** [mwa] *pron* mi; *(après prép ou comparaison)* me; *(pour insister)* io; **il/elle est à ~** è mio/mia; **~-même** io stesso(-a); **pour ~-même** per me stesso.
**moine** [mwan] *nm* monaco *m*.
**moineau, -x** [mwano] *nm* passero *m*.
**moins** [mwɛ̃] *adv* **1.** *(pour comparer)* meno; **~ ancien (que)** meno antico (di).
2. *(superlatif)*: **c'est la nourriture qui coûte le ~** è il cibo che costa meno; **la ville la ~ intéressante que nous ayons visitée** la città meno interessante che abbiamo visitato; **fatiguez-vous le ~ possible** stancatevi il meno possibile.
3. *(en quantité)* di meno; **ils ont accepté de gagner ~** hanno accettato di guadagnare di meno; **~ de viande/touristes** meno carne/turisti; **en ~ de dix minutes** in meno di dieci minuti.
4. *(dans des expressions)*: **à ~ de, à ~ que**: **à ~ de rouler** *ou* **que nous roulions toute la nuit, ...** a meno di viaggiare *ou* che viaggiamo tutta la notte...; **au ~** almeno; **de ~ en ~** sempre meno; **~ tu y penseras, mieux ça ira** meno ci pensi, meglio ti sentirai.
◆ *prép* meno; **trois heures ~ le quart** le tre meno un

quarto; **10 ~ 7 égale 3** 10 meno 7 uguale 3.

**mois** [mwa] *nm* mese *m*; **au ~ de...** nel mese di...

**moisi, -e** [mwazi] *adj* ammuffito(-a). ◆ *nm* muffa *f*; **sentir le ~** avere odore di muffa.

**moisir** [mwazir] *vi* ammuffire.

**moisson** [mwasɔ̃] *nf* mietitura *f*.

**moite** [mwat] *adj* umido(-a).

**moitié** [mwatje] *nf* metà *f inv*; **la ~ de** la metà di; **à ~** a metà; **à ~ prix** a metà prezzo.

**moka** [mɔka] *nm (gâteau) dolce con strati di crema al caffè o al cioccolato.*

**molle** → **mou**.

**mollet** [mɔlɛ] *nm* polpaccio *m*.

**mollusque** [mɔlysk] *nm* mollusco *m*.

**moment** [mɔmɑ̃] *nm* momento *m*; **au ~ où** nel momento in cui; **du ~ que** dal momento che; **en ce ~** in questo momento; **par ~s** a tratti; **pour le ~** per il momento.

**mon** [mɔ̃] (*f* **ma** [ma], *pl* **mes** [me]) *adj* il mio (la mia), i miei (le mie) *(pl)*; **~ père** mio padre.

**Monaco** [mɔnako] *n* il principato di Monaco.

**monastère** [mɔnastɛr] *nm* monastero *m*.

**monde** [mɔ̃d] *nm* mondo *m*; **il y a du ~** *ou* **beaucoup de ~** c'è molta gente; **tout le ~ est venu** sono venuti tutti.

**mondial, -e, -aux** [mɔ̃djal, o] *adj* mondiale.

**moniteur, -trice** [mɔnitœr, tris] *nm, f (de colonie)* sorvegliante *mf*. ◆ *nm (écran)* monitor *m inv*.

**monnaie** [mɔnɛ] *nf (argent, devises)* moneta *f*; *(pièces)* spiccioli *mpl*; **la ~ de 20 €** spiccioli per 20 euro; **faire de la ~** cambiare; **rendre la ~ à qqn** dare il resto a qn.

**monotone** [mɔnɔtɔn] *adj* monotono(-a).

**monsieur** [məsjø] (*pl* **messieurs** [mesjø]) *nm* signore *m*; **~ X** signor X; **bonjour ~/messieurs!** buongiorno signore/signori!

**monstre** [mɔ̃str] *nm* mostro *m*.

**mont** [mɔ̃] *nm* monte *m*; **le ~ Blanc** il monte Bianco;

**le Mont-Saint-Michel** il Mont-Saint-Michel.

**montagne** [mɔ̃taɲ] *nf* montagna *f*; **à la ~** in montagna; **~s russes** montagne russe.

**montagneux, -euse** [mɔ̃taɲø, øz] *adj* montagnoso(-a).

**montant, -e** [mɔ̃tɑ̃, ɑ̃t] *adj (marée)* ascendente. ◆ *nm (somme)* importo *m*.

**montée** [mɔ̃te] *nf (pente)* salita *f*; *(des prix)* aumento *m*.

**monter** [mɔ̃te] *vi (aux être)* salire; *(prix, température)* aumentare. ◆ *vt (aux avoir) (escalier, côte)* salire; *(porter en haut)* portare su; *(son, chauffage)* alzare; *(cheval, tente, blancs d'œuf)* montare; *(société)* mettere su; **ça monte** *(route)* è in salita; **~ à bord (d'un avion)** salire a bordo (di un aereo); **~ à cheval** montare a cavallo; **~ en voiture** salire in macchina. ❑ **se monter à** *vp + prép (s'élever à)* ammontare a.

**montre** [mɔ̃tr] *nf* orologio *m* (da polso).

**montrer** [mɔ̃tre] *vt (désigner, exposer)* far vedere; *(prouver)* dimostrare; **~ qqch à qqn** far vedere qc a qn; **~ qqn/qqch du doigt** indicare qn/qc con il dito; **se ~ courageux** dimostrarsi coraggioso.

**monture** [mɔ̃tyr] *nf (de lunettes)* montatura *f*; *(cheval)* cavalcatura *f*.

**monument** [mɔnymɑ̃] *nm* monumento *m*; **~ aux morts** monumento ai caduti.

**moquer** [mɔke]: **se moquer de** *vp + prép (plaisanter)* prendere in giro; *(ignorer)* infischiarsi di; **je m'en moque** me ne infischio.

**moques** [mɔk] *nfpl (Belg) specialità della città di Gand consistente in un rotolo di pasta ai chiodi di garofano ricoperto di zucchero.*

**moquette** [mɔkɛt] *nf* moquette *f inv*.

**moral, -e, -aux** [mɔral, o] *adj* morale. ◆ *nm (état psychologique)* morale *m*; **avoir le ~** essere su di morale.

**morale** [mɔral] *nf* morale *f*.

**morceau, -x** [mɔrso] *nm* pezzo *m*; **~ de sucre** zolletta *f*; **en mille ~x** in mille pezzi.

**mordre** [mɔrdr] *vt* mordere.

**morille** [mɔrij] *nf* spugnola *f.*

**morsure** [mɔrsyr] *nf* morso *m.*

**mort, -e** [mɔr, mɔrt] *pp* → **mourir.** ◆ *adj* morto(-a); *(piles, radio)* fuori uso *(inv).* ◆ *nm, f* morto *m* (-a *f*). ◆ *nf* morte *f*; **être ~ de peur** essere morto di paura.

**morue** [mɔry] *nf* merluzzo *m.*

**mosaïque** [mɔzaik] *nf* mosaico *m.*

**mosquée** [mɔske] *nf* moschea *f.*

**mot** [mo] *nm* parola *f*; **écrire un ~ à qqn** scrivere due righe a qn; **~s croisés** parole crociate.

**motard** [mɔtar] *nm* motociclista *mf*; *(gendarme, policier)* agente *m* in motocicletta.

**motel** [mɔtɛl] *nm* motel *m inv.*

**moteur** [mɔtœr] *nm* motore *m.*

**motivé, -e** [mɔtive] *adj* motivato(-a).

**moto** [mɔto] *nf* moto *f inv.*

**motocycliste** [mɔtɔsiklist] *nmf* motociclista *mf.*

**mou, molle** [mu, mɔl] *adj* molle; *(sans énergie)* fiacco(-a).

**mouche** [muʃ] *nf* mosca *f.*

**moucher** [muʃe]: **se moucher** *vp* soffiarsi il naso.

**mouchoir** [muʃwar] *nm* fazzoletto *m*; **~ en papier** fazzoletto di carta.

**moue** [mu] *nf* smorfia *f*; **faire la ~** storcere il naso.

**mouette** [mwɛt] *nf* gabbiano *m.*

**moufle** [mufl] *nf* muffola *f.*

**mouillé, -e** [muje] *adj* bagnato(-a).

**mouiller** [muje] *vt* bagnare. ❑ **se mouiller** *vp* bagnarsi.

**moulant, -e** [mulɑ̃, ɑ̃t] *adj* aderente.

**moule**[1] [mul] *nm* stampo *m*; **~ à gâteau** stampo per dolci.

**moule**[2] [mul] *nf* cozza *f*; **~s marinière** cozze alla marinara.

**mouler** [mule] *vt* modellare.

**moulin** [mulɛ̃] *nm (à farine)* mulino *m*; **~ à vent** mulino a vento.

**moulu, -e** [muly] *adj* macinato(-a).

**mourant, -e** [murɑ̃, ɑ̃t] *adj* morente.

**mourir** [murir] *vi* morire; *(coutume, civilisation)* scomparire; ~ **de faim** morire di fame; ~ **d'envie de faire qqch** morire dalla voglia di fare qc.

**mousse** [mus] *nf (bulles)* schiuma *f*; *(plante)* muschio *m*; (CULIN) mousse *f inv*; ~ **à raser** schiuma da barba; ~ **au chocolat** mousse al cioccolato.

**mousseline** [muslin] *adj inv* : **purée** OU **pommes** ~ purè *m inv* di patate; **sauce** ~ *salsa a base di tuorli d'uovo, burro e panna montata.*

**mousser** [muse] *vi* fare schiuma.

**mousseux, -euse** [musø, øz] *adj (shampooing, chocolat)* schiumoso(-a). ♦ *nm* : **du (vin)** ~ dello spumante.

**moustache** [mustaʃ] *nf* baffi *mpl*.

**moustique** [mustik] *nm* zanzara *f*.

**moutarde** [mutard] *nf* senape *f*.

**mouton** [mutɔ̃] *nm* montone *m*.

**mouvants** [muvɑ̃] *adj mpl* → **sable**.

**mouvement** [muvmɑ̃] *nm* movimento *m*.

**moyen, -enne** [mwajɛ̃, ɛn] *adj* medio(-a); *(passable)* mediocre. ♦ *nm* mezzo *m*; ~ **de transport** mezzo di trasporto; **au ~ de qqch** per mezzo di qc. ❑ **moyens** *nmpl (financiers)* mezzi *mpl*; *(capacités)* capacità *fpl*; **avoir les ~s de faire qqch** *(financièrement)* avere i mezzi per fare qc.

**moyenne** [mwajɛn] *nf* media *f*; (SCOL: *à un devoir, un examen)* sufficienza *f*; **en** ~ in media.

**muet, muette** [mɥɛ, ɛt] *adj* muto(-a).

**muguet** [mygɛ] *nm* mughetto *m*.

**mulet** [mylɛ] *nm* mulo *m*.

**multicolore** [myltikɔlɔr] *adj* multicolore.

**multiplication** [myltiplikasjɔ̃] *nf* moltiplicazione *f*.

**multiplier** [myltiplije] *vt* moltiplicare; **2 multiplié par 9** 2 moltiplicato per 9.

**multipropriété** [myltiprɔprijete] *nf* multiproprietà *f inv*.

**multitude** [myltityd] *nf* : **une ~ de** una moltitudine di.

**municipal, -e, -aux** [mynisipal, o] *adj* municipale.

**munir** [mynir]: ~ **qqn/qqch**

de munire qn/qc di. ❑ **se munir de** *vp + prép* munirsi di.
**mur** [myr] *nm* muro *m.*
**mûr, -e** [myr] *adj* maturo(-a).
**muraille** [myraj] *nf* muraglia *f.*
**mural, -e, -aux** [myral, o] *adj* murale.
**mûre** [myr] *nf* mora *f.*
**mûrir** [myrir] *vi* maturare.
**murmurer** [myrmyre] *vi* mormorare.
**muscade** [myskad] *nf* : **(noix)** ~ noce *f* moscata.
**muscat** [myska] *nm (raisin)* uva *f* moscata; *(vin)* moscato *m.*
**muscle** [myskl] *nm* muscolo *m.*
**musclé, -e** [myskle] *adj* muscoloso(-a).
**musculation** [myskylasjɔ̃] *nf* body building *m.*
**musée** [myze] *nm* museo *m.*
**musical, -e, -aux** [myzikal, o] *adj* musicale.
**musicien, -enne** [myzisjɛ̃, ɛn] *nm, f* musicista *mf.*
**musique** [myzik] *nf (art)* musica *f*; ~ **classique** musica classica; ~ **de film** colonna *f* sonora.
**musulman, -e** [myzylmɑ̃, an] *adj* musulmano(-a). ◆ *nm, f* musulmano *m* (-a *f*).
**mutuellement** [mytɥɛlmɑ̃] *adv* reciprocamente.
**myope** [mjɔp] *adj* miope.
**myrtille** [mirtij] *nf* mirtillo *m.*
**mystère** [mistɛr] *nm* mistero *m*; **Mystère**® *(glace) gelato alla vaniglia con meringa ricoperto di scaglie di mandorle.*
**mystérieux, -euse** [misterjø, øz] *adj* misterioso(-a).

# N

**n'** → **ne.**
**N** *(abr de* **nord***)* N.
**nacre** [nakr] *nf* madreperla *f.*
**nage** [naʒ] *nf (natation)* nuoto *m*; *(façon de nager)* stile *m*; **en** ~ in un bagno di sudore.
**nageoire** [naʒwar] *nf* pinna *f.*
**nager** [naʒe] *vi* nuotare. ◆ *vt* nuotare a.

**naïf**, **naïve** [naif, naiv] *adj* ingenuo(-a).

**naissance** [nɛsɑ̃s] *nf* nascita *f*.

**naître** [nɛtr] *vi* nascere; **je suis né le... à...** sono nato il... a...

**naïve** → **naïf**.

**nana** [nana] *nf (fam)* tipa *f*.

**Naples** [napl] *n* Napoli *f*.

**nappe** [nap] *nf (linge)* tovaglia *f*; *(de brouillard)* banco *m*.

**narguer** [narge] *vt* provocare.

**narine** [narin] *nf* narice *f*.

**natal**, **-e** [natal] *adj* natale.

**natation** [natasjɔ̃] *nf* nuoto *m*; **faire de la ~** fare nuoto.

**national**, **-e**, **-aux** [nasjɔnal, o] *adj* nazionale.

**nationale** [nasjɔnal] *nf* : **(route) ~** ≈ (strada) statale *f*.

**nationalité** [nasjɔnalite] *nf* nazionalità *f inv*.

**natte** [nat] *nf (tresse)* treccia *f*; *(tapis)* stuoia *f*.

**naturaliser** [natyralize] *vt* naturalizzare.

**nature** [natyr] *nf* natura *f*. ◆ *adj inv (yaourt, omelette, thé)* al naturale; **~ morte** natura morta.

**naturel**, **-elle** [natyrɛl] *adj* naturale; *(normal)* normale.

**naturellement** [natyrɛlmɑ̃] *adv (spontanément)* con naturalezza; *(bien sûr)* naturalmente.

**naturiste** [natyrist] *nmf* naturista *mf*.

**nausée** [noze] *nf* nausea *f*; **avoir la ~** avere la nausea.

**nautique** [notik] *adj* nautico(-a).

**navarin** [navarɛ̃] *nm stufato di montone accompagnato da patate o altre verdure*.

**navette** [navɛt] *nf* navetta *f*; **faire la ~ (entre)** fare la spola (tra).

**navigation** [navigasjɔ̃] *nf* navigazione *f*; **~ de plaisance** navigazione da diporto.

**naviguer** [navige] *vi* navigare.

**navire** [navir] *nm* nave *f*.

**navré**, **-e** [navre] *adj* spiacente.

**ne** [nə] → **jamais, pas, personne, plus, que, rien**.

**né**, **-e** [ne] *pp* → **naître**.

**néanmoins** [neɑ̃mwɛ̃] *adv* tuttavia.

**nécessaire** [nesesɛr] *adj* necessario(-a). ◆ *nm (ce qui* *est indispensable)* necessario *m*; **~ de toilette** nécessaire.

**nécessiter** [nesesite] *vt* necessitare.

**nectarine** [nɛktarin] *nf* pescanoce *f*.

**néerlandais, -e** [neɛrlɑ̃dɛ, ɛz] *adj* olandese. ◆ *nm (langue)* olandese *m*.

**néfaste** [nefast] *adj* nefasto(-a).

**négatif, -ive** [negatif, iv] *adj* negativo(-a). ◆ *nm* negativo *m*.

**négligeable** [negliʒabl] *adj* trascurabile.

**négliger** [negliʒe] *vt* trascurare.

**négociations** [negɔsjasjɔ̃] *nfpl* negoziati *mpl*.

**neige** [nɛʒ] *nf* neve *f*.

**neiger** [neʒe] *v impers* : **il neige** nevica.

**néon** [neɔ̃] *nm* neon *m inv*.

**nerf** [nɛr] *nm* nervo *m*; **être à bout de ~s** avere i nervi a pezzi.

**nerveux, -euse** [nɛrvø, øz] *adj* nervoso(-a).

**n'est-ce pas** [nɛspa] *adv* vero?

**net, nette** [nɛt] *adj* netto(-a); *(propre)* pulito(-a). ◆ *adv (se casser, s'arrêter)* di netto.

**nettement** [nɛtmɑ̃] *adv (clairement)* chiaramente; *(beaucoup, très)* nettamente.

**nettoyage** [netwajaʒ] *nm* pulizia *f*; **~ à sec** lavaggio *m* a secco.

**nettoyer** [nɛtwaje] *vt* pulire; **faire ~ un vêtement** *(à la teinturerie)* portare un vestito in lavanderia.

**neuf, neuve** [nœf, nœv] *adj* nuovo(-a). ◆ *num* nove; **quoi de ~?** novità?; **→ six.**

**neutre** [nøtr] *adj* neutro(-a).

**neuvième** [nœvjɛm] *num* nono(-a); **→ sixième.**

**neveu, -x** [nəvø] *nm* nipote *m (di zii)*.

**nez** [ne] *nm* naso *m*; *(d'un avion)* muso *m*.

**ni** [ni] *conj* : **~... ~...** né... né...; **je n'aime ~ la guitare ~ le piano** non mi piacciono né la chitarra né il piano; **~ l'un ~ l'autre ne sont français** né l'uno né l'altro sono francesi; **elle n'est ~ mince ~ grosse** non è né magra né grassa.

**Nice** [nis] *n* Nizza *f*.

**niche** [niʃ] *nf (à chien)* cuccia *f*; *(dans un mur)* nicchia *f*.

**niçoise** [niswaz] *adj f* **→ salade.**

**nid** [ni] *nm* nido *m*; *(de souris)* tana *f*.

**nièce** [njɛs] *nf* nipote *f (di zii)*.

**nier** [nje] *vt* negare; ~ **avoir fait qqch** negare di aver fatto qc.

**n'importe** [nɛ̃pɔrt] → **importer**.

**niveau, -x** [nivo] *nm* livello *m*; ~ **d'huile** *(AUT)* livello dell'olio.

**noble** [nɔbl] *adj* nobile. ◆ *nmf* nobile *mf*.

**noce** [nɔs] *nf* festa *f* di nozze; **~s d'or** nozze *fpl* d'oro.

**nocif, -ive** [nɔsif, iv] *adj* nocivo(-a).

**nocturne** [nɔktyrn] *adj* notturno(-a). ◆ *nf (d'un magasin)* apertura *f* serale.

**Noël** [nɔɛl] *nm* Natale *m*. ◆ *nf* : **la** ~ *(jour)* il giorno di Natale; *(période)* Natale.

**nœud** [nø] *nm* nodo *m*; *(ruban)* fiocco *m*; ~ **papillon** papillon *m inv*.

**noir, -e** [nwar] *adj* nero(-a). ◆ *nm* nero *m*; *(obscurité)* buio *m*; **il fait** ~ fa buio; **dans le** ~ al buio. ❑ **Noir, -e** *nm, f* negro *m* (-a *f*).

**noircir** [nwarsir] *vt* annerire. ◆ *vi* annerirsi.

**noisette** [nwazɛt] *nf* nocciola *f*; *(morceau)* noce *f*. ◆ *adj inv* nocciola *(inv)*.

**noix** [nwa] *nf* noce *f*; ~ **de cajou** noce di acagiù; ~ **de coco** noce di cocco.

**nom** [nɔ̃] *nm* nome *m*; *(GRAMM)* sostantivo *m*; ~ **de famille** cognome *m*; ~ **de jeune fille** nome da ragazza.

**nombre** [nɔ̃br] *nm* numero *m*; **un grand** ~ **de** un gran numero di.

**nombreux, -euse** [nɔ̃brø, øz] *adj* numeroso(-a); **peu** ~ *(groupe)* poco numeroso; **ils étaient peu** ~ erano pochi.

**nombril** [nɔ̃bril] *nm* ombelico *m*.

**nommer** [nɔme] *vt (appeler)* chiamare; *(à un poste)* nominare. ❑ **se nommer** *vp* chiamarsi.

**non** [nɔ̃] *adv* no; **~?** *(exprime la surprise)* no?; **moi ~ plus** neanch'io, nemmeno io; ~ **seulement..., mais...** non solo..., ma...

**nonante** [nɔnɑ̃t] *num (Belg & Helv)* novanta; → **six**.

**non-fumeur, -euse** [nɔ̃fymœr, øz] *nm, f* non fumatore *m* (-trice *f*).

**nord** [nɔr] *adj inv* settentrionale. ◆ *nm* nord *m*; **au ~ (de)** a nord (di).

**nord-est** [nɔrɛst] *adj inv* nordorientale. ◆ *nm* nordest *m*; **au ~ (de)** a nordest (di).

**nordique** [nɔrdik] *adj* nordico(-a); *(Can: du Nord canadien)* del Canada del nord.

**nord-ouest** [nɔrwɛst] *adj inv* nordoccidentale. ◆ *nm* nordovest *m*; **au ~ (de)** a nordovest (di).

**normal**, **-e**, **-aux** [nɔrmal, o] *adj* normale; **ce n'est pas ~** *(pas juste)* non è giusto.

**normalement** [nɔrmalmɑ̃] *adv* normalmente.

**Normandie** [nɔrmɑ̃di] *nf* : **la ~** la Normandia.

**Norvège** [nɔrvɛʒ] *nf* : **la ~** la Norvegia.

**norvégien**, **-enne** [nɔrveʒjɛ̃, ɛn] *adj* norvegese. ◆ *nm (langue)* norvegese *m*.

**nos** → **notre**.

**notaire** [nɔtɛr] *nm* notaio *m*.

**notamment** [nɔtamɑ̃] *adv* in particolare.

**note** [nɔt] *nf* nota *f*; *(SCOL)* voto *m*; **prendre des ~s** prendere nota.

**noter** [nɔte] *vt (écrire)* annotare; *(remarquer)* notare.

**notice** [nɔtis] *nf (mode d'emploi)* avvertenze *fpl*.

**notion** [nɔsjɔ̃] *nf* nozione *f*; **avoir des ~s de** avere nozioni di.

**notre** [nɔtr] (*pl* **nos** [no]) *adj* il nostro (la nostra), i nostri (le nostre) (*pl*); **~ grand-père** nostro nonno.

**nôtre** [notr]: **le nôtre** (*f* **la nôtre**, *pl* **les nôtres**) *pron* il nostro (la nostra), i nostri (le nostre) (*pl*).

**nouer** [nwe] *vt (lacet, cheveux)* annodare; *(cravate)* fare il nodo a.

**nougat** [nuga] *nm* torrone *m*.

**nourrice** [nuris] *nf* bambinaia *f*.

**nourrir** [nurir] *vt* nutrire. ❑ **se nourrir (de)** *vp (+ prép)* nutrirsi (di).

**nourrissant**, **-e** [nurisɑ̃, ɑ̃t] *adj* nutriente.

**nourriture** [nurityr] *nf* cibo *m*.

**nous** [nu] *pron (sujet)* noi; *(complément, réfléchi, réciproque)* ci; **~-mêmes** noi stessi (stesse); **il ~ a parlé de son voyage** ci ha parlato del suo viaggio; **il ~ en a parlé** ce ne ha parlato.

**nouveau**, **-elle** [nuvo, nuvɛl] (*m* **nouvel** [nuvɛl], *de-*

*vant voyelle ou h muet mpl* **nouveaux** [nuvo]) *adj* nuovo(-a). ◆ *nm, f (dans une classe, un club)* nuovo *m* (-a *f*); **rien de ~** niente di nuovo; **le Nouvel An** Capodanno *m*; **à** *ou* **de ~** di nuovo.

**nouveau-né, -e, -s** [nuvone] *nm, f* neonato *m* (-a *f*).

**nouveauté** [nuvote] *nf* novità *f inv*.

**nouvel** → **nouveau**.

**nouvelle** [nuvɛl] *nf (information)* notizia *f*; *(roman)* novella *f*; **les ~s** *(à la radio, à la télé)* le notizie; **avoir des ~s de qqn** avere notizie di qn; → **nouveau**.

**novembre** [nɔvɑ̃br] *nm* novembre *m*; → **septembre**.

**noyau, -x** [nwajo] *nm* nocciolo *m*.

**noyer** [nwaje] *nm* noce *m*. ❑ **se noyer** *vp (par accident)* annegare.

**nu, -e** [ny] *adj* nudo(-a); **pieds ~s** piedi nudi; **tout ~** completamente nudo; **~-tête** a testa scoperta.

**nuage** [nɥaʒ] *nm* nuvola *f*.

**nuageux, -euse** [nɥaʒø, øz] *adj* nuvoloso(-a).

**nucléaire** [nykleɛr] *adj* nucleare.

**nudiste** [nydist] *nmf* nudista *mf*.

**nui** [nɥi] *pp* → **nuire**.

**nuire** [nɥir]: **nuire à** *v + prép* nuocere a.

**nuit** [nɥi] *nf* notte *f*; **la ~** *(tous les jours)* di notte; **bonne ~!** buonanotte!; **il fait ~** è notte; **une ~ blanche** una notte in bianco; **de ~** di notte.

**nul, nulle** [nyl] *adj (travail, devoir)* pessimo(-a); *(fam: idiot)* imbranato(-a); **être ~ en qqch** essere negato(-a) in qc; **nulle part** da nessuna parte.

**numéro** [nymero] *nm* numero *m*; **~ de compte** numero di conto; **~ d'immatriculation** *(d'un véhicule)* numero di targa; **~ de téléphone** numero di telefono.

**nuque** [nyk] *nf* nuca *f*.

# O

**O** *(abr de* **ouest***)* O.

**obéir** [ɔbeir] *vi* ubbidire; **~ à** ubbidire a.

**obéissant, -e** [ɔbeisɑ̃, ɑ̃t] *adj* ubbidiente.

**objectif**, **-ive** [ɔbʒɛktif, iv] *adj* obiettivo(-a). ◆ *nm* obiettivo *m*.

**objection** [ɔbʒɛksjɔ̃] *nf* obiezione *f*.

**objet** [ɔbʒɛ] *nm* oggetto *m*; **(bureau des) ~s trouvés** ufficio *m* oggetti smarriti; **~s de valeur** oggetti di valore.

**obligation** [ɔbligasjɔ̃] *nf* obbligo *m*.

**obligé**, **-e** [ɔbliʒe] *adj* obbligato(-a); **être ~ de faire qqch** essere obbligato a fare qc.

**obliger** [ɔbliʒe] *vt* : **~ qqn à faire qqch** obbligare qn a fare qc.

**oblitérer** [ɔblitere] *vt* obliterare.

**obscène** [ɔpsɛn] *adj* osceno(-a).

**obscur**, **-e** [ɔpskyr] *adj* *(sombre)* scuro(-a).

**obscurité** [ɔpskyrite] *nf* oscurità *f*.

**obséder** [ɔpsede] *vt* ossessionare.

**observation** [ɔpsɛrvasjɔ̃] *nf* osservazione *f*.

**observer** [ɔpsɛrve] *vt* osservare.

**obstacle** [ɔpstakl] *nm* *(difficulté)* ostacolo *m*.

**obtenir** [ɔptənir] *vt* ottenere.

**obtenu**, **-e** [ɔptəny] *pp* → **obtenir**.

**occasion** [ɔkazjɔ̃] *nf* occasione *f*; **avoir l'~ de faire qqch** avere l'occasione di fare qc; **d'~** di seconda mano.

**occasionnel**, **-elle** [ɔkazjɔnɛl] *adj* occasionale.

**occidental**, **-e**, **-aux** [ɔksidɑ̃tal, o] *adj* occidentale.

**occupation** [ɔkypasjɔ̃] *nf* occupazione *f*.

**occupé**, **-e** [ɔkype] *adj* occupato(-a); **ça sonne ~** dà occupato.

**occuper** [ɔkype] *vt* occupare. ❑ **s'occuper** *vp* *(se distraire)* tenersi occupato; **s'~ de** occuparsi di.

**océan** [ɔseɑ̃] *nm* oceano *m*.

**octane** [ɔktan] *nm* : **indice d'~** numero *m* di ottani.

**octante** [ɔktɑ̃t] *num* *(Belg & Helv)* ottanta; → **six**.

**octobre** [ɔktɔbr] *nm* ottobre *m*; → **septembre**.

**oculiste** [ɔkylist] *nmf* oculista *mf*.

**odeur** [ɔdœr] *nf* odore *m*.

**odieux**, **-euse** [ɔdjø, øz] *adj* odioso(-a).
**œil** [œj] (*pl* **yeux** [jø]) *nm* occhio *m*; **à l'~** *(fam)* gratis; **mon ~!** *(fam)* come no!
**œillet** [œjɛ] *nm* garofano *m*; *(de chaussure)* occhiello *m*.
**œuf** [œf, *pl* ø] *nm* uovo *m*; **~ à la coque** uovo alla coque; **~ dur** uovo sodo; **~ de Pâques** uovo di Pasqua; **~ sur le plat** uovo all'occhio di bue; **~s brouillés** uova strapazzate; **~s à la neige** *dolce servito freddo a base di crema sulla quale galleggiano degli albumi montati a neve e ricoperti di crème caramel.*
**œuvre** [œvr] *nf* opera *f*; **~ d'art** opera d'arte.
**offenser** [ɔfɑ̃se] *vt* offendere.
**offert**, **-e** [ɔfɛr, ɛrt] *pp* → **offrir**.
**office** [ɔfis] *nm (organisme)* ente *m*; **~ de tourisme** ente per il turismo.
**officiel**, **-elle** [ɔfisjɛl] *adj* ufficiale.
**officier** [ɔfisje] *nm* ufficiale *m*.
**offre** [ɔfr] *nf* offerta *f*; **'~ spéciale'** "offerta speciale"; **~s d'emploi** offerte di lavoro.
**offrir** [ɔfrir] *vt* : **~ qqch à qqn** *(mettre à sa disposition)* offrire qc a qn; *(en cadeau)* regalare qc a qn.
**oie** [wa] *nf* oca *f*.
**oignon** [ɔɲɔ̃] *nm* cipolla *f*; *(de fleur)* bulbo *m*; **petits ~s** cipolline *fpl*.
**oiseau**, **-x** [wazo] *nm* uccello *m*.
**olive** [ɔliv] *nf* oliva *f*; **~ noire** oliva nera; **~ verte** oliva verde.
**olivier** [ɔlivje] *nm* olivo *m*.
**omble** [ɔ̃bl] *nm* : **~ chevalier** *pesce dalla carne sopraffina che si trova specialmente nel lago di Ginevra.*
**ombre** [ɔ̃br] *nf* ombra *f*; **à l'~ (de)** all'ombra (di); **~ à paupières** ombretto *m*.
**ombrelle** [ɔ̃brɛl] *nf* ombrellino *m*.
**omelette** [ɔmlɛt] *nf* omelette *f inv*; **~ norvégienne** *dolce a base di gelato, meringa e pan di Spagna, spesso servito flambé.*
**omission** [ɔmisjɔ̃] *nf* omissione *f*.
**omnibus** [ɔmnibys] *nm* : **(train) ~** (treno) locale *m*.
**omoplate** [ɔmɔplat] *nf* scapola *f*.

**on** [ɔ̃] *pron (quelqu'un)* qualcuno; **~ m'a dit que...** mi hanno detto che...; **comment écrit-~ « anno »?** come si scrive "anno"?; **~ y va?** *(fam)* andiamo?

**oncle** [ɔ̃kl] *nm* zio *m*.

**onde** [ɔ̃d] *nf* onda *f*; **grandes ~s** onde lunghe; **~s courtes/moyennes** onde corte/medie.

**ongle** [ɔ̃gl] *nm* unghia *f*.

**ont** [ɔ̃] → **avoir**.

**onze** [ɔ̃z] *num* undici; → **six**.

**onzième** [ɔ̃zjɛm] *num* undicesimo(-a); → **sixième**.

**opaque** [ɔpak] *adj* opaco(-a).

**opéra** [ɔpera] *nm (théâtre)* teatro *m* dell'opera; *(spectacle)* opera *f*.

**opération** [ɔperasjɔ̃] *nf* operazione *f*.

**opérer** [ɔpere] *vt (malade)* operare. ◆ *vi (médicament)* agire; **se faire ~ (de)** operarsi (di).

**ophtalmologiste** [ɔftalmɔlɔʒist] *nmf* oculista *mf*, oftalmologo *m* (-a *f*).

**opinion** [ɔpinjɔ̃] *nf* opinione *f*.

**opposé, -e** [ɔpoze] *adj* opposto(-a). ◆ *nm* opposto *m*; **~ à** *(inverse)* opposto a; *(hostile à)* contrario(-a) a; **à l'~ de** *(du côté opposé à)* dal lato opposto a.

**opposer** [ɔpoze] *vt (personnes, équipes)* mettere di fronte. ❑ **s'opposer** *vp (s'affronter)* fronteggiarsi; **s'~ à** *(affronter)* affrontare; *(interdire)* opporsi a.

**opposition** [ɔpozisjɔ̃] *nf* opposizione *f*; *(différence)* contrasto *m*; **faire ~ (à un chèque)** fare opposizione (a un assegno).

**opticien, -enne** [ɔptisjɛ̃, ɛn] *nm, f* ottico *m* (-a *f*).

**optimiste** [ɔptimist] *adj* ottimistico(-a). ◆ *nmf* ottimista *mf*.

**or** [ɔr] *conj* ora. ◆ *nm* oro *m*; **en ~** d'oro.

**orage** [ɔraʒ] *nm* temporale *m*.

**orageux, -euse** [ɔraʒø, øz] *adj* che minaccia un temporale.

**oral, -e, -aux** [ɔral, o] *adj* orale. ◆ *nm (examen)* orale *m*; **'voie ~e'** "per via orale".

**orange** [ɔrɑ̃ʒ] *adj inv* arancione. ◆ *nm* arancione *m*. ◆ *nf* arancia *f*.

**orchestre** [ɔrkɛstr] *nm* orchestra *f*.

**orchidée** [ɔrkide] *nf* orchidea *f*.

**ordinaire** [ɔrdinɛr] *adj* ordinario(-a). ♦ *nm (essence)* normale *f*; **sortir de l'~** essere fuori del comune; **d'~** di solito.

**ordinateur** [ɔrdinatœr] *nm* computer *m inv*.

**ordonnance** [ɔrdɔnɑ̃s] *nf (médicale)* ricetta *f*.

**ordonné, -e** [ɔrdɔne] *adj* ordinato(-a).

**ordonner** [ɔrdɔne] *vt* : **~ à qqn de faire qqch** ordinare a qn di fare qc.

**ordre** [ɔrdr] *nm* ordine *m*; **donner l'~ (à qqn) de faire qqch** dare l'ordine (a qn) di fare qc; **en ~** in ordine; **mettre de l'~ dans qqch** *(pièce, papiers)* mettere in ordine qc; **dans l'~** nell'ordine; **à l'~ de** *(chèque)* all'ordine di.

**ordures** [ɔrdyr] *nfpl* rifiuti *mpl*.

**oreille** [ɔrɛj] *nf* orecchio *m*.

**oreiller** [ɔreje] *nm* guanciale *m*.

**organe** [ɔrgan] *nm* organo *m*.

**organisation** [ɔrganizasjɔ̃] *nf* organizzazione *f*.

**organiser** [ɔrganize] *vt* organizzare. ❑ **s'organiser** *vp* organizzarsi.

**organisme** [ɔrganism] *nm* organismo *m*.

**orgue** [ɔrg] *nm* organo *m*; **~ de Barbarie** organetto *m* di Barberia.

**orgueilleux, -euse** [ɔrgœjø, øz] *adj* orgoglioso(-a).

**oriental, -e, -aux** [ɔrjɑ̃tal, o] *adj* orientale.

**orientation** [ɔrjɑ̃tasjɔ̃] *nf* orientamento *m*.

**orienter** [ɔrjɑ̃te]: **s'~ vers** orientarsi verso.

**originaire** [ɔriʒinɛr] *adj* : **~ de** originario(-a) di.

**original, -e, -aux** [ɔriʒinal, o] *adj* originale. ♦ *nm (peinture, écrit)* originale *m*.

**origine** [ɔriʒin] *nf* origine *f*; **à l'~** in origine; **pays d'~** paese *m* d'origine.

**ornement** [ɔrnəmɑ̃] *nm* ornamento *m*.

**orner** [ɔrne] *vt* ornare; **~ qqch de** ornare qc di.

**orphelin, -e** [ɔrfəlɛ̃, in] *nm, f* orfano *m* (-a *f*).

**orteil** [ɔrtɛj] *nm* dito *m* del piede; **gros ~** alluce *m*.

**orthographe** [ɔrtɔgraf] *nf (règles)* ortografia *f*; *(d'un mot)* grafia *f*.

**ortie** [ɔrti] *nf* ortica *f*.

**os** [ɔs] *nm* osso *m*.
**osciller** [ɔsile] *vi* oscillare.
**oser** [oze] *vt* osare; **~ faire qqch** osare fare qc.
**osier** [ozje] *nm* vimini *mpl*.
**otage** [ɔtaʒ] *nm* ostaggio *m*; **prendre qqn en ~** prendere qn in ostaggio.
**otarie** [ɔtari] *nf* otaria *f*.
**ôter** [ote] *vt* togliere; **ôte ton manteau** togliti il cappotto; **~ qqch à qqn** togliere qc a qn; **~ qqch de qqch** togliere qc da qc; **3 ôté de 10 égale 7** 10 meno 3 uguale 7.
**otite** [ɔtit] *nf* otite *f*.
**ou** [u] *conj* o; **~ bien** oppure; **~... ~** o... o.
**où** [u] *adv* 1. *(pour interroger)* dove; **~ habitez-vous?** dove abita?; **d'~ êtes-vous?** di dove siete?; **par ~ faut-il passer?** da dove bisogna passare?
2. *(dans une interrogation indirecte)* dove; **nous ne savons pas ~ dormir** non sappiamo dove dormire.
◆ *pron* 1. *(spatial)*: **le village ~ j'habite** il paese in cui abito; **le pays d'~ je viens** il paese da cui vengo.
2. *(temporel)* in cui; **le jour ~...** il giorno in cui...; **juste au moment ~...** proprio nel momento in cui...
**ouate** [wat] *nf* ovatta *f*.
**oubli** [ubli] *nm (étourderie)* dimenticanza *f*.
**oublier** [ublije] *vt* dimenticare; **~ de faire qqch** dimenticare di fare qc.
**ouest** [wɛst] *adj inv* occidentale. ◆ *nm* ovest *m*; **à l'~ (de)** a ovest (di).
**oui** [wi] *adv* sì.
**ouragan** [uragɑ̃] *nm* uragano *m*.
**ourlet** [urlɛ] *nm* orlo *m*.
**ours** [urs] *nm* orso *m*; **~ en peluche** orsetto *m* di peluche.
**oursin** [ursɛ̃] *nm* riccio *m* di mare.
**outil** [uti] *nm* attrezzo *m*; *(fig: moyen)* strumento *m*.
**outre** [utr] *prép* oltre a; **en ~** per di più.
**outre-mer** [utrəmɛr] *adv* oltremare.
**ouvert, -e** [uvɛr, ɛrt] *pp* → **ouvrir**. ◆ *adj* aperto(-a); **'~ le lundi'** 'aperto il lunedì'.
**ouverture** [uvɛrtyr] *nf* apertura *f*.
**ouvrage** [uvraʒ] *nm* opera *f*; *(couture, tricot)* lavoro *m*.
**ouvre-boîtes** [uvrəbwat]

*nm inv* apriscatole *m inv*.

**ouvre-bouteilles** [uvrəbutɛj] *nm inv* apribottiglie *m inv*.

**ouvrier**, **-ère** [uvrije, ɛr] *nm, f* operaio *m* (-a *f*).

**ouvrir** [uvrir] *vt* & *vi* aprire. ❑ **s'ouvrir** *vp* aprirsi.

**ovale** [ɔval] *adj* ovale.

**oxygène** [ɔksiʒɛn] *nm* ossigeno *m*.

**oxygénée** [ɔksiʒene] *adj f* → **eau**.

**ozone** [ɔzɔn] *nm* ozono *m*.

# P

**pacifique** [pasifik] *adj* pacifico(-a); **l'océan Pacifique, le Pacifique** l'oceano *m* Pacifico, il Pacifico.

**pack** [pak] *nm (de bouteilles)* confezione *f*.

**paella** [paɛla] *nf* paella *f*.

**page** [paʒ] *nf* pagina *f*; **les ~s jaunes** le pagine gialle.

**paie** [pɛ] = **paye**.

**paiement** [pemɑ̃] *nm* pagamento *m*.

**paillasson** [pajasɔ̃] *nm* zerbino *m*.

**paille** [paj] *nf* paglia *f*; *(pour boire)* cannuccia *f*.

**pain** [pɛ̃] *nm* pane *m*; **~ au chocolat** *dolce di pasta sfoglia ripieno al cioccolato*; **~ complet** pane integrale; **~ d'épice** panpepato *m*; **~ de mie** pancarrè *m inv*; **~ aux raisins** *dolcetto di pasta sfoglia a spirale guarnito di uvetta*.

**pair**, **-e** [pɛr] *adj* pari *(inv)*. ◆ *nm* : **jeune fille au ~** ragazza *f* alla pari.

**paire** [pɛr] *nf* paio *m*.

**paisible** [pezibl] *adj* tranquillo(-a).

**paix** [pɛ] *nf* pace *f*; **avoir la ~** starsene in pace; **laisser qqn en ~** lasciare qn in pace.

**palace** [palas] *nm* albergo *m* di lusso.

**palais** [palɛ] *nm (résidence)* palazzo *m*; *(ANAT)* palato *m*; **Palais de justice** Palazzo di giustizia.

**pâle** [pal] *adj* pallido(-a).

**Palerme** [palɛrm] *n* Palermo *f*.

**palier** [palje] *nm* pianerottolo *m*.

**pâlir** [palir] *vi* impallidire.

**palme** [palm] *nf (de plongée)* pinna *f*.

**palmier** [palmje] *nm (ar-

*bre)* palma *f*; *(gâteau) biscotto di pasta sfoglia a forma di foglia di palma.*

**palourde** [palurd] *nf* vongola *f*.

**palper** [palpe] *vt* palpare.

**pamplemousse** [pɑ̃pləmus] *nm* pompelmo *m*.

**panaché** [panaʃe] *nm* : **(demi) ~** *bibita a base di birra e gassosa.*

**panaris** [panari] *nm* infezione *f* a un dito.

**pan-bagnat** [pɑ̃baɲa] (*pl* **pans-bagnats**) *nm panino imbottito con uova sode, insalata, pomodori, cipolle, acciughe, olive, ecc. e condito con olio d'oliva.*

**pancarte** [pɑ̃kart] *nf* cartello *m*.

**pané, -e** [pane] *adj* impanato(-a).

**panier** [panje] *nm* cestino *m*; *(au basket)* canestro *m*; **~ à provisions** borsa *f* della spesa.

**paniquer** [panike] *vt* far venire il panico a. ◆ *vi* farsi prendere dal panico.

**panne** [pan] *nf* guasto *m*; **tomber en ~** rimanere in panne; **il y a une ~ d'électricité** *OU* **de courant** è andata via la luce *OU* la corrente; **tomber en ~ d'essence** *OU* **sèche** rimanere senza benzina; **'en ~'** "guasto".

**panneau, -x** [pano] *nm (d'indication)* cartello *m*; *(de bois, de verre)* pannello *m*; **~ publicitaire** cartellone *m* pubblicitario; **~ de signalisation** cartello stradale.

**pansement** [pɑ̃smɑ̃] *nm* medicazione *f*; **~ adhésif** cerotto *m*.

**pantalon** [pɑ̃talɔ̃] *nm* pantaloni *mpl*.

**panthère** [pɑ̃tɛr] *nf* pantera *f*.

**pantoufle** [pɑ̃tufl] *nf* pantofola *f*.

**paon** [pɑ̃] *nm* pavone *m*.

**papa** [papa] *nm* papà *m*, babbo *m*.

**pape** [pap] *nm* papa *m*.

**papet** [papɛ] *nm* : **~ vaudois** *specialità del cantone di Vaud in Svizzera a base di porri, patate bollite e salsicce al cavolo e al fegato d'oca.*

**papeterie** [papɛtri] *nf (magasin)* cartoleria *f*; *(usine)* cartiera *f*.

**papi** [papi] *nm* nonno *m*.

**papier** [papje] *nm* carta *f*; *(feuille)* pezzo *m* di carta; **~ aluminium** carta stagnola; **~ cadeau** carta da regalo;

~ **d'emballage** carta da pacco; ~ **hygiénique** *ou* **toilette** carta igienica; ~ **à lettres** carta da lettere; ~ **peint** carta da parati; **~s (d'identité)** documenti *mpl*.

**papillon** [papijɔ̃] *nm* farfalla *f*.

**paquebot** [pakbo] *nm* transatlantico *m*.

**pâquerette** [pakrɛt] *nf* margheritina *f*.

**Pâques** [pak] *nm* Pasqua *f*.

**paquet** [pakɛ] *nm (colis)* pacco *m*; *(de cigarettes, de chewing-gum)* pacchetto *m*; *(de cartes)* mazzo *m*; **~-cadeau** pacco regalo.

**par** [par] *prép* 1. *(à travers)* da; **passer ~** passare da. 2. *(indique le moyen)* tramite; **envoyer qqch ~ la poste** spedire qc tramite la posta; **voyager ~ (le) train** viaggiare in treno. 3. *(introduit l'agent)* da. 4. *(indique la cause)* per; **faire qqch ~ intérêt/amitié** fare qc per interesse/amicizia. 5. *(distributif)* a; **deux comprimés ~ jour** due compresse al giorno; **40 € ~ personne** 40 euro a testa; **deux ~ deux** due a due. 6. *(dans des expressions)*: ~ **endroits** qua e là; **~-ci ~-là** qua e là.

**paracétamol** [parasetamɔl] *nm tipo di analgesico*.

**parachute** [paraʃyt] *nm* paracadute *m inv*.

**paradis** [paradi] *nm* paradiso *m*.

**parages** [paraʒ] *nmpl* : **dans les ~** nei paraggi.

**paragraphe** [paragraf] *nm* paragrafo *m*.

**paraître** [parɛtr] *vi (sembler)* sembrare; *(livre)* uscire; **il paraît que** sembra che.

**parallèle** [paralɛl] *adj* parallelo(-a). ♦ *nm* parallelo *m*; **~ à** parallelo a.

**paralyser** [paralize] *vt* paralizzare.

**parapente** [parapɑ̃t] *nm* parapendio *m*.

**parapet** [parapɛ] *nm* parapetto *m*.

**parapluie** [paraplɥi] *nm* ombrello *m*.

**parasol** [parasɔl] *nm* ombrellone *m*.

**paravent** [paravɑ̃] *nm* paravento *m*.

**parc** [park] *nm* parco *m*; *(de bébé)* box *m inv*; **~ d'attractions** luna park *m inv*; **~ de stationnement** par-

cheggio *m*; ~ **zoologique** giardino *m* zoologico.
**parce que** [parsk(ə)] *conj* perché.
**parcmètre** [parkmɛtr] *nm* parchimetro *m*.
**parcourir** [parkurir] *vt* percorrere.
**parcours** [parkur] *nm* percorso *m*; ~ **santé** percorso ginnico.
**parcouru**, **-e** [parkury] *pp* → **parcourir**.
**par-derrière** [pardɛrjɛr] *adv* da dietro. ◆ *prép* dietro a.
**par-dessous** [pardəsu] *adv* da sotto. ◆ *prép* sotto a.
**pardessus** [pardəsy] *nm* soprabito *m*.
**par-dessus** [pardəsy] *adv* da sopra. ◆ *prép* sopra a.
**par-devant** [pardəvɑ̃] *adv* dal davanti. ◆ *prép* davanti a.
**pardon** [pardɔ̃] *nm* : **demander ~ à qqn** chiedere scusa a qn; **~!** *(pour s'excuser)* pardon!; *(pour appeler)* scusi!
**pardonner** [pardɔne] *vt* perdonare.
**pare-brise** [parbriz] *nm inv* parabrezza *m inv*.
**pare-chocs** [parʃɔk] *nm inv* paraurti *m inv*.
**pareil**, **-eille** [parɛj] *adj* uguale. ◆ *adv (fam)* uguale; **une somme pareille** una somma simile.
**parent**, **-e** [parɑ̃, ɑ̃t] *nm, f (de la famille)* parente *mf*; **les ~s** *(le père et la mère)* i genitori.
**parenthèse** [parɑ̃tɛz] *nf* parentesi *f inv*; **entre ~s** tra parentesi.
**paresseux**, **-euse** [paresø, øz] *adj* pigro(-a). ◆ *nm, f* pigro *m* (-a *f*).
**parfait**, **-e** [parfɛ, ɛt] *adj* perfetto(-a). ◆ *nm* (CULIN) semifreddo *m*.
**parfois** [parfwa] *adv* a volte.
**parfum** [parfœ̃] *nm* profumo *m*; *(de glace)* gusto *m*.
**parfumer** [parfyme] *vt* profumare; *(aliment)* aromatizzare. ▫ **se parfumer** *vp* profumarsi.
**parfumerie** [parfymri] *nf* profumeria *f*.
**pari** [pari] *nm* scommessa *f*; **faire un ~** fare una scommessa.
**parier** [parje] *vt & vi* scommettere; **je (te) parie que...** scommetto che...; **~ sur** scommettere su.
**Paris** [pari] *n* Parigi *f*.

**paris-brest** [paribrɛst] *nm inv ciambella ripiena di crema e cosparsa di mandorle tritate.*

**parisien**, **-enne** [parizjɛ̃, ɛn] *adj* parigino(-a). ❑ **Parisien**, **-enne** *nm, f* parigino *m* (-a *f*).

**parking** [parkiŋ] *nm* parcheggio *m.*

**parlante** [parlɑ̃t] *adj f* → **horloge.**

**Parlement** [parləmɑ̃] *nm* parlamento *m.*

**parler** [parle] *vt* & *vi* parlare; ~ **à qqn de** parlare a qn di.

**Parmentier** [parmɑ̃tje] *n* → **hachis.**

**parmesan** [parməzɑ̃] *nm* parmigiano *m.*

**parmi** [parmi] *prép* tra.

**paroi** [parwa] *nf* parete *f.*

**parole** [parɔl] *nf* parola *f*; **adresser la ~ à qqn** rivolgere la parola a qn; **couper la ~ à qqn** troncare la parola a qn; **tenir (sa) ~** mantenere la parola.

**parquet** [parkɛ] *nm (plancher)* parquet *m inv.*

**parrain** [parɛ̃] *nm* padrino *m.*

**part** [par] *nf (d'un héritage)* parte *f*; *(de gâteau)* fetta *f*; **prendre ~ à** prendere parte a; **à ~** *(sauf)* a parte; **de la ~ de** da parte di; **d'une ~..., d'autre ~** da una parte..., dall'altra.

**partage** [partaʒ] *nm* divisione *f.*

**partager** [partaʒe] *vt* dividere. ❑ **se partager** *vp* : **se ~ qqch** dividersi qc.

**parti** [parti] *nm* partito *m.*

**participant**, **-e** [partisipɑ̃, ɑ̃t] *nm, f* partecipante *mf.*

**participation** [partisipasjɔ̃] *nf* partecipazione *f.*

**participer** [partisipe]: **participer à** *v* + *prép* partecipare a.

**particularité** [partikylarite] *nf* particolarità *f inv.*

**particulier**, **-ère** [partikylje, ɛr] *adj* particolare; *(personnel)* privato(-a); **en ~** *(surtout)* in particolare.

**particulièrement** [partikyljɛrmɑ̃] *adv* particolarmente.

**partie** [parti] *nf* parte *f*; *(au jeu, en sport)* partita *f*; **en ~** in parte; **faire ~ de** fare parte di.

**partiellement** [parsjɛlmɑ̃] *adv* parzialmente.

**partir** [partir] *vi* andare; *(moteur, coup de feu)* partire; *(tache)* andare via; **~ de** partire da; **à ~ de** a partire da.

**partisan** [partizɑ̃] *nm* fautore *m* (-trice *f*). ◆ *adj* : **être ~ de qqch** essere fautore di qc.

**partout** [partu] *adv* ovunque.

**paru, -e** [pary] *pp* → **paraître.**

**parution** [parysjɔ̃] *nf* pubblicazione *f.*

**parvenir** [parvənir]: **parvenir à** *v* + *prép* arrivare a; **~ à faire qqch** riuscire a fare qc.

**parvenu, -e** [parvəny] *pp* → **parvenir.**

**pas**[1] [pa] *adv* **1.** *(avec « ne »)*: **je n'aime ~ les épinards** non mi piacciono gli spinaci; **elle ne dort ~ encore** non dorme ancora; **il n'y a ~ de train pour Pise aujourd'hui** non ci sono treni per Pisa oggi; **les passagers sont priés de ne ~fumer** i passeggeri sono pregati di non fumare.
2. *(sans « ne »)*: **tu viens ou ~?** vieni o no?; **elle a aimé l'exposition, moi ~** *ou* **~ moi** a lei è piaciuta la mostra, a me no; **~ du tout** niente affatto.

**pas**[2] [pa] *nm* passo *m*; **à deux ~ de** a due passi da.

**passage** [pasaʒ] *nm* passaggio *m*; **'premier ~'** *(d'un bus) segnale indicante l'orario del primo pullman della giornata*; **être de ~** essere di passaggio; **~ clouté** *ou* **(pour) piétons** strisce *fpl* pedonali; **~ à niveau** passaggio a livello; **~ souterrain** sottopassaggio *m.*

**passager, -ère** [pasaʒe, ɛr] *nm, f* passeggero *m* (-a *f*).

**passant, -e** [pasɑ̃, ɑ̃t] *nm, f* passante *mf.* ◆ *nm* passante *m.*

**passé, -e** [pase] *adj (terminé)* passato(-a). ◆ *nm* passato *m*; **l'an ~** l'anno scorso.

**passeport** [paspɔr] *nm* passaporto *m.*

**passer** [pase] *vi* **1.** *(gén)* passare; **~ voir qqn** passare a trovare qn; **~ en seconde** *(vitesse)* passare in seconda; **~ par** *(lieu)* passare da.
2. *(à la télé, à la radio, au cinéma)*: **qu'est-ce qui passe au cinéma?** cosa danno al cinema?
3. *(dans des expressions)*: **passons!** *(pour changer de sujet)* cambiamo argomento!; **en passant** en passant, di sfuggita.

◆ *vt* 1. *(temps, vacances)* passare; **nous avons passé l'après-midi à chercher un hôtel** abbiamo passato il pomeriggio a cercare un albergo.
2. *(obstacle, frontière, douane)* passare.
3. *(examen)* dare; *(visite médicale)* fare.
4. *(film)* dare; *(disque)* mettere.
5. *(vitesse)* mettere.
6. *(mettre, faire passer)*: **~ le bras par la portière** sporgere il braccio dalla portiera; **~ l'aspirateur** passare l'aspirapolvere.
7. *(donner, transmettre)* passare; **~ qqch à qqn** *(objet)* passare qc a qn; *(maladie)* attaccare qc a qn; **je vous le passe** *(au téléphone)* glielo passo.
❑ **passer pour** *v + prép* passare per; **se faire ~ pour** farsi passare per.
❑ **se passer** *vp (arriver)* succedere; **qu'est-ce qui se passe?** cosa succede?; **se ~ bien/mal** andare bene/male.
❑ **se passer de** *vp + prép* fare meno di.
**passerelle** [pasrɛl] *nf* passerella *f*; *(sur un bateau)* ponte *m* di comando.
**passe-temps** [pastɑ̃] *nm inv* passatempo *m*.
**passion** [pasjɔ̃] *nf* passione *f*.
**passionnant, -e** [pasjɔnɑ̃, ɑ̃t] *adj* appassionante.
**passionner** [pasjɔne] *vt* appassionare. ❑ **se passionner pour** *vp + prép* appassionarsi a.
**passoire** [paswar] *nf* colapasta *m inv*.
**pastèque** [pastɛk] *nf* cocomero *m*, anguria *f*.
**pasteurisé, -e** [pastœrize] *adj* pastorizzato(-a).
**pastille** [pastij] *nf* pastiglia *f*.
**pastis** [pastis] *nm* aperitivo *m* all'anice.
**patate** [patat] *nf (fam)* patata *f*; **~s pilées** *(Can)* purè *m inv* di patate.
**pâte** [pat] *nf* pasta *f*; **~ d'amandes** pasta di mandorle; **~ feuilletée** pasta sfoglia; **~ de fruits** gelatina *f* di frutta. ❑ **pâtes** *nfpl (nouilles)* pasta *f*.
**pâté** [pate] *nm (charcuterie)* pâté *m inv*; **~ de maisons** isolato *m*.
**paternel, -elle** [patɛrnɛl] *adj* paterno(-a).

**patience** [pasjɑ̃s] *nf* pazienza *f*; *(jeu de cartes)* solitario *m*.

**patient**, **-e** [patjɑ̃, ɑ̃t] *adj* paziente. ◆ *nm*, *f* paziente *mf*.

**patienter** [pasjɑ̃te] *vi* pazientare.

**patin** [patɛ̃] *nm* : **~s à glace** pattini *mpl* da ghiaccio; **~s à roulettes** pattini a rotelle.

**patiner** [patine] *vi (patineur)* pattinare; *(voiture, roue)* slittare.

**patinoire** [patinwar] *nf* pista *f* di pattinaggio.

**pâtisserie** [patisri] *nf (magasin)* pasticceria *f*; *(gâteau)* pasta *f*.

**pâtissier**, **-ère** [patisje, ɛr] *nm*, *f* pasticciere *m* (-a *f*).

**patois** [patwa] *nm* dialetto *m*.

**patron**, **-onne** [patrɔ̃, ɔn] *nm*, *f* padrone *m* (-a *f*). ◆ *nm (modèle de vêtement)* cartamodello *m*.

**patte** [pat] *nf (d'animal)* zampa *f*; *(languette)* patta *f*; *(de cheveux)* basetta *f*.

**pâturage** [patyraʒ] *nm* pascolo *m*.

**paume** [pom] *nf* palmo *m*.

**paupière** [popjɛr] *nf* palpebra *f*.

**paupiette** [popjɛt] *nf* rotolino di carne ripieno brasato.

**pause** [poz] *nf* pausa *f*; **'pause'** *(sur un lecteur CD, un magnétoscope)* 'pause'.

**pauvre** [povr] *adj* povero(-a).

**pauvreté** [povrəte] *nf* povertà *f*.

**pavillon** [pavijɔ̃] *nm (maison individuelle)* villetta *f*.

**payant**, **-e** [pɛjɑ̃, ɑ̃t] *adj (spectacle, place)* a pagamento; *(hôte)* pagante.

**paye** [pɛ] *nf* paga *f*.

**payer** [peje] *vt* pagare; **~ qqch à qqn** *(fam: offrir)* pagare qc a qn.

**pays** [pei] *nm* paese *m*; **de ~** *(jambon, fromage)* locale.

**paysage** [peizaʒ] *nm* paesaggio *m*.

**paysan**, **-anne** [peizɑ̃, an] *nm*, *f* contadino *m* (-a *f*).

**Pays-Bas** [peiba] *nmpl* : **les ~** i Paesi Bassi.

**PCV** *nm* : **appeler en ~** telefonare a carico del destinatario.

**péage** [peaʒ] *nm (taxe)* pedaggio *m*; *(lieu)* casello *m* (autostradale).

**peau**, **-x** [po] *nf* pelle *f*; *(de fruit)* buccia *f*.

**pêche** [pɛʃ] *nf* pesca *f*; **aller à la ~ (à la ligne)** andare a pesca; **~ en mer** pesca di mare; **~ Melba** *gelato alla vaniglia servito in una metà di pesca e ricoperto di sciroppo di lampone e panna*.

**pêcher** [peʃe] *vt* & *vi* pescare. ◆ *nm* pesco *m*.

**pêcheur, -euse** [peʃœr, øz] *nm, f* pescatore *m* (-trice *f*).

**pédaler** [pedale] *vi* pedalare.

**Pédalo®** [pedalo] *nm* pattino *m*, pedalò *m inv*.

**pédestre** [pedɛstr] *adj* → **randonnée**.

**pédiatre** [pedjatr] *nmf* pediatra *mf*.

**peigne** [pɛɲ] *nm* pettine *m*; *(pour retenir)* pettinino *m*.

**peigner** [peɲe] *vt* pettinare. ❑ **se peigner** *vp* pettinarsi.

**peignoir** [pɛɲwar] *nm* vestaglia *f*; **~ de bain** accappatoio *m*.

**peindre** [pɛ̃dr] *vt* dipingere; **~ qqch en blanc** dipingere qn di bianco.

**peine** [pɛn] *nf (tristesse)* dispiacere *m*; *(effort)* fatica *f*; *(de prison)* pena *f*; **avoir de la ~** essere dispiaciuto; **faire de la ~ à qqn** *(nouvelle)* dare un dispiacere a qn; *(personne)* fare pena a qn; **ce n'est pas la ~ (de)** non è il caso (di); **valoir la ~** valere la pena; **à ~** a malapena.

**peiner** [pene] *vt* dispiacere a. ◆ *vi* faticare.

**peint, -e** [pɛ̃, pɛ̃t] *pp* → **peindre**.

**peintre** [pɛ̃tr] *nm (artiste)* pittore *m* (-trice *f*); *(en bâtiment)* imbianchino *m*.

**peinture** [pɛ̃tyr] *nf* pittura *f*; *(œuvre d'art)* dipinto *m*.

**peler** [pəle] *vt* sbucciare. ◆ *vi (perdre sa peau)* spellarsi.

**pelle** [pɛl] *nf* pala *f*; *(jouet d'enfant)* paletta *f*.

**pellicule** [pelikyl] *nf (de film, de photos)* pellicola *f*; *(couche)* strato *m*. ❑ **pellicules** *nfpl* forfora *f*.

**pelote** [pəlɔt] *nf (de fil, de laine)* gomitolo *m*.

**pelouse** [pəluz] *nf* prato *m*; **'~ interdite'** 'vietato calpestare le aiuole'.

**peluche** [pəlyʃ] *nf* peluche *m inv*; **animal en ~** animale *m* di peluche.

**pencher** [pɑ̃ʃe] *vt* inclinare. ◆ *vi* pendere. ❑ **se pencher** *vp* sporgersi.

**pendant** [pɑ̃dɑ̃] *prép* durante; ~ **trois jours** per tre giorni; ~ **que** mentre.

**pendentif** [pɑ̃dɑ̃tif] *nm* ciondolo *m*.

**penderie** [pɑ̃dri] *nf* guardaroba *m inv*.

**pendre** [pɑ̃dr] *vt (suspendre)* appendere; *(condamné)* impiccare. ◆ *vi* pendere. ❑ **se pendre** *vp (se tuer)* impiccarsi.

**pendule** [pɑ̃dyl] *nf (sur pied)* pendola *f*; *(au mur)* orologio *m* a muro.

**pénétrer** [penetre] *vi* : ~ **dans** penetrare in.

**pénible** [penibl] *adj (travail)* faticoso(-a); *(souvenir, sensation)* penoso(-a); *(fam: agaçant)* noioso(-a).

**péniche** [peniʃ] *nf* chiatta *f*.

**pénicilline** [penisilin] *nf* penicillina *f*.

**pensée** [pɑ̃se] *nf* pensiero *m*.

**penser** [pɑ̃se] *vt & vi* pensare; **qu'est-ce que tu en penses?** che cosa ne pensi?; ~ **faire qqch** pensare di fare qc; ~ **à** pensare a.

**pension** [pɑ̃sjɔ̃] *nf* pensione *f*; **être en** ~ *(élève)* essere in collegio; ~ **complète** pensione completa; ~ **de famille** pensione familiare.

**pensionnaire** [pɑ̃sjɔnɛr] *nmf (élève)* collegiale *mf*; *(d'un hôtel)* pensionante *mf*.

**pente** [pɑ̃t] *nf* pendio *m*; **en** ~ in pendio.

**Pentecôte** [pɑ̃tkot] *nf* Pentecoste *f*.

**pépé** [pepe] *nm (fam)* nonnino *m*.

**pépin** [pepɛ̃] *nm* seme *m*; *(fam: ennui)* problema *m*.

**perçant, -e** [pɛrsɑ̃, ɑ̃t] *adj* acuto(-a).

**percer** [pɛrse] *vt* forare; *(trou, ouverture)* aprire. ◆ *vi*.

**perceuse** [pɛrsøz] *nf* trapano *m*.

**percevoir** [pɛrsəvwar] *vt* percepire; *(nuance)* cogliere.

**perche** [pɛrʃ] *nf (tige)* pertica *f*.

**perçu, -e** [pɛrsy] *pp* → **percevoir**.

**percussions** [pɛrkysjɔ̃] *nfpl* percussioni *fpl*.

**perdant, -e** [pɛrdɑ̃, ɑ̃t] *nm, f* perdente *mf*.

**perdre** [pɛrdr] *vt & vi* perdere. ❑ **se perdre** *vp* perdersi.

**perdrix** [pɛrdri] *nf* pernice *f*.

**perdu**, **-e** [pɛrdy] *adj (village, coin)* sperduto(-a).

**père** [pɛr] *nm* padre *m*; **le ~ Noël** Babbo Natale *m*.

**perfection** [pɛrfɛksjɔ̃] *nf* perfezione *f*.

**perfectionné**, **-e** [pɛrfɛksjɔne] *adj* perfezionato(-a).

**perfectionner** [pɛrfɛksjɔne] *vt* perfezionare. ❑ **se perfectionner** *vp* perfezionarsi.

**performance** [pɛrfɔrmɑ̃s] *nf* prestazione *f*.

**perfusion** [pɛrfyzjɔ̃] *nf* perfusione *f*.

**périmé**, **-e** [perime] *adj* scaduto(-a).

**période** [perjɔd] *nf* periodo *m*; **~ blanche/bleue** *periodi in cui si può beneficiare di una riduzione sui biglietti ferroviari*.

**périphérique** [periferik] *adj* periferico(-a). ◆ *nm* (INFORM) periferica *f*; **le (boulevard) ~** la tangenziale di Parigi.

**périr** [perir] *vi (sout)* perire.

**périssable** [perisabl] *adj* deperibile.

**perle** [pɛrl] *nf* perla *f*.

**permanence** [pɛrmanɑ̃s] *nf (bureau)* servizio *m* permanente; **en ~** continuamente.

**permanent**, **-e** [pɛrmanɑ̃, ɑ̃t] *adj* permanente.

**permanente** [pɛrmanɑ̃t] *nf* permanente *f*.

**permettre** [pɛrmɛtr] *vt* permettere; **~ à qqn de faire qqch** permettere a qn di fare qc. ❑ **se permettre** *vp* : **pouvoir se ~ qqch** potersi permettere qc.

**permis**, **-e** [pɛrmi, iz] *pp* → **permettre**. ◆ *nm* permesso *m*; **~ de conduire** patente *f* (di guida); **~ de pêche** licenza *f* di pesca.

**permission** [pɛrmisjɔ̃] *nf* permesso *m*; **demander la ~ de faire qqch** chiedere il permesso di fare qc.

**perpendiculaire** [pɛrpɑ̃dikylɛr] *adj* perpendicolare.

**perron** [pɛrɔ̃] *nm* scalinata *f*.

**perroquet** [pɛrɔkɛ] *nm* pappagallo *m*.

**perruche** [pɛryʃ] *nf* cocorita *f*.

**persécuter** [pɛrsekyte] *vt* perseguitare.

**persévérer** [pɛrsevere] *vi* perseverare.

**persienne** [pɛrsjɛn] *nf* persiana *f*.

**persil** [persi] *nm* prezzemolo *m*.

**persister** [persiste] *vi* persistere; **~ à faire qqch** persistere nel fare qc.

**personnage** [persɔnaʒ] *nm* personaggio *m*.

**personnalité** [persɔnalite] *nf* personalità *f inv*.

**personne** [persɔn] *nf* persona *f*. ◆ *pron* nessuno; **il n'y a ~** non c'è nessuno; **~ âgée** anziano *m* (-a *f*).

**personnel, -elle** [persɔnɛl] *adj* personale. ◆ *nm* personale *m*.

**personnellement** [persɔnɛlmɑ̃] *adv* personalmente.

**perspective** [perspɛktiv] *nf* prospettiva *f*.

**persuader** [persɥade] *vt* persuadere; **~ qqn de faire qqch** persuadere qn a fare qc.

**perte** [pert] *nf* perdita *f*; **~ de temps** perdita di tempo.

**perturber** [pertyrbe] *vt* *(plans, fête)* disturbare; *(troubler)* turbare.

**pèse-personne** [pezpersɔn] *nm inv* pesapersone *m inv*.

**peser** [pəze] *vt & vi* pesare; **~ lourd** pesare molto.

**pessimiste** [pesimist] *adj* pessimista. ◆ *nmf* pessimista *mf*.

**pétale** [petal] *nm* petalo *m*.

**pétanque** [petɑ̃k] *nf* bocce *fpl*.

**pétard** [petar] *nm (explosif)* petardo *m*.

**pétillant, -e** [petijɑ̃, ɑ̃t] *adj (vin, eau)* frizzante.

**petit, -e** [p(ə)ti, it] *adj* piccolo(-a); **~ à ~** a poco a poco; **~ ami** ragazzo *m*; **~e amie** ragazza *f*; **~ déjeuner** colazione *f*; **~ pain** panino *m*; **~s pois** piselli *mpl*; **~ pot** omogeneizzato *m*.

**petite-fille** [p(ə)titfij] (*pl* **petites-filles**) *nf* nipote *f (di nonni)*.

**petit-fils** [p(ə)tifis] (*pl* **petits-fils**) *nm* nipote *m (di nonni)*.

**petit-four** [p(ə)tifur] (*pl* **petits-fours**) *nm (sucré)* pasticcino *m*; *(salé)* salatino *m*.

**petits-enfants** [p(ə)tizɑ̃fɑ̃] *nmpl* nipoti *mpl (di nonni)*.

**petit-suisse** [p(ə)tisɥis] (*pl* **petits-suisses**) *nm formaggio fresco cremoso confezionato in piccoli cilindri*.

**pétrole** [petrɔl] *nm* petrolio *m*.

**peu** [pø] *adv* 1. *(avec un verbe, un adjectif, un adverbe)* poco; **j'ai ~ voyagé** ho viaggiato poco; **~ après** poco dopo.
2. *(avec un nom)*: **il reste ~ de temps/de soupe** resta poco tempo/poca minestra; **~ de gens** poche persone.
3. *(dans le temps)* poco; **il y a ~** poco fa.
4. *(dans des expressions)*: **à ~ près** più o meno; **~ à ~** poco a poco.
◆ *nm* : **un ~** un po'; **un (tout) petit ~** un pochino; **un ~ de** un po' di.

**peuple** [pœpl] *nm* popolo *m*.

**peuplier** [pœplije] *nm* pioppo *m*.

**peur** [pœr] *nf* paura *f*; **avoir ~** avere paura; **avoir ~ de qqch** avere paura di qc; **faire ~ (à)** fare paura (a).

**peureux**, **-euse** [pœrø, øz] *adj* pauroso(-a).

**peut → pouvoir**.

**peut-être** [pøtɛtr] *adv* forse; **~ que** può darsi che *(+ subjonctif)*.

**peux → pouvoir**.

**phare** [far] *nm* faro *m*.

**pharmacie** [farmasi] *nf* *(magasin)* farmacia *f*.

**pharmacien**, **-enne** [farmasjɛ̃, ɛn] *nm, f* farmacista *mf*.

**phase** [faz] *nf* fase *f*.

**phénomène** [fenɔmɛn] *nm* fenomeno *m*.

**philosophe** [filɔzɔf] *nmf* filosofo *m* (-a *f*).

**phoque** [fɔk] *nm* foca *f*.

**photo** [fɔto] *nf* foto *f inv*; **prendre qqn/qqch en ~** fotografare qn/qc; **prendre une ~ (de)** fare una foto (a).

**photocopie** [fɔtɔkɔpi] *nf* fotocopia *f*.

**photographie** [fɔtɔgrafi] *nf* fotografia *f*.

**photographier** [fɔtɔgrafje] *vt* fotografare.

**Photomaton®** [fɔtɔmatɔ̃] *nm apparecchio automatico per le fototessere*.

**phrase** [fraz] *nf* frase *f*.

**physique** [fizik] *adj* fisico(-a). ◆ *nf* fisica *f*. ◆ *nm* *(apparence)* fisico *m*.

**pianiste** [pjanist] *nmf* pianista *mf*.

**piano** [pjano] *nm* piano(forte) *m*.

**pic** [pik] *nm* *(montagne)* picco *m*.

**pichet** [piʃɛ] *nm* caraffa *f.*

**pickpocket** [pikpɔkɛt] *nm* borsaiolo *m.*

**picoter** [pikɔte] *vt* pizzicare.

**pièce** [pjɛs] *nf (argent)* moneta *f; (salle)* stanza *f; (sur un vêtement)* toppa *f;* **20 €** ~ 20 euro l'uno; **(maillot de bain) une** ~ costume *m* intero; ~ **d'identité** documento *m* d'identità; ~ **de monnaie** moneta; ~ **montée** *torta a forma di piramide composta da bignè o da piani di pan di Spagna, servita durante le grandi occasioni;* ~ **de rechange** pezzo di ricambio; ~ **(de théâtre)** opera *f* teatrale.

**pied** *nm* piede *m;* **à** ~ a piedi; **au** ~ **de** ai piedi di; **avoir** ~ toccarci.

**piège** [pjɛʒ] *nm* trappola *f.*

**Piémont** [pjemɔ̃] *nm* Piemonte *m.*

**pierre** [pjɛr] *nf* pietra *f;* ~ **précieuse** pietra preziosa.

**piétiner** [pjetine] *vt* calpestare.

**piéton**, **-onne** [pjetɔ̃, ɔn] *nm, f* pedone *m* (-a *f*). ◆ *adj* = **piétonnier.**

**piétonnier**, **-ère** [pjetɔnje, ɛr] *adj* pedonale.

**pigeon** [piʒɔ̃] *nm* piccione *m.*

**pile** [pil] *nf* pila *f.* ◆ *adv (arriver)* al momento giusto; ~ **ou face?** testa o croce?; **s'arrêter** ~ fermarsi di botto; **3 h** ~ le tre in punto.

**pilier** [pilje] *nm* pilastro *m.*

**pilote** [pilɔt] *nm* pilota *m.*

**piloter** [pilɔte] *vt* pilotare.

**pilule** [pilyl] *nf* pillola *f;* **prendre la** ~ prendere la pillola.

**piment** [pimɑ̃] *nm (condiment)* peperoncino *m* in polvere; ~ **doux** peperoncino non piccante; ~ **rouge** peperoncino rosso.

**pin** [pɛ̃] *nm* pino *m.*

**pince** [pɛ̃s] *nf (outil)* pinza *f; (de crabe)* chela *f; (de vêtement)* pince *f inv;* ~ **à épiler** pinzetta *f* per sopracciglia; ~ **à linge** molletta per biancheria.

**pinceau**, **-x** [pɛ̃so] *nm* pennello *m.*

**pincée** [pɛ̃se] *nf* pizzico *m.*

**pincer** [pɛ̃se] *vt* pizzicare.

**pingouin** [pɛ̃gwɛ̃] *nm* pinguino *m.*

**ping-pong** [piŋpɔ̃g] *nm* ping-pong *m.*

**pintade** [pɛ̃tad] *nf* faraona *f.*

**pinte** [pɛ̃t] *nf (Helv: café)* bar *m inv.*

**piocher** [pjɔʃe] *vi (aux cartes, aux dominos)* pescare.

**pion** [pjɔ̃] *nm (aux échecs)* pedone *m*; *(aux dames)* pedina *f.*

**pipe** [pip] *nf* pipa *f.*

**pipi** [pipi] *nm (fam)*: **faire ~** fare la pipì.

**piquant, -e** [pikɑ̃, ɑ̃t] *adj (épicé)* piccante. ◆ *nm (épine)* spina *f.*

**pique** [pik] *nm (aux cartes)* picche *fpl.*

**pique-nique, -s** [piknik] *nm* picnic *m inv.*

**pique-niquer** [piknike] *vi* fare un picnic.

**piquer** [pike] *vt* pungere; *(suj: fumée)* far bruciare; *(suj: poivre)* pizzicare; *(planter)* appuntare. ◆ *vi (insecte)* pungere; *(épice)* pizzicare.

**piquet** [pikɛ] *nm* picchetto *m.*

**piqueur** [pikœr] *adj m* → **marteau.**

**piqûre** [pikyr] *nf* puntura *f.*

**pire** [pir] *adj (comparatif)* peggio *(inv)*; *(superlatif)* peggiore. ◆ *nm* : **le ~** il peggio.

**piscine** [pisin] *nf* piscina *f.*

**Pise** [piz] *n* Pisa *f.*

**pistache** [pistaʃ] *nf* pistacchio *m.*

**piste** [pist] *nf* pista *f*; **~ (d'atterrissage)** pista (di atterraggio); **~ cyclable** pista ciclabile; **~ de danse** pista da ballo; **~ verte/bleue/rouge/noire** pista verde/blu/rossa/nera *(etichette indicanti la difficoltà delle piste da sci, in ordine crescente).*

**pistolet** [pistɔlɛ] *nm* pistola *f.*

**piston** [pistɔ̃] *nm (de moteur)* pistone *m.*

**pithiviers** [pitivje] *nm torta di pasta sfoglia ripiena di crema alle mandorle.*

**pitié** [pitje] *nf* pietà *f*; **avoir ~ de qqn** avere pietà di qn.

**pivoter** [pivɔte] *vi* ruotare.

**pizza** [pidza] *nf* pizza *f.*

**pizzeria** [pidzerja] *nf* pizzeria *f.*

**placard** [plakar] *nm (dans le mur)* armadio *m* a muro.

**place** [plas] *nf* posto *m*; *(d'une ville)* piazza *f*; **changer qqch de ~** cambiare posto a qc; **à la ~ de** al posto di; **sur ~** sul posto; **~ assise/debout** posto a sedere/in piedi.

**placer** [plase] *vt* mettere; *(argent)* investire. ❑ **se placer** *vp* mettersi.

**plafond** [plafɔ̃] *nm* soffitto *m*.

**plage** [plaʒ] *nf* spiaggia *f*; *(de disque)* brano *m*; **~ arrière** ripiano *m* posteriore di un'auto.

**plaie** [plɛ] *nf* piaga *f*.

**plaindre** [plɛ̃dr] *vt* compatire. ❑ **se plaindre** *vp* lamentarsi; **se ~ de** lamentarsi di.

**plaine** [plɛn] *nf* pianura *f*.

**plaint, -e** [plɛ̃, ɛ̃t] *pp* → **plaindre**.

**plainte** [plɛ̃t] *nf* : **porter ~** sporgere denuncia.

**plaire** [plɛr] *vi* piacere; **~ à qqn** piacere a qn; **s'il vous/te plaît** per piacere *ou* favore. ❑ **se plaire** *vp* *(quelque part)* trovarsi bene.

**plaisance** [plɛzɑ̃s] *nf* → **navigation, port**.

**plaisanter** [plɛzɑ̃te] *vi* scherzare.

**plaisanterie** [plɛzɑ̃tri] *nf* *(parole)* scherzo *m*.

**plaisir** [plezir] *nm* piacere *m*; **faire ~ à qqn** far piacere a qn; **avec ~!** con piacere!

**plan** [plɑ̃] *nm* *(projet)* progetto *m*; *(carte)* pianta *f*; *(structure)* schema *m*; *(niveau)* piano *m*; **au premier/second ~** in primo/secondo piano; **~ d'eau** laghetto *m* artificiale.

**planche** [plɑ̃ʃ] *nf* asse *f*; **~ à roulettes** skate-board *m inv*; **~ à voile** windsurf *m inv*.

**plancher** [plɑ̃ʃe] *nm* *(d'une maison)* parquet *m inv*.

**planète** [planɛt] *nf* pianeta *m*.

**plante** [plɑ̃t] *nf* pianta *f*; **~ des pieds** pianta dei piedi; **~ verte** pianta da appartamento.

**planter** [plɑ̃te] *vt* piantare.

**plaque** [plak] *nf* lastra *f*; *(de chocolat)* tavoletta *f*; *(de beurre)* pane *m*; *(sur un mur)* targa *f*; **~ chauffante** piastra *f* di cottura; **~ d'immatriculation** *ou* **minéralogique** targa.

**plaqué, -e** [plake] *adj* : **~ or/argent** placcato(-a) oro/argento.

**plaquette** [plakɛt] *nf* *(de chocolat)* tavoletta *f*; *(de beurre)* panetto *m*; **~ de frein** pastiglia *f* dei freni.

**plastifié, -e** [plastifje] *adj* plastificato(-a).

**plastique** [plastik] *nm* plastica *f*; **sac en ~** sacchetto *m* di plastica.

**plat**, **-e** [pla, plat] *adj (terrain)* piano(-a); *(chaussure)* senza tacco *(inv)*; *(eau)* non gassato(-a). ◆ *nm* piatto *m*; **à ~** *(pneu)* a terra; *(batterie)* scarico(-a); **à ~ ventre** bocconi; **~ cuisiné** piatto pronto; **~ du jour** piatto del giorno.

**platane** [platan] *nm* platano *m*.

**plateau**, **-x** [plato] *nm (de cuisine)* vassoio *m*; *(plaine)* tavolato *m*; *(de télévision, de cinéma)* set *m inv*; **~ de fromages** piatto *m* di formaggi assortiti.

**platine** [platin] *nf* : **~ cassette** piastra *f*; **~ laser** lettore *m* compact (disc).

**plâtre** [platr] *nm* gesso *m*.

**plein**, **-e** [plɛ̃, plɛn] *adj* pieno(-a). ◆ *nm* : **faire le ~ (d'essence)** fare il pieno; **~ de** pieno di; *(fam: beaucoup de)* un sacco di; **en ~ air** all'aperto; **en ~e nuit** in piena notte; **en ~ milieu** nel bel mezzo; **~s phares** con gli abbaglianti.

**pleurer** [plœre] *vi* piangere.

**pleureur** [plœrœr] *adj m* **→ saule**.

**pleut → pleuvoir**.

**pleuvoir** [pløvwar] *v impers* : **il pleut** piove; **il pleut à verse** piove a dirotto.

**pli** [pli] *nm* piega *f*; **(faux) ~** grinza *f*.

**pliant**, **-e** [plijɑ̃, ɑ̃t] *adj* pieghevole.

**plier** [plije] *vt* piegare. ◆ *vi* piegarsi.

**plomb** [plɔ̃] *nm (matière)* piombo *m*; *(fusible)* valvola *f*; *(de pêche)* piombino *m*; *(de chasse)* pallino *m*.

**plombage** [plɔ̃baʒ] *nm (d'une dent)* otturazione *f*.

**plombier** [plɔ̃bje] *nm* idraulico *m*.

**plongeant**, **-e** [plɔ̃ʒɑ̃, ɑ̃t] *adj (décolleté)* vertiginoso(-a); *(vue)* dall'alto.

**plongée** [plɔ̃ʒe] *nf* : **~ (sous-marine)** immersione *f*.

**plongeoir** [plɔ̃ʒwar] *nm* trampolino *m*.

**plonger** [plɔ̃ʒe] *vi* tuffarsi. ◆ *vt (dans l'eau)* immergere; *(dans un corps)* affondare.

**plongeur**, **-euse** [plɔ̃ʒœr, øz] *nm, f (sous-marin)* sommozzatore *m* (-trice *f*).

**plu** [ply] *pp* **→ plaire, pleuvoir**.

**pluie** [plɥi] *nf* pioggia *f*.

**plume** [plym] *nf (d'oiseau)* penna *f*.

**plupart** [plypar] *nf* : **la ~ (de)** la maggior parte (di); **la ~ du temps** la maggior parte del tempo.

**pluriel** [plyrjɛl] *nm* plurale *m*.

**plus** [ply(s)] *adv* **1.** *(pour comparer)* più; **~ intéressant (que)** più interessante (di). **2.** *(superlatif)*: **c'est ce qui me plaît le ~ ici** è la cosa che mi piace di più qui; **l'hôtel le ~ cher où nous ayons logé** l'albergo più caro dove siamo stati; **le ~ souvent** nella maggior parte dei casi; **le ~... possible** il più... possibile. **3.** *(davantage)* di più; **je ne veux pas dépenser ~** non voglio spendere di più; **prendrez-vous ~ de légumes?** vuole più verdure?; **il reste ~ de 100 km jusqu'à Chartres** restano più di 100 km fino a Chartres. **4.** *(avec « ne »)* più; **je n'en veux ~, merci** non ne voglio più, grazie. **5.** *(dans des expressions)*: **de** *ou* **en ~** *(en supplément)* di *ou* in più; *(d'autre part)* per di più; **il a deux ans de ~ que moi** ha due anni più di me; **de ~ en ~** sempre di più; **de ~ en ~ vite** sempre più in fretta; **de ~ en ~ de temps/problèmes** sempre più tempo/problemi; **en ~ de** oltre a; **~ ou moins** più o meno; **~ tu y penseras, pire ce sera** più ci pensi, peggio è.
◆ *prép* più.

**plusieurs** [plyzjœr] *adj & pron* parecchi (parecchie).

**plutôt** [plyto] *adv* piuttosto; **~ que (de) faire qqch** piuttosto che *ou* di fare qc.

**pluvieux, -euse** [plyvjø, øz] *adj* piovoso(-a).

**PMU** *nm (système) sistema di scommesse sui cavalli; (bar) bar dove si può scommettere sui cavalli.*

**pneu** [pnø] *nm* pneumatico *m*.

**pneumatique** [pnømatik] *adj* → **canot, matelas**.

**pneumonie** [pnømɔni] *nf* polmonite *f*.

**Pô** [po] *nm* : **le ~** il Po.

**poche** [pɔʃ] *nf* tasca *f*; **de ~** tascabile.

**pochette** [pɔʃɛt] *nf (de rangement)* cartellina *f* di plastica; *(de disque)* custodia *f*.

**poêle**[1] [pwal] *nm* stufa *f*.
**poêle**[2] [pwal] *nf* : **~ (à frire)** padella *f* (per friggere).
**poème** [pɔεm] *nm* poesia *f*.
**poésie** [pɔezi] *nf* poesia *f*.
**poids** [pwa] *nm* peso *m*; **perdre/prendre du ~** diminuire/aumentare di peso; **~ lourd** *(camion)* TIR *m inv*.
**poignarder** [pwaɲarde] *vt* pugnalare.
**poignée** [pwaɲe] *nf* *(de porte)* maniglia *f*; *(de valise)* manico *m*; *(de sable, de bonbons)* manciata *f*.
**poignet** [pwaɲɛ] *nm* polso *m*; *(de vêtement)* polsino *m*.
**poil** [pwal] *nm* pelo *m*; *(de pinceau, de brosse à dents)* setola *f*; **à ~** *(fam)* nudo.
**poinçonner** [pwɛ̃sɔne] *vt* *(ticket)* perforare.
**poing** [pwɛ̃] *nm* pugno *m*.
**point** [pwɛ̃] *nm* punto *m*; **~ de départ** punto di partenza; **~ faible** punto debole; **(au) ~ mort** *(AUT)* in folle; **~ de repère** punto di riferimento; **~s cardinaux** punti cardinali; **~s (de suture)** punti (di sutura); **à ~** *(steak)* a puntino; **au ~** *(méthode)* a punto; **au ~** *ou* **à tel ~que** a tal punto che, al punto che; **être sur le ~ de faire qqch** essere sul punto di fare qc.
**point de vue** [pwɛ̃d(ə)vy] *(pl* **points de vue***)* *nm* *(endroit)* punto *m* panoramico; *(opinion)* punto di vista.
**pointe** [pwɛ̃t] *nf* punta *f*; **sur la ~ des pieds** in punta dei piedi; **de ~** *(technique)* di punta.
**pointu, -e** [pwɛ̃ty] *adj* *(couteau)* appuntito(-a); *(nez)* a punta.
**pointure** [pwɛ̃tyr] *nf* numero *m*.
**poire** [pwar] *nf* pera *f*; **~ Belle-Hélène** *pere sciroppate con gelato alla vaniglia, ricoperte di cioccolata calda.*
**poireau, -x** [pwaro] *nm* porro *m*.
**poirier** [pwarje] *nm* pero *m*.
**pois** [pwa] *nm* *(rond)* pallino *m*; **à ~** a pois; **~ chiche** cece *m*.
**poison** [pwazɔ̃] *nm* veleno *m*.
**poisson** [pwasɔ̃] *nm* pesce *m*; **~ d'avril!** pesce d'aprile!; **faire un ~ d'avril à qqn** fare un pesce d'aprile a qn; **~s du lac** *(Helv) pesci pescati nel lago di*

*Ginevra*; ~ **rouge** pesce rosso.

**poissonnerie** [pwasɔnri] *nf* pescheria *f*.

**poissonnier**, **-ère** [pwasɔnje, ɛr] *nm, f* pescivendolo *m* (-a *f*).

**poitrine** [pwatrin] *nf* petto *m*; *(de porc)* pancetta *f*.

**poivre** [pwavr] *nm* pepe *m*.

**poivrier** [pwavrije] *nm (sur la table)* pepiera *f*.

**poivron** [pwavrɔ̃] *nm* peperone *m*.

**pôle** [pol] *nm* polo *m*; ~ **Nord/Sud** polo Nord/Sud.

**poli**, **-e** [pɔli] *adj* educato(-a).

**police** [pɔlis] *nf* polizia *f*; ~ **secours** la volante.

**policier**, **-ère** [pɔlisje, ɛr] *adj (roman, film)* giallo(-a). ◆ *nm* poliziotto *m*.

**poliment** [pɔlimɑ̃] *adv* educatamente.

**politicien**, **-enne** [pɔlitisjɛ̃, ɛn] *nm, f* politico *m* (-a *f*).

**politique** [pɔlitik] *adj* politico(-a). ◆ *nf* politica *f*.

**pollué**, **-e** [pɔlɥe] *adj* inquinato(-a).

**pollution** [pɔlysjɔ̃] *nf* inquinamento *m*.

**polo** [pɔlo] *nm (vêtement)* polo *f inv*.

**Polynésie** [pɔlinezi] *nf* : **la** ~ la Polinesia; **la** ~ **française** la Polinesia francese.

**pommade** [pɔmad] *nf* pomata *f*.

**pomme** [pɔm] *nf* mela *f*; *(de douche, d'arrosoir)* cipolla *f*; ~ **de pin** pigna *f*; ~**s dauphine** *frittelle di patate ricoperte di pasta*; ~**s noisettes** *polpettine di patate rosolate*.

**pomme de terre** [pɔmdətɛr] (*pl* **pommes de terre**) *nf* patata *f*.

**pommier** [pɔmje] *nm* melo *m*.

**pompe** [pɔ̃p] *nf* pompa *f*; ~ **à essence** pompa di benzina; ~ **à vélo** pompa da bicicletta.

**pompier** [pɔ̃pje] *nm* pompiere *m*.

**pompiste** [pɔ̃pist] *nmf* benzinaio *m* (-a *f*).

**ponctuel**, **-elle** [pɔ̃ktɥɛl] *adj* puntuale.

**pondre** [pɔ̃dr] *vt* deporre.

**poney** [pɔnɛ] *nm* pony *m inv*.

**pont** [pɔ̃] *nm* ponte *m*; **faire le** ~ fare il ponte.

**ponton** [pɔ̃tɔ̃] *nm* pontile *m* galleggiante.

**populaire** [pɔpylɛr] *adj* popolare.

**population** [pɔpylasjɔ̃] *nf* popolazione *f.*

**porc** [pɔr] *nm* maiale *m.*

**porcelaine** [pɔrsəlɛn] *nf* porcellana *f.*

**porche** [pɔrʃ] *nm* portico *m.*

**pornographique** [pɔrnɔgrafik] *adj* pornografico(-a).

**port** [pɔr] *nm* porto *m*; **~ de pêche** porto di pesca; **~ de plaisance** ormeggio *m.*

**portable** [pɔrtabl] *adj* portatile.

**portail** [pɔrtaj] *nm* portone *m.*

**portant**, **-e** [pɔrtɑ̃, ɑ̃t] *adj* : **être bien/mal ~** stare bene/male.

**portatif**, **-ive** [pɔrtatif, iv] *adj* portatile.

**porte** [pɔrt] *nf* porta *f*; **mettre qqn à la ~** mettere qn alla porta; **~ (d'embarquement)** porta (d'imbarco); **~ d'entrée** porta d'ingresso.

**porte-bagages** [pɔrtbagaʒ] *nm inv* portabagagli *m inv.*

**porte-clefs** [pɔrtəkle] = porte-clés.

**porte-clés** [pɔrtəkle] *nm inv* portachiavi *m inv.*

**portée** [pɔrte] *nf* : **à la ~ de qqn** *(intellectuelle)* alla portata di qn; **à ~ de (la) main** a portata di mano.

**portefeuille** [pɔrtəfœj] *nm* portafogli *m inv.*

**portemanteau**, **-x** [pɔrtmɑ̃to] *nm* attaccapanni *m inv.*

**porte-monnaie** [pɔrtmɔnɛ] *nm inv* portamonete *m inv.*

**porter** [pɔrte] *vt* portare. ◆ *vi (son)* arrivare; *(menace)* avere effetto; **~ bonheur/malheur** portare fortuna/sfortuna; **~ sur** *(suj: discussion)* vertere su. ❑ **se porter** *vp* : **se ~ bien/mal** stare bene/male.

**porteur**, **-euse** [pɔrtœr, øz] *nm, f (de bagages)* facchino *m.*

**portier** [pɔrtje] *nm* portiere *m.*

**portière** [pɔrtjɛr] *nf* portiera *f.*

**portillon** [pɔrtijɔ̃] *nm* cancelletto *m*; **~ automatique** *(TRANSP)* portello *m* automatico.

**portion** [pɔrsjɔ̃] *nf* porzione *f.*

**porto** [pɔrto] *nm* porto *m inv.*

**portrait** [pɔrtrɛ] *nm* ritratto *m.*

**portugais, -e** [pɔrtygɛ, ɛz] *adj* portoghese. ◆ *nm (langue)* portoghese *m*.

**Portugal** [pɔrtygal] *nm* : **le ~** il Portogallo.

**poser** [poze] *vt* posare; *(question)* fare; *(problème)* porre. ◆ *vi (pour une photo)* mettersi in posa. ❑ **se poser** *vp (oiseau, avion)* posarsi.

**positif, -ive** [pozitif, iv] *adj* positivo(-a).

**position** [pozisjɔ̃] *nf* posizione *f*.

**posologie** [pozɔlɔʒi] *nf* posologia *f*.

**posséder** [posede] *vt* possedere.

**possibilité** [pɔsibilite] *nf* possibilità *f inv*; **avoir la ~ de faire qqch** avere la possibilità di fare qc.

**possible** [pɔsibl] *adj* possibile. ◆ *nm* : **le plus de... ~** il più possibile di...; **dès que ~, le plus tôt ~** appena possibile, il più presto possibile; **si ~** se è possibile.

**poste**[1] [pɔst] *nm (emploi)* posto *m*; *(de ligne téléphonique)* interno *m*; **~ (de police)** commissariato *m*; **~ de radio** radio *f inv*; **~ de télévision** televisore *m*.

**poste**[2] [pɔst] *nf* posta *f*.

**poster**[1] [pɔste] *vt (lettre)* imbucare.

**poster**[2] [pɔstɛr] *nm* poster *m inv*.

**postérieur, -e** [pɔsterjœr] *adj* posteriore. ◆ *nm* posteriore *m*.

**postillonner** [pɔstijɔne] *vi* sputare.

**post-scriptum** [pɔstskriptɔm] *nm inv* post scriptum *m inv*.

**pot** [po] *nm* vasetto *m*; **~ d'échappement** tubo *m* di scappamento; **~ de fleurs** vaso *m* di fiori.

**potable** [pɔtabl] *adj* → **eau**.

**potage** [pɔtaʒ] *nm* potage *m inv*, minestra *f*.

**pot-au-feu** [pɔtofø] *nm inv lesso di manzo e verdure*.

**poteau, -x** [pɔto] *nm* palo *m*; **~ indicateur** cartello *m*.

**potentiel, -elle** [pɔtɑ̃sjɛl] *adj* potenziale. ◆ *nm* potenziale *m*.

**poterie** [pɔtri] *nf (art)* lavorazione *f* della terracotta; *(objet)* terracotta *f*.

**potiron** [pɔtirɔ̃] *nm* zucca *f*.

**poubelle** [pubel] *nf* pattumiera *f*; **mettre qqch à la ~** buttare qc nella spazzatura.

**pouce** [pus] *nm* pollice *m*.

**pouding** [pudiŋ] *nm torta a base di pane e frutta candita*; **~ de cochon** *(Can) torta salata a base di carne e fegato di maiale, cipolle e uova*.

**poudre** [pudr] *nf* polvere *f*; *(maquillage)* cipria *f*; **en ~** in polvere.

**pouf** [puf] *nm* pouf *m inv*.

**poule** [pul] *nf* gallina *f*.

**poulet** [pulɛ] *nm* pollo *m*; **~ basquaise** *pollo rosolato con pomodori, peperoni e aglio*.

**pouls** [pu] *nm* polso *m*; **prendre le ~ à qqn** tastare il polso a qn.

**poumon** [pumɔ̃] *nm* polmone *m*.

**poupée** [pupe] *nf (jouet)* bambola *f*.

**pour** [pur] *prép* **1.** *(destiné à)* per; **c'est ~ vous** è per lei.
**2.** *(en vue de)* per; **~ rien** *(inutilement)* inutilmente; *(gratuitement)* gratis.
**3.** *(afin de)*: **~ faire qqch** per fare qc; **~ que** perché.
**4.** *(en raison de)* per; **~ avoir fait qqch** per aver fatto qc.
**5.** *(à destination de)* per; **le vol ~ Rome** il volo per Roma; **partir ~** partire per.
**6.** *(exprime la durée)* per.
**7.** *(somme)*: **nous en avons eu ~ 120 €** abbiamo speso 120 euro.
**8.** *(en ce qui concerne)* per; **~ moi** *(à mon avis)* per me.
**9.** *(à la place de)* per; **signe ~ moi** firma per me.
**10.** *(en faveur de)* per; **être ~ qqch** esser per qc; **je suis ~!** sono a favore!
**11.** *(envers)* per; **avoir de la sympathie ~ qqn** avere simpatia per qn.

**pourboire** [purbwar] *nm* mancia *f*.

**pourquoi** [purkwa] *adv* perché; **c'est ~...** per questo...; **~ pas?** perché no?

**pourra** *etc* → **pouvoir**.

**pourrir** [purir] *vi* marcire.

**poursuite** [pursɥit] *nf* inseguimento *m*.

**poursuivi, -e** [pursɥivi] *pp* → **poursuivre**.

**poursuivre** [pursɥivr] *vt (voleur)* inseguire; *(JUR)* perseguire; *(continuer)* proseguire. ❑ **se poursuivre** *vp* proseguire.

**pourtant** [purtɑ̃] *adv* eppure.

**pourvu** [purvy]: **pourvu que** *conj* purché.

**pousser** [puse] *vt* spingere; *(déplacer)* spostare; *(cri)* emettere. ◆ *vi* spingere; *(plante)* crescere; **faire ~** *(plante, légumes)* far crescere; **se laisser ~ les cheveux** farsi crescere i capelli. ❑ **se pousser** *vp* spostarsi.

**poussette** [pusɛt] *nf* passeggino *m*.

**poussière** [pusjɛr] *nf* polvere *f*.

**poussiéreux, -euse** [pusjerø, øz] *adj* polveroso(-a).

**poutine** [putin] *nf (Can) patate fritte coperte di formaggio grattugiato e una salsa scura e speziata.*

**poutre** [putr] *nf* trave *f*.

**pouvoir** [puvwar] *nm (influence)* potere *m*; **les ~s publics** le autorità.
◆ *vt* 1. *(être capable de)*: **~ faire qqch** poter fare qc; **pourriez-vous...?** potrebbe...?; **je n'en peux plus** non ne posso più; **je n'y peux rien** non posso farci niente.
2. *(être autorisé à)*: **~ faire qqch** poter fare qc.
❑ **se pouvoir** *vp* : **il se peut que...** può darsi che...

**prairie** [prɛri] *nf* prato *m*.

**praline** [pralin] *nf* pralina *f*; (Belg: *chocolat*) cioccolatino *m*.

**pratique** [pratik] *adj (commode)* comodo(-a); *(concret)* pratico(-a). ◆ *nf* pratica *f*.

**pratiquement** [pratikmɑ̃] *adv* praticamente.

**pratiquer** [pratike] *vt* praticare.

**pré** [pre] *nm* prato *m*.

**précaution** [prekosjɔ̃] *nf* precauzione *f*; **prendre des ~s** prendere delle precauzioni; **avec ~** con cautela.

**précédent, -e** [presedɑ̃, ɑ̃t] *adj* precedente.

**précéder** [presede] *vt* precedere.

**précieux, -euse** [presjø, øz] *adj* prezioso(-a).

**précipice** [presipis] *nm* precipizio *m*.

**précipiter** [presipite]: **se précipiter** *vp* precipitarsi; **se ~ dans/vers/sur** precipitarsi in/verso/su.

**précis, -e** [presi, iz] *adj* preciso(-a); **à cinq heures ~es** alle cinque in punto.

**préciser** [presize] *vt* precisare.

**prédécesseur** [predesesœr] *nm* predecessore *m* (-a *f*).

**prédire** [predir] *vt* predire.

**prédit, -e** [predi, it] *pp* → **prédire.**

**préface** [prefas] *nf* prefazione *f.*

**préfecture** [prefɛktyr] *nf* ≈ prefettura *f.*

**préféré, -e** [prefere] *adj* preferito(-a). ♦ *nm, f* preferito *m* (-a *f*).

**préférence** [preferɑ̃s] *nf* preferenza *f;* **de ~** preferibilmente.

**préférer** [prefere] *vt* preferire; **~ faire qqch** preferire fare qc; **je préférerais qu'elle s'en aille** preferirei che lei se ne andasse.

**préjugé** [preʒyʒe] *nm* pregiudizio *m.*

**prélever** [prelәve] *vt* *(somme, part)* prelevare; *(sang)* fare un prelievo di.

**premier, -ère** [prәmje, ɛr] *adj* primo(-a). ♦ *nm, f* primo *m* (-a *f*); **en ~** *(d'abord)* in primo luogo; **le ~ de l'an** Capodanno *m;* **Premier ministre** Primo ministro *m;* → **sixième.**

**première** [prәmjɛr] *nf* *(SCOL)* ≈ quarta *f* superiore; *(vitesse)* prima *f;* *(TRANSP)* prima classe *f;* **voyager en ~ (classe)** viaggiare in prima classe.

**prenais** *etc* → **prendre.**

**prendre** [prɑ̃dr] *vt* 1. *(saisir, emporter, enlever)* prendere; **~ qqch à qqn** prendere qc a qn; **passer ~ qqn** passare a prendere qn.

2. *(repas, boisson)*: **qu'est-ce que vous prendrez?** *(à boire)* cosa prende?; **~ le petit déjeuner** fare colazione; **~ un verre** bere qualcosa.

3. *(utiliser)* prendere; **quelle route dois-je ~?** che strada devo prendere?; **~ l'avion/le train** prendere l'aereo/il treno.

4. *(attraper, surprendre)* prendere; **se faire ~** essere preso.

5. *(air, ton)* assumere.

6. *(considérer)*: **~ qqn pour** prendere qn per.

7. *(notes, photo, mesures)* prendere.

8. *(poids)*: **~ 2 kilos** mettere su 2 chili; **~ du poids** ingrassare.

9. *(dans des expressions)*: **qu'est-ce qui te prend?** che cosa ti prende?

♦ *vi* *(se diriger)*: **prenez à droite** giri a destra.

❑ **se prendre** *vp* : **se ~ pour** prendersi per; **s'en ~**

**à qqn** *(en paroles)* prendersela con qn.

**prenne** *etc* → **prendre**.

**prénom** [prenɔ̃] *nm* nome *m*.

**préoccupé**, **-e** [preɔkype] *adj* preoccupato(-a).

**préparatifs** [preparatif] *nmpl* preparativi *mpl*.

**préparation** [preparasjɔ̃] *nf* preparazione *f*.

**préparer** [prepare] *vt* preparare. ❑ **se préparer** *vp* prepararsi; **se ~ à faire qqch** apprestarsi a fare qc.

**près** [prɛ] *adv* : **de ~** da vicino; **~ de** vicino a; *(presque)* quasi.

**prescrire** [prɛskrir] *vt* prescrivere.

**prescrit**, **-e** [prɛskri, it] *pp* → **prescrire**.

**présence** [prezɑ̃s] *nf* presenza *f*; **en ~ de** in presenza di.

**présent**, **-e** [prezɑ̃, ɑ̃t] *adj* presente. ◆ *nm* presente *m*; **à ~ (que)** ora (che).

**présentateur**, **-trice** [prezɑ̃tatœr, tris] *nm, f* presentatore *m* (-trice *f*).

**présentation** [prezɑ̃tasjɔ̃] *nf* presentazione *f*. ❑ **présentations** *nfpl* : **faire les ~s** fare le presentazioni.

**présenter** [prezɑ̃te] *vt* presentare; **~ qqn à qqn** presentare qn a qn. ❑ **se présenter** *vp* presentarsi.

**préservatif** [prezɛrvatif] *nm* preservativo *m*.

**président**, **-e** [prezidɑ̃, ɑ̃t] *nm, f* presidente *mf*; **le ~ de la République** il presidente della Repubblica.

**presque** [prɛsk] *adv* quasi; **~ pas de livres** quasi nessun libro; **il ne reste ~ plus de pain** non c'è quasi più pane.

**presqu'île** [prɛskil] *nf* penisola *f*.

**presse** [prɛs] *nf (journaux)* stampa *f*; **~ à sensation** stampa scandalistica.

**pressé**, **-e** [prese] *adj (voyageur)* di fretta; *(urgent)* urgente; *(citron, orange)* spremuto(-a); **être ~ de faire qqch** aver fretta di fare qc.

**presser** [prese] *vt (fruit)* spremere; *(bouton)* premere. ◆ *vi* : **le temps presse** il tempo stringe; **rien ne presse** non c'è nessuna fretta. ❑ **se presser** *vp* affrettarsi.

**pressing** [presiŋ] *nm* lavanderia *f*.

**pression** [prɛsjɔ̃] *nf* pressione *f*; *(bouton)* automatico *m*; **(bière)** ~ birra *f* alla spina.

**prêt**, **-e** [prɛ, prɛt] *adj* pronto(-a). ♦ *nm (FIN)* prestito *m*; **être ~ à faire qqch** essere disposto(-a) a fare qc.

**prétendre** [pretɑ̃dr] *vt* : **~ que** pretendere che.

**prétentieux**, **-euse** [pretɑ̃sjø, øz] *adj* pretenzioso(-a).

**prêter** [prete] *vt* prestare; **~ qqch à qqn** prestare qc a qn; **~ attention à** prestare attenzione a.

**prétexte** [pretekst] *nm* pretesto *m*; **sous ~ que** col pretesto che.

**prêtre** [prɛtr] *nm* prete *m*.

**preuve** [prœv] *nf* prova *f*.

**prévenir** [prevnir] *vt (avertir)* avvertire; *(empêcher)* prevenire.

**prévenu**, **-e** [prevny] *pp* → **prévenir**.

**prévision** [previzjɔ̃] *nf* previsione *f*; **en ~ de** in previsione di; **~s météo(rologiques)** previsioni del tempo.

**prévoir** [prevwar] *vt* prevedere; **comme prévu** come previsto.

**prévu**, **-e** [prevy] *pp* → **prévoir**.

**prier** [prije] *vt* & *vi* pregare; **~ qqn de faire qqch** pregare qn di fare qc; **je te/vous prie** per favore; **je vous/t'en prie** prego.

**prière** [prijɛr] *nf* preghiera *f*; **'~ de ne pas fumer'** 'vietato fumare'.

**primeurs** [primœr] *nfpl* primizie *fpl*.

**primevère** [primvɛr] *nf* primula *f*.

**prince** [prɛ̃s] *nm* principe *m*.

**princesse** [prɛ̃sɛs] *nf* principessa *f*.

**principal**, **-e**, **-aux** [prɛ̃sipal, o] *adj* principale. ♦ *nm* : **le ~** *(l'essentiel)* l'essenziale *m*.

**principalement** [prɛ̃sipalmɑ̃] *adv* principalmente.

**principe** [prɛ̃sip] *nm* principio *m*; **en ~** in linea di massima.

**printemps** [prɛ̃tɑ̃] *nm* primavera *f*.

**priori** → **a priori**.

**priorité** [prijɔrite] *nf* priorità *f inv*; *(sur la route)* precedenza *f*; **laisser la ~** dare la precedenza; **'vous n'avez pas la ~'** 'dare la precedenza'.

**pris**, **-e** [pri, priz] *pp* → **prendre**.

**prise** [priz] *nf* : **~ (de courant)** *(dans le mur)* presa (della corrente); *(fiche)* spina *f*; **~ de sang** prelievo *m* di sangue.

**prison** [prizɔ̃] *nf* prigione *f*; **en ~** in prigione.

**prisonnier**, **-ère** [prizɔnje, ɛr] *nm, f* prigioniero *m* (-a *f*).

**privé**, **-e** [prive] *adj* privato(-a); **en ~** in privato.

**priver** [prive] *vt* : **~ qqn de qqch** privare qn di qc. ❑ **se priver** *vp* privarsi; **se ~ de qqch** privarsi di qc.

**prix** [pri] *nm* prezzo *m*; *(récompense)* premio *m*; **à tout ~** a qualsiasi prezzo.

**probablement** [prɔbabləmɑ̃] *adv* probabilmente.

**problème** [prɔblɛm] *nm* problema *m*.

**procès** [prɔsɛ] *nm* processo *m*.

**prochain**, **-e** [prɔʃɛ̃, ɛn] *adj* prossimo(-a); **la semaine ~e** la settimana prossima.

**proche** [prɔʃ] *adj* vicino(-a); **être ~ de** *(lieu, but)* essere vicino a; *(personne, ami)* essere intimo(-a) di.

**procurer** [prɔkyre]: **se procurer** *vp* *(marchandise)* procurarsi.

**production** [prɔdyksjɔ̃] *nf* produzione *f*.

**produire** [prɔdɥir] *vt* produrre. ❑ **se produire** *vp* prodursi.

**produit**, **-e** [prɔdɥi, it] *pp* → **produire**. ◆ *nm* prodotto *m*; **~s de beauté** prodotti di bellezza.

**professeur** [prɔfɛsœr] *nm* professore *m* (-essa *f*).

**profession** [prɔfɛsjɔ̃] *nf* professione *f*.

**professionnel**, **-elle** [prɔfɛsjɔnɛl] *adj* *(activité, expérience)* professionale; *(sportif)* professionista. ◆ *nm, f* professionista *mf*.

**profil** [prɔfil] *nm* profilo *m*; **de ~** di profilo.

**profiter** [prɔfite]: **profiter de** *v + prép* approfittare di.

**profiteroles** [prɔfitrɔl] *nfpl* profiterole *mpl ou fpl*.

**profond**, **-e** [prɔfɔ̃, ɔ̃d] *adj* profondo(-a).

**profondeur** [prɔfɔ̃dœr] *nf* profondità *f*.

**programme** [prɔgram] *nm* programma *m*; *(de télévision)* guida *f* tv.

**progrès** [prɔgrɛ] *nm* progresso *m*; **faire des ~** fare progressi.

**progresser** [prɔgrese] *vi* *(élève)* fare progressi.
**progressivement** [prɔgresivmɑ̃] *adv* progressivamente.
**projecteur** [prɔʒɛktœr] *nm* proiettore *m*.
**projet** [prɔʒɛ] *nm* progetto *m*.
**projeter** [prɔʒte] *vt* proiettare; **~ de faire qqch** progettare di fare qc.
**prolongement** [prɔlɔ̃ʒmɑ̃] *nm* : **être dans le ~ de** *(dans l'espace)* essere la continuazione di.
**prolonger** [prɔlɔ̃ʒe] *vt* prolungare. ❑ **se prolonger** *vp* prolungarsi.
**promenade** [prɔmnad] *nf* giro *m*; **faire une ~** fare un giro.
**promener** [prɔmne] *vt* portare a spasso. ❑ **se promener** *vp* andare a spasso.
**promesse** [prɔmɛs] *nf* promessa *f*.
**promettre** [prɔmɛtr] *vt* : **~ qqch à qqn** promettere qc a qn; **~ à qqn de faire qqch** promettere a qn di fare qc; **c'est promis** promesso.
**promis, -e** [prɔmi, iz] *pp* → **promettre**.
**promotion** [prɔmɔsjɔ̃] *nf* promozione *f*; **en ~** *(article)* in offerta.
**prononcer** [prɔnɔ̃se] *vt* pronunciare. ❑ **se prononcer** *vp* pronunciarsi.
**proportion** [prɔpɔrsjɔ̃] *nf* *(équilibre)* proporzione *f*; *(pourcentage)* percentuale *f*.
**proportionnel, -elle** [prɔpɔrsjɔnɛl] *adj* : **~ à** proporzionale a.
**propos** [prɔpo] *nmpl* *(paroles)* parole *fpl*. ◆ *nm* : **à ~, ...** a proposito, ...; **à ~ de** a proposito di.
**proposer** [prɔpoze] *vt* proporre; **~ à qqn de faire qqch** proporre a qn di fare qc.
**proposition** [prɔpozisjɔ̃] *nf* proposta *f*.
**propre** [prɔpr] *adj* pulito(-a); *(sens)* proprio(-a); **avec ma ~ voiture** con la mia macchina.
**propreté** [prɔprəte] *nf* pulizia *f*.
**propriétaire** [prɔprijetɛr] *nmf* proprietario *m* (-a *f*).
**propriété** [prɔprijete] *nf* proprietà *f inv*; **'~ privée'** 'proprietà privata'.
**prospectus** [prɔspɛktys] *nm* volantino *m*.
**prostituée** [prɔstitɥe] *nf* prostituta *f*.

**protection** [prɔtɛksjɔ̃] *nf* protezione *f.*

**protéger** [prɔteʒe] *vt* proteggere; **~ qqn de** *ou* **contre qqch** proteggere qn da qc. ❑ **se protéger de** *vp + prép* mettersi al riparo da.

**protestant, -e** [prɔtɛstɑ̃, ɑ̃t] *adj* protestante. ◆ *nm, f* protestante *mf.*

**protester** [prɔtɛste] *vi* protestare.

**prouver** [pruve] *vt* provare.

**provenance** [prɔvnɑ̃s] *nf* provenienza *f*; **en ~ de** proveniente da.

**provençal, -e, -aux** [prɔvɑ̃sal, o] *adj* provenzale.

**Provence** [prɔvɑ̃s] *nf* : **la ~** la Provenza *(regione nel sudest della Francia).*

**provenir** [prɔvnir]: **provenir de** *v + prép* provenire da.

**proverbe** [prɔvɛrb] *nm* proverbio *m.*

**province** [prɔvɛ̃s] *nf (région)* provincia *f*; **la ~** *(hors Paris) la Francia eccetto la regione parigina.*

**provisions** [prɔvisjɔ̃] *nfpl* provviste *fpl.*

**provisoire** [prɔvizwar] *adj* provvisorio(-a).

**provoquer** [prɔvɔke] *vt* provocare.

**proximité** [prɔksimite] *nf* : **à ~ (de)** in prossimità (di).

**prudence** [prydɑ̃s] *nf* prudenza *f.*

**prudent, -e** [prydɑ̃, ɑ̃t] *adj* prudente.

**prune** [pryn] *nf* prugna *f.*

**pruneau, -x** [pryno] *nm* prugna *f* secca.

**psychanalyste** [psikanalist] *nmf* psicanalista *mf.*

**psychiatre** [psikjatr] *nmf* psichiatra *mf.*

**psychologique** [psikɔlɔʒik] *adj* psicologico(-a).

**psychologue** [psikɔlɔg] *nmf* psicologo *m* (-a *f*).

**pu** [py] *pp* → **pouvoir.**

**pub** [pyb] *nf (fam)* pubblicità *f inv.*

**public, -ique** [pyblik] *adj* pubblico(-a). ◆ *nm* pubblico *m*; **en ~** in pubblico.

**publicité** [pyblisite] *nf* pubblicità *f inv.*

**publier** [pyblije] *vt* pubblicare.

**puce** [pys] *nf* pulce *f*; *(INFORM)* chip *m inv.*

**pudding** [pudiŋ] = **pouding.**

**puer** [pɥe] *vi* puzzare. ◆ *vt* puzzare di.

**puéril, -e** [pɥeril] *adj* puerile.
**puis** [pɥi] *adv* poi.
**puisque** [pɥiskə] *conj* dato che.
**puissance** [pɥisɑ̃s] *nf* potenza *f*.
**puissant, -e** [pɥisɑ̃, ɑ̃t] *adj* *(influent)* potente; *(fort)* possente.
**puisse** *etc* → **pouvoir**.
**puits** [pɥi] *nm* pozzo *m*.
**pull(-over), -s** [pyl(ɔvɛr)] *nm* golf *m inv*.
**punch** [pɔ̃ʃ] *nm* *(boisson)* punch *m inv*.
**punir** [pynir] *vt* punire.
**punition** [pynisjɔ̃] *nf* punizione *f*.
**pur, -e** [pyr] *adj* puro(-a).
**purée** [pyre] *nf* purè *m inv*; **~ (de pommes de terre)** purè (di patate).
**pus** [py] *nm* pus *m*.
**PV** *nm* *(abr de* **procès-verbal***)* multa *f*.
**pyjama** [piʒama] *nm* pigiama *m*.
**pylône** [pilon] *nm* pilone *m*.
**pyramide** [piramid] *nf* piramide *f*.
**Pyrénées** [pirene] *nfpl* : **les ~** i Pirenei.

# Q

**quai** [kɛ] *nm (de port)* banchina *f*; *(de gare)* binario *m*.
**qualifié, -e** [kalifje] *adj* qualificato(-a).
**qualité** [kalite] *nf* qualità *f inv*; **de (bonne) ~** di (buona) qualità.
**quand** [kɑ̃] *adv & conj* quando; **~ même** *(malgré tout)* lo stesso.
**quant** [kɑ̃]: **quant à** *prép* quanto a.
**quantité** [kɑ̃tite] *nf* quantità *f inv*.
**quarantaine** [karɑ̃tɛn] *nf* *(isolement)* quarantena *f*; **une ~ (de)** una quarantina (di); **avoir la ~** essere sulla quarantina.
**quarante** [karɑ̃t] *num* quaranta; → **six**.
**quarantième** [karɑ̃tjɛm] *num* quarantesimo(-a); → **sixième**.
**quart** [kar] *nm* quarto *m*; **il est cinq heures et ~** sono le cinque e un quarto; **il est cinq heures moins le ~** sono le cinque meno un quarto; **un ~ d'heure** un quarto d'ora.

**quartier** [kartje] *nm (de fruit)* spicchio *m*; *(d'une ville)* quartiere *m*.

**quasiment** [kazimɑ̃] *adv* quasi.

**quatorze** [katɔrz] *num* quattordici; → **six**.

**quatorzième** [katɔrzjɛm] *num* quattordicesimo(-a); → **sixième**.

**quatre** [katr] *num* quattro; **à ~ pattes** a quattro zampe; → **six**.

**quatre-quatre** [katkatr] *nm inv* quattro per quattro *m inv*.

**quatre-vingt** [katrəvɛ̃] = **quatre-vingts**.

**quatre-vingt-dix** [katrəvɛ̃dis] *num* novanta; → **six**.

**quatre-vingt-dixième** [katrəvɛ̃dizjɛm] *num* novantesimo(-a); → **sixième**.

**quatre-vingtième** [katrəvɛ̃tjɛm] *num* ottantesimo(-a); → **sixième**.

**quatre-vingts** [katrəvɛ̃] *num* ottanta; → **six**.

**quatrième** [katrijɛm] *num* quarto(-a). ◆ *nf (SCOL)* ≈ terza *f* media; *(vitesse)* quarta *f*; → **sixième**.

**que** [kə] *conj* 1. *(introduit une subordonnée)* che; **voulez-vous ~ je ferme la fenêtre?** vuole che chiuda la finestra?
2. *(dans une comparaison)* → **aussi, autant, même, moins, plus**.
3. *(exprime une restriction)*: **ne... ~** solo; **je n'ai qu'une sœur** ho solo una sorella.
◆ *pron relatif* che; **la personne ~ vous voyez là-bas** la persona che vedete laggiù.
◆ *pron interr* (che) cosa; **qu'a-t-il dit? qu'est-ce qu'il a dit?** (che) cosa ha detto?; **qu'est-ce qui ne va pas?** (che) cosa c'è che non va?
◆ *adv (dans une exclamation)*: **~ c'est beau! qu'est-ce ~ c'est beau!** che bello!

**Québec** [kebɛk] *nm* : **le ~** il Québec.

**québécois, -e** [kebekwa, az] *adj* del Québec. ❑ **Québécois, -e** *nm, f* abitante *mf* del Québec.

**quel, quelle** [kɛl] *adj* 1. *(interrogatif: personne)* quale; **~s amis comptez-vous aller voir?** quali amici contate di andare a trovare?
2. *(interrogatif: chose)* quale; **~ est ton vin préféré?** qual è il tuo vino preferito?

3. *(exclamatif)* che; **~ beau temps!** che bel tempo!
4. *(avec « que »)*: **tous les Français ~s qu'ils soient** tutti i francesi indifferentemente; **~ que soit le temps** comunque sia il tempo.
◆ *pron interr* quale; **~ est le plus intéressant des deux musées?** qual è il più interessante dei due musei?

**quelconque** [kɛlkɔ̃k] *adj* qualunque.

**quelque** [kɛlk(ə)] *adj (un peu de)* un po' di; **à ~ distance** a una certa distanza; **dans ~ temps** tra un po' di tempo. ❑ **quelques** *adj* 1. *(plusieurs)* alcuni(-e); **j'ai ~s lettres à écrire** ho alcune lettere da scrivere.
2. *(dans des expressions)*: **il est midi et ~s** è mezzogiorno e qualcosa.

**quelque chose** [kɛlkəʃoz] *pron* qualcosa; **il y a ~ de bizarre** c'è qualcosa di strano.

**quelquefois** [kɛlkəfwa] *adv* talvolta.

**quelque part** [kɛlkəpar] *adv* da qualche parte.

**quelques-uns, quelques-unes** [kɛlkəzœ̃, kɛlkəzyn] *pron* alcuni(-e).

**quelqu'un** [kɛlkœ̃] *pron* qualcuno.

**quenelle** [kənɛl] *nf impasto di carne o pesce e uova a forma di rotolo preparato in vari modi.*

**qu'est-ce que** [kɛskə] → **que.**

**qu'est-ce qui** [kɛski] → **que.**

**question** [kɛstjɔ̃] *nf* domanda *f*; *(sujet)* questione *f*; **l'affaire en ~** il caso in questione; **il est ~ de construire une piscine** si tratterebbe di costruire una piscina; **(il n'en est) pas ~!** non se ne parla nemmeno!

**questionnaire** [kɛstjɔnɛr] *nm* questionario *m*.

**quetsche** [kwɛtʃ] *nf varietà di prugna.*

**queue** [kø] *nf* coda *f*; **faire la ~** fare la coda.

**qui** [ki] *pron relatif* 1. *(sujet)* che; **les passagers ~ doivent changer d'avion** i passeggeri che devono cambiare aereo; **la route ~ mène à Calais** la strada che va a Calais.
2. *(complément d'objet direct)* chi; **tu vois ~ je veux dire** sai chi voglio dire.
3. *(complément d'objet indi-*

*rect)* cui; **la personne à ~ j'ai parlé** la persona a cui ho parlato.
4. *(quiconque)*: **~ que ce soit** chiunque sia.
◆ *pron interr* 1. *(sujet)* chi; **~ êtes-vous?** chi è lei?; **je voudrais savoir ~ sera là** vorrei sapere chi ci sarà.
2. *(complément d'objet direct)* chi; **dites-moi ~ vous demandez** mi dica chi vuole.
3. *(complément d'objet indirect)* chi; **à ~ dois-je m'adresser?** a chi devo rivolgermi?

**quiche** [kiʃ] *nf* : **~ (lorraine)** *torta salata di pasta frolla ripiena di un flan a base di uova, panna e pezzi di pancetta.*

**quinzaine** [kɛ̃zɛn] *nf* quindicina *f*; **une ~ (de)** *(environ quinze)* una quindicina (di).

**quinze** [kɛ̃z] *num* quindici; **→ six.**

**quinzième** [kɛ̃zjɛm] *num* quindicesimo(-a); **→ sixième.**

**quitter** [kite] *vt* lasciare; **ne quittez pas** *(au téléphone)* resti in linea.

**quoi** [kwa] *pron interr* 1. *(employé seul)*: **c'est ~?** *(fam)* cos'è?; **~ de neuf?** novità?; **~?** *(pour faire répéter)* cosa?
2. *(complément d'objet direct)* (che) cosa; **je ne sais pas ~ dire** non so (che) cosa dire.
3. *(après une préposition)* cosa; **à ~ penses-tu?** a cosa pensi?
4. *(dans des expressions)*: **tu viens ou ~?** *(fam)* vieni o no?; **~ que** qualsiasi cosa.
◆ *pron relatif (après une préposition)*: **ce à ~ je pense** quello a cui penso; **avoir de ~ manger/vivre** avere de che mangiare/vivere; **avez-vous de ~ écrire?** avete qualcosa con cui scrivere?; **merci - il n'y a pas de ~** grazie - non c'è di che.

**quoique** [kwakə] *conj* benché.

**quotidien, -enne** [kɔtidjɛ̃, ɛn] *adj* quotidiano(-a). ◆ *nm* quotidiano *m.*

# R

**rabais** [rabɛ] *nm* sconto *m.*

**rabat** [raba] *nm (de poche)* patta *f*; *(d'enveloppe)* lembo *m.*

**rabattre** [rabatr] *vt (replier)* rivoltare. ◻ **se rabattre** *vp (automobiliste)* rientrare nella corsia; **se ~ sur** *(choisir)* ripiegare su.

**raccommoder** [rakɔmɔde] *vt* rammendare.

**raccompagner** [rakɔ̃paɲe] *vt* riaccompagnare.

**raccourci** [rakursi] *nm* scorciatoia *f.*

**raccourcir** [rakursir] *vt* accorciare. ◆ *vi (jours)* accorciarsi.

**raccrocher** [rakrɔʃe] *vt & vi* riattaccare.

**race** [ras] *nf* razza *f*; **de ~** di razza.

**racheter** [raʃte] *vt (acheter plus de)* ricomprare; **~ qqch à qqn** *(acheter d'occasion)* comprare qc da qn.

**racine** [rasin] *nf* radice *f.*

**racisme** [rasism] *nm* razzismo *m.*

**raciste** [rasist] *adj* razzista.

**raclette** [raklɛt] *nf (plat) piatto d'origine svizzera a base di formaggio fuso, patate bollite e, eventualmente, salumi.*

**raconter** [rakɔ̃te] *vt* raccontare; **~ qqch à qqn** raccontare qc a qn; **~ à qqn que** raccontare a qn che.

**radar** [radar] *nm* radar *m inv.*

**radiateur** [radjatœr] *nm* radiatore *m.*

**radical, -e, -aux** [radikal, o] *adj* radicale.

**radio** [radjo] *nf* radio *f inv*; *(MÉD)* radiografia *f.*

**radiocassette** [radjɔkasɛt] *nf* radioregistratore *m.*

**radiographie** [radjɔgrafi] *nf* radiografia *f.*

**radiologue** [radjɔlɔg] *nmf* radiologo *m* (-a *f*).

**radis** [radi] *nm* ravanello *m.*

**radoucir** [radusir]: **se radoucir** *vp (temps)* mitigarsi.

**rafale** [rafal] *nf* raffica *f.*

**raffiné, -e** [rafine] *adj* raffinato(-a).

**rafraîchir** [rafrɛʃir] *vt (atmosphère, boisson)* rinfrescare; *(cheveux)* spuntare. ◻ **se rafraîchir** *vp* rinfrescarsi.

**rafraîchissant, -e** [rafrɛʃisɑ̃, ɑ̃t] *adj* rinfrescante.

**rafraîchissement** [rafrɛʃismɑ̃] *nm (boisson)* bevanda *f* fresca.

**rage** [raʒ] *nf* rabbia *f*; **~ de dents** mal *m* di denti fortissimo.

**ragoût** [ragu] *nm piatto di*

*carne, pesce o verdure tagliati a pezzi e cotti in una salsa.*

**raide** [rɛd] *adj (corde, cheveux)* dritto(-a); *(personne, démarche)* rigido(-a); *(pente)* ripido(-a). ◆ *adv* : **tomber ~ mort** cadere morto stecchito.

**raie** [rɛ] *nf* riga *f*; *(poisson)* razza *f*.

**rails** [raj] *nmpl* binari *mpl*.

**raisin** [rɛzɛ̃] *nm* uva *f*; **~s secs** uva passa, uvetta *f*.

**raison** [rɛzɔ̃] *nf* ragione *f*; **avoir ~ (de faire qqch)** avere ragione (a fare qc); **en ~ de** a causa di.

**raisonnable** [rɛzɔnabl] *adj* ragionevole.

**raisonner** [rɛzɔne] *vi* ragionare. ◆ *vt (calmer)* far ragionare.

**rajeunir** [raʒœnir] *vi* ringiovanire. ◆ *vt* : **~ qqn** *(suj: vêtement, événement)* ringiovanire qn.

**rajouter** [raʒute] *vt* aggiungere.

**ralentir** [ralɑ̃tir] *vt & vi* rallentare.

**râler** [rale] *vi (fam)* brontolare.

**rallonge** [ralɔ̃ʒ] *nf* prolunga *f*.

**rallonger** [ralɔ̃ʒe] *vt* allungare. ◆ *vi (jours)* allungarsi.

**ramasser** [ramase] *vt (objet tombé)* raccogliere; *(fleurs, champignons)* cogliere.

**rambarde** [rɑ̃bard] *nf* parapetto *m*.

**rame** [ram] *nf (aviron)* remo *m*; *(de métro)* convoglio *m*.

**ramener** [ramne] *vt* riaccompagnare.

**ramequin** [ramkɛ̃] *nm (récipient)* pirofila *f* individuale; *(CULIN) tortino al formaggio.*

**ramer** [rame] *vi* remare.

**ramollir** [ramɔlir]: **se ramollir** *vp* rammollirsi.

**rampe** [rɑ̃p] *nf (d'escalier)* corrimano *m*; *(d'accès)* rampa *f*.

**rancune** [rɑ̃kyn] *nf* rancore *m*; **sans ~!** senza rancore!

**randonnée** [rɑ̃dɔne] *nf* escursione *f*; **faire de la ~ (pédestre)** fare delle camminate.

**rang** [rɑ̃] *nm (rangée)* fila *f*; *(place)* posto *m*; **se mettre en ~s** mettersi in fila.

**rangée** [rɑ̃ʒe] *nf* fila *f*.

**rangement** [rɑ̃ʒmɑ̃] *nm (placard)* armadio *m* a muro; **faire du ~** mettere in ordine.

**ranger** [rɑ̃ʒe] *vt* mettere

in ordine. ❑ **se ranger** *vp* *(en voiture)* accostare.
**rapace** [rapas] *nm* rapace *m.*
**rapatrier** [rapatrije] *vt* rimpatriare.
**râper** [rape] *vt* *(aliment)* grattugiare.
**rapide** [rapid] *adj* *(cheval, pas, voiture)* veloce; *(décision, guérison)* rapido(-a).
**rapidement** [rapidmɑ̃] *adv* rapidamente.
**rappel** [rapɛl] *nm* *(de paiement)* sollecito *m;* **'rappel'** 'continua'.
**rappeler** [raple] *vt* richiamare; **~ qqch à qqn** ricordare qc a qn. ❑ **se rappeler** *vp* ricordarsi; **je ne me rappelle pas t'avoir dit ça** non mi ricordo di averti detto questo.
**rapport** [rapɔr] *nm* rapporto *m;* **par ~ à** rispetto a.
**rapporter** [rapɔrte] *vt* *(rendre, ramener)* riportare. ◆ *vi* *(être avantageux)* rendere. ❑ **se rapporter à** *vp + prép* riferirsi a.
**rapprocher** [raprɔʃe] *vt* avvicinare. ❑ **se rapprocher** *vp* avvicinarsi; **se ~ de** avvicinarsi a.
**raquette** [rakɛt] *nf* racchetta *f.*
**rare** [rar] *adj* raro(-a).
**rarement** [rarmɑ̃] *adv* raramente.
**ras, -e** [ra, raz] *adj* raso(-a). ◆ *adv* : **(à) ~** *(couper)* raso; **au ~ de l'eau** rasente l'acqua; **à ~ bord** fino all'orlo.
**raser** [raze] *vt* *(barbe, personne)* radere, rasare; *(frôler)* rasentare. ❑ **se raser** *vp* radersi.
**rasoir** [razwar] *nm* rasoio *m;* **~ électrique** rasoio elettrico.
**rassembler** [rasɑ̃ble] *vt* radunare. ❑ **se rassembler** *vp* radunarsi.
**rassurer** [rasyre] *vt* rassicurare.
**rat** [ra] *nm* topo *m.*
**ratatouille** [ratatuj] *nf* *misto di verdure cotte nell'olio d'oliva.*
**rater** [rate] *vt* *(cible)* mancare; *(train)* perdere; *(examen)* essere bocciato a. ◆ *vi* *(échouer)* fallire.
**RATP** *nf azienda dei trasporti parigini.*
**rattraper** [ratrape] *vt* *(évadé)* riprendere; *(objet)* afferrare; *(retard)* recuperare. ❑ **se rattraper** *vp* *(se retenir)* aggrapparsi; *(d'une*

*erreur)* rimediare; *(sur le temps perdu)* recuperare.
**rauque** [rok] *adj* rauco(-a).
**ravages** [ravaʒ] *nmpl* : **faire des ~** *(dégâts)* causare ingenti danni.
**ravi, -e** [ravi] *adj* molto lieto(-a).
**ravin** [ravɛ̃] *nm* burrone *m*.
**ravioli(s)** [ravjɔli] *nmpl* ravioli *mpl*.
**ravissant, -e** [ravisɑ̃, ɑ̃t] *adj* incantevole.
**ravitaillement** [ravitajmɑ̃] *nm (provisions)* provviste *fpl*.
**ravitailler** [ravitaje]: **se ravitailler** *vp* fare rifornimento.
**rayé, -e** [rɛje] *adj* rigato(-a).
**rayer** [rɛje] *vt (abîmer)* rigare; *(barrer)* depennare.
**rayon** [rɛjɔ̃] *nm* raggio *m*; *(de grand magasin)* reparto *m*; **~s X** raggi X.
**rayonner** [rɛjɔne] *vi (touriste, randonneur)* fare delle andate e ritorno.
**rayure** [rɛjyr] *nf* riga *f*; **à ~s** a righe.
**réaction** [reaksjɔ̃] *nf* reazione *f*.
**réagir** [reaʒir] *vi* reagire.
**réalisateur, -trice** [realizatœr, tris] *nm, f (de cinéma, de télévision)* regista *mf*.
**réaliser** [realize] *vt* realizzare.
**réaliste** [realist] *adj (à l'esprit pratique)* realista; *(scène, film)* realistico(-a).
**réalité** [realite] *nf* realtà *f*; **en ~** in realtà.
**réanimation** [reanimasjɔ̃] *nf* rianimazione *f*.
**rebondir** [rəbɔ̃dir] *vi* rimbalzare.
**rebord** [rəbɔr] *nm (d'une fenêtre)* davanzale *m*.
**reboucher** [rəbuʃe] *vt* richiudere.
**rebrousser** [rəbruse] *vt* : **~ chemin** ritornare sui propri passi.
**récapituler** [rekapityle] *vt* riepilogare.
**récemment** [resamɑ̃] *adv* recentemente.
**récent, -e** [resɑ̃, ɑ̃t] *adj* recente.
**récepteur** [resɛptœr] *nm (radio)* radioricevitore *m*; *(téléphonique)* ricevitore *m*.
**réception** [resɛpsjɔ̃] *nf (fête)* ricevimento *m*; *(d'un hôtel)* reception *f inv*.
**réceptionniste** [resɛpsjɔnist] *nmf* receptionist *mf inv*.

**recette** [rəsɛt] *nf (de cuisine)* ricetta *f.*

**recevoir** [rəsəvwar] *vt (colis, lettre)* ricevere; *(balle, coup)* prendere; *(accueillir)* ospitare.

**rechange** [rəʃɑ̃ʒ]: **de rechange** *adj (vêtement)* di ricambio.

**réchaud** [reʃo] *nm* fornello *m* (da campeggio); **~ à gaz** fornello a gas.

**réchauffer** [reʃofe] *vt* riscaldare. ❑ **se réchauffer** *vp* riscaldarsi; **se ~ les mains** riscaldarsi le mani.

**recherche** [rəʃɛrʃ] *nf* ricerca *f*; **être à la ~ de** essere in cerca di.

**rechercher** [rəʃɛrʃe] *vt* cercare.

**récif** [resif] *nm* scoglio *m.*

**récipient** [resipjɑ̃] *nm* recipiente *m.*

**réciproque** [resiprɔk] *adj* reciproco(-a).

**récit** [resi] *nm* racconto *m.*

**réclamation** [reklamasjɔ̃] *nf* reclamo *m.*

**réclamer** [reklame] *vt* reclamare.

**recoin** [rəkwɛ̃] *nm* angolino *m.*

**récolte** [rekɔlt] *nf (ramassage)* raccolta *f*; *(produit)* raccolto *m.*

**recommandé, -e** [rəkɔmɑ̃de] *adj* raccomandato(-a). ◆ *nm* : **envoyer qqch en ~** spedire qc come raccomandata.

**recommander** [rəkɔmɑ̃de] *vt* raccomandare. ❑ **se recommander** *vp (Helv: insister)* insistere.

**recommencer** [rəkɔmɑ̃se] *vt* & *vi* ricominciare; **~ à faire qqch** ricominciare a fare qc.

**récompense** [rekɔ̃pɑ̃s] *nf* ricompensa *f.*

**récompenser** [rekɔ̃pɑ̃se] *vt* ricompensare.

**réconcilier** [rekɔ̃silje]: **se réconcilier** *vp* riconciliarsi.

**réconforter** [rekɔ̃fɔrte] *vt* (ri)confortare.

**reconnaissance** [rəkɔnɛsɑ̃s] *nf (gratitude)* riconoscenza *f.*

**reconnaissant, -e** [rəkɔnɛsɑ̃, ɑ̃t] *adj* riconoscente.

**reconnaître** [rəkɔnɛtr] *vt* riconoscere.

**reconnu, -e** [rəkɔny] *pp* → **reconnaître**.

**recopier** [rəkɔpje] *vt* ricopiare.

**record** [rəkɔr] *nm* record *m inv.*

**recoudre** [rəkudr] *vt* ricucire.
**recourbé, -e** [rəkurbe] *adj* ricurvo(-a).
**recours** [rəkur] *nm* : **avoir ~ à** fare ricorso a.
**recouvert, -e** [rəkuvɛr, ɛrt] *pp* → **recouvrir**.
**recouvrir** [rəkuvrir] *vt* ricoprire; **~ qqch de** ricoprire qc di.
**recruter** [rəkryte] *vt* assumere.
**rectangle** [rɛktɑ̃gl] *nm* rettangolo *m*.
**rectangulaire** [rɛktɑ̃gylɛr] *adj* rettangolare.
**rectifier** [rɛktifje] *vt* rettificare.
**recto** [rɛkto] *nm* recto *m*; **~ verso** sulle due facciate.
**reçu, -e** [rəsy] *pp* → **recevoir**. ◆ *nm* ricevuta *f*.
**recueil** [rəkœj] *nm* raccolta *f*.
**recueillir** [rəkœjir] *vt (rassembler)* raccogliere; *(accueillir)* accogliere.
**reculer** [rəkyle] *vt* spostare indietro; *(date)* rinviare. ◆ *vi* indietreggiare.
**reculons** [rəkylɔ̃]: **à reculons** *adv* a ritroso.
**récupérer** [rekypere] *vt & vi* recuperare.
**recycler** [rəsikle] *vt (déchets)* riciclare.
**redescendre** [rədesɑ̃dr] *vi* ridiscendere.
**rédiger** [rediʒe] *vt* redigere.
**redire** [rədir] *vt* ridire.
**redonner** [rədɔne] *vt* : **~ qqch à qqn** ridare qc a qn.
**redresser** [rədrɛse] *vt (tête, buste)* rialzare; *(parasol, étagère, barre)* raddrizzare. ❏ **se redresser** *vp* raddrizzarsi.
**réduction** [redyksjɔ̃] *nf (sur un prix)* sconto *m*; *(diminution)* riduzione *f*.
**réduire** [redɥir] *vt* ridurre.
**réduit, -e** [redɥi, it] *pp* → **réduire**. ◆ *adj* ridotto(-a).
**réel, -elle** [reɛl] *adj* reale.
**réellement** [reɛlmɑ̃] *adv* realmente.
**réexpédier** [reɛkspedje] *vt* rispedire.
**refaire** [rəfɛr] *vt* rifare.
**refait, -e** [rəfɛ, ɛt] *pp* → **refaire**.
**référence** [referɑ̃s] *nf* riferimento *m*; **faire ~ à** fare riferimento a.
**refermer** [rəfɛrme] *vt* richiudere. ❏ **se refermer** *vp* richiudersi.
**réfléchir** [refleʃir] *vt & vi* riflettere.

**reflet** [rəflɛ] *nm* riflesso *m*.

**refléter** [rəflete] *vt* riflettere. ❑ **se refléter** *vp* riflettersi; *(apparaître)* rispecchiarsi.

**réflexe** [reflɛks] *nm* riflesso *m*.

**réflexion** [reflɛksjɔ̃] *nf* riflessione *f*; *(critique)* osservazione *f*.

**réforme** [refɔrm] *nf* riforma *f*.

**réfrigérateur** [refriʒeratœr] *nm* frigorifero *m*.

**refroidir** [rəfrwadir] *vt* raffreddare. ◆ *vi* diventare freddo. ❑ **se refroidir** *vp* raffreddarsi.

**refuge** [rəfyʒ] *nm (en montagne)* rifugio *m*; *(pour sans-abri)* ricovero *m*.

**réfugié**, **-e** [refyʒje] *nm, f* rifugiato *m* (-a *f*).

**refus** [rəfy] *nm* rifiuto *m*.

**refuser** [rəfyze] *vt* rifiutare; *(candidat)* respingere; **~ de faire qqch** rifiutare di fare qc.

**régaler** [regale]: **se régaler** *vp* farsi piacere.

**regard** [rəgar] *nm (coup d'œil)* occhiata *f*; *(expression)* sguardo *m*.

**regarder** [rəgarde] *vt* guardare; **ça ne te regarde pas** questo non ti riguarda.

**reggae** [rege] *nm* reggae *m inv*.

**régime** [reʒim] *nm* dieta *f*; *(d'un moteur, politique)* regime *m*; **être/se mettre au ~** essere/mettersi a dieta.

**région** [reʒjɔ̃] *nf* regione *f*.

**régional**, **-e**, **-aux** [reʒjɔnal, o] *adj* regionale.

**registre** [rəʒistr] *nm (livre)* registro *m*.

**réglable** [reglabl] *adj* regolabile.

**règle** [rɛgl] *nf (instrument)* righello *m*; *(loi)* regola *f*; **être en ~** essere in regola; **en ~ générale** in linea di massima; **~s du jeu** regole del gioco. ❑ **règles** *nfpl* mestruazioni *fpl*.

**règlement** [rɛgləmɑ̃] *nm (lois)* regolamento *m*; *(paiement)* pagamento *m*.

**régler** [regle] *vt (appareil, moteur)* mettere a punto; *(payer)* pagare; *(problème)* regolare.

**régner** [reɲe] *vi* regnare.

**regret** [rəgrɛ] *nm* dispiacere *m*.

**regretter** [rəgrete] *vt (erreur, décision)* pentirsi (di);

*(personne)* rimpiangere; **je regrette que...** mi dispiace che...

**regrouper** [rəgrupe] *vt* raggruppare. ◻ **se regrouper** *vp* raggrupparsi.

**régulier, -ère** [regylje, ɛr] *adj* regolare.

**régulièrement** [regyljɛrmɑ̃] *adv* regolarmente.

**rein** [rɛ̃] *nm* rene *m*.

**reine** [rɛn] *nf* regina *f*; *(aux échecs, aux cartes)* regina, donna *f*.

**rejeter** [rəʒte] *vt (renvoyer)* rigettare; *(refuser)* respingere.

**rejoindre** [rəʒwɛ̃dr] *vt (personne)* raggiungere; *(lieu)* arrivare a.

**rejoint, -e** [rəʒwɛ̃, ɛ̃t] *pp* → **rejoindre**.

**réjouir** [reʒwir]: **se réjouir** *vp* rallegrarsi; **se ~ de qqch** rallegrarsi di qc.

**relâcher** [rəlaʃe] *vt (prisonnier)* liberare.

**relais** [rəlɛ] *nm* : **prendre le ~ de qqn** dare il cambio a qn; **~ routier** *ristorante situato su una strada molto frequentata*.

**relatif, -ive** [rəlatif, iv] *adj* relativo(-a); **~ à** relativo a.

**relation** [rəlasjɔ̃] *nf* relazione *f*; *(personne)* conoscenza *f*.

**relaxer** [rəlakse]: **se relaxer** *vp* rilassarsi.

**relevé, -e** [rəlve] *adj (épicé)* piccante.

**relever** [rəlve] *vt (tête, col, objet tombé)* tirare su; *(remarquer)* notare; *(épicer)* insaporire. ◻ **se relever** *vp* rialzarsi.

**relief** [rəljɛf] *nm* rilievo *m*; **en ~** in rilievo.

**relier** [rəlje] *vt* collegare.

**religieuse** [rəliʒjøz] *nf (gâteau) pasta composta da due bignè ripieni di crema al caffè o al cioccolato e ricoperti da una glassa*; → **religieux**.

**religieux, -euse** [rəliʒjø, øz] *adj* religioso(-a). ◆ *nm, f* religioso *m* (-a *f*).

**religion** [rəliʒjɔ̃] *nf* religione *f*.

**remarquable** [rəmarkabl] *adj* notevole.

**remarque** [rəmark] *nf* osservazione *f*.

**remarquer** [rəmarke] *vt (s'apercevoir de)* notare; **remarque, ...** attenzione, ...; **se faire ~** farsi notare.

**rembourré, -e** [rɑ̃bure] *adj (fauteuil, veste)* imbottito(-a).

**rembourser** [rɑ̃burse] *vt* rimborsare.

**remède** [rəmɛd] *nm* rimedio *m*.

**remerciements** [rəmɛrsimɑ̃] *nmpl* ringraziamenti *mpl*.

**remercier** [rəmɛrsje] *vt* ringraziare; **~ qqn de** *ou* **pour qqch** ringraziare qn di *ou* per qc; **~ qqn d'avoir fait qqch** ringraziare qn per aver fatto qc.

**remettre** [rəmɛtr] *vt* rimettere; *(retarder)* rimandare; **~ qqch à qqn** consegnare qc a qn. ❑ **se remettre** *vp* rimettersi; **se ~ à faire qqch** rimettersi a fare qc; **se ~ de qqch** rimettersi da qc.

**remis, -e** [rəmi, iz] *pp* → **remettre**.

**remise** [rəmiz] *nf (abri)* rimessa *f*; *(rabais)* riduzione *f*; **faire une ~ à qqn** fare uno sconto a qn.

**remontée** [rəmɔ̃te] *nf* : **~s mécaniques** impianti *mpl* di risalita.

**remonte-pente, -s** [rəmɔ̃tpɑ̃t] *nm* ski-lift *m inv*.

**remonter** [rəmɔ̃te] *vt (aux avoir) (mettre plus haut)* tirare su; *(moteur, pièces)* rimontare; *(montre)* ricaricare. ◆ *vi (aux être)* risalire; **~ à** *(dater de)* risalire a.

**remords** [rəmɔr] *nm* rimorso *m*.

**remorquer** [rəmɔrke] *vt* rimorchiare.

**rémoulade** [remulad] *nf* → **céleri**.

**remparts** [rɑ̃par] *nmpl* mura *fpl*.

**remplaçant, -e** [rɑ̃plasɑ̃, ɑ̃t] *nm, f (d'enseignant)* supplente *mf*; *(de médecin)* sostituto *m* (-a *f*).

**remplacer** [rɑ̃plase] *vt* sostituire; **~ qqn/qqch par** sostituire qn/qc con.

**remplir** [rɑ̃plir] *vt* riempire; *(questionnaire)* compilare; **~ qqch de** riempire qc di. ❑ **se remplir (de)** *vp (+ prép)* riempirsi (di).

**remuer** [rəmɥe] *vt* muovere; *(mélanger)* mescolare.

**rémunération** [remynerasjɔ̃] *nf* remunerazione *f*.

**rémunérer** [remynere] *vt* remunerare.

**renard** [rənar] *nm* volpe *f*.

**rencontre** [rɑ̃kɔ̃tr] *nf* incontro *m*; **aller à la ~ de qqn** andare incontro a qn.

**rencontrer** [rɑ̃kɔ̃tre] *vt (par hasard)* incontrare; *(faire la connaissance de)* conoscere. ❑ **se rencontrer**

*vp (par hasard)* incontrarsi; *(faire connaissance)* conoscersi.

**rendez-vous** [rɑ̃devu] *nm* appuntamento *m*; **~ chez moi à 14 h** appuntamento da me alla 14; **avoir ~ avec qqn** avere appuntamento con qn; **donner ~ à qqn** dare appuntamento a qn; **prendre ~** prendere appuntamento.

**rendre** [rɑ̃dr] *vt* rendere. ◆ *vi (vomir)* rimettere. ❑ **se rendre** *vp* : **se ~ à** *(sout: aller à)* recarsi a; **se ~ utile** rendersi utile.

**renforcer** [rɑ̃fɔrse] *vt (consolider)* rinforzare; *(fig: certitude, peur)* rafforzare.

**renifler** [rənifle] *vi* tirar su col naso.

**renommé, -e** [rənɔme] *adj* rinomato(-a).

**renoncer** [rənɔ̃se]: **renoncer à** *v + prép* rinunciare a.

**renouveler** [rənuvle] *vt* rinnovare. ❑ **se renouveler** *vp (se reproduire)* rinnovarsi.

**rénover** [renɔve] *vt* ristrutturare.

**renseignement** [rɑ̃sɛɲəmɑ̃] *nm* informazione *f*.

**renseigner** [rɑ̃seɲe] *vt* : **~ qqn (sur)** informare qn (su). ❑ **se renseigner (sur)** *vp (+ prép)* informarsi (su).

**rentrée** [rɑ̃tre] *nf* : **~ (des classes)** riapertura *f* delle scuole.

**rentrer** [rɑ̃tre] *vi (aux être) (entrer, être contenu)* entrare; *(chez soi)* rientrare. ◆ *vt (aux avoir)* infilare; *(dans la maison)* mettere dentro; **~ dans** *(heurter)* sbattere contro; **~ le ventre** tirare indentro la pancia.

**renverser** [rɑ̃vɛrse] *vt* rovesciare; *(piéton)* investire. ❑ **se renverser** *vp* rovesciarsi.

**renvoyer** [rɑ̃vwaje] *vt (balle, lettre)* rinviare; *(élève)* espellere; *(salarié)* licenziare.

**répandre** [repɑ̃dr] *vt (renverser)* versare. ❑ **se répandre** *vp (liquide)* versarsi.

**répandu, -e** [repɑ̃dy] *adj (fréquent)* diffuso(-a).

**réparation** [reparasjɔ̃] *nf* riparazione *f*; **en ~** in riparazione.

**réparer** [repare] *vt* riparare; **faire ~ qqch** far riparare qc.

**repartir** [rəpartir] *vi* ripartire.

**répartir** [repartir] *vt* ripartire.
**repas** [rəpa] *nm* pasto *m*.
**repasser** [rəpase] *vt (linge)* stirare. ◆ *vi (rendre visite)* ripassare.
**répercussions** [reperkysjɔ̃] *nfpl* ripercussioni *fpl*.
**repère** [rəper] *nm (marque)* (segno di) riferimento *m*.
**repérer** [rəpere] *vt (remarquer)* addocchiare. ❑ **se repérer** *vp* orientarsi.
**répertoire** [repertwar] *nm (carnet)* rubrica *f*; *(d'un acteur, d'un musicien)* repertorio *m*; *(INFORM)* directory *f inv*.
**répéter** [repete] *vt* ripetere; *(rôle, œuvre)* provare.
**répétition** [repetisjɔ̃] *nf (dans un texte)* ripetizione *f*; *(au théâtre)* prova *f*.
**replier** [rəplije] *vt* ripiegare.
**répondeur** [repɔ̃dœr] *nm* : ~ **(téléphonique** *OU* **automatique)** segreteria *f* telefonica.
**répondre** [repɔ̃dr] *vt* & *vi* rispondere; ~ **à qqn** rispondere a qn.
**réponse** [repɔ̃s] *nf* risposta *f*.
**reportage** [rəpɔrtaʒ] *nm* servizio *m*, reportage *m inv*.
**reporter** [rəpɔrte] *vt (rapporter)* riportare; *(date, réunion)* rinviare, rimandare.
**repos** [rəpo] *nm* riposo *m*.
**reposant, -e** [rəpozɑ̃, ɑ̃t] *adj* riposante.
**reposer** [rəpoze] *vt (remettre)* riporre. ❑ **se reposer** *vp* riposarsi.
**repousser** [rəpuse] *vt (faire reculer)* spingere indietro; *(retarder)* rinviare, rimandare. ◆ *vi* rispuntare.
**reprendre** [rəprɑ̃dr] *vt* riprendere; ~ **son souffle** riprendere fiato.
**représentant, -e** [rəprezɑ̃tɑ̃, ɑ̃t] *nm, f* rappresentante *mf*; ~ **(de commerce)** rappresentante (di commercio).
**représentation** [rəprezɑ̃tasjɔ̃] *nf* rappresentazione *f*.
**représenter** [rəprezɑ̃te] *vt* rappresentare.
**repris, -e** [rəpri, iz] *pp* → **reprendre.**
**reproche** [rəprɔʃ] *nm* rimprovero *m*.
**reprocher** [rəprɔʃe] *vt* : ~ **qqch à qqn** rimproverare qc a qn.
**reproduction** [rəprɔdyksjɔ̃] *nf* riproduzione *f*.

**reproduire** [rəprɔdɥir] *vt* riprodurre. ❑ **se reproduire** *vp* riprodursi.
**reproduit, -e** [rəprɔdɥi, it] *pp* → **reproduire.**
**reptile** [rɛptil] *nm* rettile *m*.
**république** [repyblik] *nf* repubblica *f*.
**réputation** [repytasjɔ̃] *nf* reputazione *f*.
**réputé, -e** [repyte] *adj* rinomato(-a).
**requin** [rəkɛ̃] *nm* squalo *m*, pescecane *m*.
**RER** *nm metropolitana che collega Parigi alla sua periferia.*
**réseau, -x** [rezo] *nm* rete *f*.
**réservation** [rezɛrvasjɔ̃] *nf* prenotazione *f*.
**réserve** [rezɛrv] *nf* riserva *f*; **en ~** da parte.
**réservé, -e** [rezɛrve] *adj* *(discret)* riservato(-a).
**réserver** [rezɛrve] *vt (billet, chambre)* prendare.
**réservoir** [rezɛrvwar] *nm* serbatoio *m*.
**résidence** [rezidɑ̃s] *nf* *(sout: domicile)* residenza *f*; *(immeuble)* residence *m inv*; **~ secondaire** seconda casa *f*.
**résigner** [reziɲe]: **se résigner** *vp* rassegnarsi; **se ~ à faire qqch** rassegnarsi a fare qc.
**résilier** [rezilje] *vt* rescindere.
**résine** [rezin] *nf* resina *f*.
**résistant, -e** [rezistɑ̃, ɑ̃t] *adj* resistente.
**résister** [reziste]: **résister à** *v + prép* resistere a.
**résolu, -e** [rezɔly] *pp* → **résoudre.** ◆ *adj (décidé)* risoluto(-a).
**résoudre** [rezudr] *vt* risolvere.
**respect** [rɛspɛ] *nm* rispetto *m*.
**respecter** [rɛspɛkte] *vt* rispettare.
**respiration** [rɛspirasjɔ̃] *nf* respirazione *f*.
**respirer** [rɛspire] *vt & vi* respirare.
**responsabilité** [rɛspɔ̃sabilite] *nf* responsabilità *f inv*.
**responsable** [rɛspɔ̃sabl] *adj* responsabile. ◆ *nmf* responsabile *mf*; **être ~ de qqch** essere responsabile di qc.
**ressemblant, -e** [rəsɑ̃blɑ̃, ɑ̃t] *adj* somigliante.
**ressembler** [rəsɑ̃ble]: **ressembler à** *v + prép* somi-

gliare a. ❑ **se ressembler** *vp* somigliarsi.

**ressentir** [rəsɑ̃tir] *vt* sentire.

**resserrer** [rəsere] *vt (ceinture, nœud)* stringere.

**resservir** [rəsɛrvir]: **se resservir** *vp* : **se ~ (de)** servirsi di nuovo (di).

**ressort** [rəsɔr] *nm* molla *f.*

**ressortir** [rəsɔrtir] *vi (sortir à nouveau)* riuscire; *(se détacher)* risaltare.

**ressortissant, -e** [rəsɔrtisɑ̃, ɑ̃t] *nm, f* : **les ~s français** i cittadini francesi residenti all'estero.

**ressources** [rəsurs] *nfpl* risorse *fpl.*

**restaurant** [rɛstɔrɑ̃] *nm* ristorante *m.*

**restaurer** [rɛstɔre] *vt (monument)* restaurare.

**reste** [rɛst] *nm* resto *m*; **un ~ de** *(nourriture, tissu)* un avanzo di; **les ~s** *(d'un repas)* gli avanzi.

**rester** [rɛste] *vi* restare.

**restreindre** [rɛstrɛ̃dr] *vt* ridurre.

**restreint, -e** [rɛstrɛ̃, ɛ̃t] *pp* → **restreindre.** ◆ *adj* ristretto(-a).

**résultat** [rezylta] *nm* risultato *m.*

**résumé** [rezyme] *nm* riassunto *m*; **en ~** in sintesi.

**résumer** [rezyme] *vt* riassumere.

**rétablir** [retablir] *vt* ristabilire. ❑ **se rétablir** *vp* ristabilirsi.

**retard** [rətar] *nm* ritardo *m*; **avoir du ~** essere in ritardo; **avoir une heure de ~** avere un'ora di ritardo; **être en ~ (sur)** essere indietro (su).

**retenir** [rətnir] *vt (empêcher de partir, d'agir)* trattenere; *(empêcher de tomber)* tenere; *(réserver)* prenotare; *(se souvenir de)* ricordare. ❑ **se retenir** *vp* : **se ~ (à qqch)** tenersi (a qc); **se ~ (de faire qqch)** trattenersi (dal fare qc).

**retenu, -e** [rətny] *pp* → **retenir.**

**retirer** [rətire] *vt* togliere; *(billet, argent, bagages)* ritirare.

**retomber** [rətɔ̃be] *vi* ricadere; *(pendre)* cadere.

**retour** [rətur] *nm* ritorno *m*; **être de ~** essere di ritorno; **au ~** al ritorno.

**retourner** [rəturne] *vt (aux avoir) (mettre à l'envers)* rovesciare. ◆ *vi (aux être)* ritornare. ❑ **se retourner** *vp* *(voiture, bateau)* capovolgersi; *(tourner la tête)* girarsi.

**retraite** [rətrɛt] *nf* pensione *f*; **être à la ~** essere in pensione; **prendre sa ~** andare in pensione.

**rétrécir** [retresir] *vi* restringersi.

**retrousser** [rətruse] *vt* *(manches, jupe)* rimboccare.

**retrouver** [rətruve] *vt* ritrovare; *(rejoindre)* raggiungere. ❑ **se retrouver** *vp* ritrovarsi.

**rétroviseur** [retrɔvizœr] *nm* (specchietto) retrovisore *m*.

**réunion** [reynjɔ̃] *nf* riunione *f*; **la Réunion** la Riunione.

**réunionnais, -e** [reynjɔnɛ, ɛz] *adj* della Riunione.

**réunir** [reynir] *vt* riunire. ❑ **se réunir** *vp* riunirsi.

**réussir** [reysir] *vi* riuscire. ◆ *vt* : **elle a réussi toutes ses photos** tutte le foto le sono venute bene; **~ (à) un examen** passare un esame; **~ à faire qqch** riuscire a fare qc.

**réussite** [reysit] *nf* riuscita *f*; *(jeu)* solitario *m*.

**revanche** [rəvɑ̃ʃ] *nf* rivincita *f*; **en ~** in compenso.

**rêve** [rɛv] *nm* sogno *m*.

**réveil** [revɛj] *nm* *(pendule)* sveglia *f*.

**réveiller** [reveje] *vt* svegliare. ❑ **se réveiller** *vp* svegliarsi.

**réveillon** [revɛjɔ̃] *nm* *(repas)* cenone *m*; *(fête du 24 décembre)* vigilia *f*; *(fête du 31 décembre)* veglione *m*.

**révélation** [revelasjɔ̃] *nf* rivelazione *f*.

**révéler** [revele] *vt* rivelare. ❑ **se révéler** *vp* *(s'avérer)* rivelarsi.

**revendre** [rəvɑ̃dr] *vt* rivendere.

**revenir** [rəvnir] *vi* *(venir à nouveau)* (ri)tornare; *(d'où l'on arrive)* tornare indietro; **~ cher** venire a costar caro; **ça nous est revenu à 400 €** ci è venuto a costare 400 euro; **ça revient au même** fa lo stesso; **je n'en reviens pas** non riesco a capacitarmene.

**revenu, -e** [rəvny] *pp* → **revenir**. ◆ *nm* reddito *m*.

**rêver** [rɛve] *vi* sognare; *(être distrait)* sognare ad occhi aperti. ◆ *vt* : **~ que** sognare che; **j'ai rêvé de lui** l'ho sognato; **~ de faire qqch** sognare di fare qc.

**réverbère** [reverbɛr] *nm* lampione *m*.

**revers** [rəvɛr] *nm (d'une pièce, de la main, au tennis)* rovescio *m*; *(d'une veste, d'un pantalon)* risvolto *m*.

**réviser** [revize] *vt (leçons)* ripassare; **faire ~ sa voiture** far revisionare l'auto.

**revoir** [rəvwar] *vt* rivedere; **au ~!** arrivederci!

**révolte** [revɔlt] *nf* rivolta *f*.

**révolter** [revɔlte] *vt* rivoltare. ❑ **se révolter** *vp* rivoltarsi.

**révolution** [revɔlysjɔ̃] *nf* rivoluzione *f*.

**revolver** [revɔlvɛr] *nm* rivoltella *f*.

**revue** [rəvy] *nf (magazine, spectacle)* rivista *f*.

**rez-de-chaussée** [redʃose] *nm inv* pianterreno *m*, pianoterra *m inv*.

**Rhin** [rɛ̃] *nm* : **le ~** il Reno.

**rhinocéros** [rinɔserɔs] *nm* rinocerante *m*.

**Rhône** [ron] *nm* : **le ~** il Rodano.

**rhubarbe** [rybarb] *nf* rabarbaro *m*.

**rhum** [rɔm] *nm* rum *m inv*.

**rhumatismes** [rymatism] *nmpl* reumatismi *mpl*; **avoir des ~** avere i reumatismi.

**rhume** [rym] *nm* raffreddore *m*; **avoir un ~** avere il raffreddore; **~ des foins** raffreddore da fieno.

**ri** [ri] *pp* → **rire**.

**riche** [riʃ] *adj* ricco(-a); **~ en** *(plein de)* ricco di.

**richesse** [riʃɛs] *nf* ricchezza *f*.

**ride** [rid] *nf* ruga *f*.

**ridé, -e** [ride] *adj* rugoso(-a).

**rideau, -x** [rido] *nm* tenda *f*; *(de magasin)* saracinesca *f*; *(au théâtre)* sipario *m*.

**ridicule** [ridikyl] *adj* ridicolo(-a).

**rien** [rjɛ̃] *pron* niente, nulla; **ne... ~** non... niente; **de ~** (di) niente; **pour ~** per niente; **~ d'intéressant** niente di interessante; **~ du tout** assolutamente niente; **~ que** nient'altro che.

**rigide** [riʒid] *adj* rigido(-a).

**rigoler** [rigɔle] *vi (fam: rire)* ridere; *(s'amuser, plaisanter)* scherzare.

**rigolo, -ote** [rigɔlo, ɔt] *adj (fam)* buffo(-a).

**rigueur** [rigœr]: **à la rigueur** *adv* al limite.

**rillettes** [rijɛt] *nfpl carne di maiale, anatra o oca tritata cotta nello strutto.*

**rincer** [rɛ̃se] *vt* sciacquare.

**rire** [rir] *nm* risata *f.* ◆ *vi* ridere; **pour ~** *(en plaisantant)* per ridere.

**ris** [ri] *nmpl* : **~ de veau** animelle *fpl* di vitello.

**risotto** [rizoto] *nm* risotto *m.*

**risque** [risk] *nm* rischio *m.*

**risquer** [riske] *vt* rischiare. ❑ **risquer de** *v + prép* rischiare di.

**rivage** [rivaʒ] *nm* riva *f.*

**rivalité** [rivalite] *nf* rivalità *f.*

**rive** [riv] *nf* riva *f*; **la ~ gauche** *(à Paris) quartieri di Parigi a sud della Senna, frequentati soprattutto da studenti e artisti;* **la ~ droite** *(à Paris) quartieri di Parigi a nord della Senna, zona più chic della città.*

**riverain, -e** [rivrɛ̃, ɛn] *nm, f* : **'sauf ~s'** ≈ eccetto residenti.

**rivière** [rivjɛr] *nf* fiume *m.*

**riz** [ri] *nm* riso *m*; **~ cantonais** riso alla cantonese.

**RN** *abr* = **route nationale.**

**robe** [rɔb] *nf* vestito *m*; **~ de chambre** vestaglia *f*; **~ du soir** vestito da sera.

**robinet** [rɔbinɛ] *nm* rubinetto *m.*

**robuste** [rɔbyst] *adj* robusto(-a).

**rocade** [rɔkad] *nf* tangenziale *f.*

**roche** [rɔʃ] *nf* roccia *f.*

**rocher** [rɔʃe] *nm (bloc)* masso *m*; *(au chocolat)* cioccolatino *m* pralinato.

**rôder** [rode] *vi* aggirarsi.

**rœsti** [røʃti] *nfpl (Helv) frittella di patate grattugiate.*

**rognons** [rɔɲɔ̃] *nmpl* rognoni *mpl.*

**roi** [rwa] *nm* re *m*; **les Rois, la fête des Rois** l'Epifania *f.*

**rôle** [rol] *nm (dans un film, une pièce)* parte *f*; *(fonction)* ruolo *m.*

**romain, -e** [rɔmɛ̃, ɛn] *adj* romano(-a).

**roman, -e** [rɔmɑ̃, an] *adj (architecture, église)* romanico(-a). ◆ *nm* romanzo *m.*

**romantique** [rɔmɑ̃tik] *adj* romantico(-a).

**romarin** [rɔmarɛ̃] *nm* rosmarino *m.*

**Rome** [rɔm] *n* Roma *f.*

**rompre** [rɔ̃pr] *vi* rompere.

**romsteck** [rɔmstɛk] *nm*

scamone *m (taglio di manzo di prima scelta)*.

**ronces** [rɔ̃s] *nfpl* rovi *mpl*.

**rond, -e** [rɔ̃, rɔ̃d] *adj* rotondo(-a); *(chiffre, compte)* tondo(-a). ◆ *nm* cerchio *m*; **en ~** in cerchio.

**rondelle** [rɔ̃dɛl] *nf (tranche)* fettina *f*; *(TECH)* rotella *f*.

**rond-point** [rɔ̃pwɛ̃] *(pl* **ronds-points**) *nm* rotonda *f*.

**ronfler** [rɔ̃fle] *vi* russare.

**roquefort** [rɔkfɔr] *nm formaggio di pecora con la muffa*.

**rosbif** [rɔsbif] *nm* rosbif *m*.

**rose** [roz] *adj* rosa *(inv)*. ◆ *nm* rosa *m*. ◆ *nf* rosa *f*.

**rosé, -e** [roze] *adj* roseo(-a). ◆ *nm (vin)* rosato *m*, rosé *m inv*.

**rosée** [roze] *nf* rugiada *f*.

**rosier** [rozje] *nm* rosaio *m*.

**Rossini** [rɔsini] *n* → **tournedos**.

**roter** [rote] *vi* ruttare.

**rôti** [roti] *nm* arrosto *m*.

**rôtie** [roti] *nf (Can) fetta di pancarré tostato*.

**rotin** [rɔtɛ̃] *nm* giunco *m*.

**rôtir** [rotir] *vt* arrostire. ◆ *vi* arrostirsi.

**rotule** [rɔtyl] *nf* rotula *f*.

**roue** [ru] *nf* ruota *f*; **~ de secours** ruota di scorta; **grande ~** ruota panoramica.

**rouge** [ruʒ] *adj* rosso(-a); *(fer)* rovente. ◆ *nm* rosso *m*; **~ à lèvres** rossetto *m*.

**rougeole** [ruʒɔl] *nf* morbillo *m*.

**rougir** [ruʒir] *vi* arrossire.

**rouille** [ruj] *nf* ruggine *f*; *(sauce) salsa all'aglio e al peperoncino rosso*.

**rouiller** [ruje] *vi* arrugginirsi.

**roulant** [rulɑ̃] *adj m* → **fauteuil, tapis**.

**rouleau, -x** [rulo] *nm (de papier, de tissu)* rotolo *m*; *(vague)* onda *f* crespa; **~ de printemps** involtino *m* primavera.

**rouler** [rule] *vt (nappe, tapis)* arrotolare; *(voler)* imbrogliare. ◆ *vi (balle, caillou)* rotolare; *(véhicule, cycliste)* andare; **~ les r** arrotolare le r; **'roulez au pas'** 'procedere a passo d'uomo'. ❑ **se rouler** *vp (par terre, dans l'herbe)* rotolarsi.

**roulette** [rulɛt] *nf (roue)* rotella *f*; **la ~** *(jeu)* la roulette.

**rousse** → **roux**.

**rousseur** [rusœr] *nf* → **tache**.

**route** [rut] *nf* strada *f*; **mettre qqch en ~** avviare qc; **se mettre en ~** *(voyageur)* partire; **'~ barrée'** 'strada interrotta'.

**routier**, **-ère** [rutje, ɛr] *adj* stradale. ◆ *nm (camionneur)* camionista *m*; *(restaurant)* ristorante *m* per camionisti.

**roux**, **rousse** [ru, rus] *adj* rosso(-a). ◆ *nm, f* rosso *m* (-a *f*).

**royal**, **-e**, **-aux** [rwajal, o] *adj (famille)* reale; *(pouvoir)* regio(-a); *(cadeau, pourboire)* principesco(-a).

**Royaume-Uni** [rwajomyni] *nm* : **le ~** il Regno Unito.

**ruban** [rybɑ̃] *nm* nastro *m*; **~ adhésif** nastro adesivo.

**rubrique** [rybrik] *nf (catégorie)* voce *f*; *(de journal)* rubrica *f*.

**ruche** [ryʃ] *nf* alveare *m*.

**rude** [ryd] *adj (climat, voix)* aspro(-a); *(travail)* duro(-a).

**rudimentaire** [rydimɑ̃tɛr] *adj* rudimentale.

**rue** [ry] *nf* via *f*.

**ruelle** [ryɛl] *nf* viuzza *f*.

**ruer** [rye] *vi* scalciare. ❑ **se ruer** *vp* : **se ~ dans/sur** precipitarsi in/su.

**rugueux**, **-euse** [rygø, øz] *adj (tissu, peau)* ruvido(-a); *(écorce)* rugoso(-a).

**ruine** [rɥin] *nf (financière)* rovina *f*; **en ~** *(château)* in rovina. ❑ **ruines** *nfpl* rovine *fpl*.

**ruiné**, **-e** [rɥine] *adj* rovinato(-a).

**ruisseau**, **-x** [rɥiso] *nm* ruscello *m*.

**rumeur** [rymœr] *nf (nouvelle)* voce *f*; *(bruit)* rumore *m*.

**rupture** [ryptyr] *nf* rottura *f*.

**rural**, **-e**, **-aux** [ryral, o] *adj* rurale.

**ruse** [ryz] *nf* astuzia *f*.

**rusé**, **-e** [ryze] *adj* astuto(-a).

**russe** [rys] *adj* russo(-a). ◆ *nm (langue)* russo *m*.

**Russie** [rysi] *nf* : **la ~** la Russia.

**rythme** [ritm] *nm* ritmo *m*.

# S

**s'** → **se.**

**S** *(abr de* **sud***)* S.

**sa** → **son.**

**sable** [sabl] *nm* sabbia *f;* **~s mouvants** sabbie mobili.

**sablé, -e** [sable] *adj (biscuit)* di pasta frolla. ◆ *nm* frollino *m.*

**sabot** [sabo] *nm* zoccolo *m;* **~ de Denver** *ceppo per bloccare ruote di veicoli in sosta vietata.*

**sabre** [sabr] *nm* sciabola *f.*

**sac** [sak] *nm* borsa *f; (de pommes de terre)* sacco *m;* **~ de couchage** sacco a pelo; **~ à dos** zaino *m;* **~ à main** borsetta *f.*

**sachant** [saʃɑ̃] *ppr* → **savoir.**

**sache** *etc* → **savoir.**

**sachet** [saʃɛ] *nm* bustina *f.*

**sac-poubelle** [sakpubɛl] *(pl* **sacs-poubelle***)* *nm* sacco *m* per la spazzatura.

**sacré, -e** [sakre] *adj* sacro(-a); *(fam: maudit)* maledetto(-a); *(fam: important, excellent)* gran bello(-a).

**sacrifier** [sakrifje] *vt* sacrificare. ❑ **se sacrifier** *vp* sacrificarsi.

**safran** [safrɑ̃] *nm* zafferano *m.*

**sage** [saʒ] *adj (obéissant)* buono(-a).

**saignant, -e** [sɛɲɑ̃, ɑ̃t] *adj (viande)* al sangue.

**saigner** [sɛɲe] *vi* sanguinare; **il saigne du nez** gli esce il sangue dal naso.

**sain, -e** [sɛ̃, sɛn] *adj* sano(-a); **~ et sauf** sano(-a) e salvo(-a).

**saint, -e** [sɛ̃, sɛ̃t] *adj* santo(-a). ◆ *nm, f* santo *m* (-a *f*); **la Saint-François** la festa di San Francesco.

**Saint-Gothard** [sɛ̃gɔtar] *n* : **le col du ~** il passo del San Gottardo.

**saint-honoré** [sɛ̃tɔnɔre] *nm inv torta di pasta brisée o sfoglia sormontata da una corona di bignè alla crema e panna montata.*

**Saint-Jacques** [sɛ̃ʒak] *n* → **coquille.**

**Saint-Michel** [sɛ̃miʃɛl] *n* → **mont.**

**Saint-Sylvestre** [sɛ̃silvestr] *nf* : **la ~** il giorno di San Silvestro.

**sais** *etc* → **savoir.**

**saisir** [sezir] *vt (prendre,

*comprendre)* afferrare; *(occasion)* cogliere.

**saison** [sezɔ̃] *nf* stagione *f*; **basse ~** bassa stagione; **haute ~** alta stagione.

**salade** [salad] *nf* insalata *f*; **en ~** in insalata; **~ de fruits** macedonia *f* di frutta; **~ mêlée (Helv)** insalata mista; **~ mixte** insalata mista; **~ niçoise** *insalata mista contenente pomodori, uova sode e tonno.*

**saladier** [saladje] *nm* insalatiera *f*.

**salaire** [salɛr] *nm* stipendio *m*.

**salami** [salami] *nm* salame *m*.

**salarié, -e** [salarje] *nm, f* stipendiato *m* (-a *f*).

**sale** [sal] *adj* sporco(-a); *(temps)* schifoso(-a).

**salé, -e** [sale] *adj* salato(-a). ◆ *nm* : **petit ~ aux lentilles** *carne di maiale dissalata, cucinata e servita con lenticchie.*

**saler** [sale] *vt* salare.

**saleté** [salte] *nf* sporcizia *f*; *(chose sale)* porcheria *f*.

**salière** [saljɛr] *nf* saliera *f*.

**salir** [salir] *vt* sporcare. ❑ **se salir** *vp* sporcarsi.

**salive** [saliv] *nf* saliva *f*.

**salle** [sal] *nf* sala *f*; **~ d'attente** sala d'aspetto; **~ de bains** stanza *f* da bagno; **~ de classe** aula *f*; **~ d'embarquement** imbarco *m*; **~ à manger** sala da pranzo; **~ d'opération** sala operatoria.

**salon** [salɔ̃] *nm (séjour)* salotto *m*; *(exposition)* salone *m*; **~ de coiffure** negozio *m* di parrucchiere; **~ de thé** sala *f* da tè.

**salopette** [salɔpɛt] *nf (en jean, etc)* salopette *f inv*; *(d'ouvrier)* tuta *f*.

**saluer** [salɥe] *vt* salutare; *(de la tête)* fare un cenno di saluto a.

**salut** [saly] *excl (fam)* ciao!

**salutations** [salytasjɔ̃] *nfpl* saluti *mpl*.

**samedi** [samdi] *nm* sabato *m*; **nous sommes** *ou* **c'est ~** è sabato; **~ 13 septembre** sabato 13 settembre; **nous sommes partis ~** siamo partiti sabato; **~ dernier** sabato scorso; **~ prochain** sabato prossimo; **~ matin** sabato mattina; **le ~** di sabato; **à ~!** a sabato!

**SAMU** [samy] *nm servizio di autoambulanze e di pronto intervento.*

**sandale** [sɑ̃dal] *nf* sandalo *m*.

**sandwich** [sɑ̃dwitʃ] *nm* tramezzino *m*.

**sang** [sɑ̃] *nm* sangue *m*; **en ~** sanguinante; **se faire du mauvais ~** farsi il sangue cattivo.

**sang-froid** [sɑ̃frwa] *nm inv* sangue *m* freddo.

**sangle** [sɑ̃gl] *nf* cinghia *f*.

**sanglier** [sɑ̃glije] *nm* cinghiale *m*.

**sangloter** [sɑ̃glɔte] *vi* singhiozzare.

**sangria** [sɑ̃grija] *nf* sangria *f inv*.

**sanguin** [sɑ̃gɛ̃] *adj m* → **groupe**.

**sans** [sɑ̃] *prép* senza; **~ faire qqch** senza fare qc; **il est parti ~ que personne s'en rende compte** se ne è andato senza che nessuno se ne rendesse conto.

**sans-abri** [sɑ̃zabri] *nmf inv* senzatetto *mf inv*.

**santé** [sɑ̃te] *nf* salute *f*; **en bonne/mauvaise ~** in buona/cattiva salute; **(à ta) ~!** (alla tua) salute!

**saoul**, **-e** [su, sul] = **soûl**.

**saouler** [sule] = **soûler**.

**sapin** [sapɛ̃] *nm* abete *m*; **~ de Noël** albero *m* di Natale.

**Sardaigne** [sardɛɲ] *nf* Sardegna *f*.

**sardine** [sardin] *nf* sardina *f*.

**satellite** [satelit] *nm* satellite *m*; *(d'un aéroport) nei grandi aeroporti, annesso dal quale spesso ci si imbarca.*

**satin** [satɛ̃] *nm* raso *m*.

**satisfaire** [satisfɛr] *vt* soddisfare.

**satisfaisant**, **-e** [satisfəzɑ̃, ɑ̃t] *adj* soddisfacente.

**satisfait**, **-e** [satisfɛ, ɛt] *pp* → **satisfaire**. ◆ *adj* soddisfatto(-a); **être ~ de** essere soddisfatto di.

**sauce** [sos] *nf* salsa *f*; **en ~** con salsa; **~ chasseur** *salsa di pomodoro ai funghi, allo scalogno e al vino bianco*; **~ madère** *salsa a base di verdure, funghi e aromi con aggiunta di madera*; **~ tartare** salsa tartara; **~ tomate** sugo *m* di pomodoro.

**saucisse** [sosis] *nf* salsiccia *f*; **~ sèche** salamino *m* stagionato.

**saucisson** [sosisɔ̃] *nm* salame *m*.

**sauf**, **sauve** [sof, sov] *adj* → **sain**. ◆ *prép (excepté)* eccetto, salvo; **~ erreur** salvo errore.

**sauge** [soʒ] *nf* salvia *f.*

**saule** [sol] *nm* salice *m*; **~ pleureur** salice piangente.

**saumon** [somɔ̃] *nm* salmone *m.* ♦ *adj inv* : **(rose) ~** (rosa) salmone *(inv)*; **~ fumé** salmone affumicato.

**sauna** [sona] *nm* sauna *f.*

**saur** [sɔr] *adj m* → **hareng.**

**saura** *etc* → **savoir.**

**saut** [so] *nm* salto *m*; **faire un ~ chez qqn** fare un salto da qn; **~ en hauteur** salto in alto; **~ en longueur** salto in lungo; **~ périlleux** salto mortale.

**sauté, -e** [sote] *adj (CULIN)* rosolato(-a). ♦ *nm piatto di carne rosolata.*

**sauter** [sote] *vi* saltare; *(exploser)* saltare in aria. ♦ *vt* saltare; **faire ~ qqch** *(faire exploser)* far saltare in aria qc; *(CULIN)* rosolare qc.

**sauterelle** [sotrɛl] *nf* cavalletta *f.*

**sautiller** [sotije] *vi* saltellare.

**sauvage** [sovaʒ] *adj (animal, plante, caractère)* selvatico(-a).

**sauver** [sove] *vt* salvare; **~ qqn/qqch de qqch** salvare qn/qc da qc. ❑ **se sauver** *vp (s'échapper)* scappare.

**savant, -e** [savɑ̃, ɑ̃t] *adj (cultivé)* dotto(-a). ♦ *nm* scienziato *m* (-a *f*).

**savarin** [savarɛ̃] *nm babà a ciambella imbevuto di sciroppo al liquore.*

**Savoie** [savwa] *nf* Savoia *f.*

**savoir** [savwar] *vt* sapere; **~ faire qqch** saper fare qc; **je n'en sais rien** non ne ho idea.

**savon** [savɔ̃] *nm* sapone *m.*

**savonnette** [savɔnɛt] *nf* saponetta *f.*

**savourer** [savure] *vt* assaporare.

**savoyarde** [savwajard] *adj f* → **fondue.**

**saxophone** [saksɔfɔn] *nm* sassofono *m.*

**sbrinz** [ʃbrints] *nm formaggio svizzero di mucca a pasta dura.*

**scandale** [skɑ̃dal] *nm* scandalo *m*; **faire ~** fare scandalo.

**scandaleux, -euse** [skɑ̃dalø, øz] *adj* scandaloso(-a).

**scandinave** [skɑ̃dinav] *adj* scandinavo(-a).

**Scandinavie** [skɑ̃dinavi] *nf* : **la ~** la Scandinavia.

**scène** [sɛn] *nf (estrade)* palcoscenico *m*; *(événement,* *partie d'une pièce)* scena *f*; **faire une ~ (à qqn)** fare una scenata (a qn).

**sceptique** [sɛptik] *adj* scettico(-a).

**schéma** [ʃema] *nm* schema *m*.

**schublig** [ʃublig] *nm (Helv)* *tipo di sabiccia.*

**sciatique** [sjatik] *nf* sciatica *f*.

**scie** [si] *nf* sega *f*.

**science** [sjɑ̃s] *nf* scienza *f*; **~s naturelles** scienze naturali.

**scientifique** [sjɑ̃tifik] *adj* scientifico(-a). ◆ *nmf* scienziato *m* (-a *f*).

**scier** [sje] *vt* segare.

**sciure** [sjyr] *nf* segatura *f*.

**scolaire** [skɔlɛr] *adj* scolastico(-a).

**scooter** [skutœr] *nm* motoretta *f*; **~ des mers** jet ski *m inv*.

**score** [skɔr] *nm* punteggio *m*.

**scotch** [skɔtʃ] *nm (whisky)* scotch *m inv*.

**Scotch®** [skɔtʃ] *nm (adhésif)* scotch® *m inv*.

**sculpter** [skylte] *vt* scolpire.

**sculpture** [skyltyr] *nf* scultura *f*.

**SDF** *nmf (abr de* **sans domicile fixe***)* senzatetto *mf inv*.

**se** [sə] *pron pers* 1. *(réfléchi: complément d'objet direct)* si; **elle ~ regarde dans le miroir** si guarda nello specchio.
2. *(réfléchi: complément d'object indirect)* si; **il ~ l'est acheté** se lo è comprato.
3. *(réciproque: complément d'object direct)* si; **~ battre** picchiarsi.
4. *(réciproque: complément d'object indirect)* si; **ils s'écrivent toutes les semaines** si scrivono tutte le settimane.
5. *(passif)* si; **ce produit ~ vend bien/partout** questo prodotto si vende bene/dappertutto.
6. *(à valeur de possessif)* si; **~ couper le doigt** tagliarsi un dito.

**séance** [seɑ̃s] *nf (réunion)* seduta*f*; *(de gymnastique)* lezione *f*; *(de cinéma)* spettacolo *m*.

**seau**, **-x** [so] *nm* secchio *m*; **~ à champagne** secchiello *m* per il ghiaccio.

**sec**, **sèche** [sɛk, sɛʃ] *adj* asciutto(-a); *(remarque, vin)* secco(-a); *(whisky)* liscio(-a).

**sèche-cheveux** [sɛʃʃəvø] *nm inv* asciugacapelli *m inv*, fon *m inv*.

**sèche-linge** [sɛʃlɛ̃ʒ] *nm inv* asciugabiancheria *m inv*.

**sécher** [seʃe] *vt* asciugare; *(fam: cours)* marinare. ◆ *vi* asciugare.

**sécheresse** [seʃrɛs] *nf (manque de pluie)* siccità *f*.

**séchoir** [seʃwar] *nm* : **~ (à cheveux)** asciugacapelli *m inv*, fon *m inv*; **~ (à linge)** stendibiancheria *m inv*.

**second, -e** [səgɔ̃, ɔ̃d] *adj* secondo(-a); **→ sixième**.

**secondaire** [səgɔ̃dɛr] *adj* secondario(-a).

**seconde** [səgɔ̃d] *nf (unité de temps)* secondo *m*; *(SCOL)* ≈ prima *f* superiore; *(vitesse)* seconda *f*; **voyager en ~ (classe)** viaggiare in seconda classe.

**secouer** [səkwe] *vt* scuotere.

**secouriste** [səkurist] *nmf* soccorritore *m* (-trice *f*).

**secours** [səkur] *nm* soccorso *m*; **au ~!** aiuto!; **~ d'urgence** pronto intervento *m*.

**secousse** [səkus] *nf* scossa *f*.

**secret, -ète** [səkrɛ, ɛt] *adj* segreto(-a). ◆ *nm* segreto *m*; **en ~** in segreto.

**secrétaire** [səkretɛr] *nmf* segretario *m* (-a *f*).

**secteur** [sɛktœr] *nm* settore *m*; **fonctionner sur ~** funzionare a corrente.

**section** [sɛksjɔ̃] *nf* sezione *f*; *(de ligne d'autobus)* ≈ tratta *f*.

**sécurité** [sekyrite] *nf* sicurezza *f*; **en ~** al sicuro; **la ~ routière** *organismo incaricato di prevenire gli incidenti stradali*; **la Sécurité sociale** ≈ la mutua.

**séduisant, -e** [sedɥizɑ̃, ɑ̃t] *adj (personne)* seducente; *(projet, idée)* allettante.

**seigle** [sɛgl] *nm* segale *f*.

**sein** [sɛ̃] *nm* seno *m*; **au ~ de** in seno a.

**Seine** [sɛn] *nf* : **la ~** la Senna.

**seize** [sɛz] *num* sedici; **→ six**.

**seizième** [sɛzjɛm] *num* sedicesimo(-a); **→ sixième**.

**séjour** [seʒur] *nm* soggiorno *m*; **(salle de) ~** soggiorno.

**séjourner** [seʒurne] *vi* soggiornare.

**sel** [sɛl] *nm* sale *m*; **~s de bain** sali di bagno.

**sélectionner** [selɛksjɔne] *vt* selezionare.
**self-service**, **-s** [sɛlfsɛrvis] *nm* self-service *m inv*.
**selle** [sɛl] *nf* sella *f*.
**selon** [səlɔ̃] *prép* secondo; *(en fonction de)* a seconda di; **~ que** a seconda che *(+ subjonctif)*.
**semaine** [səmɛn] *nf* settimana *f*; **en ~** durante la settimana.
**semblable** [sɑ̃blabl] *adj* simile; **~ à** simile a.
**semblant** [sɑ̃blɑ̃] *nm* : **faire ~ (de faire qqch)** fare finta (di fare qc).
**sembler** [sɑ̃ble] *vi* sembrare; **il me semble que** mi sembra che *(+ subjonctif)*.
**semelle** [səmɛl] *nf* suola *f*.
**semestre** [səmɛstr] *nm* semestre *m*.
**semoule** [səmul] *nf* semola *f*.
**sens** [sɑ̃s] *nm* senso *m*; **en ~ inverse** in senso inverso; **avoir du bon ~** avere buonsenso; **~ giratoire** senso rotatorio; **~ interdit** senso vietato; **~ unique** senso unico.
**sensation** [sɑ̃sasjɔ̃] *nf* sensazione *f*; **faire ~** fare sensazione.
**sensationnel**, **-elle** [sɑ̃sasjɔnɛl] *adj* sensazionale.
**sensible** [sɑ̃sibl] *adj* sensibile; **~ à** sensibile a.
**sentier** [sɑ̃tje] *nm* sentiero *m*.
**sentiment** [sɑ̃timɑ̃] *nm* *(impression)* impressione *f*; *(émotion)* sentimento *m*.
**sentimental**, **-e**, **-aux** [sɑ̃timɑ̃tal, o] *adj* sentimentale.
**sentir** [sɑ̃tir] *vt* sentire; *(avoir une odeur de)* sapere di; **~ bon** profumare; **~ mauvais** puzzare. ❑ **se sentir** *vp* : **se ~ mal** sentirsi male.
**séparation** [separasjɔ̃] *nf* *(rupture)* separazione *f*; *(éloignement)* distacco *m*.
**séparément** [separemɑ̃] *adv* separatamente.
**séparer** [separe] *vt* separare; *(diviser)* dividere; **~ qqn/qqch de** separare qn/qc da. ❑ **se séparer** *vp* separarsi; **se ~ de qqn** *(conjoint)* separarsi da qn.
**sept** [sɛt] *num* sette; → **six**.
**septante** [sɛptɑ̃t] *num* *(Belg & Helv)* settanta; → **six**.
**septembre** [sɛptɑ̃br] *nm* settembre *m*; **en ~, au mois**

**de ~** a *ou* in settembre; **début ~** all'inizio di settembre; **fin ~** alla fine di settembre; **le deux ~** il due settembre.

**septième** [setjɛm] *num* settimo(-a); **→ sixième.**

**sera** *etc* **→ être.**

**séré** [sere] *nm (Helv) formaggio fresco cremoso con aggiunta di panna.*

**série** [seri] *nf* serie *f*; **~ (télévisée)** telefilm *m inv.*

**sérieusement** [serjøzmɑ̃] *adv* seriamente.

**sérieux, -euse** [serjø, øz] *adj* serio(-a). ◆ *nm* : **prendre qqch au ~** prendere qc sul serio; **vraiment, tu es ~?** dici sul serio?

**seringue** [sərɛ̃g] *nf* siringa *f.*

**séropositif, -ive** [seropozitif, iv] *adj* sieropositivo(-a).

**serpent** [sɛrpɑ̃] *nm* serpente *m.*

**serre** [sɛr] *nf (à plantes)* serra *f.*

**serré, -e** [sere] *adj* stretto(-a).

**serrer** [sere] *vt* stringere; *(rapprocher)* comprimere; **~ la main à qqn** stringere la mano a qn; **'serrez à droite'** *segnale che invita gli automobiliste a spostarsi sulla corsia di destra.* ❑ **se serrer** *vp* stringersi; **se ~ contre qqn** stringersi contro qn.

**serrure** [seryr] *nf* serratura *f.*

**serrurier** [sɛryrje] *nm* fabbro *m.*

**sers** *etc* **→ servir.**

**serveur, -euse** [sɛrvœr, øz] *nm, f (de café, de restaurant)* cameriere *m* (-a *f*).

**service** [sɛrvis] *nm* servizio *m*; *(faveur)* favore *m*; **rendre ~ à qqn** *(suj: personne)* fare un favore a qn; **'~ compris/non compris'** 'servizio incluso/escluso'; **premier/deuxième ~** *(au restaurant)* primo/secondo servizio; **~ militaire** servizio militare.

**serviette** [sɛrvjɛt] *nf (cartable)* ventiquattrore *f inv*; **~ hygiénique** assorbente *m* igienico; **~ (de table)** tovagliolo *m*; **~ (de toilette)** asciugamano *m.*

**servir** [sɛrvir] *vt* **1.** *(invité, client)* servire.
**2.** *(plat, boisson)*: **~ qqch à qqn** servire qc a qn; **qu'est-ce que je vous sers?** cosa le servo?; **'~ frais'** 'servire fresco'.
◆ *vi* **1.** *(être utile)* servire; **~**

**à faire qqch** servire a fare qc; **ça ne sert à rien d'insister** non serve a niente insistere.
2. *(avec « de »)*: **~ (à qqn) de qqch** *(objet)* servire (a qn) da qc.
3. *(au tennis)* servire.
❑ **se servir** *vp (de la nourriture, de la boisson)* servirsi.
❑ **se servir de** *vp + prép (objet)* servirsi di.

**ses** → **son**.

**set** [sɛt] *nm (SPORT)* set *m inv*; **~ (de table)** tovaglietta *f*.

**seuil** [sœj] *nm* soglia *f*.

**seul, -e** [sœl] *adj* solo(-a). ◆ *nm, f* solo *m* (-a *f*); **(tout) ~** da solo.

**seulement** [sœlmɑ̃] *adv (uniquement)* solo, solamente; *(mais)* solo che; **non ~... mais encore** *OU* **en plus** non solo..., ma anche; **si ~...** se solo...

**sévère** [sevɛr] *adj* severo(-a); *(échec, pertes)* grave.

**sexe** [sɛks] *nm* sesso *m*.

**sexuel, -elle** [sɛksɥɛl] *adj* sessuale.

**shampo(o)ing** [ʃɑ̃pwɛ̃] *nm* shampoo *m inv*.

**short** [ʃɔrt] *nm* calzoncini *mpl* (corti).

**si** [si] *conj* 1. *(exprime l'hypothèse)* se; **~ tu veux, on y va** se vuoi, ci andiamo; **~ j'avais su...** se l'avessi saputo...
2. *(dans une question)*: **(et) ~ on allait à la piscine?** (e) se andassimo in piscina?
3. *(exprime un souhait)* se; **~ seulement tu m'en avais parlé avant!** se solo tu me ne avessi parlato prima!
4. *(dans une question indirecte)* se; **dites-moi ~ vous venez** ditemi se venite.
5. *(puisque)*: **~..., c'est que...** se..., è che...
◆ *adv* 1. *(tellement)* così; **une ~ jolie ville** una città così bella; **ce n'est pas ~ facile que ça** non è poi così facile.
2. *(oui)* sì.

**Sicile** [sisil] *nf* Sicilia *f*.

**SIDA** [sida] *nm* AIDS *m*.

**siècle** [sjɛkl] *nm* secolo *m*; **au vingtième ~** nel ventesimo secolo.

**siège** [sjɛʒ] *nm* posto *m* a sedere; *(d'une banque, d'une association)* sede *f*.

**sien** [sjɛ̃]: **le sien** (*f* **la sienne** [lasjɛn], *mpl* **les siens** [lesjɛ̃], *fpl* **les siennes** [lesjɛn]) *pron* il suo (la sua), i suoi (le sue) *(pl)*.

**Sienne** [sjɛn] *n* Siena *f.*
**sieste** [sjɛst] *nf* pisolino *m*; **faire la ~** schiacciare un pisolino.
**siffler** [sifle] *vi* fischiare. ◆ *vt* fischiare; *(chien)* fischiare a.
**sifflet** [siflɛ] *nm (instrument)* fischietto *m*; *(au spectacle)* fischio *m*.
**sigle** [sigl] *nm* sigla *f.*
**signal, -aux** [siɲal, o] *nm* segnale *m*; **~ d'alarme** segnale d'allarme.
**signaler** [siɲale] *vt* segnalare.
**signature** [siɲatyr] *nf* firma *f.*
**signe** [siɲ] *nm* segno *m*; **faire ~ à qqn (de faire qqch)** fare segno a qn (di fare qc); **c'est bon/mauvais ~** è un buon/cattivo segno.
**signer** [siɲe] *vt & vi* firmare.
**signification** [siɲifikasjɔ̃] *nf* significato *m*.
**signifier** [siɲifje] *vt* significare.
**silence** [silɑ̃s] *nm* silenzio *m*; **en ~** in silenzio.
**silencieux, -euse** [silɑ̃sjø, øz] *adj* silenzioso(-a).
**silhouette** [silwɛt] *nf (forme)* sagoma *f*; *(corps)* silhouette *f inv.*
**similaire** [similɛr] *adj* simile.
**simple** [sɛ̃pl] *adj* semplice.
**simplement** [sɛ̃pləmɑ̃] *adv (sans complication)* con semplicità; *(seulement)* semplicemente.
**simplifier** [sɛ̃plifje] *vt* semplificare.
**simultanément** [simyltanemɑ̃] *adv* simultaneamente.
**sincère** [sɛ̃sɛr] *adj* sincero(-a).
**singe** [sɛ̃ʒ] *nm* scimmia *f.*
**singulier** [sɛ̃gylje] *nm* singolare *m*.
**sinistre** [sinistr] *adj* sinistro(-a).
**sinon** [sinɔ̃] *conj (autrement)* se no; *(peut-être même)* se non.
**sinusite** [sinyzit] *nf* sinusite *f.*
**sirop** [siro] *nm* sciroppo *m*; **~ d'érable** sciroppo d'acero; **~ de menthe** sciroppo di menta.
**site** [sit] *nm (paysage)* paesaggio *m*; *(emplacement)* sito *m*; **~ touristique** località *f* turistica.
**situation** [sitɥasjɔ̃] *nf (cir-*

*constances)* situazione *f*; *(emplacement, emploi)* posizione *f*.

**situé, -e** [sitɥe] *adj* situato(-a); **bien/mal ~** bene/mal ubicato(-a).

**situer** [sitɥe]: **se situer** *vp* situarsi.

**six** [sis] *adj num & pron num* sei. ♦ *nm* sei *m*; **il est ~ heures** sono le sei; **le ~ janvier** il sei gennaio; **page ~** pagina sei; **ils étaient ~** erano in sei; **le ~ de pique** il sei di picche; **(au) ~ rue Lepic** rue Lepic numero sei.

**sixième** [sizjɛm] *adj num* sesto(-a). ♦ *pron num* sesto(-a). ♦ *nf (SCOL)* ≃ seconda *f* media. ♦ *nm (fraction)* sesto *m*; *(étage)* sesto piano *m*; *(arrondissement)* sesto "arrondissement".

**skateboard** [skɛtbɔrd] *nm* skateboard *m inv*.

**ski** [ski] *nm* sci *m inv*; **faire du ~** sciare; **~ alpin** sci alpino; **~ de fond** sci di fondo; **~ nautique** sci nautico.

**skier** [skje] *vi* sciare.

**slalom** [slalɔm] *nm* slalom *m inv*.

**slip** [slip] *nm* slip *m inv*; **~ de bain** *(d'homme)* costume *m* da bagno.

**Slovénie** [slɔveni] *nf* : **la ~** la Slovenia.

**snack(-bar), -s** [snak (bar)] *nm* tavola *f* calda.

**SNCF** *nf ferrovie francesi,* ≃ FF.SS.

**sobre** [sɔbr] *adj* sobrio(-a).

**social, -e, -aux** [sɔsjal, o] *adj* sociale.

**société** [sɔsjete] *nf* società *f inv*.

**socquette** [sɔkɛt] *nf* calzino *m*.

**soda** [sɔda] *nm* bibita *f* (gasata).

**sœur** [sœr] *nf* sorella *f*.

**soi** [swa] *pron* sé; **en ~** *(par lui-même)* in sé; **cela va de ~** questo è ovvio.

**soi-disant** [swadizɑ̃] *adj inv (qui se dit)* sedicente; *(que l'on dit)* cosiddetto(-a). ♦ *adv* si fa per dire.

**soie** [swa] *nf* seta *f*.

**soif** [swaf] *nf* sete *f*; **avoir ~** avere sete; **ça (me) donne ~** (mi) fa venire sete.

**soigner** [swaɲe] *vt* curare.

**soigneusement** [swaɲøzmɑ̃] *adv* accuratamente.

**soin** [swɛ̃] *nm* cura *f*; **prendre ~ de qqch** avere cura di qc. ❑ **soins** *nmpl (médicaux, de beauté)* cure *fpl*; **premiers ~s** primi soccorsi *mpl*.

**soir** [swar] *nm* sera *f*; **le ~** *(tous les jours)* di sera.

**soirée** [sware] *nf* serata *f*.

**sois, soit** → **être**.

**soit** [swat] *conj* : **on peut y aller ~ aujourd'hui ~ demain** possiamo andarci oggi o domani; **~ tu lui en parles, ~ tu attends** o gli parli, o aspetti.

**soixante** [swasɑ̃t] *num* sessanta; → **six**.

**soixante-dix** [swasɑ̃tdis] *num* settanta; → **six**.

**soixante-dixième** [swasɑ̃tdizjɛm] *num* settantesimo(-a); → **sixième**.

**soixantième** [swasɑ̃tjɛm] *num* sessantesimo(-a); → **sixième**.

**sol** [sɔl] *nm (d'une maison)* pavimento *m*; *(dehors)* terra *f*.

**soldat** [sɔlda] *nm* soldato *m*.

**solde** [sɔld] *nm* saldo *m*; **en ~** in saldo. ❑ **soldes** *nmpl* saldi *mpl*.

**sole** [sɔl] *nf* sogliola *f*; **~ meunière** *sogliola impanata e fritta e condita con succo di limone eprezzemolo.*

**soleil** [sɔlɛj] *nm* sole *m*; **il fait (du) ~** c'è il sole; **au ~** al sole; **~ levant/couchant** sole levante/calante.

**solide** [sɔlid] *adj (matériau, construction)* solido(-a); *(personne, santé)* robusto(-a).

**solitaire** [sɔlitɛr] *adj* solitario(-a).

**solitude** [sɔlityd] *nf* solitudine *f*.

**soluble** [sɔlybl] *adj (café, médicament)* solubile.

**solution** [sɔlysjɔ̃] *nf* soluzione *f*.

**sombre** [sɔ̃br] *adj (ciel, pièce, avenir)* buio(-a); *(couleur, visage)* scuro(-a); *(humeur)* cupo(-a).

**sommaire** [sɔmɛr] *adj (explication, résumé)* sommario(-a); *(repas)* frugale; *(logement)* spoglio(-a). ◆ *nm* sommario *m*.

**somme** [sɔm] *nf* somma *f*; **en ~** insomma; **~ toute** tutto sommato.

**sommeil** [sɔmɛj] *nm* sonno *m*; **avoir ~** avere sonno.

**sommelier, -ère** [sɔməlje, ɛr] *nm, f* sommelier *mf inv*.

**sommes** → **être**.

**sommet** [sɔmɛ] *nm (point le plus haut)* cima *f*; *(pic)* vetta *f*.

**somnifère** [sɔmnifɛr] *nm* sonnifero *m*.

**somnoler** [sɔmnɔle] *vi* sonnecchiare.

**son**[1] [sɔ̃] *(f* **sa**, *pl* **ses)** *adj* il suo (la sua), i suoi (le sue) *(pl)*.

**son**[2] [sɔ̃] *nm (bruit)* suono *m*; *(de blé)* crusca *f*; **~ et lumière** *rappresentazione storica notturna che ha luogo all'aperto in uno scenario illuminato*.

**sondage** [sɔ̃daʒ] *nm* sondaggio *m*.

**songer** [sɔ̃ʒe]: **songer à** *v + prép (envisager de)* pensare di.

**sonner** [sɔne] *vt & vi* suonare.

**sonnerie** [sɔnri] *nf (son)* suono *m*; *(de porte)* squillo *m*.

**sonnette** [sɔnɛt] *nf* campanello *m*; **~ d'alarme** campanello d'allarme.

**sonore** [sɔnɔr] *adj* sonoro(-a).

**sonorité** [sɔnɔrite] *nf* sonorità *f*.

**sont** → **être**.

**sorbet** [sɔrbɛ] *nm* sorbetto *m*.

**sort** [sɔr] *nm* sorte *f*; **tirer au ~** tirare a sorte.

**sorte** [sɔrt] *nf* specie *f*; **une ~ de** una specie di; **de (telle) ~ que** *(afin que)* in modo che; **en quelque ~** praticamente.

**sortie** [sɔrti] *nf* uscita *f*; *(excursion)* gita *f*; **~ de secours** uscita di sicurezza; **'~ de véhicules'** 'uscita veicoli'.

**sortir** [sɔrtir] *vi (aux être)* uscire; *(venir dehors)* venire fuori. ◆ *vt (aux avoir) (chien)* portare a passeggio; *(livre, film)* pubblicare; **~ de** uscire da. ❑ **s'en sortir** *vp* cavarsela.

**sou** [su] *nm* : **ne plus avoir un ~** non avere più un soldo. ❑ **sous** *nmpl (fam: argent)* quattrini *mpl*.

**souci** [susi] *nm* preoccupazione *f*; **se faire du ~ (pour)** stare in pensiero (per).

**soucoupe** [sukup] *nf* piattino *m*.

**soudain, -e** [sudɛ̃, ɛn] *adj* improvviso(-a). ◆ *adv* improvvisamente.

**souder** [sude] *vt* saldare.

**souffert** [sufɛr] *pp* → **souffrir**.

**souffle** [sufl] *nm (respira-*

*tion)* fiato *m*; **être à bout de ~** essere senza fiato.

**soufflé** [sufle] *nm* soufflé *m inv*.

**souffler** [sufle] *vt (fumée)* soffiare; *(bougie)* soffiare su. ♦ *vi* soffiare; **~ qqch à qqn** *(à un examen)* suggerire qc a qn.

**souffrance** [sufrɑ̃s] *nf* sofferenza *f*.

**souffrir** [sufrir] *vi* soffrire; **~ de** *(maladie)* soffrire di; **~ de la chaleur** soffrire il caldo.

**soufre** [sufr] *nm* zolfo *m*.

**souhait** [swɛ] *nm* desiderio *m*; **à tes ~s!** salute!

**souhaiter** [swete] *vt* : **~ que** augurarsi che; **~ faire qqch** augurarsi di fare qc; **~ bonne chance/bon anniversaire à qqn** augurare buona fortuna/buon compleanno a qn.

**soûl, -e** [su, sul] *adj* ubriaco(-a).

**soulager** [sulaʒe] *vt (douleur, maux de tête)* alleviare; **~ qqn** *(physiquement)* alleviare il dolore a qn; **être soulagé** *(moralement)* sentirsi sollevato.

**soûler** [sule]: **se soûler** *vp* ubriacarsi.

**soulever** [sulve] *vt* sollevare; *(jupe)* alzare. ❑ **se soulever** *vp* sollevarsi.

**souligner** [suliɲe] *vt* sottolineare.

**soumettre** [sumɛtr]: **se soumettre à** *vp* + *prép* sottomettersi a.

**soumis, -e** [sumi, iz] *pp* → **soumettre**. ♦ *adj* sottomesso(-a).

**soupape** [supap] *nf* valvola *f*.

**soupçon** [supsɔ̃] *nm* sospetto *m*.

**soupçonner** [supsɔne] *vt* sospettare.

**soupe** [sup] *nf* minestra *f*; **~ à l'oignon** *minestra di cipolle servita con crostini e formaggio grattugiato*; **~ de légumes** minestra di verdure.

**souper** [supe] *nm* cena *f*. ♦ *vi* cenare.

**soupière** [supjɛr] *nf* zuppiera *f*.

**soupirer** [supire] *vi* sospirare.

**souple** [supl] *adj (tissu, chaussures)* morbido(-a); *(tige)* flessibile; *(sportif)* sciolto(-a).

**source** [surs] *nf* fonte *f*.

**sourcil** [sursi] *nm* sopracciglio *m*.

**sourd**, **-e** [sur, surd] *adj* sordo(-a).

**sourd-muet** [surmɥe] (*f* **sourde-muette** [surdmɥet], *mpl* **sourds-muets**, *fpl* **sourdes-muettes**) *nm, f* sordomuto *m* (-a *f*).

**souriant**, **-e** [surjɑ̃, ɑ̃t] *adj* sorridente.

**sourire** [surir] *nm* sorriso *m*. ◆ *vi* sorridere.

**souris** [suri] *nf* topo *m*; *(INFORM)* mouse *m inv*.

**sous** [su] *prép* sotto; **~ peu** tra poco.

**sous-entendu**, **-s** [suzɑ̃tɑ̃dy] *nm* sottinteso *m*.

**sous-estimer** [suzɛstime] *vt* sottovalutare.

**sous-louer** [sulwe] *vt* subaffittare.

**sous-sol**, **-s** [susɔl] *nm* *(d'une maison)* scantinato *m*.

**sous-titre**, **-s** [sutitr] *nm* sottotitolo *m*.

**soustraction** [sustraksjɔ̃] *nf* sottrazione *f*.

**sous-vêtements** [suvɛtmɑ̃] *nmpl* biancheria *f* intima.

**soute** [sut] *nf (d'un bateau)* stiva *f*; **~ à bagages** *(d'un car, d'un avion)* bagagliaio *m*.

**soutenir** [sutnir] *vt* sostenere.

**souterrain**, **-e** [suterɛ̃, ɛn] *adj* sotterraneo(-a). ◆ *nm* sotterraneo *m*.

**soutien-gorge** [sutjɛ̃gɔrʒ] (*pl* **soutiens-gorge**) *nm* reggiseno *m*.

**souvenir** [suvnir] *nm* ricordo *m*; *(objet touristique)* souvenir *m inv*. ❑ **se souvenir de** *vp* + *prép* ricordarsi di.

**souvent** [suvɑ̃] *adv* spesso.

**souvenu**, **-e** [suvny] *pp* → **souvenir**.

**soyons** → **être**.

**spacieux**, **-euse** [spasjø, øz] *adj* spazioso(-a).

**spaghetti(s)** [spageti] *nmpl* spaghetti *mpl*.

**sparadrap** [sparadra] *nm* cerotto *m*.

**spätzli** [ʃpetsli] *nmpl (Helv)* *pezzetti irregolari di pasta immersi nell'acqua bollente e serviti come contorno.*

**spécial**, **-e**, **-aux** [spesjal, o] *adj* speciale.

**spécialiste** [spesjalist] *nmf* specialista *mf*.

**spécialité** [spesjalite] *nf* specialità *f inv*.

**spectacle** [spɛktakl] *nm* spettacolo *m*.

**spectaculaire** [spɛktakylɛr] *adj* spettacolare.

**spectateur**, **-trice** [spɛktatœr, tris] *nm, f* spettatore *m* (-trice *f*).

**speculo(o)s** [spekylos] *nm* *(Belg) biscotto secco a base di zucchero grezzo e cannella.*

**sphère** [sfɛr] *nf* sfera *f*.

**splendide** [splɑ̃did] *adj* splendido(-a).

**spontané**, **-e** [spɔ̃tane] *adj* spontaneo(-a).

**sport** [spɔr] *nm* sport *m inv*; **aller aux ~s d'hiver** fare la settimana bianca.

**sportif**, **-ive** [spɔrtif, iv] *adj* sportivo(-a). ◆ *nm, f* sportivo *m* (-a *f*).

**spot** [spɔt] *nm* spot *m inv*; **~ publicitaire** spot pubblicitario.

**square** [skwar] *nm* giardinetto *m* pubblico.

**stable** [stabl] *adj* stabile.

**stade** [stad] *nm* stadio *m*.

**stage** [staʒ] *nm* stage *m inv*.

**stand** [stɑ̃d] *nm* stand *m inv*.

**standard** [stɑ̃dar] *adj inv* standard *(inv)*. ◆ *nm (téléphonique)* centralino *m*.

**standardiste** [stɑ̃dardist] *nmf* centralinista *mf*.

**starter** [startɛr] *nm (d'une voiture)* starter *m inv*.

**station** [stasjɔ̃] *nf* stazione *f*; **~ balnéaire** stazione balneare; **~ de taxis** posteggio *m* dei taxi; **~ thermale** stazione termale; **~ de sports d'hiver** OU **de ski** stazione sciistica.

**stationnement** [stasjɔnmɑ̃] *nm* parcheggio *m*; **'~ payant'** 'parcheggio a pagamento'.

**stationner** [stasjɔne] *vi* sostare.

**station-service** [stasjɔ̃sɛrvis] (*pl* **stations-service**) *nf* stazione *f* di servizio.

**statue** [staty] *nf* statua *f*.

**statuette** [statɥɛt] *nf* statuetta *f*.

**steak** [stɛk] *nm* bistecca *f*; **~ frites** bistecca con patatine fritte; **~ haché** hamburger *m inv*, svizzera *f*; **~ tartare** bistecca alla tartara.

**stéréo** [stereo] *adj inv* stereo *(inv)*. ◆ *nf* : **en ~** in stereofonia.

**stériliser** [sterilize] *vt* sterilizzare.

**steward** [stjuward] *nm* steward *m inv*.

**stimuler** [stimyle] *vt* stimolare.

**stock** [stɔk] *nm* scorta *f*;

en ~ di scorta.

**stop** [stɔp] *nm (panneau, phare)* stop *m inv.* ♦ *excl* stop!; **faire du** ~ fare l'autostop.

**store** [stɔr] *nm* tapparella *f*; *(de magasin)* tenda *f*.

**strapontin** [strapɔ̃tɛ̃] *nm* strapuntino *m*.

**Strasbourg** [strazbur] *n* Strasburgo *f*.

**stress** [strɛs] *nm* stress *m inv*.

**stressé**, **-e** [strɛse] *adj* stressato(-a).

**strict**, **-e** [strikt] *adj (parents, règle)* severo(-a).

**structure** [stryktyr] *nf* struttura *f*.

**studio** [stydjo] *nm (logement)* monolocale *m*; *(de cinéma, de photo)* studio *m*.

**stupéfait**, **-e** [stypefɛ, ɛt] *adj* stupefatto(-a).

**stupide** [stypid] *adj* stupido(-a).

**stupidité** [stypidite] *nf* stupidità *f inv*.

**style** [stil] *nm* stile *m*.

**stylo** [stilo] *nm* penna *f*; ~ **(à) bille** penna a sfera; ~ **(à) plume** (penna) stilografica *f*.

**stylo-feutre** [stilɔføtr] (*pl* **stylos-feutres**) *nm* pennarello® *m* (a punta fine).

**su**, **-e** [sy] *pp* → **savoir**.

**subir** [sybir] *vt* subire.

**subit**, **-e** [sybi, it] *adj* repentino(-a).

**sublime** [syblim] *adj* sublime.

**submerger** [sybmɛrʒe] *vt* sommergere.

**substance** [sypstɑ̃s] *nf* sostanza *f*.

**substituer** [sypstitɥe] *vt* : **on lui a substitué quelqu'un de plus jeune** lo hanno sostituito con qualcuno più giovane. ❑ **se substituer à** *vp + prép* sostituirsi a.

**subtil**, **-e** [syptil] *adj* sottile.

**succéder** [syksede]: **succéder à** *v + prép* subentrare a. ❑ **se succéder** *vp* susseguirsi.

**succès** [syksɛ] *nm* successo *m*.

**succulent**, **-e** [sykylɑ̃, ɑ̃t] *adj* succulento(-a).

**sucer** [syse] *vt* succhiare.

**sucette** [sysɛt] *nf (bonbon)* lecca lecca *m inv*; *(de bébé)* succhiotto *m*, ciuccio *m*.

**sucre** [sykr] *nm* zucchero *m*; *(morceau)* zolletta *f*; ~ **en**

**morceaux** zollette; **~ d'orge** zucchero d'orzo; **~ en poudre** zucchero in polvere.

**sucré, -e** [sykre] *adj* zuccherato(-a).

**sucreries** [sykrəri] *nfpl* dolciumi *mpl*.

**sucrier** [sykrije] *nm* zuccheriera *f*.

**sud** [syd] *adj inv* meridionale. ◆ *nm* sud *m*; **au ~ (de)** a sud (di).

**sud-est** [sydɛst] *adj inv* sudorientale. ◆ *nm* sud-est *m*; **au ~ (de)** a sud-est (di).

**sud-ouest** [sydwɛst] *adj inv* sudoccidentale. ◆ *nm* sud-ovest *m*; **au ~ (de)** a sud-ovest (di).

**Suède** [sɥɛd] *nf* : **la ~** la Svezia.

**suédois, -e** [sɥedwa, az] *adj* svedese. ◆ *nm (langue)* svedese *m*.

**suer** [sɥe] *vi* sudare.

**sueur** [sɥœr] *nf* sudore *m*; **être en ~** essere in un bagno di sudore.

**suffire** [syfir] *vi* bastare; **ça suffit!** basta!; **~ à qqn** *(être assez)* bastare a qn; **il suffit de faire qqch** basta fare qc.

**suffisamment** [syfizamɑ̃] *adv* a sufficienza; **j'ai ~ d'argent** ho soldi a sufficienza.

**suffisant, -e** [syfizɑ̃, ɑ̃t] *adj* sufficiente.

**suggérer** [sygʒere] *vt* proporre.

**suggestion** [sygʒɛstjɔ̃] *nf* suggerimento *m*.

**suicider** [sɥiside]: **se suicider** *vp* suicidarsi.

**suis** → **être, suivre**.

**suisse** [sɥis] *adj* svizzero(-a). ❑ **Suisse** *nmf* svizzero *m* (-a *f*). ◆ *nf* : **la Suisse** la Svizzera.

**suite** [sɥit] *nf (série, succession)* serie *f*; *(d'une histoire, d'un film)* seguito *m*; **à la ~ de** *(à cause de)* in seguito a; **de ~** *(d'affilée)* di seguito. ❑ **suites** *nfpl (conséquences)* sequele *fpl*.

**suivant, -e** [sɥivɑ̃, ɑ̃t] *adj* seguente. ◆ *nm, f* seguente *mf*. ◆ *prép (selon)* secondo; **au ~!** avanti il prossimo!

**suivi, -e** [sɥivi] *pp* → **suivre**.

**suivre** [sɥivr] *vt* seguire; **suivi de** seguito da; **faire ~** *(courrier)* inoltrare; **'à ~'** 'continua'.

**sujet** [syʒɛ] *nm (thème)* argomento *m*; *(GRAMM)* soggetto *m*; **au ~ de** a proposito di.

**super** [sypɛr] *adj inv (fam: formidable)* fantastico(-a). ◆ *nm (carburant)* super *f inv.*
**superbe** [sypɛrb] *adj* superbo(-a).
**supérette** [syperɛt] *nf* minimarket *m inv.*
**superficie** [sypɛrfisi] *nf* superficie *f.*
**superficiel**, **-elle** [sypɛrfisjɛl] *adj* superficiale.
**supérieur**, **-e** [syperjœr] *adj* superiore. ◆ *nm, f (hiérarchique)* superiore *mf*; **~ à** superiore a.
**supermarché** [sypɛrmarʃe] *nm* supermercato *m.*
**superstitieux**, **-euse** [sypɛrstisjø, øz] *adj* superstizioso(-a).
**supplément** [syplemɑ̃] *nm* supplemento *m*; **en ~** in più.
**supplémentaire** [syplemɑ̃tɛr] *adj* supplementare.
**support** [sypɔr] *nm* supporto *m.*
**supportable** [sypɔrtabl] *adj* sopportabile.
**supporter** [sypɔrte] *vt* sopportare.
**supposer** [sypoze] *vt* supporre.
**suppositoire** [sypozitwar] *nm* supposta *f.*
**supprimer** [syprime] *vt* sopprimere.
**suprême** [syprɛm] *nm* : **~ de volaille** *filetto di pollame in salsa.*
**sur** [syr] *prép* **1.** *(dessus)* su; **~ la table** sul tavolo.
**2.** *(au-dessus de)* su.
**3.** *(indique la direction)* a; **tournez ~ la droite** girate a destra.
**4.** *(indique la distance)* per; **'travaux ~ 10 kilomètres'** 'lavori per 10 chilometri'.
**5.** *(au sujet de)* su; **un dépliant ~ l'Auvergne** un dépliant sull'Auvergne.
**6.** *(dans une mesure)* per; **un mètre ~ deux** un metro per due.
**7.** *(dans une proportion)* su; **9 ~ 10** 9 su 10; **un jour ~ deux** un giorno su due.
**sûr**, **-e** [syr] *adj* sicuro(-a); **être ~ de/que** essere sicuro di/che.
**surbooking** [syrbukiŋ] *nm* overbooking *m.*
**surcharger** [syrʃarʒe] *vt* sovraccaricare.
**sûrement** [syrmɑ̃] *adv* sicuramente; **~ pas!** no davvero!
**surestimer** [syrɛstime] *vt* sopravvalutare.
**sûreté** [syrte] *nf* : **mettre**

**qqch en ~** mettere qc al sicuro.

**surface** [syrfas] *nf* superficie *f*.

**surgelé, -e** [syrʒəle] *adj* surgelato(-a). ◆ *nm* surgelato *m*.

**surlendemain** [syrlɑ̃dmɛ̃] *nm* : **le ~** due giorni dopo.

**surmené, -e** [syrməne] *adj* sovraffaticato(-a).

**surnom** [syrnɔ̃] *nm* soprannome *m*.

**surplomber** [syrplɔ̃be] *vt* essere a strapiombo su.

**surplus** [syrply] *nm* eccedenza *f*.

**surprenant, -e** [syrprənɑ̃, ɑ̃t] *adj* sorprendente.

**surprendre** [syrprɑ̃dr] *vt* sorprendere.

**surpris, -e** [syrpri, iz] *pp* → **surprendre**. ◆ *adj* sorpreso(-a); **être ~ de/que** essere sorpreso di/che.

**surprise** [syrpriz] *nf* sorpresa *f*; **faire une ~ à qqn** fare una sorpresa a qn.

**surréservation** [syrrezɛrvasjɔ̃] *nf* = **surbooking**.

**sursaut** [syrso] *nm* : **se réveiller en ~** svegliarsi di soprassalto.

**sursauter** [syrsote] *vi* sobbalzare.

**surtout** [syrtu] *adv* soprattutto; **~ que** tanto più che.

**survécu** [syrveky] *pp* → **survivre**.

**surveiller** [syrvɛje] *vt (observer)* sorvegliare; *(prendre soin de)* controllare.

**survêtement** [syrvɛtmɑ̃] *nm* tuta *f* (da ginnastica).

**survivant, -e** [syrvivɑ̃, ɑ̃t] *nm, f* superstite *mf*.

**survivre** [syrvivr] *vi* sopravvivere; **~ à** sopravvivere a.

**susceptible** [sysɛptibl] *adj (sensible)* suscettibile; **le temps est ~ de s'améliorer** è possibile che il tempo migliori.

**susciter** [sysite] *vt* suscitare.

**suspect, -e** [syspɛ, ɛkt] *adj* sospetto(-a). ◆ *nm, f* indiziato *m* (-a *f*).

**suspendre** [syspɑ̃dr] *vt (accrocher)* appendere; *(arrêter)* sospendere.

**suspension** [syspɑ̃sjɔ̃] *nf (d'une voiture)* sospensione *f*.

**suture** [sytyr] *nf* → **point**.

**SVP** *abr* = **s'il vous plaît**.

**syllabe** [silab] *nf* sillaba *f*.

**symbole** [sɛ̃bɔl] *nm* simbolo *m*.

**symbolique** [sɛ̃bɔlik] *adj* simbolico(-a).
**symétrique** [simetrik] *adj* simmetrico(-a).
**sympa** [sɛ̃pa] *adj (fam)* simpatico(-a).
**sympathie** [sɛ̃pati] *nf* : **éprouver** OU **avoir de la ~ pour qqn** provare OU avere simpatia per qn.
**sympathique** [sɛ̃patik] *adj* simpatico(-a).
**symphonie** [sɛ̃fɔni] *nf* sinfonia *f*.
**symptôme** [sɛ̃ptom] *nm* sintomo *m*.
**synagogue** [sinagɔg] *nf* sinagoga *f*.
**syndicat** [sɛ̃dika] *nm* sindacato *m*; **~ d'initiative** = Azienda *f* Autonoma di Soggiorno.
**synonyme** [sinɔnim] *nm* sinonimo *m*.
**synthétique** [sɛ̃tetik] *adj* sintetico(-a). ◆ *nm (tissu)* tessuto *m* sintetico.
**systématique** [sistematik] *adj* sistematico(-a).
**système** [sistɛm] *nm* sistema *m*.

# T

**t'** → te.
**ta** → ton[1].
**tabac** [taba] *nm* tabacco *m*; *(magasin)* tabaccheria *f*.
**tabagie** [tabaʒi] *nf (Can: bureau de tabac)* tabaccheria *f*.
**table** [tabl] *nf* tavolo *m*; *(tableau)* tavola *f*; **mettre la ~** apparecchiare (la tavola); **être/se mettre à ~** essere/mettersi a tavola; **à ~!** a tavola!; **~ de chevet** OU **de nuit** comodino *m*; **~ à langer** fasciatoio *m*; **~ des matières** indice *m*; **~ d'orientation** quadro *m* panoramico di riferimento; **~ à repasser** asse *f* da stiro.
**tableau, -x** [tablo] *nm (peinture)* quadro *m*; *(panneau)* tabellone *m*; *(grille)* tavola *f*; **~ de bord** cruscotto *m*; **~ (noir)** lavagna *f*.
**tablette** [tablɛt] *nf* : **~ de chocolat** tavoletta *f* di cioccolato.
**tablier** [tablije] *nm* grembiule *m*.
**taboulé** [tabule] *nm piatto*

*di origine libanese a base di semola di grano, pomodoro, menta, cipolla e limone.*

**tabouret** [taburɛ] *nm* sgabello *m.*

**tache** [taʃ] *nf* macchia *f;* **~s de rousseur** lentiggini *fpl.*

**tâche** [taʃ] *nf* compito *m.*

**tacher** [taʃe] *vt* macchiare.

**tâcher** [taʃe]: **tâcher de** *v + prép* cercare di.

**tact** [takt] *nm* tatto *m.*

**tagine** [taʒin] *nm piatto di origine nordafricana a base di pezzi di carne e verdure, cotti in un recipiente conico di terracotta.*

**taie** [tɛ] *nf* : **~ d'oreiller** federa *f.*

**taille** [taj] *nf (dimension)* dimensione *f; (mensuration)* taglia *f; (partie du corps)* vita *f.*

**tailler** [taje] *vt (tissu)* tagliare; *(arbre)* potare; *(crayon)* temperare.

**tailleur** [tajœr] *nm (couturier)* sarto *m; (vêtement)* tailleur *m inv.*

**taire** [tɛr]: **se taire** *vp* tacere.

**talc** [talk] *nm* borotalco® *m.*

**talent** [talɑ̃] *nm* talento *m.*

**talon** [talɔ̃] *nm (du pied)* tallone *m,* calcagno *m; (d'une chaussure, d'une chaussette)* tacco *m; (d'un chèque)* matrice *f.*

**talus** [taly] *nm* pendio *m.*

**tambour** [tɑ̃bur] *nm* tamburo *m.*

**tampon** [tɑ̃pɔ̃] *nm (cachet)* timbro *m;* **~ (hygiénique)** assorbente *m* (igienico) interno.

**tandis** [tɑ̃di]: **tandis que** *conj* mentre.

**tanguer** [tɑ̃ge] *vi* beccheggiare.

**tant** [tɑ̃] *adv* 1. *(tellement)* a tal punto; **il l'aime ~ (que)** l'ama a tal punto (che); **j'ai ~ de travail/problèmes que...** ho così tanto lavoro/tanti problemi che...

2. *(autant)*: **j'en profite ~ que je peux** ne approfitto quanto posso.

3. *(temporel)*: **~ que nous resterons ici** finché restiamo qui.

4. *(dans des expressions)*: **en ~ que** in qualità di; **~ mieux** bene; **~ pis** pazienza; **~ mieux/pis pour lui** buon/peggio per lui.

**tante** [tɑ̃t] *nf* zia *f.*

**tantôt** [tɑ̃to] *adv* : **~... ~** ora...ora.

**tape** [tap] *nf* pacca *f*.

**tapenade** [tapənad] *nf preparato a base di capperi, olive neri, acciughe schiacciate e olio d'oliva.*

**taper** [tape] *vt (frapper)* picchiare; *(code)* battere; **~ (qqch) à la machine** battere (qc) a macchina.

**tapis** [tapi] *nm* tappeto *m*; **~ roulant** nastro *m* trasportatore; **~ de sol** telo *m* di gomma.

**tapisser** [tapise] *vt* tappezzare.

**tapisserie** [tapisri] *nf (de laine)* arazzo *m*; *(papier peint)* tappezzeria *f*.

**taquiner** [takine] *vt* stuzzicare.

**tarama** [tarama] *nm antipasto di origine greca consistente in una crema di pesce, mollica, olio e limone.*

**tard** [tar] *adv* tardi; **plus ~** *(après)* più tardi; *(dans l'avenir)* in futuro; **à plus ~!** a più tardi!

**tarder** [tarde] *vi* : **elle ne va pas ~ (à arriver)** non tarderà ad arrivare; **il me tarde de partir** non vedo l'ora di partire.

**tarif** [tarif] *nm (liste des prix)* listino *m*; **~ plein** tariffa *f* intera; **~ réduit** tariffa ridotta.

**tartare** [tartar] *adj* → **sauce, steak**.

**tarte** [tart] *nf* crostata *f*; **~ aux fraises** crostata alle fragole; **~ au maton** *(Belg) torta a base di latte cagliato e mandorle*; *(Belg)* **~ au sucre** *torta alla crema ricoperta da una glassa*; **~ Tatin** *torta di mele cotta con la pasta in superficie e le mele in fondo e rovesciata prima di essere servita.*

**tartelette** [tartəlɛt] *nf* crostatina *f*.

**tartine** [tartin] *nf* tartina *f*.

**tartiner** [tartine] *vt* spalmare; **fromage à ~** formaggio *m* da spalmare; **pâte à ~** pasta *f* da spalmare.

**tas** [ta] *nm* mucchio *m*; **un** *OU* **des ~ de** *(fam: beaucoup de)* un mucchio *OU* sacco di.

**tasse** [tas] *nf* tazza *f*; **~ à café** tazza da caffè; **~ à thé** tazza da tè.

**tasser** [tase] *vt (serrer)* stipare.

**tâter** [tate] *vt* tastare.

**tatouage** [tatwaʒ] *nm* tatuaggio *m*.

**taureau, -x** [tɔro] *nm* toro *m*.

**taux** [to] *nm* tasso *m*; **~ de change** tasso di cambio.

**taverne** [tavɛrn] *nf (Can: café)* caffè *m*.

**taxe** [taks] *nf* tassa *f*; **toutes ~s comprises** tasse incluse.

**taxi** [taksi] *nm* taxi *m*.

**te** [tə] *pron* ti; **je ~ l'avais dit** te lo avevo detto.

**technique** [tɛknik] *adj* tecnico(-a). ♦ *nf* tecnica *f*.

**technologie** [tɛknɔlɔʒi] *nf* tecnologia *f*.

**tee-shirt, -s** [tiʃœrt] *nm* T-shirt *f inv*, maglietta *f* a maniche corte.

**teindre** [tɛ̃dr] *vt* tingere; **se faire ~ (les cheveux)** tingersi (i capelli).

**teint, -e** [tɛ̃, tɛ̃t] *pp* → **teindre**. ♦ *nm* carnagione *f*.

**teinte** [tɛ̃t] *nf* tinta *f*.

**teinturerie** [tɛ̃tyrri] *nf* tintoria *f*.

**tel, telle** [tɛl] *adj* tale; **~ que** come; **~ quel** tale (e) quale.

**télé** [tele] *nf (fam)* tv *f inv*.

**télécabine** [telekabin] *nf* cabinovia *f*.

**Télécarte**® [telekart] *nf* carta *f* telefonica.

**télécommande** [telekɔmɑ̃d] *nf* telecomando *m*.

**télécopieur** [telekɔpjœr] *nm* (tele)fax *m inv*.

**télégramme** [telegram] *nm* telegramma *m*.

**téléguidé, -e** [telegide] *adj* telecomandato(-a).

**téléphérique** [teleferik] *nm* teleferica *f*.

**téléphone** [telefɔn] *nm* telefono *m*; **au ~** al telefono; **~ mobile** telefono cellulare; **~ sans fil** telefono portatile; **~ de voiture** radiotelefono *m*.

**téléphoner** [telefɔne] *vi* telefonare; **~ à qqn** telefonare a qn.

**téléphonique** [telefɔnik] *adj* → **cabine, carte**.

**télésiège** [telesjɛʒ] *nm* seggiovia *f*.

**téléski** [teleski] *nm* sciovia *f*, ski-lift *m inv*.

**téléviseur** [televizœr] *nm* televisore *m*.

**télévision** [televizjɔ̃] *nf* televisione *f*.

**telle** → **tel**.

**tellement** [tɛlmɑ̃] *adv (tant)* talmente; *(si)* così; **j'ai ~ de travail/problèmes que...** ho così tanto lavoro/tanti problemi che...; **pas ~** non molto.

**témoigner** [temwaɲe] *vi* *(en justice)* testimoniare.

**témoin** [temwɛ̃] *nm* testimone *m*; **être ~ de** essere testimone di.

**tempe** [tɑ̃p] *nf* tempia *f*.

**tempérament** [tɑ̃peramɑ̃] *nm* temperamento *m*.

**température** [tɑ̃peratyr] *nf* temperatura *f*; *(fièvre)* febbre *f*.

**tempête** [tɑ̃pɛt] *nf* tempesta *f*.

**temple** [tɑ̃pl] *nm* tempio *m*.

**temporaire** [tɑ̃pɔrɛr] *adj* temporaneo(-a).

**temps** [tɑ̃] *nm* tempo *m*; **avoir le ~ de faire qqch** avere il tempo di fare qc; **à ~** in *ou* per tempo; **de ~ en ~** di tanto in tanto; **en même ~** nello stesso tempo.

**tendance** [tɑ̃dɑ̃s] *nf* tendenza *f*; **avoir ~ à faire qqch** avere tendenza a fare qc.

**tendre** [tɑ̃dr] *adj* tenero(-a). ◆ *vt* tendere. ❑ **se tendre** *vp* tendersi.

**tendresse** [tɑ̃drɛs] *nf* tenerezza *f*.

**tendu, -e** [tɑ̃dy] *adj* teso(-a).

**tenir** [tənir] *vt* 1. *(à la main, dans ses bras)* tenere.
2. *(garder)* tenere; **~ un plat au chaud** tenere un piatto in caldo.
3. *(promesse, engagement)* mantenere.
4. *(magasin, bar)* gestire.
5. *(dans des expressions)*: **tiens!/tenez!** *(en donnant)* tieni!/tenga!; **tiens!** *(exprime la surprise)* to'!
◆ *vi* 1. *(construction)* reggere; *(beau temps, relation)* durare.
2. *(rester)* stare; **~ debout** *(objet, personne)* stare in piedi.
3. *(être contenu)* starci.
❑ **tenir à** *v + prép (être attaché à)* tenere a; **~ à faire qqch** tenerci a fare qc.
❑ **se tenir** *vp* 1. *(s'accrocher)* tenersi; **se ~ à** *(personne, objet)* tenersi a.
2. *(être, rester)* stare; **se ~ droit** stare dritto; **se ~ tranquille** stare tranquillo.
3. *(se comporter)*: **bien/mal se ~** comportarsi bene/male.

**tennis** [tenis] *nm* tennis *m*. ◆ *nmpl* *(chaussures)* scarpe *fpl* da tennis; **~ de table** tennis da tavolo.

**tension** [tɑ̃sjɔ̃] *nf* tensione *f*; (MÉD) pressione *f*; **avoir de**

**la** ~ avere la pressione alta.

**tentation** [tɑ̃tasjɔ̃] *nf* tentazione *f*.

**tentative** [tɑ̃tativ] *nf* tentativo *m*.

**tente** [tɑ̃t] *nf* tenda *f*.

**tenter** [tɑ̃te] *vt* tentare; ~ **de faire qqch** tentare di fare qc.

**tenu, -e** [təny] *pp* → **tenir**.

**tenue** [təny] *nf (vêtements)* tenuta *f*; ~ **de soirée** abito *m* da sera.

**terme** [tɛrm] *nm* termine *m*.

**terminal, -aux** [tɛrminal, o] *nm (d'aéroport)* terminal *m inv*; *(INFORM)* terminale *m*.

**terminale** [tɛrminal] *nf (SCOL)* ≈ quinta *f* superiore.

**terminer** [tɛrmine] *vt* terminare. ❑ **se terminer** *vp* terminare.

**terminus** [tɛrminys] *nm* capolinea *m (ultima stazione)*.

**terrain** [terɛ̃] *nm* terreno *m*; ~ **de camping** campeggio *m*; ~ **de foot** campo *m* da calcio; ~ **de jeux** terreno da gioco; ~ **vague** terreno in abbandono.

**terrasse** [teras] *nf (d'une maison, d'un appartement)* terrazza *f*; *(de café)* dehors *m inv*.

**terre** [tɛr] *nf* terra *f*; *(argile)* terracotta *f*; **la Terre** la Terra; **par** ~ per terra.

**terrestre** [terɛstr] *adj* terrestre.

**terrible** [teribl] *adj* terribile; *(fam: excellent)* fantastico(-a); **pas** ~ *(fam)* niente di speciale.

**terrifier** [terifje] *vt* terrificare.

**terrine** [terin] *nf (récipient)* terrina *f*; *(CULIN) pasticcio di carne, pesce o verdure cotto in uno stampo e consumato freddo*.

**territoire** [teritwar] *nm* territorio *m*.

**terroriser** [terɔrize] *vt* terrorizzare.

**tes** → **ton**[1].

**Tessin** [tesɛ̃] *nm* : **le** ~ il Canton Ticino.

**test** [tɛst] *nm* test *m inv*.

**tester** [tɛste] *vt (produit)* testare.

**tétanos** [tetanos] *nm* tetano *m*.

**tête** [tɛt] *nf* testa *f*; *(visage)* faccia *f*; **de** ~ *(wagon)* di testa; **être en** ~ essere in testa; **faire la** ~ fare il broncio; ~ **de veau** *(plat)* testina *f* di vitello.

**tétine** [tetin] *nf (de biberon)* tettarella *f*; *(sucette)* ciuccio *m*, succhiotto *m*.

**têtu, -e** [tety] *adj* testardo(-a).

**texte** [tɛkst] *nm* testo *m*.

**TGV** *nm treno ad alta velocità*.

**thé** [te] *nm* tè *m inv*; ~ **au citron** tè al limone; ~ **au lait** tè al latte; ~ **nature** tè senza niente.

**théâtre** [teatr] *nm* teatro *m*.

**théière** [tejɛr] *nf* teiera *f*.

**thème** [tɛm] *nm (sujet)* tema *m*.

**théorie** [teɔri] *nf* teoria *f*; **en** ~ in teoria.

**théoriquement** [teɔrikmɑ̃] *adv* teoricamente.

**thermomètre** [tɛrmɔmɛtr] *nm* termometro *m*.

**Thermos®** [tɛrmos] *nf* : **(bouteille)** ~ thermos® *m*.

**thon** [tɔ̃] *nm* tonno *m*.

**thym** [tɛ̃] *nm* timo *m*.

**tibia** [tibja] *nm* tibia *f*.

**Tibre** [tibr] *nm* : **le** ~ il Tevere.

**tic** [tik] *nm* tic *m inv*.

**ticket** [tikɛ] *nm* biglietto *m*; ~ **de caisse** scontrino *m* (fiscale); ~ **de métro** biglietto della metropolitana.

**tiède** [tjɛd] *adj* tiepido(-a).

**tien** [tjɛ̃]: **le tien** (*f* **la tienne** [latjɛn], *mpl* **les tiens** [letjɛ̃], *fpl* **les tiennes** [letjɛn]) *pron* il tuo (la tua), i tuoi (le tue) *(pl)*; **à la tienne!** alla tua!

**tiendra** *etc* → **tenir**.

**tienne** *etc* → **tenir, tien**.

**tiens** *etc* → **tenir**.

**tiercé** [tjɛrse] *nm* corsa *f* tris.

**tiers** [tjɛr] *nm* terzo *m*.

**tige** [tiʒ] *nf (de plante)* stelo *m*; *(de métal, de bois)* asta *f*.

**tigre** [tigr] *nm* tigre *f*.

**tilleul** [tijœl] *nm (arbre)* tiglio *m*; *(tisane)* infuso *m* di tiglio.

**tilsit** [tilsit] *nm formaggio svizzero di mucca a pasta morbida con piccoli buchi regolari*.

**timbale** [tɛ̃bal] *nf* (CULIN) timballo *m (pasticcio di carne, crostacei, ecc. cotto in forno in uno stampo)*.

**timbre(-poste)** [tɛ̃br(ə)pɔst] *(pl* **timbres[-poste]**) *nm* francobollo *m*.

**timide** [timid] *adj* timido(-a).

**tire-bouchon**, **-s** [tirbuʃɔ̃] *nm* cavatappi *m.*

**tirer** [tire] *vt* 1. *(vers soi, vers le bas, etc)* tirare; *(caravane)* trainare.
2. *(trait)* fare.
3. *(avec une arme)* tirare.
4. *(sortir)*: **~ qqn/qqch de** tirare qn/qc fuori da; **~ une conclusion de qqch** trarre una conclusione da qc; **~ la langue à qqn** fare la lingua a qn.
5. *(numéro, carte)* estrarre.
◆ *vi* 1. *(avec une arme)* sparare; **~ sur** sparare a.
2. *(vers soi, vers le bas, etc)*: **~ sur qqch** tirare a qc.
3. *(SPORT)* tirare.
❑ **s'en tirer** *vp* cavarsela.

**tirette** [tirɛt] *nf (Belg: fermeture)* cerniera *f* lampo.

**tiroir** [tirwar] *nm* cassetto *m.*

**tisane** [tizan] *nf* tisana *f.*

**tissu** [tisy] *nm* tessuto *m.*

**titre** [titr] *nm* titolo *m*; **~ de transport** documento *m* di viaggio.

**toast** [tost] *nm (pain)* fetta *f* di pane tostato; **porter un ~ à qqn** fare un brindisi a qn.

**toboggan** [tɔbɔgɑ̃] *nm* scivolo *m.*

**toi** [twa] *pron (complément)* te; *(pour insister)* tu; **lève-~** alzati; **~-même** tu stesso; **pour ~-même** per te stesso.

**toile** [twal] *nf* tela *f*; **~ d'araignée** ragnatela *f.*

**toilette** [twalɛt] *nf (vêtements)* toilette *f inv*; **faire sa ~** lavarsi. ❑ **toilettes** *nfpl* toilette *f inv.*

**toit** [twa] *nm* tetto *m.*

**tolérer** [tɔlere] *vt* tollerare.

**tomate** [tɔmat] *nf* pomodoro *m*; **~s farcies** pomodori ripieni (di carne).

**tombe** [tɔ̃b] *nf* tomba *f.*

**tombée** [tɔ̃be] *nf* : **à la ~ de la nuit** sul calare della sera.

**tomber** [tɔ̃be] *vi* cadere; *(nuit)* calare; **ça tombe bien!** capita a proposito!; **laisser ~** *(études, projet)* lasciare perdere; *(ami)* voltare le spalle a; **~ amoureux** innamorarsi; **~ malade** ammalarsi.

**tome** [tom] *nm* tomo *m.*

**tomme** [tɔm] *nf* toma *f*; **~ vaudoise** *formaggio svizzero di mucca, a pasta morbida, talvolta aromatizzato al cumino.*

**ton**[1] [tɔ̃] (*f* **ta** [ta], *pl* **tes** [te]) *adj* il tuo (la tua), i tuoi (le tue) *(pl)*; **~ frère** tuo fratello.

**ton**[2] [tõ] *nm (de voix)* tono *m.*

**tonalité** [tɔnalite] *nf (au téléphone)* segnale *m.*

**tondeuse** [tõdøz] *nf* : **~ (à gazon)** falciatrice *f.*

**tondre** [tõdr] *vt* tosare.

**tonne** [tɔn] *nf* tonnellata *f.*

**tonneau, -x** [tɔno] *nm (de vin)* botte *f.*

**tonnerre** [tɔnɛr] *nm* tuoni *mpl*; **coup de ~** tuono.

**torche** [tɔrʃ] *nf* torcia *f*; **~ électrique** torcia elettrica.

**torchon** [tɔrʃõ] *nm* strofinaccio *m.*

**tordre** [tɔrdr] *vt (linge)* strizzare; *(bras, cou)* torcere; *(plier)* piegare. ❑ **se tordre** *vp* : **se ~ la cheville** storcersi la caviglia; **se ~ de rire** contorcersi dal ridere.

**tornade** [tɔrnad] *nf* tornado *m inv.*

**torrent** [tɔrɑ̃] *nm* torrente *m*; **il pleut à ~s** piove a catinelle.

**torse** [tɔrtɔrs] *nm* torso *m*; **~ nu** a torso nudo.

**tort** [tɔr] *nm* : **avoir ~ (de faire qqch)** avere torto (a fare qc); **être dans son ~, être en ~** *(automobiliste)* essere dalla parte del torto; **à ~** *(accuser)* a torto.

**torticolis** [tɔrtikɔli] *nm* torcicollo *m.*

**tortue** [tɔrty] *nf* tartaruga *f.*

**torturer** [tɔrtyre] *vt* torturare.

**Toscane** [tɔskan] *nf* Toscana *f.*

**tôt** [to] *adv* presto; **~ ou tard** prima o poi.

**total, -e, -aux** [tɔtal, o] *adj* totale. ◆ *nm* totale *m.*

**totalement** [tɔtalmɑ̃] *adv* totalmente.

**touche** [tuʃ] *nf (de piano, d'ordinateur, de téléphone)* tasto *m.*

**toucher** [tuʃe] *vt* toccare; *(argent, chèque)* riscuotere; *(cible)* colpire; **~ à** toccare. ❑ **se toucher** *vp* toccarsi.

**toujours** [tuʒur] *adv* sempre; *(encore)* ancora; **pour ~** per sempre.

**toupie** [tupi] *nf* trottola *f.*

**tour**[1] [tur] *nm (mouvement sur soi-même)* giro *m*; **faire un ~** fare un giro; **faire le ~ de qqch** fare il giro di qc; **c'est ton ~ (de faire qqch)** è il tuo turno (di fare qc); **à ~ de rôle** a turno; **le Tour de France** il giro di Francia; **~ de magie** gioco *m* di magia.

**tour**² [tur] *nf (d'un château)* torre *f*; *(immeuble)* grattacielo *m*; **~ de contrôle** torre di controllo; **la ~ Eiffel** la torre Eiffel.

**tourisme** [turism] *nm* turismo *m*; **faire du ~** fare turismo.

**touriste** [turist] *nmf* turista *mf*.

**touristique** [turistik] *adj* turistico(-a).

**tournant** [turnɑ̃] *nm* curva *f*.

**tourne-disque, -s** [turnədisk] *nm* giradischi *m inv*.

**tournedos** [turnədo] *nm* medaglione *m* di filetto; **~ Rossini** *filetto di manzo servito su pane abbrustolito spalmato di foie gras*.

**tourner** [turne] *vt* girare; *(sauce, soupe, salade)* mescolare. ◆ *vi* girare; **tournez à gauche/droite** giri a sinistra/destra; **~ autour de** girare intorno a; **j'ai la tête qui tourne** mi gira la testa. ❑ **se tourner** *vp* girarsi; **se ~ vers** girarsi verso.

**tournesol** [turnəsɔl] *nm* girasole *m*.

**tournevis** [turnəvis] *nm* cacciavite *m inv*.

**tourte** [turt] *nf tortino salato ricoperto da uno strato di pasta*.

**tourtière** [turtjɛr] *nf (Can) torta a base di carne di manzo macinata e cipolle*.

**tous → tout**.

**Toussaint** [tusɛ̃] *nf* : **la ~** la (festa di) Ognissanti.

**tousser** [tuse] *vi* tossire.

**tout, -e** [tu, tut] (*mpl* **tous** [tus], *fpl* **toutes** [tut]) *adj*

1. *(avec un substantif singulier)* tutto(-a); **~ le vin** tutto il vino; **~e la journée** tutta la giornata; **~ le temps** continuamente.

2. *(avec un pronom démonstratif)* tutto; **~ ça** OU **cela** tutto questo.

3. *(avec un substantif pluriel)* tutti(-e); **tous les gâteaux** tutte le torte; **tous les jours** tutti i giorni; **~es les deux/trois** tutte e due/tre; **tous les deux ans** ogni due anni.

◆ *pron* 1. *(la totalité)* tutto; **je t'ai ~ dit** ti ho detto tutto; **c'est ~** è tutto; **ce sera ~?** *(dans un magasin)* nient'altro?; **en ~** in tutto.

2. *(au pluriel: tout le monde)*:

**ils voulaient tous la voir** volevano vederla tutti.
◆ *adv* 1. *(très, complètement)* molto; ~ **jeune** giovanissimo, molto giovane; ~ **près** vicinissimo, molto vicino; **ils étaient ~ seuls** erano tutti soli.
2. *(avec un gérondif)*: **il mangeait ~ en marchant** mangiava mentre camminava.
3. *(dans des expressions)*: ~ **à coup** di colpo; ~ **à fait possible** del tutto possibile; ~ **à fait!** assolutamente sì!; ~ **à l'heure** *(avant)* poco fa; *(après)* fra poco; **à ~ à l'heure!** a più tardi!; ~ **de même** *(malgré tout)* lo stesso; ~ **de suite** fra un attimo.
◆ *nm* : **le ~** *(la totalité)* l'insieme *m*; **pas du ~** per niente.

**toutefois** [tutfwa] *adv* tuttavia.

**toux** [tu] *nf* tosse *f*.

**toxique** [tɔksik] *adj* tossico(-a).

**tracasser** [trakase] *vt* preoccupare. ❑ **se tracasser** *vp* preoccuparsi.

**trace** [tras] *nf* traccia *f*.

**tracer** [trase] *vt* *(dessiner)* tracciare.

**tracteur** [traktœr] *nm* trattore *m*.

**tradition** [tradisjɔ̃] *nf* tradizione *f*.

**traditionnel, -elle** [tradisjɔnɛl] *adj* tradizionale.

**traduction** [tradyksjɔ̃] *nf* traduzione *f*.

**traduire** [tradɥir] *vt* tradurre.

**trafic** [trafik] *nm* traffico *m*.

**trahir** [trair] *vt* tradire. ❑ **se trahir** *vp* tradirsi.

**train** [trɛ̃] *nm* treno *m*; **il est en ~ de mettre la table** sta apparecchiando; ~ **d'atterrissage** carrello *m*; ~ **de banlieue** treno suburbano; **~-couchettes** treno a cuccette; ~ **rapide** treno rapido.

**traîner** [trene] *vt* trascinare. ◆ *vi* *(par terre)* strisciare; *(s'attarder)* perdere tempo; *(être en désordre)* essere sparso qua e là; *(péj: dans la rue, dans les bars)* andare in giro. ❑ **se traîner** *vp* *(par terre)* trascinarsi; *(avancer lentement)* andare piano.

**trait** [trɛ] *nm* tratto *m*. ❑ **traits** *nmpl* *(du visage)* tratti *mpl*.

**traitement** [trɛtmɑ̃] *nm* (MÉD) terapia *f*; ~ **de texte**

*(programme)* programma *m* di videoscrittura.

**traiter** [trete] *vt* trattare; *(soigner)* curare; **~ qqn de** trattare qn da. ❑ **traiter de** *v + prép (suj: livre, exposé)* trattare di.

**traiteur** [tretœr] *nm* gastronomia *f*.

**trajet** [traʒɛ] *nm (voyage)* tragitto *m*.

**tramway** [tramwɛ] *nm* tram *m inv*.

**tranchant, -e** [trɑ̃ʃɑ̃, ɑ̃t] *adj* tagliente. ◆ *nm* filo *m* della lama.

**tranche** [trɑ̃ʃ] *nf (morceau)* fetta *f*; *(d'un livre)* taglio *m*.

**trancher** [trɑ̃ʃe] *vt* tranciare.

**tranquille** [trɑ̃kil] *adj* tranquillo(-a); **laisser qqn/qqch ~** lasciare stare qn/qc; **soyez ~** *(ne vous inquiétez pas)* stia tranquillo.

**tranquillisant** [trɑ̃kilizɑ̃] *nm* tranquillante *m*.

**transaction** [trɑ̃zaksjɔ̃] *nf* transazione *f*.

**transférer** [trɑ̃sfere] *vt* trasferire.

**transformer** [trɑ̃sfɔrme] *vt* trasformare; **~ qqch en qqch** trasformare qc in qc. ❑ **se transformer** *vp* trasformarsi; **se ~ en qqch** trasformarsi in qc.

**transfusion** [trɑ̃sfyzjɔ̃] *nf* : **~ (sanguine)** trasfusione *f* (di sangue).

**transit** [trɑ̃zit] *nm* : **passagers en ~** passeggeri *mpl* in transito.

**transmettre** [trɑ̃smɛtr] *vt* : **~ qqch à qqn** trasmettere qc a qn.

**transmis, -e** [trɑ̃smi, iz] *pp* → **transmettre**.

**transparent, -e** [trɑ̃sparɑ̃, ɑ̃t] *adj* trasparente.

**transpercer** [trɑ̃sperse] *vt* trafiggere.

**transpiration** [trɑ̃spirasjɔ̃] *nf* sudore *m*.

**transpirer** [trɑ̃spire] *vi* sudare.

**transport** [trɑ̃spɔr] *nm* trasporto *m*; **les ~s (en commun)** i mezzi pubblici.

**transporter** [trɑ̃spɔrte] *vt* trasportare.

**travail, -aux** [travaj, o] *nm* lavoro *m*. ❑ **travaux** *nmpl* lavori *mpl*; **'travaux'** *(sur la route)* 'lavori in corso'.

**travailler** [travaje] *vi* lavorare.

**traveller's check, -s**

[travlərʃɛk] *nm* traveller's cheque *m inv*.

**traveller's cheque, -s** [travlərʃɛk] = **traveller's check**.

**travers** [travɛr] *nm* : **à ~** attraverso; **de ~** di traverso; *(fig: mal)* male; **en ~ du lit** di traverso sul letto.

**traverser** [travɛrse] *vt (rue, rivière)* attraversare; *(transpercer)* passare attraverso.

**traversin** [travɛrsɛ̃] *nm* traversino *m*.

**trébucher** [trebyʃe] *vi* inciampare.

**trèfle** [trɛfl] *nm (plante)* trifoglio *m*; *(aux cartes)* fiori *mpl*.

**treize** [trɛz] *num* tredici; **→ six**.

**treizième** [trɛzjɛm] *num* tredicesimo(-a); **→ sixième**.

**tremblement** [trɑ̃bləmɑ̃] *nm* : **~ de terre** terremoto *m*; **~s** *(frissons)* tremiti *mpl*.

**trembler** [trɑ̃ble] *vi* tremare; **~ de peur/froid** tremare di paura/freddo.

**trempé, -e** [trɑ̃pe] *adj (mouillé)* bagnato zuppo (bagnata zuppa).

**tremplin** [trɑ̃plɛ̃] *nm (de piscine)* trampolino *m*; *(de gym)* pedana *f*.

**trente** [trɑ̃t] *num* trenta; **→ six**.

**trentième** [trɑ̃tjɛm] *num* trentesimo(-a); **→ sixième**.

**très** [trɛ] *adv* molto.

**trésor** [trezɔr] *nm* tesoro *m*.

**tresse** [trɛs] *nf* treccia *f*; *(Helv) pane tipico di Berna (Svizzera) a forma di treccia*.

**tri** [tri] *nm* : **faire un ~ parmi** fare una selezione fra.

**triangle** [trijɑ̃gl] *nm* triangolo *m*.

**tribunal, -aux** [tribynal, o] *nm* tribunale *m*.

**tricher** [triʃe] *vi (au jeu)* barare; *(à un examen)* copiare.

**tricot** [triko] *nm (pull)* golf *m inv*; **~ de corps** canottiera *f*.

**tricoter** [trikɔte] *vt* fare ai ferri. ◆ *vi* lavorare a maglia.

**trier** [trije] *vt (sélectionner)* selezionare; *(classer)* smistare.

**trimestre** [trimɛstr] *nm* trimestre *m*.

**trinquer** [trɛ̃ke] *vi (boire)*

brindare.

**triomphe** [trijɔ̃f] *nm* trionfo *m*.

**tripes** [trip] *nfpl (CULIN)* trippa *f*.

**triple** [tripl] *adj* triplice. ◆ *nm* : **le ~ (de)** *(valoir)* il triplo (di).

**tripler** [triple] *vt* triplicare. ◆ *vi* triplicarsi.

**triste** [trist] *adj* triste.

**tristesse** [tristɛs] *nf* tristezza *f*.

**trognon** [trɔɲɔ̃] *nm (de pomme, de poire)* torsolo *m*.

**trois** [trwa] *num* tre; → **six**.

**troisième** [trwazjɛm] *num* terzo(-a). ◆ *nf (SCOL)* ≈ prima *f* superiore; *(vitesse)* terza *f*; → **sixième**.

**trombone** [trɔ̃bɔn] *nm (agrafe)* graffetta *f*.

**trompe** [trɔ̃p] *nf (d'éléphant)* proboscide *f*.

**tromper** [trɔ̃pe] *vt (conjoint)* tradire; *(client)* imbrogliare. ❑ **se tromper** *vp* sbagliarsi; **je me suis trompé d'adresse** ho sbagliato indirizzo.

**trompette** [trɔ̃pɛt] *nf* tromba *f*.

**tronc** [trɔ̃] *nm* : **~ (d'arbre)** tronco *m* (d'albero).

**trop** [tro] *adv* troppo; **~ de valises** troppe valigie; **de** *ou* **en ~** di troppo.

**trottoir** [trɔtwar] *nm* marciapiede *m*.

**trou** [tru] *nm* buco *m*; **avoir un ~ de mémoire** avere un vuoto di memoria.

**trouble** [trubl] *adj (eau)* torbido(-a); *(image)* sfuocato(-a). ◆ *adv* : **voir ~** vedere offuscato.

**trouer** [true] *vt* bucare.

**trouille** [truj] *nf (fam)*: **avoir la ~** avere fifa.

**troupeau, -x** [trupo] *nm* gregge *m*.

**trousse** [trus] *nf (d'écolier)* astuccio *m*; **~ de secours** valigetta *f* pronto soccorso; **~ de toilette** nécessaire *m inv* da viaggio.

**trousseau, -x** [truso] *nm (de clefs)* mazzo *m*.

**trouver** [truve] *vt* trovare; **je trouve qu'il a raison** trovo che abbia ragione. ❑ **se trouver** *vp* trovarsi; **se ~ mal** trovarsi male.

**truc** [tryk] *nm (fam: objet)* aggeggio *m*, coso *m*; *(astuce)* trucco *m*.

**truffe** [tryf] *nf (champignon)* tartufo *m*; **~ (en cho-**

**colat)** *cioccolatino ricoperto di cacao in polvere.*

**truite** [tʀɥit] *nf* trota *f.*

**T-shirt** [tiʃœʀt] = **tee-shirt.**

**TTC** *abr* = **toutes taxes comprises.**

**tu**[1] [ty] *pron* tu.

**tu**[2], **-e** [ty] *pp* → **taire.**

**tuba** [tyba] *nm (de plongeur)* boccaglio *m.*

**tube** [tyb] *nm (tuyau)* tubo *m*; *(de dentifrice, de colle)* tubetto *m*; *(fam: musique)* successo *m.*

**tuer** [tɥe] *vt* uccidere. ❑ **se tuer** *vp (se suicider)* uccidersi; *(accidentellement)* morire.

**tuile** [tɥil] *nf* tegola *f*; **~ aux amandes** *biscotto sottile e leggermente concavo con scaglie di mandorle.*

**tulipe** [tylip] *nf* tulipano *m.*

**tumeur** [tymœʀ] *nf* tumore *m.*

**tunique** [tynik] *nf* tunica *f.*

**Tunisie** [tynizi] *nf* : **la ~** la Tunisia.

**tunisien, -enne** [tynizjɛ̃, ɛn] *adj* tunisino(-a).

**tunnel** [tynɛl] *nm* galleria *f*; **le ~ sous la Manche** il tunnel della Manica.

**turbot** [tyʀbo] *nm* rombo *m.*

**turbulences** [tyʀbulɑ̃s] *nfpl (dans un avion)* turbolenze *fpl.*

**turc, turque** [tyʀk] *adj* turco(-a).

**Turin** [tyʀɛ̃] *n* Torino *f.*

**tutoyer** [tytwaje] *vt* dare del tu a.

**tuyau, -x** [tɥijo] *nm* tubo *m*; **~ d'échappement** tubo di scappamento.

**TV** *(abr de* **télévision***)* tv.

**TVA** *nf (abr de* **taxe sur la valeur ajoutée***)* ≈ IVA *f.*

**type** [tip] *nm (sorte)* tipo *m*; *(fam: individu)* tipo.

**typique** [tipik] *adj* tipico(-a).

# U

**ulcère** [ylsɛʀ] *nm* ulcera *f.*

**ULM** *nm* ultraleggero *m.*

**un, une** [œ̃, yn] (*pl* **des** [de]) *article indéfini* uno(-a), dei/degli (delle) *(pl)*; **des animaux** degli animali; **des**

**livres** dei libri; **des valises** delle valigie.
◆ *pron* uno(-a); **(l')~ de mes amis/des plus intéressants** uno dei miei amici/ dei più interessanti; **l'~ l'autre** l'un l'altro; **l'~ ou l'autre** l'uno o l'altro; **ni l'~ ni l'autre** né l'uno né l'altro.
◆ *num* uno; → **six**.

**uni, -e** [uni] *adj* unito(-a).

**uniforme** [yniform] *adj* uniforme. ◆ *nm* uniforme *f*.

**union** [ynjɔ̃] *nf* unione *f*; **l'Union européenne** l'Unione europea.

**unique** [ynik] *adj* unico(-a).

**uniquement** [ynikmɑ̃] *adv* unicamente.

**unir** [ynir] *vt (mots, idées)* unire. ❑ **s'unir** *vp (s'associer)* unirsi.

**unité** [ynite] *nf* unità *f inv*; *(harmonie, ensemble)* uniformità *f*; **à l'~** al pezzo.

**univers** [ynivɛr] *nm* universo *m*.

**université** [ynivɛrsite] *nf* università *f inv*.

**urbain, -e** [yrbɛ̃, ɛn] *adj* urbano(-a).

**urgence** [yrʒɑ̃s] *nf* urgenza *f*; **d'~** *(vite)* d'urgenza; **(service des) ~s** pronto soccorso *m*.

**urgent, -e** [yrʒɑ̃, ɑ̃t] *adj* urgente.

**uriner** [yrine] *vi* urinare.

**urinoir** [yrinwar] *nm* orinatoio *m*.

**urticaire** [yrtikɛr] *nf* orticaria *f*.

**usage** [yzaʒ] *nm* uso *m*; **'~ externe'** 'uso esterno'.

**usagé, -e** [yzaʒe] *adj* usato(-a).

**usé, -e** [yze] *adj* consumato(-a).

**user** [yze] *vt* consumare. ❑ **s'user** *vp* logorarsi.

**usine** [yzin] *nf* fabbrica *f*.

**ustensile** [ystɑ̃sil] *nm* utensile *m*.

**utile** [ytil] *adj* utile.

**utiliser** [ytilize] *vt* utilizzare.

**UV** *nmpl (abr de* **ultraviolets***)* UV *mpl*.

# V

**va** [va] → **aller**.

**vacances** [vakɑ̃s] *nfpl* vacanze *fpl*; *(congés)* ferie *fpl*; **être/partir en ~** essere/andare in vacanza; **prendre des ~** prendere delle ferie; **~ scolaires** vacanze scolastiche.

**vacancier, -ère** [vakɑ̃sje, ɛr] *nm, f* villeggiante *mf.*

**vaccin** [vaksɛ̃] *nm* vaccino *m.*

**vacciner** [vaksine] *vt* : **~ qqn contre qqch** vaccinare qn contro qc.

**vache** [vaʃ] *nf* vacca *f,* mucca *f.* ◆ *adj (fam: méchant)* cattivo(-a).

**vacherin** [vaʃrɛ̃] *nm (gâteau) torta a forma di corona composta da strati di meringhe, gelato e panna montata; (fromage) formaggio a pasta morbida della regione di Friburgo (Svizzera), utilizzato nella fonduta.*

**vague** [vag] *adj* vago(-a). ◆ *nf* onda *f;* **~ de chaleur** ondata *f* di caldo.

**vaille** etc **→ valoir.**

**vain** [vɛ̃]: **en vain** *adv* invano.

**vaincre** [vɛ̃kr] *vt* vincere.

**vainqueur** [vɛ̃kœr] *nm* vincitore *m.*

**vais → aller.**

**vaisselle** [vesɛl] *nf (assiettes)* stoviglie *fpl;* **faire la ~** lavare i piatti.

**valable** [valabl] *adj* valido(-a).

**valait → valoir.**

**valent → valoir.**

**valeur** [valœr] *nf* valore *m.*

**valider** [valide] *vt (ticket)* convalidare.

**validité** [validite] *nf* : **date limite de ~** validità *f.*

**valise** [valiz] *nf* valigia *f;* **faire ses ~s** fare le valigie.

**vallée** [vale] *nf* vallata *f.*

**valoir** [valwar] *vi* valere; *(dans un magasin)* costare. ◆ *v impers* : **il vaut mieux faire qqch** è meglio fare qc; **il vaut mieux que tu restes** è meglio che tu resti; **ça vaut combien?** quanto costa?; **ça vaut la peine** OU **le coup (de faire qqch)** vale la pena (di fare qc).

**valse** [vals] *nf* valzer *m inv.*

**valu** [valy] *pp* **→ valoir.**

**vanille** [vanij] *nf* vaniglia *f.*

**vaniteux, -euse** [vanitø, øz] *adj* vanitoso(-a).

**vanter** [vɑ̃te]: **se vanter** *vp* vantarsi.

**vapeur** [vapœr] *nf* vapore *m;* **(à la) ~** (CULIN) a vapore.

**vaporisateur** [vaporizatœr] *nm* vaporizzatore *m.*

**varappe** [varap] *nf* arrampicata *f.*

**variable** [varjabl] *adj* variabile.

**varicelle** [varisɛl] *nf* varicella *f.*

**varié**, **-e** [varje] *adj* vario(-a); **hors-d'œuvre ~s** antipasti *mpl* misti.

**vas** → **aller**.

**vase** [vaz] *nf* melma *f.* ◆ *nm* vaso *m.*

**vaste** [vast] *adj* vasto(-a).

**Vatican** [vatikɑ̃] *nm* : **le ~** il Vaticano.

**vaudra** *etc* → **valoir**.

**vaut** → **valoir**.

**veau**, **-x** [vo] *nm* vitello *m.*

**vécu**, **-e** [veky] *pp* → **vivre**.

**vedette** [vədɛt] *nf (acteur, sportif)* vedette *f inv*; *(bateau)* motovedetta *f.*

**végétal**, **-e**, **-aux** [veʒetal, o] *adj* vegetale. ◆ *nm* vegetale *m.*

**végétarien**, **-enne** [veʒetarjɛ̃, ɛn] *adj* vegetariano(-a). ◆ *nm, f* vegetariano *m* (-a *f*).

**végétation** [veʒetasjɔ̃] *nf* vegetazione *f.*

**véhicule** [veikyl] *nm* veicolo *m.*

**veille** [vɛj] *nf (jour précédent)* vigilia *f.*

**veiller** [veje] *vi (rester éveillé)* vegliare; **~ à faire qqch** badare di fare qc.

**veilleuse** [vejøz] *nf* (AUT) luce *f* di posizione.

**veine** [vɛn] *nf* (ANAT) vena *f*; **avoir de la ~** *(fam)* essere fortunato.

**vélo** [velo] *nm* bici(cletta) *f*; **faire du ~** andare in bicicletta; **~ de course** bicicletta da corsa; **~ tout terrain** mountain bike *f inv.*

**velours** [vəlur] *nm* velluto *m*; **~ côtelé** velluto a coste.

**velouté** [vəlute] *nm* : **~ d'asperge** crema *f* d'asparagi.

**vendanges** [vɑ̃dɑ̃ʒ] *nfpl* vendemmia *f.*

**vendeur**, **-euse** [vɑ̃dœr, øz] *nm, f (de grand magasin)* commesso *m* (-a *f*); *(sur un marché, ambulant)* venditore *m* (-trice *f*).

**vendre** [vɑ̃dr] *vt* vendere; **~ qqch à qqn** vendere qc a qn; **'à ~'** 'vendesi'.

**vendredi** [vɑ̃drədi] *nm* venerdì *m*; **~ saint** venerdì santo; → **samedi**.

**vénéneux**, **-euse** [venenø, øz] *adj* velenoso(-a).

**venger** [vɑ̃ʒe]: **se venger** *vp* vendicarsi.

**venimeux**, **-euse** [vənimø,

øz] *adj* velenoso(-a).
**venir** [vənir] *vi* venire; **~ de** venire da; *(provenir de)* derivare da; **~ de faire qqch: nous venons d'arriver** siamo appena arrivati.
**Venise** [vəniz] *n* Venezia *f*.
**vent** [vɑ̃] *nm* vento *m*.
**vente** [vɑ̃t] *nf* vendita *f*; **être/mettre qqch en ~** essere/mettere qc in vendita.
**ventilateur** [vɑ̃tilatœr] *nm (pour rafraîchir)* ventilatore *m*.
**ventre** [vɑ̃tr] *nm* pancia *f*.
**venu, -e** [vəny] *pp* → **venir**.
**ver** [vɛr] *nm (de fruit)* verme *m*; **~ (de terre)** lombrico *m*.
**véranda** [verɑ̃da] *nf (vitrée)* veranda *f*.
**verbe** [vɛrb] *nm* verbo *m*.
**verdure** [vɛrdyr] *nf* vegetazione *f*.
**verger** [vɛrʒe] *nm* frutteto *m*.
**verglas** [vɛrgla] *nm* ghiaccio *m*.
**vérification** [verifikasjɔ̃] *nf* verifica *f*.
**vérifier** [verifje] *vt* verificare.
**véritable** [veritabl] *adj* vero(-a).
**vérité** [verite] *nf* verità *f*; **dire la ~** dire la verità.
**vermicelle** [vɛrmisɛl] *nm* capelli *mpl* d'angelo.
**vernis** [vɛrni] *nm* vernice *f*; **~ à ongles** smalto *m* (per le unghie).
**verra** *etc* → **voir**.
**verre** [vɛr] *nm (gobelet, contenu)* bicchiere *m*; *(matière)* vetro *m*; **boire** *OU* **prendre un ~** bere qualcosa; **~s de contact** lenti *fpl* a contatto.
**verrouiller** [vɛruje] *vt (porte)* chiudere con il chiavistello.
**vers** [vɛr] *nm* verso *m*. ◆ *prép* verso.
**versant** [vɛrsɑ̃] *nm* versante *m*.
**verse** [vɛrs]: **à verse** *adv* a dirotto.
**versement** [vɛrsəmɑ̃] *nm* versamento *m*.
**verser** [vɛrse] *vt* versare.
**version** [vɛrsjɔ̃] *nf* versione *f*; **(en) ~ française** (in) lingua francese; **(en) ~ originale** (in) versione originale.
**verso** [vɛrso] *nm* tergo *m*.
**vert, -e** [vɛr, vɛrt] *adj*

verde; *(fruit)* acerbo(-a); *(vin)* giovane. ♦ *nm* verde *m*.
**vertébrale** [vɛrtebral] *adj f* → **colonne**.
**vertèbre** [vɛrtɛbr] *nf* vertebra *f*.
**vertical, -e, -aux** [vɛrtikal, o] *adj* verticale.
**vertige** [vɛrtiʒ] *nm* : **avoir le ~** avere le vertigini.
**vessie** [vesi] *nf* vescica *f*.
**veste** [vɛst] *nf* giacca *f*.
**vestiaire** [vɛstjɛr] *nm* guardaroba *m inv*.
**vestiges** [vɛstiʒ] *nmpl* rovine *fpl*.
**veston** [vɛstɔ̃] *nm* giacca *f* (da uomo).
**vêtements** [vɛtmɑ̃] *nmpl* abiti *mpl*.
**vétérinaire** [veterinɛr] *nmf* veterinario *m*.
**veuf, veuve** [vœf, vœv] *adj* vedovo(-a). ♦ *nm, f* vedovo *m* (-a *f*).
**veuille** *etc* → **vouloir**.
**veuve** → **veuf**.
**veux** → **vouloir**.
**vexer** [vɛkse] *vt* offendere. ❑ **se vexer** *vp* offendersi.
**viaduc** [vjadyk] *nm* viadotto *m*.
**viande** [vjɑ̃d] *nf* carne *f*; **~ des Grisons** *(Helv) carne di manzo salata, essiccata all'aria e poi pressata.*
**vice versa** [visvɛrsa] *adv* viceversa.
**victime** [viktim] *nf* vittima *f*.
**victoire** [viktwar] *nf* vittoria *f*.
**vidange** [vidɑ̃ʒ] *nf (d'une auto)* cambio *m* dell'olio.
**vide** [vid] *adj* vuoto(-a). ♦ *nm* vuoto *m*; **sous ~** *(aliment)* sotto vuoto.
**vidéo** [video] *adj inv* video *(inv)*. ♦ *nf* video *m inv*.
**vide-ordures** [vidɔrdyr] *nm inv* scarico *m* delle immondizie.
**vider** [vide] *vt (bouteille, tiroir)* svuotare; *(liquide)* versare; *(poulet, poisson)* pulire. ❑ **se vider** *vp (salle, baignoire)* svuotarsi.
**vie** [vi] *nf* vita *f*; **en ~** in vita.
**vieil** → **vieux**.
**vieillard** [vjejar] *nm* anziano *m*.
**vieille** → **vieux**.
**vieillir** [vjejir] *vi* invecchiare. ♦ *vt* : **ça le vieillit** lo invecchia.
**viendra** *etc* → **venir**.
**viens** *etc* → **venir**.
**vieux, vieille** [vjø, vjɛj]

(*m* **vieil** [vjɛj], *devant voyelle ou h muet mpl* **vieux**) *adj* vecchio(-a).
**vif**, **vive** [vif, viv] *adj* vivace; *(geste, pas)* rapido(-a).
**vigne** [viɲ] *nf (plante)* vite *f*; *(terrain)* vigna *f*.
**vignette** [viɲɛt] *nf (automobile)* bollo *m* di circolazione; *(de médicament)* fustella *f*.
**vigoureux**, **-euse** [viguʀø, øz] *adj* vigoroso(-a).
**vigueur** [vigœʀ] *nf* : **les prix en ~** i prezzi in vigore.
**villa** [vila] *nf* villa *f*.
**village** [vilaʒ] *nm* paese *m*.
**ville** [vil] *nf* città *f inv*; **aller en ~** andare in centro.
**vin** [vɛ̃] *nm* vino *m*; **~ blanc** vino bianco; **~ rosé** vino rosato; **~ rouge** vino rosso; **~ de table** vino da tavola.
**vinaigre** [vinɛgʀ] *nm* aceto *m*.
**vinaigrette** [vinegʀɛt] *nf condimento per insalata a base di olio, aceto, sale e pepe*.
**vingt** [vɛ̃] *num* venti; → **six**.
**vingtaine** [vɛ̃tɛn] *nf* : **une ~ (de)** una ventina (di).
**vingtième** [vɛ̃tjɛm] *num* ventesimo(-a); → **sixième**.
**viol** [vjɔl] *nm* stupro *m*.
**violence** [vjɔlɑ̃s] *nf* violenza *f*.
**violent**, **-e** [vjɔlɑ̃, ɑ̃t] *adj* violento(-a).
**violet**, **-ette** [vjɔlɛ, ɛt] *adj* viola *(inv)*. ♦ *nm* viola *m*.
**violette** [vjɔlɛt] *nf* viola *f*.
**violon** [vjɔlɔ̃] *nm* violino *m*.
**violoncelle** [vjɔlɔ̃sɛl] *nm* violoncello *m*.
**vipère** [vipɛʀ] *nf* vipera *f*.
**virage** [viʀaʒ] *nm* curva *f*.
**virement** [viʀmɑ̃] *nm (sur un compte)* trasferimento *m*.
**viril**, **-e** [viʀil] *adj* virile.
**virus** [viʀys] *nm* virus *m inv*.
**vis** [vis] *nf* vite *f*.
**visa** [viza] *nm* visto *m*.
**visage** [vizaʒ] *nm* viso *m*.
**vis-à-vis** [vizavi]: **vis-à-vis de** *prép (envers)* nei confronti di.
**visibilité** [vizibilite] *nf* visibilità *f*.
**visible** [vizibl] *adj* visibile.
**visière** [vizjɛʀ] *nf* visiera *f*.
**visite** [vizit] *nf* visita *f*; **rendre ~ à qqn** far visita a qn; **~ guidée** visita gui-

data; ~ **médicale** visita medica.

**visiter** [vizite] *vt* visitare.

**visser** [vise] *vt* avvitare.

**vitamine** [vitamin] *nf* vitamina *f*.

**vite** [vit] *adv* velocemente, in fretta.

**vitesse** [vitɛs] *nf* velocità *f*; *(TECH: d'une voiture, d'un vélo)* marcia *f*; **à toute** ~ a tutta velocità.

**vitrail, -aux** [vitraj, o] *nm* vetrata *f*.

**vitre** [vitr] *nf* vetro *m*; *(de voiture)* finestrino *m*.

**vitrine** [vitrin] *nf* vetrina *f*; **en** ~ in vetrina; **faire les ~s** andare a vedere i negozi.

**vivant, -e** [vivɑ̃, ɑ̃t] *adj (en vie)* vivente; *(animé)* vivace.

**vive** [viv] → **vif.** ◆ *excl* viva!

**vivement** [vivmɑ̃] *adv* rapidamente. ◆ *excl* : ~ **demain!** non vedo l'ora che sia domani!

**vivre** [vivr] *vt & vi* vivere.

**vocabulaire** [vɔkabylɛr] *nm* vocabolario *m*.

**voeu, -x** [vø] *nm* : **meilleurs ~x** tanti auguri.

**voici** [vwasi] *prép* ecco.

**voie** [vwa] *nf (sur une route)* corsia *f*; **'par ~ orale'** 'per via orale'; ~ **ferrée** strada *f* ferrata; ~ **sans issue** strada senza uscita.

**voilà** [vwala] *prép* ecco.

**voile** [vwal] *nm (tissu)* velo *m*. ◆ *nf* vela *f*; **faire de la ~** fare vela.

**voilier** [vwalje] *nm* veliero *m*.

**voir** [vwar] *vt* vedere; *(comprendre)* capire; **aller ~ qqn** andare a trovare qn; **ça n'a rien à ~ (avec)** non ha niente a che vedere (con); **voyons!** *(pour reprocher)* su, andiamo! ❑ **se voir** *vp* vedersi.

**voisin, -e** [vwazɛ̃, in] *adj* vicino(-a). ◆ *nm, f* vicino *m* (-a *f*).

**voiture** [vwatyr] *nf* macchina *f*, auto(mobile) *f*; *(wagon)* carrozza *f*.

**voix** [vwa] *nf* voce *f*; *(vote)* voto *m*; **à ~ basse** a bassa voce; **à ~ haute** ad alta voce.

**vol** [vɔl] *nm (délit)* furto *m*; *(trajet en avion)* volo *m*; ~ **régulier** volo regolare.

**volaille** [vɔlaj] *nf* pollame *m*.

**volant** [vɔlɑ̃] *nm (de voiture)* volante *m*; *(de nappe,* *de jupe)* volant *m inv*; *(de badminton)* volano *m*.

**volcan** [vɔlkɑ̃] *nm* vulcano *m*.

**voler** [vɔle] *vt (argent, objet)* rubare; *(personne)* derubare. ◆ *vi (oiseau, avion)* volare.

**volet** [vɔlɛ] *nm (de fenêtre)* persiana *f*; *(d'imprimé)* parte *f*.

**voleur, -euse** [vɔlœr, øz] *nm, f* ladro *m* (-a *f*).

**volontairement** [vɔlɔ̃tɛrmɑ̃] *adv* volontariamente.

**volonté** [vɔlɔ̃te] *nf* volontà *f*; **bonne ~** buona volontà; **mauvaise ~** cattiva volontà.

**volontiers** [vɔlɔ̃tje] *adv* volentieri.

**volume** [vɔlym] *nm* volume *m*.

**vomir** [vɔmir] *vt & vi* vomitare.

**vont** → **aller**.

**vos** → **votre**.

**voter** [vɔte] *vi* votare.

**votre** [vɔtr] *(pl* **vos** [vo]) *adj (en s'adressant à plusieurs personnes)* il vostro (la vostra), i vostri (le vostre) *(pl)*; *(en vouvoyant une personne)* il suo (la sua), i suoi (le sue) *(pl)*; **~ cousin** vostro/suo cugino.

**vôtre** [votr]: **le vôtre** (*f* **la vôtre**, *pl* **les vôtres**) *pron* il vostro (la vostra), i vostri (le vostre) *(pl)*; **à la ~!** alla vostra!

**voudra** *etc* → **vouloir**.

**vouloir** [vulwar] *vt* **1.** *(désirer)* volere; **je voudrais...** vorrei...

**2.** *(accepter)*: **je veux bien** d'accordo; **veuillez vous asseoir** si accomodi.

**3.** *(dans des expressions)*: **ne pas ~ de qqch** non volere qc; **en ~ à qqn** volerne a qn; **~ dire** voler dire.

**voulu, -e** [vuly] *pp* → **vouloir**.

**vous** [vu] *pron* **1.** *(sujet)*: **~ avez fini, les enfants?** avete finito, bambini?; **merci, ~ êtes très aimable** grazie, è molto gentile.

**2.** *(objet direct)* vi; *(pour vouvoyer une personne)* la.

**3.** *(objet indirect)* vi; *(pour vouvoyer une personne)* le.

**4.** *(après préposition, comparatif)* voi; *(pour vouvoyer une personne)* lei.

**5.** *(réfléchi)* vi; *(pour vouvoyer une personne)* si.

**6.** *(réciproque)* vi; **~-même**

lei, lei stesso(-a); **~-mêmes** voi, voi stessi(-e).

**voûte** [vut] *nf* volta *f*.

**voyage** [vwajaʒ] *nm* viaggio *m*; **bon ~!** buon viaggio!; **partir en ~** partire per un viaggio; **~ organisé** viaggio organizzato.

**voyager** [vwajaʒe] *vi* viaggiare.

**voyelle** [vwajɛl] *nf* vocale *f*.

**voyons** → **voir**.

**voyou** [vwaju] *nm* delinquente *mf*.

**vrai**, **-e** [vrɛ] *adj* vero(-a).

**vraiment** [vrɛmɑ̃] *adv (réellement)* veramente; *(très)* proprio.

**vraisemblable** [vrɛsɑ̃blabl] *adj* verosimile.

**VTT** *nm (abr de* **vélo tout terrain***)* mountain bike *f inv*.

**vu**, **-e** [vy] *pp* → **voir**.

◆ *prép* : **~ son caractère** dato il suo carattere; **~ son âge** data la sua età; **~ que** visto che.

**vue** [vy] *nf* vista *f*; *(vision, spectacle)* visione *f*; **avec ~ sur...** con vista su...; **connaître qqn de ~** conoscere qn di vista.

**vulgaire** [vylgɛr] *adj* volgare.

# W-Z

**wagon** [vagɔ̃] *nm* vagone *m*.

**wagon-lit** [vagɔ̃li] *(pl* **wagons-lits***)* *nm* vagone *m* letto.

**wagon-restaurant** [vagɔ̃rɛstɔrɑ̃] *(pl* **wagons-restaurants***)* *nm* vagone *m* ristorante.

**wallon**, **-onne** [walɔ̃, ɔn] *adj* vallone.

**waterzo(o)i** [waterzɔj] *nm (Belg) piatto a base di pollo o pesce, verdura e una salsa fatta con il brodo di cottura e panna.*

**W-C** [vese] *nmpl* W.C.

**week-end**, **-s** [wikɛnd] *nm* fine settimana *m inv*, week-end *m inv*; **bon ~!** buon week-end!

**whisky** [wiski] *nm* whisky *m inv*.

**y** [igrɛk] *adv* **1.** *(indique le lieu où l'on est)* ci; **nous y resterons une semaine** ci resteremo una settimana.

2. *(indique le lieu où l'on va)* ci; **j'y vais demain** ci vado domani.
3. *(dedans)* ci; **mets-y du sel** mettici un po' di sale.
4. *(dessus)* ci; **va voir sur la table si les clefs y sont** vai a vedere sul tavolo se ci sono le chiavi.
◆ *pron* ci; **penses-y** pensaci; **n'y comptez pas** non ci conti; → **aller, avoir**.

**yacht** [jɔt] *nm* yacht *m inv.*

**yaourt** [jaurt] *nm* yogurt *m inv.*

**yeux** → **œil**.

**yoghourt** [jɔgurt] = **yaourt**.

**Yougoslavie** [jugɔslavi] *nf* : **la ~** la Iugoslavia.

**zèbre** [zɛbr] *nm* zebra *f.*

**zéro** [zero] *nm* zero *m.*

**zeste** [zɛst] *nm* scorza *f.*

**zigzaguer** [zigzage] *vi* zigzagare.

**zone** [zon] *nf* zona *f*; **~ industrielle** zona industriale; **~ piétonne** OU **piétonnière** isola *f* pedonale.

**zoo** [z(o)o] *nm* zoo *m inv.*

**zoologique** [zɔɔlɔʒik] *adj* → **parc**.

**zut** [zyt] *excl* uffa!

# ITALIANO-FRANCESE
# ITALIEN - FRANÇAIS

# A

**a** (*ad + vocale*) *prep* 1. (*complemento di termine*) à; **dare qc a qn** donner qqch à qqn; **chiedere qc a qn** demander qqch à qqn.
2. (*stato in luogo*) à; **abito a Torino** j'habite à Turin; **stiamo a casa** nous restons à la maison.
3. (*moto a luogo*) à; **andiamo a letto** allons au lit; **torno a Roma** je retourne à Rome; **mi porti allo stadio?** tu m'emmènes au stade?
4. (*temporale*) à; **c'è un volo alle 8.30** il y a un vol à 8 h 30; **a domani!** à demain!; **al mattino** le matin; **alla sera** le soir.
5. (*per modo e mezzo*) à; **alla perfezione** à la perfection; **a piedi** à pied.
6. (*per prezzo e misura*) à; **comprare qc a metà prezzo** acheter qqch (à) moitié prix; **a due chilometri dalla stazione** à deux kilomètres de la gare.
7. (*per caratteristica*) à; **camicia a maniche corte** chemise à manches courtes.
8. (*per rapporto*): **50 chilometri all'ora** 50 kilomètres (à l')heure; **una volta al mese** une fois par mois.

**A** (*abbr di autostrada*) A.

**abbaglịanti** *smpl* feux *mpl* de route.

**abbagliạre** *vt* éblouir.

**abbaiạre** *vi* aboyer.

**abbandonạre** *vt* abandonner.

**abbandọno** *sm* abandon *m*.

**abbassạre** *vt* baisser.

**abbạsso** *esclam* : **~ la scuola!** à bas l'école!

**abbastạnza** *avv* assez.

**abbạttere** *vt* (*albero, animale*) abattre; (*regime*) renverser.

**abbazịa** *sf* abbaye *f*.

**abbia** → avere.
**abbigliamento** *sm* habillement *m*; '**~ donna**' 'mode femme'; **~ sportivo** vêtements *mpl* de sport.
**abbinare** *vt (vestiti, colori)* assortir.
**abboccare** *vi (pesce)* mordre (à l'hameçon).
**abboccato**, **-a** *agg* moelleux(-euse).
**abbonamento** *sm* abonnement *m*; **fare l'~ a qc** prendre un abonnement à qqch.
**abbonarsi** *vr* : **~ (a)** s'abonner (à).
**abbondante** *agg* abondant(-e); **un chilo ~** un bon kilo.
**abbondanza** *sf* abondance *f*.
**abbottonare** *vt* boutonner.
**abbottonatura** *sf* boutonnage *m*.
**abbracciare** *vt* serrer dans ses bras. ❑ **abbracciarsi** *vr* s'étreindre.
**abbraccio** *sm* étreinte *f*.
**abbreviare** *vt* abréger.
**abbreviazione** *sf* abréviation *f*.
**abbronzante** *agg* solaire. ◆ *sm* produit *m* solaire.
**abbronzare** *vt* bronzer. ❑ **abbronzarsi** *vr* bronzer.
**abbronzatura** *sf* bronzage *m*.
**abbrustolire** *vt* griller.
**abete** *sm* sapin *m*.
**abile** *agg* habile; *(idoneo)* apte; **~ a qc** *(servizio militare, lavoro)* apte à qqch; **~ a fare qc** doué(-e) pour faire qqch; **~ in qc** doué pour qqch.
**abilità** *sf* habileté *f*.
**abisso** *sm* abîme *m*.
**abitabile** *agg* habitable.
**abitacolo** *sm* espace *m* intérieur.
**abitante** *smf* habitant *m* (-e *f*).
**abitare** *vt* & *vi* habiter.
**abitato**, **-a** *agg* habité(-e). ◆ *sm* agglomération *f*.
**abitazione** *sf* habitation *f*.
**abito** *sm (da donna)* robe *f*; *(da uomo)* costume *m*; **~ da sera** tenue *f* de soirée. ❑ **abiti** *smpl* vêtements *mpl*.
**abituale** *agg* habituel(-elle).
**abituare** *vt* habituer.

❑ **abituarsi** *vr* s'habituer.

**abitudine** *sf* habitude *f*; **per ~** par habitude.

**abolire** *vt (annullare)* abolir; *(eliminare)* éliminer.

**abortire** *vi (accidentalmente)* faire une fausse couche; *(volontariamente)* avorter.

**aborto** *sm (spontaneo)* fausse couche *f*; *(volontario)* avortement *m*.

**abrasione** *sf* écorchure *f*.

**Abruzzo** *sm* : **l'~** les Abruzzes *fpl*.

**abuso** *sm* abus *m*.

**a.C.** *(abbr di avanti Cristo)* av. J-C.

**accademia** *sf* académie *f*; **~ di belle arti** École *f* des beaux-arts.

**accadere** *vi* arriver.

**accaduto** *sm* : **raccontare l'~** raconter ce qui s'est passé.

**accampamento** *sm (MIL)* camp *m*.

**accanito**, **-a** *agg* acharné(-e).

**accanto** *avv* à côté. ◆ *agg inv* d'à côté; **~ a** à côté de.

**accaparrare** *vt* stocker; *(voti, favore)* s'attirer; **accaparrarsi qc** s'emparer de qqch.

**accappatoio** *sm* peignoir *m*.

**accarezzare** *vt* caresser.

**accecare** *vt* aveugler.

**accedere**: **accedere a** *v + prep* accéder à.

**accelerare** *vt & vi* accélérer.

**acceleratore** *sm* accélérateur *m*.

**accendere** *vt* allumer; *(motore)* mettre en marche; **scusi, ha da ~?** excusez-moi, vous avez du feu?

**accendino** *sm* briquet *m*.

**accendisigari** *sm inv* allume-cigares *m inv*.

**accennare** *vt (menzionare)* évoquer; *(indicare)* indiquer. ❑ **accennare a** *v + prep (menzionare)* évoquer; *(alludere a)* faire allusion à; *(cominciare a)* avoir l'air de.

**accensione** *sf* allumage *m*.

**accento** *sm* accent *m*.

**accerchiare** *vt* encercler.

**accertamento** *sm* vérification *f*.

**accertare** *vt (verificare)* vérifier. ❑ **accertarsi di** *vr + prep* s'assurer de.

**acceso**, **-a** *pp* → **accendere**. ◆ *agg* allumé(-e);

*(colore)* vif (vive); *(motore)* en marche.
**accessibile** *agg* accessible.
**accesso** *sm* accès *m*.
**accessori** *smpl* accessoires *mpl*.
**accettare** *vt* accepter.
**accettazione** *sf* acceptation *f*; **'~ bagagli'** 'consigne'.
**acchiappare** *vt* attraper.
**acciaio** *sm* acier *m*.
**accidentale** *agg* accidentel(-elle).
**accidenti** *esclam (con rabbia)* zut!; *(con stupore)* ça alors!
**acciuga**, **-ghe** *sf* anchois *m*.
**accludere** *vt* joindre.
**accluso**, **-a** *agg* ci-joint(-e).
**accogliente** *agg* accueillant(-e).
**accoglienza** *sf* accueil *m*.
**accogliere** *vt (persona, notizia)* accueillir; *(accettare)* accepter.
**accomodare** *vt* réparer. ❑ **accomodarsi** *vr* s'asseoir; **s'accomodi!** *(si sieda)* asseyez-vous!; *(venga avanti)* entrez!
**accompagnare** *vt* accompagner.
**accompagnatore**, **-trice** *sm, f* accompagnateur *m* (-trice *f*); **~ turistico** accompagnateur de voyages.
**acconciatura** *sf* coiffure *f*.
**acconsentire** *vi* : **~ (a)** accepter.
**accontentare** *vt* contenter. ❑ **accontentarsi di** *vr + prep* se contenter de.
**acconto** *sm* acompte *m*; **dare 250 euro in ~** verser 250 euros d'acompte.
**accorciare** *vt* raccourcir.
**accordare** *vt* accorder; *(colori)* harmoniser. ❑ **accordarsi** *vr (mettersi d'accordo)* se mettre d'accord; *(conciliarsi)* s'accorder.
**accordo** *sm (patto)* accord *m*; *(fra persone)* entente *f*; **d'~!** d'accord!; **andare d'~ con qn** s'entendre avec qqn.
**accorgersi**: **accorgersi di** *vr + prep* s'apercevoir de.
**accorrere** *vi* accourir.
**accostare** *vt (mettere vicino)* rapprocher; *(persona)* aborder. ◆ *vi (in auto)* se ranger.

**accreditare** *vt (fatto, notizia)* accréditer; *(denaro)*: **~ I 500 euro su un conto** créditer un compte de 1 500 euros.

**accrescere** *vt* accroître. ❑ **accrescersi** *vr* s'accroître.

**accudire** *vt (malato)* s'occuper de. ❑ **accudire a** *v + prep (casa, bambini)* s'occuper de.

**accumulare** *vt* accumuler.

**accurato**, **-a** *agg (persona)* consciencieux(-euse); *(lavoro)* soigné(-e).

**accusa** *sf* accusation *f.*

**accusare** *vt* : **~ qn di qc** accuser qqn de qqch.

**acerbo**, **-a** *agg* pas mûr(-e).

**aceto** *sm* vinaigre *m.*

**acetone** *sm* dissolvant *m.*

**acidità** *sf* : **~ di stomaco** aigreurs *fpl* d'estomac.

**acido**, **-a** *agg* aigre. ◆ *sm* acide *m.*

**acino** *sm* grain *m.*

**acne** *sf* acné *f.*

**acqua** *sf* eau *f*; **sott'~** sous l'eau; **~ minerale (gassata/naturale)** eau minérale (gazeuse/plate); **'~ non potabile'** 'eau non potable'; **~ ossigenata** eau oxygénée; **~ del rubinetto** eau du robinet; **~ tonica** ≃ Schweppes® *m.*

**acquaio** *sm* évier *m.*

**acquamarina** (*pl* **acquemarine**) *sf* aigue-marine *f.*

**acquaragia** *sf* white-spirit *m.*

**acquario** *sm* aquarium *m.*

**acquavite** *sf* eau-de-vie *f.*

**acquazzone** *sm* averse *f.*

**acquedotto** *sm* aqueduc *m.*

**acquerello** *sm* aquarelle *f.*

**acquirente** *smf* acheteur *m* (-euse *f*).

**acquisire** *vt* acquérir.

**acquistare** *vt* acheter; *(ottenere)* obtenir.

**acquisto** *sm* achat *m*; **fare acquisti** faire des achats.

**acquoso**, **-a** *agg* aqueux(-euse).

**acrilico**, **-a**, **-ci**, **-che** *agg* acrylique. ◆ *sm* acrylique *m.*

**acrobata**, **-i**, **-e** *smf* acrobate *mf.*

**acrobazia** *sf* acrobatie *f.*

**acropoli** *sf inv* acropole *f.*

**acustico**, **-a**, **-ci**, **-che** *agg (sonoro, uditivo)* acoustique; *(chitarra)* sec (sèche).
**acuto**, **-a** *agg* aigu(-uë); *(intelligente)* subtil(-e).
**ad** → **a**.
**adagio** *avv* lentement; **'entrare/uscire ~'** 'entrer/sortir au pas'.
**adattamento** *sm* adaptation *f.*
**adattare** *vt (opera)* adapter; *(locale)* aménager; *(vestito)* ajuster. ❑ **adattarsi (a)** *vr (+ prep) (adeguarsi)* s'adapter (à); *(essere adatto)* convenir (à).
**adatto**, **-a** *agg* : **essere ~ (a)** convenir (à).
**addebitare** *vt (denaro)*: **~ 1 500 euro su un conto** débiter un compte de 1 500 euros.
**addestrare** *vt (animali)* dresser; *(persone)* former.
**addetto**, **-a** *sm, f* préposé *m* (-e *f*). ◆ *agg* : **~ a** *(persona)* préposé(-e) à; *(cosa)* destiné(-e) à.
**addio** *esclam* adieu! ◆ *sm* adieu *m.*
**addirittura** *avv (perfino)* carrément. ◆ *esclam* à ce point!
**additivo** *sm* additif *m.*
**addizione** *sf* addition *f.*
**addobbo** *sm* décoration *f.*
**addolcire** *vt (caffè)* sucrer.
**addolorare** *vt* peiner.
**addome** *sm* abdomen *m.*
**addomesticare** *vt* apprivoiser.
**addormentare** *vt* endormir. ❑ **addormentarsi** *vr* s'endormir.
**addossare** *vt (appoggiare)* adosser; *(attribuire)* attribuer.
**addosso** *avv (sul corpo)*: **avere ~ qc** *(vestito)* porter qqch; **mi è venuto ~ in bici** il m'est rentré dedans en vélo; **~ a** *(su)* sur; *(contro)* contre.
**adeguato**, **-a** *agg* approprié(-e).
**aderente** *agg (attillato)* moulant(-e); *(adesivo)* adhérent(-e).
**aderire** *vi* : **~ a** adhérer à; *(richiesta)* accéder à.
**adesivo**, **-a** *agg* adhésif(-ive). ◆ *sm (etichetta)* autocollant *m*; *(collante)* adhésif *m.*
**adesso** *avv (ora)* maintenant; *(tra poco)* tout de suite.

**adirạrsi** *vr* se mettre en colère.

**adolescẹnte** *smf* adolescent *m* (-e *f*).

**adoleşcenza** *sf* adolescence *f*.

**adoperạre** *vt* utiliser.

**adorạbile** *agg* adorable.

**adorạre** *vt* adorer.

**adottạre** *vt* adopter.

**adottịvo, -a** *agg* adoptif(-ive).

**Adriạtico** *sm* : **l'~, il mare ~** l'Adriatique *f*, la mer Adriatique.

**adụlto, -a** *agg* adulte. ◆ *sm, f* adulte *mf*.

**aerạre** *vt* aérer.

**aẹreo, -a** *agg* aérien(-enne). ◆ *sm* avion *m*.

**aerọbica** *sf* aérobic *m*.

**aeronạutica** *sf* aéronautique *f*.

**aeroplạno** *sm* avion *m*.

**aeropọrto** *sm* aéroport *m*.

**aerosọl** *sm inv* aérosol *m*.

**ạfa** *sf* chaleur *f* étouffante.

**affạbile** *agg* aimable.

**affacciạrsi** *vr* se montrer; **~ alla finestra** se mettre à la fenêtre.

**affamạto, -a** *agg* affamé(-e).

**affannạre** *vt* essouffler. ❑ **affannarsi** *vr* s'affairer; **affannarsi a fare qc** se fatiguer à faire qqch.

**affạnno** *sm (di respiro)* essoufflement *m*; *(ansia)* anxiété *f*.

**affạre** *sm* affaire *f*; *(fam: cosa)* truc *m*; **fare affari con qn** traiter avec qqn.

**affascinạre** *vt* fasciner.

**affaticạrsi** *vr* se fatiguer; *(darsi da fare)* se donner du mal.

**affạtto** *avv* tout à fait; **non... ~** ne... pas du tout; **niente ~** pas du tout.

**affermạre** *vt (dire)* affirmer. ❑ **affermarsi** *vr* s'imposer.

**affermatịvo, -a** *agg* affirmatif(-ive).

**affermaziọne** *sf* affirmation *f*; *(successo)* succès *m*.

**afferrạre** *vt* saisir, attraper; *(capire)* saisir.

**affettạre** *vt* couper en tranches.

**affẹtto, -a** *sm* affection *f*. ◆ *agg* : **essere ~ da** être atteint(-e) de.

**affettuọso, -a** *agg* affectueux(-euse).

**affezionạrsi** *vr* s'attacher.

**affidare** *vt* : ~ **qn/qc a** confier qqn/qqch à.
**affilare** *vt* aiguiser.
**affinché** *cong* afin que.
**affinità** *sf inv* affinité *f*.
**affissione** *sf* affichage *m*; **'divieto di ~'** 'affichage interdit'.
**affittare** *vt* louer; **'affittasi'** 'à louer'.
**affitto** *sm (cessione)* location *f*; *(prezzo)* loyer *m*.
**affogare** *vi* se noyer. ◆ *vt* noyer.
**affogato** *sm glace ou parfait arrosés de café, de coulis de fruits, de whisky, etc.*
**affollato, -a** *agg* bondé(-e).
**affondare** *vi* sombrer. ◆ *vt (mandare a fondo)* couler; *(conficcare)* enfoncer.
**affrancare** *vt* affranchir.
**affrancatura** *sf* affranchissement *m*.
**affresco, -schi** *sm* fresque *f*.
**affrettare** *vt* hâter. ❑ **affrettarsi** *vr* se dépêcher.
**affrontare** *vt (nemico)* affronter; *(spesa)* faire face à; *(argomento)* traiter.
**affumicato, -a** *agg* fumé(-e); *(annerito)* noirci(-e) par la fumée.
**afoso, -a** *agg (caldo)* étouffant(-e); *(aria, tempo)* lourd(-e).
**Africa** *sf* : **l'~** l'Afrique *f*.
**africano, -a** *agg* africain(-e).
**agenda** *sf* agenda *m*.
**agente** *sm* agent *m*; **~ di polizia** agent de police.
**agenzia** *sf* agence *f*; **~ di cambio** bureau *m* de change; **~ di viaggi** agence de voyages.
**aggeggio** *sm (fam)* truc *m*.
**aggettivo** *sm* adjectif *m*.
**aggiornato, -a** *agg (persona)* au courant; *(enciclopedia)* mis(-e) à jour.
**aggirare** *vt* contourner. ❑ **aggirarsi** *vr* errer. ❑ **aggirarsi su** *vr* + *prep (cifra)* s'élever environ à.
**aggiudicare** *vt* adjuger. ❑ **aggiudicarsi** *vr* remporter.
**aggiungere** *vt* ajouter.
**aggiunta** *sf* : **in ~** de plus.
**aggiunto, -a** *pp* → **aggiungere**.
**aggiustare** *vt* réparer. ❑ **aggiustarsi** *vr* se mettre d'accord.

**agglomerato** *sm* : **~ urbano** agglomération *f.*

**aggrapparsi** *vr* s'agripper; **~ a** s'agripper à.

**aggravare** *vt* aggraver. ❑ **aggravarsi** *vr* s'aggraver.

**aggredire** *vt* agresser.

**aggressione** *sf* agression *f.*

**aggressivo, -a** *agg* agressif(-ive).

**agile** *agg* agile.

**agio** *sm* : **mettersi a proprio ~** se mettre à l'aise.

**agire** *vi* agir.

**agitare** *vt (scuotere)* agiter; *(turbare)* troubler. ❑ **agitarsi** *vr (turbarsi)* s'inquiéter; *(muoversi)* s'agiter.

**agitazione** *sf* agitation *f.*

**agli** = **a** + **gli** → **a**.

**aglio** *sm* ail *m.*

**agnello** *sm* agneau *m.*

**ago** (*pl* **aghi**) *sm* aiguille *f.*

**agonia** *sf* angoisse *f.*

**agonistico, -a, -ci, -che** *agg* de compétition.

**agopuntura** *sf* acupuncture *f.*

**agosto** *sm* août *m*; → **settembre**.

**agricolo, -a** *agg* agricole.

**agricoltore** *sm* agriculteur *m.*

**agricoltura** *sf* agriculture *f.*

**agriturismo** *sm vacances à la ferme.*

**agrume** *sm* agrume *m.*

**aguzzo, -a** *agg* pointu(-e).

**ahi** *esclam* aïe!

**ai** = **a** + **i** → **a**.

**AIDS** *sm o sf* SIDA *m.*

**air-terminal** ['ɛr'terminal] *sm inv* aérogare *f*, terminal *m.*

**aiuola** *sf* parterre *m.*

**aiutante** *smf* assistant *m* (-e *f*).

**aiutare** *vt* aider; **~ qn (a fare qc)** aider qqn (à faire qqch).

**aiuto** *sm* aide *f*; *(assistente)* assistant *m* (-e *f*); **~!** à l'aide!; **chiedere ~** demander de l'aide; **essere di ~ a qn** être utile à qqn; **venire in ~ di qn** venir en aide à qqn.

**al** = **a** + **il** → **a**.

**ala** (*pl* **ali**) *sf* aile *f.*

**alano** *sm* danois *m (chien).*

**alba** *sf* aube *f*; **all'~** à l'aube.

**albanese** *agg* albanais(-e).

**Albania** *sf* : **l'~** l'Albanie *f.*

**albergatore**, **-trice** *sm, f* hôtelier *m* (-ère *f*).
**albergo**, **-ghi** *sm* hôtel *m*.
**albero** *sm* arbre *m*; *(di nave)* mât *m*; ~ **di Natale** sapin *m* de Noël.
**albicocca**, **-che** *sf* abricot *m*.
**albino**, **-a** *agg* albinos. ◆ *sm, f* albinos *mf*.
**album** *sm inv* album *m*; ~ **da disegno** bloc *m* à dessin.
**albume** *sm* blanc *m* d'œuf.
**alcolico**, **-a**, **-ci**, **-che** *agg (bevanda)* alcoolisé(-e). ◆ *sm* alcool *m*.
**alcolizzato**, **-a** *sm, f* alcoolique *mf*.
**alcool** *sm* alcool *m*.
**alcuno**, **-a** *agg s* : **non...** ~ *(nessuno)* ne... aucun. ❑ **alcuni**, **-e** *agg pl* quelques. ◆ *pron pl* quelques-uns (quelques-unes); **alcuni di** certains de; **alcuni di noi** certains d'entre nous.
**aldilà** *sm* : **l'~** l'au-delà *m*.
**alfabeto** *sm* alphabet *m*.
**alga**, **-ghe** *sf* algue *f*.
**algebra** *sf* algèbre *f*.
**Algeria** *sf* : **l'~** l'Algérie *f*.
**aliante** *sm* planeur *m*.
**alibi** *sm inv* alibi *m*.
**alimentare** *agg* alimentaire. ◆ *vt* alimenter. ❑ **alimentari** *smpl* alimentation *f*.
**alimentazione** *sf* alimentation *f*.
**alimento** *sm* aliment *m*.
**alito** *sm* haleine *f*.
**all'** = **a** + **l'**, → **a**.
**alla** = **a** + **la**, → **a**.
**allacciare** *vt (scarpe)* lacer; *(cintura, vestito)* attacher; *(collegare)* raccorder.
**allagare** *vt* inonder. ❑ **allagarsi** *vr* être inondé.
**allargare** *vt (ampliare)* élargir; *(aprire)* écarter.
**allarmare** *vt* alarmer.
**allarme** *sm* alarme *f*; *(ansia)* inquiétude *f*.
**allattare** *vt* allaiter.
**alle** = **a** + **le**, → **a**.
**alleanza** *sf* alliance *f*.
**allegare** *vt* joindre.
**allegato**, **-a** *agg* ci-joint(-e). ◆ *sm* pièce *f* jointe; **in** ~ ci-joint.
**alleggerire** *vt* alléger.
**allegria** *sf* gaieté *f*.
**allegro**, **-a** *agg* gai(-e).
**allenamento** *sm* entraînement *m*.

**allenare** *vt* entraîner. ❑ **allenarsi** *vr* s'entraîner.

**allenatore, -trice** *sm, f* entraîneur *m* (-euse *f*).

**allentare** *vt (vite, nodo)* desserrer; *(sorveglianza, disciplina)* relâcher.

**allergia** *sf* allergie *f*.

**allergico, -a, -ci, -che** *agg* allergique.

**allevamento** *sm* élevage *m*.

**allevare** *vt* élever.

**allievo, -a** *sm, f* élève *mf*.

**allineare** *vt* aligner.

**allo = a + lo, → a.**

**alloggiare** *vi* loger.

**alloggio** *sm* logement *m*.

**allontanarsi** *vr* s'éloigner.

**allora** *avv* & *cong* alors; **da ~** depuis (ce temps-là).

**alluce** *sm* gros orteil *m*.

**allucinazione** *sf* hallucination *f*.

**alludere: alludere a** *v + prep* faire allusion à.

**allungare** *vt* allonger; *(collo)* tendre.

**allusione** *sf* allusion *f*.

**alluso** *pp* **→ alludere.**

**alluvione** *sf* inondation *f*.

**almeno** *avv* au moins.

**Alpi** *sfpl* : **le ~** les Alpes *fpl*.

**alpinismo** *sm* alpinisme *m*.

**alpinista, -i, -e** *smf* alpiniste *mf*.

**alpino, -a** *agg* alpin(-e).

**alquanto** *avv* plutôt.

**alt** *esclam* halte! ◆ *sm* arrêt *m*.

**altalena** *sf* balançoire *f*.

**altare** *sm* autel *m*.

**alterare** *vt (modificare)* altérer.

**alternare** *vt* alterner. ❑ **alternarsi** *vr (periodi, stili)* alterner; *(persone)* se relayer.

**alternativa** *sf* alternative *f*.

**alterno, -a** *agg* : **a giorni alterni** un jour sur deux, tous les deux jours.

**altezza** *sf (statura)* taille *f*; *(di cosa, aereo)* hauteur *f*; *(dell'acqua)* profondeur *f*.

**altitudine** *sf* altitude *f*.

**alto, -a** *agg* haut(-e); *(persona, animale)* grand(-e); *(ingente)* élevé(-e); *(profondo)* profond(-e). ◆ *avv* : **in ~** en haut.

**Alto Adige** *sm* : **l'~** le Haut-Adige *(région du nord-est de l'Italie)*.

**altoparlante** *sm* haut-parleur *m*.

**altrettanto, -a** *agg* autant de. ◆ *pron* autant. ◆ *avv* aussi; **auguri! - grazie, ~!** meilleurs vœux! - merci, à toi/vous aussi!

**altrimenti** *avv* autrement.

**altro, -a** *agg* 1. *(diverso)* autre; **avevo capito un'altra cosa** j'avais compris autre chose; **è tutt'~ che sciocco** il est loin d'être bête.

2. *(supplementare)* autre; **un ~ caffè?** (tu veux) un autre café?

3. *(rimanente)* autre; **gli altri passeggeri sono pregati di restare al loro posto** les autres passagers sont priés de rester à leur place.

4. *(nel tempo)*: **l'altr'anno** l'année dernière; **l'~ ieri** avant-hier; **domani l'~** après-demain.

◆ *pron* autre; **l'uno o l'~** l'un ou l'autre; **se non ~** au moins; **senz'~** sûrement; **tra l'~** au fait; **gli altri** *(il prossimo)* les autres.

**altroché** *esclam* et comment!

**altronde**: **d'altronde** *avv* d'ailleurs.

**altrove** *avv* ailleurs.

**altrui** *agg inv* d'autrui.

**alunno, -a** *sm, f* élève *mf.*

**alveare** *sm* ruche *f.*

**alzare** *vt (sollevare)* lever; *(prezzi, volume)* augmenter; *(voce)* élever. ❑ **alzarsi** *vr (persona, vento)* se lever; *(aumentare)* augmenter.

**amaca, -che** *sf* hamac *m.*

**amante** *smf (innamorato)* amant *m* (maîtresse *f*); *(appassionato)* amateur *m.*

**amare** *vt* aimer.

**amarena** *sf* griotte *f.*

**amaretto** *sm (biscotto)* ≈ macaron *m*; *(liquore) liqueur au goût d'amande amère.*

**amaro, -a** *agg* amer(-ère). ◆ *sm* digestif *m.*

**ambasciata** *sf* ambassade *f.*

**ambasciatore, -trice** *sm, f (diplomatico)* ambassadeur *m* (-drice *f*).

**ambiente** *sm (natura)* environnement *m*; *(cerchia)* milieu *m*; *(stanza)* pièce *f.*

**ambiguo, -a** *agg* ambigu(-uë).

**ambizione** *sf* ambition *f.*

**ambizioso, -a** *agg* ambitieux(-euse).

**ambra** *sf* ambre *m.*

**ambulanza** *sf* ambulance *f*.

**America** *sf* : **l'~** l'Amérique *f*; **l'~ latina** l'Amérique latine.

**americano**, **-a** *agg* américain(-e).

**amichevole** *agg* amical(-e); **in via ~** à l'amiable.

**amicizia** *sf* amitié *f*; **fare ~ (con qn)** sympathiser (avec qqn).

**amico**, **-a**, **-ci**, **-che** *sm, f* ami *m* (-e *f*).

**amido** *sm* amidon *m*.

**ammaccare** *vt (metallo)* cabosser.

**ammaccatura** *sf (di metallo)* bosse *f*.

**ammaestrare** *vt* dresser.

**ammalarsi** *vr* tomber malade.

**ammalato**, **-a** *agg* malade. ◆ *sm, f* malade *mf*.

**ammassare** *vt* amasser.

**ammazzare** *vt* tuer.

**ammesso**, **-a** *pp* → **ammettere**.

**ammettere** *vt* admettre.

**amministrare** *vt* administrer.

**amministratore** *sm (di condominio)* syndic *m* de copropriété.

**ammirare** *vt* admirer.

**ammirazione** *sf* admiration *f*.

**ammobiliato**, **-a** *agg* meublé(-e); **non ~** non meublé.

**ammoniaca** *sf* ammoniaque *f*.

**ammonizione** *sf* avertissement *m*.

**ammontare**: **ammontare a** *v + prep* s'élever à.

**ammorbidente** *sm* assouplissant *m*.

**ammortizzatore** *sm* amortisseur *m*.

**ammucchiare** *vt* entasser.

**ammuffito**, **-a** *agg* moisi(-e).

**amo** *sm* hameçon *m*.

**amore** *sm* amour *m*; **fare l'~ (con qn)** faire l'amour (avec qqn).

**ampio**, **-a** *agg (vasto)* vaste; *(abbondante)* large.

**amplificatore** *sm* amplificateur *m*.

**anabbaglianti** *smpl* feux *mpl* de croisement, codes *mpl*.

**anagrafe** *sf (registro)* registre *m* d'état civil; *(ufficio)* (bureau de l')état *m* civil.

**analcolico**, **-a**, **-ci**, **-che**

*agg* sans alcool. ♦ *sm* boisson *f* sans alcool.

**analfabeta**, **-i**, **-e** *agg* analphabète. ♦ *smf* analphabète *mf.*

**analisi** *sf inv* analyse *f*; ~ **del sangue** analyse de sang.

**analizzare** *vt* analyser.

**analogo**, **-a**, **-ghi**, **-ghe** *agg* analogue.

**ananas** *sm inv* ananas *m.*

**anatomico**, **-a**, **-ci**, **-che** *agg* anatomique.

**anatra** *sf* canard *m.*

**anca**, **-che** *sf* hanche *f.*

**anche** *cong* aussi; **anch'io** moi aussi; ~ **se** même si; ~ **troppo** déjà trop.

**ancora**[1] *sf* ancre *f.*

**ancora**[2] *avv* encore; ~ **un po'** encore un peu; **non è ~ arrivato** il n'est pas encore arrivé.

**andare** *vi* 1. *(muoversi)* aller; **scusi, per ~ alla stazione?** pardon, pour aller à la gare, s'il vous plaît?; ~ **a Napoli** aller à Naples; ~ **avanti** avancer; ~ **indietro** reculer; ~ **in vacanza** aller en vacances.
2. *(strada)* aller.
3. *(indica uno stato)* aller; **come va?** comment ça va?; **va bene** ça va.
4. *(piacere)*: ~ **a qn** plaire à qqn; **non mi va di mangiare** je n'ai pas envie de manger.
5. *(con participio passato)*: ~ **perso** être perdu.
6. *(in espressioni)*: ~ **bene a qn** *(come misura)* aller bien à qqn; **ti va bene di andare al cinema?** ça te dit d'aller au cinéma?; ~ **a male** se gâter; *(latte)* tourner; ~ **via** partir.
♦ *sm* : **a lungo ~** à la longue.
❑ **andarsene** *vr* s'en aller.

**andata** *sf* aller *m*; **all'~** à l'aller.

**andatura** *sf* allure *f.*

**anello** *sm* bague *f*; *(di catena)* maillon *m.*

**anemico**, **-a**, **-ci**, **-che** *agg* anémique.

**anestesia** *sf* anesthésie *f.*

**anfiteatro** *sm* amphithéâtre *m.*

**angelo** *sm* ange *m.*

**angina** *sf* angine *f.*

**angolo** *sm* coin *m*; *(di mobile)* coin, angle *m*; ~ **cottura** coin cuisine.

**angoscia** *sf* angoisse *f.*

**anguilla** *sf* anguille *f.*

**anguria** *sf* pastèque *f.*
**anice** *sm* anis *m.*
**anidride** *sf* : **~ carbonica** gaz *m inv* carbonique.
**anima** *sf* âme *f.*
**animale** *agg* animal(-e). ◆ *sm* animal *m.*
**animatore**, **-trice** *sm, f* animateur *m* (-trice *f*); **~ turistico** animateur de village-vacances.
**animo** *sm (carattere)* âme *f*; *(coraggio)* courage *m.*
**anitra** = **anatra**.
**annaffiare** *vt* arroser.
**annaffiatoio** *sm* arrosoir *m.*
**annegare** *vi* se noyer. ◆ *vt* noyer.
**anniversario** *sm* anniversaire *m.*
**anno** *sm* an *m*, année *f*; **buon ~!** bonne année!; **quanti anni hai?** quel âge as-tu?; **ho 21 anni** j'ai 21 ans; **~ bisestile** année bissextile; **~ scolastico** année scolaire.
**annodare** *vt* nouer.
**annoiare** *vt* ennuyer. ❑ **annoiarsi** *vr* s'ennuyer.
**annotare** *vt* noter.
**annuale** *agg (per un anno)* d'un an; *(di ogni anno)* annuel(-elle).
**annullare** *vt* annuler.
**annunciare** *vt* annoncer.
**annunciatore**, **-trice** *sm,f* speaker *m* (speakerine *f*).
**annuncio** *sm* annonce *f*; **~ pubblicitario** annonce publicitaire; **annunci economici** petites annonces.
**annuo**, **-a** *agg (per un anno)* d'un an; *(di ogni anno)* annuel(-elle).
**annusare** *vt* flairer.
**ano** *sm* anus *m.*
**anonimo**, **-a** *agg* anonyme. ◆ *sm, f* anonyme *m.*
**anoressia** *sf* anorexie *f.*
**anormale** *agg* anormal(-e). ◆ *smf* anormal *m* (-e *f*).
**ansia** *sf* anxiété *f.*
**ansimare** *vi* haleter.
**ansioso**, **-a** *agg (inquieto)* anxieux(-euse); *(impaziente)* impatient(-e).
**anta** *sf (di finestra)* volet *m*; *(di armadio)* porte *f.*
**antagonista**, **-i**, **-e** *agg* rival(-e). ◆ *smf* rival *m* (-e *f*).
**Antartide** *sf* : **l'~** l'Antarctique *m.*
**antenato**, **-a** *sm, f* ancêtre *mf.*
**antenna** *sf* antenne *f.*

**anteprima** *sf* avant-première *f*.
**anteriore** *agg (ruota, sedile)* avant *(inv)*; *(zampa, periodo)* antérieur(-e).
**antibiotico** *sm* antibiotique *m*.
**anticamera** *sf* antichambre *f*.
**antichità** *sf inv (passato)* passé *m*; *(oggetto)* antiquité *f*.
**anticipare** *vt* avancer.
**anticipo** *sm* avance *f*; **in ~** en avance.
**antico**, **-a**, **-chi**, **-che** *agg* ancien(-enne).
**anticoncezionale** *agg* contraceptif(-ive). ◆ *sm* contraceptif *m*.
**anticorpo** *sm* anticorps *m*.
**antifurto** *agg inv* antivol *(inv)*. ◆ *sm inv* antivol *m*.
**antigelo** *agg inv* antigel *(inv)*. ◆ *sm inv* antigel *m*.
**Antille** *sfpl* : **le ~** les Antilles *fpl*.
**antincendio** *agg inv* contre l'incendie.
**antinebbia** *agg inv* antibrouillard *(inv)*. ◆ *sm inv* antibrouillard *m*.
**antipasto** *sm* hors-d'œuvre *m inv*, entrée *f*; **~ a scelta** *entrée à choisir dans un buffet*.
**antipatico**, **-a**, **-ci**, **-che** *agg* antipathique.
**antiquariato** *sm (commercio)* commerce *m* des antiquités; *(raccolta)* antiquités *fpl*.
**antiquario**, **-a** *sm, f* antiquaire *mf*.
**antiruggine** *agg inv* antirouille *(inv)*.
**antitetanica** *sf* vaccination *f* antitétanique.
**antivipera** *agg inv* antivenimeux(-euse). ◆ *sm inv* sérum *m* antivenimeux.
**antologia** *sf* anthologie *f*.
**anulare** *agg* → **raccordo**. ◆ *sm* annulaire *m*.
**anzi** *cong (al contrario)* (bien) au contraire; *(o meglio)* ou mieux; *(addirittura)* même.
**anziano**, **-a** *agg* âgé(-e). ◆ *sm, f* personne *f* âgée.
**anziché** *cong* au lieu de.
**ape** *sf* abeille *f*.
**aperitivo** *sm* apéritif *m*.
**aperto**, **-a** *pp* → **aprire**. ◆ *agg* ouvert(-e); *(braccia, gambe)* écarté(-e). ◆ *sm* : **all'~** en plein air.

**apertura** *sf* ouverture *f.*
**apnea** *sf* : **in ~** en apnée.
**apostolo** *sm* apôtre *m.*
**apostrofo** *sm* apostrophe *f.*
**appannare** *vt* embuer; *(fig: mente)* brouiller. ❑ **appannarsi** *vr* s'embuer; *(fig: vista, mente)* se brouiller.
**apparato** *sm* (ANAT) appareil *m*; *(impianto)* installation *f.*
**apparecchiare** *vt* : **~ la tavola** mettre la table *o* le couvert.
**apparecchio** *sm* appareil *m.*
**apparente** *agg* apparent(-e).
**apparenza** *sf* : **in** *o* **all'~** en apparence.
**apparire** *vi (mostrarsi)* apparaître; *(sembrare)* paraître.
**apparso, -a** *pp* → **apparire**.
**appartamento** *sm* appartement *m.*
**appartenere**: **appartenere a** *v + prep* appartenir à.
**appassionato, -a** *agg* passionné(-e). ◆ *sm, f* passionné *m* (-e *f*).
**appello** *sm* appel *m*; **fare l'~** faire l'appel.
**appena** *avv* à peine; **sono ~ arrivato** j'arrive à peine, je viens (à peine) d'arriver. ◆ *cong* dès que; **non ~** dès que.
**appendere** *vt* accrocher.
**appendicite** *sf* appendicite *f.*
**Appennini** *smpl* : **gli ~** les Apennins *mpl.*
**appeso, -a** *pp* → **appendere**.
**appetito** *sm* appétit *m*; **buon ~!** bon appétit!
**appiattire** *vt* aplatir.
**appiccare** *vt* : **~ il fuoco a qc** mettre le feu à qqch.
**appiccicare** *vt* coller. ❑ **appiccicarsi** *vr* coller.
**appigliarsi**: **appigliarsi a** *vr + prep* se raccrocher à.
**applaudire** *vt & vi* applaudir.
**applauso** *sm* applaudissement *m*; **fare un ~ a qn** applaudir qqn.
**applicazione** *sf* application *f.*
**appoggiare** *vt* poser; *(fig: sostenere)* appuyer; **~ qc a qc** appuyer qqch contre qqch. ❑ **appoggiarsi a** *vr + prep* s'appuyer contre.
**apporre** *vt* apposer.

**appọsito**, **-a** *agg* prévu(-e) à cet effet.
**appọsta** *avv* exprès; **fare qc ~** faire qqch exprès.
**appọsto**, **-a** *pp* → **apporre.**
**apprẹndere** *vt* apprendre.
**apprendịsta**, **-i**, **-e** *smf* apprenti *m* (-e *f*).
**apprensịvo**, **-a** *agg* anxieux (-euse).
**apprẹso**, **-a** *pp* → **apprendere.**
**apprezzạre** *vt* apprécier.
**apprọccio** *sm* approche *f*.
**approdạre** *vi* accoster.
**approfittạre**: **approfittare di** *v* + *prep* profiter de.
**approfondịre** *vt* approfondir.
**appropriạrsi**: **appropriarsi di** *vr* + *prep* s'approprier.
**approssimatịvo**, **-a** *agg* approximatif(-ive).
**approvạre** *vt* approuver.
**approvaziọne** *sf* approbation *f*.
**appuntamẹnto** *sm* rendez-vous *m inv*.
**appụnto** *sm* *(annotazione)* note *f*; *(rimprovero)* remarque *f*. ◆ *avv* justement.
**apribottịglie** *sm inv* ouvre-bouteilles *m inv*.
**aprịle** *sm* avril *m*; → **settembre.**
**aprịre** *vt* ouvrir; **'non ~ prima che il treno sia fermo'** 'ne pas ouvrir la portière avant l'arrêt complet du train'. ❑ **aprirsi** *vr* *(schiudersi)* s'ouvrir; *(cominciare)* débuter.
**apriscạtole** *sm inv* ouvre-boîtes *m inv*.
**ạquila** *sf* aigle *m*.
**aquilọne** *sm* cerf-volant *m*.
**ạrabo**, **-a** *agg* arabe.
**arạchide** *sf* cacah(o)uète *f*.
**aragọsta** *sf* langouste *f*.
**arạncia**, **-ce** *sf* orange *f*.
**aranciạta** *sf* orangeade *f*.
**arạncio** *sm* *(pianta)* oranger *m*. ◆ *agg inv* orange *(inv)*.
**aranciọne** *agg* orange *(inv)*. ◆ *sm* orange *m*.
**arạtro** *sm* charrue *f*.
**arạzzo** *sm* tapisserie *f*.
**ạrbitro** *sm* arbitre *m*.
**arbụsto** *sm* arbuste *m*.
**archeologịa** *sf* archéologie *f*.

**archeọlogo, -a, -gi, -ghe** *sm, f* archéologue *mf.*
**architẹtto** *sm* architecte *mf.*
**architettụra** *sf* architecture *f.*
**archịvio** *sm* archives *fpl.*
**arcipẹlago, -ghi** *sm* archipel *m.*
**ạrco, -chi** *sm* arc *m; (durata)*: **nell'~ di tre anni** en l'espace de trois ans.
**arcobalẹno** *sm* arc-en-ciel *m.*
**ardẹsia** *sf* ardoise *f.*
**ardọre** *sm* ardeur *f.*
**ạrea** *sf* zone *f;* **~ di servizio** aire *f* de service.
**argenterịa** *sf* argenterie *f.*
**argẹnto** *sm* argent *m;* **d'~** en argent.
**argịlla** *sf* argile *f.*
**argomẹnto** *sm (tema)* sujet *m; (ragionamento)* argument *m.*
**ạria** *sf* air *m;* **all'~ aperta** en plein air; **cambiare ~** *(cambiare ambiente)* changer d'air; **~ condizionata** air conditionné.
**ạrido, -a** *agg* aride.
**arieggiạre** *vt* aérer.
**arịete** *sm* bélier *m.*
**arịnga, -ghe** *sf* hareng *m.*
**arịsta** *sf carré de porc au four.*
**aristocrạtico, -a, -ci, -che** *agg* aristocratique. ◆ *sm, f* aristocrate *mf.*
**aritmẹtica** *sf* arithmétique *f.*
**Arlecchịno** *sm* Arlequin.
**ạrma, -i** *sf* arme *f;* **~ da fuoco** arme à feu.
**armạdio** *sm* armoire *f;* **~ a muro** placard *m.*
**armạto, -a** *agg* armé(-e).
**armatụra** *sf* armure *f.*
**armonịa** *sf* harmonie *f.*
**arnẹse** *sm (attrezzo)* outil *m; (fam: oggetto)* machin *m,* truc *m.*
**Ạrno** *sm* : **l'~** l'Arno *m.*
**arọma, -i** *sm* arôme *m.* ❑ **aromi** *smpl (da cucina)* aromates *mpl.*
**ạrpa** *sf* harpe *f.*
**arrabbiạrsi** *vr* se mettre en colère.
**arrampicạrsi** *vr* grimper.
**arrangiạrsi** *vr* se débrouiller.
**arredamẹnto** *sm* mobilier *m.*
**arredạre** *vt* meubler.

**arrẹndersi** *vr* se rendre.
**arrestạre** *vt* arrêter.
**arrẹsto** *sm* arrêt *m*; **~ cardiaco** arrêt cardiaque.
**arricchịre** *vt* enrichir.
**arricciạre** *vt* friser.
**arrivạre** *vi* arriver. ❑ **arrivare a** *v + prep* atteindre.
**arrivedẹrci** *esclam* au revoir!
**arrivedẹrla** *esclam* au revoir!
**arrịvo** *sm* arrivée *f*; **essere in ~** être sur le point d'arriver; **'arrivi (nazionali/internazionali)'** 'arrivées (nationales/internationales)'.
**arrogạnte** *agg* arrogant(-e).
**arrossịre** *vi* rougir.
**arrọsto** *sm* rôti *m*.
**arrotolạre** *vt* enrouler.
**arrotondạre** *vt* arrondir.
**arrugginịto, -a** *agg* rouillé(-e).
**ạrte** *sf* art *m*.
**artẹria** *sf* artère *f*.
**articolạzione** *sf* articulation *f*.
**artịcolo** *sm* article *m*; **'articoli da regalo'** 'cadeaux'.
**Ạrtide** *sf* : **l'~** l'Arctique *m*.
**artificiạle** *agg* artificiel(-elle).
**artigianạto** *sm* artisanat *m*.
**artigiạno, -a** *agg* artisanal(-e). ◆ *sm, f* artisan *m*.
**artịglio** *sm* griffe *f*.
**artịsta, -i, -e** *smf* artiste *mf*.
**artịstico, -a, -ci, -che** *agg* artistique.
**ạrto** *sm* membre *m*.
**ascẹlla** *sf* aisselle *f*.
**ascensọre** *sm* ascenseur *m*.
**ascẹsso** *sm* abcès *m*.
**asciugacapẹlli** *sm inv* sèche-cheveux *m inv*.
**asciugamạno** *sm* serviette *f* (de toilette).
**asciugạre** *vt* sécher.
**asciụtto, -a** *agg* sec (sèche).
**ascoltạre** *vt* écouter.
**ascọlto** *sm (di suono, voci)* écoute *f*; *(attenzione)* attention *f*.
**asfạlto** *sm* goudron *m*.
**Ạsia** *sf* : **l'~** l'Asie *f*.
**asiạtico, -a, -ci, -che** *agg* asiatique.
**asịlo** *sm (scuola)* (école)

maternelle *f*; *(rifugio)* asile *m*; ~ **nido** crèche *f*.
**asino** *sm* âne *m*.
**asma** *sf* asthme *m*.
**asola** *sf* boutonnière *f*.
**asparago** *sm* asperge *f*.
**aspettare** *vt* attendre.
**aspettativa** *sf (previsione)* attente *f*.
**aspetto** *sm* aspect *m*.
**aspirapolvere** *sm inv* aspirateur *m*.
**aspirare** *vt* aspirer.
**aspirina®** *sf* aspirine *f*.
**aspro, -a** *agg* aigre.
**assaggiare** *vt* goûter.
**assai** *avv (con verbo)* beaucoup; *(con aggettivo, avverbio)* très.
**assalire** *vt* assaillir.
**assassinare** *vt* assassiner.
**assassinio** *sm* assassinat *m*.
**assassino, -a** *sm, f* assassin *m*.
**asse** *sm* axe *m*. ◆ *sf* planche *f*.
**assedio** *sm* siège *m*.
**assegnare** *vt (premio)* décerner; *(incarico)* assigner.
**assegno** *sm* chèque *m*; *(sussidio)* allocation *f*; ~ **scoperto** *o* **a vuoto** chèque sans provision.
**assemblea** *sf* assemblée *f*.
**assente** *agg* absent(-e). ◆ *smf* absent *m* (-e *f*).
**assenza** *sf* absence *f*.
**assetato, -a** *agg* assoiffé(-e).
**assicurare** *vt* assurer; *(fissare)* fixer. ❑ **assicurarsi** *vr* s'assurer; **assicurarsi di fare qc** veiller à faire qqch; **assicurarsi che** s'assurer que.
**assicurazione** *sf* assurance *f*; ~ **sulla vita** assurance-vie *f*.
**Assisi** *sf* Assise.
**assistente** *smf* assistant *m* (-e *f*); ~ **di volo** steward *m* (hôtesse de l'air *f*); ~ **sociale** assistante sociale.
**assistenza** *sf* assistance *f*.
**assistere** *vt* assister.
**assistito, -a** *pp* → **assistere**.
**asso** *sm (carta)* as *m*.
**associare** *vt* associer; **associare qn/qc a** associer qqn/qqch à.
**associazione** *sf* association *f*.
**assolto, -a** *pp* → **assolvere**.
**assolutamente** *avv* absolument.

**assolvere** *vt (accusato)* acquitter; *(RELIG)* absoudre; *(compito)* accomplir.
**assomigliare**: **assomigliare a** *v + prep* ressembler à.
**assonnato**, **-a** *agg* : **essere ~** avoir sommeil.
**assorbente** *agg (tampone)* absorbant(-e). ♦ *sm* : **~ (igienico)** serviette *f* hygiénique; **~ interno** tampon *m* (périodique).
**assorbire** *vt* absorber.
**assordante** *agg* assourdissant(-e).
**assortimento** *sm* assortiment *m*.
**assumere** *vt (personale)* engager; *(impegno)* assumer; *(atteggiamento)* prendre.
**assunto**, **-a** *pp* → **assumere**.
**assurdo**, **-a** *agg* absurde.
**asta** *sf (bastone)* bâton *m*; *(vendita)* vente *f* aux enchères; **all'~** aux enchères.
**astenersi**: **astenersi da** *vr + prep* s'abstenir de.
**astigmatico**, **-a**, **-ci**, **-che** *agg* astigmate.
**astratto**, **-a** *agg* abstrait(-e).
**astrologia** *sf* astrologie *f*.
**astronauta**, **-i**, **-e** *smf* astronaute *mf*.
**astronomia** *sf* astronomie *f*.
**astuccio** *sm (per matite)* trousse *f*; *(per occhiali, orologio)* étui *m*.
**astuto**, **-a** *agg (persona)* malin(-igne); *(idea, azione)* astucieux(-euse).
**ateo**, **-a** *agg* athée. ♦ *sm, f* athée *mf*.
**atlante** *sm* atlas *m*.
**Atlantico** *sm* : **l'(oceano) ~** l'(océan) Atlantique *m*.
**atleta**, **-i**, **-e** *smf* athlète *mf*.
**atletica** *sf* athlétisme *m*.
**atletico**, **-a**, **-ci**, **-che** *agg* athlétique.
**atmosfera** *sf* atmosphère *f*.
**atomico**, **-a**, **-ci**, **-che** *agg* atomique.
**atroce** *agg* atroce.
**attaccapanni** *sm inv* portemanteau *m*.
**attaccare** *vt (unire)* coller; *(appendere)* accrocher; *(assalire)* attaquer; *(trasmettere)* passer. ❑ **attaccarsi** *vr* se coller; *(frittata)* attacher.
**attacco**, **-chi** *sm (assalto)* attaque *f*; *(accesso)* crise *f*;

*(presa)* prise *f* (de courant); *(di sci)* fixation *f*.

**atteggiamento** *sm* attitude *f*.

**attendere** *vt* attendre.

**attentato** *sm* attentat *m*.

**attento, -a** *agg* attentif(-ive); **stare ~ (a)** faire attention (à); **'attenti al cane'** 'chien méchant'.

**attenzione** *sf* attention *f*.

**atterraggio** *sm* atterrissage *m*.

**atterrare** *vi* atterrir. ◆ *vt* abattre.

**attesa** *sf* attente *f*; **essere in ~ di** attendre.

**atteso, -a** *pp* → **attendere**.

**attestato** *sm* attestation *f*.

**attillato, -a** *agg* moulant(-e).

**attimo** *sm* instant *m*.

**attirare** *vt* attirer.

**attitudine** *sf* aptitude *f*.

**attività** *sf inv* activité *f*; *(COMM)* affaire *f*.

**attivo, -a** *agg* actif(-ive). ◆ *sm* actif *m*.

**atto** *sm* acte *m*; **mettere qc in ~** mettre qqch à exécution.

**attore, -trice** *sm, f* acteur *m* (-trice *f*).

**attorno** *avv* autour; **~ a** autour de.

**attraente** *agg* séduisant(-e).

**attrarre** *vt* attirer.

**attratto, -a** *pp* → **attrarre**.

**attraversamento** *sm* traversée *f*; **~ pedonale** passage *m* (pour) piétons.

**attraversare** *vt* traverser.

**attraverso** *prep (da parte a parte)* à travers; *(per mezzo di)* par.

**attrazione** *sf (fascino)* séduction *f*; *(di spettacolo)* attraction *f*.

**attrezzatura** *sf* équipement *m*.

**attrezzo** *sm* outil *m*.

**attribuire** *vt* : **~ qc a qn** attribuer qqch à qqn.

**attrice** → **attore**.

**attuale** *agg* actuel(-elle).

**attualità** *sf inv* actualité *f*.

**attuare** *vt* mettre en œuvre.

**attutire** *vt* amortir.

**audace** *agg* audacieux(-euse).

**audącia** *sf* audace *f.*

**augurąre** *vt* : ~ **qc a qn** souhaiter qqch à qqn; **augurarsi qc** souhaiter qqch.

**augųrio** *sm* souhait *m.* ❑ **auguri** *smpl* vœux *mpl;* **(tanti) auguri!** tous mes vœux!

**ąula** *sf* salle *f* (de classe).

**aumentąre** *vt* & *vi* augmenter.

**aumęnto** *sm* augmentation *f.*

**auricoląre** *sm* écouteur *m.*

**aurǫra** *sf* aurore *f.*

**Austrąlia** *sf* : **l'~** l'Australie *f.*

**australiąno, -a** *agg* australien(-enne).

**Ąustria** *sf* : **l'~** l'Autriche *f.*

**austrįaco, -a, -ci, -che** *agg* autrichien(-enne).

**autęntico, -a, -ci, -che** *agg* authentique.

**autįsta, -i, -e** *smf* conducteur *m* (-trice *f*).

**ąuto** *sf inv* auto *f.*

**autoadesįvo, -a** *agg* autocollant(-e). ◆ *sm* autocollant *m.*

**autoambuląnza** *sf* ambulance *f.*

**autobiografįa** *sf* autobiographie *f.*

**ąutobus** *sm inv* autobus *m.*

**autocąrro** *sm* poids *m* lourd.

**autocontrǫllo** *sm* maîtrise *f* de soi.

**autǫdromo** *sm* circuit *m.*

**autǫgrafo** *sm* autographe *m.*

**autogrįll**® *sm inv* ≈ Restoroute® *m.*

**automątico, -a, -ci, -che** *agg (meccanismo)* automatique; *(gesto)* machinal(-e).

**automęzzo** *sm* véhicule *m* automobile.

**automǫbile** *sf* voiture *f.*

**automobilįsmo** *sm* course *f* automobile.

**automobilįsta, -i, -e** *smf* automobiliste *mf.*

**autonomįa** *sf* autonomie *f.*

**autǫnomo, -a** *agg* autonome.

**autorądio** *sf inv* autoradio *m.*

**autǫre, -trice** *sm, f* auteur *m.*

**autoręvole** *agg (persona)* influent(-e); *(testimonianza)* digne de foi.

**autorimęssa** *sf* garage *m.*

**autorità** *sf inv* autorité *f.*

**autoritąrio**, **-a** *agg* autoritaire.

**autorizząre** *vt* autoriser.

**autorizzaziǫne** *sf* autorisation *f.*

**autoscuǫla** *sf* auto-école *f.*

**autostǫp** *sm inv* (auto-)stop *m*; **fare l'~** faire du stop.

**autostoppịsta**, **-i**, **-e** *smf* auto-stoppeur *m* (-euse *f*).

**autostrąda** *sf* autoroute *f.*

**autostradąle** *agg* autoroutier(-ère).

**autovettụra** *sf* voiture *f* de tourisme.

**autụnno** *sm* automne *m.*

**avạnti** *avv (stato in luogo)* devant; **~!** *(invito a entrare)* entrez!; *(esortazione)* allez!; **andare ~** *(avanzare)* avancer; *(continuare)* continuer; *(precedere)* s'avancer; **essere ~** *(nel lavoro, studio)* être en avance; *(negli anni)* être d'un âge avancé.

**avanzạre** *vt & vi* avancer; **è avanzato un po' di pane** il reste un peu de pain.

**avạnzo** *sm (di cibo)* reste *m*; *(di stoffa)* chute *f.*

**avariạto**, **-a** *agg* avarié(-e).

**avạro**, **-a** *agg* avare. ◆ *sm, f* avare *mf.*

**avęna** *sf* avoine *f.*

**avęre** *vt* 1. *(possedere)* avoir; **ha due fratelli** il/elle a deux frères; **non ho più soldi** je n'ai plus d'argent.
2. *(come caratteristica)* avoir; **~ capelli scuri** avoir les cheveux bruns.
3. *(età)*: **quanti anni hai?** quel âge as-tu?; **ho 18 anni** j'ai 18 ans.
4. *(portare addosso)* avoir; **hai da accendere?** tu as du feu?
5. *(sentire)* avoir; **~ caldo/freddo** avoir chaud/froid; **~ fame** avoir faim; **ho mal di testa** j'ai mal à la tête.
6. *(ottenere, ricevere)* avoir.
7. *(in espressioni)*: **non ha niente a che fare** *o* **vedere con** cela n'a rien à voir avec; **non ne ho per molto** je n'en ai pas pour longtemps; **~ da fare** avoir du travail; **avercela con qn** en vouloir à qqn; **quanti ne abbiamo oggi?** on est quel jour aujourd'hui?

◆ *v aus* avoir; **non ho capito** je n'ai pas compris; **abbiamo prenotato un tavolo** nous avons réservé une table.
❑ **averi** *smpl (beni)* biens *mpl*.

**aviazione** *sf* aviation *f*.
**avido, -a** *agg* avide.
**avorio** *sm* ivoire *m*.
**avvantaggiare** *vt* avantager. ❑ **avvantaggiarsi di** *vr + prep* tirer profit de.
**avvelenamento** *sm* empoisonnement *m*.
**avvelenare** *vt* empoisonner; *(aria)* polluer.
**avvenimento** *sm* événement *m*.
**avvenire** *sm* avenir *m*. ◆ *vi* arriver.
**avventura** *sf* aventure *f*.
**avventurarsi** *vr* s'aventurer.
**avventuroso, -a** *agg (persona)* aventureux(-euse); *(viaggio)* plein(-e) d'aventures.
**avvenuto, -a** *pp* → **avvenire**.
**avverarsi** *vr* se réaliser.
**avverbio** *sm* adverbe *m*.
**avversario, -a** *agg* adverse. ◆ *sm, f* adversaire *mf*.
**avvertenza** *sf (avviso)* avertissement *m*. ❑ **avvertenze** *sfpl* notice *f*.
**avvertimento** *sm* avertissement *m*.
**avvertire** *vt* avertir, prévenir.
**avviare** *vt* entamer. ❑ **avviarsi** *vr* y aller.
**avvicinare** *vt* rapprocher. ❑ **avvicinarsi** *vr* : **avvicinarsi (a)** s'approcher (de).
**avvisare** *vt (informare)* informer; *(ammonire)* avertir, prévenir.
**avviso** *sm* avis *m*; **a mio ~** à mon avis.
**avvistare** *vt* repérer.
**avvitare** *vt* visser.
**avvocato** *sm* avocat *m* (-e *f*).
**avvolgere** *vt (arrotolare)* enrouler; *(avviluppare)* envelopper. ❑ **avvolgersi** *vr (aggrovigliarsi)* s'enchevêtrer; *(avvilupparsi)* s'envelopper.
**avvolgibile** *sm* store *m*.
**avvolto, -a** *pp* → **avvolgere**.
**azienda** *sf* entreprise *f*; **~ agricola** exploitation *f* agricole.
**azionare** *vt* actionner.
**azione** *sf* action *f*.
**azzannare** *vt* mordre.
**azzardare** *vt (domanda,*

*proposta)* hasarder. ❑ **azzardarsi** *vr* : **azzardarsi a fare qc** se hasarder à faire qqch; **non ti ~ a ricominciare!** ne t'avise pas de recommencer!

**azzardo** *sm* hasard *m*; **giochi d'~** jeux *mpl* de hasard.

**azzeccare** *vt* deviner.

**azzurro, -a** *agg* bleu (clair) *(inv)*. ◆ *sm* bleu *m* (clair); **ha gli occhi azzurri** il a les yeux bleus.

# B

**babà** *sm inv* baba *m* au rhum.

**babbo** *sm (fam)* papa *m*; **Babbo Natale** le Père Noël.

**baby-sitter** [bebi'sitter] *smf inv* baby-sitter *mf*.

**bacca, -che** *sf* baie *f*.

**baccalà** *sm inv* morue *f* salée et séchée.

**bacheca, -che** *sf (cassetta)* vitrine *f*; *(pannello)* panneau *m* d'affichage.

**baciare** *vt* embrasser. ❑ **baciarsi** *vr* s'embrasser.

**bacinella** *sf* cuvette *f*.

**bacino** *sm (catino)* cuvette *f*; *(ANAT; GEOG)* bassin *m*.

**bacio** *sm* baiser *m*; **baci di dama** *biscuits aux amandes fourrés au chocolat*.

**badare** *vi* : **~ a** *(prendersi cura di)* s'occuper de; *(fare attenzione a)* faire attention à; *(dare importanza a)* se soucier de; **non ~ a spese** ne pas regarder à la dépense.

**baffi** *smpl (d'uomo)* moustache *f*; *(d'animale)* moustaches *fpl*.

**bagagliaio** *sm* coffre *m*.

**bagaglio** *sm* bagage *m*; **~ a mano** bagage à main.

**bagnare** *vt (cospargere)* mouiller; *(piante, città)* arroser; **bagnarsi i piedi** se mouiller les pieds. ❑ **bagnarsi** *vr (in mare)* se baigner; *(di pioggia, spruzzi)* se mouiller.

**bagnino, -a** *sm, f* maître nageur *m*.

**bagno** *sm* bain *m*; *(stanza)* salle *f* de bains; **fare il ~** *(in mare)* se baigner; *(nella vasca)* prendre un bain; **~ pubblico** bains *mpl* publics. ❑ **bagni** *smpl (stabilimento)* plage *f* privée.

**bagnoschiuma** *sm inv* bain *m* moussant.

**baia** *sf* baie *f*.
**baita** *sf* chalet *m*.
**balbettare** *vi* bégayer.
**balcone** *sm* balcon *m*.
**balena** *sf* baleine *f*.
**ballare** *vt & vi* danser.
**ballerina** *sf (scarpa)* ballerine *f*; → **ballerino**.
**ballerino, -a** *sm, f* danseur *m* (-euse *f*).
**balletto** *sm (rappresentazione)* ballet *m*.
**ballo** *sm* danse *f*; *(festa)* bal *m*.
**balneare** *agg* balnéaire.
**balneazione** *sf* : **'divieto di ~'** 'baignade interdite'.
**balsamo** *sm (per capelli)* après-shampooing *m inv*; *(pomata)* baume *m*.
**balzare** *vi* bondir.
**bambino, -a** *sm, f* petit garçon *m* (petite fille *f*). ❑ **bambini** *smpl* enfants *mpl*.
**bambola** *sf* poupée *f*.
**banale** *agg* banal(-e).
**banana** *sf* banane *f*.
**banca, -che** *sf* banque *f*; **~ dati** banque de données.
**bancarella** *sf* étalage *m*.
**bancario, -a** *agg* bancaire. ◆ *sm, f* employé *m* (-e *f*)de banque.
**banchina** *sf (di porto, stazione)* quai *m*; *(di strada)* accotement *m*.
**banco, -chi** *sm (di scuola)* banc *m*; *(di negozio, bar)* comptoir *m*; *(di mercato)* étal *m*; **~ di nebbia** nappe *f* de brouillard.
**bancomat®** *sm inv (sistema)* distributeur *m* automatique de billets; *(tessera)* ≈ Carte *f* Bleue®.
**bancone** *sm* comptoir *m*.
**banconota** *sf* billet *m* de banque.
**banda** *sf* bande *f*; *(complesso)* fanfare *f*.
**bandiera** *sf* drapeau *m*.
**bando** *sm* avis *m*.
**bar** *sm inv* bar *m*, café *m*; **~-tabacchi** bar-tabac *m*.
**bara** *sf* cercueil *m*.
**baracca, -che** *sf* baraque *f*.
**baraccone** *sm* baraque *f* *(de fête foraine)*.
**barattolo** *sm* boîte *f*; *(di marmellata, senape)* pot *m*.
**barba** *sf* barbe *f*; **farsi la ~** se raser; **che ~!** quelle barbe!
**barbaro, -a** *agg* barbare. ◆ *sm, f* barbare *mf*.

**barbiẹre** *sm* coiffeur *m* (pour hommes).

**barbọne, -a** *sm, f* clochard *m* (-e *f*).

**bạrca, -che** *sf* bateau *m*; **~ a remi** barque *f* à rames; **~ a vela** voilier *m*.

**barcollạre** *vi* chanceler.

**barẹlla** *sf* civière *f*.

**barịsta, -i, -e** *smf* serveur *m* (-euse *f*).

**Barọcco** *sm* : **il~** le baroque.

**bạrra** *sf* barre *f*.

**barriẹra** *sf* barrière *f*.

**basạre** *vt* fonder. ❑ **basarsi su** *vr + prep (persona)* se fonder sur; *(teoria)* être fondé sur.

**bạse** *sf* base *f*; **a ~ di qc** à base de qqch; **in ~ a qc** sur la base de qqch.

**basẹtte** *sfpl* pattes *fpl*.

**basịlica, -che** *sf* basilique *f*.

**basịlico** *sm* basilic *m*.

**bạsso, -a** *agg* bas (basse); *(persona, albero, numero)* petit(-e); *(acqua)* peu profond(-e). ◆ *sm* : **guardare in ~** regarder vers le o en bas.

**bạsta** *esclam* assez! ça suffit!; **~ con le chiacchiere!** trêve de bavardages!

**bastạre** *vi & v impers* suffire; **basta così** ça suffit (comme ça); **basta riflettere** il suffit de réfléchir.

**bastọne** *sm* bâton *m*; **~ da passeggio** canne *f*.

**battạglia** *sf* bataille *f*.

**battẹllo** *sm* bateau *m*.

**bạttere** *vt* battre; *(percorrere)* ratisser. ◆ *vi (pulsare)* battre; *(sole)* taper; **battersi la testa** se cogner la tête; **~ contro** o **in qc** se cogner contre o à qqch; **~ i denti** claquer des dents; **~ qc a macchina/al computer** taper qqch à la machine/à l'ordinateur; **~ le mani** applaudir; **in un batter d'occhio** en un clin d'œil.

**batterịa** *sf* batterie *f*.

**battẹsimo** *sm* baptême *m*.

**battezzạre** *vt* baptiser.

**bạttito** *sm (di orologio)* tic-tac *m inv*; *(cardiaco)* battement *m*.

**battụta** *sf (spiritosaggine)* boutade *f*.

**baụle** *sm (da viaggio)* malle *f*; *(di auto)* coffre *m*.

**bavaglịno** *sm* bavoir *m*.

**bạvero** *sm* col *m*.

**beạto, -a** *agg* heureux (-euse); **~ te!** veinarde!

**beauty-case** ['bjuti'keiz] *sm inv* vanity-case *m*.

**beccare** *vt* picorer; *(fam: sorprendere)* piquer.

**becco, -chi** *sm* bec *m*.

**Befana** *sf (festa)* Épiphanie *f*; *(personaggio) personnage de légende qui apporte des cadeaux aux enfants à l'Épiphanie*.

**begli → bello**.

**bei → bello**.

**bel → bello**.

**belga, -gi, -ghe** *agg* belge.

**Belgio** *sm* : **il ~** la Belgique.

**bellezza** *sf* beauté *f*; **che ~!** c'est chouette!

**bello** *dav sm* **bel** (*pl* **bei**) + *consonante*; **bello** (*pl* **begli**) + *s* + *consonante, gn, ps, z*; **bell'** (*pl* **begli**) + *vocale agg* 1. *(d'aspetto)* beau (belle); **farsi ~** se faire beau; **belle arti** beaux-arts *mpl*.
2. *(piacevole)* bon (bonne); **ho passato una bella serata** j'ai passé une bonne soirée.
3. *(tempo)* beau (belle); **la bella stagione** la belle saison; **fa ~** il fait beau.
4. *(buono)* bon (bonne); **una bella idea** une bonne idée.
5. *(grande)* bon (bonne); *(cifra, spesa)* gros (grosse).
6. *(rafforzativo)* sacré(-e); **ha una bella fortuna!** il a une sacrée chance!; **è una bugia bell'e buona** c'est bel et bien un mensonge; **alla bell'e meglio** tant bien que mal; **un bel niente** rien du tout.
◆ *sm (bellezza)* beau *m*; **sul più ~** au meilleur moment; **il ~ è che...** le plus beau c'est que...

**belva** *sf* bête *f* féroce.

**benché** *cong* bien que.

**benda** *sf* bande *f*; *(per occhi)* bandeau *m*.

**bendare** *vt* bander.

**bene** (*comp & superl* **meglio**) *avv* **1.** *(in modo soddisfacente)* bien; **avete mangiato ~?** vous avez bien mangé?
2. *(nel modo giusto)* bien; **hai fatto ~ a dirglielo** tu as bien fait de le lui dire.
3. *(in buona salute)*: **stare ~** aller bien; **sentirsi ~** se sentir bien.
4. *(a proprio agio)*: **stare ~** être bien.
5. *(esteticamente)*: **questa camicia sta ~ con questa**

**gonna** ce chemisier va bien avec cette jupe; **stai ~ pettinata così** cette coiffure te va bien.
6. *(rafforzativo)* bien; **lo credo ~** évidemment; **spero ~ che...** j'espère bien que...
7. *(in espressioni)*: **è ~ che lo sappiate** il est bon que vous le sachiez; **è ~ discuterne prima** il vaut mieux en discuter d'abord; **ti sta ~** c'est bien fait (pour toi); **va ~** d'accord.
◆ *esclam* bon!
◆ *sm* bien *m*; **è per il tuo ~** c'est pour ton bien; **è un ~ per tutti** c'est mieux pour tout le monde.

**benedire** *vt* bénir.

**beneducato, -a** *agg* bien élevé(-e).

**beninteso** *avv* bien entendu.

**benvenuto, -a** *agg* bienvenu(-e). ◆ *sm* bienvenue *f*; **dare il ~ a qn** souhaiter la bienvenue à qqn.

**benzina** *sf* essence *f*; **fare ~** prendre de l'essence.

**benzinaio, -a** *sm, f* pompiste *mf*.

**bere** *vt* boire; **bevi qualcosa?** tu bois quelque chose?; **qualcosa da ~** quelque chose à boire.

**bermuda** *smpl* bermuda *m*.

**bersaglio** *sm* cible *f*.

**besciamella** *sf* (sauce) béchamel *f*.

**bestia** *sf* bête *f*.

**bevanda** *sf* boisson *f*.

**bevuto, -a** *pp* → **bere**.

**biancheria** *sf* linge *m*; **~ intima** *(da donna)* lingerie *f*; *(da uomo)* sous-vêtements *mpl*.

**bianco, -a, -chi, -che** *agg* blanc (blanche). ◆ *sm (colore)* blanc *m*. ◆ *sm, f* Blanc *m* (Blanche *f*); **in ~ e nero** en noir et blanc.

**bibbia** *sf* Bible *f*.

**bibita** *sf* boisson *f*.

**biblioteca, -che** *sf* bibliothèque *f*.

**bicarbonato** *sm* : **~ (di sodio)** bicarbonate *m* de soude.

**bicchiere** *sm* verre *m*.

**bici** *sf inv (fam)* vélo *m*.

**bicicletta** *sf* bicyclette *f*; **andare in ~** faire de la bicyclette.

**bidé** *sm inv* bidet *m*.

**bidone** *sm (recipiente)* bidon *m*; **~ della spazzatura** poubelle *f*.

**biennale** *agg (ogni due anni)* biennal(-e); *(per due anni)* de deux ans.
**bigiotteria** *sf (ornamenti)* bijoux *mpl* fantaisie; *(negozio)* magasin *m* de bijoux fantaisie.
**biglia** = **bilia**.
**bigliardo** = **biliardo**.
**bigliettaio**, **-a** *sm, f* guichetier *m* (-ère *f*).
**biglietteria** *sf* guichet *m*; **~ automatica** billetterie *f* automatique.
**biglietto** *sm* billet *m*; *(di metropolitana, pullman)* ticket *m*; **fare il ~** prendre son ticket/billet; **~ d'andata e ritorno** billet aller (et) retour; **~ d'auguri** carte *f* de vœux; **~ collettivo** billet de groupe; **~ cumulativo** *billet valable pour plusieurs voyages ou plusieurs personnes*; **~ gratuito** entrée *f* gratuite; **~ intero** billet plein tarif; **~ ridotto** (billet à) tarif *m* réduit; **~ di (sola) andata** aller *m* simple; **~ da visita** carte de visite.
**bilancia**, **-ce** *sf* balance *f*.
**bilancio** *sm* bilan *m*.
**bilia** *sf (di vetro)* bille *f*; *(da biliardo)* boule *f*.
**biliardo** *sm* billard *m*.
**bilico**: **in bilico** *avv* en équilibre (instable).
**bilingue** *agg* bilingue.
**bimbo**, **-a** *sm, f* petit garçon *m* (petite fille *f*).
**binario** *sm (rotaie)* voie *f*; *(marciapiede)* quai *m*; **'ai binari'** 'accès aux trains'.
**binocolo** *sm* jumelles *fpl*.
**biologia** *sf* biologie *f*.
**biondo**, **-a** *agg* blond(-e).
**birichino**, **-a** *agg* coquin(-e). ♦ *sm, f* coquin *m* (-e *f*).
**biro**® *sf inv* stylo *m* (à) bille.
**birra** *sf* bière *f*; **~ chiara** bière blonde; **~ scura** bière brune; **~ alla spina** (bière) pression *f*.
**birreria** *sf (locale)* bar *m* à bières.
**bisbigliare** *vt* & *vi* chuchoter.
**biscotto** *sm* biscuit *m*.
**bisestile** *agg* → **anno**.
**bisnonno**, **-a** *sm, f* arrière-grand-père *m* (arrière-grand-mère *f*).
**bisognare** *v impers* : **bisogna confermare** il faut confirmer.
**bisogno** *sm* besoin *m*; **aver ~ di** avoir besoin de;

**ho ~ di un cartone di latte** il me faut un carton de lait.

**bistecca**, **-che** *sf* bifteck *m*, steak *m*; **~ al sangue** steak saignant; **~ alla fiorentina** *steak épais assaisonné d'huile, de poivre et de sel, et grillé.*

**bisticciare** *vi* se disputer.

**bivio** *sm* bifurcation *f*.

**bloccare** *vt* bloquer; *(strada)* barrer. ❑ **bloccarsi** *vr* se bloquer, se coincer.

**blocchetto** *sm* bloc-notes *m*.

**blocco**, **-chi** *sm* bloc *m*; *(quaderno)* bloc-notes *m*; *(stradale)* barrage *m*; **in ~** en bloc.

**blu** *agg inv* bleu(-e). ◆ *sm inv* bleu *m*.

**blue-jeans** [blu'dʒins] *smpl* blue-jean *m*.

**boa** *sf* bouée *f*. ◆ *sm inv* boa *m*.

**bobina** *sf* bobine *f*.

**bocca**, **-che** *sf* bouche *f*; *(di cane, leone)* gueule *f*.

**boccia**, **-ce** *sf* boule *f*; **giocare a bocce** jouer aux boules *o* à la pétanque.

**bocciare** *vt* *(studente)* recaler; *(proposta, progetto)* rejeter.

**boccone** *sm* bouchée *f*; **mangiare un ~** manger un morceau.

**bolla** *sf* *(vescica)* ampoule *f*; *(di sapone)* bulle *f*.

**bollente** *agg* bouillant(-e).

**bolletta** *sf* facture *f*.

**bollettino** *sm* bulletin *m*.

**bollire** *vt* faire bouillir. ◆ *vi* bouillir.

**bollito**, **-a** *agg* bouilli(-e). ◆ *sm bœuf, veau ou poulet bouilli, généralement accompagné d'une sauce au persil.*

**bollo** *sm* vignette *f*.

**Bologna** *sf* Bologne.

**bolognese** *agg* de Bologne.

**bomba** *sf* bombe *f*.

**bombardare** *vt* bombarder.

**bombola** *sf* bouteille *f*.

**bombolone** *sm beignet rond fourré à la crème pâtissière ou à la confiture et saupoudré de sucre.*

**bonaccia** *sf* calme *m* plat.

**bontà** *sf* bonté *f*; **è una ~!** *(cibo)* c'est un délice!

**borbottare** *vt* & *vi* marmonner.

**bordo** *sm* bord *m*; *(guarni-*

*zione)* joint *m*; **a ~ di qc** à bord de qqch.

**borghęse** *agg* bourgeois(-e); **in ~** en civil.

**borotąlco**® *sm* talc *m*.

**borrąccia**, **-ce** *sf* gourde *f*.

**bọrsa** *sf* sac *m*; **~ dell'acqua calda** bouillotte *f*; **~ del ghiaccio** vessie *f* à glace; **~ di studio** bourse *f* d'études. ❑ **Borsa** *sf* Bourse *f*.

**borsellịno** *sm* porte-monnaie *m inv*.

**borsętta** *sf* sac *m* à main.

**bọsco**, **-schi** *sm* bois *m*.

**Bosnia-Erzegovina** *sf* : **la ~** la Bosnie-Herzégovine.

**bọtta** *sf* coup *m*; **fare a botte** se battre.

**bọtte** *sf* tonneau *m*.

**bottęga**, **-ghe** *sf* petit magasin *m*; *(laboratorio)* atelier *m*.

**bottịglia** *sf* bouteille *f*.

**bottọne** *sm* bouton *m*.

**boutique** [bu'tik] *sf inv* boutique *f* (de mode).

**box** *sm inv (garage, per cavalli)* box *m*; *(per bambini)* parc *m*.

**boxe** [bɔks] *sf* boxe *f*.

**boy-scout** [bɔi'skaut] *sm inv* scout *m*.

**braccętto**: **a braccetto** *avv* bras dessus, bras dessous.

**bracciąle** *sm* bracelet *m*.

**braccialętto** *sm* bracelet *m*.

**brąccio**, **-ci** *sm (arto: pl f braccia)* bras *m*; *(di edificio: pl m bracci)* aile *f*; **~ di ferro** *(gioco)* bras de fer; **sotto ~** sous le bras.

**bracciọlo** *sm* bras *m*.

**brące** *sf* braise *f*; **alla ~** cuit sur la braise.

**braciọla** *sf* côte *f*.

**brąnda** *sf* lit *m* de camp.

**brasąto** *sm* bœuf *m* braisé.

**brąvo**, **-a** *agg (abile)* bon (bonne); *(bambino)* sage; **~!** bravo!; **essere ~ a fare qc** *(abile)* faire bien qqch; **essere ~ in qc** *(abile)* être fort *o* doué en qqch.

**bretęlle** *sfpl* bretelles *fpl*.

**bręve** *agg (visita, testo)* bref (brève); *(percorso)* court(-e); **in ~** en bref; **tra ~** sous peu.

**brevętto** *sm* brevet *m*.

**brịcco**, **-chi** *sm (del caffè)* cafetière *f*; *(del latte)* pot *m*.

**brịciola** *sf* miette *f*.

**brillante** *agg* brillant(-e). ◆ *sm (diamante)* brillant *m*.
**brillare** *vi* briller.
**brillo, -a** *agg* éméché(-e).
**brindisi** *sm inv* toast *m*; **fare un ~ a** porter un toast à.
**britannico, -a, -ci, -che** *agg* britannique.
**brivido** *sm* frisson *m*.
**brocca, -che** *sf* broc *m*.
**brodo** *sm* bouillon *m*.
**bronchite** *sf* bronchite *f*.
**brontolare** *vi* rouspéter; *(stomaco)* gargouiller; *(tuono)* gronder.
**bronzo** *sm* bronze *m*.
**bruciare** *vt* brûler. ◆ *vi* brûler; *(scottare)* être brûlant. ❑ **bruciarsi** *vr (scottarsi)* se brûler.
**bruciatura** *sf* brûlure *f*.
**bruno, -a** *agg* brun(-e).
**bruschetta** *sf tranche de pain grillée frottée d'ail et d'huile d'olive.*
**brusio** *sm* bourdonnement *m*.
**brutale** *agg* brutal(-e).
**brutto, -a** *agg (di aspetto)* laid(-e); *(tempo, notizia)* mauvais(-e); *(rafforzativo)* sale.
**Bruxelles** [bru'ksɛl] *sf* Bruxelles.
**buca, -che** *sf* trou *m*; **~ delle lettere** boîte *f* aux lettres.
**bucare** *vt* trouer; **~ una gomma** crever. ❑ **bucarsi** *vr (forarsi)* se trouer; *(pungersi)* se piquer.
**bucato** *sm (lavaggio)* lessive *f*; *(panni)* linge *m*.
**buccia, -ce** *sf* peau *f*; *(d'arancia, limone)* écorce *f*; *(scarti)* épluchures *fpl*.
**buco, -chi** *sm* trou *m*.
**budino** *sm* crème *f* renversée.
**bufera** *sf* tempête *f*.
**buffo, -a** *agg* drôle.
**bugia, -gie** *sf* mensonge *m*.
**bugiardo, -a** *agg* menteur(-euse). ◆ *sm, f* menteur *m* (-euse *f*).
**buio, -a** *agg* sombre. ◆ *sm* obscurité *f*; **fa ~** il fait nuit.
**bullone** *sm* boulon *m*.
**buonanotte** *esclam* bonne nuit!
**buonasera** *esclam* bonsoir!
**buongiorno** *esclam* bonjour!
**buono, -a** (*dav sm* **buon**

\+ *consonante o vocale;* **buono** + *s* + *consonante, gn, ps, z) agg* **1.** *(gen)* bon (bonne); **non essere ~ a nulla** n'être bon à rien; **buon appetito!** bon appétit!; **buon compleanno!** bon anniversaire!; **buona fortuna!** bonne chance!
**2.** *(carattere, temperamento)* bon (bonne); *(bambino)* sage; **essere di buon umore** être de bonne humeur.
**3.** *(in espressioni)*: **~ a sapersi** c'est bon à savoir; **buon per te!** tant mieux pour toi!; **a buon mercato** bon marché; **di buon'ora** de bonne heure; **alla buona** *(cena)* tout(-e) simple; **con le buone o con le cattive** de gré ou de force; **un'ora buona** une bonne heure.
◆ *sm (aspetto positivo)* bons côtés *mpl*; *(tagliando)* bon *m*; *(invece di rimborso)* bon d'achat; **~ sconto** bon de réduction.

**buonsẹnso** *sm* bon sens *m*.

**burattịno** *sm* marionnette *f*.

**burocrazịa** *sf* bureaucratie *f*.

**burrạsca**, **-che** *sf* orage *m*.

**bụrro** *sm* beurre *m*; **~ di cacao** beurre de cacao.

**burrọne** *sm* ravin *m*.

**bussạre** *vi* frapper.

**bussọla** *sf* boussole *f*.

**bụsta** *sf* enveloppe *f*; *(per documenti)* serviette *f*; **~ paga** feuille *f* de paye.

**bụsto** *sm* buste *m*; *(MED)* corset *m*.

**buttafuọri** *sm inv* videur *m*.

**buttạre** *vt* jeter; **~ all'aria qc** mettre qqch sens dessus dessous; **~ fuori qn** mettre qqn à la porte; **~ giù** *(abbattere)* abattre; *(inghiottire)* avaler; **~ (via)** *(gettare)* jeter; *(denaro)* gaspiller; *(tempo)* perdre.

**by-pass** [bai'pas] *sm inv (MED)* pontage *m*.

# C

**cabịna** *sf* cabine *f*; **~ telefonica** cabine téléphonique.

**cacạo** *sm* cacao *m*.

**cạcca** *sf* caca *m*.

**cạccia**, **-ce** *sf* chasse *f*; **~ al tesoro** chasse au trésor.

**cacciare** *vt* chasser.

**cacciatora** *sf* : **alla ~** chasseur *(inv)*.

**cacciavite** *sm inv* tournevis *m*.

**cacio** *sm* fromage *m*.

**cadavere** *sm* cadavre *m*.

**cadere** *vi* tomber; **far ~** faire tomber.

**caduta** *sf* chute *f*.

**caffè** *sm inv* café *m*; **~ corretto** café arrosé; **~ macchiato** café noisette.

**caffellatte** *sm inv* café *m* au lait; *(dans un bar)* (café) crème *m*.

**caffettiera** *sf* cafetière *f*.

**cagna** *sf* chienne *f*.

**cala** *sf* anse *f*.

**calabrone** *sm* bourdon *m*.

**calamaro** *sm* calamar *m*.

**calamita** *sf* aimant *m*.

**calare** *vt* baisser. ◆ *vi* *(prezzo, temperatura)* baisser; *(vento)* tomber; *(sole)* se coucher.

**calce** *sf* chaux *f*.

**calciatore**, **-trice** *sm, f* footballeur *m* (-euse *f*).

**calcio** *sm (pedata)* coup *m* de pied; *(gioco)* foot(ball) *m*; *(elemento chimico)* calcium *m*; **prendere a calci** *(persona)* donner des coups de pied à; *(cosa)* donner des coups de pied dans.

**calcolare** *vt* calculer.

**calcolatrice** *sf* calculatrice *f*.

**calcolo** *sm* calcul *m*; **fare i calcoli** calculer.

**caldaia** *sf* chaudière *f*.

**caldo**, **-a** *agg* chaud(-e). ◆ *sm* chaleur *f*; **avere ~** avoir chaud; **fa ~** il fait chaud.

**calendario** *sm* calendrier *m*.

**calma** *sf* calme *m*. ◆ *esclam* du calme!

**calmante** *sm* calmant *m*.

**calmare** *vt* calmer.

**calmo**, **-a** *agg* calme.

**calore** *sm* chaleur *f*.

**calorifero** *sm* radiateur *m*.

**caloroso**, **-a** *agg* chaleureux(-euse).

**calpestare** *vt* piétiner; **'è vietato ~ le aiuole'** = pelouse interdite.

**calvo**, **-a** *agg* chauve.

**calza** *sf (da donna)* bas *m*; *(da uomo)* chaussette *f*.

**calzamaglia** *sf* collant *m* épais.

**calzante** *sm* chausse-pied *m*.

**calzare** *vt* mettre.
**calzature** *sfpl* chaussures *fpl*.
**calzettone** *sm chaussette haute et épaisse.*
**calzino** *sm* chaussette *f*.
**calzolaio** *sm (riparatore)* cordonnier *m*; *(fabbricante)* chausseur *m*.
**calzoncini** *smpl* short *m*.
**calzone** *sm chausson en pâte à pizza fourré au fromage, à la tomate, etc.* ❑ **calzoni** *smpl* pantalon *m*.
**cambiamento** *sm* changement *m*.
**cambiare** *vt* changer; *(treno, autobus)* changer de. ♦ *vi* changer; **~ dei dollari in euro** changer des dollars contre des *o* en euros; **~ un biglietto da cento euro** faire de la monnaie de cent euros. ❑ **cambiarsi** *vr* se changer.
**cambio** *sm* échange *m*; *(di denaro)* change *m*; *(ufficio)* bureau *m* de change; *(di automobile)* boîte *f* de vitesses; **fare ~ (con qn)** faire l'échange (avec qqn).
**camera** *sf* chambre *f*; **~ (da letto)** chambre à coucher; **~ con bagno** chambre avec salle de bains; **~ doppia** chambre double; **~ degli ospiti** chambre d'amis; **~ singola** chambre simple.
**cameriere, -a** *sm, f* serveur *m* (-euse *f*); **~!** garçon!
**camice** *sm* blouse *f*.
**camicetta** *sf* chemisier *m*.
**camicia** *sf (da uomo)* chemise *f*; *(da donna)* chemisier *m*; **~ da notte** chemise de nuit.
**caminetto** *sm* cheminée *f*.
**camino** *sm* cheminée *f*.
**camion** *sm inv* camion *m*.
**cammello** *sm* chameau *m*; *(tessuto)* poil *m* de chameau.
**camminare** *vi* marcher.
**camminata** *sf* marche *f*.
**cammino** *sm* chemin *m*; **mettersi in ~** se mettre en route.
**camomilla** *sf* camomille *f*.
**camorra** *sf à Naples, association de malfaiteurs analogue à la mafia sicilienne.*
**camoscio** *sm* chamois *m*; *(pelle)* daim *m*.
**campagna** *sf* campagne *f*; **in ~** à la campagne.

**campana** *sf* cloche *f*.

**campanello** *sm* sonnette *f*; **suonare il ~** sonner (à la porte).

**campanile** *sm* clocher *m*.

**campeggiatore**, **-trice** *sm, f* campeur *m* (-euse *f*).

**campeggio** *sm* camping *m*.

**camper** *sm inv* camping-car *m*.

**Campidoglio** *sm* : **il ~** le Capitole.

**camping** *sm inv* camping *m*.

**campionario** *sm* échantillonnage *m*.

**campionato** *sm* championnat *m*.

**campione**, **-essa** *sm, f* champion *m* (-onne *f*). ♦ *sm (esemplare)* échantillon *m*.

**campo** *sm (podere)* champ *m*; *(sportivo)* terrain *m*; *(settore)* domaine *m*; *(accampamento)* camp *m*; **~ da tennis** court *m* de tennis.

**Canada** *sm* : **il ~** le Canada.

**canadese** *agg* canadien(-enne). ♦ *sf (tenda)* canadienne *f*.

**canale** *sm* canal *m*; *(di tv)* chaîne *f*; **il Canale d'Otranto** le canal d'Otrante.

**canarino** *sm* canari *m*.

**cancellare** *vt* effacer; *(con penna)* rayer; *(annullare)* annuler.

**cancelleria** *sf (materiale)* fournitures *fpl* de bureau.

**cancello** *sm (di legno)* portail *m*; *(di ferro)* grille *f*.

**cancro** *sm* cancer *m*.

**candeggina** *sf* eau *f* de Javel.

**candela** *sf* bougie *f*; **~ (di accensione)** bougie.

**candidato**, **-a** *sm, f* candidat *m* (-e *f*).

**candido**, **-a** *agg* blanc (blanche); *(ingenuo)* candide.

**candito**, **-a** *agg* confit(-e). ♦ *sm* fruit *m* confit.

**cane** *sm* chien *m*; **~ da guardia** chien de garde.

**canestro** *sm* panier *m*.

**canguro** *sm* kangourou *m*.

**canile** *sm (cuccia)* niche *f*; *(municipale)* fourrière *f*; *(allevamento)* chenil *m*.

**canino** *sm* canine *f*.

**canna** *sf (pianta)* roseau *m*; *(di bicicletta)* barre *f*; *(di fu-*

*cile)* canon *m*; **~ da pesca** canne *f* à pêche.

**cannella** *sf* cannelle *f*.

**cannello** *sm (tubo)* chalumeau *m*.

**cannelloni** *smpl* cannelloni(s) *mpl*.

**cannibale** *smf* cannibale *mf*.

**cannocchiale** *sm* longue-vue *f*.

**cannolo** *sm (alla crema) petite pâtisserie cylindrique ou conique fourrée de crème pâtissière*.

**cannone** *sm* canon *m*.

**cannuccia, -ce** *sf* paille *f*.

**canoa** *sf* canoë *m*.

**canottaggio** *sm* aviron *m*.

**canottiera** *sf (biancheria)* maillot *m* de corps; *(per esterno)* débardeur *m*.

**canotto** *sm* canot *m*.

**cantante** *smf* chanteur *m* (-euse *f*).

**cantare** *vt* & *vi* chanter.

**cantiere** *sm* chantier *m*.

**cantina** *sf* cave *f*.

**canto** *sm* chant *m*; **d'altro ~** d'un autre côté.

**canzone** *sf* chanson *f*.

**caos** *sm* chaos *m*.

**C.A.P.** *abbr* = **codice di avviamento postale**.

**capace** *agg* bon (bonne); *(ampio)* grand(-e); **essere ~ a fare qc** savoir faire qqch; **essere ~ di fare qc** être capable de faire qqch.

**capacità** *sf inv* capacité *f*.

**capanna** *sf* cabane *f*.

**capannone** *sm* hangar *m*.

**capello** *sm* cheveu *m*; **averne fin sopra i capelli** en avoir par-dessus la tête.

**capezzolo** *sm* mamelon *m*.

**capillare** *sm* (vaisseau) capillaire *m*. ◆ *agg* ramifié(-e).

**capire** *vt* & *vi* comprendre; **non capisco** je ne comprends pas; **si capisce** bien entendu.

**capitale** *sf* capitale *f*. ◆ *sm* capital *m*. ◆ *agg* capital(-e).

**capitaneria** *sf* : **~ di porto** capitainerie *f*.

**capitano** *sm* capitaine *m*.

**capitare** *vi* & *v impers* arriver; **~ a proposito** tomber à point.

**capitello** *sm* chapiteau *m*.

**capitolare** *vi* capituler.

**capitolo** *sm* chapitre *m*.

**capo** *sm* chef *m; (testa)* tête *f; (estremità)* bout *m;* **~ di vestiario** vêtement *m;* **andare a ~** aller à la ligne; **da ~** depuis le début; **da un ~ all'altro (di qc)** d'un bout à l'autre (de qqch); **in ~ a un mese** dans un mois.

**Capodanno** *sm* Nouvel An *m.*

**capolavoro** *sm* chef-d'œuvre *m.*

**capolinea** (*pl* **capilinea**) *sm (stazione iniziale)* tête *f* de ligne; *(stazione terminale)* terminus *m.*

**capoluogo, -ghi** *sm* : **~ di provincia** ≈ chef-lieu *m* de département; **~ di regione** *chef-lieu d'une région italienne.*

**capostazione** (*mpl* **capistazione**) *smf* chef *m* de gare.

**capoufficio** (*mpl* **capiuffici̇o**) *smf* chef *m* de bureau.

**cappella** *sf* chapelle *f.*

**cappello** *sm* chapeau *m.*

**cappero** *sm* câpre *f.*

**cappone** *sm* chapon *m.*

**cappotto** *sm* manteau *m.*

**cappuccino** *sm* cappuccino *m; (frate)* capucin *m.*

**cappuccio** *sm* capuche *f; (di penna)* capuchon *m.*

**capra** *sf* chèvre *f.*

**capretto** *sm* chevreau *m.*

**Capri** *sf* Capri.

**capriccio** *sm* caprice *m;* **fare i capricci** faire des caprices.

**capriccioso, -a** *agg* capricieux(-euse).

**capriola** *sf* culbute *f,* cabriole *f.*

**capro** *sm* : **~ espiatorio** *(fig)* bouc *m* émissaire.

**capsula** *sf* gélule *f.*

**carabiniere** *sm* ≈ gendarme *m;* **i Carabinieri** ≈ la gendarmerie.

**caraffa** *sf* carafe *f.*

**caramella** *sf* bonbon *m.*

**carattere** *sm* caractère *m.*

**caratteristica, -che** *sf* caractéristique *f.*

**caratteristico, -a, -ci, -che** *agg* caractéristique.

**caratterizzare** *vt* caractériser.

**carbone** *sm* charbon *m.*

**carburante** *sm* carburant *m.*

**carcerato, -a** *sm, f* détenu *m* (-e *f*).

**carcere** (*pl f* **carceri**) *sm* prison *f.*

**carciọfo** *sm* artichaut *m*.
**cardịaco, -a, -ci, -che** *agg* cardiaque.
**cạrdine** *sm* gond *m*.
**cardiọlogo, -a** *sm, f* cardiologue *mf*.
**cạrdo** *sm* chardon *m*.
**carẹnza** *sf* pénurie *f*; *(di vitamine)* carence *f*.
**carẹzza** *sf* caresse *f*.
**carezzạre** *vt* caresser.
**cạrica** *sf* charge *f*; **in ~** en fonction.
**caricạre** *vt* charger; *(orologio)* remonter; **~ qn/qc di qc** charger qqn/qqch de qqch.
**cạrico, -a, -chi, -che** *agg* chargé(-e); *(orologio)* remonté(-e); *(colore)* soutenu(-e). ♦ *sm (merce)* chargement *m*; *(fig: onere)* fardeau *m*; **~ di qc** chargé de qqch; **~ di lavoro** débordé(-e) de travail; **a ~** *(persona)* à charge; **essere a ~ di qn** *(spesa)* être à la charge de qqn.
**cạrie** *sf inv* carie *f*.
**carịno, -a** *agg* mignon(-onne); *(gentile)* gentil(-ille).
**carmịnio** *sm* carmin *m*.
**carnagiọne** *sf* teint *m*.
**cạrne** *sf* viande *f*; *(ANAT)* chair *f*; **~ macinata** *o* **tritata** viande hachée.
**carneficịna** *sf* carnage *m*.
**carnevạle** *sm* carnaval *m*.
**cạro, -a** *agg* cher (chère); **l'hai pagata cara?** tu l'as payée cher?; **cari saluti** meilleur souvenir.
**carọta** *sf* carotte *f*.
**carpạccio** *sm* carpaccio *m (tranches de bœuf cru servi avec un assaisonnement)*.
**carrạbile** *agg* → **passo**.
**carrạio** *agg m* → **passo**.
**carreggiạta** *sf* chaussée *f*.
**carrẹllo** *sm (della spesa)* chariot *m*, Caddie® *m*; *(porta vivande)* desserte *f* à roulettes; *(per bagagli)* diable *m*.
**carrịera** *sf* carrière *f*.
**cạrro** *sm (da traino)* charrette *f* attelée; **~ armato** char *m* d'assaut; **~ attrezzi** dépanneuse *f*.
**carrọzza** *sf (vagone)* voiture *f*.
**carrozzerịa** *sf* carrosserie *f*.
**carrozzịere** *sm* carrossier *m*.
**carrozzịna** *sf* landau *m*.
**cạrta** *sf* papier *m*; *(tessera)*

carte *f*; **alla ~** à la carte; **~ assorbente** (papier) buvard *m*; **~ automobilistica** *o* **stradale** carte routière; **~ da bollo** papier timbré; **~ di credito** carte de crédit; **~ geografica** carte (géographique); **~ d'identità** carte d'identité; **~ igienica** papier hygiénique *o* toilette; **~ d'imbarco** carte d'embarquement; **~ da lettere** papier à lettres; **~ da parati** papier peint; **~ stagnola** papier alu(minium); **~ dei vini** carte des vins; **carte da gioco** cartes (à jouer).

**cartạccia**, **-ce** *sf* vieux papiers *mpl*.

**cartẹlla** *sf (per scolari)* cartable *m*; *(di professionista)* serviette *f*; *(per fogli)* chemise *f*; *(scheda)* fiche *f*; **~ clinica** fiche médicale.

**cartẹllo** *sm (avviso)* pancarte *f*; *(insegna)* enseigne *f*; **~ stradale** panneau *m* de signalisation.

**cartellọne** *sm* affiche *f*; **~ pubblicitario** panneau *m* publicitaire.

**cartịna** *sf* carte *f*; **~ geografica** carte (géographique); **~ stradale** carte routière.

**cartolerịa** *sf* papeterie *f*.

**cartolịna** *sf* carte *f* postale.

**cartọne** *sm* carton *m*; **~ animato** dessin *m* animé.

**cạsa** *sf* maison *f*; **andare a ~** aller à la maison *o* chez soi; **a ~ di** chez; **essere a** *o* **in ~** être à la maison *o* chez soi; **fatto in ~** maison *(inv)*.

**casalịnga**, **-ghe** *sf* femme *f* au foyer.

**casalịngo**, **-a** *agg (fatto in casa)* maison *(inv)*; *(amante della casa)* casanier(-ière). ❑ **casalinghi** *smpl* articles *mpl* ménagers.

**cascạre** *vi* tomber.

**cascạta** *sf* cascade *f*.

**cascịna** *sf* ferme *f*.

**cạsco**, **-schi** *sm* casque *m*.

**casẹlla** *sf* case *f*; **~ postale** boîte *f* postale.

**casẹllo** *sm* péage *m*.

**casẹrma** *sf* caserne *f*.

**casịno** *sm (fam)* bazar *m*.

**casinò** *sm inv* casino *m*.

**cạso** *sm* hasard *m*; *(vicenda, fatto)* affaire *f*; *(medico)* cas *m*; **fare ~ a** faire attention à; **non è il ~ (di fare qc)** ce n'est pas la peine (de faire qqch); **a ~**

au hasard; **in ogni ~, in tutti i casi** en tout cas; **in questo ~** dans ce cas; **nel ~ venisse** au cas où il viendrait; **per ~** par hasard; **'in ~ d'emergenza rompere il vetro'** 'en cas d'urgence briser la glace'.

**cassa** *sf* caisse *f*; *(amplificatore)* baffle *m*; **~ toracica** cage *f* thoracique; **'~ automatica prelievi'** 'distributeur automatique de billets'.

**cassaforte** (*pl* **casseforti**) *sf* coffre-fort *m*.

**cassata** *sf (gelato)* cassate *f*.

**casseruola** *sf* casserole *f*.

**cassetta** *sf (contenitore)* cageot *m*; *(di musica, film)* cassette *f*; **~ delle lettere** boîte *f* aux lettres.

**cassetto** *sm* tiroir *m*.

**cassettone** *sm* commode *f*.

**cassiere, -a** *sm, f* caissier *m* (-ère *f*).

**cassonetto** *sm* conteneur *m* à ordures.

**castagna** *sf* châtaigne *f*.

**castagno** *sm* châtaignier *m*.

**castano, -a** *agg (capelli)* châtain; *(occhi)* noisette *(inv)*.

**castello** *sm* château *m*.

**castigo** *sm* punition *f*; **essere in ~** être puni.

**castoro** *sm* castor *m*.

**castrare** *vt* castrer.

**casuale** *agg* fortuit(-e).

**catacomba** *sf* catacombe *f*.

**catalogo, -ghi** *sm* catalogue *m*.

**catarro** *sm* crachat *m*.

**catasta** *sf* tas *m*.

**catastrofe** *sf* catastrophe *f*.

**categoria** *sf* catégorie *f*.

**catena** *sf* chaîne *f*; **~ di montaggio** chaîne de montage.

**catinella** *sf* bassine *f*, cuvette *f*.

**catino** *sm* bassine *f*, cuvette *f*.

**catrame** *sm* goudron *m*.

**cattedra** *sf* bureau *m* (du professeur); *(insegnamento)* chaire *f*.

**cattedrale** *sf* cathédrale *f*.

**cattiveria** *sf* méchanceté *f*.

**cattivo, -a** *agg* mauvais(-e); *(malvagio, disobbediente)* méchant(-e).

**cattolico, -a, -ci, -che** *agg* catholique. ◆ *sm, f* catholique *mf.*

**cattura** *sf* capture *f.*

**catturare** *vt* capturer.

**caucciù** *sm* caoutchouc *m.*

**causa** *sf* cause *f;* (DIR) procès *m;* **a** o **per ~ di** à cause de.

**causare** *vt* causer.

**cautela** *sf* prudence *f.*

**cauto, -a** *agg* prudent(-e).

**cauzione** *sf* caution *f.*

**cava** *sf* carrière *f.*

**cavalcare** *vt* monter.

**cavalcavia** *sm inv* saut-de-mouton *m.*

**cavaliere** *sm (chi cavalca, in balli)* cavalier *m; (medioevale, titolo)* chevalier *m.*

**cavalletta** *sf* sauterelle *f.*

**cavalletto** *sm* chevalet *m.*

**cavallo, -a** *sm, f* cheval *m* (jument *f*). ◆ *sm (dei pantaloni)* entrejambe *m; (negli scacchi)* cavalier *m;* **andare a ~** aller à cheval; **~ (vapore)** cheval(-vapeur) *m.*

**cavallone** *sm* grosse vague *f.*

**cavare** *vt* extraire. ❑ **cavarsela** *vr* s'en tirer.

**cavatappi** *sm inv* tire-bouchon *m.*

**caverna** *sf* caverne *f.*

**cavia** *sf* cobaye *m;* **fare da ~** *(fig)* servir de cobaye.

**caviale** *sm* caviar *m.*

**caviglia** *sf* cheville *f.*

**cavità** *sf inv* cavité *f.*

**cavo, -a** *agg* creux(-euse). ◆ *sm* câble *m.*

**cavolfiore** *sm* chou-fleur *m.*

**cavolo** *sm* chou *m.*

**cazzotto** *sm (fam)* marron *m.*

**CD** *sm inv* CD *m.*

**ce** → **ci.**

**cece** *sm* pois *m* chiche.

**cedere** *vt* & *vi* céder.

**cedro** *sm* cédrat *m.*

**C.E.** *nf (abbr di Comunità Europea)* CE *f.*

**ceffone** *sm* gifle *f.*

**celare** *vt* cacher.

**celebrare** *vt* célébrer.

**celebrazione** *sf* célébration *f.*

**celebre** *agg* célèbre.

**celebrità** *sf inv* célébrité *f.*

**celeste** *agg* bleu ciel *(inv).* ◆ *sm* bleu *m* ciel.

**celibe** *agg* célibataire. ◆ *sm* célibataire *m*.

**cella** *sf* cellule *f*.

**cellophane®** ['tʃelofan] *sm* Cellophane® *f*.

**cellula** *sf* cellule *f*.

**cellulare** *sm* *(telefono)* téléphone *m* cellulaire; *(furgone)* fourgon *m* cellulaire.

**cemento** *sm* ciment *m*.

**cena** *sf* dîner *m*.

**cenare** *vi* dîner.

**cenere** *sf* cendre *f*.

**cenno** *sm* signe *m*; *(allusione)* allusion *f*; **fare ~ a qn** faire signe à qqn; **fare ~ di sì/no** faire signe que oui/non.

**cenone** *sm* réveillon *m*.

**censura** *sf* censure *f*.

**centenario, -a** *agg* centenaire. ◆ *sm* centenaire *m*.

**centesimo, -a** *num* centième; → **sesto**.

**centimetro** *sm* centimètre *m*.

**centinaio** (*pl f* **centinaia**) *sm* : **un ~ (di)** une centaine (de).

**cento** *num* cent; **~ per ~** cent pour cent; → **sei**.

**centomila** *num* cent mille; → **sei**.

**centrale** *agg* central(-e). ◆ *sf* centrale *f*.

**centralinista, -i, -e** *smf* standardiste *mf*.

**centralino** *sm* standard *m*.

**centrare** *vt* mettre en plein dans.

**centro** *sm* centre *m*; **~ abitato** agglomération *f*; **~ commerciale** centre commercial; **~ storico** vieille ville *f*.

**cera** *sf* cire *f*.

**ceramica** *sf* faïence *f*.

**cerbiatto, -a** *sm, f* faon *m*.

**cerca** *sf* : **essere in ~ di qc** être à la recherche de qqch.

**cercare** *vt* & *vi* chercher; **~ di fare qc** essayer de faire qqch.

**cerchio** *sm* cercle *m*.

**cereale** *sm* céréale *f*.

**cerimonia** *sf* cérémonie *f*.

**cerino** *sm* allumette *f* (en cire).

**cerniera** *sf* *(di porte, finestre)* charnière *f*; **~ lampo** fermeture *f* Éclair®.

**cerotto** *sm* sparadrap *m*.

**certificato** *sm* certificat *m*; ~ **di nascita** acte *m* de naissance.

**certo** 1. *(convinto)* certain(-e), sûr(-e); **sono ~ di aver prenotato** je suis certain d'avoir réservé.
2. *(assicurato, evidente)* certain(-e); **tener qc per ~** tenir qqch pour certain.
3. *(non specificato)* certain(-e); **un ~ signor Rossi** un certain monsieur Rossi; **ho certe cose da fare** j'ai des choses à faire.
4. *(limitativo)* certain(-e); **ha un ~ intuito** il a une certaine intuition.
5. *(spregiativo)* certain(-e); **certa gente non ha scrupoli** certaines personnes *o* certains n'ont aucun scrupule; **ha certe idee!** il a de ces idées!
◆ *avv* bien sûr, certes; **di ~** certainement.
◆ *escl* bien sûr!; **vieni anche tu? - ~!** toi aussi, tu viens? - bien sûr!
❑ **certi** *pron (alcune persone)* certains (certaines).

**certosa** *sf* chartreuse *f*.

**cervello** *sm* cerveau *m*; *(intelletto)* cervelle *f*.

**Cervino** *sm* : **il ~** le mont Cervin.

**cervo, -a** *sm, f* cerf *m* (biche *f*); ~ **volante** cerf-volant *m*.

**cesoie** *sfpl* cisailles *fpl*.

**cespuglio** *sm* buisson *m*.

**cessare** *vt* & *vi* cesser; ~ **di fare qc** cesser de faire qqch.

**cesso** *sm (fam)* chiottes *fpl*.

**cesta** *sf* corbeille *f*.

**cestino** *sm* corbeille *f*; *(per cartacce)* corbeille à papiers.

**cesto** *sm* panier *m*.

**cetriolo** *sm* concombre *m*.

**charter** ['tʃarter] *sm inv* charter *m*.

**che** *pron relativo* 1. *(soggetto)* qui; **il dottore ~ mi ha visitato** le docteur qui m'a examiné; **il ~** ce qui.
2. *(complemento oggetto)* que; **il treno ~ abbiamo perso** le train que nous avons raté.
◆ *pron interr* que, qu'est-ce que; **grazie! - non c'è di ~!** merci! - il n'y a pas de quoi!
◆ *agg interr* quel (quelle); ~ **ore sono?** quelle heure est-il?; ~ **strana idea!**

quelle drôle d'idée!; **~ film hai visto?** quel film as-tu vu?

◆ *cong* 1. *(dichiarativa)* que; **è difficile ~ venga** il est peu probable qu'il vienne; **sai ~ non è vero** tu sais bien que ce n'est pas vrai.
2. *(temporale)*: **sono uscito ~ erano le sette** il était sept heures quand je suis sorti; **è già un anno ~ è partito** cela fait déjà un an qu'il est parti.
3. *(comparativa)* que; **è più in forma ~ mai** il est plus en forme que jamais.
4. *(introduce alternativa)* que; **~ tu venga o no, io ci vado** que tu viennes ou pas, moi j'y vais.

**check-in** [tʃɛ'kin] *sm inv* enregistrement *m* (des bagages).

**chi** *pron relativo* 1. *(colui che)* celui qui (celle qui); **~ finisce prima vince** celui qui finira le premier aura gagné; **~ si impegna riesce** si on s'applique on réussit; **dillo a ~ vuoi** dis-le à qui tu voudras.
2. *(qualcuno che)* quelqu'un qui; **bisogna trovare ~ se ne occupi** il faut trouver quelqu'un qui s'en occupe.
3. *(chiunque)* qui; **esco con ~ mi pare** je sors avec qui je veux; **entra ~ vuole** n'importe qui peut entrer.

◆ *pron interr* qui; **con ~ parti?** tu pars avec qui?; **~ è stato?** qui a fait ça?; **a ~ lo dici!** à qui le dis-tu!; **non so ~** je ne sais qui; **~ si vede!** tiens, qui voilà!

**chiạcchiera** *sf (pettegolezzo)* racontar *m*, cancan *m*; **chiacchiere** *(conversazione)* bavardage *m*.

**chiacchierạre** *vi* bavarder; *(spettegolare)* cancaner.

**chiacchierọne, -a** *sm, f* bavard *m* (-e *f*); *(pettegolo)* cancanier *m* (-ère *f*).

**chiamạre** *vt* appeler. ❑ **chiamarsi** *vr* s'appeler; **come ti chiami?** comment t'appelles-tu?; **mi chiamo Luca** je m'appelle Luca.

**chiamạta** *sf* appel *m*.

**chiạnti** *sm* chianti *m*.

**chiarẹzza** *sf* clarté *f*.

**chiarịre** *vt* clarifier. ❑ **chiarirsi** *vr* s'éclaircir.

**chiạro, -a** *agg* clair(-e).

**chiạsso** *sm* vacarme *m*.

**chiạve** *sf* clé *f*; **chiudere a ~** fermer à clé.

**chicco**, **-chi** *sm (d'uva, caffè, grano)* grain *m.*
**chiedere** *vt* demander, demander qqch à qqn.
**chiesa** *sf* église *f.*
**chiesto**, **-a** *pp* → **chiedere.**
**chilo** *sm* kilo *m.*
**chilogrammo** *sm* kilogramme *m.*
**chilometro** *sm* kilomètre *m.*
**chimica** *sf (disciplina)* chimie *f*, → **chimico.**
**chimico**, **-a**, **-ci**, **-che** *agg* chimique. ◆ *sm, f* chimiste *mf.*
**chinarsi** *vr* se pencher.
**chiocciola** *sf* escargot *m.*
**chiodo** *sm* clou *m*; **~ fisso** idée *f* fixe; **chiodi di garofano** clous de girofle.
**chiosco**, **-schi** *sm* kiosque *m.*
**chiostro** *sm* cloître *m.*
**chirurgia** *sf* chirurgie *f.*
**chissà** *avv* qui sait.
**chitarra** *sf* guitare *f.*
**chiudere** *vt* fermer; *(bloccare)* barrer. ◆ *vi* fermer. ❑ **chiudersi** *vr (di apertura)* fermer; *(ritirarsi)* s'enfermer; **'si chiude da sé'** 'porte à fermeture automatique'.
**chiunque** *pron (indefinito)* n'importe qui; *(relativo)* tous ceux qui (toutes celles qui); **~ sia** qui que ce soit.
**chiuso**, **-a** *pp* → **chiudere.** ◆ *agg* fermé(-e); *(persona)* renfermé(-e); **'~ per ferie'** 'fermeture annuelle'; **'~ per riposo settimanale'** 'repos hebdomadaire'.
**chiusura** *sf* fermeture *f*; *(termine)* clôture *f.*
**ci** *(diventa* **ce** *se precede lo, la, li, le, ne) pron pers* 1. *(complemento oggetto)* nous; **~ stanno guardando** ils nous regardent.
2. *(riflessivo)* nous; **~ stiamo lavando** nous nous lavons.
3. *(reciproco)* nous; **~ vediamo stasera** on se voit ce soir.
4. *(a noi)* nous; **~ può fare un favore?** vous pouvez nous rendre un service?
◆ *pron dimostr* 1. *(a ciò)* y; **~ vado io** j'y vais moi; **~ penso io** je m'en occupe.
2. *(in ciò)* y; **mettici un po' di entusiasmo!** mets-y un peu d'enthousiasme!
3. *(su ciò)* y, dessus; **quella sedia è vuota: posso appoggiarci la borsa?** cette chaise

est vide: je peux poser mon sac dessus?
◆ *avv* 1. *(stato in luogo)* y; **c'è** il y a; **~ sono** il y a; **~ restiamo una sola notte** nous n'y resterons qu'une nuit.
2. *(moto a luogo)* y; **~ si può andare a piedi** on peut y aller à pied.
3. *(in espressioni)*: **~ vuole un po' (di tempo)** il faut pas mal de temps; **non ~ sento** je n'entends pas.

**ciabạtta** *sf* pantoufle *f*; *(pane) pain plat de forme allongée.*

**ciạo** *esclam* salut!

**ciascụno, -a** *agg* chaque. ◆ *pron* chacun *m* (-e *f*); **~ di noi** chacun d'entre nous.

**cịbo** *sm* nourriture *f*.

**cicạla** *sf* cigale *f*.

**cicatrịce** *sf* cicatrice *f*.

**ciccịone, -a** *sm, f (fam)* gros lard *m* (grosse dondon *f*).

**ciclạbile** *agg* → **pista**.

**ciclịsmo** *sm* cyclisme *m*.

**ciclịsta, -i, -e** *smf* cycliste *mf*.

**cịclo** *sm* cycle *m*.

**ciclọne** *sm* cyclone *m*.

**cicọgna** *sf* cigogne *f*.

**cięco, -a, -chi, -che** *agg* aveugle. ◆ *sm, f* aveugle *mf*.

**cięlo** *sm* ciel *m*.

**cịfra** *sf* chiffre *m*; *(di denaro)* somme *f*.

**cịglio** *sm (di occhi: pl f ciglia)* cil *m*; *(margine: pl m cigli)* bord *m*.

**cịgno** *sm* cygne *m*.

**cigolịo** *sm* grincement *m*.

**ciliẹgia, -gie** *o* **ge** *sf* cerise *f*.

**cilịndro** *sm (di motore)* cylindre *m*; *(cappello)* haut-de-forme *m*.

**cịma** *sf* sommet *m*; *(estremità)* bout *m*; **in ~ a qc** au bout/sommet de qqch; **da ~ a fondo** de fond en comble.

**ciminiẹra** *sf* cheminée *f*.

**cimitẹro** *sm* cimetière *m*.

**Cịna** *sf* : **la ~** la Chine.

**cịnema** *sm inv* cinéma *m*.

**cineprẹsa** *sf* caméra *f*.

**cinẹse** *agg* chinois(-e).

**cịngere** *vt (attorniare)* entourer; *(avvolgere)* ceindre.

**cịnghia** *sf (cintura)* ceinture *f*; *(di borsa)* bandoulière *f*; *(nastro)* courroie *f*.

**cinghiạle** *sm* sanglier *m*.

**cinico, -a, -ci, -che** *agg* cynique.

**ciniglia** *sf* chenille *f.*

**cinquanta** *num* cinquante; → **sei**.

**cinquantesimo, -a** *num* cinquantième; → **sesto**.

**cinquantina** *sf* : **essere sulla ~** avoir la cinquantaine; **una ~ (di)** une cinquantaine (de).

**cinque** *num* cinq; → **sei**.

**cinquecento** *num* cinq cents; → **sei**. ❑ **Cinquecento** *sm* : **il Cinquecento** le seizième siècle.

**cinta** *sf* enceinte *f.*

**cinto, -a** *pp* → **cingere**.

**cintura** *sf* ceinture *f*; **~ di sicurezza** ceinture de sécurité; **allacciare le cinture di sicurezza** attachez vos ceintures.

**ciò** *pron (questa cosa)* ceci; *(quella cosa)* cela, ça; **~ che** *(soggetto)* ce qui; *(oggetto)* ce que; **~ nonostante** néanmoins.

**cioccolata** *sf* chocolat *m*; *(bevanda)* chocolat chaud.

**cioccolatino** *sm* chocolat *m.*

**cioccolato** *sm* chocolat *m.*

**cioè** *avv* c'est-à-dire. ◆ *cong* c'est-à-dire que; *(anzi)* ou plutôt.

**cipolla** *sf* oignon *m.*

**circa** *avv* environ, à peu près. ◆ *prep* en ce qui concerne.

**circo, -chi** *sm* cirque *m.*

**circolare** *agg* circulaire. ◆ *vi* circuler.

**circolazione** *sf* circulation *f*; **~ sanguigna** circulation sanguine; **~ stradale** circulation routière.

**circolo** *sm* cercle *m.*

**circondare** *vt* entourer.

**circonferenza** *sf* circonférence *f.*

**circostanza** *sf* circonstance *f.*

**circuito** *sm* circuit *m.*

**cisterna** *sf* citerne *f.*

**citare** *vt* citer; *(DIR)* citer à comparaître.

**citofono** *sm* Interphone® *m.*

**città** *sf* ville *f*; **la Città del Vaticano** la Cité du Vatican.

**cittadinanza** *sf (DIR)* nationalité *f*; *(abitanti)* population *f.*

**cittadino, -a** *sm, f (di una città)* habitant *m* (-e *f*); *(di stato)* citoyen *m* (-enne *f*). ◆ *agg* de la ville.

**ciuffo** *sm (ciocca)* mèche *f*; *(d'erba)* touffe *f*.
**civetta** *sf* chouette *f*.
**civico**, **-a**, **-ci**, **-che** *agg (della città)* municipal(-e); *(di stato)* civique.
**civile** *agg* civil(-e); *(civilizzato)* civilisé(-e). ◆ *sm* civil *m*.
**civiltà** *sf inv* civilisation *f*.
**clacson** *sm inv* Klaxon® *m*.
**clamoroso**, **-a** *agg* retentissant(-e).
**classe** *sf* classe *f*; **~ turistica** classe touriste.
**classico**, **-a**, **-ci**, **-che** *agg* classique. ◆ *sm* classique *m*.
**classifica**, **-che** *sf* classement *m*; *(musicale)* hit-parade *m*.
**classificare** *vt (ordinare)* classer; *(valutare)* noter.
**claxon** = **clacson**.
**cliente** *smf* client *m* (-e *f*).
**clientela** *sf* clientèle *f*.
**clima**, **-i** *sm* climat *m*.
**clinica**, **-che** *sf* clinique *f*.
**cm** *(abbr di centimetro)* cm.
**coca** *sf* coca *m*.
**coca-cola®** *sf* Coca-Cola® *m*.
**cocaina** *sf* cocaïne *f*.
**coccinella** *sf* coccinelle *f*.
**coccio** *sm* tesson *m*.
**cocco**, **-chi** *sm (albero)* cocotier *m*; *(frutto)* noix *f* de coco.
**coccodrillo** *sm* crocodile *m*.
**coccolare** *vt* câliner, cajoler.
**cocomero** *sm* pastèque *f*.
**coda** *sf* queue *f*; **fare la ~** faire la queue; **mettersi in ~** se mettre à la queue.
**codardo**, **-a** *agg* lâche.
**codesto**, **-a** *agg* ce (cette), ces *(pl)*. ◆ *pron* celui-là (celle-là), ceux-là (celles-là) *(pl)*.
**codice** *sm* code *m*; **~ (di avviamento) postale** code postal; **~ della strada** Code de la route.
**coerente** *agg* cohérent(-e).
**coetaneo**, **-a** *agg* du même âge.
**cofano** *sm* capot *m*.
**cogliere** *vt* cueillir; *(fig: afferrare)* saisir; **~ qn sul fatto** prendre qqn sur le fait.
**cognato**, **-a** *sm, f* beau-frère *m* (belle-sœur *f*).
**cognome** *sm* nom *m* (de famille).
**coi** = **con** + **i**, → **con**.
**coincidenza** *sf* coïnci-

dence *f*; *(di aerei, treni, autobus)* correspondance *f*.

**coinvolgere** *vt* : **~ qn in qc** *(iniziativa)* associer qqn à qqch; *(scandalo)* impliquer qqn dans qqch.

**col** = **con + il → con.**

**colapasta** = **scolapasta.**

**colare** *vt* passer; *(pasta)* égoutter. ◆ *vi* couler.

**colazione** *sf (pranzo)* déjeuner *m*; **(prima) ~** petit déjeuner *m*; **fare ~** prendre son déjeuner/petit déjeuner.

**colino** *sm* (petite) passoire *f*.

**colla** *sf* colle *f*.

**collaborare** *vi* collaborer.

**collaboratore**, **-trice** *sm, f* collaborateur *m* (-trice *f*).

**collana** *sf* collier *m*; *(di libri)* collection *f*.

**collant** [kɔl'lan] *sm inv* collant *m*.

**collare** *sm* collier *m*.

**collaudo** *sm* essai *m*.

**colle** *sm* colline *f*.

**collega**, **-ghi**, **-ghe** *smf* collègue *mf*.

**collegare** *vt* connecter; *(stanze, idee, fatti)* relier. ❑ **collegarsi con** *vr + prep* se mettre en communication avec.

**collera** *sf* colère; **essere in ~ (con qn)** être en colère (contre qqn).

**colletta** *sf* collecte *f*.

**colletto** *sm* col *m*.

**collezionare** *vt* collectionner.

**collezione** *sf* collection *f*.

**collina** *sf* colline *f*.

**collirio** *sm* collyre *m*.

**collisione** *sf* collision *f*.

**collo** *sm (ANAT)* cou *m*; *(colletto)* col *m*; *(pacco)* colis *m*.

**collocare** *vt* placer.

**colloquio** *sm* entretien *m*; **~ di lavoro** entretien d'embauche.

**colmo**, **-a** *agg* plein(-e). ◆ *sm* comble *m*; **~ di qc** *(pieno)* plein de qqch.

**colomba** *sf* colombe *f*.

**colonia** *sf* colonie *f*; *(per bambini)* colonie de vacances; **(acqua di) ~** eau *f* de Cologne.

**colonna** *sf* colonne *f*; **~ vertebrale** colonne vertébrale.

**colorante** *sm* colorant *m*.

**colorare** *vt* colorer.

**colore** *sm* couleur *f*; **di**

**che ~?** de quelle couleur?; **a colori** en couleur.

**coloro** *pron* : **~ che** ceux qui (celles qui).

**Colosseo** *sm* : **il ~** le Colisée.

**colpa** *sf* faute *f*; **non è ~ mia** ce n'est pas (de) ma faute; **per ~ di** par la faute de.

**colpire** *vt* frapper.

**colpo** *sm* coup *m*; *(fam: infarto)* attaque *f*; *(fam: rapina)* hold-up *m inv*; **di ~** tout à coup; **~ di sole** insolation *f*; **~ di telefono** coup de téléphone; **~ di testa** coup de tête.

**coltello** *sm* couteau *m*.

**coltivare** *vt* cultiver.

**colto, -a** *pp* → **cogliere**. ◆ *agg* cultivé(-e).

**coma** *sm* coma *m*.

**comandante** *sm* commandant *m*.

**comandare** *vi* commander.

**comando** *sm* *(ordine)* ordre *m*; *(potere)* commandement *m*; *(congegno)* commande *f*.

**combattere** *vt* & *vi* combattre.

**combinare** *vt* *(accordare)* assortir; *(organizzare)* arranger; *(fam: fare)* faire; **cosa combini?** qu'est-ce que tu fabriques?

**combinazione** *sf* combinaison *f*; *(caso)* hasard *m*; **per ~** par hasard.

**come** *avv* 1. *(comparativo)* comme; **~ me** comme moi; **~ sempre** comme toujours.

2. *(interrogativo)* comment; **non so ~ fare** je ne sais pas comment faire; **~ sarebbe?** qu'est-ce que tu veux dire?; **~ stai?** comment vas-tu?

3. *(in qualità di)* comme, en tant que; **è stato scelto ~ rappresentante** il a été choisi comme représentant; **viaggiare ~ turista** voyager en touriste.

4. *(in esclamazioni)* comme, que; **~ mi dispiace!** je suis vraiment désolé!

5. *(per esempio)* comme; **mi piacciono i colori accesi ~ il rosso** j'aime les couleurs vives comme le rouge.

◆ *cong* 1. *(nel modo in cui)* comment; **spiegami ~ si fa** explique-moi comment on fait.

2. *(comparativa)* aussi... que; **non è caldo ~ pensavo** il ne

fait pas aussi chaud que je (le) pensais.

3. *(quanto)* comme, à quel point; **sai ~ mi piace il cioccolato** tu sais à quel point j'aime le chocolat.

**comico, -a, -ci, -che** *agg* comique. ◆ *sm* comique *m*.

**cominciare** *vt & vi* commencer; **~ a fare qc** commencer à faire qqch; **~ col fare qc** commencer par faire qqch.

**comitiva** *sf* groupe *m*.

**commedia** *sf* comédie *f*.

**commentare** *vt* commenter.

**commento** *sm* commentaire *m*.

**commerciale** *agg* commercial(-e).

**commerciante** *smf* commerçant *m* (-e *f*).

**commercio** *sm* commerce *m*; **fuori ~** hors commerce; **essere in ~** se trouver dans le commerce.

**commesso, -a** *pp* → **commettere.** ◆ *sm, f* vendeur *m* (-euse *f*).

**commestibile** *agg* comestible. ❑ **commestibili** *smpl* produits *mpl* alimentaires.

**commettere** *vt* commettre.

**commissario** *sm* commissaire *m* (de police).

**commissione** *sf* commission *f*. ❑ **commissioni** *sfpl* courses *fpl*.

**commosso, -a** *pp* → **commuovere.** ◆ *agg* ému(-e).

**commovente** *agg* émouvant(-e).

**commuovere** *vt* émouvoir.

**comò** *sm inv* commode *f*.

**comodino** *sm* table *f* de nuit *o* de chevet.

**comodità** *sf inv* confort *m*.

**comodo, -a** *agg* commode, pratique; *(confortevole)* confortable; *(persona)*: **stare ~** être bien installé(-e); **fare ~ a qn** arranger qqn. ❑ **comodi** *smpl* : **fa sempre i suoi comodi** il ne fait que ce qui l'arrange.

**compact disc** ['kɔmpat 'disk] *sm inv* disque *m* compact, Compact Disc® *m*.

**compagnia** *sf* compagnie *f*; *(di amici)* groupe *m*; **fare**

~ **a qn** tenir compagnie à qqn.
**compagno, -a** *sm, f* compagnon *m* (compagne *f*); *(di studio, giochi)* camarade *mf*; ~ **di scuola** camarade d'école.
**comparire** *vi* apparaître.
**compartimento** *sm* compartiment *m*.
**compasso** *sm* compas *m*.
**compatibile** *agg* compatible.
**compatire** *vt* plaindre.
**compatto, -a** *agg* compact(-e).
**compensare** *vt (bilanciare)* compenser; *(ripagare)* dédommager.
**compenso** *sm (paga)* rétribution *f*; *(risarcimento)* dédommagement *m*; *(ricompensa)* récompense *f*; **in** ~ en revanche.
**comperare** = **comprare**.
**compere** *sfpl* : **far** ~ faire des achats.
**competente** *agg* compétent(-e).
**competizione** *sf* compétition *f*.
**compiacere** *vt* faire plaisir à.
**compiaciuto, -a** *pp* → **compiacere**.
**compiere** *vt* accomplir; **compie 15 anni a maggio** il fête ses 15 ans en mai.
**compilare** *vt* remplir.
**compito** *sm* tâche *f*. ▫ **compiti** *smpl* devoirs *mpl*.
**compleanno** *sm* anniversaire *m*.
**complessivo, -a** *agg* global(-e).
**complesso, -a** *agg* complexe. ♦ *sm* complexe *m*; *(musicale)* groupe *m*; **in** *o* **nel** ~ dans l'ensemble.
**completare** *vt* compléter.
**completo, -a** *agg (resoconto, albergo)* complet(-ète); *(cinema, pullman)* plein(-e); *(assoluto)* total(-e). ♦ *sm* ensemble *m*; *(da sci, tennis)* tenue *f*; **al** ~ *(hotel, aereo)* complet.
**complicare** *vt* compliquer. ▫ **complicarsi** *vr* se compliquer.
**complicato, -a** *agg* compliqué(-e).
**complice** *smf* complice *mf*.
**complimentarsi** *vr* : ~ **con qn** féliciter qqn.

**complimento** *sm* compliment *m*; **complimenti!** félicitations!

**componente** *smf* membre *m*. ◆ *sf* composante *f*.

**comporre** *vt* composer.

**comportamento** *sm* comportement *m*.

**comportare** *vt* comporter. ❑ **comportarsi** *vr* se comporter.

**composizione** *sf* composition *f*.

**composto, -a** *pp* → **comporre**. ◆ *agg (contegno)* retenu(-e); *(formato da parti)* composé(-e). ◆ *sm* composé *m*; ~ **da** composé de.

**comprare** *vt* acheter.

**comprendere** *vt* comprendre.

**comprensione** *sf* compréhension *f*.

**comprensivo, -a** *agg* compréhensif(-ive); **il prezzo è ~ di IVA** le prix inclut *o* comprend la TVA.

**compreso, -a** *pp* → **comprendere**. ◆ *agg* inclus(-e); ~ **nel prezzo** compris(-e) (dans le prix).

**compressa** *sf* comprimé *m*.

**compromesso** *sm* compromis *m*.

**compromettere** *vt* compromettre.

**computer** [kom'pjuter] *sm inv* ordinateur *m*.

**comunale** *agg* ≈ communal(-e *f*).

**comune** *agg* commun(-e); *(ordinario)* ordinaire. ◆ *sm (municipio)* ≈ mairie *f*; *(area)* ≈ commune *f*.

**comunicare** *vt & vi* communiquer.

**comunicazione** *sf* communication *f*.

**comunione** *sf (di interessi)* communauté *f*; *(eucaristia)* communion *f*.

**comunista, -i, -e** *agg* communiste. ◆ *smf* communiste *mf*.

**comunità** *sf inv* communauté *f*; **la Comunità (Economica) Europea** la Communauté (économique) européenne.

**comunque** *avv* de toute façon. ◆ *cong* mais.

**con** *prep* avec; **l'uomo ~ i baffi** l'homme à la moustache; **andare a Roma col treno** aller à Rome en train.

**concedere** *vt* accorder;

*(ammettere)* admettre; **~ a qn di fare qc** permettre à qqn de faire qqch.

**concentrąre** *vt* concentrer. ❑ **concentrarsi** *vr* se concentrer.

**concentraziọne** *sf* concentration *f.*

**concepịre** *vt* concevoir.

**concẹrto** *sm* concert *m.*

**concessionạrio, -a** *sm, f* concessionnaire *mf.*

**concẹsso, -a** *pp* → **concedere.**

**concẹtto** *sm* concept *m.*

**conchịglia** *sf* coquille *f.*

**conciliạre** *vt* concilier.

**concịme** *sm* engrais *m.*

**conclụdere** *vt* conclure.

**conclusiọne** *sf* conclusion *f.*

**conclụso, -a** *pp* → **concludere.**

**concordạre** *vt* convenir de; *(GRAMM)* accorder. ◆ *vi* s'accorder.

**concorrẹnte** *smf* concurrent *m* (-e *f*).

**concorrẹnza** *sf* concurrence *f.*

**concrẹto, -a** *agg* concret(-ète).

**condạnna** *sf* condamnation *f*; *(pena)* peine *f.*

**condannạre** *vt* condamner.

**condimẹnto** *sm* assaisonnement *m.*

**condịre** *vt* assaisonner.

**condizionatọre** *sm* climatiseur *m.*

**condiziọne** *sf* condition *f*; **in buone condizioni** en bon état.

**condogliạnze** *sfpl* condoléances *fpl.*

**condomịnio** *sm (edificio)* immeuble *m (en copropriété).*

**condọtta** *sf* conduite *f.*

**condọtto, -a** *pp* → **condurre.** ◆ *sm* conduit *m.*

**conducẹnte** *sm (di mezzo pubblico)* conducteur *m* (-trice *f*).

**condụrre** *vt* conduire; *(affare, azienda)* diriger; *(vita)* mener.

**confederaziọne** *sf* confédération *f.*

**conferẹnza** *sf* conférence *f*; **~ stampa** conférence de presse.

**confẹrma** *sf* confirmation *f.*

**confermạre** *vt* confirmer.

**confessạre** *vt (colpa)* avouer; *(peccato)* confesser.

❑ **confessarsi** *vr* se confesser.

**confessione** *sf* aveu *m*; *(sacramento)* confession *f*.

**confetto** *sm (dolciume)* dragée *f*; *(pastiglia)* comprimé *m* enrobé.

**confezionare** *vt (pacco, merce)* emballer; *(vestiario)* confectionner.

**confezione** *sf (involucro)* emballage *m*; *(di vestiario)* confection *f*; **~ regalo** paquet *m* cadeau.

**confidare** *vt* : **~ qc a qn** confier qqch à qqn. ❑ **confidarsi** *vr* : **confidarsi con qn** se confier à qqn.

**confidenziale** *agg (riservato)* confidentiel(-elle); *(amichevole)* amical(-e).

**confine** *sm* frontière *f*.

**conflitto** *sm* conflit *m*.

**confondere** *vt* confondre; **~ le idee a qn** brouiller les idées à qqn. ❑ **confondersi** *vr (mescolarsi)* se mélanger; *(sbagliarsi)* s'embrouiller; *(turbarsi)* se troubler.

**conformità** *sf* conformité *f*.

**confortare** *vt* réconforter.

**confortevole** *agg* confortable.

**confrontare** *vt* confronter.

**confronto** *sm* comparaison *f*; **in ~ (a)** en comparaison (avec); **nei miei confronti** à mon égard.

**confusione** *sf (caos)* désordre *m*; *(chiasso)* vacarme *m*; **far ~** *(confondersi)* se tromper; *(far rumore)* faire du bruit.

**confuso, -a** *pp* → **confondere.** ◆ *agg (vago)* confus(-e).

**congedo** *sm (permesso)* congé *m*; *(MIL)* permission *f*.

**congegno** *sm* dispositif *m*.

**congelare** *vt* congeler; *(mani)* geler.

**congelatore** *sm* congélateur *m*.

**congestione** *sf* congestion *f*.

**congiungere** *vt* joindre.

**congiunto, -a** *pp* → **congiungere.** ◆ *sm, f* parent *m* (-e *f*).

**congiunzione** *sf* conjonction *f*.

**congratularsi** *vr* : **~ con qn per qc** féliciter qqn de *o* pour qqch.

**congratulazioni** *sfpl* félicitations *fpl*.

**congresso** *sm* congrès *m*.
**coniglio** *sm* lapin *m*; ~ **in salmì** civet de lapin.
**coniuge** *smf* conjoint *m* (-e *f*).
**connettere** *vt* relier.
**cono** *sm* cône *m*; ~ **gelato** cornet *m* de glace.
**conoscente** *smf* connaissance *f*.
**conoscenza** *sf* connaissance *f*.
**conoscere** *vt* connaître; *(incontrare)* rencontrer.
**conosciuto, -a** *pp* → **conoscere**. ◆ *agg (noto)* connu(-e).
**conquista** *sf* conquête *f*.
**conquistare** *vt* conquérir.
**consapevole** *agg* : ~ **di qc** conscient(-e) de qqch.
**conscio, -a, -sci, -sce** *agg* : ~ **di qc** conscient(-e) de qqch.
**consegna** *sf (recapito)* livraison *f*; *(custodia)* garde *f*.
**consegnare** *vt (recapitare)* livrer; *(affidare)* remettre.
**conseguenza** *sf* conséquence *f*; **di** ~ par conséquent.
**consenso** *sm* consentement *m*.
**consentire** *vt* permettre.
**conserva** *sf* conserve *f*; ~ **di frutta** fruits *mpl* en conserve.
**conservante** *sm* conservateur *m*.
**conservare** *vt* conserver.
**conservatore, -trice** *sm, f* conservateur *m* (-trice *f*).
**considerare** *vt* considérer.
**considerevole** *agg* considérable.
**consigliare** *vt* conseiller; ~ **a qn di fare qc** conseiller à qqn de faire qqch. ❑ **consigliarsi con** *vr + prep* consulter.
**consiglio** *sm* conseil *m*.
**consistere**: **consistere di** *v + prep* consister en. ❑ **consistere in** *v + prep* : ~ **nel fare qc** consister à faire qqch.
**consistito, -a** *pp* → **consistere**.
**consolare** *vt* consoler.
**consolato** *sm* consulat *m*.
**console** *sm* consul *m*.
**consonante** *sf* consonne *f*.
**constatare** *vt* constater.
**consulente** *smf* consultant *m* (-e *f*).

**consultare** *vt* consulter. ❑ **consultarsi con** *vr* + *prep* consulter.

**consumare** *vt* consommer; *(logorare)* user. ❑ **consumarsi** *vr* s'user.

**consumatore** *sm* consommateur *m*.

**consumazione** *sf* consommation *f*; ~ **al tavolo** consommation en salle.

**consumo** *sm* consommation *f*.

**contabile** *smf* comptable *mf*.

**contabilità** *sf* comptabilité *f*.

**contachilometri** *sm inv* compteur *m* (kilométrique).

**contadino**, **-a** *sm, f* paysan *m* (-anne *f*).

**contagiare** *vt* contaminer.

**contagocce** *sm inv* compte-gouttes *m inv*.

**contante** *agg* → **denaro**. ◆ *sm* comptant *m*; **pagare in contanti** payer comptant.

**contare** *vt* & *vi* compter; **avere i soldi contati** avoir peu d'argent. ❑ **contare di** *v* + *prep* : ~ **di fare qc** compter faire qqch. ❑ **contare su** *v* + *prep* compter sur.

**contatore** *sm* compteur *m*.

**contattare** *vt* contacter.

**contatto** *sm* contact *m*.

**conte**, **-essa** *sm, f* comte *m* (-esse *f*).

**contemporaneamente** *avv* en même temps.

**contemporaneo**, **-a** *agg* contemporain(-e).

**contendere** *vt* : ~ **qc a qn** disputer qqch à qqn.

**contenere** *vt* contenir.

**contenitore** *sm* récipient *m*.

**contento**, **-a** *agg* content(-e).

**contenuto** *sm* contenu *m*.

**contestare** *vt* contester.

**contestazione** *sf* contestation *f*.

**contesto** *sm* contexte *m*.

**continentale** *agg* continental(-e).

**continente** *sm* continent *m*.

**continuare** *vt, vi* & *v impers* continuer; ~ **a fare qc** continuer à *o* de faire qqch.

**continuazione** *sf* continuation *f.*

**continuo, -a** *agg* continu(-e); **di ~** continuellement.

**conto** *sm* compte *m; (di ristorante)* addition *f; (d'albergo)* note *f;* **fare ~ su** compter sur; **~ alla rovescia** compte à rebours; **per ~ di qn** pour le compte de qqn; **fare i conti con qn** régler ses comptes avec qqn; **in fin dei conti** en fin de compte.

**contorno** *sm (di pietanza)* garniture *f; (linea)* contour *m.*

**contrabbando** *sm* contrebande *f.*

**contraddire** *vt* contredire.

**contraddizione** *sf* contradiction *f.*

**contrapporre** *vt* opposer.

**contrario, -a** *agg* contraire. ♦ *sm* contraire *m;* **essere ~ a qc** être contraire à qqch; **avere qualcosa in ~** avoir quelque chose à redire; **al ~** au contraire.

**contrarre** *vt* contracter.

**contrassegno** *sm (marchio)* marque *f;* **spedire qc (in) ~** envoyer qqch contre remboursement.

**contrastare** *vt* s'opposer à. ♦ *vi* : **~ (con)** contraster (avec).

**contrasto** *sm* contraste *m;* **essere in ~ con qc** être en désaccord avec qqch.

**contrattare** *vt* négocier.

**contrattempo** *sm* contretemps *m.*

**contratto, -a** *pp* → **contrarre.** ♦ *sm* contrat *m.*

**contravvenzione** *sf* contravention *f.*

**contribuire**: **contribuire a** *v + prep* contribuer à.

**contributo** *sm* contribution *f; (tassa)* cotisation *f.*

**contro** *prep* contre; **~ di me** contre moi.

**controllare** *vt* contrôler; **'~ il resto'** 'vérifiez votre monnaie'.

**controllo** *sm* contrôle *m;* **perdere il ~** *(di veicolo)* perdre le contrôle; *(di impulsi)* perdre son sang-froid; **'~ elettronico della velocità'** 'contrôles radar'; **~ passaporti** contrôle des passeports.

**controllore** *sm* contrôleur *m*; **controllori di volo** contrôle *m* aérien.

**contromano** *avv* à contresens.

**controvoglia** *avv* à contrecœur.

**convalescenza** *sf* convalescence *f*.

**convalidare** *vt (biglietto)* coposter; *(dubbio, sospetto)* confirmer; **'~ all'inizio del viaggio'** 'compostez vos billets'.

**convegno** *sm* congrès *m*.

**conveniente** *agg* avantageux(-euse).

**convenire** *v impers* : **conviene avvertirli** il vaut mieux les prévenir.

**convento** *sm* couvent *m*.

**convenuto** *pp* → **convenire**.

**convenzionale** *agg* conventionnel(-elle).

**convenzione** *sf* convention *f*.

**conversazione** *sf* conversation *f*.

**convertire** *vt (cambiare)* transformer; *(a una fede, un'idea)* convertir.

**convincere** *vt* : **~ qn di qc** convaincre qqn de qqch; **~ qn a fare qc** convaincre qqn de faire qqch.

**convinto, -a** *pp* → **convincere**. ♦ *agg* convaincu(-e).

**convivere** *vi (di coppia)* vivre ensemble.

**cooperativa** *sf* coopérative *f*.

**coordinare** *vt* coordonner.

**coperchio** *sm* couvercle *m*.

**coperta** *sf* couverture *f*; *(di nave)* pont *m*.

**copertina** *sf* couverture *f*.

**coperto, -a** *pp* → **coprire**. ♦ *agg* couvert(-e). ♦ *sm (al ristorante)* couvert *m*.

**copertone** *sm* pneu *m*.

**copia** *sf* copie *f*; *(di giornale)* exemplaire *m*.

**copiare** *vt* copier.

**copione** *sm* script *m*.

**coppa** *sf* coupe *f*; *(ciotola)* bol *m*; *(di reggiseno)* bonnet *m*; **~ dell'olio** carter *m*.

**coppia** *sf* couple *m*; **a coppie** deux par deux.

**copricostume** *sm inv* robe *f* de plage.

**copriletto** *sm inv* couvre-lit *m*.

**coprire** *vt* couvrir.

**coraggio** *sm* courage *m.* ♦ *esclam* courage!
**coraggioso, -a** *agg* courageux(-euse).
**corallo** *sm* corail *m.*
**corano** *sm* : **il ~** le Coran.
**corda** *sf* corde *f*; **tagliare la ~** s'échapper; **corde vocali** cordes vocales.
**cordiale** *agg* cordial(-e).
**cordone** *sm* cordon *m.*
**coriandolo** *sm (pianta)* coriandre *f.* ❑ **coriandoli** *smpl* confettis *mpl.*
**coricarsi** *vr (andare a letto)* se coucher.
**cornetta** *sf (telefonica)* récepteur *m.*
**cornetto** *sm (pasta)* croissant *m*; *(gelato)* cône *m.*
**cornice** *sf* cadre *m.*
**cornicione** *sm* corniche *f.*
**corno** (*pl f* **corna**) *sm* corne *f.*
**coro** *sm* chœur *m.*
**corona** *sf* couronne *f.*
**corpo** *sm* corps *m.*
**corporeo, -a** *agg* corporel(-elle).
**correggere** *vt* corriger.
**corrente** *agg* courant(-e); *(moneta)* qui a cours. ♦ *sf* courant *m.* ♦ *sm* : **essere al ~ (di qc)** être au courant (de qqch).
**correntemente** *avv* couramment.
**correre** *vt* & *vi* courir.
**corretto, -a** *pp* → **correggere.** ♦ *agg* correct(-e); *(bevanda)* arrosé(-e).
**correzione** *sf* correction *f.*
**corridoio** *sm* couloir *m.*
**corridore** *sm* coureur *m.*
**corriera** *sf* autocar *m.*
**corriere** *sm* coursier *m.*
**corrimano** *sm* main *f* courante.
**corrispondente** *agg* correspondant(-e). ♦ *smf* correspondant *m* (-e *f*).
**corrispondenza** *sf* correspondance *f.*
**corrispondere** *vt* partager. ❑ **corrispondere a** *v + prep* correspondre à.
**corrisposto, -a** *pp* → **corrispondere.**
**corrompere** *vt* corrompre.
**corrotto, -a** *pp* → **corrompere.** ♦ *agg* corrompu(-e).
**corruzione** *sf* corruption *f.*
**corsa** *sf* course *f*; *(di*

*mezzo pubblico)* trajet *m*; **fare una ~** courir; *(fig: sbrigarsi)* se dépêcher; **di ~** en courant.

**corsịa** *sf (di strada)* voie *f*; *(di ospedale)* salle *f*; **~ di sorpasso** voie de dépassement.

**Cọrsica** *sf* : **la ~** la Corse.

**cọrso**, **-a** *pp* → **correre.** ◆ *sm* cours *m*; *(strada)* avenue *f*; **fare un ~ (di qc)** suivre un cours (de qqch); **~ accelerato** cours intensif; **corsi serali** cours du soir; **in ~** *(denaro)* qui a cours; *(attività)* en cours.

**cọrte** *sf* cour *f*.

**cortẹccia**, **-ce** *sf* écorce *f*.

**cortẹo** *sm* cortège *m*.

**cortẹse** *agg* aimable.

**cortesịa** *sf (qualità)* courtoisie *f*; *(atto)* service *m*; **per ~** s'il vous/te plaît.

**cortịle** *sm* cour *f*.

**cọrto**, **-a** *agg* court(-e).

**cọrvo** *sm* corbeau *m*.

**cọsa** *sf* chose *f*; **~?** quoi?; **~ c'è?** qu'est-ce qu'il y a?; **per prima ~** avant tout.

**cọscia**, **-sce** *sf* cuisse *f*.

**coscięnte** *agg* conscient(-e).

**coscięnza** *sf* conscience *f*.

**cọsciotto** *sm* gigot *m*.

**così** *avv* 1. *(in questo modo)* comme ça, ainsi; **per ~ dire** pour ainsi dire; **meglio ~** tant mieux; **proprio ~!** exactement!; **è ~ via** et ainsi de suite.

2. *(per descrivere misure)* comme ça; **una scatola larga ~ e lunga ~** une boîte large comme ça et longue comme ça.

3. *(talmente)* si; **è ancora ~ presto!** il est encore si tôt!; **~ poco** si peu; **non ne voglio ~ tanto** je n'en veux pas autant.

4. *(conclusivo)* donc; **~, non hai ancora deciso** donc, tu n'as pas encore décidé.

◆ *cong* 1. *(perciò)* c'est pourquoi.

2. *(a tal punto)*: **~... che** si o tellement... que; **ho ~ fame che mangerei qualsiasi cosa** j'ai tellement faim que je mangerais n'importe quoi; **~... da** assez... pour; **è ~ sciocco da dire di no** il est assez bête pour dire non.

3. **~ che** *(affinché)* de sorte que, de façon à ce que; **diglielo, ~ che lo sappia** dis-le lui, de sorte qu'il le sache.

◆ *agg inv* pareil(-eille); **è meglio non frequentare gente ~** il vaut mieux ne pas fréquenter des gens pareils.

**cosicché** *cong* de sorte que.

**cosiddetto, -a** *agg* soi-disant *(inv)*.

**cosmetici** *smpl* cosmétiques *mpl*.

**coso** *sm (fam)* machin *m*, truc *m*.

**cospargere** *vt* : **~ qc di qc** *(di rosmarino, fiori)* parsemer qqch de qqch.

**cosparso, -a** *pp* → **cospargere**.

**costa** *sf* côte *f*.

**costante** *agg* constant(-e).

**costare** *vi* coûter; **quanto costa?** combien ça coûte?

**costata** *sf* côte *f*.

**costatare** = **constatare**.

**costellazione** *sf* constellation *f*.

**costiero, -a** *agg* côtier(-ère).

**costituire** *vt* constituer. ❑ **costituirsi** *vr (DIR)* se rendre à la police.

**costituzione** *sf* constitution *f*.

**costo** *sm* coût *m*; **a tutti i costi, a qualunque ~** à tout prix.

**costola** *sf* côte *f*.

**costoletta** *sf* côtelette *f*.

**costoso, -a** *agg* coûteux(-euse).

**costretto, -a** *pp* → **costringere**.

**costringere** *vt* : **~ qn a fare qc** obliger qqn à faire qqch.

**costruire** *vt* construire.

**costruzione** *sf* construction *f*.

**costume** *sm (uso)* habitude *f*; *(abito)* costume *m*; **~ da bagno** maillot *m* de bain.

**cotechino** *sm grosse saucisse à bouillir*.

**cotoletta** *sf* côtelette *f*; **~ alla milanese** côtelette panée.

**cotone** *sm* coton *m*.

**cotto, -a** *pp* → **cuocere**. ◆ *agg* cuit(-e).

**cottura** *sf* cuisson *f*.

**cozza** *sf* moule *f*.

**crampo** *sm* crampe *f*.

**cranio** *sm* crâne *m*.

**cravatta** *sf* cravate *f*.

**creare** *vt* créer.

**creativo, -a** *agg* créatif(-ive).

**creatore**, **-trice** *sm, f* créateur *m* (-trice *f*).

**creatura** *sf* créature *f*.

**credente** *smf* croyant *m* (-e *f*).

**credere** *vt* croire; **credo di sì/di no** je crois que oui/ que non; **credo (che) sia vero** je crois que c'est vrai; **crede di avere ragione** il croit avoir raison. ❑ **credere a** *v + prep* croire; **non ci credo!** je n'y crois pas!

**credito** *sm* crédit *m*.

**crema** *sf* crème *f*; *(liquida)* crème anglaise.

**cremoso**, **-a** *agg* crémeux(-euse).

**crescere** *vi (persona, organismo)* grandir; *(pianta, barba)* pousser; *(aumentare)* croître. ◆ *vt (allevare)* élever.

**crescita** *sf* croissance *f*.

**cresima** *sf* confirmation *f*.

**crespo**, **-a** *agg (capelli)* crépu(-e).

**cresta** *sf* crête *f*.

**creta** *sf* argile *f*.

**cretino**, **-a** *agg* crétin(-e).

**criminale** *agg* criminel(-elle). ◆ *smf* criminel *m* (-elle *f*).

**crimine** *sm* crime *m*.

**criniera** *sf* crinière *f*.

**cripta** *sf* crypte *f*.

**crisi** *sf inv* crise *f*.

**cristallo** *sm* cristal *m*.

**cristiano**, **-a** *agg* chrétien(-enne). ◆ *sm, f* chrétien *m* (-enne *f*).

**Cristo** *sm* Christ *m*; **avanti ~** avant Jésus-Christ; **dopo ~** après Jésus-Christ.

**criterio** *sm (regola)* critère *m*; *(buon senso)* discernement *m*.

**critica**, **-che** *sf* critique *f*.

**criticare** *vt (disapprovare)* critiquer.

**critico**, **-a**, **-ci**, **-che** *agg* critique. ◆ *sm, f* critique *mf*.

**Croazia** *sf* : **la ~** la Croatie.

**croccante** *agg* croquant(-e).

**crocchetta** *sf* croquette *f*.

**croce** *sf* croix *f*; **la Croce Rossa** la Croix-Rouge.

**crociera** *sf* croisière *f*.

**crocifisso** *sm* crucifix *m*.

**crollare** *vi* s'écrouler.

**crollo** *sm* effondrement *m*.

**cronaca**, **-che** *sf (di avve-*

*nimento)* compte-rendu *m*; *(di giornale)* chronique *f*; **~ nera** faits *mpl* divers.

**crọnico, -a, -ci, -che** *agg* chronique.

**cronolọgico, -a, -ci, -che** *agg* chronologique.

**crọsta** *sf* croûte *f*.

**crostạcei** *smpl* crustacés *mpl*.

**crostạta** *sf* tarte *f (aux fruits ou à la confiture)*.

**crostịno** *sm (per minestra)* croûton *m*; *(tartina)* canapé *m*.

**crucivẹrba** *sm inv* mots *mpl* croisés.

**crudẹle** *agg* cruel(-elle).

**crụdo, -a** *agg (non cotto)* cru(-e).

**crụsca** *sf* son *m (du blé)*.

**cruscọtto** *sm* tableau *m* de bord.

**cụbo** *sm* cube *m*.

**cuccẹtta** *sf* couchette *f*.

**cucchiaịno** *sm* petite cuillère *f*.

**cucchịaio** *sm* cuillère *f*, cuiller *f*.

**cụccia, -ce** *sf* niche *f*.

**cucciolo** *sm (di cane)* chiot *m*; *(di altri animali)* petit *m*.

**cucịna** *sf* cuisine *f*; *(elettrodomestico)* cuisinière *f*; **~ casalinga** cuisine familiale.

**cucinạre** *vt* cuisiner.

**cucịre** *vt* coudre.

**cucitụra** *sf* couture *f*.

**cụffia** *sf (da bagno)* bonnet *m* de bain; *(per l'ascolto)* casque *m*; *(copricapo)* bonnet *m*.

**cugịno, -a** *sm, f* cousin *m* (-e *f*).

**cụi** *pron relativo* 1. *(in complementi indiretti: persona)* qui; **la ragazza con ~ esco** la fille avec qui je sors; **il dottore da ~ vado** le docteur chez qui je vais; **l'amico di ~ ti ho parlato** l'ami dont je t'ai parlé.
2. *(in complementi indiretti: cosa)* lequel (laquelle); **i film a ~ mi riferisco** les films auxquels je fais allusion; **l'appartamento in ~ vivo** l'appartement dans lequel je vis; **il motivo per ~ ti chiamo** la raison pour laquelle je t'appelle.
3. *(tra articolo e nome)*: **la città il ~ nome mi sfugge** la ville dont le nom m'échappe; **la persona alla ~ domanda rispondo** la personne à la question de laquelle je réponds.

❑ **per cui** *cong* donc, c'est pourquoi.
**cụlla** *sf* berceau *m*.
**cultụra** *sf* culture *f*.
**cụmulo** *sm* tas *m*.
**cuọcere** *vt* & *vi* cuire.
**cuọco, -a, -chi, -che** *sm, f* cuisinier *m* (-ère *f*).
**cuọio** *sm* cuir *m*.
**cuọre** *sm* cœur *m*; **avere a ~ qc** avoir qqch à cœur.
**cụpola** *sf* coupole *f*.
**cụra** *sf (trattamento)* traitement *m*; *(del sonno, termale)* cure *f*; *(accuratezza)* soin *m*; **avere ~ di** prendre soin de; **prendersi ~ di** s'occuper de.
**curạre** *vt* soigner; *(progetto, pubblicazione)* être responsable de.
**curiosità** *sf inv* curiosité *f*.
**curiọso, -a** *agg* curieux(-euse).
**cụrva** *sf* virage *m*; **in ~** dans les virages.
**curvạre** *vi* tourner. ◆ *vt* courber.
**cụrvo, -a** *agg* courbe; *(persona, spalle)* courbé(-e).
**cuscịno** *sm (da divano)* coussin *m*; *(guanciale)* oreiller *m*.
**custọde** *smf* gardien *m* (-enne *f*).
**custọdia** *sf (cura, controllo)* garde *f*; *(astuccio)* étui *m*.
**custodịre** *vt* garder.

# D

**da** *prep* **1.** *(con verbo passivo)* par; **il viaggio è pagato dalla ditta** le voyage est payé par l'entreprise.
**2.** *(stato in luogo)* chez; **abito ~ una zia** j'habite chez une tante.
**3.** *(moto a luogo)* chez; **andare dal medico** aller chez le médecin.
**4.** *(moto per luogo)* par; **sono entrato dall'ingresso principale** je suis entré par la porte principale.
**5.** *(indica l'origine, la provenienza)* de; **venire ~ Roma** venir de Rome; **ricevere una lettera ~ un amico** recevoir une lettre d'un ami.
**6.** *(indica una durata)* depuis; **aspetto ~ ore** cela fait des heures que j'attends, j'attends depuis des heures; **lavoro dalle 9 alle 5** je travaille de 9 heures à 5 heures.

7. *(indica un'epoca)*: **~ giovane era un grande atleta** quand il était jeune, c'était un grand athlète.
8. *(indica la causa)* de; **tremare dal freddo** trembler de froid.
9. *(indica una caratteristica)* à; **la ragazza dagli occhi verdi** la jeune fille aux yeux verts.
10. *(indica il fine)* de; **occhiali ~ sole** lunettes de soleil; **preparare qualcosa ~ mangiare** préparer quelque chose à manger.
11. *(indica separazione)* de; **vedere ~ lontano/vicino** voir de loin/près; **essere lontano ~ casa** être loin de chez soi; **mettere qc ~ parte** mettre qqch de côté.
12. *(indica prezzo, misura)* de; **stanza ~ 110 euro a notte** chambre à 110 euros la nuit; **bottiglia ~ un litro** bouteille d'un litre.
13. *(indica modo)*: **trattare qn ~ amico** traiter qqn en ami.
14. *(indica la conseguenza)*: **ho riso ~ non poterne più** j'ai ri à n'en plus pouvoir.

**daccapo** *avv* depuis le début.

**dado** *sm* dé *m*; *(estratto)* cube *m* (de bouillon); *(per vite)* écrou *m*.

**dagli** = **da + gli → da.**

**dai**[1] = **da + i → da.**

**dai**[2] *esclam* allez!

**dal** = **da + il → da.**

**dall'** = **da + l' → da.**

**dalla** = **da + la → da.**

**dalle** = **da + le → da.**

**dallo** = **da + lo → da.**

**danaro** = **denaro.**

**danese** *agg* danois(-e). ◆ *sm (lingua)* danois *m*.

**Danimarca** *sf* : **la ~** le Danemark.

**danneggiare** *vt* endommager; *(nuocere a)* nuire à.

**danno** *sm* dommage *m*; *(morale)* tort *m*.

**dannoso, -a** *agg* nuisible.

**danza** *sf* danse *f*.

**dappertutto** *avv* partout.

**dare** *vt (consegnare)* donner; *(film)* passer; *(festa, ricevimento)* organiser; **~ fastidio a qn** embêter qqn; **~ la buonanotte a qn** dire bonne nuit à qqn; **~ da bere a qqn** donner à boir à qqn; **lo davano per morto** on le croyait mort; **~ qc per scontato** considérer qqch comme un fait acquis. ❑ **dare su** *v + prep* *(sog: finestra)* donner sur. ❑ **darsi a** *vr + prep (dedicarsi a)* s'adonner à.

**data** *sf* date *f*; **~ di nascita** date de naissance.

**dato**, **-a** *pp* → **dare**. ◆ *agg* donné(-e). ◆ *sm* donnée *f*; **a un ~ momento** à un moment donné; **~ che** étant donné que; **è un ~ di fatto** c'est un fait.

**datore**, **-trice** *sm, f* : **~ di lavoro** employeur *m* (-euse *f*).

**davanti** *avv* devant. ◆ *agg inv (anteriore)* de devant. ◆ *sm* devant *m*. ◆ *prep* : **~ a** devant.

**davanzale** *sm* rebord *m*.

**davvero** *avv (molto)* vraiment; *(sul serio)* sérieusement; **~?** vraiment?

**d.C.** *(abbr di dopo Cristo)* apr. J-C.

**debito** *sm* dette *f*.

**debole** *agg* faible.

**debolezza** *sf* faiblesse *f*.

**decaffeinato**, **-a** *agg* décaféiné(-e).

**decennio** *sm* décennie *f*.

**decente** *agg (conforme al pudore)* décent(-e), convenable; *(accettabile)* acceptable.

**decidere** *vt & vi* décider; **~ una data** décider d'une date.

**decimo**, **-a** *num* dixième; → **sesto**.

**decina** *sf* : **una ~ (di)** une dizaine (de).

**decisione** *sf* décision *f*.

**deciso**, **-a** *pp* → **decidere**. ◆ *agg* décidé(-e).

**decollare** *vi* décoller.

**decollo** *sm* décollage *m*.

**decorare** *vt* décorer.

**decreto** *sm* décret *m*.

**dedica**, **-che** *sf* dédicace *f*.

**dedicare** *vt* : **~ qc a qn** *(poesia, canzone)* dédier qqch à qqn; *(fig: consacrare)* consacrer qqch à qqn. ❑ **dedicarsi a** *vr + prep* se consacrer à.

**dedotto**, **-a** *pp* → **dedurre**.

**dedurre** *vt* déduire.

**deduzione** *sf* déduction *f*.

**deficiente** *agg (spreg)* débile.

**definire** *vt* définir.

**definitivo**, **-a** *agg* définitif(-ive).

**definizione** *sf* définition *f*.

**deformare** *vt* déformer.

**defụnto**, **-a** *sm, f* défunt *m* (-e *f*).
**dẹgli** = **di + gli → di.**
**dẹgno**, **-a** *agg* : **~ di** digne de.
**degradạre** *vt* dégrader.
**dẹi** = **di + i → di.**
**delfịno** *sm* dauphin *m.*
**delicatẹzza** *sf* délicatesse *f*; *(atto gentile)* attention *f* délicate.
**delicạto**, **-a** *agg* délicat(-e).
**delinquẹnte** *smf* délinquant *m* (-e *f*).
**delịtto** *sm* crime *m.*
**delizịoso**, **-a** *agg* délicieux(-euse).
**dẹll'** = **di + l' → di.**
**dẹlla** = **di + la → di.**
**dẹlle** = **di + le → di.**
**dẹllo** = **di + lo → di.**
**delụdere** *vt* décevoir.
**delusịone** *sf* déception *f.*
**delụso**, **-a** *pp* **→ deludere.** ♦ *agg* déçu(-e).
**democrạtico**, **-a**, **-ci**, **-che** *agg* démocratique.
**demolịre** *vt* démolir.
**demọnio** *sm* démon *m.*
**demoralizzạre** *vt* démoraliser.
**denạro** *sm* argent *m*; **~ contante** comptant *m.*
**denominạre** *vt* appeler.
**denominazịone** *sf* dénomination *f*; **~ d'origine controllata** appellation *f* d'origine contrôlée.
**dẹnso**, **-a** *agg (liquido)* épais(-aisse); *(fumo, nebbia)* dense, épais.
**dẹnte** *sm* dent *f*; **~ da latte** dent de lait; **~ del giudizio** dent de sagesse.
**dentiẹra** *sf (denti finti)* dentier *m.*
**dentifrịcio** *sm* dentifrice *m.*
**dentịsta**, **-i**, **-e** *smf* dentiste *mf.*
**dẹntro** *avv (all'interno)* dedans, à l'intérieur. ♦ *prep* dans; **~ di sé** au fond de soi-même, dans son for intérieur; **là ~** là-dedans; **qui ~** ici dedans.
**denụncia**, **-ce** *o* **cie** *sf* : **fare la ~** faire sa déclaration (d'impôts); **~ dei redditi** déclaration *f* d'impôts.
**denunciạre** *vt* dénoncer; *(dichiarare)* déclarer.
**deodorạnte** *sm (per il corpo)* déodorant *m*; *(per ambiente)* désodorisant *m.*
**depilazịone** *sf* épilation *f.*
**depositạre** *vt* déposer.

**depọsito** *sm* dépôt *m*; *(cauzione)* caution *f*; ~ **bagagli** consigne *f*.
**deprẹsso, -a** *pp* → **deprimere**. ◆ *agg* déprimé(-e).
**deprimẹnte** *agg* déprimant(-e).
**deprịmere** *vt* déprimer. ❑ **deprimersi** *vr* se démoraliser.
**deputạto, -a** *sm, f* député *m*.
**derivạre**: **derivare da** *v + prep* provenir de.
**dermatọlogo, -a, -gi** *o* **ghi, -ghe** *sm, f* dermatologue *mf*.
**derubạre** *vt* voler.
**descrịtto, -a** *pp* → **descrivere**.
**descrịvere** *vt* décrire.
**descriziọne** *sf* description *f*.
**desẹrto, -a** *agg* désert(-e); *(senza vegetazione)* désertique. ◆ *sm* désert *m*.
**desiderạre** *vt* désirer; **desidera?** vous désirez?
**desidẹrio** *sm* désir *m*.
**destinạre** *vt* destiner; *(indirizzare)* adresser.
**destinatạrio, -a** *sm, f* destinataire *mf*.
**destinaziọne** *sf* destination *f*.
**destịno** *sm* destin *m*.
**dẹstra** *sf (mano)* main *f* droite; *(lato)* droite *f*; **tenere la ~** tenir sa droite.
**dẹstro, -a** *agg (lato, mano)* droit(-e).
**detenụto, -a** *sm, f* détenu *m* (-e *f*).
**detenziọne** *sf* détention *f*.
**detergẹnte** *agg (cosmetico)* démaquillant(-e). ◆ *sm (cosmetico)* démaquillant *m*; *(detersivo)* détergent *m*.
**deteriorạre** *vt* détériorer.
**determinạre** *vt (stabilire)* déterminer; *(provocare)* provoquer.
**determinaziọne** *sf* détermination *f*.
**detersịvo** *sm (per piatti)* produit *m* vaisselle; *(per panni)* lessive *f*; *(per pavimenti)* nettoyant *m*.
**detestạre** *vt* détester.
**dettạglio** *sm* détail *m*; **al ~** *(COMM)* au détail.
**dettạre** *vt* dicter.
**dẹtto, -a** *pp* → **dire**. ◆ *agg (soprannominato)* dit(-e). ◆ *sm* dicton *m*.
**devastạre** *vt* dévaster.
**deviạre** *vt* dévier. ◆ *vi*

*(per evitare un ostacolo)* faire un écart; *(svoltare)* tourner.

**deviazione** *sf (del traffico)* déviation *f*; *(percorso)* détour *m*.

**di** *prep* 1. *(indica appartenenza)* de; **la casa dei miei genitori** la maison de mes parents; **questo libro è ~ Marco** ce livre est à Marco.
2. *(indica l'autore)* de; **un quadro ~ Giotto** un tableau de Giotto.
3. *(partitivo)* de; **alcuni ~ noi** certains d'entre nous; **bevi dell'acqua** bois de l'eau; **ho incontrato degli amici** j'ai rencontré des amis.
4. *(indica paragone)* que; **sono più alto ~ te** je suis plus grand que toi.
5. *(indica argomento)* de; **un libro ~ storia** un livre d'histoire.
6. *(temporale)*: **d'estate** l'été, en été; **~ mattina** le matin.
7. *(indica provenienza)* de; **sono ~ Messina** je suis de Messine.
8. *(con nomi propri)* de; **la città ~ Palermo** la ville de Palerme.
9. *(indica l'età)* de; **un bambino ~ tre anni** un enfant de trois ans.
10. *(indica la materia)* de, en; **statua ~ marmo** statue de o en marbre.
11. *(indica misura)* de; **una torre ~ 40 m** une tour de 40 m.
12. *(indica la causa)* de; **soffrire ~ mal di testa** souffrir de maux de tête.
13. *(con frase dichiarativa)*: **pensavo ~ uscire** j'avais l'intention de sortir; **capita ~ sbagliare** il arrive qu'on se trompe; **mi sembra ~ sognare** je crois rêver.
14. *(in espressioni)*: **a causa ~** à cause de; **~ modo che** de sorte que *(+ congiuntivo)*; **darsi del tu/lei** se tutoyer/vouvoyer.

**diabetico, -a, -ci, -che** *agg* diabétique.

**diagnosi** *sf inv* diagnostic *m*.

**diagonale** *agg* diagonal(-e). ◆ *sf* diagonale *f*.

**dialetto** *sm* dialecte *m*.

**dialogo, -ghi** *sm* dialogue *m*.

**diamante** *sm* diamant *m*.

**diapositiva** *sf* diapositive *f*.

**diario** *sm* journal *m*; *(a scuola)* cahier *m* de textes.

**diarrea** *sf* diarrhée *f*.

**diavolo** *sm* diable *m.* ◆ *esclam* bon sang!
**dibattito** *sm* débat *m.*
**dica** → **dire.**
**dicembre** *sm* décembre *m;* → **settembre.**
**diceria** *sf* racontar *m.*
**dichiarare** *vt* déclarer.
**dichiarazione** *sf* déclaration *f.*
**diciannove** *num* dix-neuf; → **sei.**
**diciannovesimo, -a** *num* dix-neuvième; → **sesto.**
**diciassette** *num* dix-sept; → **sei.**
**diciassettesimo, -a** *num* dix-septième; → **sesto.**
**diciottesimo, -a** *num* dix-huitième; → **sesto.**
**diciotto** *num* dix-huit; → **sei.**
**dieci** *num* dix; → **sei.**
**diecina** = **decina.**
**diesel** ['dizel] *agg inv* Diesel *(inv).* ◆ *sm inv* diesel *m.*
**dieta** *sf* régime *m;* **essere a ~** être au régime.
**dietro** *avv* derrière. ◆ *sm (di giacca)* dos *m.* ◆ *prep* : **~ (a)** *(dopo)* après; *(di là da)* derrière; **~ di me** derrière moi; **di ~** de derrière; *(persona)* de dos; **qui/lì ~** ici/là derrière; **~ pagamento** contre paiement.
**difatti** *cong* en effet.
**difendere** *vt* défendre.
**difesa** *sf* défense *f.*
**difeso, -a** *pp* → **difendere.**
**difetto** *sm* défaut *m;* **~ di fabbricazione** défaut de fabrication.
**differente** *agg* différent(-e).
**differenza** *sf* différence *f;* **a ~ di** contrairement à.
**difficile** *agg* difficile; **è ~ che** il est peu probable que.
**difficoltà** *sf inv* difficulté *f.*
**diffidare**: **diffidare di** *v + prep* se méfier de.
**diffondere** *vt (luce, calore)* diffuser; *(notizia)* répandre.
**diffusione** *sf* diffusion *f.*
**diffuso, -a** *pp* → **diffondere.** ◆ *agg* répandu(-e).
**diga, -ghe** *sf* barrage *m.*
**digerire** *vt* digérer.
**digestione** *sf* digestion *f.*
**digestivo** *sm* digestif *m.*
**digitale** *agg* numérique.
**digiuno, -a** *agg* à jeun. ◆ *sm* jeûne *m;* **a ~** à jeun.
**dilatare** *vt* dilater.

**dilettạnte** *smf* amateur *m*.
**diligẹnte** *agg* appliqué(-e).
**diluịre** *vt* diluer.
**dilungạrsi** *vr* : ~ **in** se perdre dans; ~ **su** s'étendre sur.
**dilụvio** *sm* déluge *m*.
**dimagrịre** *vi* maigrir.
**dimenạre** *vt* agiter; *(coda)* remuer. ❑ **dimenarsi** *vr* s'agiter.
**dimensiọne** *sf* dimension *f*.
**dimenticạnza** *sf* oubli *m*.
**dimenticạre** *vt* oublier; **dimenticarsi qc** oublier qqch. ❑ **dimenticarsi di** *vr + prep* oublier.
**dimẹsso**, **-a** *pp* → **dimettere**.
**dimẹttere** *vt (da ospedale)* laisser sortir. ❑ **dimettersi** *vr* démissionner.
**diminuịre** *vt (quantità)* diminuer; *(prezzo)* baisser, diminuer. ◆ *vi (caldo, rumore)* diminuer; *(prezzi)* baisser, diminuer.
**diminuziọne** *sf* baisse *f*, diminution *f*.
**dimissiọni** *sfpl* démission *f*; **dare le** ~ donner sa démission.
**dimostrạre** *vt (manifestare)* montrer; *(provare)* démontrer, prouver. ❑ **dimostrarsi** *vr* se révéler.
**dimostraziọne** *sf* démonstration *f*; *(protesta)* manifestation *f*.
**dinạmico**, **-a**, **-ci**, **-che** *agg* dynamique.
**dinạnzi** *prep* : ~ **a** devant.
**dintọrni** *smpl* environs *mpl*, alentours *mpl*; **nei** ~ **di** aux environs *o* alentours de.
**dịo** (*pl* **dei**) *sm* dieu *m*. ❑ **Dio** *sm* Dieu *m*; **mio Dio!** mon Dieu!
**dipartimẹnto** *sm* département *m*.
**dipendẹnte** *agg* dépendant(-e). ◆ *smf* salarié *m* (-e *f*).
**dipendẹnza** *sf* dépendance *f*.
**dipẹndere** *vi* : ~ **da** dépendre de; *(derivare)* être dû à; **dipende** ça dépend.
**dipẹso**, **-a** *pp* → **dipendere**.
**dipịngere** *vt* peindre.
**dipịnto**, **-a** *pp* → **dipingere**. ◆ *sm* peinture *f*.
**diplọma**, **-i** *sm* diplôme *m*.

**diplomarsi** *vr* obtenir un diplôme.

**diplomatico, -a, -ci, -che** *agg* diplomatique; *(pieno di tatto)* diplomate. ◆ *sm* diplomate *m*; *(pasta) petit mille-feuille sur une base de génoise à la liqueur.*

**diplomazia** *sf* diplomatie *f*.

**dire** *vt* 1. *(pronunciare)* dire.
2. *(esprimere)* dire; **~ la verità** dire la vérité; **dica pure** dites; **dimmi tutto** dis-moi tout.
3. *(ordinare)*: **~ a qn di fare qc** dire à qqn de faire qqch.
4. *(sostenere)* dire; **dice che non è vero** il dit que ce n'est pas vrai.
5. *(tradurre)*: **come si dice "scusi" in francese?** comment dit-on « scusi » en français?
6. *(pensare)* dire; **che ne dite di...?** ça vous dit de...?; **e ~ che...!** dire que...!
7. *(sembrare)*: **si direbbe che...** on dirait que...
8. *(in espressioni)*: **diciamo che...** disons que...; **a ~ il vero...** à vrai dire; **vuol ~ che...** ça veut dire que...
◆ *v impers* : **si dice che...** on dit que...; **si direbbe che...** on dirait que...
◆ *vi* : **dico davvero** o **sul serio** je suis sérieux; **a dir poco** au moins, au bas mot; **a dir tanto** au plus; **volevo ben ~!** j'en étais sûr!

**diretto, -a** *pp* → **dirigere**. ◆ *agg* direct(-e). ◆ *sm (treno)* direct *m*; **essere ~ a** être à destination de; *(indirizzato)* être adressé(-e) à.

**direttore, -trice** *sm, f* directeur *m* (-trice *f*); **~ d'orchestra** chef *m* d'orchestre.

**direzione** *sf* direction *f*.

**dirigente** *sm* dirigeant *m*.

**dirigere** *vt* diriger.

**diritto, -a** *agg* droit (-e). ◆ *avv* tout droit. ◆ *sm* droit *m*; **tirare ~** continuer son chemin; **sempre ~** tout droit.

**diroccato, -a** *agg* en ruine.

**dirottare** *vt* détourner.

**disabitato, -a** *agg* inhabité(-e).

**disaccordo** *sm* désaccord *m*.

**disagio** *sm (scomodità)* désagrément *m*; *(imbarazzo)* malaise *m*, gêne *f*; **essere a ~** être mal à l'aise.

**disapprovare** *vt* désapprouver.

**disarmare** *vt* désarmer.

**disastro** *sm* désastre *m*; *(danno)* dégât *m*; *(fig: disordine)* pagaille *f*.

**disastroso, -a** *agg (evento)* désastreux(-euse); *(anno)* plein(-e) de malheurs.

**disattento, -a** *agg* inattentif(-ive).

**discarica, -che** *sf* décharge *f*.

**discendente** *smf* descendant *m* (-e *f*).

**discepolo, -a** *sm, f* disciple *mf*.

**discesa** *sf* descente *f*; **in ~** en pente; **'~ a mare'** *panneau indiquant un accès piétonnier à la plage.*

**dischetto** *sm (INFORM)* disquette *f*.

**disciplina** *sf* discipline *f*.

**disciplinato, -a** *agg (persona)* discipliné(-e); *(svolgimento)* ordonné(-e).

**disco, -schi** *sm* disque *m*; **~ orario** disque de stationnement; **~ volante** soucoupe *f* volante.

**discolpare** *vt* disculper.

**discorrere**: **discorrere di** *v + prep* parler de.

**discorso** *pp* → **discorrere.** ♦ *sm (conversazione)* conversation *f*; *(conferenza)* discours *m*.

**discoteca, -che** *sf* discothèque *f*.

**discretamente** *avv (abbastanza bene)* assez bien; *(con tatto)* discrètement.

**discreto, -a** *agg (persona)* discret(-ète); *(abbastanza buono)* assez bon (bonne).

**discrezione** *sf (tatto)* discrétion *f*; *(moderazione)* modération *f*.

**discussione** *sf* discussion *f*.

**discusso, -a** *pp* → **discutere.**

**discutere** *vt & vi* discuter; **~ di** *o* **su** discuter de.

**disdetto, -a** → **disdire.**

**disdire** *vt (impegno)* annuler; *(contratto)* résilier.

**disegnare** *vt & vi* dessiner.

**disegno** *sm* dessin *m*; *(progetto)* projet *m*.

**disfare** *vt* défaire.

**disfatto, -a** → **disfare.**

**disgrązia** *sf* malheur *m.*
**disgraziąto, -a** *agg (persona)* malheureux(-euse); *(viaggio, anno)* mauvais(-e). ◆ *sm, f (sfortunato)* malheureux *m* (-euse *f*); *(malvagio)* malveillant *m* (-e *f*).
**disguįdo** *sm* erreur *f.*
**disgustąre** *vt (nauseare)* écœurer; *(infastidire)* dégoûter.
**disgųsto** *sm* dégoût *m.*
**disgustǫso, -a** *agg* dégoûtant(-e).
**disinfettąnte** *agg* désinfectant(-e). ◆ *sm* désinfectant *m.*
**disinfettąre** *vt* désinfecter.
**disinteressąrsi**: **disinteressarsi di** *vr + prep* se désintéresser de.
**disintossicąre** *vt* désintoxiquer; ~ **l'organismo** purifier son organisme.
**dislivęllo** *sm* dénivelé *m*; *(fig: differenza)* écart *m.*
**disoccupąto, -a** *agg* au chômage. ◆ *sm, f* chômeur *m* (-euse *f*).
**disoccupaziǫne** *sf* chômage *m.*
**disonęsto, -a** *agg* malhonnête.
**disǫpra** *avv* en haut, au-dessus; *(in scritto)* plus haut. ◆ *agg inv* du dessus.
**disordinąto, -a** *agg* désordonné(-e); *(vita)* déréglé(-e); *(racconto)* confus(-e).
**disǫrdine** *sm* désordre *m.*
**disorganizzaziǫne** *sf* désorganisation *f.*
**disorientąto, -a** *agg* désoriénté(-e).
**disǫtto** *avv* en bas, au-dessous. ◆ *agg inv* du dessous.
**dįspari** *agg (numero)* impair(-e).
**dispąrte** *avv* : **tenersi** *o* **starsene in** ~ se tenir à l'écart.
**dispendiǫso, -a** *agg* onéreux(-euse).
**dispęnsa** *sf (stanza)* réserve *f*; *(mobile)* garde-manger *m inv.*
**disperąto, -a** *agg* désespéré(-e).
**disperaziǫne** *sf* désespoir *m.*
**dispęrdere** *vt (folla)* disperser; *(odore, fumo, nebbia)* dissiper.

**disperso, -a** *pp* → **disperdere.** ◆ *sm, f* disparu *m* (-e *f*).

**dispetto** *sm (atto)* méchanceté *f*; *(stizza)* dépit *m*; **fare qc per ~** faire qqch exprès; **a ~ di** en dépit de.

**dispiacere** *sm (dolore)* chagrin *m*; *(rammarico)* regret *m*. ◆ *v impers* : **le dispiace se aspetto qui?** cela vous ennuie *o* dérange si j'attends ici?; **mi dispiace di non potermi trattenere** je regrette de ne pas pouvoir rester.

**dispiaciuto, -a** *pp* → **dispiacere.** ◆ *agg* désolé(-e).

**disponibile** *agg* disponible.

**disporre** *vt* disposer. ❑ **disporre di** *v + prep* disposer de.

**disposizione** *sf* disposition *f*; *(comando)* instruction *f*; **essere a ~ di qn** être à la disposition de qqn; **mettere qc a ~ di qn** mettre qqch à la disposition de qqn.

**disposto, -a** *pp* → **disporre.** ◆ *agg* : **~ a fare qc** disposé(-e) à faire qqch.

**disprezzare** *vt* mépriser.

**disprezzo** *sm* mépris *m*.

**disputa** *sf* discussion *f*, dispute *f*; *(dibattito)* débat *m*.

**dissestato, -a** *agg* défoncé(-e).

**dissoluto, -a** *pp* → **dissolvere.** ◆ *agg* dissolu(-e).

**dissolvere** *vt (sciogliere)* dissoudre; *(nebbia, fumo)* dissiper.

**dissuadere** *vt* : **~ qn dal fare qc** dissuader qqn de faire qqch.

**dissuaso, -a** *pp* → **dissuadere.**

**distacco, -chi** *sm* éloignement *m*; *(indifferenza)* détachement *m*.

**distante** *agg* éloigné(-e), loin *(inv)*. ◆ *avv* loin; **~ da** éloigné *o* loin de.

**distanza** *sf* distance *f*; **a ~ di due mesi** à deux mois de distance; **tenere le distanze** garder ses distances.

**distanziare** *vt* écarter.

**distare** *vi* : **il paese dista due chilometri dal mare** le village est à deux kilomètres de la mer.

**distendere** *vt (gamba, mano)* étendre; *(telo, coperta)* déplier; *(rilassare)* détendre. ❑ **distendersi** *vr (sdraiarsi)* s'étendre; *(rilassarsi)* se détendre.

**distẹsa** *sf* étendue *f*.
**distẹso**, **-a** *pp* → **distendere**.
**distilleria** *sf* distillerie *f*.
**distịnguere** *vt* distinguer.
**distintịvo**, **-a** *agg* distinctif(-ive). ◆ *sm* badge *m*.
**distịnto**, **-a** *pp* → **distinguere**. ◆ *agg* distinct(-e); *(persona)* distingué(-e).
**distinziọne** *sf* distinction *f*.
**distọgliere** *vt* : ~ **qn/qc da qc** détourner qqn/qqch de qqch.
**distọlto**, **-a** *pp* → **distogliere**.
**distorsiọne** *sf (MED)* entorse *f*.
**distrạrre** *vt* distraire.
**distrạtto**, **-a** *pp* → **distrarre**. ◆ *agg* distrait(-e).
**distraziọne** *sf* distraction *f*.
**distribuịre** *vt* distribuer; *(compiti, incarichi)* répartir.
**distributọre** *sm* : ~ **automatico** distributeur *m* automatique; ~ **(di benzina)** pompe *f* à essence.
**distribuziọne** *sf* distribution *f*; *(di compiti, incarichi)* répartition *f*.
**distrụggere** *vt* détruire.
**distrụtto**, **-a** *pp* → **distruggere**.
**distruziọne** *sf* destruction *f*.
**disturbạre** *vt* déranger; *(lezione, lettura)* troubler; **'non ~ il conducente'** 'défense de parler au conducteur'.
**distụrbo** *sm* dérangement *m*; *(malessere)* trouble *m*; **nessun ~!** ça ne me dérange pas du tout!
**disubbidịre** *vi* : ~ **(a qn)** désobéir (à qqn).
**dịto** (*pl f* **dita**) *sm* doigt *m*; ~ **del piede** orteil *m*.
**dịtta** *sf* entreprise *f*.
**diụrno**, **-a** *agg* de jour.
**divạno** *sm* divan *m*; ~ **letto** canapé-lit *m*.
**divaricạre** *vt* écarter.
**divenịre** *vi* devenir.
**diventạre** *vi* devenir.
**diversità** *sf inv* diversité *f*; *(condizione)* différence *f*.
**divẹrso**, **-a** *agg* différent(-e); ~ **da** différent de. ❑ **diversi**, **-e** *agg pl* & *pron pl* plusieurs.
**divertẹnte** *agg* amusant(-e).
**divertimẹnto** *sm* amusement *m*.

**divertire** *vt* amuser.
**dividere** *vt* diviser; *(spartire, condividere)* partager; *(separare)* séparer.
**divieto** *sm* interdiction *f*, défense *f*.
**divino**, **-a** *agg* divin(-e).
**divisa** *sf* *(uniforme)* uniforme *m*.
**divisione** *sf* division *f*.
**diviso**, **-a** *pp* → **dividere**.
**divo**, **-a** *sm, f* vedette *f*.
**divorare** *vt* dévorer.
**divorziare** *vi* divorcer.
**divorzio** *sm* divorce *m*.
**dizionario** *sm* dictionnaire *m*.
**DOC** *(abbr di Denominazione di Origine Controllata)* AOC.
**doccia**, **-ce** *sf* douche *f*; **fare la ~** prendre une douche.
**docente** *agg* enseignant(-e). ◆ *smf* professeur *m*.
**documentare** *vt* *(dimostrare)* prouver.
**documentario** *sm* documentaire *m*.
**documento** *sm* document *m*. ❑ **documenti** *smpl (d'identità)* papiers *mpl*.
**dodicesimo**, **-a** *num* douzième *m*; → **sesto**.
**dodici** *num* douze; → **sei**.
**dogana** *sf* douane *f*.
**doganale** *agg* douanier(-ère).
**doganiere** *sm* douanier *m*.
**dolce** *agg* doux (douce); *(zuccherato)* sucré(-é). ◆ *sm* *(torta)* gâteau *m*; *(portata)* dessert *m*.
**dolcezza** *sf* douceur *f*.
**dolcificante** *sm* édulcorant *m*.
**dolciumi** *smpl* sucreries *fpl*, friandises *fpl*.
**dollaro** *sm* dollar *m*.
**Dolomiti** *sfpl* : **le ~** les Dolomites *fpl*.
**dolore** *sm* douleur *f*.
**doloroso**, **-a** *agg* douloureux(-euse).
**domanda** *sf* demande *f*; *(interrogativo)* question *f*; **fare una ~ a qn** poser une question à qqn.
**domandare** *vt* demander; **~ qc a qn** demander qqch à qqn.
**domani** *avv* demain. ◆ *sm* demain *m*; **a ~!** à demain!; **~ l'altro** après-demain; **~ mattina** demain matin; **~ notte** demain dans la nuit; **~ pomeriggio** demain après-midi; **~ sera** demain soir.

**domattịna** *avv* demain matin.

**domẹnica**, **-che** *sf* dimanche *m*; → **sabato**.

**domẹstico**, **-a**, **-ci**, **-che** *sm, f* domestique *mf*.

**domicịlio** *sm* domicile *m*.

**dominạre** *vt* dominer.

**domịnio** *sm (potere)* domination *f*; *(controllo)* maîtrise *f*; *(territorio)* domaine *m*.

**dọmino** *sm* dominos *mpl*.

**donạre** *vt (regalare)* faire don de.

**donatọre**, **-trice** *sm, f* donateur *m* (-trice *f*); *(di sangue, organi)* donneur *m* (-euse *f*).

**dondolạre** *vt* balancer. ◆ *vi* se balancer.

**dọnna** *sf (persona)* femme *f*; *(nelle carte)* dame *f*; ~ **di servizio** femme de ménage.

**dọno** *sm* don *m*; *(oggetto)* cadeau *m*.

**dọpo** *avv* & *prep* après. ◆ *agg inv* d'après. ◆ *cong* : ~ **aver fatto qc** après avoir fait qqch; **a ~!** à plus tard!; ~ **di me** après moi.

**dopobạrba** *sm inv* après-rasage *m*.

**dopodiché** *avv* après quoi.

**dopodomạni** *avv* après-demain.

**dopoprạnzo** *avv* en début d'après-midi.

**doposcì** *sm inv* après-ski *m*.

**dopotụtto** *avv* après tout.

**doppiạggio** *sm* doublage *m*.

**doppiạre** *vt* doubler.

**dọppio**, **-a** *agg* & *avv* double. ◆ *sm* double *m*.

**doppiọne** *sm* double *m*.

**doppiopẹtto** *sm* veste *f* croisée.

**dorạto**, **-a** *agg* doré(-e).

**dormịre** *vi* dormir.

**dọrso** *sm* dos *m*; *(di piede)* dessus *m*; *(di montagna)* sommet *m*.

**dosạggio** *sm* dosage *m*.

**dosạre** *vt* doser.

**dọse** *sf* dose *f*.

**dọsso** *sm (di strada)* dos d'âne *m*; **togliersi** *o* **levarsi qc di ~** enlever qqch.

**dotạto**, **-a** *agg* doué(-e).

**Dott.** *abbr* = **dottore**.

**dottorạto** *sm* doctorat *m*.

**dottọre**, **-essa** *sm, f* docteur *m*; *(laureato) titulaire d'une « laurea »*.

**dottrịna** *sf* doctrine *f*.

**Dott.ssa** *abbr* = **dottoressa**.

**dọve** *avv* où; **da ~ vieni?** d'où viens-tu?; **di ~ sei?** d'où es-tu?; **dov'è?** où est-ce?; **~ vai?** où vas-tu?; **siediti ~ vuoi** assieds-toi où tu veux.

**dovẹre** *vt* 1. *(essere debitore di)*: **~ qc a qn** devoir qqch à qqn.
2. *(aver l'obbligo di)*: **~ fare qc** devoir faire qqch; **comportarsi come si deve** se comporter comme il faut.
3. *(aver bisogno di)*: **~ fare qc** devoir faire qqch.
4. *(esprime un rimprovero)*: **avreste dovuto pensarci prima** vous auriez dû y penser avant.
5. *(per suggerire)*: **dovrebbe prendersi delle vacanze** vous devriez prendre des vacances.
6. *(esprime convinzione)* devoir; **devono essere già le sette** il doit être déjà 7 heures.
7. *(esprime intenzione)* devoir; **dovevo venire, ma...** je devais venir, mais...
◆ *sm* devoir *m*.

**dovụnque** *avv* partout; **~ tu sia** où que tu sois.

**dovụto**, **-a** *agg* : **~ a** dû (due) à.

**dozzịna** *sf* : **una ~ (di)** une douzaine (de) *f*.

**drạmma**, **-i** *sm* drame *m*.

**drammạtico**, **-a**, **-ci**, **-che** *agg* dramatique.

**drịtto**, **-a** *agg* & *avv* = **diritto**.

**drọga**, **-ghe** *sf (stupefacente)* drogue *f*.

**drogạre** *vt* droguer.
❑ **drogarsi** *vr* se droguer.

**drogạto**, **-a** *sm, f* drogué *m* (-e *f*).

**drogherịa** *sf* épicerie *f*.

**dụbbio**, **-a** *agg* douteux(-euse). ◆ *sm* doute *m*; **ho il ~ che menta** je le soupçonne de mentir; **essere in ~** hésiter; **mettere in ~ qc** mettre qqch en doute; **senza ~** sans aucun doute.

**dubitạre**: **dubitare di** *v + prep* douter de; **dubito che venga** je doute qu'il vienne.

**dụca**, **-chi** *sm* duc *m*.

**duchẹssa** *sf* duchesse *f*.

**dụe** *num* deux; → **sei**.
**duecẹnto** *num* deux cents; → **sei**.
**duemịla** *num* deux mille; → **sei**. ❑ **Duemila** *sm* : **il Duemila** le vingt et unième siècle.
**duepẹzzi** *sm inv* (maillot) deux-pièces *m*.
**dụna** *sf* dune *f*.
**dụnque** *cong* donc.
**duọmo** *sm* cathédrale *f*.
**duplicạto** *sm* double *m*.
**dụplice** *agg* double; **in ~ copia** en deux exemplaires.
**durạnte** *prep* pendant.
**durạre** *vi* durer.
**durạta** *sf* durée *f*; *(resistenza)* durée *f* de vie.
**durẹzza** *sf* dureté *f*.
**dụro**, **-a** *agg* dur(-e); *(ostinato)* têtu(-e); **tenere ~** *(fam)* tenir bon.

# E

**e** (*dav vocale spesso* **ed**) *cong* et; *(esortativo)* eh bien; **~ io?** et moi?
**è** → **essere**.
**ebbẹne** *cong* eh bien.
**ebbrẹzza** *sf* : **in stato di ~** en état d'ébriété.
**ẹbete** *agg* idiot(-e).
**ebrẹo**, **-a** *agg* juif(-ive).
**ecc.** *(abbr di eccetera)* etc.
**eccellẹnte** *agg* excellent(-e).
**eccẹntrico**, **-a**, **-ci**, **-che** *agg* excentrique.
**eccessịvo**, **-a** *agg* excessif(-ive).
**eccẹsso** *sm* excès *m*; **~ di velocità** excès de vitesse; **all'~** à l'excès; **in ~** de trop.
**eccẹtera** *avv* et cetera.
**eccẹtto** *prep* sauf. ◆ *cong* : **si può fare tutto ~ che fumare** on peut tout faire sauf fumer.
**eccettuạre** *vt* excepter.
**eccezionạle** *agg* exceptionnel(-elle).
**eccezịone** *sf* exception *f*; **a ~ di** à l'exception de.
**eccitạnte** *agg* excitant(-e).
**eccitạre** *vt* exciter. ❑ **eccitarsi** *vr* s'exciter.
**eccitaziọne** *sf* excitation *f*.
**ecclesiạstico**, **-a**, **-ci**, **-che** *agg* ecclésiastique. ◆ *sm* ecclésiastique *m*.
**ẹcco** *avv* voilà; **~ a lei**

voilà; ~ **fatto!** ça y est, c'est fait!; **eccolo!** le voilà!; **eccone uno!** en voilà un!

**eccọme** *avv* et comment.

**ẹco** (*pl m* **echi**) *sf* écho *m*.

**ecolọgico**, **-a**, **-ci**, **-che** *agg* écologique.

**economịa** *sf* économie *f*; **fare** ~ faire des économies.

**econọmico**, **-a**, **-ci**, **-che** *agg* économique.

**eczẹma** *sm* eczéma *m*.

**ed** → e.

**ẹdera** *sf* lierre *m*.

**edịcola** *sf* kiosque *m* (à journaux).

**edificạre** *vt* édifier.

**edifịcio** *sm* bâtiment *m*.

**editọre**, **-trice** *agg* (*casa*) d'édition. ◆ *sm* éditeur *m*.

**edizịone** *sf* édition *f*; ~ **speciale** édition spéciale.

**educạre** *vt* éduquer.

**educạto**, **-a** *agg* poli(-e).

**educazịone** *sf* éducation *f*; ~ **fisica** éducation physique.

**effervescẹnte** *agg* effervescent(-e).

**effettivamẹnte** *avv* effectivement.

**effettịvo**, **-a** *agg* effectif(-ive).

**effẹtto** *sm* effet *m*; **in effetti** effectivement.

**effettuạre** *vt* effectuer.

**efficạce** *agg* efficace.

**efficiẹnte** *agg* efficace.

**ẹgli** *pron* (*form*) il; ~ **stesso** lui-même; **essi** ils.

**egocẹntrico**, **-a**, **-ci**, **-che** *agg* égocentrique.

**egoịsta**, **-i**, **-e** *agg* égoïste.

**eguagliạre** = **uguagliare**.

**ẹhi** *esclam* hé!

**elaborạre** *vt* élaborer; (*con computer*) traiter.

**elaboratọre** *sm* : ~ **(elettronico)** ordinateur *m*.

**elasticità** *sf* (*flessibilità*) élasticité *f*; (*di mente, corpo*) souplesse *f*.

**elasticizzạto**, **-a** *agg* extensible.

**elạstico**, **-a**, **-ci**, **-che** *agg* (*flessibile*) élastique; (*mente, corpo*) souple. ◆ *sm* élastique *m*.

**Ẹlba** *sf* : **l'(isola d')~** l'île *f* d'Elbe.

**elefạnte** *sm* éléphant *m*.

**elegạnte** *agg* élégant(-e).

**elegạnza** *sf* élégance *f*.

**elẹggere** *vt* élire.

**elementạre** *agg* élémentaire.

**elemẹnto** *sm* élément *m*.

**elemọsina** *sf* aumône *f*; **chiedere/fare l'~** demander/faire l'aumône.

**elencạre** *vt* énumérer.

**elẹnco**, **-chi** *sm* liste *f*; **~ telefonico** annuaire *m* (téléphonique).

**elẹtto**, **-a** *pp* → **eleggere**.

**elettọre**, **-trice** *sm, f* électeur *m* (-trice *f*).

**elettrạuto** *sm inv garage ou mécanicien spécialisé dans la réparation des pièces électriques.*

**elettricịsta**, **-i** *sm* électricien *m*.

**elettricità** *sf* électricité *f*.

**elẹttrico**, **-a**, **-ci**, **-che** *agg* électrique.

**elettrodomẹstico**, **-ci** *sm* appareil *m* électroménager.

**elettrọnico**, **-a**, **-ci**, **-che** *agg* électronique.

**elezione** *sf* élection *f*.

**elicọttero** *sm* hélicoptère *m*.

**eliminạre** *vt* éliminer.

**elvẹtico**, **-a**, **-ci**, **-che** *agg* helvétique.

**emanạre** *vt (luce)* émettre; *(calore)* dégager; *(legge)* promulguer.

**emarginạto**, **-a** *sm, f* marginal *m* (-e *f*).

**emergẹnza** *sf* urgence *f*.

**emẹrgere** *vi* émerger.

**emicrạnia** *sf* migraine *f*.

**emigrạnte** *smf* émigrant *m* (-e *f*).

**Emịlia Romạgna** *sf* : **l'~** l'Émilie-Romagne *f*.

**emissiọne** *sf* émission *f*.

**emorragịa** *sf* hémorragie *f*.

**emozionạnte** *agg* palpitant(-e).

**emoziọne** *sf* émotion *f*.

**enciclopedịa** *sf* encyclopédie *f*.

**energịa** *sf* énergie *f*; **~ elettrica** énergie électrique.

**enẹrgico**, **-a**, **-ci**, **-che** *agg* énergique.

**enịgma**, **-i** *sm* énigme *f*.

**ennẹsimo**, **-a** *agg* énième.

**enọrme** *agg* énorme.

**enotẹca**, **-che** *sf (negozio)* œnothèque *f*; *(bar)* bar *m* à vins.

**ẹnte** *sm* organisme.

**entrạmbi**, **-e** *pron pl* tous (toutes) les deux. ◆ *agg* *pl* : **entrambe le città** les deux villes.

**entrạre** *vi* entrer; **~ in qc** *(trovar posto)* rentrer dans qqch; *(essere ammesso)* entrer dans qqch; **questo non c'entra niente** cela n'a rien à voir; **~ in una stanza** entrer dans une pièce.

**entrạta** *sf* entrée *f.* ◻ **entrate** *sfpl (incasso)* recettes *fpl*; **'~ libera'** 'entrée libre'.

**ẹntro** *prep* d'ici.

**entusiasmạre** *vt* enthousiasmer.

**entusiạsmo** *sm* enthousiasme *m.*

**entusiạsta, -i, -e** *agg* enthousiaste.

**Ẹolie** *sfpl* : **le (isole) ~** les Éoliennes *fpl.*

**epatịte** *sf* hépatite *f.*

**epidemịa** *sf* épidémie *f.*

**Epifanịa** *sf* : **l'~** l'Épiphanie *f.*

**epilessịa** *sf* épilepsie *f.*

**episọdio** *sm* épisode *m.*

**ẹpoca, -che** *sf* époque *f.*

**eppụre** *cong* pourtant.

**equilibrạto, -a** *agg* équilibré(-e).

**equilịbrio** *sm* équilibre *m*; **perdere l'~** perdre l'équilibre.

**equipaggiamẹnto** *sm* équipement *m.*

**equipạggio** *sm* équipage *m.*

**equitaziọne** *sf* équitation *f.*

**equivalẹnte** *agg* équivalent(-e). ◆ *sm* équivalent *m.*

**equivalẹre**: **equivalere a** *v + prep* équivaloir à.

**equịvoco, -a, -ci, -che** *agg (ambiguo)* équivoque; *(poco onesto)* louche. ◆ *sm* équivoque *f.*

**ẹra** *sf* ère *f.*

**ẹrba** *sf* herbe *f*; **erbe aromatiche** herbes aromatiques.

**erboristerịa** *sf* herboristerie *f.*

**erẹde** *smf* héritier *m* (-ère *f*).

**eredità** *sf inv* héritage *m.*

**ereditạre** *vt* hériter.

**ereditạrio, -a** *agg* héréditaire.

**erẹtto, -a** *pp* → **erigere.** ◆ *agg* droit(-e).

**erịgere** *vt* ériger.

**ẹrnia** *sf* hernie *f.*

**ẹro** → **essere.**

**erọe, eroịna** *sm, f* héros *m*, héroïne *f.*

**erọico, -a, -ci, -che** *agg* héroïque.

**erọtico**, **-a**, **-ci**, **-che** *agg* érotique.

**errọre** *sm* erreur *f*; *(di ortografia)* faute *f*; **per ~** par erreur.

**eruziọne** *sf* éruption *f*.

**esagerạre** *vt* & *vi* exagérer; **~ nel mangiare** manger trop.

**esagerạto**, **-a** *agg* exagéré(-e); **(che) ~!** tu exagères!

**esạme** *sm* examen *m*; **fare** *o* **dare un ~** passer un examen; **~ del sangue** analyse *f* de sang.

**esaminạre** *vt (analizzare)* examiner; *(candidato)* interroger.

**esattamẹnte** *avv* & *esclam* exactement.

**esạtto**, **-a** *agg* exact(-e).

**esaurimẹnto** *sm* épuisement *m*; **~ (nervoso)** dépression *f* nerveuse.

**esaurịre** *vt* épuiser. ❑ **esaurirsi** *vr* être épuisé; *(persona)* se surmener.

**esaurịto**, **-a** *agg* épuisé(-e); *(pozzo)* tari(-e); *(persona)* surmené(-e); **'tutto ~'** 'complet'.

**esaụsto**, **-a** *agg* épuisé(-e).

**ẹsca** (*pl* **esche**) *sf* appât *m*.

**esclamạre** *vi* s'exclamer.

**esclamaziọne** *sf* exclamation *f*.

**esclụdere** *vt* exclure.

**esclusịva** *sf* exclusivité *f*.

**esclusịvo**, **-a** *agg (locale, circolo)* chic; *(modello, uso)* exclusif(-ive).

**esclụso**, **-a** *pp* → **escludere**.

**ẹsco** → **uscire**.

**escursiọne** *sf* excursion *f*.

**esecutịvo**, **-a** *agg* exécutif(-ive). ◆ *sm* exécutif *m*.

**esecuziọne** *sf* exécution *f*.

**eseguịre** *vt* exécuter.

**esẹmpio** *sm* exemple *m*; **ad** *o* **per ~** par exemple; **fare un ~** donner un exemple.

**esẹnte** *agg* : **~ da** *(tasse)* exonéré(-e) de; *(libero da)* à l'abri de.

**esercitạre** *vt* exercer.

**esẹrcito** *sm* armée *f*.

**esercịzio** *sm* exercice *m*; *(negozio)* magasin *m*.

**esibịre** *vt* exhiber.

**esigẹnte** *agg* exigeant(-e).

**esigẹnza** *sf (bisogno)* besoin *m*; *(pretesa)* exigence *f*.

**esigere** *vt* exiger; *(riscuotere)* recouvrer.
**esile** *agg* mince; *(persona)* menu(-e).
**esistente** *agg* existant(-e).
**esistere** *vi* exister.
**esitare** *vi* hésiter; **~ a fare qc** hésiter à faire qqch.
**esitazione** *sf* hésitation *f*.
**esito** *sm* issue *f*.
**esortare** *vt* : **~ qn a fare qc** exhorter qqn à faire qqch.
**esotico**, **-a**, **-ci**, **-che** *agg* exotique.
**espellere** *vt* expulser.
**esperienza** *sf* expérience *f*.
**esperimento** *sm (prova)* essai *m*; *(scientifico)* expérience *f*.
**esperto**, **-a** *agg* expérimenté(-e); *(bravo)* expert(-e). ♦ *sm* expert *m*.
**esplicito**, **-a** *agg* explicite.
**esplodere** *vi (sog: arma)* exploser.
**esplorare** *vt* explorer.
**esploratore**, **-trice** *sm, f* explorateur *m* (-trice *f*).
**esplosione** *sf* explosion *f*.
**esplosivo**, **-a** *agg* explosif(-ive). ♦ *sm* explosif *m*.
**esploso**, **-a** *pp* → **esplodere**.
**esporre** *vt* exposer.
**esportare** *vt* exporter.
**esportazione** *sf* exportation *f*.
**esposizione** *sf* exposition *f*.
**esposto**, **-a** *pp* → **esporre**.
**espressione** *sf* expression *f*.
**espresso**, **-a** *pp* → **esprimere**. ♦ *sm (treno)* express *m*; *(caffè)* express, expresso *m*; *(lettera)* exprès *m*.
**esprimere** *vt* exprimer.
**espulso**, **-a** *pp* → **espellere**.
**esse** → **esso**.
**essenziale** *agg* essentiel(-elle).
**essere** *vi* 1. *(per descrivere)* être; **sono italiano** je suis italien.
2. *(trovarsi)* être; **dove siete stati?** où êtes-vous allés?; **il museo è in centro** le musée est dans le centre-ville.
3. *(esistere)*: **c'è** il y a; **c'è un'altra possibilità** il y a

une autre possibilité; **ci sono** il y a.

4. *(con data, ora)* être; **oggi è martedì** aujourd'hui c'est mardi; **che ora è? che ore sono?** quelle heure est-il?; **è l'una** il est une heure; **sono le due** il est deux heures.

5. *(con prezzo, peso)*: **quant'è? - (sono) 2 000 euro** c'est combien o ça fait combien? - (ça fait) 2 000 euros.

6. *(indica appartenenza)*: **~ di** être à; **questa macchina è di Paolo** cette voiture est à Paolo.

7. *(indica obbligo)*: **la camera è da prenotare** la chambre doit être réservée, il faut réserver la chambre.

◆ *v impers* être; **è vero che...** il est vrai que...; **oggi è freddo** aujourd'hui il fait froid; **è meglio telefonare** il vaut mieux téléphoner; **è così** c'est comme ça.

◆ *v aus* 1. *(in tempi passati)* être; **sono tornato ieri** je suis rentré hier; **erano già usciti** ils étaient déjà sortis.

2. *(in passivi)* être; **questo oggetto è fatto a mano** cet objet est fait (à la) main.

◆ *sm (creatura)* être *m*; **~ umano** être humain.

**essi** → **esso, egli**.

**esso, -a** *pron (soggetto)* il (elle); *(con preposizione)* lui (elle). ❑ **essi, -e** *pron pl (soggetto)* ils (elles); *(con preposizione)* eux (elles).

**est** *sm* est *m*; **a ~ di Milano** à l'est de Milan.

**estate** *sf* été *m*.

**estendere** *vt* étendre.

**esteriore** *agg* extérieur(-e).

**esterno, -a** *agg* extérieur(-e). ◆ *sm (lato di fuori)* extérieur *m*; **all'~** à l'extérieur.

**estero, -a** *agg* étranger(-ère). ◆ *sm* : **all'~** à l'étranger.

**esteso, -a** *pp* → **estendere**. ◆ *agg* étendu(-e).

**estinguere** *vt* éteindre.

**estinto, -a** *pp* → **estinguere**.

**estintore** *sm* extincteur *m*.

**estivo, -a** *agg* d'été.

**estraneo, -a** *agg* étranger(-ère). ◆ *sm, f* étranger *m* (-ère *f*).

**estrarre** *vt* extraire; *(sorteggiare)* tirer.

**estratto, -a** *pp* →

**estrarre.** ◆ *sm* extrait *m*; **~ conto** relevé *m* de compte.
**estrazione** *sf* extraction *f*; **~ a sorte** tirage *m* au sort.
**estremità** *sf inv* extrémité *f*.
**estremo**, **-a** *agg* extrême. ◆ *sm* limite *f*. ❑ **estremi** *smpl (di documento)* références *fpl*.
**età** *sf inv* âge *m*; **abbiamo la stessa ~** nous avons le même âge; **la maggiore ~** la majorité; **di mezza ~** d'âge moyen; **la terza ~** le troisième âge.
**eterno**, **-a** *agg* éternel(-elle).
**etichetta** *sf* étiquette *f*.
**Etna** *sm* : **l'~** l'Etna *m*.
**etrusco**, **-a**, **-schi**, **-sche** *agg* étrusque. ❑ **Etruschi** *smpl* : **gli Etruschi** les Étrusques *mpl*.
**ettaro** *sm* hectare *m*.
**etto** *sm cent grammes*.
**euforia** *sf* euphorie *f*.
**Europa** *sf* : **l'~** l'Europe *f*.
**europeo**, **-a** *agg* européen(-enne). ◆ *sm, f* Européen *m* (-enne *f*).
**evacuare** *vt* évacuer.
**evacuazione** *sf* évacuation *f*.
**evadere** *vt (corrispondenza)* faire; *(fisco)* frauder. ◆ *vi* : **~ da qc** s'évader de qqch.
**evaporare** *vi* s'évaporer.
**evasione** *sf* évasion *f*.
**evaso**, **-a** *pp* → **evadere.** ◆ *sm, f* évadé *m* (-e *f*).
**evento** *sm* événement *m*.
**eventuale** *agg* éventuel(-elle).
**eventualità** *sf inv* éventualité *f*.
**evidente** *agg* évident(-e).
**evidenza** *sf* évidence *f*; **mettere qc in ~** mettre qqch en évidence.
**evitare** *vt* éviter.
**evocare** *vt* évoquer.
**evoluzione** *sf* évolution *f*.
**evviva** *esclam* vive!
**ex** *prep* : **l'~ presidente** l'ex-président.
**extra** *agg inv (supplementare)* supplémentaire; *(eccellente)* extra *(inv)*. ◆ *sm* supplément *m*.
**extracomunitario**, **-a** *agg originaire d'un pays non membre de la CEE.* ◆ *sm, f* immigré *m* (-e *f*) *((provenant d'un pays non membre de la CEE)*.

**extraconiugale** *agg* extraconjugal(-e).

# F

**fa** → **fare**. ◆ *avv* il y a; **tempo** ~ il y a longtemps.
**fabbrica**, **-che** *sf* usine *f*.
**fabbricare** *vt* *(costruire)* construire; *(produrre)* fabriquer.
**faccenda** *sf* affaire *f*. ❑ **faccende** *sfpl* : **faccende (domestiche)** travaux *mpl* domestiques.
**facchino** *sm* porteur *m*.
**faccia**, **-ce** *sf* figure *f*, visage *m*; *(espressione)* tête *f*; *(parte esterna)* face *f*.
**facciata** *sf* *(di edificio)* façade *f*; *(di pagina)* page *f*.
**faccio** → **fare**.
**facile** *agg* facile; **è ~ che sia in ritardo** il est probable qu'il soit en retard.
**facilità** *sf inv* facilité *f*.
**facilitare** *vt* faciliter.
**facoltà** *sf inv* faculté *f*.
**facsimile** *sm inv* fac-similé *m*.
**fagiano** *sm* faisan *m*.
**fagiolino** *sm* haricot *m* vert.
**fagiolo** *sm* haricot *m*.
**fai da te** *sm inv* bricolage *m*.
**falciare** *vt* faucher.
**falegname** *sm* menuisier *m*.
**falla** *sf* *(buco)* brèche *f*; *(di nave)* voie *f* d'eau.
**fallimento** *sm* faillite *f*.
**fallire** *vt* *(colpo, bersaglio)* manquer. ◆ *vi* : **~ (in)** échouer (dans).
**falò** *sm inv* *(per segnalazioni)* feu *m*; *(in campeggio)* feu de camp.
**falsificare** *vt* falsifier.
**falso**, **-a** *agg* faux (fausse). ◆ *sm* *(copia)* faux *m*.
**fama** *sf* *(notorietà)* célébrité *f*; *(reputazione)* réputation *f*.
**fame** *sf* faim *f*; *(denutrizione)* famine *f*; **aver ~** avoir faim.
**famiglia** *sf* famille *f*.
**familiare** *agg* familier(-ère); *(della famiglia)* familial(-e); *(atmosfera)* intime. ❑ **familiari** *smpl* famille *f*.
**famoso**, **-a** *agg* célèbre.
**fanale** *sm* *(di veicolo)* feu *m*.
**fanatico**, **-a**, **-ci**, **-che** *agg* fanatique.

**fango**, **-ghi** *sm* boue *f.*
**fanno** → **fare.**
**fantascienza** *sf* science-fiction *f.*
**fantasia** *sf* imagination *f.* ◆ *agg inv* fantaisie *(inv).*
**fantasma**, **-i** *sm* fantôme *m.*
**fantastico**, **-a**, **-ci**, **-che** *agg* fantastique.
**faraglione** *sm* récif *m.*
**faraona** *sf* pintade *f.*
**farcito**, **-a** *agg (pollo)* farci(-e); *(torta)* fourré(-e).
**fard** *sm inv* fard *m* à joues.
**fare** *vt* 1. *(creare, costruire)* faire.
2. *(attuare)* faire; **~ un viaggio** faire un voyage.
3. *(essere occupato in)* faire; **cosa fai stasera?** qu'est-ce que tu fais ce soir?; **fa il meccanico** il est mécanicien.
4. *(percorrere)* faire; **abbiamo già fatto 100 km** nous avons déjà fait 100 km; **che percorso facciamo per rientrare?** on prend quel chemin pour rentrer?
5. *(suscitare)*: **poverino, mi fa pena** le pauvre, il me fait pitié; **non fa niente** *(non importa)* ça ne fait rien.
6. *(attegiarsi a)* faire; **~ lo scemo** faire l'idiot.
7. *(indica il risultato)*: **due più due fa quattro** deux et deux font *o* égalent quatre; **quanto fa?** ça fait combien?
8. *(con infinito)* faire; **far vedere qc a qn** faire voir qqch à qqn.
9. *(in espressioni)*: **~ il bagno** *(nella vasca)* prendre un bain; *(al mare)* se baigner; **~ coraggio a qn** donner du courage à qqn; **non farcela** n'en plus pouvoir; **far bene a qn** faire du bien à qqn; **far male a qn** *(ferita, gamba)* faire mal à qqn, faire du mal à qqn *(medicina).*
◆ *vi* 1. *(agire)* faire; **come si fa a uscire?** comment fait-on pour sortir?; **fai come ti pare** fais comme tu veux; **darsi da ~** en mettre un bon coup.
2. *(dire)* faire.
◆ *v impers* faire; **fa bello/brutto** il fait beau/mauvais; **fa caldo/freddo** il fait chaud/froid.
**farfalla** *sf* papillon *m*;

cravatta a ~ nœud *m* papillon.

**farina** *sf* farine *f.*

**farinata** *sf sorte de galette à base de farine de pois chiches.*

**farmacia** *sf* pharmacie *f*; **'farmacie di turno'** 'pharmacies de garde'.

**farmacista, -i, -e** *smf* pharmacien *m* (-enne *f*).

**farmaco, -ci** *sm* médicament *m.*

**faro** *sm* phare *m.*

**farsa** *sf* farce *f.*

**fascia, -sce** *sf* bande *f*; *(di popolazione)* groupe *m*; **~ oraria** tranche *f* horaire.

**fasciare** *vt* bander.

**fasciatura** *sf* bandage *m.*

**fascino** *sm* charme *m.*

**fascismo** *sm* fascisme *m.*

**fascista, -i, -e** *agg* fasciste. ◆ *smf* fasciste *mf.*

**fase** *sf* phase *f*; *(di motore)* temps *m.*

**fastidio** *sm* gêne *f*; *(seccatura)* ennui *m*; **le dà ~ se fumo?** ça vous gêne o dérange si je fume?

**fastidioso, -a** *agg* ennuyeux(-euse).

**fatale** *agg* fatal(-e).

**fatalità** *sf inv* fatalité *f.*

**fatica, -che** *sf* fatigue *f*; *(sforzo)* effort *m*; **fare ~ a fare qc** avoir du mal à faire qqch; **a ~** à grand-peine.

**faticoso, -a** *agg* fatigant(-e).

**fatto, -a** *pp* → **fare.** ◆ *sm* fait *m.* ◆ *agg* : **~ a mano** fait(-e) main; **~ in casa** fait(-e) maison; **il ~ è che...** le fait est que...; **cogliere qn sul ~** prendre qqn sur le fait; **in ~ di vini** en matière de vin; **sono fatti miei** ce sont mes affaires.

**fattoria** *sf* ferme *f.*

**fattorino** *sm (per consegne)* coursier *m*; *(d'albergo)* groom *m.*

**fattura** *sf* facture *f.*

**favola** *sf* conte *m*; *(morale)* fable *f*; *(cosa bella)* splendeur *f.*

**favoloso, -a** *agg (incredibile)* fabuleux(-euse).

**favore** *sm (piacere)* service *m*; *(benevolenza)* faveur *f*; **fare un ~ a qn** rendre (un) service à qqn; **per ~** s'il vous/te plaît.

**fazzoletto** *sm* mouchoir *m*; *(per la testa)* foulard *m.*

**febbraio** *sm* février; → **settembre.**

**fẹbbre** *sf* fièvre *f*; **avere la ~** avoir de la fièvre.

**fẹde** *sf* foi *f*; *(anello)* alliance *f*; **essere in buona/ cattiva ~** être de bonne/ mauvaise foi.

**fedẹle** *agg* fidèle. ◆ *smf* fidèle *mf*.

**fedeltà** *sf* fidélité *f*.

**fẹdera** *sf* taie *f* d'oreiller.

**federaziọne** *sf* fédération *f*.

**fẹgato** *sm* foie *m*; *(fig: coraggio)* cran *m*.

**felịce** *agg* heureux(-euse).

**felicità** *sf* bonheur *m*.

**felicitạrsi** *vr* : **~ con qn per qc** féliciter qqn de qqch.

**felịno, -a** *agg* félin(-e). ◆ *sm* félin *m*.

**fẹlpa** *sf (maglia)* sweat-shirt *m*.

**fẹmmina** *sf* femelle *f*; *(figlia)* fille *f*.

**femminịle** *agg* féminin(-e). ◆ *sm* féminin *m*.

**fenomenạle** *agg* phénoménal(-e).

**fenọmeno** *sm* phénomène *m*.

**feriạle** *agg* ouvrable.

**fẹrie** *sfpl* vacances *fpl*; **andare in ~** partir en vacances; **essere in ~** être en vacances.

**ferịre** *vt* blesser.

**ferịta** *sf (taglio)* blessure *f*.

**fermạglio** *sm (di gioiello)* fermoir *m*; *(per capelli)* barrette *f*.

**fermạre** *vt* arrêter. ◆ *vi* s'arrêter.

**fermạta** *sf* arrêt *m*; **~ dell'autobus** arrêt d'autobus; **'~ prenotata'** 'arrêt demandé'; **'~ a richiesta'** 'arrêt facultatif'.

**fẹrmo, -a** *agg (immobile)* arrêté(-e); *(mano, voce, carattere)* ferme; **state fermi!** ne bougez pas!

**ferọce** *agg* féroce; *(dolore)* atroce.

**ferragọsto** *sm* le 15 août.

**ferramẹnta** *sf* quincaillerie *f*.

**fẹrro** *sm* fer *m*; **~ battuto** fer forgé; **~ da calza** aiguille *f* à tricoter; **~ da stiro** fer à repasser; **bistecca ai ferri** entrecôte *f* grillée.

**ferrovịa** *sf (strada)* voie *f* ferrée; *(servizio)* chemins de fer *mpl*; **ferrovie dello stato** chemins de fer italiens *f*, ≈ SNCF *f*.

**ferroviạrio**, **-a** *agg* ferroviaire.

**fessụra** *sf (apertura)* fente *f*; *(spaccatura)* fissure *f*.

**fẹsta** *sf* fête *f*; **la ~ della mamma** la fête des Mères; **far ~** s'amuser; **'Buone feste'** 'Bonnes fêtes'.

**festeggiạre** *vt* fêter.

**fẹstival** *sm inv* festival *m*.

**festịvo**, **-a** *agg (riposo)* hebdomadaire; *(orario, abito)* de fête; **giorno ~** jour *m* férié.

**festọso**, **-a** *agg* joyeux(-euse).

**fẹtta** *sf* tranche *f*.

**fettuccịne** *sfpl type de pâtes aux œufs découpées en longs rubans*.

**FF.SS.** *abbr* = **Ferrovie dello Stato**.

**fiạba** *sf* conte *m*; *(morale)* fable *f*.

**fiạmma** *sf* flamme *f*.

**fiammịfero** *sm* allumette *f*.

**fiạnco**, **-chi** *sm* côté *m*; **di ~ (a)** à côté (de).

**fiạsco**, **-schi** *sm (bottiglia)* fiasque *f*.

**fiạto** *sm* souffle *m*; **avere il ~ grosso** avoir le souffle court.

**fịbbia** *sf* boucle *f*.

**fịbra** *sf* fibre *f*.

**ficcạre** *vt* enfoncer.

**fịco**, **-chi** *sm (frutto)* figue *f*; *(albero)* figuier *m*; **~ d'India** figue de Barbarie.

**fidanzamẹnto** *sm* fiançailles *fpl*.

**fidanzạrsi** *vr* se fiancer.

**fidanzạto**, **-a** *agg* fiancé(-e). ♦ *sm, f* fiancé *m* (-e *f*).

**fidạrsi** *vr* : **~ di** faire confiance à.

**fidụcia** *sf* confiance *f*.

**fiduciọso**, **-a** *agg* confiant(-e).

**fiẹno** *sm* foin *m*.

**fiẹra** *sf* foire *f*.

**fiẹro**, **-a** *agg* fier (fière).

**fịglio**, **-a** *sm, f* fils *m* (fille *f*); **hanno tre figli** ils ont trois enfants; **~ unico** fils unique.

**figụra** *sf (MAT)* figure *f*; *(aspetto)* silhouette *f*; *(illustrazione)* illustration *f*; **fare bella/brutta ~** faire bonne/mauvaise impression.

**figurạre** *vi* figurer. ♦ *vt* : **figurarsi qc** s'imaginer qqch.

**fịla** *sf (di macchine)* file *f*; *(di posti)* rang *m*; *(coda)* queue *f*; *(serie)* série *f*; **fare la ~**

faire la queue; **di ~** d'affilée.

**filare** *vt* filer. ◆ *vi (formaggio)* former des fils; *(discorso)* tenir debout.

**filatelia** *sf* philatélie *f.*

**filetto** *sm (di manzo)* filet *m* de bœuf; *(di pesce)* filet; **~ al pepe verde** *filet de bœuf en sauce au poivre vert.*

**film** *sm inv* film *m.*

**filo** *sm* fil *m*; **~ d'erba** brin *m* d'herbe; **~ spinato** (fil de fer) barbelé *m*; **fil di ferro** fil de fer.

**filosofia** *sf* philosophie *f.*

**filtrare** *vt & vi* filtrer.

**filtro** *sm* filtre *m.*

**fin** → **fino.**

**finale** *agg* final(-e). ◆ *sm (conclusione)* fin *f.*

**finalmente** *avv* enfin.

**finanza** *sf* finance *f.*

**finché** *cong (per tutto il tempo)* tant que; *(fino a quando)*: **~ non fa buio** jusqu'à ce qu'il fasse nuit.

**fine** *agg* fin(-e); *(elegante)* distingué(-e); *(vista)* perçant(-e). ◆ *sf (termine)* fin *f.* ◆ *sm (scopo)* but *m*; **~ settimana** week-end *m*, fin de semaine; **alla ~** finalement.

**finestra** *sf* fenêtre *f.*

**finestrino** *sm* vitre *f.*

**fingere** *vt (simulare)* feindre; **~ di fare qc** faire semblant de faire qqch. ❑ **fingersi** *vr* : **fingersi malato** se prétendre malade.

**finire** *vt & vi* finir; **dov'è finito il mio cappello?** où est passé mon chapeau?; **~ col fare qc** finir par faire qqch; **~ di fare qc** finir de faire qqch.

**finlandese** *agg* finlandais(-e).

**Finlandia** *sf* : **la ~** la Finlande.

**fino, -a** *agg* fin(-e); *(vista)* perçant(-e). ◆ *prep* jusque; **~ a** jusqu'à; **~ da** (jusque) de; **~ lì** jusque-là; **~ qui** jusqu'ici.

**finocchio** *sm (verdura)* fenouil *m.*

**finora** *avv* jusqu'à présent.

**finta** *sf* simulation *f*; **fare ~ di fare qc** faire semblant de faire qqch.

**finto, -a** *pp* → **fingere.** ◆ *agg* faux (fausse).

**fiocco, -chi** *sm (di nastro)* nœud *m*; *(di neve)* flocon *m.*

**fiocina** *sf* harpon *m.*

**fioraio, -a** *sm, f* fleuriste *mf.*

**fiore** *sm* fleur *f*; **a fiori** à fleurs.

**fiorentino, -a** *agg* florentin(-e). ◆ *sm, f* Florentin *m* (-e *f*).

**Firenze** *sf* Florence.

**firma** *sf* signature *f*; *(marca)* griffe *f*.

**firmare** *vt* signer.

**fischiare** *vt* & *vi* siffler.

**fischio** *sm* sifflement *m*.

**fisco** *sm* fisc *m*.

**fisica** *sf (scienza)* physique *f*; → **fisico**.

**fisico, -a, -ci, -che** *agg* physique. ◆ *sm (corpo)* physique *m*. ◆ *sm, f* physicien *m* (-enne *f*).

**fissare** *vt* fixer.

**fisso, -a** *agg* fixe. ◆ *avv* : **guardare qn/qc ~** regarder qqn/qqch fixement.

**fitta** *nf* élancement *m*.

**fitto, -a** *agg (bosco, nebbia)* épais(-aisse); *(pioggia)* dru(-e).

**fiume** *sm* fleuve *m*.

**flacone** *sm* flacon *m*.

**flessibile** *agg* flexible.

**flessione** *sf (calo)* fléchissement *m*.

**flesso, -a** *pp* → **flettere**.

**flettere** *vt* fléchir.

**flotta** *sf* flotte *f*.

**fluido, -a** *agg* fluide. ◆ *sm* fluide *m*.

**flusso** *sm* flux *m*.

**focaccia, -ce** *sf (pane) sorte de pain plat à l'huile d'olive, parfois additionné d'autres ingrédients*; **~ alla genovese** *gros gâteau aux raisins secs*.

**foce** *sf* embouchure *f*.

**focolare** *sm* foyer *m*.

**fodera** *sf* doublure *f*.

**foglia** *sf* feuille *f*.

**foglio** *sm* feuille *f*; *(banconota)* billet *m*.

**fogna** *sf* égout *m*.

**fognature** *sfpl* égouts *mpl*.

**föhn** = **fon**.

**folclore** *sm* folklore *m*.

**folcloristico, -a, -ci, -che** *agg* folklorique.

**folla** *sf* foule *f*.

**folle** *agg* fou (folle); **in ~** *(AUTO)* au point mort.

**follia** *sf* folie *f*.

**folto, -a** *agg* épais(-aisse).

**fon** *sm inv (asciugacapelli)* sèche-cheveux *m (inv)*.

**fondale** *sm (di acque)* fond *m*.

**fondamentale** *agg* fondamental(-e).

**fondamento** *sm* fondement *m*. ❑ **fondamenta** *sfpl (di edificio)* fondations *fpl*.

**fondare** *vt* fonder.

**fondazione** *sf* fondation *f*.

**fondere** *vt* fondre.

**fondo**, **-a** *agg (profondo)* profond(-e). ◆ *sm* fond *m*; *(di pagina)* bas *m*; *(rimasuglio)* dépôt *m*; **andare a ~** couler; **in ~** au fond; **andare fino in ~ (a qc)** aller jusqu'au bout (de qqch); **in ~ (a qc)** *(sul fondo)* au fond (de qqch); *(al termine)* au bout (de qqch). ❑ **fondi** *smpl* fonds *mpl*.

**fonduta** *sf* fondue *f*.

**fontana** *sf* fontaine *f*.

**fonte** *sf* source *f*.

**fontina** *sf fromage de lait de vache à pâte ferme typique du Val d'Aoste*.

**forare** *vt (praticare un foro in)* percer; *(gomma, pallone)* crever; *(biglietto)* poinçonner.

**forbici** *sfpl* ciseaux *mpl*.

**forca**, **-che** *sf* fourche *f*.

**forchetta** *sf* fourchette *f*.

**forcina** *sf* épingle *f* à cheveux.

**foresta** *sf* forêt *f*.

**forestiero**, **-a** *agg* étranger(-ère). ◆ *sm, f* étranger *m* (-ère *f*).

**forfora** *sf* pellicules *fpl*.

**forma** *sf (aspetto)* forme *f*; *(stampo)* moule *m*; *(buone maniere)* formes; **a ~ di** en forme de.

**formaggino** *sm* portion *f* de fromage à tartiner.

**formaggio** *sm* fromage *m*.

**formale** *agg* formel(-elle).

**formalità** *sf inv* formalité *f*.

**formare** *vt* former.

**formato** *sm* format *m*.

**formazione** *sf* formation *f*.

**formica**, **-che** *sf (insetto)* fourmi *f*.

**formidabile** *agg* formidable.

**formula** *sf* formule *f*.

**fornaio**, **-a** *sm, f* boulanger *m* (-ère *f*).

**fornello** *sm* feu *m*; **~ a gas** brûleur *m*; **~ elettrico** réchaud *m* électrique.

**fornire** *vt* : **~ qc a qn** fournir qqch à qqn; **~ qn/qc di qc** fournir qqn/qqch en qqch.

**fornitore**, **-trice** *sm, f* fournisseur *m* (-euse *f*).

**fọrno** *sm* four *m*; **~ a legna** four à bois; **in ~** au four.

**fọro** *sm* trou *m*; *(romano)* forum *m*.

**fọrse** *avv (può darsi)* peut-être; *(circa)* environ; **~ vengono** peut-être viendront-ils, peut-être qu'ils viendront.

**fọrte** *agg* fort(-e). ◆ *avv* fort; *(velocemente)* vite. ◆ *sm* fort *m*.

**fortẹzza** *sf* forteresse *f*.

**fortụna** *sf* chance *f*; *(patrimonio)* fortune *f*; **buona ~!** bonne chance!; **portare ~** porter chance *o* bonheur; **per ~** heureusement.

**fortunạto, -a** *agg (persona)* qui a de la chance; *(evento)* heureux(-euse).

**fọrza** *sf* force *f*; **per ~** forcément.

**forzạre** *vt* forcer.

**foschịa** *sf* brume *f*.

**fọssa** *sf* fosse *f*.

**fossạto** *sm* fossé *m*.

**fọsso** *sm* fossé *m*.

**fọto** *sf inv* photo *f*.

**fotocọpia** *sf* photocopie *f*.

**fotografạre** *vt* photographier.

**fotografịa** *sf* photographie *f*; **~ a colori** photographie en couleurs; **~ in bianco e nero** photographie en noir et blanc.

**fotọgrafo, -a** *sm, f* photographe *mf*.

**fototẹssera** *sf* photographie *f* d'identité.

**fra** = **tra**.

**frạdicio, -a, -ci, -ce** *agg* trempé(-e).

**frạgile** *agg* fragile.

**frạgola** *sf* fraise *f*.

**frainteṇdere** *vt* mal comprendre.

**frammẹnto** *sm* fragment *m*.

**frạna** *sf (di terreno)* éboulement *m*.

**francẹse** *agg* français(-e). ◆ *smf (abitante)* Français *m* (-e *f*). ◆ *sm (lingua)* français *m*.

**Frạncia** *sf* : **la ~** la France.

**frạnco, -a, -chi, -che** *agg* franc (franche). ◆ *sm (unità monetaria)* franc *m*.

**francobọllo** *sm* timbre *m*.

**frạngia, -ge** *sf (ciuffo)* frange *f*.

**frantumạre** *vt* briser.

**frappé** *sm inv* milk-shake *m*.

**frase** *sf* phrase *f.*
**frate** *sm* frère *m.*
**fratellastro** *sm* demi-frère *m.*
**fratello** *sm* frère *m.*
**frattempo** *sm* : **nel ~** pendant ce temps, entre-temps.
**frattura** *sf (di osso)* fracture *f.*
**frazione** *sf* fraction *f; (di comune)* hameau *m.*
**freccia, -ce** *sf* flèche *f;* **~ di direzione** clignotant *m.*
**freddo, -a** *agg* froid(-e). ♦ *sm* froid *m;* **fa ~** il fait froid.
**fregare** *vt* frotter.
**frenare** *vt & vi* freiner.
**frenetico, -a, -ci, -che** *agg* frénétique.
**freno** *sm* frein *m;* **~ a mano** frein à main.
**frequentare** *vt* fréquenter; *(corso)* suivre; **frequenta la prima elementare** il est en cours préparatoire.
**frequente** *agg* fréquent(-e).
**fresco, -a, -schi, -sche** *agg* frais (fraîche). ♦ *sm (temperatura)* fraîcheur *f;* **fa ~** il fait frais.
**fretta** *sf* hâte *f;* **avere ~** être pressé.
**friggere** *vt* frire. ♦ *vi (olio)* être bouillant.
**frigo** *sm inv* frigo *m.*
**frigobar** *sm inv* minibar *m.*
**frigorifero** *sm* réfrigérateur *m.*
**frittata** *sf omelette au parmesan et aux légumes.*
**frittella** *sf* beignet *m.*
**fritto, -a** *pp* → **friggere.** ♦ *agg* frit(-e). ♦ *sm* : **~ misto** friture *f;* **~ misto di pesce** *friture de petits poissons et de fruits de mer.*
**frivolo, -a** *agg* frivole.
**frizione** *sf* embrayage *m; (massaggio)* friction *f.*
**frizzante** *agg* gazeux(-euse).
**frontale** *agg* frontal(-e).
**fronte** *sf & sm* front *m;* **di ~** en face; **di ~ a** *(posizione)* en face de; *(in confronto)* par rapport à.
**frontiera** *sf* frontière *f.*
**frugare** *vt & vi* fouiller.
**frullare** *vt* battre, fouetter.
**frullato** *sm boisson à base de fruits passés au mixer.*
**frullatore** *sm* mixer *m.*
**frusta** *sf* fouet *m.*

**frutta** *sf* fruits *mpl*; ~ **secca** fruits secs.
**fruttivendolo** *sm (negozio)* marchand *m* de légumes.
**frutto** *sm* fruit *m*; **frutti di mare** fruits de mer.
**fucile** *sm* fusil *m*.
**fuga, -ghe** *sf* fuite *f*.
**fuggire** *vi* fuir.
**fulmine** *sm* éclair *m*; *(scarica elettrica)* foudre *f*.
**fumare** *vt & vi* fumer.
**fumatore, -trice** *sm, f* fumeur *m* (-euse *f*).
**fumetti** *smpl (vignette)* bande *f* dessinée; *(giornalino)* journal *m* de bandes dessinées.
**fumo** *sm* fumée *f*.
**fune** *sf* câble *m*.
**funerale** *sm* enterrement *m*.
**fungo, -ghi** *sm* champignon *m*.
**funivia** *sf* téléphérique *m*.
**funzionamento** *sm* fonctionnement *m*.
**funzionare** *vi* fonctionner. ❑ **funzionare da** *v + prep* faire fonction de.
**funzione** *sf* fonction *f*; *(religiosa)* office *m*; **essere in** ~ être en marche.
**fuoco, -chi** *sm* feu *m*; **al ~!** au feu!; **dar ~ a qc** mettre le feu à qqch; **fare ~** faire feu; **mettere a ~** mettre au point; **prender ~** prendre feu; **fuochi d'artificio** feux d'artifice.
**fuorché** *cong* sauf.
**fuori** *avv* dehors. ◆ *prep* : ~ **luogo** hors de propos; **andare ~ strada** quitter la route; **'~ servizio'** 'en panne'; ~ **di** hors de; **tirare ~ qc** sortir qqch; ~ **mano** à l'écart.
**fuoribordo** *sm inv* hors-bord *m inv*.
**fuoristrada** *sm inv* (voiture) tout-terrain *f*. ◆ *agg inv* tout-terrain.
**furbo, -a** *agg* malin(-igne).
**furgone** *sm* fourgonnette *f*.
**furioso, -a** *agg* furieux(-euse).
**furto** *sm* vol *m*.
**fusione** *sf* fusion *f*.
**fuso, -a** *pp* → **fondere**. ◆ *sm* : ~ **orario** fuseau *m* horaire.
**fusto** *sm (di pianta)* tige *f*; *(contenitore)* bidon *m*.
**futuro, -a** *agg* fu-

tur(-e). ◆ *sm* avenir *m*, futur *m*.

# G

**gabbia** *sf* cage *f*.
**gabbiano** *sm* mouette *f*.
**gabinetto** *sm (bagno)* toilettes *fpl*; *(studio, ministero)* cabinet *m*.
**gala** *sf (sfarzo)* faste *m*; *(festa)* gala *m*.
**galla** *sf* : **stare a ~** flotter; **venire a ~** *(fig)* apparaître.
**galleggiante** *agg* flottant(-e). ◆ *sm* flotteur *m*.
**galleria** *sf* galerie *f*; *(traforo)* tunnel *m*.
**galletta** *sf* biscuit *m*.
**gallina** *sf* poule *f*.
**gallo** *sm* coq *m*.
**gamba** *sf* jambe *f*; **essere in ~** être doué.
**gamberetto** *sm* crevette *f*.
**gambero** *sm* grosse crevette *f*.
**gamberone** *sm* gamba *f*.
**gambo** *sm (di pianta)* tige *f*; *(di fungo, bicchiere)* pied *m*.
**gancio** *sm* crochet *m*.
**gara** *sf* compétition *f*; *(concorso)* concours *m*.
**garage** [ga'raʒ] *sm inv* garage *m*.
**garantire** *vt* garantir.
**garanzia** *sf* garantie *f*.
**Garda** *sm* : **il lago di ~** le lac de Garde.
**garza** *sf* gaze *f*.
**garzone** *sm* garçon *m*.
**gas** *sm inv* gaz *m*.
**gasato, -a** *pp* = **gassato**.
**gasolio** *sm* gazole *m*.
**gassato, -a** *agg* gazeux(-euse).
**gassosa** *sf* limonade *f*.
**gastronomico, -a, -ci, -che** *agg* gastronomique.
**gattino, -a** *sm, f* chaton *m*.
**gatto, -a** *sm, f* chat *m* (chatte *f*); **~ delle nevi** dameuse *f*.
**gazzetta** *sf* journal *m*.
**gelare** *vt & vi* geler. ◆ *v impers* : **gela** il gèle.
**gelateria** *sf* glacier *m*.
**gelatina** *sf* gelée *f*.
**gelato, -a** *agg* gelé(-e). ◆ *sm* glace *f*.
**gelido, -a** *agg* glacial(-e).
**gelo** *sm* gel *m*.
**gelosia** *sf* jalousie *f*.
**geloso, -a** *agg* jaloux(-ouse).

**gemẹllo**, **-a** *agg* jumeau(-elle). ❑ **gemelli** *smpl (di camicia)* boutons *mpl* de manchette.

**gẹmere** *vi* gémir.

**gẹmma** *sf (pietra)* pierre *f* précieuse; *(di pianta)* bourgeon *m*.

**generạle** *agg* général(-e). ◆ *sm* général *m*.

**generalità** *sfpl* identité *f*.

**generalmẹnte** *avv* généralement.

**generaziọne** *sf* génération *f*.

**gẹnere** *sm* genre *m*; **in ~** en général. ❑ **generi** *smpl* : **generi alimentari** produits *mpl* alimentaires.

**genẹrico**, **-a**, **-ci**, **-che** *agg* général(-e); **medico ~** généraliste *m*.

**gẹnero** *sm* gendre *m*.

**generọso**, **-a** *agg* généreux(-euse).

**gengịva** *sf* gencive *f*.

**geniạle** *agg* génial(-e).

**gẹnio** *sm* génie *m*.

**genitạli** *smpl* parties *fpl* génitales.

**genitọre** *sm* parent *m*.

**gennạio** *sm* janvier *m*; → **settembre**.

**Gẹnova** *sf* Gênes.

**gẹnte** *sf* gens *mpl*; **c'è troppa ~** il y a trop de monde.

**gentịle** *agg* gentil(-ille).

**gentilẹzza** *sf* gentillesse *f*.

**genuịno**, **-a** *agg (naturale)* naturel(-elle).

**geografịa** *sf* géographie *f*.

**geologịa** *sf* géologie *f*.

**geometrịa** *sf* géométrie *f*.

**gerarchịa** *sf* hiérarchie *f*.

**gẹrgo**, **-ghi** *sm (di giovani)* argot *m*; *(specialistico)* jargon *m*.

**Germạnia** *sf* : **la ~** l'Allemagne *f*.

**gẹsso** *sm (per lavagna)* craie *f*; *(per frattura)* plâtre *m*.

**gestiọne** *sf* gestion *f*.

**gestịre** *vt* gérer.

**gẹsto** *sm* geste *m*.

**gestọre** *sm* gérant *m*.

**Gesù** *sm* Jésus *m*.

**gettạre** *vt* jeter.

**gẹtto** *sm* jet *m*.

**gettọne** *sm* jeton *m*.

**ghiacciạio** *sm* glacier *m*.

**ghiacciạto**, **-a** *agg (coperto di ghiaccio)* gelé(-e); *(freddo)* glacé(-e).

**ghiạccio** *sm* glace *f*; *(su strada)* verglas *m*.
**ghiacciọlo** *sm (gelato)* glace *f* à l'eau.
**ghiạia** *sf* gravier *m*.
**ghiạndola** *sf* glande *f*.
**già** *avv* déjà. ◆ *esclam* eh oui!; **di ~?** déjà?
**giạcca**, **-che** *sf* veste *f*; **~ a vento** anorak *m*.
**giacché** *cong* puisque.
**giaccọne** *sm* grosse veste *f*.
**giạllo**, **-a** *agg* jaune; *(semaforo)* orange. ◆ *sm* jaune *m*; *(romanzo, film)* policier *m*.
**gianduiọtto** *sm* chocolat *m* praliné.
**giardinạggio** *sm* jardinage *m*.
**giardiniẹre**, **-a** *sm, f* jardinier *m* (-ère *f*).
**giardịno** *sm* jardin *m*.
**gigạnte** *agg* géant(-e). ◆ *sm* géant *m*.
**gilè** *sm inv* gilet *m*.
**ginecọlogo**, **-a**, **-gi**, **-ghe** *sm, f* gynécologue *mf*.
**Ginẹvra** *sf* Genève.
**ginnạstica** *sf* gymnastique *f*; **fare ~** faire de la gymnastique.
**ginọcchio** (*pl f* **ginocchia**) *sm* genou *m*.
**giocạre** *vt & vi* jouer; **sai ~ a tennis?** tu sais jouer au tennis?
**giocatọre**, **-trice** *sm, f* joueur *m* (-euse *f*).
**giocạttolo** *sm* jouet *m*.
**giọco**, **-chi** *sm* jeu *m*; **per ~** pour plaisanter.
**giocoliẹre** *sm* jongleur *m*.
**giọia** *sf* joie *f*; *(gioiello)* bijou *m*.
**gioiellerịa** *sf* bijouterie *f*.
**gioiẹllo** *sm* bijou *m*.
**giornalạio**, **-a** *sm, f* marchand *m* (-e *f*)de journaux.
**giornạle** *sm* journal *m*; **~ radio** informations *fpl o* journal (à la radio).
**giornaliẹro**, **-a** *agg* journalier(-ère). ◆ *sm (per sciare)* forfait *m* (à la journée).
**giornalịsta**, **-i**, **-e** *smf* journaliste *mf*.
**giornạta** *sf* journée *f*; **~ lavorativa** journée de travail.
**giọrno** *sm* jour *m*; **a giorni alterni** un jour sur deux; **l'altro ~** l'autre jour; **~ feriale** jour ouvrable; **giorni festivi** dimanches *mpl* et

jours fériés; **al ~** par jour; **di ~** pendant la journée.

**giostra** *sf* manège *m.*

**giovane** *agg* jeune. ♦ *sm* : **i giovani** les jeunes *mpl.*

**giovanile** *agg* jeune, juvénile.

**giovanotto** *sm* jeune homme *m.*

**giovedì** *sm inv* jeudi *m*; **~ grasso** *dernier jeudi du carnaval*; → **sabato.**

**gioventù** *sf* jeunesse *f*; *(giovani)* jeunesse, jeunes *mpl.*

**giovinezza** *sf* jeunesse *f.*

**giraffa** *sf* girafe *f.*

**giramento** *sm* : **~ di testa** vertige *m.*

**girare** *vt* tourner; *(assegno)* endosser. ♦ *vi* tourner; *(andare in giro)* se promener.

**girarrosto** *sm* tournebroche *m.*

**girasole** *sm* tournesol *m.*

**giro** *sm* tour *m*; *(compagnia)* milieu *m*; **~ d'affari** chiffre *m* d'affaires; **andare in ~** se promener; **nel ~ di un anno/di qualche giorno** en l'espace d'un an/de quelques jours; **prendere in ~ qn** se moquer de qqn.

**gita** *sf* excursion *f*; **andare in ~ a Roma** faire une excursion à Rome.

**giù** *avv* en bas; **in ~** en bas; **i bambini dai dieci anni in ~** les enfants de dix ans et au-dessous; **~ di lì** à peu près.

**giubbotto** *sm (giacca)* blouson *m.*

**giudicare** *vt* & *vi* juger.

**giudice** *sm* juge *m.*

**giudizio** *sm* jugement *m*; *(saggezza)* bon sens *m*; **a mio ~** à mon avis.

**giugno** *sm* juin *m*; → **settembre.**

**giungere** *vi* arriver.

**giungla** *sf* jungle *f.*

**giunta** *sf* conseil *m*; **per ~** en plus, par-dessus le marché.

**giunto, -a** *pp* → **giungere.**

**giuramento** *sm* serment *m.*

**giurare** *vt* & *vi* jurer.

**giuria** *sf* jury *m.*

**giustificare** *vt* justifier.

**giustificazione** *sf (scusa)* justification *f.*

**giustizia** *sf* justice *f.*

**giusto, -a** *agg* juste. ♦ *avv (esattamente)* juste; *(proprio)* justement; **al momento ~**

au bon moment; **~ in tempo** juste à temps.

**gli** *art* → **il.** ◆ *pron (a lui, esso)* lui; *(a loro)* leur; **glielo hai detto?** tu le lui/leur as dit?; **gliene devo due** je lui/leur en dois deux.

**glięla** → **gli.**

**glięle** → **gli.**

**glięli** → **gli.**

**glięlo** → **gli.**

**glięne** → **gli.**

**glọbo** *sm* globe *m.*

**glọria** *sf* gloire *f.*

**gnọcchi** *smpl* gnocchi(s) *mpl (boulettes de pommes de terre et de farine en sauce, servies en entrée)*; **~ alla romana** *petits carrés de semoule, additionnés de beurre et de parmesan, gratinés au four.*

**goal** [gɔl] *sm inv* but *m.*

**gọbba** *sf* bosse *f.*

**gọbbo, -a** *agg* bossu(-e).

**gọccia, -ce** *sf (di liquido)* goutte *f.*

**gocciolạre** *vi* goutter.

**godęre** *vt* : **godersi qc** profiter de qqch. ❑ **godere di** *v + prep* jouir de; *(riduzione)* bénéficier de.

**gọffo, -a** *agg* gauche, emprunté(-e).

**gọla** *sf* gorge *f*; *(golosità)* gourmandise *f.*

**gọlf** *sm (maglia)* pull(-over) *m*; *(abbottonato)* gilet *m*; *(sport)* golf *m.*

**gọlfo** *sm* golfe *m.*

**golọso, -a** *agg* gourmand(-e).

**gọmito** *sm* coude *m.*

**gọmma** *sf (materiale)* caoutchouc *m*; *(sostanza, per cancellare)* gomme *f*; *(pneumatico)* pneu *m*; **bucare** *o* **forare una ~** crever; **~ a terra** pneu à plat; **~ (da masticare)** chewing-gum *m.*

**gommapiụma**® *sf* Caoutchouc Mousse® *m.*

**gommọne** *sm* canot *m* pneumatique (à moteur).

**gọndola** *sf* gondole *f.*

**gonfiạre** *vt* gonfler; *(notizia, impresa)* grossir. ❑ **gonfiarsi** *vr (piede, dito)* enfler.

**gọnfio, -a** *agg (piede, occhi)* enflé(-e); *(stomaco)* ballonné(-e).

**gọnna** *sf* jupe *f*; **~ a pieghe** jupe plissée; **~ pantalone** jupe-culotte *f.*

**gorgonzọla** *sm* gorgonzola *m (fromage persillé de lait de vache).*

**gorịlla** *sm inv* gorille *m.*

**govęrno** *sm* gouvernement *m.*

**gracile** *agg* frêle.
**gradazione** *sf (di colori)* dégradé *m*; **~ alcolica** degré *m* d'alcool.
**gradevole** *agg* agréable.
**gradinata** *sf* escalier *m*; *(in stadi, teatri)* gradins *mpl*.
**gradino** *sm* marche *f*.
**gradire** *vt (regalo)* apprécier; *(desiderare)* désirer; **gradisce un caffè?** désirez-vous un café?
**grado** *sm* degré *m*; **essere in ~ di fare qc** être en mesure de faire qqch.
**graduale** *agg* graduel(-elle).
**graffetta** *sf* trombone *m*.
**graffiare** *vt (mano)* égratigner; *(oggetto)* érafler.
**graffio** *sm* égratignure *f*.
**grafica** *sf* arts *mpl* graphiques.
**grafico, -a, -ci, -che** *agg* graphique. ◆ *sm* graphique *m*.
**grammatica, -che** *sf* grammaire *f*.
**grammo** *sm* gramme *m*.
**grana** *sf (fam: seccatura)* pépin *m*; *(fam: soldi)* fric *m*, pognon *m*. ◆ *sm inv fromage de lait de vache à pâte dure originaire d'Émilie, qui tient son nom de sa consistence granuleuse.*
**granaio** *sm* grenier *m*.
**Gran Bretagna** *sf* : **la ~** la Grande-Bretagne.
**granchio** *sm* crabe *m*.
**grande** *(a volte* **gran***) agg* grand(-e); **~ magazzino** grand magasin *m*; **fa un gran caldo** il fait très chaud.
**grandezza** *sf* grandeur *f*.
**grandinare** *v impers* : **grandina** il grêle.
**grandine** *sf* grêle *f*.
**granello** *sm* grain *m*.
**granita** *sf jus, sirop de fruits ou café avec de la glace pilée.*
**grano** *sm* blé *m*.
**granturco** *sm* maïs *m*.
**grappa** *sf* eau-de-vie *f*.
**grappolo** *sm* grappe *f*.
**grasso, -a** *agg (persona)* gros (grosse); *(cibo, pelle, capelli)* gras (grasse). ◆ *sm* graisse *f*; *(di cibo)* gras *m*.
**grata** *sf* grille *f*.
**gratis** *avv* gratis.
**gratitudine** *sf* gratitude *f*.
**grato, -a** *agg* reconnaissant(-e).
**grattacielo** *sm* gratte-ciel *m inv*.

**grattare** *vt* *(raschiare)* gratter; *(formaggio, pane)* râper; *(fam: rubare)* piquer, faucher.

**grattugia** *sf* râpe *f.*

**gratuito, -a** *agg* gratuit(-e).

**grave** *agg* grave; *(responsabilità, sacrificio)* lourd(-e).

**gravidanza** *sf* grossesse *f.*

**gravità** *sf* gravité *f.*

**grazia** *sf* grâce *f.*

**grazie** *esclam* merci!; **~ tante** *o* **mille!** merci beaucoup!; **~ a** grâce à.

**grazioso, -a** *agg* joli(-e).

**Grecia** *sf* : **la ~** la Grèce.

**greco, -a, -ci, -che** *agg* grec (grecque). ♦ *sm (lingua)* grec *m.*

**gregge** (*pl f* **greggi**) *sm* troupeau *m.*

**greggio, -a, -gi, -ge** *agg* brut(-e); *(cuoio)* naturel(-elle); *(tessuto)* écru(-e).

**grembiule** *sm (da cucina)* tablier *m*; *(per bambini)* blouse *f.*

**grezzo** = **greggio.**

**gridare** *vt* & *vi* crier.

**grido** *sm (di persona: pl f grida)* cri *m*; *(di animale: pl m gridi)* cri *m*; **di ~** renommé.

**grigio, -a** *agg* gris(-e). ♦ *sm* gris *m.*

**griglia** *sf (per cucinare)* gril *m*; *(inferriata)* grille *f*; **alla ~** grillé.

**grigliata** *sf* grillade *f.*

**grill** *sm* = **griglia.**

**grissini** *smpl* gressins *mpl* *(longs bâtonnets croustillants de pâte à pain).*

**grosso, -a** *agg* gros (grosse). ♦ *sm* : **il ~ di** la plupart de; **sbagliarsi di ~** se tromper lourdement.

**grossolano, -a** *agg* grossier(-ère).

**grossomodo** *avv* grosso modo.

**grotta** *sf* grotte *f.*

**grottesco, -a, -schi, -sche** *agg* grotesque.

**groviera** *sm o sf* gruyère *m.*

**gru** *sf inv* grue *f.*

**gruccia, -ce** *sf (stampella)* béquille *f*; *(per abiti)* cintre *m.*

**grumo** *sm (di sangue)* caillot *m*; *(di farina)* grumeau *m.*

**gruppo** *sm* groupe *m*; **~ sanguigno** groupe sanguin.

**gruviera** = **groviera.**

**guadagnare** *vt* gagner; **guadagnarsi da vivere** gagner sa vie.

**guadagno** *sm* bénéfice *m*.

**guaio** *sm* ennui *m*; *(pasticcio)* bêtise *f*; **essere nei guai** être dans le pétrin.

**guancia**, **-ce** *sf* joue *f*.

**guanciale** *sm* oreiller *m*.

**guanto** *sm* gant *m*.

**guardaboschi** *sm inv* garde *m* forestier.

**guardacoste** *sm inv* garde-côte *m*.

**guardare** *vt* regarder; *(fare caso a)* faire attention à; *(bambini, borsa)* garder. ❑ **guardarsi da** *vr + prep* se méfier de.

**guardaroba** *sm inv (armadio)* penderie *f*; *(di locale)* vestiaire *m*; *(abiti)* garde-robe *f*.

**guardia** *sf (soldato)* garde *m*; *(arma)* garde *f*; **fare la ~ a** garder; **~ del corpo** garde du corps; **~ di finanza** *police des frontières ayant également des fonctions de contrôle fiscal*; **~ forestale** garde forestier; **~ medica** ≈ SOS médecins; **di ~** de garde.

**guardiano**, **-a** *sm, f* gardien *m* (-enne *f*).

**guardrail** [gar'dreil] *sm inv* glissière *f* de sécurité.

**guarire** *vt & vi* guérir.

**guarnizione** *sf* garniture *f*; *(per recipienti)* joint *m*.

**guastare** *vt* abîmer; *(festa, allegria)* gâcher. ❑ **guastarsi** *vr (meccanismo)* se détraquer; *(cibo, tempo)* se gâter.

**guasto**, **-a** *agg* en panne; *(carne)* avarié(-e); *(telefono)* en dérangement; *(dente, frutta)* gâté(-e). ◆ *sm* panne *f*; **un ~ al motore** une panne de moteur.

**guerra** *sf* guerre *f*.

**guerriglia** *sf* guérilla *f*.

**gufo** *sm* hibou *m*.

**guglia** *sf (di torre)* flèche *f*.

**guida** *sf* guide *m*; *(di veicolo)* conduite *f*.

**guidare** *vt* conduire; *(accompagnare)* guider. ◆ *vi* conduire.

**guidatore**, **-trice** *sm, f* conducteur *m* (-trice *f*).

**guinzaglio** *sm* laisse *f*.

**guscio** *sm* coquille *f*.

**gustare** *vt* savourer.

**gusto** *sm* goût *m*; **al ~ di banana** à la banane.

**gustoso**, **-a** *agg* savoureux(-euse).

# H-I

**ha** → **avere.**

**hai** → **avere.**

**handicappato**, **-a** *agg* handicapé(-e). ◆ *sm, f* handicapé *m* (-e *f*).

**hanno** → **avere.**

**ho** → **avere.**

**hostess** *sf inv (di volo)* hôtesse *f* de l'air.

**hotel** *sm inv* hôtel *m*.

**i** → **il.**

**Iddio** *sm* Dieu *m*.

**idea** *sf* idée *f*; *(opinione, impressione)* opinion *f*; **non ne ho ~** je n'en ai aucune idée; **cambiare ~** changer d'avis.

**ideale** *agg* idéal(-e). ◆ *sm* idéal *m*.

**ideare** *vt* inventer.

**identico**, **-a**, **-ci**, **-che** *agg* identique.

**identità** *sf inv* identité *f*.

**idiota**, **-i**, **-e** *agg* idiot(-e). ◆ *smf* idiot *m* (-e *f*).

**idoneo**, **-a** *agg* approprié(-e); **~ a** apte à.

**idratante** *agg* hydratant(-e).

**idratare** *vt* hydrater.

**idraulico**, **-a**, **-ci**, **-che** *agg* hydraulique. ◆ *sm* plombier *m*.

**ieri** *avv* hier; **~ mattina** hier matin; **~ notte** la nuit dernière; **l'altro ~**, **~ l'altro** avant-hier; **la posta di ~** le courrier d'hier.

**igiene** *sf* hygiène *f*.

**igienico**, **-a**, **-ci**, **-che** *agg* hygiénique.

**ignorante** *agg* ignorant(-e).

**ignorare** *vt* ignorer.

**il** *(mpl* **i**; *dav sm* **lo** *(pl* **gli**) + *s + consonante, gn, ps, z; dav sm o sf* **l'** *(mpl* **gli**) + *vocale; f* **la**, *fpl* **le**) *art* 1. *(gen)* le (la), les *(pl)*; **~ lago** le lac; **la finestra** la fenêtre; **~ tempo** le temps; **la vita** la vie.
2. *(con titolo)*: **~ signor Pollini** monsieur Pollini; **~ Presidente della Repubblica** le président de la République.
3. *(con nomi geografici)*: **~ Po** le Pô; **le Dolomiti** les Dolomites.
4. *(indica possesso)*: **si è rotto ~ naso** il s'est cassé le nez; **si è tolto i panta-**

**loni** il a enlevé son pantalon.
5. *(indica il tempo)*: **~ sabato** le samedi; **la sera** le soir; **è ~ 29 dicembre** c'est le 29 décembre; **dopo le tre** après 3 h.
6. *(ciascuno)*: **due euro l'uno** deux euros l'un *o* chaque.

**illegale** *agg* illégal(-e).

**illegittimo**, **-a** *agg* illégitime.

**illudere** *vt* leurrer. ❑ **illudersi** *vr* se faire des illusions.

**illuminare** *vt* *(stanza)* éclairer; *(monumento)* illuminer.

**illuminazione** *sf* éclairage *m*; *(di monumento, intuizione)* illumination *f*; *(impianto)* éclairage *m*.

**illusione** *sf* illusion *f*.

**illusionista**, **-i**, **-e** *smf* illusionniste *mf*.

**illuso**, **-a** *pp* → **illudere**. ◆ *sm, f* utopiste *mf*.

**illustrare** *vt* illustrer.

**illustrazione** *sf* illustration *f*.

**imballaggio** *sm* emballage *m*.

**imballare** *vt* emballer.

**imbarazzare** *vt* embarrasser, gêner.

**imbarcadero** *sm* embarcadère *m*.

**imbarcare** *vt* embarquer.

**imbarcazione** *sf* embarcation *f*; **imbarcazioni da diporto** bateaux *mpl* de plaisance.

**imbarco**, **-chi** *sm* embarquement *m*; *(molo)* quai *m* d'embarquement.

**imbecille** *smf* imbécile *mf*.

**imbellire** *vt* & *vi* embellir.

**imbiancare** *vt* peindre. ◆ *vi (diventare bianco)* blanchir.

**imbianchino** *sm* peintre *m* (en bâtiment).

**imboccare** *vt* *(bambino)* donner à manger à; *(strada)* s'engager dans.

**imbocco**, **-chi** *sm* entrée *f*.

**imbottito**, **-a** *agg* *(cuscino)* rembourré(-e); *(indumento)* fourré(-e).

**imbranato**, **-a** *agg* empoté(-e).

**imbrattare** *vt* salir, tacher.

**imbrogliare** *vt* *(ingannare)* duper; *(ingarbugliare)* embrouiller.

**imbroglio** *sm* *(truffa)* escroquerie *f*.

**imbroglione**, **-a** *sm, f* escroc *m*.

**imbucare** *vt* mettre à la poste, poster.

**imburrare** *vt* beurrer.

**imbuto** *sm* entonnoir *m*.

**imitare** *vt* imiter.

**imitazione** *sf* imitation *f*.

**immaginare** *vt (rappresentarsi)* imaginer; *(supporre)* imaginer *(+ indicativo)*; **si immagini!** pensez-vous!

**immaginazione** *sf* imagination *f*.

**immagine** *sf* image *f*.

**immaturo**, **-a** *agg* immature.

**immedesimarsi**: **immedesimarsi in** *vr + prep* s'identifier à.

**immediato**, **-a** *agg* immédiat(-e).

**immenso**, **-a** *agg* immense.

**immergere** *vt* plonger. ❑ **immergersi** *vr* se plonger; *(sottomarino)* plonger.

**immersione** *sf* plongée *f*.

**immerso**, **-a** *pp* → **immergere**.

**immesso**, **-a** *pp* → **immettere**.

**immettere** *vt* introduire.

**immigrato**, **-a** *sm, f* immigré *m* (-e *f*).

**imminente** *agg* imminent(-e).

**immobile** *agg* immobile. ♦ *sm* immeuble *m*.

**immobiliare** *agg* immobilier(-ère).

**immondizia** *sf* ordures *fpl*.

**immorale** *agg* immoral(-e).

**impacchettare** *vt* empaqueter.

**impacciato**, **-a** *agg (goffo)* gauche; *(imbarazzato)* embarrassé(-e), gêné(-e).

**impacco**, **-chi** *sm* compresse *f*.

**impadronirsi**: **impadronirsi di** *vr + prep* s'emparer de.

**impalcatura** *sf* échafaudage *m*.

**impallidire** *vi* pâlir.

**imparare** *vt* apprendre.

**impassibile** *agg* impassible.

**impasto** *sm (di farina)* pâte *f*; *(amalgama)* mélange *m*.

**impatto** *sm* impact *m*.

**impaurire** *vt* faire peur à. ❑ **impaurirsi** *vr* prendre peur.

**impaziente** *agg* impatient(-e).

**impazzire** *vi* devenir fou.

**impedimento** *sm* obstacle *m*.

**impedire** *vt* entraver; *(passaggio, accesso)* empêcher.

**impegnare** *vt* occuper. ❑ **impegnarsi** *vr (applicarsi)* s'appliquer; *(promettre)* s'engager; **impegnarsi in qc** faire qqch avec application.

**impegnativo, -a** *agg (lavoro)* prenant(-e); *(promessa)* qui engage.

**impegnato, -a** *agg (occupato)* pris(-e), occupé(-e).

**impegno** *sm* engagement *m*; *(applicazione)* application *f*.

**impenetrabile** *agg* impénétrable.

**impensabile** *agg* impensable.

**imperatore, -trice** *sm, f* empereur *m* (impératrice *f*).

**imperfezione** *sf* imperfection *f*.

**impermeabile** *agg* imperméable. ◆ *sm* imperméable *m*.

**impero** *sm* empire *m*.

**impersonale** *agg* impersonnel(-elle).

**impertinente** *agg* impertinent(-e).

**impeto** *sm (forza)* violence *f*; *(slancio)* élan *m*.

**impianto** *sm* installation *f*; **~ di riscaldamento** (système de) chauffage *m*; **~ sportivo** installations sportives; **impianti di risalita** remontées *fpl* mécaniques.

**impiccare** *vt* pendre.

**impiegare** *vt* utiliser; *(tempo)* mettre; *(assumere)* embaucher.

**impiegato, -a** *sm, f* employé *m* (-e *f*).

**impiego, -ghi** *sm (lavoro)* emploi *m*; *(uso)* utilisation *f*.

**impigliare** *vt* accrocher. ❑ **impigliarsi** *vr* : **impigliarsi in qc** s'accrocher à qqch.

**implicare** *vt* impliquer.

**implicazione** *sf* implication *f*.

**implicito, -a** *agg* implicite.

**impolverare** *vt* couvrir de poussière. ❑ **impolverarsi** *vr* se couvrir de poussière.

**imponente** *agg* imposant(-e).

**imporre** *vt* imposer; **~ a qn di fare qc** imposer à qqn de faire qqch.

**importante** *agg* important(-e).

**importanza** *sf* importance *f*; **avere ~** avoir de l'importance; **dare ~ a qc** donner de l'importance à qqch.

**importare** *vt & vi* importer. ◆ *v impers* : **non importa che sia vero** peu importe que ce soit vrai; **non importa!** ça ne fait rien!; **non mi importa** ça m'est égal.

**importazione** *sf* importation *f*.

**importo** *sm* somme *f*.

**importunare** *vt* importuner.

**impossibile** *agg* impossible.

**imposta** *sf (tassa)* impôt *m*; *(di finestra)* volet *m*.

**impostare** *vt (lettera)* poster; *(questione)* aborder; **~ qc su qc** axer qqch sur qqch.

**imposto, -a** *pp* → **imporre**.

**impostore, -a** *sm, f* imposteur *m*.

**impotente** *agg* impuissant(-e).

**imprecazione** *sf* juron *m*.

**impregnare** *vt* : **~ qc (di qc)** imprégner qqch (de qqch).

**imprenditore, -trice** *sm, f* entrepreneur *m*.

**impreparato, -a** *agg* : **essere ~** ne pas être préparé(-e).

**impresa** *sf* entreprise *f*.

**impresario, -a** *sm, f (teatrale)* imprésario *m*; **~ edile** entrepreneur *m* (en bâtiment).

**impressionante** *agg* impressionnant(-e).

**impressionare** *vt* impressionner. ❑ **impressionarsi** *vr (turbarsi)* être impressionné.

**impressione** *sf* impression *f*; *(turbamento)* choc *m*; **ho l'~ di conoscerlo** j'ai l'impression de le connaître; **fare ~ a qn** impressionner qqn.

**impresso, -a** *pp* → **imprimere**.

**imprestare** *vt* : **~ qc a qn** prêter qqch à qqn.

**imprevisto, -a** *agg* imprévu(-e). ◆ *sm* imprévu *m*.

**imprigionąre** *vt* emprisonner.

**imprįmere** *vt* graver.

**improbąbile** *agg* improbable.

**imprǫnta** *sf* empreinte *f.*

**improvvisamęnte** *avv* tout à coup, soudainement.

**improvvisąre** *vt* improviser.

**improvvisąta** *sf* surprise *f.*

**improvvįso**, **-a** *agg* subit(-e), soudain(-e); **all'~** tout à coup.

**imprudęnza** *sf* imprudence *f.*

**impugnąre** *vt* empoigner.

**impugnatųra** *sf* poignée *f.*

**impulsįvo**, **-a** *agg* impulsif(-ive).

**impųlso** *sm* impulsion *f*; **d'~** impulsivement.

**imputąto**, **-a** *sm, f* accusé *m* (-e *f*).

**in** *prep* 1. *(stato in luogo)*: **abitare ~ campagna** habiter à la campagne; **essere ~ casa** être à la maison; **~ città** en ville; **avere qc ~ mente** avoir qqch en tête. 2. *(all'interno di)* dans; **nella borsa** dans le sac; **~ cucina** dans la cuisine. 3. *(moto a luogo)*: **andare ~ Italia** aller en Italie; **andare ~ montagna** aller à la montagne; **mettersi qc ~ testa** se mettre qqch dans la tête. 4. *(indica un'epoca)*: **~ primavera** au printemps; **~ 1997** en 1997; **nel XVIII secolo** au XVIIIe *(siècle)*. 5. *(indica durata)*: **~ cinque minuti** en cinq minutes; **~ giornata** dans la journée. 6. *(indica modo)* en; **~ abito da sera** en robe de soirée; **parlare ~ italiano** parler (en) italien; **~ silenzio** en silence. 7. *(indica mezzo)* en; **pagare ~ contanti** payer comptant; **viaggiare ~ macchina** voyager en voiture. 8. *(indica materia)* en; **statua ~ bronzo** statue en bronze. 9. *(indica fine)* en; **accorrere ~ aiuto di qn** voler au secours de qqn; **~ onore di** en l'honneur de. 10. *(con valore distributivo)*: **siamo partiti ~ tre** nous sommes partis à trois.

**inaccettąbile** *agg* inacceptable.

**inadeguato**, **-a** *agg* inadéquat(-e); *(persona)* inapte.
**inalare** *vt* inhaler.
**inammissibile** *agg* inadmissible.
**inarcare** *vt (schiena)* courber; *(sopracciglia)* froncer.
**inaridire** *vt* dessécher.
**inaspettato**, **-a** *agg* inattendu(-e).
**inattendibile** *agg* peu fiable.
**inatteso**, **-a** *agg* inattendu(-e).
**inattività** *sf* inactivité *f.*
**inaudito**, **-a** *agg* inouï(-e).
**inaugurare** *vt* inaugurer.
**inavvertenza** *sf* erreur *f;* **per ~** par inadvertance.
**inavvertitamente** *avv* par inadvertance.
**incalcolabile** *agg* incalculable.
**incamminarsi** *vr* se mettre en route.
**incantevole** *agg* charmant(-e).
**incanto** *sm* enchantement *m.*
**incapace** *agg* incapable.
**incapacità** *sf* incapacité *f.*
**incaricare** *vt* charger.
**incaricato**, **-a** *agg* chargé(-e). ◆ *sm, f* personne *f* responsable.
**incarico**, **-chi** *sm* tâche *f.*
**incarnirsi** *vr* s'incarner.
**incartare** *vt* envelopper (dans du papier); **me lo può ~?** vous pouvez me l'enveloppez?
**incassare** *vt (assegno)* encaisser; *(inserire)* encastrer.
**incasso** *sm* encaissement *m; (somma)* recette *f.*
**incastrare** *vt (connettere)* encastrer. ❑ **incastrarsi** *vr (rimanere bloccato)* se coincer; *(combaciare)* s'encastrer.
**incastro** *sm* encastrement *m;* **a ~** à encastrer.
**incatenare** *vt* enchaîner.
**incauto**, **-a** *agg* imprudent(-e).
**incavato**, **-a** *agg* creux (creuse); *(occhi)* enfoncé(-e).
**incavo** *sm* creux *m.*
**incendiare** *vt* incendier. ❑ **incendiarsi** *vr* prendre feu.
**incendio** *sm* incendie *m.*
**incenso** *sm* encens *m.*
**inceppare** *vt* entraver. ❑ **incepparsi** *vr* se coincer.

**incerata** *sf (tela)* toile *f* cirée; *(giaccone)* ciré *m*.

**incertezza** *sf (indeterminatezza)* incertitude *f*; *(indecisione)* indécision *f*.

**incerto**, **-a** *agg* incertain(-e).

**inchiesta** *sf* enquête *f*.

**inchinarsi** *vr* s'incliner.

**inchiodare** *vt (con chiodi)* clouer. ♦ *vi* piler.

**inchiostro** *sm* encre *f*.

**inciampare** *vi* trébucher; **~ in qc** trébucher sur qqch.

**incidente** *sm* accident *m*; **~ stradale** accident de la route.

**incidere** *vt* inciser. ♦ *vi* : **~ su qc** influer sur qqch.

**incinta** *agg f* enceinte.

**incirca** : **all'incirca** environ, à peu près.

**incisione** *sf* incision *f*; *(in arte)* gravure *f*.

**incisivo** *agg* incisif(-ive). ♦ *sm* incisive *f*.

**inciso** *pp* → **incidere**. ♦ *sm* : **per ~** incidemment.

**incitare** *vt* inciter.

**incivile** *agg (non civilizzato)* barbare; *(maleducato)* impoli(-e).

**inclinazione** *sf* inclinaison *f*.

**includere** *vt* inclure.

**incluso**, **-a** *pp* → **includere**. ♦ *agg* inclus(-e); **~ nel prezzo** inclus dans le prix.

**incognito** *sm* : **in ~** incognito.

**incollare** *vt* coller.

**incolpare** *vt* : **~ qn di qc** inculper qqn de qqch.

**incominciare** *vt & vi* commencer.

**incompatibile** *agg* incompatible.

**incompetente** *agg* incompétent(-e).

**incompiuto**, **-a** *agg* inachevé(-e).

**incompleto**, **-a** *agg* incomplet(-ète).

**incomprensibile** *agg* incompréhensible.

**inconcepibile** *agg* inconcevable.

**inconfondibile** *agg* unique.

**inconscio**, **-a**, **-sci**, **-sce** *agg* inconscient(-e).

**incontentabile** *agg* jamais content(-e).

**incontrare** *vt* rencontrer. ❑ **incontrarsi** *vr* se rencontrer.

**incontro** *sm* rencontre *f*; *(riunione)* rendez-vous *m*. ♦

*avv* : **andare/venire ~ a qn** *(avanzare verso)* aller/venir à la rencontre de qqn; *(fig: con compromesso)* faire une concession à qqn; **andare ~ a qc** *(spese, difficoltà)* devoir faire face à qqch.

**inconveniente** *sm* inconvénient *m.*

**incoraggiare** *vt* encourager.

**incosciente** *agg* inconscient(-e).

**incredibile** *agg* incroyable.

**incremento** *sm* augmentation *f.*

**incrociare** *vt* croiser.

**incrocio** *sm* croisement *m.*

**incubatrice** *sf* couveuse *f.*

**incubo** *sm* cauchemar *m.*

**incurabile** *agg* incurable.

**incurante** *agg* : **~ di** insouciant(-e) de.

**incuriosire** *vt* intriguer. ❑ **incuriosirsi** *vr* être intrigué.

**incustodito, -a** *agg* sans surveillance.

**indaffarato, -a** *agg* affairé(-e).

**indagine** *sf (di polizia)* enquête *f; (studio)* étude *f.*

**indebolire** *vt* affaiblir.

**indecente** *agg* indécent(-e).

**indecifrabile** *agg* indéchiffrable.

**indeciso, -a** *agg* indécis(-e).

**indelebile** *agg* indélébile.

**indennità** *sf inv* indemnité *f.*

**indescrivibile** *agg* indescriptible.

**indeterminato, -a** *agg* indéterminé(-e).

**indicare** *vt* indiquer.

**indicatore** *sm* indicateur *m;* **~ della benzina** jauge *f* d'essence; **~ di direzione** clignotant *m.*

**indicazione** *sf* indication *f.*

**indice** *sm* index *m; (lancetta)* aiguille *f; (indizio)* indice *m.*

**indietro** *avv (stato in luogo)* en arrière; **andare ~** reculer; **essere ~** *(col lavoro)* être en retard; *(di orologio)* retarder; **rimanere ~** rester en arrière; *(col lavoro)* être en retard; **tornare ~** revenir en arrière; **all'~** à reculons.

**indifeso, -a** *agg* sans défense.

**indifferente** *agg (insensi-*

*bile)* indifférent(-e); *(irrilevante)* sans importance.
**indigestione** *sf* indigestion *f.*
**indigesto, -a** *agg* indigeste.
**indimenticabile** *agg* inoubliable.
**indipendente** *agg* indépendant(-e).
**indipendenza** *sf* indépendance *f.*
**indiretto, -a** *agg* indirect(-e).
**indirizzare** *vt* adresser; *(occhiata)* jeter.
**indirizzo** *sm* adresse *f.*
**indisciplinato, -a** *agg* indiscipliné(-e).
**indiscreto, -a** *agg* indiscret(-ète).
**indiscrezione** *sf* indiscrétion *f.*
**indispensabile** *agg* indispensable.
**indispettire** *vt* irriter, agacer. ❑ **indispettirsi** *vr* se fâcher.
**indistruttibile** *agg* indestructible.
**individuale** *agg* individuel.
**individuare** *vt* *(stabilire)* déterminer; *(persona)* identifier.
**individuo** *sm* individu *m.*
**indizio** *sm* indice *m.*
**indolore** *agg* indolore.
**indomani** *sm* : **l'~** le lendemain.
**indossare** *vt* *(mettere addosso)* mettre; *(avere addosso)* porter.
**indossatore, -trice** *sm, f* mannequin *m.*
**indovinare** *vt* deviner.
**indovinello** *sm* devinette *f.*
**indovino, -a** *sm, f* voyant *m* (-e *f*).
**indubbiamente** *avv* sans aucun doute.
**indugiare** *vi* *(temporeggiare)* tarder.
**indumento** *sm* vêtement *m.*
**indurire** *vt* durcir. ❑ **indurirsi** *vr* durcir.
**industria** *sf* industrie *f.*
**industriale** *agg* industriel(-elle). ♦ *sm* industriel *m.*
**inefficiente** *agg* inefficace.
**inerzia** *sf* inertie *f.*
**inesatto, -a** *agg* inexact(-e).
**inesauribile** *agg* inépuisable.

**inesistente** *agg* inexistant(-e).
**inesperienza** *sf* inexpérience *f.*
**inesperto, -a** *agg* inexpérimenté(-e).
**inevitabile** *agg* inévitable.
**infallibile** *agg* infaillible.
**infantile** *agg (di, per bambini)* enfantin(-e); *(immaturo)* infantile.
**infanzia** *sf* enfance *f*; **prima ~** petite enfance.
**infarto** *sm* infarctus *m.*
**infastidire** *vt* agacer. ❑ **infastidirsi** *vr* s'énerver.
**infatti** *cong* en effet.
**infedele** *agg* infidèle.
**infelice** *agg* malheureux(-euse); *(momento)* mal choisi(-e).
**infelicità** *sf* malheur *m.*
**inferiore** *agg* inférieur(-e). ◆ *smf* inférieur *m* (-e *f*); **~ a** inférieur à.
**infermeria** *sf* infirmerie *f.*
**infermiere, -a** *sm, f* infirmier *m* (-ère *f*).
**infermo, -a** *agg* infirme.
**inferno** *sm* enfer *m.*
**inferriata** *sf* grille *f.*
**infettare** *vt* infecter.
**infezione** *sf* infection *f.*
**infiammabile** *agg* inflammable.
**infiammare** *vt* enflammer.
**infiammazione** *sf* inflammation *f.*
**infilare** *vt* enfiler; *(chiave)* introduire. ❑ **infilarsi** *vr* se glisser.
**infine** *avv* enfin.
**infinito, -a** *agg* infini(-e). ◆ *sm* infini *m*; *(GRAMM)* infinitif *m.*
**infischiarsi**: **infischiarsene di** *vr + prep* se ficher de.
**inflessibile** *agg* rigide; *(persona, carattere)* inflexible.
**influente** *agg* influent(-e).
**influenza** *sf* influence *f*; *(malattia)* grippe *f*; **avere ~ su** avoir de l'influence sur.
**influenzare** *vt* influencer.
**infondato, -a** *agg* sans fondement.
**informale** *agg* informel(-elle).
**informare** *vt* informer; **~ qn di qc** informer qqn de qqch. ❑ **informarsi** *vr* se

renseigner; **informarsi di** *o* **su** se renseigner sur.

**informatica** *sf* informatique *f*.

**informativo**, **-a** *agg* d'information.

**informazione** *sf* renseignement *m*; **'informazioni'** 'renseignements'; **chiedere informazioni (a qn)** demander des renseignements (à qqn).

**infortunio** *sm* accident *m*.

**infradito** *sm inv o sf inv* tong *f*.

**infrangere** *vt* briser; *(divieto, accordo)* enfreindre.

**infrangibile** *agg* incassable.

**infranto**, **-a** *pp* → **infrangere**. ◆ *agg* brisé(-e).

**infrazione** *sf* infraction *f*.

**infreddolito**, **-a** *agg* transi(-e) de froid.

**infuori** *avv* : **all'~** dehors; **all'~ di** sauf, excepté.

**infusione** *sf* infusion *f*.

**ingannare** *vt* tromper, duper.

**inganno** *sm* ruse *f*.

**ingarbugliare** *vt* emmêler; *(fig: situazione, conti)* embrouiller.

**ingegnere** *sm* ingénieur *m*.

**ingegneria** *sf* génie *m*; **studiare ~** faire des études d'ingénieur.

**ingegno** *sm* intelligence *f*.

**ingegnoso**, **-a** *agg* ingénieux(-euse).

**ingelosire** *vt* rendre jaloux. ❑ **ingelosirsi** *vr* devenir jaloux.

**ingenuo**, **-a** *agg* naïf (naïve).

**ingessare** *vt* plâtrer.

**Inghilterra** *sf* : **l'~** l'Angleterre *f*.

**inghiottire** *vt* avaler.

**ingiallire** *vi* jaunir.

**inginocchiarsi** *vr* s'agenouiller.

**ingiù** *avv* : **(all')** ~ en bas.

**ingiustizia** *sf* injustice *f*.

**ingiusto**, **-a** *agg* injuste.

**inglese** *agg* anglais(-e). ◆ *sm (lingua)* anglais *m*.

**ingoiare** *vt* avaler.

**ingolfare** *vt* noyer.

**ingombrante** *agg* encombrant.

**ingordo**, **-a** *agg (ghiotto)* goulu(-e).

**ingorgo**, **-ghi** *sm* bouchon *m*, embouteillage *m*.

**ingranaggio** *sm* engrenage *m*.

**ingranare** *vt (marcia)* passer.
**ingrandimento** *sm* agrandissement *m*.
**ingrandire** *vt* agrandir; *(con microscopio, lente)* grossir.
**ingrassare** *vi* grossir. ♦ *vt (animali)* engraisser; *(motore)* graisser.
**ingrediente** *sm* ingrédient *m*.
**ingresso** *sm* entrée *f*; **'~ gratuito'** 'entrée gratuite'; **'~ libero'** 'entrée libre'.
**ingrossare** *vt* grossir. ❑ **ingrossarsi** *vr* grossir.
**ingrosso** *avv* : **all'~** *(vendita)* en gros; *(prezzo)* de gros.
**iniettare** *vt* injecter.
**iniezione** *sf* piqûre *f*.
**inimitabile** *agg* inimitable.
**ininterrottamente** *avv* sans interruption.
**ininterrotto, -a** *agg* ininterrompu *f*.
**iniziale** *agg* initial(-e). ♦ *sf* initiale *f*.
**inizialmente** *avv* au début.
**iniziare** *vt* & *vi* commencer.
**iniziativa** *sf* initiative *f*.
**inizio** *sm (fase)* début *m*; **all'~** au début; **dare ~ a qc** commencer qqch; **avere ~** commencer.
**innaffiare** = **annaffiare**.
**innalzare** *vt (occhi)* lever; *(monumento)* élever.
**innamorarsi** *vr* : **~ (di qn)** tomber amoureux (de qqn).
**innamorato, -a** *agg* : **~ (di qn)** amoureux(-euse) (de qqn).
**innanzi** *prep* devant. ♦ *avv* : **d'ora ~** dorénavant.
**innanzitutto** *avv* avant tout.
**innervosire** *vt* énerver.
**innocente** *agg* innocent(-e).
**innocuo, -a** *agg* inoffensif(-ive).
**innovazione** *sf* innovation *f*.
**innumerevole** *agg* innombrable.
**inodore** *agg* inodore.
**inoffensivo, -a** *agg* inoffensif(-ive).
**inoltrare** *vt (reclamo)* adresser; *(posta)* envoyer, expédier. ❑ **inoltrarsi** *vr* s'enfoncer.
**inoltrato, -a** *agg* : **a**

**notte inoltrata** en pleine nuit.

**inoltre** *avv* en outre, de plus.

**inondazione** *sf* inondation *f.*

**inopportuno, -a** *agg* inopportun(-e).

**inosservato, -a** *agg* : **passare ~** passer inaperçu(-e).

**inquadrare** *vt* cadrer.

**inquadratura** *sf* cadrage *m.*

**inqualificabile** *agg* inqualifiable.

**inquietante** *agg* inquiétant(-e).

**inquilino, -a** *sm, f* locataire *mf.*

**inquinamento** *sm* pollution *f.*

**inquinare** *vt* polluer.

**inquinato, -a** *agg* pollué(-e).

**insaccati** *smpl saucisses et saucissons.*

**insalata** *sf* salade *f*; **~ di mare** salade de fruits de mer; **~ di riso** riz *m* en salade; **~ russa** macédoine *f* (de légumes).

**insalatiera** *sf* saladier *m.*

**insaponare** *vt* savonner.

**insapore** *agg* fade.

**insaporire** *vt* donner du goût à.

**insaputa** *sf* : **all'~ di qn** à l'insu de qqn.

**insegna** *sf (di negozio, ditta)* enseigne *f*; *(cartello indicatore)* panneau *m.*

**insegnamento** *sm* enseignement *m.*

**insegnante** *smf* enseignant *m* (-e *f*).

**insegnare** *vt* apprendre; *(materia)* enseigner. ◆ *vi* être dans l'enseignement.

**inseguire** *vt* poursuivre.

**insenatura** *sf* crique *f.*

**insensato, -a** *agg (persona)* dépourvu(-e) de bon sens; *(discorso, idea)* insensé(-e).

**insensibile** *agg* insensible.

**inserire** *vt (introdurre)* introduire; *(includere)* insérer. ❑ **inserirsi** *vr* : **inserirsi (in qc)** *(entrare a far parte di)* s'intégrer (dans qqch).

**inserzione** *sf (pubblicitaria)* annonce *f*; *(economica)* petite annonce.

**insetticida, -i** *sm* insecticide *m.*

**insetto** *sm* insecte *m.*

**insicurezza** *sf (di carat-*

*tere)* manque *m* de confiance en soi.
**insicuro, -a** *agg (persona)* peu sûr(-e) de soi.
**insieme** *avv* ensemble. ♦ *sm* ensemble *m*. ♦ *prep* : **~ a** *o* **con** avec; **mettere ~** réunir.
**insignificante** *agg* insignifiant(-e).
**insinuazione** *sf* insinuation *f*.
**insipido, -a** *agg* insipide.
**insistere** *vi* insister; **~ a** *o* **col** *o* **nel fare qc** persister à faire qqch.
**insoddisfatto, -a** *agg* : **~ di** mécontent(-e) de.
**insolazione** *sf* insolation *f*.
**insolito, -a** *agg* inhabituel(-elle).
**insomma** *avv* bref. ♦ *esclam* enfin!, à la fin!
**insonnia** *sf* insomnie *f*.
**insonnolito, -a** *agg* ensommeillé(-e).
**insopportabile** *agg* insupportable.
**insperato, -a** *agg* inespéré(-e).
**inspiegabile** *agg* inexplicable.
**installare** *vt* installer.
**insù** *avv* : **(all')~** en haut.
**insuccesso** *sm* insuccès *m*.
**insudiciare** *vt* salir.
**insufficiente** *agg* insuffisant(-e).
**insulina** *sf* insuline *f*.
**insultare** *vt* insulter.
**insulto** *sm* insulte *f*.
**intanto** *avv (nel frattempo)* en attendant, pendant ce temps; *(avversativo)* en attendant.
**intasare** *vt* boucher; *(strada)* embouteiller.
**intatto, -a** *agg* intact(-e).
**integrale** *agg* intégral(-e); *(pane, farina)* complet(-ète).
**integrare** *vt (completare)* compléter; *(persona)* intégrer. ❑ **integrarsi** *vr (in gruppo)* s'intégrer.
**integrità** *sf* intégrité *f*.
**integro, -a** *agg* intact(-e); *(onesto)* intègre.
**intelaiatura** *sf* châssis *m*.
**intelletto** *sm* intellect *m*.
**intellettuale** *agg* intellectuel(-elle). ♦ *smf* intellectuel *m* (-elle *f*).
**intelligente** *agg* intelligent(-e).
**intelligenza** *sf* intelligence *f*.

**intendere** *vt* *(capire)* comprendre; *(voler dire)* vouloir dire. ❑ **intendersi di** *vr + prep* s'y connaître en; ~ **fare qc** avoir l'intention de faire qqch.

**intenditore**, **-trice** *sm, f* connaisseur *m* (-euse *f*).

**intensificare** *vt* intensifier.

**intensità** *sf* intensité *f*.

**intenso**, **-a** *agg* intense.

**intento**, **-a** *sm* but *m*. ◆ *agg* : ~ **a fare qc** occupé(-e) à faire qqch.

**intenzione** *sf* intention *f*; **avere ~ di fare qc** avoir l'intention de faire qqch.

**interamente** *avv* entièrement.

**intercity** [inter'siti] *sm inv* : **(treno)** ~ *train rapide reliant les villes principales*.

**interessante** *agg* intéressant(-e); **in stato ~** enceinte.

**interessare** *vt (riguardare)* concerner; *(destare l'interesse di)* intéresser. ◆ *vi* : ~ **a qn** intéresser qqn. ❑ **interessarsi a** *vr + prep* s'intéresser à. ❑ **interessarsi di** *vr + prep (occuparsi di)* s'intéresser à.

**interesse** *sm* intérêt *m*.

**interiora** *sfpl* entrailles *fpl*.

**interiore** *agg* intérieur(-e).

**interlocutore**, **-trice** *sm, f* interlocuteur *m* (-trice *f*).

**interminabile** *agg* interminable.

**internazionale** *agg* international(-e).

**interno**, **-a** *agg* intérieur(-e). ◆ *sm (di edificio, paese)* intérieur *m*; *(in indirizzo)* bâtiment *m*; **all'~** à l'intérieur.

**intero**, **-a** *agg* entier(-ère); **prezzo ~** tarif *m* plein; **per ~** en entier.

**interpretare** *vt* interpréter.

**interprete** *smf* interprète *mf*.

**interrogare** *vt* interroger.

**interrogazione** *sf* interrogation *f*.

**interrompere** *vt* interrompre; *(linea telefonica, strada)* couper. ❑ **interrompersi** *vr (pioggia)* s'arrêter; *(fermarsi)* s'interrompre.

**interrotto**, **-a** *pp* → **in-**

terrompere. ◆ *agg (linea telefonica, strada)* coupé(-e).
**interruttọre** *sm* interrupteur *m.*
**interurbạna** *sf* appel *m* interurbain.
**interurbạno, -a** *agg* interurbain(-e).
**intervạllo** *sm (pausa)* pause *f; (distanza)* intervalle *m; (di film, dramma)* entracte *m; (di partita)* mi-temps *f.*
**intervenịre** *vi (intromettersi)* intervenir; *(partecipare)* prendre part, participer.
**intervẹnto** *sm* intervention *f.*
**intervenụto, -a** *pp* → **intervenire.**
**intervịsta** *sf* interview *f.*
**intẹsa** *sf* entente *f.*
**intẹso, -a** *pp* → **intendere.** ◆ *agg* : **resta ~ che** il est entendu que; **siamo intesi?** nous sommes (bien) d'accord?
**intestịno** *sm* intestin *m.*
**intimidịre** *vt* intimider.
**intimità** *sf inv* intimité *f.*
**ịntimo, -a** *agg* intime. ◆ *sm* intime *m.*
**intimorịre** *vt* effrayer.
**intịngolo** *sm* sauce *f.*
**intitolạre** *vt* intituler; **~ qc a** baptiser qqch du nom de. ❑ **intitolarsi** *vr* s'intituler.
**intollerạbile** *agg* intolérable.
**intollerạnte** *agg* intolérant(-e); *(insofferente)* qui manque de patience.
**intollerạnza** *sf (intransigenza)* intolérance *f; (insofferenza)* impatience *f.*
**intọnaco, -ci** *o* **chi** *sm* crépi *m.*
**intọrno** *avv* autour. ◆ *prep* : **~ a** *(attorno a)* autour de; *(verso)* vers.
**intossicạto, -a** *agg* intoxiqué(-e).
**intossicaziọne** *sf* intoxication *f.*
**intraducịbile** *agg* intraduisible.
**intralciạre** *vt* entraver.
**intransigẹnte** *agg* intransigeant(-e).
**intraprendẹnte** *agg* entreprenant(-e).
**intraprẹndere** *vt* entreprendre.
**intraprẹso, -a** *pp* → **intraprendere.**
**intrattạbile** *agg* intraitable.
**intrattenẹre** *vt* entretenir. ❑ **intrattenersi** *vr (di-*

*vertirsi)* se distraire, s'occuper; *(soffermarsi)* s'attarder.

**intrecciạre** *vt* tresser; *(mani)* croiser. ❑ **intrecciarsi** *vr (fili)* s'entrecroiser.

**intrịgo, -ghi** *sm* intrigue *f.*

**introdụrre** *vt* introduire; **'vietato ~ cani'** 'les chiens ne sont pas admis'. ❑ **introdursi** *vr (uso, tecnica)* être introduit; *(entrare)* s'introduire.

**introduziọne** *sf* introduction *f.*

**intromẹttersi** *vr (interporsi)* s'interposer; **non intrometterti!** ne te mêle pas de ça!

**introvạbile** *agg* introuvable.

**intrụso, -a** *sm, f* intrus *m* (-e *f*).

**intuịre** *vt* se rendre compte de.

**intuịto** *sm* intuition *f.*

**intuiziọne** *sf* intuition *f.*

**inụtile** *agg* inutile; **è ~ dire che...** inutile de dire que...

**invadẹnte** *agg* envahissant(-e).

**invạdere** *vt* envahir.

**invạlido, -a** *agg (persona)* invalide. ◆ *sm, f* invalide *mf.*

**invạno** *avv* en vain.

**invasiọne** *sf* invasion *f.*

**invecchiạre** *vi* vieillir. ◆ *vt (vino)* laisser vieillir; *(far apparire più vecchio)* vieillir.

**invẹce** *avv* mais. ◆ *prep* : **~ di** au lieu de; **lei lavora, lui, ~, sta a casa** elle travaille; lui, par contre, reste à la maison.

**inventạre** *vt* inventer.

**inventọre, -trice** *sm, f* inventeur *m* (-trice *f*).

**invenziọne** *sf* invention *f.*

**invernạle** *agg (stagione, periodo)* hivernal(-e); *(cappotto, sport)* d'hiver.

**invẹrno** *sm* hiver *m*; **d'~, in ~** en hiver.

**inverosịmile** *agg* invraisemblable.

**inversiọne** *sf* inversion *f*; *(di marcia)* demi-tour *m.*

**invẹrso, -a** *agg* inverse. ◆ *sm* inverse *m*; **all'~** à l'envers.

**invertịre** *vt (scambiare)* inverser; **~ la direzione** *o* **marcia** faire demi-tour.

**investimẹnto** *sm (FIN)* investissement *m*; *(con auto)* collision *f (d'une voiture avec un piéton)*.

**investire** *vt (denaro)* investir; *(persona, animale)* renverser.

**inviare** *vt* envoyer.

**inviato, -a** *sm, f* envoyé *m* (-e *f*).

**invidia** *sf* envie *f*.

**invidiare** *vt* envier.

**invidioso, -a** *agg* envieux(-euse).

**invio** *sm* envoi *m*.

**invisibile** *agg* invisible.

**invitare** *vt* inviter.

**invitato, -a** *sm, f* invité *m* (-e *f*).

**invito** *sm* invitation *f*.

**involontario, -a** *agg* involontaire.

**involtino** *sm* paupiette *f*; **~ primavera** rouleau *m* de printemps.

**involucro** *sm* enveloppe *f*.

**inzaccherare** *vt* tacher de boue.

**inzuppare** *vt* tremper.

**io** *pron* : **vacci tu, ~ resto qui** vas-y, moi je reste; **sono ~** c'est moi; **~ stesso** moi-même.

**iogurt** = **yogurt**.

**Ionio** *sm* : **lo ~, il Mar ~** la mer Ionienne.

**ipocrita, -i, -e** *agg* hypocrite. ◆ *smf* hypocrite *mf*.

**ipotesi** *sf inv* hypothèse *f*.

**ippica** *sf* courses *fpl* de chevaux.

**ippico, -a, -ci, -che** *agg* hippique.

**ippodromo** *sm (impianto)* hippodrome *m*.

**Irlanda** *sf* : **l'~** l'Irlande *f*; **l'~ del Nord** l'Irlande du Nord.

**irlandese** *agg* irlandais(-e).

**ironia** *sf* ironie *f*.

**ironico, -a, -ci, -che** *agg* ironique.

**irraggiungibile** *agg (al telefono)* injoignable.

**irragionevole** *agg* non raisonnable.

**irrazionale** *agg* irrationnel(-elle).

**irreale** *agg* irréel(-elle).

**irregolare** *agg* irrégulier(-ère).

**irreparabile** *agg* irréparable.

**irrequieto, -a** *agg* agité(-e).

**irresponsabile** *agg* irresponsable.

**irrigidirsi** *vr (diventare rigido)* se raidir; *(membra)* s'engourdir; *(immobilizzarsi)* se figer.

**irrilevante** *agg* sans importance.

**irrisorio**, **-a** *agg (prezzo)* dérisoire.

**irritabile** *agg* irritable.

**irritare** *vt* irriter.

**irruzione** *sf* irruption *f.*

**iscritto**, **-a** *pp* → **iscrivere.** ◆ *agg* : **essere ~ (a qc)** être inscrit(-e) (à qqch); **per ~** par écrit.

**iscrivere** *vt* : **~ qn (a qc)** inscrire qqn (à qqch). ❑ **iscriversi** *vr* : **iscrivirsi (a)** s'inscrire (à).

**iscrizione** *sf* inscription *f.*

**isola** *sf* île *f*; **~ pedonale** zone *f* piétonnière.

**isolamento** *sm* isolement *m*; *(elettrico, termico, acustico)* isolation *f.*

**isolante** *agg* isolant(-e). ◆ *sm* isolant *m.*

**isolare** *vt* isoler.

**isolato**, **-a** *agg* isolé(-e). ◆ *sm* pâté *m* de maisons.

**ispettore** *sm* inspecteur *m.*

**ispezionare** *vt* inspecter.

**ispezione** *sf* inspection *f.*

**ispirare** *vt* inspirer. ❑ **ispirarsi a** *vr + prep* s'inspirer de.

**istantanea** *sf* instantané *m.*

**istantaneo**, **-a** *agg* instantané(-e).

**istante** *sm* instant *m*; **all'~** tout de suite.

**isterico**, **-a**, **-ci**, **-che** *agg* hystérique.

**istinto** *sm* instinct *m.*

**istituire** *vt* instituer.

**istituto** *sm* institut *m*; **~ di bellezza** institut de beauté.

**istituzione** *sf (creazione)* établissement *m*; *(ente)* organisme *m.*

**istruito**, **-a** *agg* instruit(-e).

**istruttore**, **-trice** *sm, f (di guida, sci)* moniteur *m* (-trice *f*); **~ di nuoto** maître nageur *m.*

**istruzione** *sf* instruction *f.* ❑ **istruzioni** *sfpl* instructions *fpl*; **istruzioni (per l'uso)** mode *m* d'emploi.

**Italia** *sf* : **l'~** l'Italie *f.*

**italiano**, **-a** *agg* italien(-enne). ◆ *sm, f* Italien *m* (-enne *f*). ◆ *sm (lingua)* italien *m.*

**itinerario** *sm* itinéraire

*m*; ~ **turistico** itinéraire touristique.

**Iugoslạvia** *sf* : **la** ~ la Yougoslavie.

**ỊVA** *sf (abbr di imposta sul valore aggiunto)* TVA *f*.

# J-L

**jeans** [dʒins] *smpl (pantaloni)* jean *m*. ♦ *sm (tessuto)* jean *m*.

**jolly** ['dʒɔlli] *sm inv* joker *m*.

**Jọnio** = **Ionio**.

**Jugoslạvia** = **Iugoslavia**.

**kg** *(abbr di chilogrammo)* kg.

**kịller** *smf inv* tueur *m* à gages.

**kiwi** ['kiwi] *sm inv* kiwi *m*.

**km** *(abbr di chilometro)* km.

**K-way**® [ki'wei] *sm inv* K-way® *m inv*.

**l'** → **la, lo.**

**la** *art* la, → **il.** ♦ *pron (terza persona)* la; *(forma di cortesia)* vous.

**là** *avv* là; *(moto a luogo)* là-bas; **di** ~ *(nella stanza accanto)* à côté; *(moto da luogo)* de là; *(moto per luogo)* par là; **(al) di** ~ **di qc** au-delà de qqch.

**lạbbro** (*pl f* **labbra**) *sm* lèvre *f*.

**labirịnto** *sm* labyrinthe *m*.

**laboratọrio** *sm* laboratoire *m*; *(artigianale)* atelier *m*.

**lạcca, -che** *sf* laque *f*.

**lạccio** *sm* lacet *m*.

**lacerạre** *vt* déchirer.

**lạcero, -a** *agg* déchiré(-e).

**lạcrima** *sf* larme *f*; **in lacrime** en larmes.

**lacụna** *sf* lacune *f*.

**lạdro, -a** *sm, f* voleur *m* (-euse *f*).

**laggiù** *avv* là-bas.

**lạgo, -ghi** *sm* lac *m*.

**lagụna** *sf* lagune *f*.

**lamentạrsi** *vr* se plaindre.

**lamentẹla** *sf* plainte *f*.

**lamẹtta** *sf* lame *f* de rasoir.

**lamiẹra** *sf* tôle *f*.

**lạmpada** *sf* lampe *f*; **fare la** ~ faire des UV; ~ **da tavolo** lampe de bureau.

**lampadạrio** *sm* lustre *m*.

**lampadịna** *sf* ampoule *f*;

~ **tascabile** lampe *f* de poche.

**lampeggiare** *vi* clignoter; *(AUTO)* faire un appel de phares.

**lampeggiatore** *sm (freccia)* clignotant *m*.

**lampione** *sm* réverbère *m*.

**lampo** *sm* éclair *m*. ◆ *sf* fermeture *f* Éclair®.

**lampone** *sm* framboise *f*.

**lana** *sf* laine *f*; **pura ~ vergine** pure laine vierge.

**lancetta** *sf* aiguille *f*.

**lancia**, **-ce** *sf* lance *f*; *(imbarcazione)* canot *m*.

**lanciare** *vt* lancer. ❑ **lanciarsi** *vr* se jeter; **lanciarsi in** *(impresa)* se lancer dans.

**lancinante** *agg* lancinant(-e).

**lancio** *sm* lancement *m*.

**languore** *sm (di stomaco)* creux *m* (à l'estomac).

**lapide** *sf (funeraria)* pierre *f* tombale; *(commemorativa)* plaque *f*.

**lardo** *sm* lard *m*.

**larghezza** *sf* largeur *f*.

**largo**, **-a**, **-ghi**, **-ghe** *agg* large. ◆ *sm (piazza)* petite place *f*; *(alto mare)*: **andare al ~** gagner le large; **è ~ 10 metri** ça fait 10 mètres de large.

**lasagne** *sfpl* lasagne(s) *fpl*; **~ verdi** lasagne(s) vertes *(aux épinards)*.

**lasciare** *vt* 1. *(cessare di tenere)* lâcher.
2. *(luogo, persona)* quitter.
3. *(far rimanere)* laisser; **posso ~ i bagagli in camera?** je peux laisser mes bagages dans la chambre?; **lasciar detto a qn che...** faire dire à qqn que...
4. *(in uno stato)* laisser; **~ la porta aperta** laisser la porte ouverte; **~ qn in pace** laisser qqn tranquille.
5. *(rinunciare a)* quitter; **~ il lavoro** quitter son emploi.
6. *(permettere)*: **lasciami vedere** laisse-moi voir; **lascia che faccia come vuole** laisse-le faire comme il veut; **lasciar correre** *o* **perdere** laisser tomber.
❑ **lasciarsi** *vr (separarsi)* se quitter; **lasciarsi andare** *(non controllarsi)* se laisser aller.

**lassativo** *sm* laxatif *m*.

**lassù** *avv (in alto)* là-haut; *(a nord)* là-bas.

**lastra** *sf (di ghiaccio, vetro)*

plaque *f*; *(di pietra)* dalle *f*; *(radiografia)* radio *f*.

**laterale** *agg* latéral(-e).

**latino, -a** *agg* latin(-e). ♦ *sm (lingua)* latin *m*.

**latitudine** *sf* latitude *f*.

**lato** *sm* côté *m*; *(facciata)* face *f*; **a ~ (di qc)** à côté (de qqch); **da un ~... dall'altro...** d'un côté..., de l'autre...

**latta** *sf* fer-blanc *m*.

**lattaio, -a** *sm, f* crémier *m* (-ère *f*).

**lattante** *smf* nourrisson *m*.

**latte** *sm* lait *m*; **~ detergente** lait démaquillant; **~ intero** lait entier; **~ magro** *o* **scremato** lait écrémé; **~ in polvere** lait en poudre.

**latteria** *sf (negozio)* crémerie *f*; *(stabilimento)* laiterie *f*.

**latticini** *smpl* produits *mpl* laitiers.

**lattina** *sf* canette *f*.

**lattuga** *sf* laitue *f*.

**laurea** *sf diplôme de fin d'études universitaires*.

**lava** *sf* lave *f*.

**lavaggio** *sm (di panni, di auto)* lavage *m*.

**lavagna** *sf* tableau *m* (noir).

**lavanda** *sf (pianta)* lavande *f*.

**lavanderia** *sf (negozio)* pressing *m*; **~ automatica** laverie *f* automatique.

**lavandino** *sm* lavabo *m*.

**lavapiatti** *sf inv* lave-vaisselle *m inv*.

**lavare** *vt* laver; **~ qc a secco** nettoyer qqch à sec; **lavarsi le mani** se laver les mains.

**lavasecco** *sm inv o sf inv* pressing *m*.

**lavastoviglie** *sf inv* lave-vaisselle *m inv*.

**lavatrice** *sf* machine *f* à laver.

**lavorare** *vt & vi* travailler; **~ a maglia** tricoter.

**lavorativo, -a** *agg (giorno)* ouvrable; *(settimana)* de travail.

**lavoratore, -trice** *sm, f* travailleur *m* (-euse *f*).

**lavorazione** *sf* travail *m*.

**lavoro** *sm* travail *m*; **'lavori in corso'** 'travaux'; **lavori stradali** travaux (d'entretien des routes).

**le** *art* les; → **il**. ♦ *pron (complemento oggetto)* les; *(a lui)* lui; *(forma di cortesia)* vous.

**leale** *agg* loyal(-e).

**lęcca lęcca** *sm inv* sucette *f.*
**leccąre** *vt* lécher.
**legąle** *agg* légal(-e). ◆ *smf* avocat *m* (-e *f*).
**legąme** *sm* lien *m.*
**legąre** *vt* attacher.
**lęgge** *sf* loi *f.*
**leggęnda** *sf* légende *f.*
**leggendąrio, -a** *agg* légendaire.
**lęggere** *vt & vi* lire.
**leggeręzza** *sf* légèreté *f.*
**leggęro, -a** *agg* léger(-ère).
**legįttimo, -a** *agg* légitime; **legittima difesa** légitime défense *f.*
**lęgna** *sf* bois *m* (de chauffage).
**legnąme** *sm* bois *m.*
**lęgno** *sm* bois *m*; *(pezzo)* bout *m* de bois.
**legųmi** *smpl* légumes *mpl.*
**lęi** *pron (terza persona)* elle; *(forma di cortesia)* vous; **dare del ~ a qn** vouvoyer qqn; **~ stessa** *(terza persona)* elle-même; *(formula di cortesia)* vous-même; **ho 18 anni e ~ ne ha 20** j'ai 18 ans et elle, elle en a 20.
**lęnte** *sf* lentille *f*; **~ di ingrandimento** loupe *f*; **lenti a contatto** lentilles (cornéennes).
**lentęzza** *sf* lenteur *f.*
**lentįcchie** *sfpl* lentilles *fpl.*
**lęnto, -a** *agg* lent(-e); *(allentato)* lâche. ◆ *sm (ballo)* slow *m.*
**lęnza** *sf* ligne *f.*
**lenzuǫlo** (*pl f* **lenzuola**) *sm* drap *m.*
**leǫne** *sm* lion *m.*
**lępre** *sf* lièvre *m*; **~ in salmì** civet *m* de lièvre.
**lęsbica, -che** *sf* lesbienne *f.*
**lesiǫne** *sf (MED)* lésion *f.*
**lęsso, -a** *agg* bouilli(-e). ◆ *sm* pot-au-feu *m inv.*
**letąme** *sm* fumier *m.*
**lęttera** *sf* lettre *f*; **alla ~** à la lettre.
**letteratųra** *sf* littérature *f.*
**lętto, -a** *pp* → **leggere.** ◆ *sm* lit *m*; **andare a ~** aller au lit; **letti a castello** lits superposés; **~ matrimoniale** *o* **a due piazze** grand lit; **~ a una piazza** lit à une place.
**lettųra** *sf* lecture *f.*
**lęva** *sf* levier *m*; *(militare)* conscription *f*; **~ del cam-**

**bio** levier (de changement) de vitesse.

**levạnte** *sm* est *m.*

**levạre** *vt (spostare)* enlever; *(tassa)* supprimer; *(alzare)* lever.

**levigạre** *vt* polir.

**leziọne** *sf* leçon *f.*

**li** *pron* les.

**lì** *avv* là; **essere ~ (~) per fare qc** être sur le point de faire qqch; **da ~ in poi** à partir de là.

**liberạle** *agg* libéral(-e).

**liberạre** *vt* libérer. ❑ **liberarsi** *vr* se libérer; **liberarsi di** *(persona, oggetto)* se débarrasser de; *(impegno)* se dégager de.

**lịbero, -a** *agg* libre; **essere ~ di fare qc** *(avere il potere)* être libre de faire qqch.

**libertà** *sf inv* liberté *f.*

**libreria** *sf (negozio)* librairie *f*; *(mobile)* bibliothèque *f.*

**librẹtto** *sm* livret *m*; **~ degli assegni** carnet *m* de chèques; **~ di circolazione** ≈ carte *f* grise.

**lịbro** *sm* livre *m*; **~ giallo** roman *m* policier.

**licẹnza** *sf (autorizzazione)* permis *m*; *(militare)* permission *f.*

**licenziạre** *vt* licencier. ❑ **licenziarsi** *vr* démissionner.

**licẹo** *sm* lycée *m.*

**lịdo** *sm* plage *f*; **il ~ di Venezia** le Lido de Venise.

**liẹto, -a** *agg* : **~ di conoscerla!** enchanté de faire votre connaissance!; **molto ~!** enchanté!

**liẹvito** *sm* levure *f.*

**lịgure** *agg* ligure.

**Ligụria** *sf* : **la ~** la Ligurie.

**lịma** *sf* lime *f.*

**limẹtta** *sf* : **~ per unghie** lime *f* à ongles.

**limitạre** *vt* limiter. ❑ **limitarsi** *vr* : **limitarsi nel fare qc** faire qqch avec modération; **limitarsi a fare qc** se contenter de faire qqch.

**lịmite** *sm* limite *f*; **~ di velocità** limitation *f* de vitesse; **al ~** à la limite.

**limonạta** *sf* citronnade *f.*

**limọne** *sm* citron *m.*

**lịmpido, -a** *agg* limpide.

**lịnea** *sf* ligne *f*; **mantenere la ~** garder la ligne; **resti in ~** ne quittez pas; **avere qualche ~ di febbre** avoir

un peu de fièvre; **in ~ d'aria** à vol d'oiseau; **'linee urbane'** 'réseau urbain *(d'autobus)*'.
**lineạre** *agg* linéaire.
**lineẹtta** *sf* tiret *m*.
**lịngua** *sf* langue *f*; **~ madre** langue maternelle; **~ straniera** langue étrangère.
**linguạggio** *sm* langage *m*.
**linguịstico, -a, -ci, -che** *agg* linguistique.
**lịno** *sm* lin *m*.
**liquefạre** *vt* faire fondre. ❑ **liquefarsi** *vr* fondre.
**liquefạtto, -a** *pp* → **liquefare**.
**liquidạre** *vt* liquider; *(sbarazzarsi di)* se débarrasser de.
**lịquido, -a** *agg* liquide. ◆ *sm* liquide *m*.
**liquirịzia** *sf* réglisse *f*.
**liquọre** *sm* liqueur *f*.
**lịra** *sf* lire *f*.
**lịrica** *sf* opéra *m*.
**lịrico, -a, -ci, -che** *agg* lyrique.
**lịsca, -sche** *sf (di pesce)* arête *f*.
**lịscio, -a, -sci, -sce** *agg* lisse; *(capelli)* raide; *(senza ghiaccio)* sec (sèche). ◆ *sm type de danse pratiquée dans les bals populaires*.
**lịsta** *sf* liste *f*; **essere in ~ d'attesa** être sur liste d'attente; **~ dei vini** carte *f* des vins.
**lịstino** *sm* : **~ (dei) prezzi** tarif *m*; **~ dei cambi** cours *m* des changes.
**Lit** *(abbr di lire)* LIT.
**lịte** *sf* dispute *f*.
**litigạre** *vi* se disputer.
**litịgio** *sm* dispute *f*.
**litorạle** *sm* littoral *m*.
**litorạneo, -a** *agg* côtier(-ère).
**lịtro** *sm* litre *m*.
**livẹllo** *sm* niveau *m*.
**lịvido, -a** *agg (per percosse)* noir(-e) de coups; *(per il freddo)* bleu(-e). ◆ *sm* bleu *m*.
**lo** *art & pron* le; → **il**.
**locạle** *agg* local(-e). ◆ *sm (stanza)* pièce *f*; *(luogo pubblico)* établissement *m*; **~ notturno** boîte *f* de nuit.
**località** *sf inv* localité *f*.
**locạnda** *sf* pension *f*.
**locandịna** *sf* affiche *f*.
**locomotịva** *sf* locomotive *f*.
**lọgica** *sf* logique *f*.
**lọgico, -a, -ci, -che** *agg* logique.
**Lombardịa** *sf* : **la ~** la Lombardie.

**lombardo**, **-a** *agg* lombard(-e).
**lombrico**, **-chi** *sm* lombric *m*.
**longitudine** *sf* longitude *f*.
**lontananza** *sf (di oggetto)* distance *f*; *(di persone)* éloignement *m*; **in ~** au loin.
**lontano**, **-a** *agg* loin *(inv)*; *(assente)* absent(-e); *(parente)* éloigné(-e). ◆ *avv* loin; **è ~?** c'est loin?; **è ~ tre chilometri** c'est à trois kilomètres (d'ici).
**lordo**, **-a** *agg* net (nette).
**loro** *pron (soggetto)* ils (elles); *(complemento)* eux (elles); **~ stessi** eux-mêmes (elles-mêmes); **io penso di sì, ma ~ di no** je pense que oui, mais eux, ils pensent que non. ❑ **il loro** (*f* **la loro**, *mpl* **loro**, *fpl* **leloro**) *agg* leur. ◆ *pron* le leur (la leur), les leurs *(pl)*.
**lotta** *sf* lutte *f*.
**lottare** *vi* lutter.
**lotteria** *sf* loterie *f*.
**lotto** *sm (gioco)* loto *m*; *(di terreno)* lot *m*.
**lozione** *sf* lotion *f*.
**lubrificante** *sm* lubrifiant *m*.
**lucchetto** *sm* cadenas *m*.
**luccicare** *vi* briller.
**lucciola** *sf* ver *m* luisant.
**luce** *sf* lumière *f*; *(lampadina)* lampe *f*; **luci d'arresto** stops *mpl*; **luci di direzione** clignotants *mpl*; **luci di posizione** feux *mpl* de position; **a luci rosse** porno.
**lucertola** *sf* lézard *m*.
**lucidare** *vt (scarpe)* cirer; *(argenteria)* faire briller.
**lucidatrice** *sf* cireuse *f*.
**lucido**, **-a** *agg (pavimento, tessuto, rossetto)* brillant(-e); *(fig: mente, persona)* lucide. ◆ *sm* : **~ da scarpe** cirage *m*.
**luglio** *sm* juillet *m*; → **settembre**.
**lugubre** *agg* lugubre.
**lui** *pron (soggetto)* il; *(con preposizione)* lui; **ho visto ~, ma lei non c'era** je l'ai vu lui, mais elle n'était pas là; **è lui** c'est lui; **~ stesso** lui-même.
**lumaca**, **-che** *sf (mollusco)* limace *f*; *(chiocciola)* escargot *m*.
**lume** *sm* lampe *f*; **a ~ di candela** *(cenare)* aux chandelles.
**luminoso**, **-a** *agg* lumineux(-euse).

**luna** *sf* lune *f*; ~ **di miele** lune de miel; ~ **park** parc *m* d'attractions; ~ **piena** pleine lune.

**lunedì** *sm inv* lundi *m*; → sabato.

**lunghezza** *sf* longueur *f*.

**lungo**, **-a**, **-ghi**, **-ghe** *agg* long (longue); *(caffè)* léger(-ère); **a** ~ longtemps.

**lungofiume** *sm* quai *m* (d'un fleuve).

**lungomare** *sm* front *m* de mer.

**lunotto** *sm* lunette *f* arrière.

**luogo**, **-ghi** *sm* lieu *m*; **aver** ~ avoir lieu; **dar** ~ **a qc** donner lieu à qqch; ~ **di culto** lieu de culte; ~ **di nascita** lieu de naissance; **del** ~ *(abitanti)* de l'endroit; *(usi)* local.

**lupini** *smpl* graines *fpl* de lupin.

**lupo** *sm* loup *m*.

**lurido**, **-a** *agg* dégoûtant(-e).

**lussare** *vt* luxer.

**lussemburghese** *agg* luxembourgeois(-e). ◆ *sm (lingua)* luxembourgeois *m*.

**Lussemburgo** *sm* : **il** ~ le Luxembourg.

**lusso** *sm* luxe *m*; **di** ~ de luxe.

**lussuoso**, **-a** *agg* luxueux(-euse).

**lustrare** *vt* astiquer.

**lustro**, **-a** *agg* brillant(-e).

**lutto** *sm* deuil *m*.

# M

**ma** *cong* mais.

**macché** *esclam* mais non!

**maccheroni** *smpl* macaronis *mpl*; ~ **alla chitarra** *pâtes découpées en filaments, accompagnées d'une sauce à base de tomate et de piment ou, parfois, de morceaux d'agneau.*

**macchia** *sf* tache *f*; *(bosco)* maquis *m*.

**macchiare** *vt* tacher.

**macchiato**, **-a** *agg* taché(-e); → **caffè**.

**macchina** *sf (automobile)* voiture *f*; *(apparecchio)* machine *f*; ~ **fotografica** appareil *m* photo.

**macchinetta** *sf (caffettiera)* cafetière *f* (italienne).

**macchinista**, **-i** *sm (di treno, nave)* mécanicien *m*.

**macedonia** *sf* macédoine *f* de fruits.

**macellaio**, **-a** *sm*, *f* boucher *m* (-ère *f*).
**macelleria** *sf* boucherie *f*.
**macerie** *sfpl* décombres *mpl*.
**macigno** *sm* roc *m*.
**macinare** *vt* *(caffè)* moudre; *(carne)* hacher.
**macrobiotico**, **-a**, **-ci**, **-che** *agg* *(negozio)* de produits diététiques; *(cibo)* diététique.
**Madonna** *sf* Vierge *f*.
**madre** *sf* mère *f*.
**madrelingua** *sf* langue *f* maternelle. ◆ *agg inv* : **~ francese** de langue maternelle française.
**madreperla** *sf* nacre *f*.
**madrina** *sf* marraine *f*.
**maestro**, **-a** *sm*, *f* *(di elementari)* maître *m* (-esse *f*); *(SPORT)* moniteur *m* (-trice *f*); *(MUS)* chef *m* d'orchestre. ◆ *sm* *(artigiano, artista)* maître *m*.
**mafia** *sf* Mafia *f*.
**mafioso**, **-a** *agg* mafieux(-euse). ◆ *sm*, *f* mafioso *m*.
**magari** *avv* peut-être que. ◆ *esclam* : **vai in vacanza? - ~!** tu pars en vacances? - je voudrais bien!; **~ potessi venire!** si seulement je pouvais venir!
**magazzino** *sm* entrepôt *m*.
**maggio** *sm* mai *m*; → **settembre**.
**maggioranza** *sf* majorité *f*; **nella ~ dei casi** dans la plupart des cas.
**maggiore** *agg* *(di età)* plus âgé(-e); *(di grandezza)* plus grand(-e); *(di importanza)* plus important(-e); *(prezzo, temperatura)* plus élevé(-e). ◆ *pron* : **il/la ~** *(di età)* le plus âgé (la plus âgée); *(di grandezza)* le plus grand (la plus grande); *(prezzo, temperatura)* le plus élevé (la plus élevée); **mio fratello ~** mon frère aîné; **la ~ età** la majorité; **la maggior parte (di)** la plus grande partie (de).
**maggiorenne** *agg* majeur(-e). ◆ *smf* personne *f* majeure.
**maggiormente** *avv* davantage.
**magia** *sf* magie *f*.
**magico**, **-a**, **-ci**, **-che** *agg* magique.
**maglia** *sf* pull *m*; *(tessuto)*

tricot *m*; *(di catena)* maillon *m*.

**maglietta** *sf (a maniche corte)* tee-shirt *m*; *(canottiera)* maillot *m* de corps.

**maglione** *sm* pull *m*.

**magnetico**, **-a**, **-ci**, **-che** *agg* magnétique.

**magnifico**, **-a**, **-ci**, **-che** *agg* magnifique.

**mago**, **-a**, **-ghi**, **-ghe** *sm, f* magicien *m* (-enne *f*).

**magro**, **-a** *agg* maigre; *(slanciato)* mince.

**mai** *avv* jamais; **non... ~** ne... jamais; **~ più** jamais plus.

**maiale** *sm* porc *m*.

**maiolica**, **-che** *sf* faïence *f*.

**maionese** *sf* mayonnaise *f*.

**mais** *sm* maïs *m*.

**maiuscola** *sf* majuscule *f*.

**maiuscolo**, **-a** *agg* majuscule.

**mal** = **male**.

**malafede** *sf* mauvaise foi *f*.

**malaga** *sm (gusto di gelato) glace à la vanille parfumée au malaga, avec des raisins secs.*

**malandato**, **-a** *agg (oggetto)* en mauvais état; *(persona)* mal en point.

**malapena**: **a malapena** *avv* à peine.

**malato**, **-a** *agg* malade. ♦ *sm, f* malade *mf*.

**malattia** *sf* maladie *f*; **essere in ~** être en congé maladie.

**maldestro**, **-a** *agg* maladroit(-e).

**male** *sm* mal *m*. ♦ *avv* mal; **ti fa ~?** ça te fait mal?; **mi fanno ~ i piedi** j'ai mal aux pieds; **fare del ~ a qn** faire du mal à qqn; **non c'è ~!** pas mal!; **mal d'aereo** mal de l'air; **mal d'auto** mal de la route; **mal di gola** mal de gorge; **mal di mare** mal de mer; **mal di stomaco** maux *mpl* d'estomac; **mal di testa** maux de tête; **sentirsi ~** se sentir mal; **stare ~** aller mal; **andare a ~** se gâter; *(latte)* tourner; **restarci** *o* **rimanerci ~** être contrarié.

**maleducato**, **-a** *agg* mal élevé(-e).

**maleducazione** *sf* impolitesse *f*.

**malessere** *sm* malaise *m*.

**malfamato**, **-a** *agg* malfamé(-e).

**malgrado** *prep* malgré. ♦

*cong* bien que; **mio ~** malgré moi.

**malignità** *sf inv* méchanceté *f.*

**maligno, -a** *agg* méchant(-e); *(MED)* malin(-igne).

**malinconia** *sf* mélancolie *f.*

**malincuore**: **a malincuore** *avv* à contrecœur.

**malinteso** *sm* malentendu *m.*

**malizia** *sf* malice *f.*

**malore** *sm* malaise *m.*

**malridotto, -a** *agg (oggetto)* en mauvais état; *(persona)* mal en point.

**malsano, -a** *agg* malsain(-e).

**Malta** *sf* Malte.

**maltempo** *sm* mauvais temps *m.*

**malto** *sm* malt *m.*

**maltrattare** *vt* maltraiter.

**malumore** *sm* mauvaise humeur *f.*

**malvolentieri** *avv* à contrecœur.

**mamma** *sf* maman *f;* **~ mia!** mon Dieu!

**mammella** *sf* sein *m; (di animale)* mamelle *f.*

**mammifero** *sm* mammifère *m.*

**manager** ['mɛnadʒer] *smf inv (di azienda)* directeur *m* (-trice *f*); *(di cantanti, attori, atleti)* manager *m.*

**manata** *sf (colpo)* tape *f.*

**mancanza** *sf* manque *m; (colpa)* faute *f;* **sento la sua ~** elle me manque; **in ~ di** faute de.

**mancare** *vi* manquer; *(essere lontano)* être absent; *(form: morire)* décéder. ♦ *vt* rater; **mancano ancora 50 euro** il manque encore 50 euros; **mi manchi molto** tu me manques beaucoup; **mi manca il tempo** le temps me manque; **ci è mancato poco che cadesse** il a failli tomber; **manca un quarto alle quattro** il est quatre heures moins le quart.

**mancia, -ce** *sf* pourboire *m;* **dare la ~ (a qn)** donner un pourboire (à qqn).

**manciata** *sf* poignée *f.*

**mancino, -a** *agg* gaucher(-ère).

**mandarancio** *sm* clémentine *f.*

**mandare** *vt* envoyer; *(grido)* lancer; **~ a chiamare**

**qn** faire appeler qqn; **~ via qn** chasser qqn.
**mandarino** *sm* mandarine *f.*
**mandolino** *sm* mandoline *f.*
**mandorla** *sf* amande *f.*
**maneggiare** *vt* manier.
**maneggio** *sm* manège *m.*
**manetta** *sf* manette *f.* ❑ **manette** *sfpl (di polizia)* menottes *fpl.*
**mangiare** *vt* manger; *(negli scacchi)* souffler. ◆ *vi* manger; **far da ~** faire à manger.
**mangime** *sm* aliment *m* pour animaux.
**mania** *sf* manie *f.*
**maniaco**, **-a**, **-ci**, **-che** *agg* maniaque. ◆ *sm, f* maniaque *mf.*
**manica**, **-che** *sf* manche *f;* **a maniche corte** *o* **mezze maniche** à manches courtes.
**manichino** *sm* mannequin *m.*
**manico**, **-ci** *sm* manche *m; (di tazza)* anse *f; (di borsa, valigia)* poignée *f.*
**manicomio** *sm* asile *m.*
**manicure** *sf inv (persona)* manucure *mf; (trattamento)* soins *mpl* des mains.
**maniera** *sf (modo)* manière *f,* façon *f;* **in ~ che** de sorte que; **in tutte le maniere** de toute façon.
**manifestare** *vt* & *vi* manifester.
**manifestazione** *sf* manifestation *f.*
**manifesto** *sm (cartellone)* affiche *f.*
**maniglia** *sf* poignée *f.*
**manipolare** *vt* manipuler.
**mano**, **-i** *sf* main *f; (nelle carte)* tour *m; (di vernice)* couche *f;* **dare una ~ a qn** donner un coup de main à qqn; **fatto a ~** fait main; **man ~ che** au fur et à mesure que; **di seconda ~** d'occasion; **andare contro ~** rouler à contresens; **fuori ~** isolé.
**manopola** *sf (di televisione, radio, termosifone)* bouton *m.*
**manovella** *sf* manivelle *f.*
**manovra** *sf* manœuvre *f.*
**manovrare** *vt* & *vi* manœuvrer.
**mansarda** *sf* appartement *m* mansardé.
**mansione** *sf* fonction *f.*
**mantella** *sf* cape *f.*
**mantello** *sm (di animale)*

pelage *m*; *(di cavallo)* robe *f*; *(indumento)* cape *f*.

**mantenere** *vt* maintenir; *(sostentare)* entretenir; *(tener fede a)* tenir. ❑ **mantenersi** *vr (pagarsi da vivere)* subvenir à ses (propres) besoins; *(conservarsi)* se maintenir.

**manuale** *agg* manuel(-elle). ◆ *sm* manuel *m*.

**manubrio** *sm (di bicicletta)* guidon *m*; *(di congegno)* manette *f*.

**manutenzione** *sf* entretien *m*.

**manzo** *sm* bœuf *m*.

**mappa** *sf* carte *f*.

**mappamondo** *sm (globo)* globe *m*; *(su carta)* mappemonde *f*.

**maratona** *sf* marathon *m*.

**marca**, **-che** *sf (di prodotto)* marque *f*; *(scontrino)* ticket *m*; ~ **da bollo** timbre *m* fiscal; **prodotto di** ~ produit *m* de marque.

**marcare** *vt* marquer.

**marchio** *sm* marque *f*; ~ **registrato** marque déposée.

**marcia**, **-ce** *sf* marche *f*; *(di auto)* vitesse *f*; **fare ~ indietro** faire marche arrière; **mettersi in** ~ se mettre en marche.

**marciapiede** *sm (di strada)* trottoir *m*; *(di stazione)* quai *m*.

**marcio**, **-a**, **-ci**, **-ce** *agg* pourri(-e); *(ferita)* infecté(-e).

**marcire** *vi* pourrir; *(dente)* se gâter.

**marco**, **-chi** *sm* Mark *m*.

**mare** *sm* mer *f*.

**marea** *sf* marée *f*; **alta** ~ marée haute; **bassa** ~ marée basse.

**mareggiata** *sf* tempête *f*.

**margarina** *sf* margarine *f*.

**margherita** *sf (fiore)* marguerite *f*.

**margine** *sm* marge *f*; *(di strada)* bord *m*; *(di bosco)* lisière *f*.

**marina** *sf* marine *f*.

**marinaio** *sm* marin *m*.

**marinare** *vt* (CULIN) mariner.

**marinaro**, **-a** *agg (città)* de pêcheurs; **alla marinara** (CULIN) aux fruits de mer.

**marino**, **-a** *agg* marin(-e).

**marionetta** *sf* marionnette *f*.

**marito** *sm* mari *m*.

**marittimo**, **-a** *agg* maritime.

**marmellata** *sf* confiture *f*.

**marmitta** *sf (di auto, moto)* pot *m* d'échappement; *(pentola)* marmite *f*.

**marmo** *sm* marbre *m*.

**marocchino**, **-a** *agg* marocain(-e).

**Marocco** *sm* : **il ~** le Maroc.

**marrone** *agg inv* marron *(inv)*. ◆ *sm* marron *m*.

**marsala** *sm inv* marsala *m*.

**marsupio** *sm (borsello)* banane *f*; *(di animale)* poche *f* ventrale.

**martedì** *sm inv* mardi *m*; → **sabato**.

**martello** *sm* marteau *m*.

**martini**® *sm inv* Martini® *m*.

**marzapane** *sm* pâte *f* d'amandes.

**marzo** *sm* mars *m*; → **settembre**.

**mascara** *sm inv* mascara *m*.

**mascarpone** *sm fromage très crémeux utilisé surtout en pâtisserie*.

**mascella** *sf* mâchoire *f*.

**maschera** *sf* masque *m*; *(costume)* déguisement *m*.

**mascherare** *vt* masquer. ❑ **mascherarsi** *vr* : **mascherarsi (da)** se déguiser (en).

**maschile** *agg* masculin(-e); *(vestito, voce)* d'homme; **spogliatoio ~** vestiaire hommes.

**maschio**, **-a** *agg* mâle. ◆ *sm (figlio, neonato)* garçon *m*; *(animale)* mâle *m*.

**massa** *sf* masse *f*; *(mucchio)* tas *m*; **una ~ di** *(errori)* une masse *o* un tas de; *(gente)* une foule de.

**massaggiare** *vt* masser.

**massaggiatore**, **-trice** *sm, f* masseur *m* (-euse *f*).

**massaggio** *sm* massage *m*.

**massiccio**, **-a**, **-ci**, **-ce** *agg* massif(-ive). ◆ *sm* massif *m*.

**massima** *sf (detto)* maxime *f*; *(regola)* principe *m*; *(temperatura)* température *f* maximale; **in linea di ~** en principe.

**massimo**, **-a** *agg (il più grande)* maximum. ◆ *sm* maximum *m*; **al ~** tout au plus.

**masso** *sm* rocher *m*.

**masticare** *vt* mâcher.

**mastino** *sm* dogue *m.*

**matematica** *sf* mathématiques *fpl.*

**matematico, -a, -ci, -che** *agg* mathématique.

**materassino** *sm* matelas *m* pneumatique; *(da ginnastica)* tapis *m.*

**materasso** *sm* matelas *m.*

**materia** *sf* matière *f;* *(argomento)* sujet *m.*

**materiale** *agg* matériel(-elle). ◆ *sm* *(sostanza)* matériau *m;* *(attrezzatura)* matériel *m.*

**maternità** *sf inv* maternité *f.*

**matita** *sf* crayon *m.*

**matrigna** *sf* belle-mère *f.*

**matrimoniale** *agg (vita, litigio)* matrimonial(-e).

**matrimonio** *sm* mariage *m.*

**mattina** *sf* matin *m;* *(periodo)* matinée *f;* **di ~** le matin.

**mattinata** *sf* matinée *f.*

**mattiniero, -a** *agg* matinal(-e).

**mattino** *sm* matin *m;* *(periodo)* matinée *f.*

**matto, -a** *agg* fou (folle). ◆ *sm, f* fou *m* (folle *f*); **andare ~ per qc** raffoler de qqch.

**mattone** *sm* brique *f.*

**mattonella** *sf* carreau *m;* **mattonelle** carrelage *m.*

**maturare** *vt & vi* mûrir.

**maturità** *sf* maturité *f;* *(diploma, esame)* baccalauréat *m.*

**maturo, -a** *agg* mûr(-e).

**mazza** *sf (bastone)* gourdin *m;* **~ da golf** club *m* de golf.

**mazzo** *sm (di fiori)* bouquet *m;* *(di chiavi)* trousseau *m;* *(di carte)* jeu *m.*

**me** *pron (complemento oggetto)*: **ha salutato ~, non te** il m'a salué moi, pas toi; → **mi.**

**meccanica** *sf* mécanique *f.*

**meccanico, -a, -ci, -che** *agg* mécanique; *(automatico)* mécanique, machinal(-e). ◆ *sm* mécanicien *m.*

**meccanismo** *sm* mécanisme *m.*

**medaglia** *sf* médaille *f.*

**medaglione** *sm* médaillon *m.*

**medesimo, -a** *agg* même.

**media** *sf* moyenne *f.*

**mediạnte** *prep (cosa)* au moyen de; *(persona)* par.

**medicạre** *vt* soigner.

**medicịna** *sf (scienza)* médecine *f*; *(farmaco)* médicament *m*.

**medicinạle** *sm* médicament *m*.

**mẹdico**, **-a**, **-ci**, **-che** *agg (di medico, medicina)* médical(-e). ♦ *sm* médecin *m*; **~ di guardia** médecin de garde.

**medievạle** *agg* médiéval(-e).

**mẹdio**, **-a** *agg* moyen (-enne); *(di mezzo)* médian(-e). ♦ *sm* : **(dito) ~** majeur *m*.

**mediọcre** *agg* médiocre.

**medioevạle** = **medievale**.

**medioẹvo** *sm* Moyen Âge *m*.

**meditạre** *vt (progettare)* projeter. ♦ *vi* méditer.

**mediterrạneo**, **-a** *agg* méditerranéen(-enne).

❑ **Mediterraneo** *sm* : **il (mar) Mediterraneo** la (mer) Méditerranée.

**medụsa** *sf* méduse *f*.

**mẹglio** *avv* 1. *(comparativo)* mieux; **mi sento ~ di ieri** je me sens mieux qu'hier; **andare ~** aller mieux; **per ~ dire** plutôt.
2. *(superlativo)* le mieux; **è il dolce che me riesce ~** c'est le gâteau que je réussis le mieux; **le persone ~ organizzate** les personnes les mieux organisées.
♦ *agg inv* 1. *(migliore)* meilleur(-e); **la tua macchina è ~ della mia** ta voiture est meilleure que la mienne.
2. *(impersonale)* mieux; **è ~ rimanere qui** il vaut mieux rester ici.
♦ *sm* : **fare del proprio ~** faire de son mieux; **agire per il ~** faire pour le mieux.
♦ *sf* : **avere la ~ su qn** avoir le dessus sur qqn; **alla bell'e ~** tant bien que mal.

**mẹla** *sf* pomme *f*.

**melagrạna** *sf* grenade *f*.

**melanzạna** *sf* aubergine *f*; **melanzane alla parmigiana** *plat à base d'aubergines cuites au four avec des tomates, du parmesan et de la mozzarelle*.

**mẹlo** *sm* pommier *m*.

**melodịa** *sf* mélodie *f*.

**melọne** *sm* melon *m*.

**mẹmbro**, **-i** *sm (di club,*

*associazione: pl m membri)* membre *m*; *(arto: pl f membra)* membre.

**memorạbile** *agg* mémorable.

**memọria** *sf* mémoire *f*; **sapere qc a ~** savoir qqch par cœur.

**mẹno** *avv* 1. *(in comparativi)*: **~ (di)** moins (que); **camminate ~ in fretta** marchez moins vite; **sempre ~ spesso** de moins en moins souvent; **un po' di ~** un peu moins; **più o ~** plus ou moins; **né più né ~** ni plus ni moins.
2. *(in superlativi)*: **la camera ~ cara** la chambre la moins chère; **il ~ interessante** le moins intéressant; **quello che costa di ~** celui qui coûte le moins (cher).
3. *(no)*: **non so se restare o ~** je ne sais pas si je dois rester ou pas.
4. *(nelle ore)*: **le nove ~ un quarto** neuf heures moins le quart.
5. *(nelle temperature)*: **stanotte siamo scesi a ~ sei** cette nuit la température est descendue à moins six.
6. *(in espressioni)*: **a ~ che...** à moins que...; **a ~ che (non) abbia un'altra idea** à moins que tu (n')aies une autre idée; **fare a ~ di** se passer de; **~ male (che)** heureusement (que); **tanto ~ io** moi encore moins.
◆ *prep* 1. *(tranne)* sauf; **~ che** sauf.
2. *(MAT)*: **dieci ~ cinque fa cinque** dix moins cinq égalent cinq.
◆ *agg inv* moins de; **oggi c'è ~ gente** aujourd'hui il y a moins de monde; **fare il ~ possibile** en faire le moins possible.

**mẹnsa** *sf* cantine *f*.

**mẹnsola** *sf* étagère *f*.

**mẹnta** *sf* menthe *f*; *(bibita)* menthe à l'eau; *(caramella)* bonbon *m* à la menthe.

**mentạle** *agg* mental(-e).

**mẹnte** *sf* esprit *m*; **avere in ~ di fare qc** envisager de faire qqch; **sfuggire** *o* **passare di ~a qn** sortir de la tête à qqn; **tenere a ~ qc** se rappeler qqch.

**mentịre** *vi* mentir.

**mẹnto** *sm* menton *m*.

**mẹntre** *cong (indica contemporaneità)* pendant que; *(indica opposizione)* alors que.

**menụ** *sm inv* menu *m*.

**menzionare** *vt* mentionner.

**menzogna** *sf* mensonge *m*.

**meraviglia** *sf (stupore)* étonnement *m*; *(cosa, persona)* merveille *f*; **a ~** à merveille.

**meravigliare** *vt* étonner. ❑ **meravigliarsi di** *vr + prep* s'étonner de.

**meraviglioso, -a** *agg* merveilleux(-euse).

**mercato** *sm* marché *m*; **~ dei cambi** marché des changes; **~ nero** marché noir; **a buon ~** bon marché.

**merce** *sf* marchandise *f*.

**merceria** *sf* mercerie *f*.

**mercoledì** *sm inv* mercredi *m*; → **sabato**.

**merenda** *sf* goûter *m*.

**meridionale** *agg* méridional(-e). ◆ *smf* habitant *m* (-e *f*) du sud de l'Italie.

**Meridione** *sm* : **il ~** le sud de l'Italie.

**meringa, -ghe** *sf* meringue *f*.

**meritare** *vt* mériter. ◆ *vi (valere)* valoir le coup; **meritarsi qc** mériter qqch.

**merito** *sm* mérite *m*; **per ~ di qn** grâce à qqn; **a pari ~** ex aequo.

**merluzzo** *sm* morue *f*.

**mescolare** *vt* mélanger; *(insalata)* remuer; *(caffè)* tourner. ❑ **mescolarsi** *vr (confondersi)* se mêler.

**mese** *sm* mois *m*.

**messa** *sf* messe *f*.

**messaggio** *sm* message *m*.

**messo, -a** *pp* → **mettere**.

**mestiere** *sm* métier *m*.

**mestolo** *sm* louche *f*.

**mestruazioni** *sfpl* règles *fpl*.

**meta** *sf* destination *f*; *(scopo)* but *m*.

**metà** *sf inv* moitié *f*; **~ fetta** une demi-tranche; **a ~ strada** à mi-chemin; **dividere qc a ~** partager qqch en deux; **fare a ~ (con qn)** partager en deux (avec qqn).

**metallico, -a, -ci, -che** *agg* métallique.

**metallo** *sm* métal *m*.

**meteorologico, -a, -ci, -che** *agg* météorologique.

**metodico, -a, -ci, -che** *agg* méthodique.

**metodo** *sm* méthode *f*.

**metro** *sm* mètre *m*; **~**

**cubo** mètre cube; **~ quadrato** mètre carré.

**metrọpoli** *sf inv* métropole *f.*

**metropolitạna** *sf* métro *m.*

**mẹttere** *vt* 1. *(collocare, passare)* mettre; **~ i piatti in tavola** mettre les assiettes sur la table; **~ qc in dubbio** mettre qqch en doute; **mettersi in testa di fare qc** se mettre en tête de faire qqch.
2. *(indossare)*: **mettersi qc (addosso)** mettre qqch.
3. *(supporre)*: **~ che** supposer que.
4. *(in uno stato diverso)*: **non ~ la casa in disordine** ne mets pas la maison en désordre; **~ l'antenna dritta** redresser l'antenne.
5. *(tempo)*: **metterci** mettre; **ci abbiamo messo due giorni** nous avons mis deux jours; **ci si mette un'ora per andare** il faut une heure pour y aller.
6. *(far funzionare)* mettre; **~ gli abbaglianti** mettre ses feux de route.
❑ **mettersi** *vr* 1. *(porsi)* se mettre; **mettersi a tavola** se mettre à table.
2. *(vestirsi)* se mettre; **mettersi in pigiama** se mettre en pyjama.
3. *(cominciare)*: **mettersi a fare qc** se mettre à faire qqch; **mettersi in viaggio** se mettre en route.
4. *(in espressioni)*: **mettersi d'accordo** se mettre d'accord.

**mẹzza** *sf* : **la ~** *(mezzogiorno e mezza)* midi et demi.

**mezzanọtte** *sf* minuit *m.*

**mẹzzo**, **-a** *agg* *(metà)* demi(-e); *(medio)* moyen (-enne). ◆ *sm* *(metà)* demi *m*; *(parte centrale)* milieu *m*; *(strumento, procedimento)* moyen *m*; *(veicolo)* moyen de transport. ◆ *avv* à demi; **le cinque e mezza** *o* **~** cinq heures et demie; **con mezza pensione** en demi-pension; **mezza stagione** demi-saison *f*; **~ chilo** demi-kilo *m*, livre *f*; **a mezze maniche** à manches courtes; **in ~ a** au milieu de; **per ~ di** au moyen de; **levati** *o* **togliti di ~** sors de là; **mezzi pubblici** transports *mpl* en commun; **mezzi di trasporto** moyens de transport. ❑ **mezzi**

*smpl* *(economici)* moyens *mpl*.

**mezzogiọrno** *sm* midi *m*. ❑ **Mezzogiorno** *sm* : **il Mezzogiorno** le Mezzogiorno.

**mezzọra** *sf* demi-heure *f*.

**mi** *(diventa* **me** *se predede lo, la, li, le, ne) pron* me; **me ne vado** je m'en vais.

**mịca** *avv* : **non ci avrai ~ creduto?** tu n'y as quand même pas cru?; **~ male** pas mal.

**mịccia, -ce** *sf* mèche *f*.

**micrọfono** *sm* micro(phone) *m*.

**midọlla** *sf* mie *f*.

**miẹi** → **mio**.

**miẹle** *sm* miel *m*.

**migliạio** *(pl f* **migliaia**) *sm* millier *m*; **un ~ (di)** un millier (de); **a migliaia** par milliers.

**mịglio** *sm (unità di misura: pl f miglia)* mille *m*.

**miglioramẹnto** *sm* amélioration *f*.

**migliorạre** *vt* améliorer. ◆ *vi* s'améliorer; *(malato)* aller mieux.

**migliọre** *agg* meilleur(-e); **il/la ~** le meilleur (la meilleure).

**mịgnolo** *sm (della mano)* auriculaire *m*, petit doigt *m*; *(del piede)* petit orteil *m*.

**milanẹse** *agg* milanais(-e). ◆ *smf* Milanais *m* (-e *f*).

**Milạno** *sf* Milan.

**miliạrdo** *sm* milliard *m*.

**miliọne** *sm* million *m*.

**militạre** *agg* militaire. ◆ *sm* militaire *m*; **fare il ~** faire son service militaire.

**mịlle** *num* mille; → **sei**.

**millefọglie** *sm inv* millefeuille *m*.

**millẹsimo, -a** *num* millième; → **sesto**.

**millịmetro** *sm* millimètre *m*.

**mịlza** *sf* rate *f*.

**mimạre** *vt* mimer.

**mimetizzạre** *vt* camoufler. ❑ **mimetizzarsi con** *vr + prep* se confondre avec.

**minạccia, -ce** *sf* menace *f*.

**minacciạre** *vt* menacer.

**minacciọso, -a** *agg* menaçant(-e).

**minerạle** *agg* minéral(-e). ◆ *sm* minéral *m*; *(materia prima)* minerai *m*.

**minẹstra** *sf* soupe *f*, potage *m*; **~ in brodo** bouillon *m* aux pâtes; **~ di verdure** soupe de légumes.

**minestrọne** *sm* minestrone *m* *(soupe de légumes aux pâtes ou au riz)*.

**miniatụra** *sf* miniature *f*.

**miniẹra** *sf* mine *f*.

**minigọlf** *sm* golf *m* miniature.

**minigọnna** *sf* minijupe *f*.

**mịnima** *sf* *(temperatura)* température *f* minimale.

**mịnimo, -a** *agg (il più piccolo)* minimum; *(molto piccolo)* minime. ◆ *sm* minimum *m*; *(di motore)* ralenti *m*; **non ne ho la minima idea** je n'en ai pas la moindre idée; **come ~** au minimum.

**ministẹro** *sm* ministère *m*.

**minịstro** *sm* ministre *m*.

**minorạnza** *sf* minorité *f*.

**minọre** *agg (di età)* plus jeune; *(di grandezza)* plus petit(-e); *(di importanza)* moins important(-e); *(prezzo, temperatura)* moins élévé(-e). ◆ *smf (minorenne)* mineur *m* (-e *f*). ◆ *pron* : **il/la ~** *(di età)* le plus jeune (la plus jeune); *(di grandezza)* le plus petit (la plus petite); *(cifra, temperatura)* le plus bas (la plus basse).

**minorẹnne** *smf* mineur *m* (-e *f*).

**minụscola** *sf* minuscule *f*.

**minụscolo, -a** *agg* minuscule.

**minụto, -a** *agg (persona, corpo)* menu(-e); *(piccolo)* petit(-e); *(fine)* fin(-e). ◆ *sm* minute *f*.

**mịo** (*f* **mia**, *mpl* **miei**, *fpl* **mie**) *agg* mon (ma), mes *(pl)*; **questa bici è mia** ce vélo est à moi; **~ padre** mon père; **il ~ libro** mon livre; **un ~ amico** un de mes amis. ❑ **il mio** (*f* **la mia**, *mpl* **i miei**, *fpl* **le mie**) *pron* le mien (la mienne), les miens (les miennes) *(pl)*.

**mịope** *agg (MED)* myope.

**mịra** *sf* visée *f*; *(scopo)* but *m*; **prendere la ~** viser.

**mirạcolo** *sm* miracle *m*.

**mirạre** *vi (con arma)*: **~ (a)** viser. ❑ **mirare a** *v + prep (aspirare a)* viser à.

**mirtịllo** *sm* myrtille *f*.

**miscẹla** *sf* mélange *m*.

**mischiạre** *vt* mélanger.

**misẹria** *sf* misère *f*; **porca ~!** *(fam)* nom d'un chien!

**misero**, **-a** *agg (povero)* misérable; *(infelice)* malheureux(-euse); *(stipendio)* de misère.

**missile** *sm* missile *m*.

**missione** *sf* mission *f*.

**misterioso**, **-a** *agg* mystérieux(-euse).

**mistero** *sm* mystère *m*.

**misto**, **-a** *agg (mescolato)* mélangé(-e); *(scuola, matrimonio)* mixte. ◆ *sm* mélange *m*; ~ **lana** laine *f* mélangée.

**misura** *sf* mesure *f*; *(taglia)* taille *f*.

**misurare** *vt* mesurer; *(abito)* essayer. ◆ *vi* mesurer. ❑ **misurarsi con** *vr + prep* se mesurer à.

**mito** *sm* mythe *m*.

**mittente** *smf* expéditeur *m*.

**mobile** *agg* mobile. ◆ *sm* meuble *m*.

**mobilitare** *vt* mobiliser.

**moca** *sf inv* cafetière *f* à pression.

**mocassino** *sm* mocassin *m*.

**moda** *sf* mode *f*; **essere** *o* **andare di** ~ être à la mode; **alla** ~ à la mode; **l'alta** ~ la haute couture.

**modellare** *vt* modeler.

**modellino** *sm* maquette *f*, modèle *m* réduit.

**modello**, **-a** *sm, f (indossatore)* mannequin *m*; *(di artista)* modèle *m*. ◆ *sm* modèle *m*; *(per sarta)* patron *m*.

**moderare** *vt* modérer.

**moderno**, **-a** *agg* moderne.

**modesto**, **-a** *agg* modeste.

**modifica**, **-che** *sf* modification *f*.

**modo** *sm (maniera)* façon *f*; *(mezzo)* moyen *m*; *(GRAMM: verbale)* mode *m*; **a** ~ **mio** à ma façon; **in** ~ **da fare qc** de façon à faire qqch; ~ **di dire** expression *f*; **di** ~ **che** de sorte que; **in nessun** ~ en aucune façon; **in ogni** ~ en tout cas; **in qualche** ~ d'une façon ou d'une autre; **in tutti i modi** de toute façon.

**modulo** *sm* formulaire *m*.

**moglie**, **-gli** *sf* femme *f*, épouse *f*.

**molestare** *vt* importuner.

**molla** *sf* ressort *m*.

**mollare** *vt* lâcher. ◆ *vi (desistere)* abandonner.

**molle** *agg* mou (molle).

**mollętta** *sf (per capelli)* pince *f* à cheveux; *(per panni)* pince à linge.

**mollịca, -che** *sf (di pane)* mie *f.*

**mọlo** *sm (di porto)* quai *m.*

**moltiplicạre** *vt* multiplier.

**moltiplicaziọne** *sf* multiplication *f.*

**mọlto, -a** *agg* 1. *(in grande quantità)* beaucoup de; **non ho ~ tempo** je n'ai pas beaucoup de temps.
2. *(grande, intenso)* beaucoup de; **hai molta fame?** tu as très faim?; **non c'è molta luce** il n'y a pas beaucoup de lumière.
3. *(di numero elevato)*: **molti(-e)** beaucoup de.
◆ *pron (quantità)* beaucoup; *(tempo)* longtemps; **ti manca ~ per pagare il conto?** il te manque beaucoup pour payer l'addition?; **l'ho pagato ~** je l'ai payé cher; **molti** *(molta gente)* beaucoup; **molti di noi** beaucoup d'entre nous.
◆ *avv* 1. *(con verbi)* beaucoup; **mi piace ~** il me plaît beaucoup.
2. *(con avverbi, aggettivi)* très; *(con comparativi)* beaucoup, bien; **è ~ meglio così** c'est beaucoup *o* bien mieux ainsi; **è ~ presto/tardi** il est très tôt/tard; **è ~ semplice** c'est très simple.

**momentạneo, -a** *agg* momentané(-e).

**momẹnto** *sm (attimo)* instant *m*; *(circostanza)* moment *m*; **dal ~ che** vu que; **per il ~** pour le moment; **a momenti** *(tra poco)* d'un moment à l'autre; **a momenti cadevo** j'ai failli tomber.

**monastẹro** *sm* monastère *m.*

**mondiạle** *agg* mondial(-e).

**mọndo** *sm* monde *m.*

**monẹta** *sf (di metallo)* pièce *f*; *(valuta)* monnaie *f*; **~ spicciola** petite monnaie.

**monolocạle** *sm* studio *m.*

**monoscì** *sm inv* monoski *m.*

**monọtono, -a** *agg* monotone.

**montạgna** *sf* montagne *f*; **andare in ~** aller à la montagne.

**montạno, -a** *agg* de montagne.

**montare** *vt & vi* monter.
**montatura** *sf* monture *f.*
**monte** *sm* mont *m*; **andare a ~** échouer; **il ~ Bianco** le mont Blanc.
**montone** *sm (animale)* bélier *m*; *(carne)* mouton *m*; *(giaccone)* trois-quarts *m* en mouton.
**montuoso, -a** *agg* montagneux(-euse).
**monumento** *sm* monument *m.*
**mora** *sf* mûre *f.*
**morale** *agg* moral(-e). ♦ *sf* morale *f.* ♦ *sm* moral *m.*
**morbido, -a** *agg* moelleux(-euse); *(pelle, colore, linea)* doux (douce).
**morbillo** *sm* rougeole *f.*
**morbo** *sm* maladie *f.*
**mordere** *vt* mordre.
**morire** *vi* mourir; *(estinguersi)* disparaître; **~ di fame/di noia** mourir de faim/d'ennui; **~ dal ridere** mourir de rire; **stanco da ~** mort de fatigue.
**mormorare** *vi* murmurer; *(sparlare)* parler. ♦ *vt* murmurer.
**moro, -a** *agg* brun(-e); *(di carnagione)* qui a le teint mat.
**morso, -a** *pp* → **mordere.** ♦ *sm* morsure *f*; *(pezzetto)* bouchée *f*; *(di briglia)* mors *m.*
**mortadella** *sf* mortadelle *f.*
**mortale** *agg* mortel (-elle).
**morte** *sf* mort *f*; **avercela a ~ con qn** en vouloir à mort à qqn.
**morto, -a** *pp* → **morire.** ♦ *agg* mort(-e). ♦ *sm, f* mort *m* (-e *f*).
**mosaico, -ci** *sm* mosaïque *f.*
**mosca, -sche** *sf* mouche *f.*
**moscato** *sm* muscat *m.*
**moscerino** *sm* moucheron *m.*
**moscone** *sm (insetto)* grosse mouche *f*; *(imbarcazione)* Pédalo® *m.*
**mossa** *sf* mouvement *m*; *(negli scacchi)* coup *m.*
**mosso, -a** *pp* → **muovere.** ♦ *agg (mare)* agité(-e); *(capelli)* ondulé(-e); *(fotografia)* flou(-e).
**mostarda** *sf* moutarde *f.*
**mostra** *sf* exposition *f.*
**mostrare** *vt* montrer.
**mostro** *sm* monstre *m.*
**mostruoso, -a** *agg* monstrueux(-euse).

**motivo** *sm* motif *m*, raison *f*; *(di stoffa)* motif; *(musicale)* air *m*; **senza ~** sans raison.

**moto** *sm* mouvement *m*; *(esercizio fisico)* exercice *m*. ◆ *sf inv* moto *f*; **mettere qc in ~** *(auto)* mettre qqch en marche.

**motocicletta** *sf* moto *f*.

**motocross** *sm* motocross *m*.

**motore** *sm* moteur *m*.

**motorino** *sm* *(ciclomotore)* Mobylette® *f*; **~ d'avviamento** démarreur *m*.

**motoscafo** *sm* canot *m* à moteur.

**motto** *sm* devise *f*.

**movimento** *sm* mouvement *m*; *(animazione)* animation *f*.

**mozzare** *vt* *(recidere)* trancher; *(fiato)* couper.

**mozzarella** *sf* mozzarelle *f* *(fromage frais de lait de vache ou, parfois, de bufflonne)*.

**mozzicone** *sm* *(di sigaretta)* mégot *m*.

**mozzo, -a** *agg* tranché(-e). ◆ *sm* *(marinaio)* mousse *m*; *(di ruota, elica)* moyeu *m*.

**mucca, -che** *sf* vache *f*.

**mucchio** *sm* tas *m*; **un ~ di** *(fig: grande quantità)* (tout) un tas de.

**muffa** *sf* moisi *m*.

**muffole** *sfpl* moufles *fpl*.

**mulino** *sm* moulin *m*; **~ a vento** moulin à vent.

**mulo** *sm* mulet *m*.

**multa** *sf* amende *f*.

**multare** *vt* donner une amende à.

**multiproprietà** *sf* multipropriété *f*.

**mungere** *vt* traire.

**municipale** *agg* municipal(-e).

**municipio** *sm* mairie *f*.

**munire** *vt* : **~ qn/qc di qc** munir qqn/qqch de qqch.

**muovere** *vt* *(tavolo, pedina)* déplacer; *(gambe, braccia)* bouger. ❏ **muoversi** *vr* *(mettersi in movimento)* bouger.

**mura** *sfpl* murs *mpl*, remparts *mpl*.

**muratore** *sm* maçon *m*.

**murena** *sf* murène *f*.

**muro** *sm* mur *m*.

**muscolo** *sm* muscle *m*.

**muscoloso, -a** *agg* musclé(-e).

**museo** *sm* musée *m*.

**musica, -che** *sf* musique *f*; **~ leggera** variété *f*.

**musicạle** *agg* musical(-e).
**musicịsta**, **-i**, **-e** *smf* musicien *m* (-enne *f*).
**mụso** *sm (di animale)* museau *m*; *(di auto, aereo)* nez *m*.
**mụta** *sf (da sub)* combinaison *f*.
**mutamẹnto** *sm* changement *m*.
**mutạnde** *sfpl (da donna)* culotte *f*; *(da uomo)* slip *m*.
**mutandịne** *sfpl* culotte *f*.
**mutilạto**, **-a** *sm, f* mutilé *m* (-e *f*).
**mụto**, **-a** *agg* muet(-ette).
**mụtua** *sf* mutuelle *f*.
**mụtuo**, **-a** *agg* mutuel(-elle). ◆ *sm (dato)* prêt *m*; *(ottenuto)* emprunt *m*.

# N

**N** *(abbr di nord)* N.
**nạfta** *sf (olio combustibile)* mazout *m*; *(gasolio)* gazole *m*, gas-oil *m*.
**naftalịna** *sf* naphtaline *f*.
**nạilon®** *sm* Nylon® *m*.
**nạno**, **-a** *agg* nain(-e). ◆ *sm, f* nain *m* (-e *f*).
**napoletạno**, **-a** *agg* napolitain(-e). ◆ *sm, f* Napolitain *m* (-e *f*).
**Nạpoli** *sf* Naples.
**narịce** *sf* narine *f*.
**narrạre** *vt* raconter.
**nasạle** *agg* nasal(-e).
**nạscere** *vi (bambino, animale, impresa)* naître; *(pianta)* germer; *(sole)* se lever; *(fiume)* prendre sa source; *(dente)* percer; **sono nata il 31 luglio del 1965** je suis née le 31 juillet 1965.
**nạscita** *sf* naissance *f*; **data di ~** date *f* de naissance; **luogo di ~** lieu *m* de naissance.
**nascọndere** *vt* cacher.
**nascọsto**, **-a** *pp* → **nascondere**. ◆ *agg* caché(-e); **di ~** en cachette.
**nạso** *sm* nez *m*.
**nạstro** *sm* ruban *m*; **~ adesivo** ruban adhésif; **~ trasportatore** tapis *m* roulant.
**natạle** *agg (casa, città)* natal(-e). ❑ **Natale** *sm* Noël *m*.
**natạnte** *sm* embarcation *f*.
**nạto**, **-a** *pp* → **nascere**. ◆ *agg* : **nata Mattei** *(da nubile)* née Mattei.

**natụra** *sf* nature *f*; *(temperamento)* naturel *m*.

**naturạle** *agg* naturel (-elle).

**naufrạgio** *sm* naufrage *m*.

**nạusea** *sf* nausée *f*.

**nauseạnte** *agg* écœurant(-e).

**nạutico**, **-a**, **-ci**, **-che** *agg* nautique.

**navạta** *sf* nef *f*.

**nạve** *sf* bateau *m*; **~ passeggeri** paquebot *m*; **~ traghetto** ferry *m*.

**navẹtta** *agg inv* qui fait la navette; **~ (spaziale)** navette *f* (spatiale).

**navigạbile** *agg* navigable.

**navigạre** *vi* naviguer.

**navịglio** *sm (nave)* embarcation *f*; *(canale)* canal *m* navigable.

**nazionạle** *agg* national(-e). ◆ *sf (squadra)* équipe *f* nationale.

**nazionalità** *sf inv* nationalité *f*.

**naziọne** *sf* nation *f*.

**ne** *pron* 1. *(di lui, lei, loro)*: **è bravo e ~ apprezzo le capacità** il est doué et j'apprécie ses capacités.
2. *(di un insieme)* en; **ha dei panini? ~ vorrei due** vous avez des sandwichs? j'en voudrais deux.
3. *(di ciò)* en; **non ~ ho idea** je n'en ai aucune idée.
4. *(da ciò)* en; **~ deriva che...** il en résulte que...
◆ *avv (di là)* en; **~ veniamo proprio ora** nous en venons.

**né** *cong* : **~... ~** ni... ni; **~ l'uno ~ l'altro sono italiani** ni l'un ni l'autre ne sont italiens; **non si è fatto ~ sentire ~ vedere** il n'a pas téléphoné et n'est pas venu.

**neạnche** *cong* non plus. ◆ *avv* même pas; **non andiamo ~ noi** nous n'y allons pas (nous) non plus; **non l'ho ~ visto** je ne l'ai même pas vu; **non potrei ~ volendo** je ne pourrais pas même si je voulais.

**nẹbbia** *sf* brouillard *m*.

**necessạrio**, **-a** *agg* nécessaire. ◆ *sm* nécessaire *m*; **è ~ farlo** il faut le faire; **~ per toeletta** nécessaire de toilette.

**necessità** *sf inv* nécessité *f*.

**necessitạre**: **necessitare di** *v + prep* nécessiter.

**negạre** *vt* nier; *(rifiutare)*: **~**

**qc a qn** refuser qqch à qqn; **~ di aver fatto qc** nier avoir fait qqch.

**negativo**, **-a** *agg* négatif(-ive). ◆ *sm* négatif *m*.

**negli** = **in + gli**, → **in.**

**negoziante** *smf* commerçant *m* (-e *f*).

**negozio** *sm (bottega)* magasin *m*.

**negro**, **-a** *agg* noir(-e). ◆ *sm, f* Noir *m* (-e *f*).

**nei** = **in + i** → **in.**

**nel** = **in + il** → **in.**

**nell'** = **in + il** → **in.**

**nella** = **in + la** → **in.**

**nelle** = **in + le** → **in.**

**nello** = **in + lo** → **in.**

**nemico**, **-a**, **-ci**, **-che** *agg (in guerra)* ennemi(-e). ◆ *sm, f* ennemi *m* (-e *f*).

**nemmeno** = **neanche.**

**neo** *sm* grain *m* de beauté.

**neonato**, **-a** *sm, f* nouveau-né *m* (-e *f*).

**neppure** = **neanche.**

**nero**, **-a** *agg* noir(-e). ◆ *sm (colore)* noir *m*.

**nervo** *sm* nerf *m*.

**nervoso**, **-a** *agg* nerveux(-euse).

**nespola** *sf* nèfle *f*.

**nessuno**, **-a** *agg* aucun(-e). ◆ *pron* aucun(-e); *(indefinito)* personne; *(qualcuno)*: **c'è ~?** il y a quelqu'un?; **da nessuna parte** nulle part; **~ lo sa** personne n'en sait rien; **~ di noi** aucun d'entre nous.

**netto**, **-a** *agg (preciso)* net (nette).

**neutrale** *agg* neutre.

**neutro**, **-a** *agg* neutre.

**neve** *sf* neige *f*; **delle vacanze sulla ~** des vacances à la neige.

**nevicare** *v impers* : **nevica** il neige.

**nevicata** *sf* chute *f* de neige.

**nevischio** *sm* neige *f* fondue.

**nicchia** *sf* niche *f (dans un mur)*.

**nicotina** *sf* nicotine *f*.

**nido** *sm* nid *m*.

**niente** *pron* **1.** *(nessuna cosa)* rien; **~ gli va bene** rien ne lui convient; **come se ~ fosse** comme si de rien n'était; **non... ~** ne... rien.

2. *(qualcosa)* quelque chose; **le serve ~?** vous avez besoin de quelque chose?

3. *(poco)*: **è una cosa da ~** *(regalo)* c'est juste une bri-

cole; *(incidente)* ce n'est rien.

◆ *agg inv (fam: nessuno)* aucun(-e); **~ paura!** n'aie/ n'ayez pas peur!

◆ *avv* pas du tout; **non ne me importa ~** je n'en ai rien à faire; **non c'entra ~** cela n'a rien à voir.

◆ *sm* : **un bel ~** rien du tout; **partire dal ~** partir de rien.

**nipote** *smf (di zii)* neveu *m* (nièce *f*); *(di nonni)* petit-fils *m* (petite-fille *f*).

**nitrire** *vi* hennir.

**no** *avv* non; **lo sai, ~, com'è fatto** tu sais bien comment il est; **sei d'accordo, ~?** tu es d'accord, non *o* n'est-ce pas?; **lo vuoi o ~?** tu le veux ou pas?; **~ di certo** certainement pas; **~ davvero** non, pas du tout.

**nobile** *agg* noble. ◆ *smf* noble *mf*.

**nobiltà** *sf* noblesse *f*.

**nocciola** *sf* noisette *f*. ◆ *agg inv* noisette *(inv)*.

**nocciolina** *sf* : **~ (americana)** cacah(o)uète *f*.

**nocciolo**[1] *sm (di frutto)* noyau *m*.

**nocciolo**[2] *sm (albero)* noisetier *m*.

**noce** *sf* noix *f*. ◆ *sm (albero, legno)* noyer *m*; **~ di cocco** noix de coco; **~ moscata** noix (de) muscade.

**nodo** *sm* nœud *m*.

**noi** *pron* nous; **entrate voi, ~ aspettiamo** entrez - nous, nous attendons; **da ~** *(nel nostro paese)* chez nous; **~ stessi(-e)** nous-mêmes; **abbiamo fame - ~ no** nous avons faim - pas nous.

**noia** *sf* ennui *m*; **dar ~ a qn** déranger qqn.

**noioso, -a** *agg (monotono)* ennuyeux(-euse); *(fastidioso)* agaçant(-e).

**noleggiare** *vt* louer.

**noleggio** *sm* location *f*; **prendere qc a ~** louer qqch.

**nolo** *sm* = **noleggio**.

**nome** *sm* nom *m*; **~ da ragazza** nom de jeune fille.

**nominare** *vt (menzionare)* mentionner; *(eleggere)* nommer.

**non** *avv* : **stasera ~ vengo** ce soir je ne viens pas; **~ è venuto** il n'est pas venu; **sono a casa, ~ in ufficio** je suis chez moi, pas au bureau; → **affatto, ancora,** *(ecc)*.

**nonché** *cong (e anche)* ainsi que.

**nọnno, -a** *sm, f* grand-père *m* (grand-mère *f*).

**nọno, -a** *num* neuvième; → **sesto.**

**nonostạnte** *prep* malgré. ♦ *cong* bien que.

**non vedẹnte** *smf* non-voyant *m* (-e *f*).

**nọrd** *sm* nord *m*; **a ~ (di qc)** au nord (de qqch).

**nordẹst** *sm* nord-est *m*; **a ~ (di qc)** au nord-est (de qqch).

**nọrdico, -a, -ci, -che** *agg* nordique.

**nordọvest** *sm* nord-ouest *m*. ♦ *agg inv* nord-ouest *(inv)*; **a ~ (di qc)** au nord-ouest (de qqch).

**nọrma** *sf* norme *f*; **di ~** normalement; **a ~ di legge** aux termes de la loi.

**normạle** *agg* normal(-e).

**norvegẹse** *agg* norvégien(-enne). ♦ *sm (lingua)* norvégien *m*.

**Norvẹgia** *sf* : **la ~** la Norvège.

**nostalgịa** *sf* nostalgie *f*; **avere ~ di** avoir la nostalgie de.

**nọstro, -a** *agg* notre; **questa casa è nostra** cette maison est à nous; **~ padre** notre père; **un ~ amico** un de nos amis. ❑ **il nostro** (*f* **la nostra,** *mpl* **i nostri,** *fpl* **le nostre**) *pron* le nôtre (la nôtre), les nôtres *(pl)*.

**nọta** *sf* note *f*; **prendere ~ (di qc)** prendre note (de qqch).

**notạio** *sm* notaire *m*.

**notạre** *vt* remarquer; *(annotare)* noter.

**notẹvole** *agg (differenza, prezzo)* considérable.

**notịzia** *sf* nouvelle *f*.

**notiziạrio** *sm* informations *fpl*.

**nọto, -a** *agg* connu(-e); **rendere ~ qc a qn** informer qqn de qqch.

**nọtte** *sf* nuit *f*; **di ~** la nuit; **alle tre di ~** à trois heures du matin.

**nottụrno, -a** *agg* nocturne.

**novạnta** *num* quatre-vingt-dix; → **sei.**

**novantẹsimo, -a** *num* quatre-vingt-dixième; → **sesto.**

**nọve** *num* neuf; → **sei.**

**novecẹnto** *num* neuf

cents; → **sei**. ▫ **Novecento** *sm* : **il Novecento** le vingtième siècle.

**novẹlla** *sf (racconto)* conte *m*.

**novẹmbre** *sm* novembre *m*; → **settembre**.

**novità** *sf inv (cosa nuova)* nouveauté *f*; *(notizia recente)* nouvelle *f*.

**noziọne** *sf* notion *f*.

**nọzze** *sfpl* mariage *m*.

**nụbe** *sf* nuage *m*.

**nubifrạgio** *sm* tempête *f*.

**nụbile** *agg* célibataire.

**nụca** *sf* nuque *f*.

**nucleạre** *agg* nucléaire.

**nudịsta**, **-i**, **-e** *smf* nudiste *mf*.

**nụdo**, **-a** *agg* nu(-e). ♦ *sm* (ARTE) nu *m*.

**nụlla** = **niente**.

**nụllo**, **-a** *agg* nul (nulle).

**numerạle** *agg* numéral(-e). ♦ *sm* numéral *m*.

**numerạre** *vt* numéroter.

**nụmero** *sm* nombre *m*; *(segno, cifra)* chiffre *m*; *(di scarpe)* pointure *f*; *(di rivista)* numéro *m*; ~ **civico** *numéro de la rue, dans une adresse*; ~ **di conto** numéro de compte; ~ **di targa** numéro d'immatriculation; ~ **di telefono** numéro de téléphone; ~ **verde** numéro vert.

**numerọso**, **-a** *agg* nombreux(-euse).

**nụora** *sf* belle-fille *f*.

**nuotạre** *vi* nager.

**nuọto** *sm* nage *f*.

**nuovamẹnte** *avv* de o à nouveau.

**nuọvo**, **-a** *agg (recente)* nouveau(-elle); *(appena fatto)* neuf (neuve); *(sconosciuto)* inconnu(-e); **di** ~ de o à nouveau.

**nurạghe**, **-ghi** *sm construction préhistorique en forme de cône tronqué, typique de la Sardaigne*.

**nutriẹnte** *agg* nourrissant(-e).

**nutrimẹnto** *sm* nourriture *f*.

**nutrịre** *vt* nourrir.

**nụvola** *sf* nuage *m*.

**nuvolọso**, **-a** *agg* nuageux(-euse).

# O

**o** *cong* ou; **~... ~...** ou (bien)... ou (bien)...

**O** *(abbr di ovest)* O.

**obbediente** = **ubbidiente**.

**obbedire** = **ubbidire**.

**obbligare** *vt* : **~ qn a fare qc** obliger qqn à faire qqch.

**obbligato, -a** *agg (percorso)* obligatoire; *(passaggio)* obligé(-e).

**obbligatorio, -a** *agg* obligatoire.

**obbligo, -ghi** *sm* obligation *f*; **avere l'~ di fare qc** être dans l'obligation de faire qqch.

**obelisco, -schi** *sm* obélisque *m*.

**obeso, -a** *agg* obèse.

**obiettare** *vt* objecter.

**obiettivo, -a** *agg* objectif(-ive). ◆ *sm* objectif *m*.

**obiettore** *sm* contradicteur *m*.

**obiezione** *sf* objection *f*.

**obliquo, -a** *agg* oblique.

**obliterare** *vt* oblitérer.

**oblò** *sm inv* hublot *m*.

**oca** *(pl* **oche***)* *sf (animale)* oie *f*.

**occasione** *sf* occasion *f*; **avere ~ di fare qc** avoir l'occasion de faire qqch; **cogliere l'~ per fare qc** profiter de l'occasion pour faire qqch.

**occhiaie** *sfpl* cernes *mpl*.

**occhiali** *smpl* : **~ (da vista)** lunettes *fpl*; **~ da sole** lunettes de soleil.

**occhiata** *sf* : **dare un'~ a** jeter un coup d'œil à.

**occhiello** *sm (per bottone)* boutonnière *f*.

**occhio** *sm* œil *m*; **a ~ nudo** à l'œil nu; **tenere d'~** surveiller; **non perdere d'~** ne pas quitter des yeux; **a quattr'occhi** entre quatre yeux.

**occidentale** *agg* occidental(-e).

**occidente** *sm (ovest)* occident *m*.

**occorrente** *sm* nécessaire *m*.

**occorrere** *vi* falloir; **occorre aspettare** il faut attendre; **mi occorre tempo** il me faut du temps.

**occorso, -a** *pp* → **occorrere**.

**occupare** *vt* occuper.
**occupazione** *sf (impiego)* emploi *m.*
**oceano** *sm* océan *m.*
**oculista, -i, -e** *smf* oculiste *mf.*
**odiare** *vt* détester.
**odio** *sm* haine *f.*
**odioso, -a** *agg* odieux (-euse).
**odorare** *vt* flairer. ❑ **odorare di** *v + prep* sentir; **odora di mimosa** ça sent le mimosa.
**odore** *sm (da cucina)* odeur *f.* ❑ **odori** *smpl* aromates *mpl.*
**offendere** *vt* vexer.
**offensivo, -a** *agg (comportamento, frase)* injurieux(-euse).
**offerta** *sf* offre *f*; *(donazione)* don *m.*
**offerto, -a** *pp* → **offrire**.
**offesa** *sf* offense *f.*
**offeso, -a** *pp* → **offendere**. ♦ *agg (oltraggiato)* vexé(-e).
**officina** *sf (di fabbrica)* atelier *m*; *(per auto)* garage *m.*
**offrire** *vt* offrir; ~ **da bere a qn** offrir un verre à qqn. ❑ **offrirsi di** *vr + prep* : **offrirsi di fare qc** se proposer pour faire qqch.
**oggettivo, -a** *agg* objectif(-ive).
**oggetto** *sm* objet *m*; **(ufficio) oggetti smarriti** (bureau *m* des) objets trouvés.
**oggi** *avv* aujourd'hui; ~ **pomeriggio** cet après-midi; **dall'~ al domani** du jour au lendemain.
**ogni** *agg (tutti)* chaque; *(distributivo)*: ~ **tre giorni** tous les trois jours; **in ~ caso** en tout cas; **ad ~ modo** de toute façon; ~ **tanto** de temps en temps; ~ **volta che** chaque fois que.
**Ognissanti** *sm* la Toussaint.
**ognuno, -a** *pron* chacun(-e); ~ **di voi** chacun d'entre vous.
**Olanda** *sf* : **l'~** la Hollande.
**olandese** *agg* hollandais(-e). ♦ *sm (lingua)* hollandais *m.*
**oliera** *sf* huilier *m.*
**olimpiadi** *sfpl* : **le ~** les jeux *mpl* Olympiques.
**olio** *sm* huile *f*; ~ **(extravergine) d'oliva** huile d'olive (vierge extra); ~ **di semi** huile végétale.
**oliva** *sf* olive *f.*

**olįvo** *sm* olivier *m*.
**oltrąlpe**: **d'oltralpe** *agg* transalpin(-e).
**ọltre** *avv (più in là)* plus loin; *(ancora)* davantage. ◆ *prep (di là da)* au-delà de; *(più di)* plus de; *(in aggiunta a)* en plus de; ~ **a** *(all'infuori di)* à part; *(in aggiunta a)* en plus de.
**oltrepassąre** *vt* dépasser.
**omąggio** *sm (tributo)* hommage *m*; *(regalo)* cadeau *m*; **in** ~ *(con prodotto)* en cadeau.
**ombelįco**, **-chi** *sm* nombril *m*.
**ọmbra** *sf* ombre *f*.
**ombrẹllo** *sm* parapluie *m*.
**ombrellọne** *sm* parasol *m*.
**ombrẹtto** *sm* fard *m* à paupières.
**omeopatįa** *sf* homéopathie *f*.
**omẹsso**, **-a** *pp* → **omettere**.
**omẹttere** *vt* omettre.
**omicįdio** *sm* homicide *m*.
**omogeneizząto** *sm* petit pot *m*.
**omosessuąle** *smf* homosexuel *m* (-elle *f*).
**ọnda** *sf (di mare, fiume, lago)* vague *f*; *(di capelli)* ondulation *f*; *(sonora, magnetica, sismica)* onde *f*; **andare in** ~ passer à l'antenne; **mandare in** ~ **qc** diffuser qqch; **'onde pericolose'** 'baignade dangereuse'.
**ondąta** *sf* grosse vague *f*; *(fig: afflusso)* vague.
**onẹsto**, **-a** *agg* honnête.
**onomąstico** *sm* fête *f*.
**onorąre** *vt* honorer.
**onorąrio**, **-a** *agg (cittadanza, console)* honoraire. ◆ *sm* honoraires *mpl*.
**onọre** *sm* honneur *m*; **farsi onore** se distinguer.
**opąco**, **-a**, **-chi**, **-che** *agg (vetro)* opaque; *(colore, metallo)* mat(-e).
**ọpera** *sf* œuvre *f*; *(lavoro)* ouvrage *m*; *(in musica)* opéra *m*; ~ **d'arte** œuvre d'art; **opere pubbliche** travaux *mpl* publics.
**operąio**, **-a** *agg* ouvrier(-ère). ◆ *sm, f* ouvrier *m* (-ère *f*).
**operąre** *vt* opérer. ◆ *vi (agire)* agir. ❑ **operarsi** *vr (compiersi)* s'opérer; *(subire un'operazione)* se faire opérer.
**operatọre**, **-trice** *sm, f*

opérateur *m* (-trice *f*); **~ turistico** tour-opérateur *m*.

**operazione** *sf* opération *f*.

**opinione** *sf* opinion *f*.

**opporre** *vt* opposer. ❑ **opporsi** *vr (esser contro)*: **opporsi (a)** s'opposer (à).

**opportunità** *sf inv* occasion *f*.

**opportuno, -a** *agg* opportun(-e).

**opposizione** *sf* opposition *f*.

**opposto, -a** *pp* → **opporre.** ♦ *agg* opposé(-e). ♦ *sm* opposé *m*.

**oppure** *cong (o invece)* ou (bien); *(se no)* sinon.

**optare**: **optare per** *v + prep* opter pour.

**opuscolo** *sm* brochure *f*.

**ora** *sf* heure *f*; *(momento)* moment *m*. ♦ *avv* maintenant; **a che ~ parte il treno?** à quelle heure est le train?; **è ~ di partire** il est temps de partir; **che ~ è? che ore sono?** quelle heure est-il?; **~ legale** heure légale; **~ locale** heure locale; **~ di punta** heures de pointe; **d'~ in poi** *o* **in avanti** dorénavant.

**orale** *agg* oral(-e). ♦ *sm* oral *m*.

**oramai** = **ormai**.

**orario, -a** *agg* horaire. ♦ *sm* horaire *m*; **fuori ~** en dehors des heures de service; **in ~** à l'heure; **~ di arrivo** heure *f* d'arrivée; **~ di partenza** heure de départ; **'~ d'apertura'** 'heures d'ouverture'; **'~ d'ufficio'** 'heures d'ouverture'.

**orata** *sf* daurade *f*.

**orchestra** *sf* orchestre *m*.

**ordinare** *vt (al ristorante, bar)* commander; *(disporre in ordine)* ranger.

**ordinario, -a** *agg* ordinaire.

**ordinato, -a** *agg* ordonné(-e).

**ordinazione** *sf* commande *f*.

**ordine** *sm* ordre *m*; **mettere in ~ qc** mettre qqch en ordre.

**orecchiette** *sfpl petites pâtes hémisphériques*.

**orecchino** *sm* boucle *f* d'oreille.

**orecchio** (*pl f* **orecchie**) *sm* oreille *f*.

**orecchioni** *smpl* oreillons *mpl*.

**oreficeria** *sf* bijouterie *f*.

**orfano, -a** *agg* orphelin(-e). ♦ *sm, f* orphelin *m* (-e *f*).

**organico, -a, -ci, -che** *agg (omogeneo)* homogène; *(composto, rifiuti)* organique.

**organismo** *sm* organisme *m*.

**organizzare** *vt* organiser.

**organizzatore, -trice** *sm, f* organisateur *m* (-trice *f*).

**organizzazione** *sf* organisation *f*.

**organo** *sm* organe *m*; *(MUS)* orgue *m*.

**orgoglio** *sm* orgueil *m*.

**orgoglioso, -a** *agg (fiero)* fier (fière); *(superbo)* orgueilleux(-euse).

**orientale** *agg* oriental(-e). ♦ *smf* Oriental *m* (-e *f*).

**orientamento** *sm* orientation *f*; **perdere l'~** être désorienté.

**orientare** *vt* orienter.

**oriente** *sm (est)* orient *m*.

**origano** *sm* origan *m*.

**originale** *agg* original(-e).

**originario, -a** *agg* d'origine; **essere ~ di** être originaire de.

**origine** *sf* origine *f*; **avere ~ da qc** tirer son origine de qqch; **dare ~ a qc** donner lieu à qqch.

**orina** = **urina**.

**orizzontale** *agg* horizontal(-e).

**orizzonte** *sm* horizon *m*.

**orlo** *sm (di fosso, bicchiere)* bord *m*; *(di gonna, pantaloni)* ourlet *m*.

**orma** *sf* empreinte *f*.

**ormai** *avv (a questo punto)* désormais; *(adesso)* maintenant; *(quasi)* presque.

**ormeggiare** *vt* amarrer. ♦ *vi* mouiller.

**ormeggio** *sm (manovra)* amarrage *m*; *(luogo)* mouillage *m*.

**ornamento** *sm* ornement *m*.

**oro** *sm* or *m*; **d'~** en or.

**orologio** *sm* horloge *f*; *(da polso)* montre *f*.

**oroscopo** *sm* horoscope *m*.

**orrendo, -a** *agg* horrible.

**orribile** *agg* horrible.

**orsacchiotto** *sm* ours *m* en peluche.

**orso** *sm* ours *m*.

**ortaggio** *sm* légume *m*.

**ortica, -che** *sf* ortie *f*.

**orticaria** *sf* urticaire *f*.

**orto** *sm* (jardin) potager *m*.

**ortografịa** *sf* orthographe *f.*

**ọrzo** *sm* orge *f.*

**osạre** *vt* : ~ **(fare qc)** oser (faire qqch).

**oscurità** *sf* obscurité *f.*

**oscụro**, **-a** *agg (buio)* sombre. ♦ *sm* : **essere all'~ di qc** ignorer qqch.

**ospedạle** *sm* hôpital *m.*

**ospitalità** *sf* hospitalité *f.*

**ospitạre** *vt* recevoir.

**ọspite** *smf (chi ospita)* hôte *m* (hôtesse *f*); *(ospitato)* hôte *m.*

**ospịzio** *sm* hospice *m.*

**ọssa** → **osso**.

**osservạre** *vt* observer.

**osservatọrio** *sm* observatoire *m.*

**osservaziọne** *sf* observation *f.*

**ossessiọne** *sf* obsession *f.*

**ossịa** *cong* c'est-à-dire.

**ossidạre** *vt* oxyder.

**ossịgeno** *sm* oxygène *m.*

**ọsso** *sm (umano: pl f ossa)* os *m*; *(di carne: pl m ossi)* os.

**ossobụco** (*pl* **ossibuchi**) *sm* osso-buco *m inv (jarret de veau servi avec l'os à moelle et cuisiné avec tomates, vin blanc, citron et persil).*

**ostacolạre** *vt* entraver.

**ostạcolo** *sm* obstacle *m.*

**ostạggio** *sm* otage *m.*

**ostẹllo** *sm* : ~ **(della gioventù)** auberge *f* de jeunesse.

**osterịa** *sf bar-restaurant où l'on consomme du vin et des plats simples.*

**ọstia** *sf (RELIG)* hostie *f.*

**ostịle** *agg* hostile.

**ostinạto**, **-a** *agg* obstiné(-e).

**ọstrica**, **-che** *sf* huître *f.*

**ottạnta** *num* quatre-vingts; → **sei**.

**ottantẹsimo**, **-a** *num* quatre-vingtième; → **sesto**.

**ottantịna** *sf* : **un'~ (di persone)** environ quatre-vingts (personnes).

**ottạvo**, **-a** *num* huitième; → **sesto**.

**ottenẹre** *vt* obtenir; *(ricavare)* tirer.

**ọttico**, **-a**, **-ci**, **-che** *agg* optique. ♦ *sm* opticien *m* (-enne *f*).

**ottimịsta**, **-i**, **-e** *smf* optimiste *mf.*

**ọttimo**, **-a** *agg* excellent(-e).

**otto** *num* huit. ♦ *sm* : **~ volante** grand huit *m*; **→ sei.**

**ottobre** *sm* octobre *m*; **→ settembre.**

**ottocento** *num* huit cents; **→ sei.**

**ottone** *sm* laiton *m*.

**otturare** *vt* boucher; *(dente)* plomber.

**otturazione** *sf (di dente)* plombage *m*.

**ovale** *agg* ovale.

**ovest** *sm* ouest *m*; **a ~ (di qc)** à l'ouest (de qqch).

**ovile** *sm* bergerie *f*.

**ovino**, **-a** *agg* ovin(-e).

**ovovia** *sf* télécabine *f*.

**ovunque** = **dovunque**.

**ovvero** *cong* c'est-à-dire.

**ovvio**, **-a** *agg* évident(-e).

# P

**pacca**, **-che** *sf* tape *f*.

**pacchetto** *sm* paquet *m*.

**pacchiano**, **-a** *agg* vulgaire.

**pacco**, **-chi** *sm* paquet *m*.

**pace** *sf* paix *f*.

**pacifico**, **-a**, **-ci**, **-che** *agg* pacifique. ▫ **Pacifico** *sm* : **il Pacifico, l'oceano Pacifico** le Pacifique, l'océan Pacifique.

**padella** *sf* poêle *f*; *(per malati)* bassin *m*.

**padiglione** *sm* pavillon *m*.

**Padova** *sf* Padoue.

**padre** *sm* père *m*.

**padrino** *sm* parrain *m*.

**padrone**, **-a** *sm, f (di cane)* maître *m* (-esse *f*); *(di locale, terre)* propriétaire *mf*; *(di ditta)* patron *m* (-onne *f*); **~ di casa** propriétaire.

**paesaggio** *sm* paysage *m*.

**paese** *sm (nazione)* pays *m*; *(villaggio)* village *m*; **~ di provenienza** pays d'origine. ▫ **Paesi Bassi** *smpl* : **i Paesi Bassi** les Pays-Bas *mpl*.

**paga**, **-ghe** *sf* paie *f*.

**pagamento** *sm* paiement *m*; **'~ pedaggio'** 'péage'.

**pagare** *vt* payer; **~ con carta di credito** payer par carte de crédit; **~ in contanti** payer en espèces.

**pagina** *sf* page *f*.

**paglia** *sf* paille *f*.

**pagliaccio** *sm* clown *m*.

**pagnotta** *sf* miche *f*.

**paio** (*pl f* **paia**) *sm* paire *f*;

**un ~ di** *(due)* deux; *(alcuni)* deux ou trois.

**pạla** *sf (vanga)* pelle *f.*

**palạto** *sm* palais *m.*

**palạzzo** *sm (signorile)* palais *m*; *(condominio)* immeuble *m.*

**pạlco**, **-chi** *sm (palcoscenico)* scène *f*; *(a teatro, presidenziale)* loge *f.*

**palcoscẹnico**, **-ci** *sm (palco)* scène *f.*

**Palẹrmo** *sf* Palerme.

**palẹstra** *sf* gymnase *m.*

**palẹtto** *sm* piquet *m.*

**pạlio** *sm* : **mettere qc in ~** mettre qqch en jeu. ❑ **Palio** *sm* : **il Palio (di Siena)** *course de chevaux se déroulant à Sienne.*

**pạlla** *sf* balle *f*; *(di neve, da biliardo)* boule *f.*

**pallacanẹstro** *sf* basket(-ball) *m.*

**pallanuọto** *sf* water-polo *m.*

**pallavọlo** *sf* volley(-ball) *m.*

**pạllido**, **-a** *agg* pâle.

**pallonc̣ino** *sm* ballon *m* (de baudruche).

**pallọne** *sm* ballon *m.*

**pạlma** *sf (albero)* palmier *m.*

**pạlmo** *sm (di mano)* paume *f.*

**pạlo** *sm (di legno)* pieu *m*; *(di luce, telefono)* poteau *m.*

**pạlpebra** *sf* paupière *f.*

**palụde** *sf* marécage *m*, marais *m.*

**pan** → **pane**.

**pạnca**, **-che** *sf* banc *m.*

**pancarrè** *sm inv* pain *m* de mie.

**pancẹtta** *sf* lard *m* maigre.

**panchịna** *sf* banc *m.*

**pạncia**, **-ce** *sf* ventre *m.*

**panciọtto** *sm* gilet *m.*

**pandọro** *sm pâtisserie originaire de Vérone, en forme de cône tronqué, à pâte briochée.*

**pạne** *sm* pain *m*; **~ a** o **in cassetta** pain de mie; **~ integrale** pain complet; **~ tostato** pain grillé; **pan di Spagna** génoise *f.*

**panetterịa** *sf* boulangerie *f.*

**panettọne** *sm gros gâteau brioché d'origine milanaise, traditionnellement consommé à Noël, contenant des raisins secs et des fruits confits.*

**panfọrte** *sm pâtisserie originaire de Sienne, de forme plate, à base de fruits confits, de fruits secs et d'épices.*

**panico**, **-ci** *sm* panique *f.*

**panificio** *sm* *(negozio)* boulangerie *f.*

**panino** *sm* petit pain *m*; **~ imbottito** *o* **ripieno** sandwich *m*.

**paninoteca**, **-che** *sf bar proposant une grande variété de sandwichs.*

**panna** *sf* crème *f*; **~ cotta** *dessert piémontais à base de crème fraîche liquide et de sucre, solidifiés et cuits au bain-marie, puis nappés de caramel*; **~ da cucina** crème fraîche; **~ (montata)** crème chantilly.

**panne** : **in panne** *agg inv* en panne.

**pannello** *sm* *(lastra)* panneau *m*; *(elettrico)* tableau *m*.

**panno** *sm* *(straccio)* chiffon *m*; *(tessuto)* tissu *m*.

**pannocchia** *sf* épi *m*.

**pannolino** *sm* couche *f*.

**panorama**, **-i** *sm* panorama *m*.

**panoramico**, **-a**, **-ci**, **-che** *agg* panoramique.

**pantaloni** *smpl* pantalon *m*.

**pantera** *sf* panthère *f*.

**pantofole** *sfpl* pantoufles *fpl.*

**papa**, **-i** *sm* pape *m*.

**papà** *sm inv (fam)* papa *m*.

**papavero** *sm* coquelicot *m*.

**papera** *sf* → **papero**.

**papero**, **-a** *sm, f* jeune oie *f*.

**papillon** [papi'jɔn] *sm inv* nœud *m* papillon.

**pappa** *sf* bouillie *f*.

**pappagallo** *sm* perroquet *m*.

**pappardelle** *sfpl pâtes larges accompagnées d'une sauce à base de viande*; **~ alla lepre** « pappardelle » au lièvre.

**para** *sf* crêpe *m*.

**parabrezza** *sm inv* pare-brise *m inv*.

**paracadute** *sm inv* parachute *m*.

**paracarro** *sm* borne *f*.

**paradiso** *sm* paradis *m*.

**paradosso** *sm* paradoxe *m*.

**parafango**, **-ghi** *sm* garde-boue *m inv*.

**paraggi** *smpl* : **nei ~** dans les parages.

**paragonare** *vt* comparer; **~ qn/qc con** *o* **a** comparer qqn/qqch avec *o* à.

**paragone** *sm* comparaison *f*.

**parągrafo** *sm* paragraphe *m*.

**paralizząre** *vt* paralyser.

**parallęla** *sf (retta)* parallèle *f*.

**parallęlo, -a** *agg* parallèle.

**parapętto** *sm* parapet *m*.

**parąre** *vt (colpi)* parer; *(da luce, sole)* protéger; *(nel calcio)* arrêter.

**parąta** *sf* parade *f*.

**paraųrti** *sm inv* pare-chocs *m inv*.

**paravęnto** *sm* paravent *m*.

**parcęlla** *sf (onorario)* note *f* d'honoraires.

**parcheggiąre** *vt* garer. ◆ *vi* se garer.

**parchęggio** *sm* parking *m*; *(manovra)* manœuvre *f* (de stationnement); **~ a pagamento** parking payant; **~ riservato** parking réservé; **'~ privato'** 'parking privé'; **'~ riservato a cicli e motocicli'** *panneau indiquant qu'un parking est réservé aux deux-roues*; **'~ riservato ai clienti'** 'parking réservé à la clientèle'.

**parchįmetro** *sm* parcmètre *m*.

**pąrco, -chi** *sm* parc *m*; **~ giochi** *o* **dei divertimenti** aire *f* de jeux.

**paręcchio, -a** *agg* beaucoup de. ◆ *pron* beaucoup. ◆ *avv (con aggettivo)* très; *(con verbo)* beaucoup; **ci vuole ~ tempo** il faut beaucoup de temps; **sono ~ stanco** je suis très fatigué; **esco ~** je sors beaucoup.

**paręnte** *smf* parent *m* (-e *f*).

**parentęla** *sf* parenté *f*.

**paręntesi** *sf inv* parenthèse *f*; **tra ~** entre parenthèses.

**paręre** *sm* avis *m*. ◆ *vi (apparire)* sembler, paraître. ◆ *v impers* : **pare che** il semble que; **che te ne pare?** qu'en penses-tu?; **fate come vi pare** faites comme vous voulez; **mi pare di no/sì** il me semble que non/oui; **mi pare (che) vada bene** je crois que ça va.

**paręte** *sf* mur *m*; *(di montagna)* paroi *f*.

**pąri** *agg inv* égal(-e); *(superficie)* plan(-e); *(in partite, giochi)* à égalité; *(numero)* pair(-e). ◆ *smf* égal *m* (-e *f*); **alla ~** au pair; **essere ~** être quittes; **mettersi in ~ con il lavoro** se mettre à jour dans son travail; **pari pari** mot à mot.

**Parigi** *sf* Paris.

**parlamento** *sm* Parlement *m*.

**parlare** *vt* & *vi* parler; **parla italiano?** vous parlez italien?

**Parma** *sf* Parme.

**parmigiano**, **-a** *agg* de Parme. ◆ *sm* parmesan *m*.

**parola** *sf* *(vocabolo)* mot *m*; *(promessa)* parole *f*; **parole crociate** mots croisés; **è una ~!** c'est facile à dire!

**parolaccia**, **-ce** *sf* gros mot *m*.

**parrocchia** *sf* *(chiesa)* église *f* paroissiale; *(zona)* paroisse *f*.

**parroco**, **-ci** *sm* curé *m*.

**parrucchiere**, **-a** *sm, f* coiffeur *m* (-euse *f*).

**parso**, **-a** *pp* → **parere**.

**parte** *sf* partie *f*; *(direzione)* côté *m*; *(quota)* part *f*; *(ruolo)* rôle *m*; **la maggior ~ (di)** la plupart (de); **pagare qc a ~** payer qqch à part; **a ~ questo** à part ça; **da ~ di qn** de la part de qqn; **da nessuna ~** nulle part; **da ogni ~** de partout; **da qualche ~** quelque part; **da questa ~** par ici.

**partecipare**: **partecipare a** *v + prep* participer à; *(gioia, dolore)* prendre part à.

**partenza** *sf* départ *m*; **essere in ~ (per Roma)** être sur le point de partir (pour Rome); **'partenze (nazionali/internazionali)'** 'départs (nationaux/internationaux)'.

**participio** *sm* participe *m*.

**particolare** *agg* particulier(-ère). ◆ *sm* détail *m*.

**partire** *vi* partir.

**partita** *sf* match *m*; *(a carte, a tennis)* partie *f*; *(di merce)* lot *m*.

**partito** *sm* parti *m*.

**parto** *sm* accouchement *m*.

**partorire** *vt* accoucher de.

**Pasqua** *sf* Pâques *m*.

**Pasquetta** *sf* lundi *m* de Pâques.

**passaggio** *sm* passage *m*; **dare un ~ a qn** emmener qqn (en voiture); **~ pedonale** passage (pour) piétons.

**passante** *smf (persona)* passant *m* (-e *f*).

**passaporto** *sm* passeport *m*.

**passare** *vi* passer. ◆ *vt* passer; *(esame)* réussir; *(età)* dépasser; ~ **da** *(luogo)* passer par; **ti passo Matteo** je te passe Matteo.

**passatempo** *sm* passetemps *m inv*.

**passato**, **-a** *agg* passé(-e). ◆ *sm* passé *m*; ~ **di verdure** soupe *f* de légumes passée.

**passeggero**, **-a** *agg* passager(-ère). ◆ *sm, f* passager *m* (-ère *f*).

**passeggiare** *vi* se promener.

**passeggiata** *sf* promenade *f*; **fare una** ~ faire une promenade.

**passeggino** *sm* poussette *f*.

**passeggio** *sm* : **andare a** ~ aller se promener.

**passerella** *sf* passerelle *f*.

**passivo**, **-a** *agg* passif(-ive). ◆ *sm* passif *m*.

**passo** *sm* pas *m*; *(valico)* col *m*; **'~ carrabile** *o* **carraio'** 'sortie de véhicules'; **a ~ d'uomo** au pas; **fare due** *o* **quattro passi** faire un petit tour.

**pasta** *sf (pastasciutta)* pâtes *fpl*; *(impasto)* pâte *f*; *(pasticcino)* (petit) gâteau *m*; ~ **in brodo** bouillon *m* aux pâtes; ~ **frolla** pâte sablée/brisée; ~ **sfoglia** pâte feuilletée.

**pastasciutta** *sf* pâtes *fpl*.

**pastica**, **-che** = **pastiglia**.

**pasticceria** *sf* pâtisserie *f*.

**pasticcino** *sm* petit four *m*.

**pasticcio** *sm (vivanda)* tourte *f*; *(disordine)* imbroglio *m*; *(guaio)* bêtise *f*.

**pastiglia** *sf (per gola)* pastille *f*.

**pasto** *sm* repas *m*.

**pastore** *sm (di greggi)* berger *m*; *(sacerdote)* pasteur *m*.

**patata** *sf (tubero)* pomme *f* de terre; **patate fritte** (pommes) frites *fpl*.

**patatine** *sfpl* chips *fpl*.

**patente** *sf (licenza)* licence *f*; ~ **(di guida)** permis *m* (de conduire).

**patria** *sf* patrie *f*.

**patrigno** *sm* beau-père *m*.

**patrimonio** *sm* patrimoine *m*.

**patrono** *sm (santo)* patron *m*.

**pattinaggio** *sm* : **~ (su ghiaccio)** patinage *m* (artistique).

**pattinare** *vi* patiner; **~ su ghiaccio** faire du patin sur glace.

**pattino**[1] *sm* : **pattini da ghiaccio** patins *mpl* à glace; **pattini a rotelle** patins à roulettes.

**pattino**[2] *sm (imbarcazione)* pédalo *m*.

**patto** *sm* pacte *m*; **a ~ che** à condition que.

**pattumiera** *sf* poubelle *f*.

**paura** *sf* peur *f*; **per ~ che** de peur que.

**pauroso, -a** *agg (timoroso)* peureux(-euse); *(spaventoso)* épouvantable.

**pausa** *sf* pause *f*.

**pavimento** *sm* sol *m*.

**paziente** *agg* patient(-e). ◆ *smf* patient *m* (-e *f*).

**pazienza** *sf* patience *f*; **~!** tant pis!

**pazzia** *sf* folie *f*.

**pazzo, -a** *agg* fou (folle). ◆ *sm, f* fou *m* (folle *f*); **andare ~ per qc** raffoler de qqch.

**peccato** *sm* péché *m*; **è un ~ che...** (c'est) dommage que...; **(che) ~!** (quel) dommage!

**pecora** *sf* brebis *f*.

**pecorino** *sm* fromage *m* de brebis affiné.

**pedaggio** *sm* péage *m*.

**pedalare** *vi* pédaler.

**pedale** *sm* pédale *f*.

**pedata** *sf (impronta)* trace *f* de pas; *(calcio)* coup *m* de pied.

**pediatra, -i, -e** *smf* pédiatre *mf*.

**pedonale** *agg* → **isola, passaggio**.

**pedone** *sm* piéton *m*.

**peggio** *avv (in modo peggiore)* moins bien, plus mal. ◆ *agg inv (peggiore)* moins bon (bonne), plus mauvais(-e); *(meno)* moins bien, plus mal. ◆ *smf* : **il/la ~** le pire (la pire); **~ per te!** tant pis pour toi!

**peggiorare** *vt* aggraver. ◆ *vi (malato)* empirer; *(situazione, tempo)* se dégrader; *(allievo)* travailler moins bien.

**peggiore** *agg (comparativo)* moins bon (bonne), plus

mauvais(-e); *(superlativo)* pire, plus mauvais(-e). ◆ *smf* : **il/la ~** le pire (la pire).

**pelare** *vt* éplucher.

**pelle** *sf* peau *f*; *(conciata)* cuir *m*.

**pellegrinaggio** *sm* pèlerinage *m*.

**pelletteria** *sf* maroquinerie *f*.

**pelliccia, -ce** *sf* fourrure *f*.

**pellicola** *sf* *(fotografica)* pellicule *f*; *(film, rivestimento)* film *m*; **~ a colori** pellicule couleur.

**pelo** *sm* poil *m*.

**peloso, -a** *agg* poilu(-e).

**pena** *sf* peine *f*; **mi fa ~** il me fait pitié *o* de la peine; **non vale la ~ di andarci** cela ne vaut pas la peine d'y aller.

**penalità** *sf inv* pénalité *f*.

**pendenza** *sf* *(inclinazione)* pente *f*.

**pendere** *vi* *(essere appeso)* être suspendu; *(essere inclinato)* pencher.

**pendio** *sm* pente *f*.

**pendola** *sf* pendule *f*.

**pene** *sm* pénis *m*.

**penetrare** *vi* : **~ in qc** pénétrer dans qqch.

**penisola** *sf* péninsule *f*.

**penitenziario** *sm* pénitencier *m*.

**penna** *sf* stylo *m*; *(di uccello)* plume *f*; **~ a sfera** stylo (à) bille; **~ stilografica** stylo (à) plume. ❑ **penne** *sfpl* *type de pâtes tubulaires*.

**pennarello** *sm* feutre *m*.

**pennello** *sm* pinceau *m*; **~ da barba** blaireau *m*.

**penoso, -a** *agg* lamentable.

**pensare** *vi* *(riflettere)* réfléchir. ◆ *vt* *(immaginare)* penser; *(escogitare)* inventer; **ci penso io!** je m'en charge! je m'en occupe!; **cosa ne pensi?** qu'en penses-tu?; **~ di fare qc** penser faire qqch; **penso di no** je pense que non.

**pensiero** *sm* pensée *f*; *(preoccupazione)* souci *m*; **stare in ~ per qn** se faire du souci pour qqn.

**pensionante** *smf* pensionnaire *mf*.

**pensionato, -a** *sm, f* retraité *m* (-e *f*). ◆ *sm* *(istituto)* pensionnat *m*.

**pensione** *sf* pension *f*; **andare/essere in ~** prendre sa/être à la retraite; **~**

**completa** pension complète; **mezza ~** demi-pension *f.*

**Pentecọste** *sf* Pentecôte *f.*

**pentịrsi** *vr* : **~ di qc** regretter qqch.

**pẹntola** *sf* casserole *f.*

**penụltimo, -a** *agg* avant-dernier(-ère).

**pẹpe** *sm* poivre *m.*

**peperonạta** *sf sauté de poivrons avec tomates, ail et oignons.*

**peperoncịno** *sm* piment *m*; **~ rosso** piment rouge.

**peperọne** *sm* poivron *m.*

**per** *prep* 1. *(destinato a)* pour; **è ~ te** c'est pour toi.
2. *(attraverso)* par.
3. *(moto a luogo)*: **il treno ~ Genova** le train à destination de Gênes.
4. *(indica una durata)* pendant; **~ tutta la vita, ha lavorato** il a travaillé (pendant) toute sa vie; **~ sempre** pour toujours.
5. *(indica una scadenza)* pour; **sarò di ritorno ~ le cinque** je serai de retour pour cinq heures; **fare qc ~ tempo** faire qqch à temps.
6. *(indica il mezzo)* par; **~ telefono** par téléphone.
7. *(indica la causa)* pour; **viaggiare ~ lavoro** voyager pour son travail; **piangere ~ la rabbia** pleurer de colère.
8. *(indica lo scopo)* pour; **equipaggiarsi ~ la montagna** s'équiper pour la montagne.
9. *(indica il modo)* par; **viaggiare ~ mare** voyager par mer; **fare qc ~ scherzo** faire qqch pour rire; **~ caso** par hasard.
10. *(con valore distributivo)* par; **c'è un bagno ~ camera** il y a une salle de bains par chambre.
11. *(come)* pour; **tenere qc ~ certo** tenir qqch pour certain.
12. *(MAT)*: **due ~ tre fa sei** deux fois trois égalent six.
13. *(indica la conseguenza)*: **è troppo bello ~ essere vero** c'est trop beau pour être vrai.
14. *(indica limitazione)* pour; **~ me, è la sola soluzione** pour moi, c'est la seule solution.

**pẹra** *sf* poire *f.*

**percentuạle** *sf* pourcentage *m.*

**perché** *avv (per quale ragione)* pourquoi; ~ **corri?** pourquoi cours-tu?; **spiegami ~ lo hai fatto** explique-moi pourquoi tu as fait cela; ~ **no?** pourquoi pas?; **chissà** ~ qui sait pourquoi.
◆ *cong* 1. *(per il fatto che)* parce que; **vado ~ ho fretta** j'y vais parce que je suis pressé.
2. *(affinché)* pour que; **telefona ~ non stiano in pensiero** téléphone pour qu'ils ne se fassent pas de souci.
3. *(così che)*: **è troppo difficile ~ ci riesca** c'est trop difficile pour que j'y arrive.

**perciò** *cong* donc, par conséquent.

**percorrere** *vt* parcourir.

**percorso, -a** *pp* → **percorrere**. ◆ *sm* parcours *m.*

**perdere** *vt* perdre; *(lasciarsi sfuggire)* rater. ◆ *vi (rubinetto)* fuir; **lascia ~** laisse tomber!

**perdita** *sf* perte *f*; *(di acqua, gas)* fuite *f.*

**perdonare** *vt (persona)* pardonner à; *(offesa)* pardonner.

**perdono** *sm* pardon *m.*

**perfetto, -a** *agg* parfait(-e).

**perfezionare** *vt* perfectionner.

**perfezione** *sf* perfection *f.*

**perfino** *avv* même.

**pergola** *sf* tonnelle *f.*

**pericolante** *agg* croulant(-e).

**pericolo** *sm* danger *m*; **essere fuori ~** être hors de danger; **essere in ~** être en danger; **'~ (di morte)'** 'danger (de mort)'.

**pericoloso, -a** *agg* dangereux(-euse).

**periferia** *sf (di città)* banlieue *f.*

**periodo** *sm* période *f.*

**perla** *sf* perle *f.*

**permanente** *agg* permanent(-e). ◆ *sf* permanente *f*; **'permanente'** *(su strada)* 'rappel'.

**permanenza** *sf* séjour *m.*

**permesso, -a** *pp* → **permettere**. ◆ *sm* permission *f*; *(dal lavoro)* congé *m*; *(documento)* permis *m*; **~!** *(per entrare)* on peut entrer?; *(per passare)* pardon!

**permettere** *vt* permettre; **~ a qn di fare qc** permettre à qqn de faire qqch.

**pernottamẹnto** *sm* : **spese di ~** frais *mpl* d'hôtel.

**però** *cong (ma)* mais; *(tuttavia)* pourtant.

**perplẹsso, -a** *agg* perplexe.

**persiạna** *sf* persienne *f*.

**persịno** = **perfino**.

**pẹrso, -a** *pp* → **perdere**.

**persọna** *sf* personne *f*; **conoscere qn di ~** connaître qqn personnellement.

**personạggio** *sm* personnage *m*.

**personạle** *agg* personnel(-elle). ♦ *sm (dipendenti)* personnel *m*.

**personalità** *sf inv* personnalité *f*.

**persuadẹre** *vt* persuader; **~ qn a fare qc** persuader qqn de faire qqch.

**persuạso, -a** *pp* → **persuadere**.

**pertạnto** *cong* c'est pourquoi.

**perturbaziọne** *sf (atmosferica)* perturbation *f*.

**pesạnte** *agg* lourd(-e); *(abbigliamento)* chaud(-e).

**pesạre** *vt* peser. ♦ *vi* peser; *(essere pesante)* peser lourd.

**pẹsca, -sche** *sf* pêche *f*; **andare a ~** aller à la pêche; **~ subacquea** pêche sous-marine.

**pescạre** *vt* pêcher; *(carte da gioco)* piocher.

**pescatọre** *sm* pêcheur *m*.

**pẹsce** *sm* poisson *m*.

**pescherịa** *sf* poissonnerie *f*.

**pẹso** *sm* poids *m*; **~ lordo** poids brut; **~ netto** poids net.

**pessimịsta, -i, -e** *smf* pessimiste *mf*.

**pẹssimo, -a** *agg* très mauvais(-e).

**pestạre** *vt (calpestare)* marcher sur.

**pẹsto** *sm (salsa) sauce typique de la cuisine génoise faite de basilic, de pignons et d'ail écrasés avec de l'huile d'olive et du fromage de brebis.*

**pẹtalo** *sm* pétale *m*.

**petạrdo** *sm* pétard *m*.

**petrọlio** *sm* pétrole *m*.

**pettinạre** *vt* coiffer.

**pẹttine** *sm* peigne *m*.

**pẹtto** *sm* poitrine *f*; **~ di pollo** blanc *m* de poulet; **a doppio ~** *(giacca, cappotto)* croisé.

**pęzzo** *sm* morceau *m*, bout *m*; *(componente)* pièce *f*; *(di spazio)* bout de chemin; **~ di ricambio** pièce détachée; **due pezzi** *(costume, abito)* deux-pièces *m inv*.

**piacęre** *sm (soddisfazione)* plaisir *m*. ♦ *vi* : **mi piace molto il tuo amico** ton ami me plaît beaucoup; **mi piacciono i tulipani** j'aime les tulipes; **fare un ~ a qn** rendre un service à qqn; **per ~** s'il te/vous plaît; **~ (di conoscerla)!** enchanté (de faire votre connaissance)!; **~ mio!** enchanté!; **a ~** *(a scelta)* à volonté.

**piacęvole** *agg* agréable.

**pianerǫttolo** *sm* palier *m*.

**pianęta, -i** *sm* planète *f*.

**piąngere** *vi* pleurer.

**piąno, -a** *agg* plat(-e). ♦ *avv* doucement. ♦ *sm (di edificio)* étage *m*; *(programma)* projet *m*; *(pianoforte)* piano *m*; **abitano al primo ~** ils habitent au premier étage; **in primo ~** *(fotografia)* en gros plan; **il ~ di sotto** l'étage du dessous; **al ~ superiore** à l'étage du dessus.

**pianofǫrte** *sm* piano *m*.

**pianotęrra** = **pianterreno**.

**piąnta** *sf* plante *f*; *(di città, casa)* plan *m*.

**pianterręno** *sm* rez-de-chaussée *m inv*.

**piąnto** *pp* → **piangere**. ♦ *sm* pleurs *mpl*.

**pianųra** *sf* plaine *f*; **la ~ padana** la plaine du Pô.

**piastręlla** *sf* carreau *m*.

**piattafǫrma** *sf (superficie piana)* plate-forme *f*.

**piattįno** *sm* soucoupe *f*.

**piątto, -a** *agg (piano)* plat(-e). ♦ *sm (per servire)* plat *m*; *(per mangiare)* assiette *f*; **~ fondo** assiette creuse; **~ del giorno** plat du jour; **~ piano** assiette plate; **primo ~** entrée *f*; **secondo ~** plat de résistance; **lavare i piatti** faire la vaisselle; **piatti pronti** plats cuisinés.

**piązza** *sf* place *f*.

**piazząle** *sm* place *f*.

**piazząre** *vt* placer.

**piccąnte** *agg (sapore)* piquant(-e).

**picchętto** *sm* piquet *m*.

**picchiąre** *vt (persona)* battre, frapper; *(testa)* cogner. ♦ *vi (urtare)* frapper;

*(alla porta, sul tavolo)* cogner; *(sole)* taper. ❑ **picchiarsi** *vr* se battre.

**piccịno, -a** *agg* petit(-e).

**picciọne** *sm* pigeon *m*.

**pịccolo, -a** *agg* petit(-e).

**picnic** [pik'nik] *sm inv* pique-nique *m*.

**pịẹde** *sm* pied *m*; **a piedi** à pied; **in piedi** debout.

**pịẹga, -ghe** *sf* pli *m*.

**piegạre** *vt* plier.

**pieghẹvole** *agg* flexible; *(sedia, tavolo)* pliant(-e).

**Piemọnte** *sm* : **il ~** le Piémont.

**piẹno, -a** *agg* plein(-e); *(guarigione, approvazione)* total(-e). ◆ *sm (di carburante)* plein *m*; **sono ~** *(fam)* je n'en peux plus; **essere ~ di** *(debiti)* être criblé(-e) de; *(problemi)* avoir des tas de; **a stomaco ~** après les repas; **fare il ~ (di benzina)** faire le plein (d'essence).

**pietà** *sf* pitié *f*.

**pietạnza** *sf* plat *m*.

**piẹtra** *sf* pierre *f*.

**pigiạma, -i** *sm* pyjama *m*.

**pigiạre** *vt (uva)* fouler; *(bottone)* appuyer sur.

**pịgna** *sf* pomme *f* de pin.

**pigrịzia** *sf* paresse *f*.

**pịgro, -a** *agg* paresseux(-euse).

**pịla** *sf* pile *f*.

**pilạstro** *sm* pilier *m*.

**pịllola** *sf* pilule *f*.

**pilọta, -i, -e** *smf* pilote *m*.

**pinacotẹca, -che** *sf* musée *m* de peintures.

**pinẹta** *sf* pinède *f*.

**pinguịno** *sm* pingouin *m*; *(gelato)* Esquimau® *m*.

**pịnna** *sf (di pesce)* nageoire *f*; *(per nuotare)* palme *f*.

**pịno** *sm* pin *m*.

**pinọlo** *sm* pignon *m*.

**pinzạre** *vt* agrafer.

**pịnze** *sfpl* pince *f*.

**pinzẹtte** *sfpl (per cosmesi)* pince *f* à épiler.

**pinzimọnio** *sm mélange d'huile d'olive, de sel et de poivre où l'on trempe des légumes crus.*

**piọggia, -ge** *sf* pluie *f*.

**piombạre** *vi (precipitare)* tomber; **~ su** fondre sur.

**piọmbo** *sm* plomb *m*; **'senza ~'** 'sans plomb'.

**piovẹre** *vi* pleuvoir. ◆ *v impers* : **piove** il pleut.

**pịpa** *sf (per fumare)* pipe *f*.

**pipì** *sf (fam)*: **fare (la) ~** faire pipi.

**pirata, -i** *agg* pirate. ♦ *sm* pirate *m*; **~ della strada** chauffard *m*.

**piroscafo** *sm* bateau *m* à vapeur.

**Pisa** *sf* Pise.

**piscina** *sf* piscine *f*.

**pisello** *sm* petit pois *m*.

**pista** *sf* piste *f*; **~ da ballo** piste de danse; **~ ciclabile** piste cyclable.

**pistacchio** *sm* pistache *f*.

**pistola** *sf* pistolet *m*.

**pittore, -trice** *sm, f* peintre *m*.

**pittura** *sf* peinture *f*; **'~ fresca'** 'peinture fraîche'.

**pitturare** *vt* peindre.

**più** *avv* 1. *(in comparativi)*: **~ (di)** plus (que); **poco ~ di** un peu plus de; **di ~** *(in maggior quantità)* plus.
2. *(in superlativi)*: **la collina ~ alta** la colline la plus haute; **il ~ grande** le plus grand.
3. *(oltre)* plus; **non... ~** ne... plus; **non parlo ~** je ne dis plus rien; **mai ~** plus jamais; **per di ~** en plus.
♦ *prep* (MAT): **tre ~ tre fa sei** trois plus trois égalent six.
♦ *agg inv* 1. *(in quantità, numero maggiore)* plus de; **ho ~ lavoro del solito** j'ai plus de travail que d'habitude; **ho fatto ~ punti di te** j'ai plus de points que toi.
2. *(diversi)* plusieurs; **l'ho ripetuto ~ volte** je l'ai répété plusieurs fois.
♦ *sm inv (la maggior parte)*: **il ~ è fatto** le plus gros est fait; **il ~ delle volte** la plupart du temps.

**piuma** *sf* plume *f*.

**piumino** *sm (trapunta)* couette *f*; *(giaccone)* doudoune *f*; *(per cipria)* houpette *f*.

**piuttosto** *avv* plutôt; *(abbastanza)* assez; **~ che** plutôt que.

**pizza** *sf* pizza *f*; **~ capricciosa** *pizza à la tomate, au fromage, aux fonds d'artichaut et aux câpres*; **~ margherita** *pizza à la tomate, à la mozzarelle et à l'origan*; **~ quattro stagioni** *pizza margherita dont chaque quart est garni différemment.*

**pizzaiola** *sf* : **alla ~** *se dit des viandes accompagnées de sauce tomate, d'ail et d'origan.*

**pizzeria** *sf* pizzeria *f*.

**pizzicare** *vt (con le dita)* pincer; *(pungere)* piquer.

**pizzico**, **-chi** *sm (di sale, pepe)* pincée *f.*

**pizzo** *sm (merletto)* dentelle *f; (barba)* barbiche *f.*

**placare** *vt* apaiser. ❑ **placarsi** *vr* se calmer.

**placcare** *vt (rivestire)* plaquer.

**plancia**, **-ce** *sf* passerelle *f.*

**planetario**, **-a** *agg* planétaire. ◆ *sm* planétarium *m.*

**plasmare** *vt* modeler.

**plastica**, **-che** *sf* plastique *m.*

**plastico**, **-a**, **-ci**, **-che** *agg (di plastica)* en plastique. ◆ *sm (modello)* maquette *f.*

**platano** *sm* platane *m.*

**platea** *sf (settore)* parterre *m; (pubblico)* public *m.*

**plurale** *agg* pluriel(-elle). ◆ *sm* pluriel *m.*

**pneumatico**, **-ci** *sm* pneu *m.*

**po'** = poco.

**Po** *sm* : **il ~** le Pô.

**poco**, **-a**, **-chi**, **-che** *agg* peu de; **ho ~ tempo/pochi amici** j'ai peu de temps/peu d'amis; **a ~ prezzo** à bas prix.

◆ *sm* : **un ~**, **un po'** un peu; **restiamo ancora un po'** restons encore un peu; **un po' di** un peu de.

◆ *pron* 1. *(una piccola quantità, un piccolo numero)* peu *m;* **pochi** *(non molta gente)* peu de gens.

2. *(in espressioni)*: **aver ~ da fare** ne pas avoir grand-chose à faire; **ci vuole ~ a capire che...** ce n'est pourtant pas difficile de comprendre que...; **siamo tornati da ~** nous sommes rentrés depuis peu; **non cadevo per ~** j'ai failli tomber; **tra ~** bientôt.

◆ *avv* 1. *(scarsamente)* peu; **abito ~ lontano** je n'habite pas très loin; **mangia ~** il mange peu.

2. *(per breve tempo)* ne... pas longtemps.

**poesia** *sf (arte)* poésie *f; (componimento)* poème *m.*

**poeta**, **-essa** *sm, f* poète *m.*

**poetico**, **-a**, **-ci**, **-che** *agg* poétique.

**poggiare** *vt* poser. ◆ *vi* : **~ su qc** reposer sur qqch.

**poggiatesta** *sm inv* appui-tête *m.*

**poi** *avv (dopo)* après, plus

tard; *(nello spazio)* après; *(infine)* finalement.

**poiché** *cong* puisque.

**polemica**, **-che** *sf* polémique *f*.

**polenta** *sf* polenta *f* *(bouillie très épaisse à base de farine de maïs)*.

**polistirolo** *sm* polystyrène *m*.

**politica**, **-che** *sf (scienza, strategia)* politique; → **politico**.

**politico**, **-a**, **-ci**, **-che** *agg* politique. ◆ *sm, f* homme *m* politique (femme politique *f*).

**polizia** *sf* police *f*; ~ **stradale** police de la route.

**poliziotto**, **-a** *sm, f* agent *m* de police.

**pollame** *sm* volaille *f*.

**pollice** *sm* pouce *m*.

**polline** *sm* pollen *m*.

**pollo** *sm* poulet *m*; ~ **arrosto** poulet rôti.

**polmone** *sm* poumon *m*.

**polmonite** *sf* pneumonie *f*.

**polo** *sm (GEOG)* pôle *m*; **il ~ Nord/Sud** le pôle Nord/Sud.

**polpaccio** *sm* mollet *m*.

**polpastrello** *sm* bout *m* du doigt.

**polpetta** *sf (vivanda)* boulette *f* de viande *(mêlée de parmesan, chapelure, etc)*.

**polpettone** *sm (vivanda) hachis de viande, œufs, parmesan, etc, servi en tranches.*

**polpo** *sm* poulpe *m*.

**polsino** *sm* poignet *m*.

**polso** *sm (ANAT)* poignet *m*; *(MED)* pouls *m*.

**poltrona** *sf* fauteuil *m*; *(di teatro)* fauteuil d'orchestre.

**polvere** *sf (terra)* poussière *f*; *(di vetro, oro)* poudre *f*.

**polveroso**, **-a** *agg* poussiéreux(-euse).

**pomata** *sf* pommade *f*.

**pomeriggio** *sm* après-midi *m inv* o *f inv*; **di ~** l'après-midi.

**pomodoro** *sm* tomate *f*.

**pompa** *sf* pompe *f*.

**pompare** *vt* pomper.

**Pompei** *sf* Pompéi.

**pompelmo** *sm* pamplemousse *m*.

**pompiere** *sm* pompier *m*.

**ponte** *sm* pont *m*; *(protesi dentaria)* bridge *m*; *(impalcatura)* échafaudage *m*.

**popolare** *agg* populaire. ◆ *vt* peupler.

**popolazione** *sf* population *f.*
**popolo** *sm* peuple *m.*
**poppa** *sf* poupe *f.*
**porcellana** *sf* porcelaine *f.*
**porcino** *sm* cèpe *m.*
**porco** *sm* porc *m.*
**porgere** *vt (dare)* offrir; *(tendere)* tendre.
**poro** *sm* pore *m.*
**porpora** *sf* pourpre *f.*
**porre** *vt* mettre; **poniamo che** supposons que.
**porro** *sm (verdura)* poireau *m; (verruca)* verrue *f.*
**porta** *sf* porte *f.*
**portabagagli** *sm inv (bagagliaio)* coffre *m; (sul tetto)* galerie *f.*
**portacenere** *sm inv* cendrier *m.*
**portachiavi** *sm inv* porte-clefs *m inv*, porte-clés *m inv.*
**portafoglio** *sm* portefeuille *m.*
**portalettere** = **postino**.
**portamonete** *sm inv* porte-monnaie *m inv.*
**portapacchi** *sm inv* porte-bagages *m inv.*
**portare** *vt* porter; *(condurre)* emmener; *(prendere con sè)* emporter; *(spingere)* amener; ~ **qc a qn** apporter qqch à qqn; **portar via qc** *(rubare)* voler qqch; ~ **avanti qc** poursuivre qqch.
**portata** *sf (piatto)* plat *m; (di fiume)* débit *m; (importanza)* portée *f;* **essere a ~ di mano** être à portée de main.
**portatile** *agg* portable.
**portico** *sm (colonnato)* arcades *fpl.*
**portiera** *sf* portière *f.*
**portiere, -a** *sm, f (portinaio)* concierge *mf; (di albergo)* portier *m* (-ère *f*).
**porto, -a** *pp* → **porgere**. ◆ *sm* port *m.*
**Portogallo** *sm* : **il ~** le Portugal.
**portoghese** *agg* portugais(-e). ◆ *sm (lingua)* portugais *m.*
**portone** *sm* porte *f (d'un immeuble).*
**porzione** *sf (parte)* part *f; (di cibo)* portion *f.*
**posa** *sf (fotografica)* pose *f; (atteggiamento)* attitude *f;* **mettersi in ~** *(per fotografia)* prendre la pose.
**posacenere** *sm inv* cendrier *m.*

**posare** *vt* poser.
**posate** *sfpl* couverts *mpl*.
**positivo**, **-a** *agg* positif(-ive).
**posizione** *sf* position *f*.
**possedere** *vt* posséder.
**possessivo**, **-a** *agg* possessif(-ive).
**possesso** *sm* possession *f*.
**possibile** *agg* possible. ◆ *sm* : **fare tutto il ~ (per fare qc)** faire tout son possible (pour faire qqch); **ma non è ~!** ce n'est pas possible!; **il più presto ~** le plus tôt possible.
**possibilità** *sf inv* possibilité *f*.
**posta** *sf* poste *f*; *(lettere)* courrier *m*; **per ~** par la poste; **~ aerea** poste aérienne.
**postale** *agg* postal(-e).
**posteggiare** *vt* garer.
**posteggio** *sm* parking *m*; **~ a pagamento** parking payant.
**posteriore** *agg* postérieur(-e).
**postino**, **-a** *sm, f* facteur *m* (-trice *f*).
**posto**, **-a** *pp* → **porre**. ◆ *sm* place *f*; *(località, locale)* endroit *m*; *(impiego)* poste *m*, place; **mettere qc a ~** ranger qqch; **~ di blocco** barrage *m*; **~ letto** place (pour dormir) *m*; **~ di polizia** poste de police; **al ~ di** à la place de.
**potabile** *agg* → **acqua**.
**potare** *vt* tailler.
**potente** *agg* puissant(-e).
**potere** *vi* 1. *(essere in grado di)*: **~ fare qc** pouvoir faire qqch; **puoi farmi un favore?** tu peux me rendre un service?
2. *(avere il diritto di)*: **~ fare qc** pouvoir faire qqch; **non potete parcheggiare qui** vous ne pouvez pas vous garer ici.
3. *(esprime eventualità)* pouvoir; **potrei sbagliarmi** je peux me tromper; **può darsi** c'est possible, ça se peut; **può darsi che** il se peut que.
4. *(in espressioni)*: **non ce la può fare** il n'y arrivera pas; **non ne posso più (di camminare)** je n'en peux plus (de marcher).
◆ *sm* pouvoir *m*; **essere al ~** être au pouvoir; **ha il ~ di farmi arrabbiare** il a le don de m'énerver.
**povero**, **-a** *agg* pauvre. ◆ *sm, f* pauvre *mf*.

**pozzanghera** *sf* flaque *f*.
**pozzo** *sm* puits *m*; ~ **petrolifero** puits de pétrole.
**pranzare** *vi* déjeuner.
**pranzo** *sm* déjeuner *m*; *(banchetto)* dîner *m*.
**pratica**, **-che** *sf* pratique *f*; *(esperienza)* expérience *f*; *(documenti)* dossier *m*; **in** ~ *(in realtà)* dans la o en pratique; *(quasi)* pratiquement.
**pratico**, **-a**, **-ci**, **-che** *agg* pratique; **essere** ~ **di qc** *(esperto)* bien connaître qqch.
**prato** *sm* *(artificiale)* pelouse *f*; *(naturale)* pré *m*.
**preavviso** *sm* préavis *m*.
**precauzione** *sf* précaution *f*.
**precedente** *agg* précédent(-e). ◆ *sm* précédent *m*; **senza precedenti** sans précédent.
**precedenza** *sf* priorité *f*; **dare la** ~ **(a)** *(in auto)* laisser la priorité (à).
**precedere** *vt* précéder.
**precipitare** *vi* tomber; *(fig: situazione)* se précipiter.
**precisare** *vt* préciser.
**precisione** *sf* précision *f*.
**preciso**, **-a** *agg* précis(-e).
**predica**, **-che** *sf* sermon *m*.
**predisporre** *vt* *(piano, misure)* prévoir.
**prefabbricato**, **-a** *agg* préfabriqué(-e).
**preferenza** *sf* préférence *f*.
**preferire** *vt* préférer.
**prefisso**, **-a** *sm* *(telefonico)* indicatif *m*.
**pregare** *vt* & *vi* prier.
**preghiera** *sf* prière *f*.
**pregiato**, **-a** *agg* *(oggetto)* de valeur; *(vino)* grand(-e).
**pregiudizio** *sm* préjugé *m*.
**prego** *esclam* *(risposta a ringraziamento)* de rien!; *(invito ad accomodarsi)* je vous/t'en prie!
**preistorico**, **-a**, **-ci**, **-che** *agg* préhistorique.
**prelevare** *vt* prélever.
**prelievo** *sm* prélèvement *m*.
**pre-maman** *agg inv* de grossesse.
**prematuro**, **-a** *agg* prématuré(-e).
**premere** *vt* appuyer sur. ◆ *vi* : ~ **su** appuyer sur.
**premiazione** *sf* remise *f* des prix.

**premio** *sm (vincita)* lot *m*; *(ricompensa)* prix *m*.

**prendere** *vt* 1. *(afferrare, portarsi)* prendre; **~ qc a qn** prendre qqch à qqn.
2. *(mezzi di trasporto, strada)* prendre; **~ il treno** prendre le train; **prenda la prima a destra** prenez la première à droite.
3. *(al ristorante, bar)* prendre; **andiamo a ~ un caffè** allons prendre un café.
4. *(ricevere)* prendre; *(stipendio)* toucher; **~ qc in affitto** prendre qqch en location, louer qqch.
5. *(catturare, sorprendere)* prendre; **quanti pesci hai preso?** combien de poissons as-tu pris?
6. *(malattia)* attraper; **~ freddo** attraper *o* prendre froid; **~ il sole** prendre le soleil.
7. *(in espressioni)*: **andare a ~** aller chercher; **prendersi cura di** garder; **~ una decisione** prendre une décision; **~ fuoco** prendre feu; **~ un impegno** prendre un engagement.
❑ **prendersi** *vr* : **prendersi per** se prendre pour; **prendersela** *(offendersi)* se vexer; **prendersela con qn** *(arrabbiarsi)* s'en prendre à qqn.

**prendisole** *sm inv (abito)* robe *f* bain de soleil.

**prenotare** *vt* réserver.

**prenotazione** *sf* réservation *f*.

**preoccupare** *vt* inquiéter. ❑ **preoccuparsi** *vr* : **preoccuparsi (per)** se faire du souci (pour). ❑ **preoccuparsi di** *vr + prep (occuparsi di)* s'occuper de.

**preoccupato, -a** *agg* inquiet(-ète).

**preoccupazione** *sf* souci *m*; *(ansietà)* inquiétude *f*.

**preparare** *vt* préparer; **~ da mangiare** préparer à manger.

**preparativi** *smpl* préparatifs *mpl*.

**preposizione** *sf* préposition *f*.

**presa** *sf* prise *f*; **~ (di corrente)** prise (de courant).

**presbite** *agg* presbyte.

**presentare** *vt* présenter; **~ qn (a qn)** présenter qqn (à qqn). ❑ **presentarsi** *vr* se présenter; *(giornata, lavoro)* s'annoncer.

**presentazione** *sf* présentation *f*; **fare le presen-**

**tazioni** faire les présentations.

**presente** *agg* présent(-e). ◆ *smf* : **i presenti** les personnes *fpl* présentes; **tener ~ che** tenir compte du fait que.

**presenza** *sf* présence *f*; **in ~ di tutti** en présence de tout le monde.

**presepe** = **presepio**.

**presepio** *sm* crèche *f*.

**preservativo** *sm* préservatif *m*.

**presidente** *smf* président *m* (-e *f*); **~ della Repubblica** président de la République.

**preso, -a** *pp* → **prendere**.

**pressare** *vt* presser.

**pressione** *sf* pression *f*; **misurare la ~ a qn** *(del sangue)* prendre la tension à qqn.

**presso** *prep* chez; *(vicino a)* près de; *(alle dipendenze di)* pour. ❑ **pressi** *smpl* : **nei pressi di Siena** aux alentours de Sienne.

**prestare** *vt* : **~ qc (a qn)** prêter qqch (à qqn).

**prestazione** *sf* prestation *f*. ❑ **prestazioni** *sfpl* *(servizi)* services *mpl*.

**prestito** *sm* prêt *m*; **dare in ~ qc (a qn)** prêter qqch (à qqn); **prendere qc in ~ (da qn)** emprunter qqch (à qqn).

**presto** *avv (fra poco)* bientôt; *(in fretta)* vite; *(nella giornata, nel tempo)* tôt; *(prematuro)* trop tôt; **fai ~!** dépêche-toi!, fais vite!; **a ~!** à bientôt!; **al più ~** au plus vite.

**presuntuoso, -a** *agg* présomptueux(-euse).

**prete** *sm* prêtre *m*.

**pretendere** *vt* prétendre; **pretende che tutti lo ascoltino** il exige que tout le monde l'écoute.

**preteso, -a** *pp* → **pretendere**.

**pretesto** *sm* prétexte *m*.

**prevedere** *vt* prévoir. ❑ **prevedere di** *v + prep* envisager de.

**prevenire** *vt* prévenir.

**preventivo, -a** *agg* préventif(-ive). ◆ *sm* devis *m*.

**prevenzione** *sf* prévention *f*.

**previo, -a** *agg* : **~ pagamento** contre paiement.

**previsione** *sf* prévision *f*.

**previsto, -a** *pp* → **prevedere**. ◆ *agg* prévu(-e).

◆ *sm* : **più/meno del ~** plus/moins que prévu.

**prezioso, -a** *agg* précieux(-euse).

**prezzemolo** *sm* persil *m.*

**prezzo** *sm* prix *m*; **il ~ è comprensivo del servizio** le service est compris dans le prix; **a buon ~** à bon marché.

**prigione** *sf* prison *f.*

**prigioniero, -a** *agg* prisonnier(-ère). ◆ *sm, f* prisonnier *m* (-ère *f*).

**prima** *avv* avant; *(più presto)* avant, plus tôt; *(per prima cosa, nello spazio)* avant, d'abord. ◆ *sf* première *f*; *(in treno)* première, première classe; **~ di** avant, avant de; **fai ~ di qua** tu iras plus vite par là; **~ di fare qc** avant de faire qqch; **~ o poi** tôt ou tard; **~ d'ora** avant; **~ di tutto** avant tout; **l'anno ~** l'année d'avant.

**primavera** *sf* printemps *m.*

**primitivo, -a** *agg* primitif(-ive).

**primo, -a** *agg* premier(-ère). ◆ *sm* *(portata)* entrée *f*; *(giorno)* premier jour *m*; **il ~ (di) marzo** le premier mars; **di prima qualità** de premier choix; **ai primi d'ottobre** au début du mois d'octobre.

**principale** *agg* principal(-e). ◆ *smf* chef *mf.*

**principe** *sm* prince *m.*

**principessa** *sf* princesse *f.*

**principiante** *smf* débutant *m* (-e *f*).

**principio** *sm* *(inizio)* début *m*; *(norma)* principe *m*; **in o al ~** au début; **per ~** par principe.

**privare** *vt* : **~ qn di qc** priver qqn de qqch.

**privato, -a** *agg* privé(-e). ◆ *sm* *(cittadino)* particulier *m.*

**privo, -a** *agg* : **~ di qc** dépourvu(-e) de qqch.

**probabile** *agg* probable; **è ~ che piova** il est probable qu'il pleuve.

**probabilità** *sf inv* probabilité *f*; *(di riuscita)* chance *f.*

**problema, -i** *sm* problème *m.*

**procedere** *vi* avancer; *(agire)* procéder.

**procedimento** *sm* procédé *m.*

**processione** *sf* procession *f.*

**procęsso** *sm (DIR)* procès *m*; *(operazione, metodo)* processus *m*.

**proclamąre** *vt* proclamer.

**procurąre** *vt* : **~ qc a qn** *(ottenere)* procurer qqch à qqn.

**prodǫtto**, **-a** *pp* → **produrre**. ♦ *sm* produit *m*.

**produrre** *vt* produire.

**produttǫre**, **-trice** *sm, f* producteur *m* (-trice *f*).

**produziǫne** *sf* production *f*.

**professionąle** *agg* professionnel(-elle).

**professiǫne** *sf* profession *f*.

**professionịsta**, **-i**, **-e** *smf (non dilettante)* professionnel *m* (-elle *f*).

**professǫre**, **-essa** *sm, f* professeur *m*.

**profịlo** *sm* profil *m*; **di ~** de profil.

**profondità** *sf inv* profondeur *f*.

**profǫndo**, **-a** *agg* profond(-e); **~ 20 metri** de 20 mètres de profondeur.

**profumąre** *vt* parfumer. ♦ *vi* sentir bon.

**profumerịa** *sf* parfumerie *f*.

**profumo** *sm* parfum *m*.

**progettąre** *vt (meditare)* projeter; *(disegnare)* concevoir.

**progętto** *sm* projet *m*.

**progrąmma**, **-i** *sm* programme *m*; *(progetto)* projet *m*; *(trasmissione)* émission *f*.

**programmąre** *vt* programmer.

**progressịvo**, **-a** *agg* progressif(-ive).

**progręsso** *sm* progrès *m*.

**proibịre** *vt* interdire, défendre; **è proibito fumare** il est interdit de fumer.

**proiettąre** *vt* projeter.

**proieziǫne** *sf* projection *f*.

**prolunga**, **-ghe** *sf* rallonge *f*.

**prolungąre** *vt* prolonger.

**promęssa** *sf* promesse *f*; **mantenere una ~** tenir une promesse.

**promęsso**, **-a** *pp* → **promettere**.

**promęttere** *vt* promettre; **promette bene!** ça promet!

**promǫsso**, **-a** *pp* → **promuovere**.

**promoziǫne** *sf* promotion *f*.

**promuọvere** *vt* promouvoir.

**pronọme** *sm* pronom *m.*

**prọnto**, **-a** *agg* prêt(-e). ◆ *esclam* allô!; **essere ~ a fare qc** être prêt à faire qqch; **~ soccorso** urgences *fpl*; **~, chi parla?** allô, qui est à l'appareil?

**pronụncia**, **-ce** *sf* prononciation *f.*

**pronunciạre** *vt* prononcer.

**propẹnso**, **-a** *agg* : **essere ~ a fare qc** être enclin(-e) à faire qqch.

**propọrre** *vt* : **~ qc (a qn)** proposer qqch (à qqn).

**proporzionạto**, **-a** *agg* proportionné(-e).

**proporziọne** *sf* proportion *f*; **in ~ a** en proportion de.

**propọsito** *sm* résolution *f*; **fare qc di ~** faire qqch exprès; **a ~, ...** à propos, ...

**propọsta** *sf* proposition *f.*

**propọsto**, **-a** *pp* → **proporre.**

**proprietà** *sf inv* propriété *f*; **'~ privata'** 'propriété privée'.

**proprietạrio**, **-a** *sm, f* propriétaire *mf.*

**prọprio**, **-a** *agg (senso)* propre. ◆ *avv (veramente)* vraiment; *(precisamente)* exactement; **ognuno prenda la propria macchina** que chacun prenne sa voiture; **non... ~** ne... pas du tout; **non ne ho ~ idea** je n'en ai pas la moindre idée; **~ di** propre à; **~ così** parfaitement; **non ~** pas vraiment.

**prọra** *sf (di nave)* proue *f.*

**prosciụtto** *sm* jambon *m*; **~ cotto** jambon blanc; **~ crudo** jambon cru.

**proseguịre** *vt* poursuivre. ◆ *vi (progredire)* avancer; *(continuare)* continuer.

**prospettịva** *sf* perspective *f.*

**prossimità** *sf* : **in ~ di qc** à proximité de qqch.

**prọssimo**, **-a** *agg* prochain(-e). ◆ *sm* prochain *m*; **avanti il ~!** au suivant!

**prostitụta** *sf* prostituée *f.*

**protẹggere** *vt* : **~ qn/qc (da)** protéger qqn/qqch (de).

**protẹsta** *sf* protestation *f.*

**protestạre** *vi* protester.

**protętto**, **-a** *pp* → **proteggere.**

**protezióne** *sf* protection *f.*

**pròva** *sf* preuve *f;* *(esperimento)* essai *m;* **dar ~ di qc** faire preuve de qqch; **fino a ~ contraria** jusqu'à preuve du contraire; **in ~** à l'essai.

**provàre** *vt* *(vestito)* essayer; *(cibo)* goûter; *(sentire)* éprouver; *(dimostrare)* prouver; *(tentare)*: **~ a fare qc** essayer de faire qqch. ❑ **provarsi a** *vr + prep* : **provarsi a fare qc** essayer de faire qqch.

**provenięnte** *agg* : **~ da** en provenance de.

**provenięnza** *sf* *(origine)* origine *f;* **in ~ da** en provenance de.

**provìncia**, **-ce** *sf* *(ente)* province *f* *(unité administrative organisée autour d'un chef-lieu).*

**provinciàle** *agg* provincial(-e). ◆ *sf* ≈ (route) départementale *f.*

**provocàre** *vt* provoquer.

**provvedére** *vi* prendre les mesures nécessaires; **~ a qc** s'occuper de qqch.

**provvisòrio**, **-a** *agg* provisoire.

**provvìste** *sfpl* provisions *fpl.*

**prùa** *sf* proue *f.*

**prudęnte** *agg* prudent(-e).

**prudęnza** *sf* prudence *f;* **'prudenza'** 'soyez prudents'.

**prùdere** *vi* démanger; **mi prude una gamba** j'ai une jambe qui me démange.

**prùgna** *sf* prune *f;* **~ secca** pruneau *m.*

**psicològico**, **-a**, **-ci**, **-che** *agg* psychologique.

**psicòlogo**, **-a**, **-gi**, **-ghe** *sm, f* psychologue *mf.*

**P.T.** *(abbr di Poste e Telecomunicazioni)* ≈ la Poste.

**pubblicàre** *vt* publier.

**pubblicazióne** *sf* publication *f.*

**pubblicità** *sf inv* publicité *f.*

**pùbblico**, **-a**, **-ci**, **-che** *agg* public(-ique). ◆ *sm* public *m.*

**pugilàto** *sm* boxe *f.*

**pùgile** *sm* boxeur *m.*

**Pùglia** *sf* : **la ~** la Pouille, les Pouilles *fpl.*

**pùgno** *sm* poing *m;* *(colpo)* coup *m* de poing; *(quantità)* poignée *f.*

**pulcino** *sm* poussin *m*.
**puledro, -a** *sm, f* poulain *m* (pouliche *f*).
**pulire** *vt* nettoyer.
**pulito, -a** *agg* propre.
**pulizia** *sf (stato)* propreté *f*; *(atto)* nettoyage *m*; **fare le pulizie** faire le ménage.
**pullman** *sm inv (in città)* (auto)bus *m*; *(da turismo)* autocar *m* (de tourisme).
**pulmino** *sm* minibus *m*.
**pulsante** *sm* bouton *m*.
**pungere** *vt* piquer.
**punire** *vt* punir.
**punizione** *sf* punition *f*.
**punta** *sf* pointe *f*; *(di dita, scarpe)* bout *m*; **in ~ dei piedi** sur la pointe des pieds.
**puntino** *sm* point *m*; **puntini di sospensione** points de suspension.
**punto, -a** *pp* → **pungere**. ◆ *sm* point *m*; *(luogo)* endroit *m*; *(momento)* moment *m*; **~ esclamativo** point d'exclamation; **~ interrogativo** point d'interrogation; **~ di riferimento** point de repère; **~ di ritrovo** lieu *m* de rendez-vous; **~ vendita** point de vente; **~ e virgola** point-virgule *m*; **mettere a ~ qc** mettre qqch au point; **a tal ~ che** à tel point que; **le tre in ~** trois heures juste *o* précises.
**puntuale** *agg* à l'heure; *(sempre)* ponctuel(-elle).
**puntura** *sf* piqûre *f*.
**pupazzo** *sm* pantin *m*.
**pur** → **pure**.
**purché** *cong* pourvu que.
**pure** *avv (anche)* aussi. ◆ *cong* : **pur volendo, non potrei** même si je voulais, je ne pourrais pas; **faccia ~!** allez-y!
**purga, -ghe** *sf* purge *f*.
**puro, -a** *agg* pur(-e).
**purtroppo** *avv* malheureusement.
**puzza** *sf* = **puzzo**.
**puzzare** *vi* puer.
**puzzo** *sm* puanteur *f*; **c'è ~ di bruciato** ça sent le brûlé.

# Q

**qua** *avv* ici; **al di ~ di** de ce côté de; **di ~ e di là** de-ci de-là; **ecco ~** voilà; **questo ~** celui-ci; **per di ~** par ici.

**quadẹrno** *sm* cahier *m*.

**quadrạto, -a** *agg* carré(-e). ◆ *sm* carré *m*; **al ~** au carré.

**quadrẹtto** *sm* : **a quadretti** *(tessuto)* à carreaux; *(foglio)* quadrillé.

**quadrifọglio** *sm* trèfle *m* à quatre feuilles.

**quạdro** *sm* tableau *m*; *(politico, culturale)* contexte *m*; *(in azienda)* cadre *m*.

**quaggiù** *avv* ici.

**quạglia** *sf* caille *f*.

**qual → quale**.

**quạlche** *agg* 1. *(alcuni)* quelques; **restiamo solo ~ giorno** nous ne restons que quelques jours; **c'è ~ novità?** il y a du nouveau?; **~ volta** quelquefois.
2. *(uno)* un (une); **l'ho letto in ~ articolo** je l'ai lu dans un article; **in ~ modo** d'une façon ou d'une autre; **da ~ parte** quelque part.
3. *(un certo)* un certain (une certaine), quelque; **ci siamo frequentati per ~ tempo** nous nous sommes fréquentés pendant quelque temps; **~ cosa = qualcosa**.

**qualchedụno, -a** = **qualcuno**.

**qualcọsa** *pron (una o più cose)* quelque chose; **~ di nuovo** quelque chose de nouveau; **~ da bere** quelque chose à boire; **qualcos'altro** autre chose.

**qualcụno, -a** *pron (uno)* quelqu'un; *(alcuni)* quelques-uns (quelques-unes); **qualcun altro** quelqu'un d'autre; **~ di voi** l'un d'entre vous.

**quạle** *agg interr* quel (quelle); **non so ~ libro scegliere** je ne sais pas quel livre choisir; **in ~ albergo hai prenotato?** dans quel hôtel as-tu réservé?
◆ *agg relativo (come)* comme, tel (telle) que; **alcuni animali quali il cane** quelques animaux comme o tels que le chien.
◆ *pron interr* lequel (laquelle), lesquels (lesquelles) *(pl)*; **~ vuole di questi cappelli?** lequel de ces chapeaux voulez-vous?; **non so ~ scegliere** je ne sais pas lequel choisir.
❑ **il quale** (*f* **la quale**, *mpl* **i quali**, *fpl* **le quali**) *pron relativo (soggetto)* qui, lequel (laquelle), lesquels (lesquelles) *(pl)*; *(con preposizione)* lequel (laquelle), les-

quels (lesquelles) *(pl)*; **suo fratello, il ~ è un mio amico** son frère, qui *o* lequel est mon ami; **l'albergo nel ~ alloggio** l'hôtel où *o* dans lequel je loge; **la persona con la ~ discutevo** la personne avec laquelle *o* avec qui je discutais.

**qualifica**, **-che** *sf* qualification *f.*

**qualità** *sf inv* qualité *f*; *(varietà)* variété *f*; **in ~ di** en qualité de.

**qualsiasi** = **qualunque**.

**qualunque** *agg* n'importe quel (quelle); *(quale che)* quel (quelle) que; **dammi un giornale ~** donne-moi n'importe quel journal *o* un journal quelconque; **~ cosa** n'importe quoi; **~ cosa succeda** quoiqu'il arrive; **uno ~** n'importe lequel.

**quando** *avv* quand. ◆ *cong* quand; *(avversativo)* alors que; **da ~ sono qui** depuis que je suis ici; **da ~ sei qui?** tu es ici depuis quand?

**quantità** *sf inv* quantité *f.*

**quanto**, **-a** *agg interr* 1. *(in frasi interrogative)* combien de; **~ tempo ci vuole?** combien de temps faut-il?; **quanti anni hai?** quel âge as-tu?
2. *(in frasi esclamative)* que de; **quanta fatica sprecata!** que d'efforts inutiles!
◆ *agg relativo* autant de... que; **puoi restare quanto tempo vuoi** tu peux rester autant de temps que tu voudras.
◆ *pron interr* combien; **quanti ne vuoi?** combien en veux-tu?; **quanti di voi ci vanno?** combien d'entre vous y vont?
◆ *pron relativo (quello che)*: **dammene ~ ti pare** donne-m'en autant que tu veux; **per ~ ne so** pour autant que je sache, à ma connaissance.
◆ *avv* 1. *(interrogativo)* combien; **~ ti fermi?** tu restes combien de temps?; **~ mi dispiace!** je suis vraiment désolé!; **~ costa?** combien ça coûte?
2. *(relativo)*: **mangia ~ vuoi** mange autant que tu voudras; **~ prima** dès que possible.
3. *(in espressioni)*: **in ~** *(perché)* car, parce que; **per ~**

**si sforzi, non ci riesce** il a beau faire des efforts, il n'y arrive pas.

**quaranta** *num* quarante; → **sei**.

**quarantesimo**, **-a** *num* quarantième; → **sesto**.

**quarantina** *sf* : **una ~ (di)** une quarantaine (de).

**quaresima** *sf* carême *m*.

**quartiere** *sm* quartier *m*.

**quarto**, **-a** *num* quatrième. ◆ *sm* quart *m*; **un ~ d'ora** un quart d'heure; **le tre e un ~** trois heures et quart; **le tre meno un ~** trois heures moins le quart; **un ~ di vino** un quart (de litre) de vin; → **sesto**.

**quasi** *avv* presque. ◆ *cong* comme si *(+ indicativo)*; **~ cadevo** j'ai failli tomber.

**quassù** *avv* ici.

**quattordicesimo**, **-a** *num* quatorzième; → **sesto**.

**quattordici** *num* quatorze; → **sei**.

**quattro** *num* quatre; → **sei**.

**quattrocento** *num* quatre cents; → **sei**; **il Quattrocento** le quinzième siècle.

**quegli** → **quello**.

**quei** → **quello**.

**quelle** → **quello**.

**quelli** → **quello**.

**quello**, **-a** *(dav sm* **quel** *(pl* **quei**) *+ consonante;* **quello** *(pl* **quegli**) *+ s + consonante, gn, ps, z;* **quell'** *(pl* **quegli**) *+ vocale) agg (indica lontananza nel tempo, nello spazio)* ce... -là (cette... -là), cet... -là *(dav sm che comincia per vocale o « h » muta)*, ces... -là *(pl)*; **abito in quella casa** j'habite dans cette maison-là.
◆ *pron* 1. *(indica lontananza)* celui-là (celle-là), ceux-là (celles-là) *(pl)*; **la mia macchina è quella** ma voiture est celle-là; **prendo ~ in offerta/~ rosso** je prends celui (qui est) en réclame/le rouge.
2. *(con pronome relativo)* celui (celle), ceux (celles) *(pl)*; *(indefinito)* ce; **faccio ~ che posso** je fais ce que je peux.

**quercia**, **-ce** *sf* chêne *m*.

**questionario** *sm* questionnaire *m*.

**questione** *sf (problema)* question *f*, problème *m*; *(punto)* question; **è ~ di**

**giorni** c'est une question de jours.

**questo**, **-a** *agg* 1. *(indica prossimità)* ce...(-ci), cette...(-ci), cet...(-ci) *(dav sm + vocale o « h » muta)*, ces...-ci *(pl)*; **questa finestra è aperta** cette fenêtre est ouverte; **partiamo ~ giovedì** nous partons (ce) jeudi.
2. *(simile)* ce (cette), cet *(dav sm + vocale o « h » muta)*, ces *(pl)*; **non uscire con questa pioggia** ne sors pas avec cette pluie.
3. *(riferito a ciò che precede/segue)* ce (cette), cet *(dav sm + vocale o « h » muta)*, ces *(pl)*.
◆ *pron* 1. *(indica prossimità)* celui-ci (celle-ci), ceux-ci (celles-ci) *(pl)*; **~ è Franco** voici Franco; **prendi anzi ~** prends plutôt celui-ci.
2. *(per riassumere)*: **~ è tutto** c'est tout.

**qui** *avv (di luogo)* ici; *(di tempo)* là; **da ~ in avanti** à partir d'ici; **di** o **da ~** d'ici; **di ~ a un anno** d'ici un an; **di ~ a poco** d'ici peu.

**quindi** *cong* donc.

**quindicesimo**, **-a** *num* quinzième; → **sesto**.

**quindici** *num* quinze; → **sei**.

**quindicina** *sf* : **una ~ (di)** une quinzaine (de).

**quinto**, **-a** *num* cinquième; → **sesto**.

**quota** *sf (altitudine)* altitude *f*; *(in colletta)* quote-part *f*.

**quotidiano**, **-a** *agg* quotidien(-enne). ◆ *sm* quotidien *m*.

**quoziente** *sm* quotient *m*; **~ d'intelligenza** quotient intellectuel.

# R

**rabarbaro** *sm* rhubarbe *f*.

**rabbia** *sf (collera)* colère *f*; *(malattia)* rage *f*; **far ~ a qn** énerver qqn.

**raccattare** *vt* ramasser.

**racchetta** *sf (da tennis, ping-pong)* raquette *f*; *(da sci)* bâton *m*.

**raccogliere** *vt (da terra)* ramasser; *(frutti, fiori)* cueillir; *(mettere insieme)* recueillir. ❑ **raccogliersi** *vr (radunarsi)* se rassembler; *(in me-*

*ditazione, preghiera)* se recueillir.

**raccolta** *sf (collezione)* collection *f*; *(agricola)* récolte *f*; *(di rifiuti)* collecte *f*.

**raccolto**, **-a** *pp* → **raccogliere**. ♦ *sm* récolte *f*.

**raccomandare** *vt* recommander; *(affidare)* confier. ❑ **raccomandarsi** *vr* : **mi raccomando, state attenti!** surtout, faites attention!

**raccomandata** *sf* lettre *f* recommandée.

**raccomandazione** *sf (consiglio)* recommandation *f*.

**raccontare** *vt* raconter.

**racconto** *sm (esposizione)* récit *m*; *(romanzo)* nouvelle *f*.

**raccordo** *sm (di autostrada)* bretelle *f*; ~ **anulare** boulevard *m* périphérique.

**radere** *vt* raser. ❑ **radersi** *vr* se raser.

**radiatore** *sm* radiateur *m*.

**radicale** *agg* radical(-e).

**radicchio** *sm* chicorée *f*.

**radice** *sf* racine *f*.

**radio** *sf inv* radio *f*; **alla ~** à la radio.

**radiografia** *sf* radio(graphie) *f*.

**rado**, **-a** *agg (capelli)* clairsemé(-e); *(denti)* espacé(-e); *(pettine)* édenté(-e); **di ~** rarement.

**radunare** *vt* rassembler.

**raduno** *sm* rassemblement *m*.

**raffigurare** *vt* représenter.

**raffinato**, **-a** *agg* raffiné(-e).

**raffreddare** *vt* refroidir. ❑ **raffreddarsi** *vr (bevanda, cibo)* refroidir; *(ammalarsi)* s'enrhumer.

**raffreddato**, **-a** *agg (ammalato)* enrhumé(-e).

**raffreddore** *sm* rhume *m*.

**ragazza** *sf (giovane donna)* (jeune) fille *f*; *(fidanzata)* petite amie *f*, copine *f*; **~ madre** mère *f* célibataire.

**ragazzo** *sm (giovane)* garçon *m*, jeune homme *m*; *(fidanzato)* petit ami *m*, copain *m*.

**raggio** *sm* rayon *m*.

**raggiungere** *vt (persona, autostrada)* rejoindre; *(cima, luogo)* atteindre.

**raggiunto**, **-a** *pp* → **raggiungere**.

**raggruppare** *vt* regrouper.

**ragionamento** *sm* raisonnement *m*.
**ragionare** *vi* réfléchir.
**ragione** *sf* raison *f*; **a maggior ~** à plus forte raison.
**ragionevole** *agg* raisonnable.
**ragioniere, -a** *sm, f* comptable *mf*.
**ragnatela** *sf* toile *f* d'araignée.
**ragno** *sm* araignée *f*.
**ragù** *sm inv* sauce *f* bolognaise.
**RAI** *sf réseau public italien de radio-télévision.*
**rallentare** *vt* ralentir.
**rame** *sm* cuivre *m*.
**rammendare** *vt* repriser.
**ramo** *sm* branche *f*; *(di fiume)* bras *m*.
**ramoscello** *sm* rameau *m*.
**rana** *sf* grenouille *f*.
**rango, -ghi** *sm* rang *m*.
**rannicchiarsi** *vr* se pelotonner.
**ranocchio** *sm* grenouille *f*.
**rapa** *sf* navet *m*.
**rapare** *vt* raser.
**rapida** *sf (corrente)* rapide *m*.
**rapidità** *sf* rapidité *f*.
**rapido, -a** *agg* rapide. ◆ *sm (treno)* (train) rapide *m*.
**rapimento** *sm* enlèvement *m*.
**rapina** *sf* vol *m*.
**rapinare** *vt* voler.
**rapinatore, -trice** *sm, f* voleur *m* (-euse *f*).
**rapire** *vt* enlever.
**rapporto** *sm* rapport *m*.
**rappresentante** *smf* représentant *m* (-e *f*).
**rappresentare** *vt* représenter; *(mettere in scena)* jouer.
**rappresentazione** *sf* représentation *f*.
**rarità** *sf inv* rareté *f*.
**raro, -a** *agg* rare.
**rasare** *vt* raser.
**raschiare** *vt* racler.
**raso, -a** *pp* → **radere**. ◆ *agg (cucchiaio)* ras(-e). ◆ *avv* : **~ terra** au ras du sol.
**rasoio** *sm* rasoir *m*.
**rassegna** *sf (resoconto)* compte-rendu *m*; *(cinematografica, teatrale)* festival *m*; **passare in ~** passer en revue.
**rassegnare** *vt* : **~ le dimissioni** présenter sa dé-

mission. ❑ **rassegnarsi** *vr* se résigner.
**rassicurąre** *vt* rassurer.
**rassomigliąre**: **rassomigliare a** *v* + *prep* ressembler à.
**rastręllo** *sm* râteau *m*.
**rąta** *sf* traite *f*; **pagare qc a rate** payer qqch à crédit.
**rateąle** *agg* par traites.
**rątto** *sm* rat *m*.
**rattoppąre** *vt* rapiécer.
**rattristąre** *vt* attrister.
**rąuco**, **-a**, **-chi**, **-che** *agg* (*voce*) rauque; (*persona*) enroué(-e).
**ravanęllo** *sm* radis *m*.
**ravvicinąre** *vt* rapprocher; (*rappacificare*) réconcilier. ❑ **ravvicinarsi** *vr* (*amici, coppia*) se réconcilier.
**ravvivąre** *vt* raviver.
**razionąle** *agg* rationnel(-elle).
**razionalità** *sf* rationalité *f*.
**raziọne** *sf* ration *f*.
**rązza** *sf* (*di persone, animali*) race *f*; (*pesce*) raie *f*.
**razzịsmo** *sm* racisme *m*.
**razzịsta**, **-i**, **-e** *agg* raciste. ◆ *smf* raciste *mf*.
**rązzo** *sm* fusée *f*.
**re** *sm inv* roi *m*.
**reagịre** *vi* : **~ (a qc)** réagir (à qqch).
**reąle** *agg* (*vero*) réel(-elle); (*di re*) royal(-e).
**realizząre** *vt* réaliser.
**realizzaziọne** *sf* réalisation *f*.
**realtà** *sf inv* réalité *f*.
**reąto** *sm* délit *m*.
**reaziọne** *sf* réaction *f*.
**recapitąre** *vt* remettre.
**recąpito** *sm* (*indirizzo*) adresse *f*; (*consegna*) remise *f*; **~ telefonico** numéro *m* de téléphone.
**recąre** *vt* : **~ disturbo a qn** déranger qqn. ❑ **recarsi** *vr* aller.
**recęnte** *agg* récent(-e); **di ~** récemment.
**recentemęnte** *avv* récemment.
**recịnto** *sm* (*spazio*) enclos *m*; (*recinzione*) clôture *f*.
**recipięnte** *sm* récipient *m*.
**recịproco**, **-a**, **-ci**, **-che** *agg* réciproque.
**ręcita** *sf* représentation *f*.
**recitąre** *vt* (*poesia*) réciter; (*ruolo*) jouer. ◆ *vi* jouer.
**reclamąre** *vi* protester. ◆ *vt* réclamer.

**réclame** [re'klam] *sf inv* publicité *f*.
**reclamo** *sm* réclamation *f*.
**reclinabile** *agg* inclinable.
**recuperare** *vt* récupérer; *(svantaggio, tempo)* rattraper.
**redatto**, **-a** *pp* → **redigere**.
**redattore**, **-trice** *sm, f* *(di giornale)* rédacteur *m* (-trice *f*).
**redazione** *sf* rédaction *f*.
**reddito** *sm* revenu *m*.
**redigere** *vt* rédiger.
**redini** *sfpl* rênes *fpl*.
**referenze** *sfpl* références *fpl*.
**regalare** *vt* offrir.
**regalo** *sm* cadeau *m*.
**reggere** *vt* *(tenere)* tenir; *(peso, fatica)* supporter; *(governare)* diriger; *(GRAMM)* se construire avec.
**reggia**, **-ge** *sf* palais *m* royal; *(fig: abitazione lussuosa)* palais.
**reggicalze** *sm inv* porte-jarretelles *m inv*.
**reggipetto** = **reggiseno**.
**reggiseno** *sm* soutien-gorge *m*.
**regia** *sf* mise *f* en scène.
**regime** *sm* régime *m*.
**regina** *sf* reine *f*.
**regionale** *agg* régional(-e).
**regione** *sf* région *f*.
**regista**, **-i**, **-e** *smf* metteur *m* en scène.
**registrare** *vt* enregistrer; *(veicolo, nave)* immatriculer.
**registratore** *sm* magnétophone *m*.
**registrazione** *sf* enregistrement *m*.
**registro** *sm* registre *m*.
**regnare** *vi* régner.
**regno** *sm* *(stato monarchico)* royaume *m*; *(animale, vegetale)* règne *m*. ❑ **Regno Unito** *sm* : **il Regno Unito** le Royaume-Uni.
**regola** *sf* règle *f*.
**regolabile** *agg* réglable.
**regolamento** *sm* *(norme)* règlement *m*.
**regolare** *agg* régulier *m* (-ère *f*). ◆ *vt* régler; *(sog: legge, autorità)* régir. ❑ **regolarsi** *vr* *(comportarsi)* se comporter; *(moderarsi)*: **regolarsi nel fare qc** faire qqch avec modération.
**relativo**, **-a** *agg* relatif(-ive); ~ **a** relatif à.
**relax** *sm* détente *f*.

**relazione** *sf* relation *f*; *(resoconto)* rapport *m*.
**religione** *sf* religion *f*.
**religioso, -a** *agg* religieux(-euse). ◆ *sm, f* religieux *m* (-euse *f*).
**reliquia** *sf* relique *f*.
**remare** *vi* ramer.
**remo** *sm* rame *f*.
**rendere** *vt* rendre; *(produrre)* rapporter. ◆ *vi (dare buoni risultati)* obtenir de bons résultats; ~ **possibile qc** rendre qqch possible.
**rendita** *sf* rente *f*.
**rene** *sm* rein *m*.
**renna** *sf* renne *m*.
**Reno** *sm* : **il** ~ le Rhin.
**reparto** *sm (di negozio)* rayon *m*; *(d'ospedale)* service *m*.
**reperibile** *agg (merce, persona)* trouvable; *(al lavoro)* joignable.
**reperto** *sm (resto)* découverte *f*; *(resoconto)* rapport *m* d'examen (médical).
**repertorio** *sm* répertoire *m*.
**replicare** *vt* répliquer.
**represso, -a** *pp* → **reprimere**.
**reprimere** *vt (lacrime)* réprimer. ❑ **reprimersi** *vr* se retenir.
**repubblica, -che** *sf* république *f*.
**reputare** *vt* considérer comme.
**reputazione** *sf* réputation *f*.
**requisito** *sm* qualité *f* (requise).
**resa** *sf (al nemico)* reddition *f*; *(restituzione)* restitution *f*; *(rendimento)* rendement *m*.
**residence** ['rezidens] *sm inv* hôtel *m* résidence.
**residente** *agg* résidant(-e).
**residenza** *sf* résidence *f*.
**resina** *sf* résine *f*.
**resistente** *agg* résistant(-e); ~ **a qc** résistant à qqch.
**resistenza** *sf* résistance *f*.
**resistere** *vi* résister.
**resistito** *pp* → **resistere**.
**reso, -a** *pp* → **rendere**.
**resoconto** *sm* compte-rendu *m*.
**respingere** *vt* repousser; *(regalo, proposta)* refuser; *(accusa)* rejeter.
**respinto, -a** *pp* → **respingere**.
**respirare** *vt & vi* respirer.

**respiratore** *sm (per immersione)* tuba *m*.

**respirazione** *sf* respiration *f*.

**respiro** *sm (respirazione)* respiration *f*; *(fiato)* souffle *m*.

**responsabile** *agg* responsable. ♦ *smf* responsable *mf*.

**responsabilità** *sf inv* responsabilité *f*.

**ressa** *sf* cohue *f*.

**restare** *vi* rester; **mi restano pochi giorni** il ne me reste que quelques jours.

**restauro** *sm* restauration *f*.

**restituire** *vt* rendre.

**resto** *sm* reste *m*; *(di denaro)* monnaie *f*; **del ~** d'autre part.

**restringere** *vt* réduire; *(vestito)* rétrécir. ❑ **restringersi** *vr (strada)* se rétrécir; *(vestito)* rétrécir.

**rete** *sf* filet *m*; *(recinzione)* clôture *f*; *(di strade, canali)* réseau *m*; *(radiotelevisiva)* chaîne *f*; *(del letto)* sommier *m*.

**retino** *sm* filet *m*.

**retribuzione** *sf* rétribution *f*.

**retro** *sm inv* arrière *m*; **sul ~** à l'arrière; **vedi ~** voir au verso.

**retrocedere** *vi* reculer.

**retrocesso, -a** *pp* → **retrocedere**.

**retromarcia** *sf* marche *f* arrière.

**retrovisore** *sm* rétroviseur *m*.

**retta** *sf* droite *f*; **dar ~ a** écouter.

**rettangolo** *sm* rectangle *m*.

**rettificare** *vt (correggere)* rectifier.

**rettile** *sm* reptile *m*.

**retto, -a** *pp* → **reggere**. ♦ *agg* droit(-e).

**reumatismi** *smpl* rhumatismes *mpl*.

**revisione** *sf* révision *f*.

**revocare** *vt* révoquer.

**rialzare** *vt (testa, occhi)* relever; *(aumentare l'altezza di)* surélever; *(prezzi)* augmenter.

**rialzo** *sm (di prezzi, azioni)* hausse *f*; *(del terreno)* relief *m*.

**rianimazione** *sf (reparto)* réanimation *f*.

**riapertura** *sf* réouverture *f*.

**riassumere** *vt (ricapitolare)* résumer.

**riassunto, -a** *pp* → **riassumere.** ◆ *sm* résumé *m.*

**riattaccare** *vt* *(attaccare di nuovo)* rattacher; *(ricominciare)* reprendre; *(al telefono)* raccrocher.

**riavere** *vt* *(avere di nuovo)* avoir de nouveau; *(avere indietro)* récupérer. ❑ **riaversi da** *vr* + *prep* se remettre de.

**ribadire** *vt* confirmer.

**ribaltare** *vt* *(capovolgere)* retourner; *(piegare)* rabattre.

**ribassare** *vt* & *vi* baisser.

**ribasso** *sm* baisse *f.*

**ribellarsi** *vr* se rebeller; ~ **a qn** se rebeller contre qqn.

**ribelle** *agg* rebelle.

**ribellione** *sf* rébellion *f.*

**ribes** *sm inv* groseille *f.*

**ricadere** *vi* retomber.

**ricambiare** *vt* *(sentimento, favore)* rendre; *(cambiare di nuovo)* rechanger.

**ricambio** *sm* *(sostituzione)* échange *m.* ❑ **ricambi** *smpl* pièces *fpl* de rechange.

**ricamo** *sm* broderie *f.*

**ricaricare** *vt* recharger; *(orologio)* remonter.

**ricatto** *sm* chantage *m.*

**ricavare** *vt* tirer.

**ricavato** *sm* *(guadagno)* profit *m.*

**ricchezza** *sf* richesse *f.*

**riccio, -a, -ci, -ce** *agg* frisé(-e). ◆ *sm* *(di capelli)* boucle *f*; *(animale)* hérisson *m*; ~ **di mare** oursin *m.*

**ricciolo** *sm* boucle *f.*

**ricco, -a, -chi, -che** *agg* riche; ~ **di qc** riche en qqch.

**ricerca, -che** *sf* recherche *f*; *(di mercato)* étude *f.*

**ricercare** *vt* rechercher.

**ricercatezza** *sf* recherche *f.*

**ricetta** *sf* recette *f*; ~ **medica** ordonnance *f.*

**ricevere** *vt* recevoir.

**ricevimento** *sm* réception *f.*

**ricevitore** *sm* récepteur *m.*

**ricevuta** *sf* reçu *m.*

**richiamare** *vt* rappeler; *(attirare)* attirer.

**richiamo** *sm* rappel *m*; *(attrazione)* attrait *m.*

**richiedere** *vt* *(ridomandare)* redemander; *(oggetto prestato, spiegazioni)* réclamer; *(necessitare di)* demander.

**richiesta** *sf* demande *f*; **a** ~ à la demande; **'fermata a**

~' 'faire signe au machiniste'.

**richięsto**, **-a** *pp* → **richiedere**. ◆ *agg* demandé(-e).

**richiụdere** *vt* refermer.

**riciclạre** *vt* recycler.

**ricominciạre** *vt* & *vi* recommencer.

**ricompęnsa** *sf* récompense *f.*

**ricompensạre** *vt* récompenser.

**ricompọrre** *vt* recomposer *f.*

**riconciliạre** *vt* réconcilier.

**riconoscęnte** *agg* reconnaissant(-e).

**riconọscere** *vt* reconnaître; ~ **di avere torto** reconnaître avoir tort.

**ricopęrto**, **-a** *pp* → **ricoprire**.

**ricoprịre** *vt* *(poltrona, dolce)* recouvrir; *(carica)* occuper.

**ricordạre** *vt* se souvenir de, se rappeler; ~ **qc a qn** rappeler qqch à qqn; **ricordarsi qn/qc** se souvenir de qqn/qqch, se rappeler de qqn/qqch.

**ricọrdo** *sm* souvenir *m.*

**ricorręnza** *sf* anniversaire *m.*

**ricọrrere** *vi* se répéter. ❑ **ricorrere a** *v + prep (rivolgersi a)* faire appel à; *(utilizzare)* recourir o avoir recours à.

**ricọrso**, **-a** *pp* → **ricorrere**. ◆ *sm* : **far ~ a qc** avoir recours à qqch.

**ricoverạre** *vt* hospitaliser.

**ricreaziọne** *sf (a scuola)* récréation *f.*

**ricrędersi** *vr* changer d'opinion.

**ricucịre** *vt* recoudre.

**ricuperạre** = **recuperare**.

**ridạre** *vt* redonner.

**rịdere** *vi* rire. ❑ **ridere di** *v + prep* se moquer de.

**ridętto**, **-a** *pp* → **ridire**.

**ridịcolo**, **-a** *agg* ridicule.

**ridịre** *vt* redire.

**ridọtto**, **-a** *pp* → **ridurre**. ◆ *agg* réduit(-e); ~ **male** mal en point.

**ridụrre** *vt* réduire. ❑ **ridursi** *vr (carne)* réduire; *(camicia)* rétrécir.

**riduziọne** *sf* réduction *f.*

**riempịre** *vt* remplir.

**riepịlogo**, **-ghi** *sm* résumé *m.*

**rifare** *vt* refaire. ❑ **rifarsi di** *vr + prep (perdita)* se remettre de.

**rifatto**, **-a** *pp* → **rifare**.

**riferimento** *sm (connessione)* référence *f*; *(accenno)* allusion *f*; **fare ~ a** faire allusion à.

**riferire** *vt* : **~ qc a qn** rapporter qqch à qqn. ❑ **riferirsi a** *vr + prep* faire allusion à.

**rifinitura** *sfpl* finitions *fpl*.

**rifiutare** *vt* refuser.

**rifiuto** *sm* refus *m*. ❑ **rifiuti** *smpl (immondizia)* ordures *fpl*.

**riflessione** *sf* réflexion *f*.

**riflesso**, **-a** *pp* → **riflettere**. ◆ *sm (luce)* reflet *m*; *(conseguenza)* conséquences *fpl*; *(MED)* réflexe *m*.

**riflettere** *vt (luce, raggi)* réfléchir; *(immagine)* refléter, réfléchir. ◆ *vi* réfléchir; **~ su qc** réfléchir à qqch.

**riforma** *sf* réforme *f*.

**rifornimento** *sm* : **fare ~ di qc** se ravitailler en qqch. ❑ **rifornimenti** *smpl* provisions *fpl*.

**rifornire** *vt* : **~ qn/qc di qc** ravitailler qqn/qqch en qqch.

**rifugiarsi** *vr* se réfugier.

**rifugiato**, **-a** *sm, f* réfugié *m* (-e *f*).

**rifugio** *sm* refuge *m*.

**riga**, **-ghe** *sf (linea)* trait *m*; *(di testo)* ligne *f*; *(di capelli)* raie *f*; *(righello)* règle *f*; **a righe** *(tessuto)* à rayures; *(foglio, quaderno)* réglé.

**rigare** *vt* rayer. ◆ *vi* : **~ diritto** filer doux.

**rigettare** *vt* rejeter.

**righello** *sm* règle *f*.

**rigidità** *sf* rigidité *f*; *(di clima, regolamento, persona)* rigueur *f*.

**rigido**, **-a** *agg* rigide; *(membra)* raide; *(clima)* rigoureux(-euse).

**rigore** *sm* rigueur *f*; *(SPORT)* penalty *m*.

**rigoroso**, **-a** *agg (severo)* strict(-e); *(preciso)* rigoureux(-euse).

**riguardare** *vt (guardare di nuovo)* regarder à nouveau; *(controllare)* revoir; *(concernere)* regarder. ❑ **riguardarsi** *vr* prendre bien soin de soi.

**riguardo** *sm (attenzione)* soin *m*; *(stima)* égard *m*; **~ a** en ce qui concerne.

**rilasciare** *vt (intervista)* accorder; *(prigionero)* relâcher; *(documento)* délivrer.
**rilassare** *vt* détendre. ❑ **rilassarsi** *vr* se détendre.
**rilegare** *vt* relier.
**rilevante** *agg* important(-e).
**rilievo** *sm* relief *m.*
**rima** *sf* rime *f.*
**rimandare** *vt* renvoyer.
**rimando** *sm* renvoi *m.*
**rimanente** *agg* restant(-e). ◆ *sm* reste *m.*
**rimanenza** *sf* reste *m.*
**rimanere** *vi* rester; *(diventare)* se retrouver; **mi sono rimasti cinque euro** il me reste cinq euros; **siamo rimasti in due** nous ne sommes plus que deux; **~ indietro** *(di luogo)* rester en arrière; *(nel lavoro)* être en retard.
**rimarginare** *vt* cicatriser.
**rimasto**, **-a** *pp* → **rimanere**.
**rimbalzare** *vi (palla)* rebondir.
**rimboccare** *vt (lenzuola, coperta)* border; *(maniche, pantaloni)* retrousser.
**rimbombare** *vi* retentir.
**rimborsare** *vt* rembourser.
**rimborso** *sm* remboursement *m*; **~ spese** remboursement des frais.
**rimediare**: **rimediare a** *v + prep* remédier à.
**rimedio** *sm* remède *m.*
**rimescolare** *vt (liquido)* remuer.
**rimesso**, **-a** *pp* → **rimettere**.
**rimettere** *vt* remettre; *(vomitare)* rendre; **~ qc a posto** remettre qqch en place. ❑ **rimettersi** *vr (guarire)* se remettre; **rimettersi a fare qc** se remettre à faire qqch.
**rimodernare** *vt* moderniser.
**rimorchiare** *vt* remorquer.
**rimorchio** *sm* remorque *f*; *(operazione)* remorquage *m.*
**rimorso** *sm* remords *m.*
**rimosso**, **-a** *pp* → **rimuovere**.
**rimozione** *sf (spostamento)* enlèvement *m*; **'~ forzata** *o* **coatta'** *panneau d'interdiction de stationner sous peine d'enlèvement du véhicule.*
**rimpiangere** *vt* regretter.
**rimpianto**, **-a** *pp* →

**rimpiangere.** ◆ *sm* regret *m.*
**rimpiazzare** *vt* remplacer.
**rimpicciolire** *vt* & *vi* rapetisser.
**rimproverare** *vt* réprimander.
**rimprovero** *sm* reproche *m.*
**rimuovere** *vt* *(spostare)* déplacer.
**Rinascimento** *sm* : **il ~** la Renaissance.
**rincarare** *vi* augmenter.
**rincasare** *vi* rentrer (à la maison).
**rinchiudere** *vt* enfermer.
**rinchiuso**, **-a** *pp* → **rinchiudere**.
**rincorrere** *vt* poursuivre.
**rincorsa** *sf* élan *m.*
**rincorso**, **-a** *pp* → **rincorrere**.
**rincrescere** *vi* : **mi rincresce che tu parta** je regrette que tu partes.
**rinfacciare** *vt* : **~ qc a qn** jeter qqch à la figure de qqn.
**rinforzare** *vt* renforcer.
**rinforzo** *sm* *(di muro, argini)* renforcement *m*; *(di calze, collant)* renfort *m.* ❑ **rinforzi** *smpl* *(MIL)* renforts *mpl.*
**rinfrescante** *agg* rafraîchissant(-e).
**rinfrescare** *vt* rafraîchir. ◆ *v impers* faire plus frais; **~ la memoria a qn** rafraîchir la mémoire à qqn.
**rinfresco**, **-schi** *sm* cocktail *m.*
**ringhiare** *vi* montrer les dents.
**ringhiera** *sf* balustrade *f.*
**ringraziamento** *sm* remerciement *m.*
**ringraziare** *vt* remercier.
**rinnovare** *vt* renouveler; *(rimodernare)* rénover.
**rinnovo** *sm* renouvellement *m*; *(di casa)* rénovation *f.*
**rinoceronte** *sm* rhinocéros *m.*
**rinomato**, **-a** *agg* renommé(-e).
**rintracciare** *vt* retrouver la trace de.
**rinuncia**, **-ce** *sf* *(rifiuto)* renonciation *f*; *(privazione)* renoncement *m.*
**rinunciare**: **rinunciare a** *v + prep* renoncer à.
**rinvenire** *vi* revenir à soi.

**rinviare** *vt* renvoyer; **abbiamo rinviato l'appuntamento (a domani)** nous avons remis o renvoyé le rendez-vous (à demain).
**rinvio** *sm* renvoi *m*.
**rione** *sm* quartier *m*.
**riordinare** *vt* *(mettere in ordine)* ranger.
**riparare** *vt* réparer; *(proteggere)* protéger. ❑ **ripararsi** *vr* se protéger.
**riparazione** *sf* réparation *f*.
**riparo** *sm* abri *m*.
**ripartire** *vt* répartir. ◆ *vi* repartir.
**ripensare**: **ripensare a** *v + prep* repenser à.
**ripercussione** *sf* répercussion *f*.
**ripetere** *vt* répéter.
**ripetitivo, -a** *agg* répétitif(-ive).
**ripetizione** *sf* répétition *f*.
**ripiano** *sm* étagère *f*.
**ripido, -a** *agg* raide.
**ripiego, -ghi** *sm* pis-aller *m inv*; **per ~** faute de mieux.
**ripieno, -a** *agg* : **~ (di qc)** *(casa, cassetto)* rempli(-e) (de qqch), *(panino)* fourré(-e) (à qqch); *(tacchino)* farci(-e) (de qqch). ◆ *sm* farce *f*.
**riporre** *vt* *(mettere al suo posto)* remettre; *(mettere via)* ranger.
**riportare** *vt* rapporter; *(ricondurre)* reconduire; *(ottenere)* remporter; *(sconfitta)* essuyer.
**riposare** *vi* se reposer. ◆ *vt* *(dare riposo a)* reposer. ❑ **riposarsi** *vr* se reposer.
**riposo** *sm* repos *m*; **a ~** *(in pensione)* à la retraite.
**ripostiglio** *sm* débarras *m*.
**riposto, -a** *pp* → **riporre**.
**riprendere** *vt* reprendre; *(filmare)* filmer. ◆ *vi* *(ricominciare)*: **~ a fare qc** recommencer à faire qqch. ❑ **riprendersi da** *vr + prep* se remettre de.
**ripresa** *sf* reprise *f*; *(da malattia)* rétablissement *m*; *(cinematografica)* prise *f* de vues.
**ripreso, -a** *pp* → **riprendere**.
**riprodotto, -a** *pp* → **riprodurre**.
**riprodurre** *vt* reproduire.
**riproduzione** *sf* reproduction *f*.

**ripulire** *vt* nettoyer.
**riquadro** *sm* encart *m*.
**risalire** *vt* remonter.
**risalto** *sm* relief *m*.
**risaputo, -a** *agg* : **è ~ che...** tout le monde sait que...
**risarcimento** *sm* dédommagement *m*.
**risata** *sf* rire *m*.
**riscaldamento** *sm* chauffage *m*.
**riscaldare** *vt* réchauffer.
**rischiarare** *vt* éclairer. ❑ **rischiararsi** *vr (cielo)* se dégager; *(tempo)* se lever.
**rischiare** *vt* risquer. ◆ *vi* : **~ di fare qc** risquer de faire qqch.
**rischio** *sm* risque *m*; **correre il ~ di fare qc** courir le risque de faire qqch; **a ~** à risque(s).
**rischioso, -a** *agg* risqué(-e).
**risciacquare** *vt* rincer.
**riscosso, -a** *pp* → **riscuotere**.
**riscuotere** *vt* encaisser; *(successo)* avoir.
**risentimento** *sm* ressentiment *m*.
**risentire** : **risentire di** se ressentir de. ❑ **risentirsi** *vr* se fâcher; **risentirsi di o per qc** se fâcher à cause de qqch.
**riserva** *sf* réserve *f*; **di ~** de secours; **essere in ~** utiliser la réserve (de carburant).
**riservare** *vt* réserver.
**riservato, -a** *agg* réservé(-e); *(informazione, lettera)* confidentiel(-elle).
**risiedere** *vi* résider.
**riso** *pp* → **ridere**. ◆ *sm (alimento)* riz *m*; *(il ridere: pl f risa)* rire *m*.
**risolto, -a** *pp* → **risolvere**.
**risoluto, -a** *agg* résolu(-e).
**risolvere** *vt* résoudre. ❑ **risolversi in** *vr + prep* finir en.
**risorsa** *sf* ressource *f*.
**risotto** *sm* risotto *m (riz cuit dans du bouillon avec des oignons, du parmesan, etc)*.
**risparmiare** *vi* faire des économies. ◆ *vt* économiser; **~ qc a qn** épargner qqch à qqn.
**risparmio** *sm* économie *f*.
**rispettare** *vt* respecter.
**rispettivo, -a** *agg* respectif(-ive).

**rispętto** *sm* respect *m*; ~ a par rapport à.
**risplęndere** *vi* briller.
**rispǫndere** *vi* répondre.
**rispǫsta** *sf* réponse *f*.
**rispǫsto**, **-a** *pp* → **rispondere**.
**rịssa** *sf* bagarre *f*.
**ristabilịre** *vt* rétablir.
**ristorạnte** *sm* restaurant *m*.
**ristrętto**, **-a** *pp* → **restringere**. ♦ *agg* restreint(-e); *(caffè)* serré(-e); *(brodo)* concentré(-e).
**ristrutturạre** *vt* réaménager; *(azienda)* restructurer.
**risucchiạre** *vt* aspirer.
**risultạre** *vi* résulter; *(rivelarsi, dimostrarsi)* se révéler.
**risultạto** *sm* résultat *m*.
**risuolạre** *vt* ressemeler.
**risuonạre** *vi* résonner.
**risvęglio** *sm* réveil *m*.
**risvǫlto** *sm* revers *m*.
**ritagliạre** *vt* découper.
**ritạglio** *sm* *(di giornale)* coupure *f*; *(di stoffa)* chute *f*.
**ritardạre** *vi* être en retard. ♦ *vt* retarder.
**ritardatạrio**, **-a** *sm, f* retardataire *mf*.
**ritạrdo** *sm* retard *m*; **in ~** en retard.
**ritenęre** *vt* estimer *(+ indicativo)*. ❑ **ritenersi** *vr* se considérer.
**ritenụta** *vt* retenue *f*.
**ritirạre** *vt* retirer. ❑ **ritirarsi** *vr (da attività)* se retirer; *(restringersi)* rétrécir.
**rịtmo** *sm* rythme *m*.
**rịto** *sm* rite *m*.
**ritornạre** *vi (andare)* retourner; *(venire, ricomparire)* revenir; *(ridiventare)* redevenir.
**ritǫrno** *sm* retour *m*.
**ritrạrre** *vt (mano)* retirer; *(sguardo)* détourner.
**ritrạtto**, **-a** *pp* → **ritrarre**. ♦ *sm* portrait *m*.
**ritrovạre** *vt* retrouver.
**ritrǫvo** *sm* *(luogo)* (lieu de) rendez-vous *m*.
**rịtto**, **-a** *agg* droit(-e).
**riuniǫne** *sf* réunion *f*.
**riunịre** *vt* réunir.
**riuscịre** *vi* réussir; **~ a fare qc** réussir à faire qqch; **~ in qc** être bon en qqch.
**rịva** *sf* rive *f*.
**rivạle** *agg* rival(-e). ♦ *smf* rival *m* (-e *f*).

**rivedęre** *vt* revoir.
**rivelạre** *vt* révéler.
**rivęndita** *sf* revente *f.*
**rivenditọre**, **-trice** *sm, f* détaillant *m* (-e *f*); ~ **autorizzato** revendeur *m* agréé.
**rivestimęnto** *sm* revêtement *m.*
**rivestịre** *vt (foderare)* recouvrir. ❑ **rivestirsi** *vr* se rhabiller.
**rivięra** *sf* côte *f.*
**rivịncita** *sf* revanche *f.*
**rivịsta** *sf* revue *f.*
**rivịsto**, **-a** *pp* → **rivedere**.
**rivọlgere** *vt (parola)* adresser; *(attenzione)* porter; *(occhiata)* jeter.
**rivọlto**, **-a** *pp* → **rivolgere**.
**rivoluziọne** *sf* révolution *f.*
**rizzạre** *vt* dresser.
**rọba** *sf* affaires *fpl*; ~ **di lana** vêtements *mpl* d'hiver; ~ **da mangiare** nourriture *f.*
**robụsto**, **-a** *agg* robuste.
**rọcca**, **-che** *sf* forteresse *f.*
**roccafọrte** *sf* citadelle *f.*
**rọccia**, **-ce** *sf* rocher *m*; *(sedimentaria)* roche *f.*
**rocciọso**, **-a** *agg* rocheux(-euse).
**rọco**, **-a**, **-chi**, **-che** *agg* enroué(-e).
**rọdere** *vt* ronger.
**rognọne** *sm* rognon *m.*
**Rọma** *sf* Rome.
**romạnico**, **-a**, **-ci**, **-che** *agg* roman(-e).
**romạno**, **-a** *agg* romain(-e). ◆ *sm, f* Romain *m* (-e *f*).
**romạntico**, **-a**, **-ci**, **-che** *agg* romantique.
**romạnzo** *sm* roman *m.*
**rọmpere** *vt (spezzare, guastare)* casser; *(strappare)* déchirer; *(interrompere, annullare)* rompre. ◆ *vi (litigare)* rompre; **rompersi una gamba** se casser une jambe. ❑ **rompersi** *vr* se détraquer.
**rọndine** *sf* hirondelle *f.*
**ronzạre** *vi* bourdonner.
**rọsa** *agg inv* rose. ◆ *sf* rose *f.* ◆ *sm (colore)* rose *m.*
**rosmarịno** *sm* romarin *m.*
**rọso**, **-a** *pp* → **rodere**.
**rosọne** *sm* rosace *f.*
**rọspo** *sm* crapaud *m.*
**rossętto** *sm* rouge *m* à lèvres.

**rọsso**, **-a** *agg* rouge. ♦ *sm* rouge *m*; ~ **d'uovo** jaune *m* d'œuf.

**rosticcerịa** *sf* rôtisserie *f*.

**rosticciạna** *sf côtes de porc rôties ou grillées.*

**rotạie** *sfpl* rails *mpl*.

**rotẹlla** *sf* roue *f*.

**rotolạre** *vi* rouler; *(dalle scale)* dégringoler.

**rọtolo** *sm* rouleau *m*.

**rotọnda** *sf* terrasse *f*.

**rotọndo**, **-a** *agg* rond(-e).

**rọtta** *sf* route *f*.

**rottạme** *sm* ferraille *f*.

**rọtto**, **-a** *pp* → **rompere**. ♦ *agg (spezzato, infranto)* cassé(-e); *(strappato)* déchiré(-e); *(guasto)* détraqué(-e).

**rottụra** *sf* bris *m*; *(guasto)* panne *f*.

**roulotte** [ru'lɔt] *sf inv* caravane *f*.

**rovẹscia** *sf* : **alla** ~ à l'envers.

**rovesciạre** *vt* renverser.

**rovẹscio**, **-sci** *sm* revers *m*; *(di vestito, stoffa)* envers *m*; **al** ~ à l'envers.

**rọvi** *smpl* ronces *fpl*.

**rovịna** *sf* ruine *f*; **andare in** ~ tomber en ruine.

**rovinạre** *vt* abîmer; *(mandare in miseria)* ruiner.

**rọzzo**, **-a** *agg* grossier(-ère).

**rubạre** *vt* & *vi* voler.

**rubinẹtto** *sm* robinet *m*.

**rubịno** *sm* rubis *m*.

**rubrịca**, **-che** *sf (di indirizzi, telefono)* répertoire *m*; *(di giornale, trasmissione)* rubrique *f*.

**rụga**, **-ghe** *sf* ride *f*.

**rugby** ['rɛgbi] *sm* rugby *m*.

**rụggine** *sf* rouille *f*.

**rugiạda** *sf* rosée *f*.

**rullịno** *sm* pellicule *f*; **un** ~ **da 24** une pellicule (de) 24 poses.

**rụllo** *sm* rouleau *m*.

**rum** *sm* rhum *m*.

**rumọre** *sm* bruit *m*.

**rumorọso**, **-a** *agg* bruyant(-e).

**ruọlo** *sm* rôle *m*.

**ruọta** *sf* roue *f*; ~ **di scorta** roue de secours.

**ruotạre** *vi* tourner. ♦ *vt* faire des moulinets avec.

**ruscẹllo** *sm* ruisseau *m*.

**Rụssia** *sf* : **la** ~ la Russie.

**rụsso**, **-a** *agg* russe. ♦ *sm (lingua)* russe *m*.

**rụstico**, **-a**, **-ci**, **-che** *agg* rustique.

**ruttạre** *vi* roter.
**rụvido**, **-a** *agg* rugueux(-euse).

# S

**sạbato** *sm* samedi *m*; **torniamo ~** nous rentrons samedi; **oggi è ~** nous sommes samedi, c'est samedi aujourd'hui; **~ 6 maggio** samedi 6 mai; **~ pomeriggio** samedi après-midi; **~ prossimo** samedi prochain; **~ scorso** samedi dernier; **di ~** le samedi; **a ~!** à samedi!
**sạbbia** *sf* sable *m*.
**sạcca**, **-che** *sf* sac *m*.
**saccarịna** *sf* saccharine *f*.
**sacchẹtto** *sm* sachet *m*.
**sạcco**, **-chi** *sm* sac *m*; **un ~ di** un tas de; **~ a pelo** sac de couchage; **pranzo al ~** panier-repas *m*.
**sacerdọte** *sm* prêtre *m*.
**sacrificạre** *vt* sacrifier.
**sacrifịcio** *sm* sacrifice *m*.
**sạcro**, **-a** *agg* sacré(-e).
**sạdico**, **-a**, **-ci**, **-che** *agg* sadique. ◆ *sm, f* sadique *mf*.
**sạggio**, **-a**, **-gi**, **-ge** *agg* sage. ◆ *sm (persona)* sage *m*; *(campione)* échantillon *m*; *(libro, ricerca)* essai *m*.
**sạgoma** *sf* silhouette *f*.
**sạgra** *sf* foire *f*.
**sạla** *sf* salle *f*; **~ d'aspetto** o **d'attesa** salle d'attente; **~ da gioco** salle de jeux; **~ da pranzo** salle à manger.
**salạme** *sm* saucisson *m*.
**salạrio** *sm* salaire *m* hebdomadaire.
**salatịni** *smpl* biscuits *mpl* salés.
**salạto**, **-a** *agg* salé(-e).
**saldạre** *vt* souder; *(debito)* régler.
**sạldo**, **-a** *agg* solide. ◆ *sm* solde *m*. ❑ **saldi** *smpl* soldes *mpl*.
**sạle** *sm* sel *m*; **~ grosso** gros sel.
**salịre** *vt* & *vi* monter; **~ sul pullman** monter dans le bus.
**salịta** *sf* montée *f*; **in ~** *(strada)* en pente.
**salịva** *sf* salive *f*.
**salmì** *sm* → **coniglio, lepre**.
**salmọne** *sm* saumon *m*.
**salọne** *sm* salon *m*.

**salọtto** *sm* salon *m*.

**salpạre** *vi* appareiller. ◆ *vt* lever.

**sạlsa** *sf* sauce *f*; **~ di pomodoro** sauce tomate.

**salsịccia, -ce** *sf* saucisse *f*.

**saltạre** *vt & vi* sauter; **fare ~ qc** faire sauter qqch; **~ su qc** *(pullman, treno)* sauter dans qqch.

**sạlto** *sm* saut *m*; **fare un ~ in città** faire un saut en ville.

**salumerịa** *sf* charcuterie *f*.

**salụmi** *smpl* charcuterie *f*.

**salutạre** *vt* saluer; **salutamelo** passe-lui le bonjour de ma part.

**salụte** *sf* santé *f*.

**salụto** *sm* salut *m*.

**salvagẹnte** *sm (giubbotto)* gilet *m* de sauvetage; *(ciambella)* bouée *f* de sauvetage.

**salvạre** *vt* sauver. ❑ **salvarsi** *vr* échapper à.

**salvatạggio** *sm* sauvetage *m*.

**sạlve** *escl (fam)* bonjour!

**salvẹzza** *sf* salut *m*.

**sạlvia** *sf* sauge *f*.

**salviẹtta** *sf* serviette *f*.

**sạlvo, -a** *agg* sauf (sauve). ◆ *prep* sauf; **in ~** à l'abri; **~ imprevisti** sauf imprévu.

**san** → **santo**.

**sạndali** *smpl* sandales *fpl*.

**sạngue** *sm* sang *m*.

**sanguinạre** *vi* saigner.

**sanità** *sf* santé *f* (publique).

**San Marino** *sf* Saint-Marin.

**sạno, -a** *agg (in salute)* en bonne santé; *(salutare)* sain(-e); **~ e salvo** sain et sauf (saine et sauve).

**sạnto, -a** (*davanti sm* **san** *+ consonante, eccetto s + consonante*) *agg* saint(-e); **San Francesco** saint François; **Santo Stefano** saint Étienne.

**santuạrio** *sm* sanctuaire *m*.

**sanziọne** *sf* sanction *f*.

**sapẹre** *vt* savoir; **mi sa che non viene** j'ai l'impression qu'il ne viendra pas; **far ~ qualcosa a qn** tenir qqn au courant. ❑ **sapere di** *v + prep* avoir goût de.

**sapọne** *sm* savon *m*.

**saponẹtta** *sf* savonnette *f*.

**sapọre** *sm* goût *m*.

**saporito**, **-a** *agg* savoureux(-euse).

**saracinesca**, **-sche** *sf* rideau *m* de fer.

**Sardegna** *sf* : **la ~** la Sardaigne.

**sardina** *sf* sardine *f*.

**sardo**, **-a** *agg* sarde. ◆ *sm, f* Sarde *mf*.

**sarto**, **-a** *sm, f* tailleur *m* (couturière *f*); *(per azienda)* couturier *m* (-ère *f*).

**sasso** *sm* caillou *m*, pierre *f*.

**sassofono** *sm* saxophone *m*.

**satellite** *sm* satellite *m*.

**sauna** *sf* sauna *m*.

**savoiardi** *smpl* biscuits *mpl* à la cuiller.

**saziare** *vt* rassasier.

**sazio**, **-a** *agg* rassasié(-e).

**sbadato**, **-a** *agg* distrait(-e).

**sbadigliare** *vi* bâiller.

**sbagliare** *vt* se tromper de; *(calcoli)* se tromper dans. ◆ *vi* se tromper; **~ strada** se tromper de route; **~ a contare** se tromper dans ses comptes. ❑ **sbagliarsi** *vr* se tromper.

**sbagliato**, **-a** *agg* *(erroneo)* faux (fausse); *(scorretto)* mauvais(-e).

**sbaglio** *sm* erreur *f*.

**sbalzo** *sm* variation *f* soudaine.

**sbandare** *vi* faire une embardée.

**sbarazzare** *vt* débarrasser. ❑ **sbarazzarsi di** *vr + prep* se débarrasser de.

**sbarcare** *vt* débarquer. ◆ *vi* débarquer.

**sbarco**, **-chi** *sm* débarquement *m*.

**sbarra** *sf* barre *f*; *(di passaggio a livello)* barrière *f*.

**sbarrare** *vt* barrer; **~ gli occhi** écarquiller les yeux.

**sbattere** *vt* *(porta)* claquer; *(tappeti, uova)* battre; *(tovaglia)* secouer; *(panna)* fouetter. ◆ *vi* *(porta, finestra)* battre; **~ contro** *(muro)* se cogner contre; **~ fuori qn** jeter qqn dehors.

**sbiadire** *vt* décolorer. ❑ **sbiadirsi** *vr* déteindre.

**sbigottito**, **-a** *agg* sidéré(-e).

**sbilanciare** *vt* déséquilibrer. ❑ **sbilanciarsi** *vr* être déséquilibré; *(compromettersi)* se compromettre.

**sbirciare** *vt* *(con curiosità)*

examiner; *(di sfuggita)* jeter un coup d'œil.

**sbloccare** *vt* débloquer.

**sboccare**: **sboccare in** *v + prep* déboucher sur; *(fiume)* se jeter dans.

**sbocciare** *vi* éclore.

**sbocco**, **-chi** *sm* issue *f*.

**sbottonare** *vt* déboutonner; **sbottonarsi la giacca** déboutonner sa veste.

**sbracciato**, **-a** *agg (vestito)* sans manches; *(persona)* bras nus.

**sbriciolare** *vt* émietter. ❑ **sbriciolarsi** *vr (muro)* s'effriter; *(pane)* s'émietter.

**sbrigare** *vt* expédier. ❑ **sbrigarsi** *vr* se dépêcher; **sbrigarsi a fare qc** se dépêcher de faire qqch.

**sbucciare** *vt* éplucher; **sbucciarsi un ginocchio** s'écorcher le genou.

**sbuffare** *vi* souffler.

**scacchi** *smpl* échecs *mpl*; **a ~** à damiers.

**scacciare** *vt* chasser.

**scadenza** *sf* échéance *f*.

**scadere** *vi* être périmé; *(termine)* expirer.

**scaffale** *sm* étagère *f*.

**scafo** *sm* coque *f*.

**scaglia** *sf* éclat *m*; *(di pesce)* écaille *f*.

**scagliare** *vt* lancer. ❑ **scagliarsi contro** *vr + prep (assalire)* se jeter sur.

**scaglione** *sm* groupe *m*; **a scaglioni** par petits groupes.

**scala** *sf* échelle *f*; *(gradini)* escalier *m*; **su larga ~** à grande échelle; **~ mobile** Escalator® *m*; **scale** escaliers.

**scalare** *vt* escalader; *(somma)* déduire; *(capelli)* dégrader.

**scalata** *sf* escalade *f*.

**scalatore**, **-trice** *sm, f* grimpeur *m* (-euse *f*).

**scaldabagno** *sm* chauffe-eau *m inv*.

**scaldare** *vt* chauffer; *(cena)* réchauffer. ❑ **scaldarsi** *vr* se réchauffer; *(fig: accalorarsi)* s'échauffer.

**scalinata** *sf* escalier *m*.

**scalino** *sm* marche *f (d'escalier)*.

**scalo** *sm* escale *f*; **fare ~ (a)** faire escale (à); **~ merci** aérogare *f* de fret.

**scaloppina** *sf* escalope *f*.

**scalzo**, **-a** *agg* pieds nus.

**scambiare** *vt* échanger; **~ qn/qc per qn/qc** prendre

qqn/qqch pour qqn/qqch; **scambiarsi qc** échanger qqch.

**scạmbio** *sm* échange *m*; *(confusione)* confusion *f*.

**scampạre** *vt* éviter. ❑ **scampare a** *v + prep* échapper à.

**scạmpo** *sm* : **non c'è (via di) ~** il n'y a rien à faire; **trovare ~ in qc** trouver une échappatoire dans qqch. ❑ **scampi** *smpl* langoustines *fpl*.

**scandalizzạre** *vt* scandaliser.

**scạndalo** *sm* scandale *m*; **dare ~** faire du scandale.

**scandalọso**, **-a** *agg* scandaleux(-euse).

**scandịre** *vt* articuler.

**scansạre** *vt* éviter; *(dal muro)* écarter. ❑ **scansarsi** *vr* s'écarter.

**scantinạto** *sm* sous-sol *m*.

**scạpolo** *sm* célibataire *m*.

**scappamẹnto** *sm* → **tubo**.

**scappạre** *vi* s'enfuir, s'échapper; *(andare)* se sauver; **~ di mano** échapper des mains; **mi è scappato di mente** ça m'échappe; **lasciarsi ~ l'occasione** laisser passer l'occasion.

**scarabocchiạre** *vt* & *vi* gribouiller.

**scarafạggio** *sm* cafard *m*.

**scaraventạre** *vt* jeter.

**scaricạre** *vt* décharger; *(passeggeri)* débarquer; *(colpa, responsabilità)* rejeter. ❑ **scaricarsi** *vr* se décharger; *(sfogarsi)* s'épancher.

**scạrico**, **-a**, **-chi**, **-che** *agg* déchargé(-e). ◆ *sm* décharge *f*.

**scạrpa** *sf* chaussure *f*; **che numero di scarpe porta?** quelle est votre pointure?; **scarpe da ginnastica** *o* **da tennis** tennis *mpl*.

**scarpạta** *sf* escarpement *m*.

**scarpọni** *smpl* chaussures *fpl* de marche; **~ da sci** chaussures de ski.

**scarseggiạre** *vi* manquer.

**scạrso**, **-a** *agg* insuffisant(-e); **un chilo ~** un kilo à peine.

**scartạre** *vt* défaire; *(eliminare)* écarter; *(nelle carte)* se défausser de.

**scạrto** *sm* *(scelta)* tri *m*; *(cosa scartata)* rebut *m*; *(distacco, differenza)* écart *m*.

**scasso** *sm* effraction *f.*
**scatenare** *vt* déchaîner.
**scatola** *sf* boîte *f*; **in ~** en boîte.
**scattante** *agg* nerveux(-euse).
**scattare** *vt* prendre. ◆ *vi* *(balzare)* bondir; *(molla, congegno)* se déclencher.
**scatto** *sm* déclic *m*; **di ~** brusquement.
**scavalcare** *vt* sauter; *(concorrenti)* dépasser.
**scavare** *vt* creuser.
**scavo** *sm* excavation *f.* ❑ **scavi** *smpl (archeologici)* fouilles *fpl.*
**scegliere** *vt* choisir.
**scelta** *sf* choix *m*; **a ~** au choix.
**scelto**, **-a** *pp* → **scegliere**. ◆ *agg* choisi(-e).
**scena** *sf* scène *f*; **andare in ~** être joué.
**scendere** *vi* descendre; *(diminuire)* baisser. ◆ *vt* descendre.
**sceneggiatura** *sf* scénario *m.*
**scervellarsi** *vr* se creuser la cervelle.
**sceso**, **-a** *pp* → **scendere**.
**scettico**, **-a**, **-ci**, **-che** *agg* sceptique.
**scheda** *sf (cartoncino)* fiche *f*; *(modulo)* bulletin *m*; **~ magnetica** carte *f* magnétique.
**schedario** *sm* fichier *m.*
**schedina** *sf* bulletin *m.*
**scheggia**, **-ge** *sf (di vetro)* éclat *m*; *(di legno)* écharde *f.*
**scheletro** *sm* squelette *m.*
**schema**, **-i** *sm* schéma *m.*
**schermo** *sm* écran *m.*
**scherzare** *vi* plaisanter.
**scherzo** *sm* plaisanterie *f*; *(brutto tiro)* mauvais tour *m*; **fare qc per ~** faire qqch pour rire.
**scherzoso**, **-a** *agg (persona)* qui aime plaisanter; *(tono)* badin(-e).
**schiaccianoci** *sm inv* casse-noix *m inv.*
**schiacciare** *vt* écraser; *(pulsante)* appuyer sur.
**schiaffo** *sm* gifle *f.*
**schiantare** *vt* abattre. ❑ **schiantarsi** *vr* se fracasser.
**schiarire** *vt* éclaircir.
**schiavo**, **-a** *sm, f* esclave *mf.*
**schiena** *sf* dos *m*; **di ~** de dos.
**schienale** *sm* dossier *m.*

**schiẹra** *sf (MIL)* rang *m*.
**schiẹtto, -a** *agg* sincère; *(vino)* pur(-e).
**schịfo** *sm* dégoût *m*; **fare ~** *(essere disgustoso)* être dégoûtant; *(essere pessimo)* être nul; **che ~!** quelle horreur!
**schifọso, -a** *agg (disgustoso)* dégoûtant(-e); *(pessimo, brutto)* nul (nulle).
**schiụma** *sf (marina)* écume *f*; *(di sapone)* mousse *f*; **~ da barba** mousse à raser.
**schivạre** *vt* éviter.
**schịvo, -a** *agg* réservé(-e).
**schizzạre** *vt* éclabousser. ◆ *vi* jaillir.
**schịzzo** *sm* jet *m*; *(disegno)* esquisse *f*.
**sci** *sm inv* ski *m*; **~ d'acqua** ski nautique; **~ da fondo** ski de fond.
**scịa** *sf* sillage *m*.
**sciacquạre** *vt* rincer.
**sciacquọne** *sm* chasse *f* d'eau.
**sciạlle** *sm* châle *m*.
**scialụppa** *sf* chaloupe *f*; **~ di salvataggio** canot *m* de sauvetage.
**sciạre** *vi* skier.
**sciạrpa** *sf* écharpe *f*.
**sciatọre, -trice** *sm, f* skieur *m* (-euse *f*).
**scientịfico, -a, -ci, -che** *agg* scientifique; *(facoltà)* des sciences.
**sciẹnza** *sf* science *f*; *(sapere)* savoir *m*.
**scienziạto, -a** *sm, f* savant *m*.
**scịmmia** *sf* singe *m*.
**scintịlla** *sf* étincelle *f*.
**scioccạre** *vt* choquer.
**sciocchẹzza** *sf* bêtise *f*.
**sciọcco, -a, -chi, -che** *agg* bête.
**sciọgliere** *vt* dissoudre; *(slegare)* détacher; *(ghiaccio)* faire fondre; *(mistero)* résoudre. ❑ **sciogliersi** *vr (neve, burro)* fondre; *(nodo)* se défaire; *(assemblea, società)* se dissoudre.
**sciọlto, -a** *pp* → **sciogliere**.
**sciọpero** *sm* grève *f*.
**sciovịa** *sf* remonte-pente *m*.
**scippạre** *vt* voler (à la tire).
**scịppo** *sm* vol *m* à la tire.
**sciroppo** *sm* sirop *m*.
**sciupạre** *vt* abîmer.
**scivolạre** *vi* glisser.
**scịvolo** *sm* toboggan *m*.
**scivolọso, -a** *agg* glissant(-e).

**scodella** *sf (piatto)* assiette *f* creuse; *(tazza)* bol *m*.
**scogliera** *sf* falaise *f*.
**scoglio** *sm* écueil *m*.
**scoiattolo** *sm* écureuil *m*.
**scolapasta** *sm inv* passoire *f*.
**scolapiatti** *sm inv* égouttoir *m*.
**scolaro**, **-a** *sm, f* écolier *m* (-ère *f*).
**scolastico**, **-a**, **-ci**, **-che** *agg* scolaire.
**scollare** *vt* décoller.
**scollato**, **-a** *agg (abito, scarpa)* décolleté(-e).
**scollatura** *sf (di vestito)* décolleté *m*.
**scolorire** *vt* décolorer.
**scommessa** *sf* pari *m*; *(somma)* enjeu *m*.
**scommesso**, **-a** *pp* → **scommettere**.
**scommettere** *vt* parier.
**scomodare** *vt* déranger; **scomodarsi a fare qc** se donner la peine de faire qqch.
**scomodo**, **-a** *agg (poltrona)* inconfortable; *(orario)* peu pratique.
**scomparire** *vi* disparaître.
**scomparso**, **-a** *pp* → **scomparire**.
**scompartimento** *sm* compartiment *m*.
**scomparto** *sm* compartiment *m*.
**scompiglio** *sm* pagaille *f*.
**scomporre** *vt (mobile, armadio)* démonter.
**scomposto**, **-a** *pp* → **scomporre**.
**sconcio**, **-a** *agg* obscène.
**sconfiggere** *vt (nemico)* vaincre; *(in sport, politica)* battre.
**sconfitta** *sf* déroute *f*.
**sconfitto**, **-a** *pp* → **sconfiggere**.
**sconforto** *sm* abattement *m*.
**scongelare** *vt* décongeler.
**sconosciuto**, **-a** *agg* inconnu(-e). ◆ *sm, f* inconnu *m* (-e *f*).
**sconsigliare** *vt* : **~ qc a qn** déconseiller qqch à qqn.
**scontato**, **-a** *agg (prezzo)* réduit(-e); *(previsto)* escompté(-e); **dare qc per ~** considérer qqch comme acquis(-e).
**scontento**, **-a** *agg* mécontent(-e).

**scọnto** *sm* remise *f*.

**scontrạrsi** *vr (urtarsi)* se télescoper; *(combattere)* s'affronter; *(discordare)* s'opposer; **~ con** *(macchina, persona)* rentrer dans.

**scontrịno** *sm* ticket *m* de caisse; **'munirsi dello ~ alla cassa'** *dans un bar, panneau invitant les consommateurs à payer leur commande avant de se faire servir au comptoir, munis du ticket de caisse.*

**scọntro** *sm (urto)* collision *f*; *(combattimento)* combat *m*; *(di opinioni, interessi)* conflit *m*.

**sconvọlgere** *vt* bouleverser.

**sconvọlto**, **-a** *pp* → **sconvolgere**.

**scọpa** *sf* balai *m*.

**scopẹrta** *sf* découverte *f*.

**scopẹrto**, **-a** *pp* → **scoprire**. ◆ *agg* découvert(-e); *(tegame, contenitore)* sans couvercle; *(capo, braccia)* nu(-e).

**scọpo** *sm* but *m*; **allo ~ di fare qc** dans le but de faire qqch; **a che ~?** dans quel but?

**scoppiạre** *vi* éclater; *(bomba, caldaia)* exploser.

**scọppio** *sm* explosion *f*; *(di pneumatico, palloncino)* éclatement *m*; *(di risa)* éclat *m*.

**scoprịre** *vt* découvrir.

**scoraggiạre** *vt* décourager.

**scorbụtico**, **-a**, **-ci**, **-che** *agg* hargneux(-euse).

**scordạre** *vt* oublier. ❑ **scordarsi di** *vr + prep* oublier.

**scọrgere** *vt* distinguer.

**scorpiọne** *sm* scorpion *m*.

**scọrrere** *vi* couler; *(fune)* glisser; *(traffico)* être fluide; *(tempo)* s'écouler. ◆ *vt* parcourir.

**scorrẹtto**, **-a** *agg* incorrect(-e).

**scorrẹvole** *agg* fluide; *(porta)* coulissant(-e).

**scọrso**, **-a** *pp* → **scorrere**. ◆ *agg* dernier(-ère).

**scọrta** *sf* : **fare ~ di qc** faire provision de qqch; **di ~** de secours.

**scortẹse** *agg* impoli(-e).

**scọrto**, **-a** *pp* → **scorgere**.

**scọrza** *sf* écorce *f*.

**scọssa** *sf (movimento)* secousse *f*; *(elettrica)* décharge *f*.

**scosso**, **-a** *pp* → scuotere. ◆ *agg* secoué(-e).

**scostare** *vt* écarter.

**scotch** [skɔtʃ] *sm inv (nastro adesivo)* Scotch® *m*.

**scottare** *vt (ustionare)* brûler; *(cuocere)* ébouillanter. ◆ *vi* brûler.

**scottatura** *sf* brûlure *f*.

**scotto**, **-a** *agg* trop cuit(-e).

**screpolare** *vt* gercer.

**scricchiolare** *vi* craquer.

**scritta** *sf* inscription *f*.

**scritto**, **-a** *pp* → scrivere. ◆ *agg* écrit(-e). ◆ *sm* écrit *m*.

**scrittore**, **-trice** *sm, f* écrivain *m*.

**scrittura** *sf* écriture *f*.

**scrivania** *sf* bureau *m*.

**scrivere** *vt* & *vi* écrire.

**scrollare** *vt* secouer; *(spalle)* hausser.

**scrostare** *vt* décaper.

**scrupolo** *sm (timore)* scrupule *m*; *(diligenza)* méticulosité *f*.

**scucire** *vt* découdre.

**scuderia** *sf* écurie *f*.

**scudo** *sm* bouclier *m*.

**scultore**, **-trice** *sm, f* sculpteur *m*.

**scultura** *sf* sculpture *f*.

**scuola** *sf* école *f*; ~ **elementare** école primaire; ~ **guida** auto-école *f*.

**scuotere** *vt* secouer; *(spalle)* hausser.

**scurire** *vt* foncer. ◆ *vi* s'obscurcir.

**scuro**, **-a** *agg* foncé(-e); *(carnagione)* mat(-e); *(notte)* noir(-e); *(cielo, stanza)* sombre. ◆ *sm* obscurité *f*.

**scusa** *sf* excuse *f*; *(perdono)* pardon *m*.

**scusare** *vt* excuser. ❑ **scusarsi** *vr* s'excuser; **(mi) scusi, dov'è la stazione?** excusez-moi, où est la gare?; **scusi!** pardon!

**sdraia** *sf* chaise *f* longue.

**sdraiarsi** *vr* s'étendre.

**sdraio** *sm* : **(sedia a)** ~ chaise *f* longue.

**se** *cong* 1. *(nel caso in cui)* si; **rimani** ~ **vuoi** reste si tu veux; ~ **è possibile** si possible.
2. *(dato che)* si; ~ **lo dici, sarà vero** si tu le dis, c'est que c'est vrai.
3. *(in formule di cortesia)*: ~ **ho ben capito...** si j'ai bien compris...
4. *(con frase dubitativa, interrogativa)* si; **vedro** ~ **posso fare qualcosa** je vais voir si

je peux faire quelque chose.

5. *(in espressioni)*: **anche ~ fosse vero** même si c'était vrai; **non te lo direi neanche ~ lo sapessi** même si je le savais, je ne te le dirais pas; **come ~ niente fosse** comme si de rien n'était; **~ non altro** ne serait-ce que.

◆ *pron* = **si**.

**sé** *pron (lui)* lui; *(lei)* elle; *(loro)* eux (elles); *(impersonale)* soi; **pensa solo a sé stesso** il ne pense qu'à lui.

**sebbene** *cong* bien que.

**seccare** *vt* sécher; *(infastidire)* embêter. ❑ **seccarsi** *vr* sécher; *(infastidirsi)* s'énerver.

**seccato, -a** *agg* irrité(-e).

**seccatura** *sf* embêtement *m*.

**secchio** *sm* seau *m*.

**secco, -a, -chi, -che** *agg* sec (sèche); *(sorgente)* tari(-e).

**secolo** *sm* siècle *m*.

**seconda** *sf (marcia)* seconde *f*; **viaggiare in ~** voyager en seconde (classe); **a ~ di** en fonction de.

**secondo, -a** *num* deuxième, second(-e). ◆ *sm* seconde *f*; *(portata)* plat *m* de résistance. ◆ *prep* selon; **~ me** selon moi; **di seconda mano** de seconde main; → **sesto**.

**sedano** *sm* céleri *m*.

**sede** *sf* siège *m*.

**sedere** *sm* derrière *m*. ◆ *vi* : **mettersi a ~** s'asseoir. ❑ **sedersi** *vr* s'asseoir.

**sedia** *sf* chaise *f*.

**sedicesimo, -a** *num* seizième; → **sesto**.

**sedici** *num* seize; → **sei**.

**sedile** *sm* siège *m*.

**sedotto, -a** *pp* → **sedurre**.

**sedurre** *vt* séduire.

**sega, -ghe** *sf* scie *f*.

**segare** *vt* scier.

**seggiola** *sf* chaise *f*.

**seggiovia** *sf* télésiège *m*.

**segnalare** *vt* signaler.

**segnalazione** *sf* signalisation *f*.

**segnale** *sm* signal *m*; *(stradale)* panneau *m*; **~ acustico** signal sonore.

**segnaletica** *sf* signalisation *f*.

**segnare** *vt* marquer; **segnarsi qc** noter qqch.

**segno** *sm* signe *m*; *(con-*

*trassegno, traccia)* marque *f*; **fare ~ di no** faire signe que non.

**segretario**, **-a** *sm, f* secrétaire *mf*.

**segreteria** *sf* secrétariat *m*; **~ telefonica** répondeur *m* (téléphonique).

**segreto**, **-a** *agg* secret(-ète). ◆ *sm* secret *m*.

**seguire** *vt* suivre; *(derivare)* résulter. ◆ *vi* suivre.

**seguito** *sm* suite *f*; *(favore)* soutien *m*; **in ~ a qc** à la suite de; **in ~** ensuite.

**sei**[1] → **essere**.

**sei**[2] *agg num* six. ◆ *sm* six *m*; **ha ~ anni** il/elle a six ans; **sono le ~** il est six heures; **il ~ gennaio** le six janvier; **pagina ~** page six; **il ~ di picche** le six de pique; **erano in ~** ils étaient six.

**seicento** *num* six cents; → **sei**. ❑ **Seicento** *sm* : **il Seicento** le dix-septième siècle.

**selezionare** *vt* sélectionner.

**selezione** *sf* sélection *f*.

**sella** *sf* selle *f*.

**selvaggina** *sf* gibier *m*.

**selvaggio**, **-a**, **-gi**, **-ge** *agg* sauvage. ◆ *sm, f* sauvage *mf*.

**selvatico**, **-a**, **-ci**, **-che** *agg* sauvage.

**semaforo** *sm* feu *m*.

**sembrare** *vi* sembler, avoir l'air. ◆ *v impers* sembler; **mi sembra di conoscerlo** il me semble le connaître.

**seme** *sm (di pianta)* graine *f*; *(nocciolo)* noyau *m*.

**semifreddo** *sm* parfait *m*.

**seminare** *vt* semer; *(terreno)* ensemencer.

**seminterrato** *sm* sous-sol *m*.

**semmai** *cong* au cas où. ◆ *avv* à la limite.

**semolino** *sm (farina)* semoule *f*; *(minestra)* potage *m* à la semoule.

**semplice** *agg* simple; *(ingenuo)* bête.

**semplicità** *sf* simplicité *f*.

**semplificare** *vt* simplifier.

**sempre** *avv* toujours; **~ che ci riesca** pourvu *o* à condition que j'y arrive; **va ~ meglio/peggio** ça va de mal en pis/de mieux en mieux; **da ~** depuis toujours; **di ~** habituel.

**sẹnape** *sf* moutarde *f.*
**senạto** *sm* sénat *m.*
**sennò** *avv* sinon.
**sẹno** *sm* sein *m.*
**sensaziọne** *sf* sensation *f.*
**sensịbile** *agg* sensible.
**sensibilità** *sf* sensibilité *f.*
**sẹnso** *sm* sens *m*; *(sentimento)* sentiment *m*; *(impressione)* impression *f*; **in ~ orario** dans le sens des aiguilles d'une montre; **perdere i sensi** perdre connaissance.
**sentẹnza** *sf* sentence *f*; *(massima)* maxime *f.*
**sentiẹro** *sm* sentier *m.*
**sentimẹnto** *sm* sentiment *m.*
**sentịre** *vt* sentir; *(udire)* entendre; *(sensazione fisica, sentimento)* ressentir; *(venire a sapere)* entendre dire. ❑ **sentirsi** *vr* se sentir; *(telefonarsi)* s'appeler.
**sẹnza** *prep* & *cong* sans; **senz'altro** sans faute; **~ dubbio** sans aucun doute; **~ di me** sans moi.
**separạre** *vt* séparer; **separarsi da** se séparer de.
**separaziọne** *sf* séparation *f.*
**sepọlto, -a** *pp* → **seppellire.**
**seppellịre** *vt* enterrer.
**sẹppia** *sf* seiche *f.*
**sẹra** *sf* soir *m*; **una ~ tra amici** une soirée entre amis; **di ~** le soir.
**serạle** *agg* du soir.
**serạta** *sf* soirée *f.*
**serbatọio** *sm* réservoir *m.*
**serẹno, -a** *agg (tempo, cielo)* clair(-e); *(tranquillo)* tranquille. ◆ *sm* beau temps *m.*
**sẹrie** *sf inv* série *f.*
**sẹrio, -a** *agg* sérieux(-euse). ◆ *sm* : **sul ~** sérieusement; **prendere qn/qc sul ~** prendre qqn/qqch au sérieux.
**serpẹnte** *sm* serpent *m.*
**sẹrra** *sf* serre *f.*
**serrạnda** *sf* store *m.*
**serratụra** *sf* serrure *f.*
**servịre** *vt* & *vi* servir; **chi è da ~?** à qui le tour?; **non serve** ça ne sert à rien; **~ da qc** servir de qqch; **mi servono un paio di forbici** j'ai besoin de ciseaux.
**servịzio** *sm* service *m*; *(giornalistico)* reportage *m*; **'~ compreso'** 'service com-

pris'. ❑ **servizi** *smpl toilettes et salle de bains.*

**sessanta** *num* soixante; → **sei**.

**sessantesimo, -a** *num* soixantième; → **sesto**.

**sessantina** *sf* : **una ~ (di persone)** environ 60 (personnes).

**sesso** *sm* sexe *m.*

**sesto, -a** *agg num & pron num* sixième. ♦ *sm* sixième *m.*

**seta** *sf* soie *f.*

**sete** *sf* soif *f*; **avere ~** avoir soif.

**settanta** *num* soixante-dix; → **sei**.

**settantesimo, -a** *num* soixante-dixième; → **sesto**.

**settantina** *sf* : **una ~ (di persone)** environ 70 (personnes).

**sette** *num* sept; → **sei**.

**settecento** *num* sept cents; → **sei**. ❑ **Settecento** *sm* : **il Settecento** le dix-huitième siècle.

**settembre** *nm* septembre *m*; **a** *o* **in ~** en septembre; **lo scorso ~** en septembre dernier; **il prossimo ~** en septembre prochain; **all'inizio di ~** début septembre; **alla fine di ~** fin septembre; **il due ~** le deux septembre.

**settentrionale** *agg (a settentrione)* nord *(inv)*; *(del settentrione)* du nord.

**settentrione** *sm* nord *m.*

**settimana** *sf* semaine *f.*

**settimanale** *agg* hebdomadaire. ♦ *sm* hebdomadaire *m.*

**settimo, -a** *num* septième; → **sesto**.

**settore** *sm* secteur *m.*

**severamente** *avv* avec sévérité; **'è ~ vietato attraversare i binari'** 'interdiction de traverser les voies'.

**severo, -a** *agg* sévère.

**sezione** *sf* section *f.*

**sfamare** *vt* rassasier. ❑ **sfamarsi** *vr* être rassasié.

**sfare** *vt* défaire.

**sfasciare** *vt (sbendare)* enlever le bandage de; *(rompere)* démolir. ❑ **sfasciarsi** *vr (rompersi)* se fracasser.

**sfatto, -a** *pp* → **sfare**.

**sfavorevole** *agg* défavorable.

**sfera** *sf* sphère *f.*

**sfida** *sf* défi *m.*

**sfidare** *vt* défier; **~ qn a**

fare qc défier qqn de faire qqch.

**sfilare** *vt (togliere)* enlever. ◆ *vi (marciare)* défiler; **sfilarsi i pantaloni** enlever son pantalon. ❑ **sfilarsi** *vr (calze)* filer.

**sfiorare** *vt* effleurer.

**sfocato, -a** = **sfuocato**.

**sfogare** *vt* donner libre cours à. ◆ *vi (uscire)* sortir. ❑ **sfogarsi** *vr (aprirsi)* s'épancher; **sfogarsi su qn** passer sa colère sur qqn.

**sfogliare** *vt* feuilleter.

**sfogo, -ghi** *sm (passaggio)* ouverture *f*; *(di sentimenti)* défoulement *m*; *(eruzione cutanea)* éruption *f*; **dare ~ a qc** donner libre cours à qqch.

**sfondo** *sm* fond *m*.

**sformato** *sm* gâteau *m* salé.

**sfortuna** *sf* malchance *f*; **portare ~** porter malheur.

**sfortunatamente** *avv* malheureusement.

**sfortunato, -a** *agg (persona)* malchanceux(-euse); *(anno, esito)* malheureux(-euse).

**sforzare** *vt* forcer. ❑ **sforzarsi** *vr* s'efforcer.

**sforzo** *sm* effort *m*.

**sfregare** *vt* frotter.

**sfruttare** *vt* exploiter; *(occasione, opportunità)* profiter de.

**sfuggire** : **sfuggire a** échapper à.

**sfumatura** *sf* dégradé *m*.

**sfuocato, -a** *agg* flou(-e).

**sgabello** *sm* tabouret *m*.

**sgabuzzino** *sm* débarras *m*.

**sgambetto** *sm* : **fare lo ~ a qn** faire un croche-pied à qqn.

**sganciare** *vt (vestito, allacciatura)* défaire; *(rimorchio, vagone)* décrocher; *(bombe)* lâcher.

**sgarbato, -a** *agg* impoli(-e).

**sgomberare** *vt (strada, piazza)* dégager; *(stanza, soffitta)* déménager.

**sgombero, -a** = **sgombro**.

**sgombrare** = **sgomberare**.

**sgombro, -a** *agg* dégagé(-e). ◆ *sm* évacuation *f*; *(pesce)* maquereau *m*.

**sgomentare** *vt* effrayer.

**sgonfiare** *vt* dégonfler. ❑ **sgonfiarsi** *vr* se dégonfler; *(caviglia)* désenfler.

**sgradevole** *agg* désagréable.

**sgretolare** *vt* effriter.
**sgridare** *vt* gronder.
**sgualcire** *vt* froisser.
**sguardo** *sm* regard *m*.
**shampoo** ['ʃampo] *sm inv* shampo(o)ing *m*.
**shock** [ʃɔk] *sm inv* choc *m*.
**si** *pron* 1. *(riflessivo)* se; **~ sta preparando** il est en train de se préparer; **se ne è sbarazzato** il s'en est débarrassé.
2. *(con verbo transitivo)* se; **~ è tolto la giacca** il a enlevé sa veste.
3. *(reciproco)* se; **~ sono conosciuti a Roma** ils se sont connus à Rome.
4. *(impersonale)* on; **~ dice che...** on dit que...; **'~ prega di non fumare'** 'prière de ne pas fumer'.
5. *(passivo)*: **è un prodotto che ~ vende bene** c'est un produit qui se vend bien.
**sì** *avv* oui. ◆ *sm (voto favorevole)* oui *m*; **dire di ~** dire oui; **uno ~ e uno no** un sur deux.
**sia**[1] → **essere**.
**sia**[2] *cong* : **~ l'uno che** *o* **~l'altro** aussi bien l'un que l'autre; **~ che tu venga, ~ che tu non venga** que tu viennes ou (que tu ne viennes) pas.
**siamo** → **essere**.
**sicché** *cong* alors.
**siccome** *cong* comme.
**Sicilia** *sf* : **la ~** la Sicile.
**siciliano, -a** *agg* sicilien(-enne). ◆ *sm, f* Sicilien *m* (-enne *f*).
**sicura** *sf* sécurité *f*.
**sicurezza** *sf* sécurité *f*; *(certezza)* certitude *f*.
**sicuro, -a** *agg* sûr(-e); *(protetto)* en sécurité; *(certo)* certain(-e). ◆ *avv* bien sûr; **di ~** sûrement; **al ~** à l'abri.
**Siena** *sf* Sienne.
**siepe** *sf* haie *f*.
**sieropositivo, -a** *agg* séropositif(-ive).
**siete** → **essere**.
**Sig.** *(abbr di signor)* M.
**Sig.a** *(abbr di signora)* Mme.
**sigaretta** *sf* cigarette *f*.
**sigaro** *sm* cigare *m*.
**sigla** *sf* sigle *m*; *(musicale)* indicatif *m*.
**Sig.na** *(abbr di signorina)* Mlle.
**significare** *vt* signifier.
**significato** *sm* signification *f*.

**signọr** → **signore**.

**signọra** *sf (titolo)* madame *f*; *(donna)* dame *f*; *(moglie)* épouse *f*; **la ~ Poli** madame Poli; **signore e signori** mesdames et messieurs.

**signọre** *sm* monsieur *m*; **il signor Martini** monsieur Martini; **i Signori Rossi** monsieur et madame Rossi.

**signorịna** *sf (titolo)* mademoiselle *f*; *(ragazza)* demoiselle *f*; **la ~ Cellini** mademoiselle Cellini.

**Sig.ra** *(abbr di signora)* Mme.

**silẹnzio** *sm* silence *m*; **fare ~** se taire.

**silenziọso**, **-a** *agg* silencieux(-euse).

**sịllaba** *sf* syllabe *f*.

**sịmbolo** *sm* symbole *m*.

**sịmile** *agg* semblable.

**simpatịa** *sf (inclinazione)* sympathie *f*; *(qualità)* gentillesse *f*.

**simpạtico**, **-a**, **-ci**, **-che** *agg* sympathique.

**simulạre** *vt* simuler.

**sin** = **sino**.

**sinagọga**, **-ghe** *sf* synagogue *f*.

**sincẹro**, **-a** *agg* sincère.

**sịndaco**, **-ci** *sm* maire *m*.

**sinfonịa** *sf* symphonie *f*.

**singhiọzzo** *sm* hoquet *m*; **a singhiozzi** *(fig)* par à-coups.

**singolạre** *agg* singulier(-ère). ◆ *sm* singulier *m*.

**sịngolo**, **-a** *agg (caso)* particulier(-ère); *(confezione)* individuel(-elle).

**sinịstra** *sf* gauche *f*; *(mano)* main *f* gauche.

**sinịstro**, **-a** *agg* gauche; *(minaccioso)* sinistre. ◆ *sm* accident *m*.

**sịno** = **fino**.

**sịntomo** *sm* symptôme *m*.

**sirẹna** *sf* sirène *f*.

**sirịnga**, **-ghe** *sf* seringue *f*.

**sistẹma**, **-i** *sm* système *m*.

**sistemạre** *vt (ordinare)* ranger; *(risolvere)* régler; *(alloggiare)* installer.

**sistemaziọne** *sf (disposizione)* rangement *m*; *(alloggio)* installation *f*; *(lavoro)* situation *f*.

**situaziọne** *sf* situation *f*.

**ski-lift** [ski'lift] *sm inv* remonte-pente *m*.

**ski-pass** [ski'pas] *sm inv* forfait *m*.

**slacciạre** *vt* défaire; **slacciarsi le scarpe** délacer ses chaussures.

**slạncio** *sm* élan *m*.

**slavịna** *sf* avalanche *f*.

**slạvo**, **-a** *agg* slave.

**slegạre** *vt* défaire.

**slịtta** *sf* luge *f*.

**slogạre** *vt* : **slogarsi una caviglia** se fouler la cheville.

**slogatụra** *sf* foulure *f*.

**Slovenia** *sf* : **la ~** la Slovénie.

**smagliatụra** *sf (di calze)* échelle *f*; *(della pelle)* vergeture *f*.

**smaltịre** *vt (merce)* écouler; *(rifiuti)* évacuer; *(cibo)* digérer.

**smạlto** *sm* émail *m*; *(per unghie)* vernis *m* à ongles.

**smarrịre** *vt* perdre.

**smentịre** *vt* démentir.

**smerạldo** *sm* émeraude *f*.

**smẹsso**, **-a** *pp* → **smettere**.

**smẹttere** *vt* arrêter; *(abito)* ne plus mettre; **smettila!** arrête!

**smistạre** *vt* trier.

**smontạre** *vt* démonter. ◆ *vi (da cavallo)* descendre.

**smọrfia** *sf* grimace *f*.

**snẹllo**, **-a** *agg* svelte.

**snodạre** *vt* dénouer.

**sobbọrgo**, **-ghi** *sm* faubourg *m*.

**sọbrio**, **-a** *agg* sobre.

**socchiụdere** *vt* entrouvrir.

**socchiụso**, **-a** *pp* → **socchiudere**.

**soccọrrere** *vt* secourir.

**soccọrso**, **-a** *pp* → **soccorrere**. ◆ *sm* secours *m*; **~ stradale** service *m* de dépannage.

**sociạle** *agg* social(-e).

**socialịsta**, **-i**, **-e** *agg* socialiste. ◆ *smf* socialiste *mf*.

**società** *sf inv* société *f*; *(associazione)* association *f*; **~ per azioni** société par actions.

**sociẹvole** *agg* sociable.

**sọcio**, **-a** *sm, f* membre *m*; *(COMM)* associé *m* (-e *f*).

**sọda**[1] *sf (bevanda)* soda *m*.

**sọda**[2] *sf* soude *f*.

**soddisfạre** *vt* satisfaire.

**soddisfạtto**, **-a** *pp* → **soddisfare**. ◆ *agg* satisfait(-e).

**soddisfazione** *sf* satisfaction *f.*

**sodo**, **-a** *agg* ferme; *(uovo)* dur(-e).

**sofà** *sf inv* canapé *m.*

**sofferto**, **-a** *pp* → **soffrire**.

**soffiare** *vt & vi* souffler; **soffiarsi il naso** se moucher.

**soffice** *agg* moelleux(-euse).

**soffio** *sm* souffle *m.*

**soffitta** *sf* grenier *m.*

**soffitto** *sm* plafond *m.*

**soffocare** *vt & vi* étouffer.

**soffrire** *vt* souffrir de; *(sopportare)* supporter. ◆ *vi* souffrir.

**soffritto** *sm oignon et fines herbes hachés que l'on fait revenir.*

**sofisticato**, **-a** *agg* sophistiqué(-e).

**soggetto**, **-a** *sm* sujet *m*; **essere ~ a qc** *(esposto)* être sujet(-ette) à qqch; *(sottomesso)* être soumis(-e) à qqch.

**soggiorno** *sm* séjour *m.*

**soglia** *sf* seuil *m.*

**sogliola** *sf* sole *f.*

**sognare** *vt (nel sonno)* rêver de ◆ *vi* rêver.

**sogno** *sm* rêve *m.*

**soia** *sf* soja *m.*

**solaio** *sm* grenier *m.*

**solare** *agg* solaire.

**solco**, **-chi** *sm* sillon *m*; *(scia)* sillage *m.*

**soldato** *sm* soldat *m.*

**soldo** *sm.* ❑ **soldi** *smpl* argent *m.*

**sole** *sm* soleil *m.*

**solere** *vi* avoir l'habitude de. ◆ *v impers* : **come si suol dire** comme on dit.

**solidarietà** *sf* solidarité *f.*

**solido**, **-a** *agg* solide. ◆ *sm* solide *m.*

**solista**, **-i**, **-e** *smf* soliste *mf.*

**solitario**, **-a** *agg* solitaire.

**solito**, **-a** *agg* habituel(-elle); *(stesso)* même; **essere ~ fare qc** avoir l'habitude de faire qqch; **(come) al ~** comme d'habitude; **di ~** d'habitude.

**solitudine** *sf* solitude *f.*

**solletico** *sm* chatouillement *m*; **soffrire il ~** être chatouilleux.

**sollevamento** *sm* levage *m.*

**sollevare** *vt* soulever.

**sollięvo** *sm* soulagement *m*.

**sọlo, -a** *agg* seul(-e). ◆ *avv* ne... que, seulement; **da ~** tout seul; **ho ~ 10 euro** je n'ai que 10 euros; **non ~... ma anche** non seulement... mais en plus.

**soltạnto** *avv* seulement.

**solụbile** *agg* soluble.

**soluziọne** *sf* solution *f*.

**somigliạre**: **somigliare a** *v + prep* ressembler à.

**sọmma** *sf* somme *f*.

**sommạre** *vt* additionner.

**sommità** *sf inv* sommet *m*.

**sommozzatọre, -trice** *sm, f* plongeur *m* (-euse *f*).

**sonnạmbulo, -a** *agg* somnambule.

**sonnịfero** *sm* somnifère *m*.

**sọnno** *sm* sommeil *m*; **prendere ~** s'endormir.

**sọno → essere**.

**sonọro, -a** *agg* sonore. ◆ *sm* son *m*.

**soppạlco, -chi** *sm* mezzanine *f*.

**sopportạre** *vt* supporter.

**supprẹsso, -a** *pp* → **sopprimere**.

**sopprịmere** *vt* supprimer.

**sọpra** *prep* sur; *(al di là di)* au-dessus de. ◆ *avv* au-dessus; *(a contatto)* dessus; *(in lettera, scritto)* ci-dessus; **al di ~ di** au-dessus de; **di ~** en haut.

**sopraccịglio** (*pl f* **-a**) *sm* sourcil *m*.

**soprannọme** *sm* surnom *m*.

**soprạno** *sm* soprano *f*.

**soprattụtto** *avv* surtout.

**sopravvissụto, -a** *pp* → **sopravvivere**. ◆ *sm, f* survivant(-e).

**sopravvịvere** *vi* survivre.

**soprelevạta** *sf* voie *f* surélevée.

**sorbẹtto** *sm* sorbet *m*.

**sọrdo, -a** *agg* sourd(-e). ◆ *sm, f* sourd *m* (-e *f*).

**sordomụto, -a** *agg* sourd-muet (sourde-muette). ◆ *sm, f* sourd-muet *m* (sourde-muette *f*).

**sorẹlla** *sf* sœur *f*.

**sorellạstra** *sf* demi-sœur *f*.

**sorgẹnte** *sf* source *f*.

**sọrgere** *vi* se lever; *(sospetto, dubbio)* naître.

**sorpassạre** *vt* *(auto)* doubler, dépasser; *(superare)* dépasser.

**sorpąsso** *sm* dépassement *m.*

**sorprẹndere** *vt* surprendre. ❑ **sorprendersi di** *vr* + *prep* s'étonner de.

**sorprẹsa** *sf* surprise *f*; **di** ~ par surprise.

**sorprẹso, -a** *pp* → **sorprendere.**

**sorrịdere** *vi* sourire.

**sorrịso** *pp* → **sorridere.** ◆ *sm* sourire *m.*

**sọrso** *sm* gorgée *f*; *(piccola quantità)* goutte *f.*

**sọrta** *sf* sorte *f.*

**sọrte** *sf* sort *m.*

**sortẹggio** *sm* tirage *m* au sort.

**sorveglianza** *sf* surveillance *f.*

**sorvegliạre** *vt* surveiller.

**sorvolạre** *vt* survoler. ◆ *vi* : ~ **su qc** survoler qqch.

**sospẹndere** *vt* suspendre.

**sospẹso, -a** *pp* → **sospendere.** ◆ *agg* suspendu(-e). ◆ *sm* : **lasciare qc in** ~ laisser qqch en suspens.

**sospettạre** *vt* soupçonner. ❑ **sospettare di** *v* + *prep* : ~ **di qn** soupçonner qqn.

**sospẹtto, -a** *agg* suspect(-e). ◆ *sm, f* suspect *m* (-e *f*). ◆ *sm (dubbio)* soupçon *m.*

**sospirạre** *vi* soupirer.

**sospịro** *sm* soupir *m.*

**sọsta** *sf (in percorso)* halte *f*; *(in attività)* pause *f*; **fare ~ a** faire étape à; **senza ~** sans répit; **'divieto di ~'** 'stationnement interdit'.

**sostantịvo** *sm* substantif *m.*

**sostạnza** *sf* substance *f.*

**sostạre** *vi* faire une halte.

**sostẹgno** *sm* soutien *m.*

**sostenẹre** *vt* soutenir; ~ **un esame** passer un examen.

**sostituịre** *vt* remplacer; ~ **qn/qc con** remplacer qqn/qqch par.

**sostitụto, -a** *sm, f* remplaçant *m* (-e *f*).

**sostituziọne** *sf* remplacement *m.*

**sottacẹti** *smpl* pickles *mpl.*

**sotterrạneo, -a** *agg* souterrain(-e). ◆ *sm* souterrain *m.*

**sottịle** *agg* fin(-e).

**sottintẹndere** *vt* sous-entendre.

**sottinteso, -a** *pp* → **sottintendere.** ◆ *sm* sous-entendu *m*.

**sotto** *prep* sous; *(più in basso di, inferiore a)* au-dessous de; *(durante)* à la période de. ◆ *avv* en bas; *(in lettera, scritto)* ci-dessous; **al di ~ di** au-dessous de; **sott'olio** à l'huile.

**sottobraccio** *avv* bras dessus, bras dessous.

**sottolineare** *vt* souligner.

**sottolio** = **sott'olio**, → **sotto.**

**sottopassaggio** *sm* passage *m* souterrain; **'servirsi del ~'** 'emprunter le passage souterrain'.

**sottoporre** *vt* : **~ qn a qc** soumettre qqn à qqch.

**sottoposto, -a** *pp* → **sottoporre.**

**sottosopra** *agg inv (in disordine)* sens dessus dessous; *(alla rovescia)* à l'envers; *(in agitazione)* bouleversé(-e).

**sottosuolo** *sm* sous-sol *m*.

**sottotitoli** *smpl* sous-titres *mpl*.

**sottovalutare** *vt* sous-estimer.

**sottoveste** *sf* combinaison *f*.

**sottovoce** *avv* à voix basse.

**sottovuoto** *avv* sous vide.

**sottrarre** *vt* soustraire; *(fondi)* détourner; **~ qc a qn** subtiliser qqch à qqn.

**sottratto, -a** *pp* → **sottrarre.**

**sottrazione** *sf* soustraction *f*; *(furto)* vol *m*.

**sovrano, -a** *agg* souverain(-e). ◆ *sm, f* souverain *m* (-e *f*).

**sovrapporre** *vt* superposer.

**sovrapposto, -a** *pp* → **sovrapporre.**

**sovvenzionare** *vt* subventionner.

**spaccare** *vt* casser.

**spaccatura** *sf* cassure *f*.

**spacco, -chi** *sm (di gonna)* fente *f*.

**spada** *sf* épée *f*.

**spaghetteria** *sf restaurant spécialisé dans les pâtes*.

**spaghetti** *smpl* spaghetti(s) *mpl*; **~ aglio, olio e peperoncino** *spaghettis à l'ail et au piment revenus dans l'huile d'olive*; **~ alla carbonara** spaghettis à la carbonara *(avec œufs, poitrine de porc et fromage de brebis)*.

**Spągna** *sf* : **la ~** l'Espagne *f*.

**spagnọlo, -a** *agg* espagnol(-e). ◆ *sm (lingua)* espagnol *m*.

**spągo, -ghi** *sm* ficelle *f*.

**spalancąre** *vt* ouvrir grand; *(occhi)* écarquiller.

**spąlla** *sf* épaule *f*; **di spalle** de dos.

**spallịna** *sf (di reggiseno, sottoveste)* bretelle *f*; *(imbottitura)* épaulette *f*.

**spalmąre** *vt* étaler.

**spąndere** *vt (versare)* verser; *(spargere)* répandre. ❑ **spandersi** *vr* se répandre.

**sparąre** *vt* & *vi* tirer.

**sparecchiąre** *vi* débarrasser la table. ◆ *vt* : **~ la tavola** débarrasser la table.

**spąrgere** *vt* répandre; *(sparpagliare)* éparpiller.

**sparịre** *vi* disparaître.

**spąro** *sm* coup *m* de feu.

**sparpagliąre** *vt* éparpiller.

**spąrso, -a** *pp* → **spargere**. ◆ *agg* éparpillé(-e).

**spartịre** *vt* partager.

**spartitrąffico** *sm inv* terre-plein *m* central.

**spąsso** *sm* rigolo *m* (-ote *f*); **andare a ~** aller se promener; **questo film è uno ~** ce film est vraiment drôle.

**spaventąre** *vt* faire peur à. ❑ **spaventarsi** *vr* avoir peur.

**spavẹnto** *sm* épouvante *f*; **far ~ a qn** épouvanter qqn.

**spązio** *sm* espace *m*.

**spaziọso, -a** *agg* spacieux(-euse).

**spazzanẹve** *sm inv* chasse-neige *m inv*.

**spazząre** *vt* balayer.

**spazzatụra** *sf* ordures *fpl*.

**spazzịno, -a** *sm, f* balayeur *m* (-euse *f*).

**spązzola** *sf* brosse *f*; **~ da scarpe** brosse à chaussures.

**spazzoląre** *vt* brosser.

**spazzolịno** *sm* : **~ (da denti)** brosse *f* à dents.

**specchiąrsi** *vr* se regarder.

**specchiẹtto** *sm (da borsetta)* miroir *m*; *(prospetto)* tableau *m*; **~ (retrovisore)** rétroviseur *m*.

**spẹcchio** *sm* glace *f*, miroir *m*; *(superficie)* miroir.

**speciale** *agg* spécial(-e).
**specialista**, **-i**, **-e** *smf* spécialiste *mf*.
**specialità** *sf inv* spécialité *f*; **~ della casa** spécialité de la maison.
**specie** *sf inv (di piante, animali)* espèce *f*; *(sorta)* sorte *f*.
**specificare** *vt* spécifier.
**specifico**, **-a**, **-ci**, **-che** *agg* spécifique.
**spedire** *vt* expédier; *(persona)* envoyer.
**spedizione** *sf* expédition *f*.
**spegnere** *vt* éteindre.
**spellare** *vt* dépouiller. ❑ **spellarsi** *vr* s'écorcher.
**spendere** *vt* dépenser; *(tempo)* passer. ◆ *vi* dépenser.
**spento**, **-a** *pp* → **spegnere**. ◆ *agg* éteint(-e).
**speranza** *sf* espoir *m*.
**sperare** *vt* espérer; **spero che venga** j'espère qu'il viendra; **spero di sì** j'espère (que oui); **~ di fare qc** espérer faire qqch. ❑ **sperare in** *v + prep* compter sur.
**sperimentare** *vt* expérimenter; *(mettere alla prova)* éprouver; *(fare esperienza di)* faire l'expérience de.
**sperma** *sm* sperme *m*.
**spesa** *sf (somma)* dépense *f*; *(acquisti)* courses *fpl*; **fare la ~** faire les courses; **fare spese** faire des courses. ❑ **spese** *sfpl (di alloggio, trasferta)* frais *mpl*; **spese postali** frais postaux; **spese di viaggio** frais de déplacement.
**spesso**, **-a** *agg* épais (-aisse). ◆ *avv* souvent.
**spessore** *sm* épaisseur *f*.
**spettacolo** *sm* spectacle *m*.
**spettare**: **spettare a** *v + prep* : **spetta a te dirglielo** c'est à toi de le lui dire.
**spettatore**, **-trice** *sm, f* spectateur *m* (-trice *f*).
**spettinare** *vt* décoiffer.
**spezia** *sf* épice *f*.
**spezzare** *vt* casser; *(viaggio, giornata)* couper.
**spezzatino** *sm* ragoût *m*.
**spia** *sf (di polizia)* indicateur *m*; *(agente)* espion *m*; *(luminosa)* voyant *m*; *(indizio)* indice *m*.
**spiacente** *agg* : **essere ~ (di fare qc)** être désolé(-e) (de faire qqch).

**spiąggia**, **-ge** *sf* plage *f*; ~ **privata** plage privée.
**spiąre** *vt* épier.
**spịcchio** *sm* quartier *m*; ~ **d'aglio** gousse *f* d'ail.
**spịcciolo**, **-a** *agg* : **moneta spicciola** petite monnaie *f*. ❑ **spiccioli** *smpl* monnaie *f*.
**spiedịno** *sm* brochette *f*.
**spiędo** *sm* broche *f*; **allo** ~ à la broche.
**spiegąre** *vt* expliquer; *(distendere)* déplier; *(vele)* déployer.
**spiegaziọne** *sf* explication *f*.
**spịga**, **-ghe** *sf* épi *m*.
**spịgolo** *sm* angle *m*.
**spịlla** *sf* broche *f*; ~ **da balia** épingle *f* de nourrice.
**spịllo** *sm* épingle *f*.
**spịna** *sf (di pianta)* épine *f*; *(di riccio)* piquant *m*; *(lisca)* arête *f*; *(elettrica, di telefono)* prise *f*; **birra alla** ~ bière *f* pression.
**spinąci** *smpl* épinards *mpl*.
**spịngere** *vt* pousser.
**spịnta** *sf* poussée *f*; *(incoraggiamento)* stimulation *f*; **dare una** ~ **a** pousser.
**spịnto**, **-a** *pp* → **spingere**. ◆ *agg* osé(-e).
**spirąle** *sf* spirale *f*.
**spịrito** *sm* esprit *m*; **ciliegie sotto** ~ cerises *fpl* à l'eau-de-vie.
**spiritọso**, **-a** *agg* spirituel(-elle).
**splendęnte** *agg* resplendissant(-e).
**splęndido**, **-a** *agg* splendide.
**splendọre** *sm* éclat *m*.
**spogliąre** *vt* déshabiller.
**spogliaręllo** *sm* strip-tease *m*.
**spogliatọio** *sm* vestiaire *m*.
**spolverąre** *vt* épousseter. ◆ *vi* enlever la poussière.
**spọnda** *sf (di fiume, lago)* rive *f*; *(di letto)* bord *m*.
**spontąneo**, **-a** *agg* spontané(-e).
**sporcąre** *vt* salir; **sporcarsi le mani** se salir les mains.
**sporcịzia** *sf* saleté *f*.
**spọrco**, **-a**, **-chi**, **-che** *agg* sale; *(osceno)* cochon(-onne). ◆ *sm* saleté *f*.
**sporgęnte** *agg* saillant(-e).
**spọrgere** *vt (tendere)* tendre. ◆ *vi* dépasser. ❑ **sporgersi** *vr* se pencher.
**sport** *sm inv* sport *m*.

**sportello** *sm* porte *f*; *(d'ufficio)* guichet *m*; ~ **automatico** guichet automatique.
**sportivo**, **-a** *agg* sportif(-ive). ♦ *sm, f* sportif *m* (-ive *f*).
**sporto**, **-a** *pp* → **sporgere**.
**sposare** *vt (sog: sindaco, prete)* marier; *(uomo, donna)* épouser. ❑ **sposarsi** *vr* se marier.
**sposato**, **-a** *agg* marié(-e).
**spostare** *vt* déplacer; *(rimandare)* reporter. ❑ **spostarsi** *vr (scansarsi)* s'écarter, se pousser; *(muoversi)* se déplacer.
**spray** *sm inv* spray *m*; *(bomboletta)* vaporisateur *m*.
**sprecare** *vt* gaspiller.
**spreco**, **-chi** *sm* gaspillage *m*.
**spremere** *vt* presser.
**spremuta** *sf* : ~ **di arancia** orange *f* pressée.
**sprofondare** *vi* sombrer; *(crollare)* s'effondrer.
**sprovvisto**, **-a** *agg* : ~ **di** dépourvu(-e) de; **cogliere qn alla sprovvista** prendre qqn au dépourvu.
**spruzzare** *vt (profumo, acqua)* vaporiser; *(persona)* asperger.
**spruzzo** *sm* giclée *f*.
**spugna** *sf* éponge *f*.
**spuma** *sf (di birra, champagne)* mousse *f*; *(di mare)* écume *f*.
**spumante** *sm* mousseux *m*.
**spuntino** *sm* : **fare uno** ~ manger un morceau.
**spunto** *sm* point *m* de départ.
**sputare** *vt* & *vi* cracher.
**sputo** *sm* crachat *m*.
**squadra** *sf* équipe *f*; *(strumento)* équerre *f*.
**squadrare** *vt (scrutare)* dévisager; *(blocco)* équarrir.
**squallido**, **-a** *agg (luogo)* sordide.
**squalo** *sm* requin *m*.
**squama** *sf* écaille *f*.
**squarciare** *vt* déchirer.
**squilibrato**, **-a** *agg* déséquilibré(-e).
**squillo** *sm* sonnerie *f*.
**squisito**, **-a** *agg* exquis(-e).
**srotolare** *vt* dérouler.
**stabile** *agg* stable. ♦ *sm* immeuble *m*.
**stabilimento** *sm* établis-

sement *m*; **~ balneare** plage *f* aménagée.
**stabilire** *vt* établir; **~ che** décider que.
**stabilità** *sf* stabilité *f*.
**staccare** *vt* détacher. ◆ *vi (risaltare)* se détacher; **staccarsi da** *(venir via da)* se détacher de.
**stadio** *sm* stade *m*.
**staffa** *sf (di sella)* étrier *m*; *(di pantalone)* sous-pied *m*.
**stagionale** *agg* saisonnier(-ère). ◆ *smf* saisonnier *m* (-ère *f*).
**stagionato, -a** *agg* sec (sèche).
**stagione** *sf* saison *f*; **alta/bassa ~** haute/basse saison; **mezza ~** demi-saison *f*.
**stagno, -a** *agg* étanche. ◆ *sm (laghetto)* étang *m*; *(metallo)* étain *m*.
**stagnola** *sf* papier *m* alu(minium).
**stalla** *sf (per bovini, ovini)* étable *f*; *(per equini)* écurie *f*.
**stamattina** *avv* ce matin.
**stampa** *sf* presse *f*; *(con stampante)* impression *f*; *(opera)* estampe *f*.
**stampante** *sf* imprimante *f*.
**stampare** *vt* imprimer.
**stampella** *sf* béquille *f*.
**stampo** *sm* moule *m*.
**stancare** *vt* fatiguer. ❑ **stancarsi** *vr* se fatiguer.
**stanchezza** *sf* fatigue *f*.
**stanco, -a, -chi, -che** *agg* fatigué(-e); **~ morto** mort(-e) de fatigue.
**stanotte** *avv* cette nuit.
**stanza** *sf* pièce *f*; **~ da bagno** salle *f* de bains; **~ da letto** chambre *f* (à coucher).
**stare** *vi* rester; *(abitare)* vivre, habiter; **come sta?** comment allez-vous?; **sta a voi decidere** c'est à vous de décider; **queste scarpe mi stanno strette** ces chaussures me serrent; **~ per fare qc** être sur le point de faire qqch; **~ bene/male** aller bien/mal; **~ seduto** rester assis; **~ zitto** se taire; **starci** *(in valigia, macchina)* rentrer.
**starnutire** *vi* éternuer.
**stasera** *avv* ce soir.
**statale** *agg* de l'État. ◆ *sf* ≈ (route) nationale *f*.
**statistica, -che** *sf* statistique *f*.
**stato** *sm* état *m*; **essere in ~ interessante** être en-

ceinte; ~ **d'animo** état d'esprit; ~ **civile** état civil; **gli Stati Uniti (d'America)** les États-Unis *mpl* (d'Amérique).

**stạtua** *sf* statue *f*.

**statụra** *sf* stature *f*.

**statụto** *sm* statut *m*.

**stazịone** *sf* gare *f*; *(di metropolitana)* station *f*; ~ **balneare** station balnéaire; ~ **centrale** gare principale; ~ **ferroviaria** gare de chemin de fer; ~ **di polizia** poste *m* de police; ~ **sciistica** station de sports d'hiver; ~ **di servizio** station-service *f*.

**stẹcca**, **-che** *sf* latte *f*; *(di sigarette)* cartouche *f*.

**stẹlla** *sf* étoile *f*; *(di cinema, TV)* vedette *f*, star *f*; **albergo a tre stelle** hôtel trois étoiles.

**stẹlo** *sm* tige *f*.

**stẹmma**, **-i** *sm* armoiries *fpl*.

**stẹndere** *vt* étendre.

**stentạre**: **stentare a** *v* + *prep* : ~ **a fare qc** avoir du mal à faire qqch.

**stẹnto** *sm* : **a** ~ avec difficulté.

**stẹreo** *sm inv* chaîne *f* stéréo.

**stẹrile** *agg* stérile.

**sterlịna** *sf* livre *f* sterling.

**stermịnio** *sm* extermination *f*.

**sterzạre** *vi* braquer.

**stẹso**, **-a** *pp* → **stendere**.

**stẹsso**, **-a** *agg & pron* même. ◆ *sm* même chose *f*; **l'ho fatto io** ~ je l'ai fait moi-même; **pensi solo a te** ~ tu ne penses qu'à toi-même; **fare qc lo** ~ faire qqch quand même; **fa** *o* **è lo** ~ *(è uguale)* c'est la même chose; *(non importa)* ça ne fait rien.

**stịle** *sm* style *m*; *(distinzione)* classe *f*; ~ **libero** crawl *m*.

**stilịsta**, **-i**, **-e** *smf* styliste *mf*.

**stilogrạfica**, **-che** *sf* stylo *m*.

**stịma** *sf (valutazione)* estimation *f*; *(apprezzamento)* estime *f*; **avere** ~ **di qn** avoir de l'estime pour qqn.

**stimạre** *vt* estimer.

**stimolạre** *vt* stimuler; ~ **qn a fare qc** encourager qqn à faire qqch.

**stịngere** *vi* déteindre. ❑ **stingersi** *vr* déteindre.

**stịnto**, **-a** *pp* → **stingere**.

**stipẹndio** *sm* salaire *m*.
**stirạre** *vt (panni)* repasser.
**stịro** *sm* → **ferro**.
**stitichẹzza** *sf* constipation *f*.
**stivạle** *sm* botte *f*.
**stịzza** *sf* rage *f*.
**stoccafịsso** *sm* stockfisch *m*.
**stọffa** *sf* tissu *m*.
**stọmaco**, **-chi** *o* **ci** *sm* estomac *m*.
**stonạto**, **-a** *agg (nota)* faux (fausse); **essere ~** *(persona)* chanter faux.
**stọrcere** *vt* tordre; **storcersi una caviglia** se tordre la cheville.
**stordịre** *vt* étourdir.
**stọria** *sf* histoire *f*.
**stọrico**, **-a**, **-ci**, **-che** *agg* historique. ◆ *sm, f* historien *m* (-enne *f*).
**stọrta** *sf* : **prendere una ~** se faire une entorse.
**stọrto**, **-a** *agg (non diritto)* tordu(-e); *(di traverso)* de travers.
**stovịglie** *sfpl* vaisselle *f*.
**stracciạre** *vt* déchirer.
**strạccio** *sm* chiffon *m*; *(vestito vecchio)* loque *f*.
**strạda** *sf (fuori città)* route *f*; *(urbana)* rue *f*; *(percorso)* chemin *m*; **~ facendo** en chemin; **~ panoramica** route panoramique; **~ senza uscita** voie *f* sans issue; **'~ privata'** 'voie privée'.
**stradạle** *agg* routier(-ère). ◆ *sf* police *f* de la route.
**strạge** *sf* massacre *m*.
**strangolạre** *vt* étrangler.
**straniẹro**, **-a** *agg* étranger(-ère). ◆ *sm, f* étranger *m* (-ère *f*).
**strạno**, **-a** *agg* étrange.
**straordinạrio**, **-a** *agg* extraordinaire; *(caso)* exceptionnel(-elle). ◆ *sm (lavoro)* heures *fpl* supplémentaires.
**strạppo** *sm* accroc *m*; *(MED)* déchirure *f*; *(fam: passaggio)*: **dare uno ~ a qn** déposer qqn quelque part.
**strạto** *sm* couche *f*.
**stravagạnte** *agg* extravagant(-e).
**strẹga**, **-ghe** *sf* sorcière *f*.
**stressạnte** *agg* stressant(-e).
**strẹtta** *sf* étreinte *f*; **~ di mano** poignée *f* de main.
**strẹtto**, **-a** *pp* → **stringere**. ◆ *agg (strada, stanza)*

étroit(-e); *(vestito, scarpe)* serré(-e); *(rigoroso, preciso)* strict(-e). ◆ *sm* détroit *m*; **parenti stretti** proches parents *mpl*.

**stridere** *vi (porta, finestra)* grincer; *(cicale, grilli)* striduler.

**strillare** *vt* & *vi* hurler.

**strillo** *sm* hurlement *m*.

**stringa**, **-ghe** *sf* lacet *m*.

**stringere** *vt* serrer; *(abito)* rétrécir; *(patto, accordo)* conclure. ◆ *vi* serrer; **~ qn tra le braccia** serrer qqn dans ses bras; **~ la mano a qn** serrer la main à qqn.

**striscia**, **-sce** *sf* bande *f*; **strisce (pedonali)** passage *m* (pour) piétons.

**strisciare** *vi (serpente, lumaca)* ramper; *(passare rasente)* frôler. ◆ *vt (macchina)* érafler; *(piedi)* traîner.

**stritolare** *vt* broyer.

**strizzare** *vt* tordre; **~ l'occhio** cligner de l'œil.

**strofinaccio** *sm* torchon *m*.

**strofinare** *vt* frotter.

**stropicciare** *vt* froisser; *(braccio, occhi)* frotter.

**strozzare** *vt* étrangler.

**strumento** *sm* instrument *m*; *(di fabbro, meccanico)* outil *m*.

**strusciare** *vt* frotter.

**struttura** *sf* structure *f*.

**stucco**, **-chi** *sm (malta)* mastic *m*; *(decorazione)* stuc *m*.

**studente**, **-essa** *sm, f (universitario)* étudiant *m* (-e *f*); *(di liceo)* lycéen *m* (-enne *f*).

**studentessa** → **studente**.

**studiare** *vt* étudier. ◆ *vi* faire des études.

**studio** *sm* étude *f*; *(ricerca)* recherche *f*; *(stanza)* bureau *m*; *(di avvocato, medico)* cabinet *m*; *(di televisione, radio)* studio *m*.

**studioso**, **-a** *agg* studieux(-euse). ◆ *sm, f* spécialiste *mf*.

**stufato** *sm plat de viande cuit à l'étouffée avec de la sauce tomate et des légumes.*

**stufo**, **-a** *agg (fam)*: **essere ~ (di)** en avoir marre (de).

**stupendo**, **-a** *agg* extraordinaire.

**stupido**, **-a** *agg* stupide, idiot(-e).

**stupire** *vt* étonner.

**stuzzicadenti** *sm inv* cure-dents *m inv*.

**su** *prep* 1. *(stato in luogo)* sur; **le chiavi sono sul tavolo** les clés sont sur la table; **a 2 000 m sul livello del mare** à 2 000 m au-dessus du niveau de la mer.
2. *(moto a luogo)* sur; **salire sul pullman** monter dans l'autobus; **venite sulla terrazza** venez sur la terrasse.
3. *(argomento)* sur; **un libro sulla vita di Napoleone** un livre sur la vie de Napoléon.
4. *(tempo)*: **vengo sul tardo pomeriggio** je viendrai en fin d'après-midi; **sul momento** sur le moment; **sul presto** assez tôt; **essere sul punto di fare qc** être sur le point de faire qqch.
5. *(prezzo e misura)* dans les; **costerà sulle 120 euro** ça doit coûter dans les 120 euros; **peserà sui tre chili** ça doit peser dans les trois kilos.
6. *(modo)* sur; **vestito ~ misura** costume sur mesure.
◆ *avv* 1. *(in alto)* en haut; **salire ~** monter; **dai 18 anni in ~** à partir de 18 ans.
2. *(per ersortare)* allez; **~, sbrigatevi!** allez, dépêchez-vous!

**sub** *smf* plongeur *m* (-euse *f*).

**subacqueo, -a** *agg* sous-marin(-e). ◆ *sm, f* plongeur *m* (-euse *f*).

**subire** *vt* subir.

**subito** *avv* tout de suite.

**subordinato, -a** *agg* : **~ a** subordonné(-e) a.

**suburbano, -a** *agg* de banlieue.

**succedere** *vi* arriver; **~ a qn** succéder à qqn; **che cos'è successo?** que s'est-il passé?

**successivamente** *avv* par la suite.

**successivo, -a** *agg* suivant(-e).

**successo, -a** *pp* → **succedere.** ◆ *sm* succès *m*; **di ~** à succès.

**succhiare** *vt* sucer.

**succo, -chi** *sm* jus *m*; **~ di frutta** jus de fruit.

**sud** *sm* sud *m*; **a ~ (di qc)** au sud (de qqch).

**Sudamerica** *sm* : **il ~** l'Amérique *f* du Sud.

**sudare** *vi* suer, transpirer.

**sudest** *sm* sud-est *m*.

**sudicio, -a, -ci, -ce** *o* **cie** *agg* sale.

**sudore** *sm* sueur *f*, transpiration *f*.

**sudovest** *sm* sud-ouest *m*.

**sufficiente** *agg* suffisant(-e); *(SCOL)* passable.

**sufficienza** *sf* : **a ~** suffisamment.

**suggerimento** *sm* suggestion *f*.

**suggerire** *vt* suggérer.

**sugli** = **su + gli**, → **su**.

**sugo**, **-ghi** *sm* jus *m*; *(condimento)* sauce *f*; **~ di pomodoro** sauce tomate.

**sui** = **su + i**, → **su**.

**suicidarsi** *vr* se suicider.

**suicidio** *sm* suicide *m*.

**sul** = **su + il** → **su**.

**sull'** = **su + l'** → **su**.

**sulla** = **su + la** → **su**.

**sulle** = **su + le** → **su**.

**sullo** = **su + lo** → **su**.

**suo** (*f* **sua**, *mpl* **suoi**, *fpl* **sue**) *agg (terza persona sing)* son (sa), ses *(pl)*; *(forma di cortesia)* votre, vos *(pl)*. ❑ **il suo** (*f* **la sua**, *mpl* **i suoi**, *fpl* **le sue**) *pron (terza persona sing)* le sien (la sienne), les siens (les siennes); *(forma di cortesia)* le vôtre (la vôtre), les vôtres *(pl)*; **questi occhiali sono suoi** ces lunettes sont à lui/à elle; **~ padre** son/votre père; **un ~ amico** un de ses/votres amis.

**suocero**, **-a** *sm, f* beau-père *m* (belle-mère *f*). ❑ **suoceri** *smpl* beaux-parents *mpl*.

**suoi** → **suo**.

**suola** *sf* semelle *f*.

**suolo** *sm* sol *m*.

**suonare** *vt* sonner; *(strumento)* jouer de; *(allarme)* déclencher. ◆ *vi* sonner; *(musicista)* jouer.

**suono** *sm* son *m*.

**suora** *sf* sœur *f*.

**superare** *vt* dépasser; *(luogo)* franchir; *(veicolo)* dépasser, doubler; *(esame, concorso)* réussir; *(crisi, pericolo)* surmonter.

**superficie**, **-ci** *sf* surface *f*, superficie *f*; *(esteriorità)* surface *f*.

**superiore** *agg* supérieur(-e). ◆ *sm* supérieur *m*.

**supermercato** *sm* supermarché *m*.

**superstrada** *sf* voie *f* rapide.

**supplemento** *sm* supplément *m*; **'~ rapido'** 'train à supplément'.

**supporre** *vt* supposer.

**suppọsta** *sf* suppositoire *m*.
**suppọsto, -a** *pp* → **supporre**.
**suscitạre** *vt* susciter.
**susịna** *sf* prune *f*.
**sussụlto** *sm* sursaut *m*.
**sussurrạre** *vt* chuchoter, murmurer.
**svạgo, -ghi** *sm* distraction *f*.
**svantạggio** *sm* inconvénient *m*.
**svedẹse** *agg* suédois(-e). ♦ *sm (lingua)* suédois *m*.
**svẹglia** *sf* réveil *m*.
**svegliạre** *vt* réveiller.
**svẹglio, -a** *agg* réveillé(-e); *(intelligente)* éveillé(-e).
**svelạre** *vt* dévoiler.
**svẹlto, -a** *agg* rapide; **alla svelta** en vitesse.
**svẹndita** *sf* soldes *mpl*.
**svenịre** *vi* s'évanouir.
**svenụto, -a** *pp* → **svenire**.
**svestịre** *vt* déshabiller.
**Svẹzia** *sf* : **la ~** la Suède.
**sviluppạre** *vt* développer.
**svilụppo** *sm* développement *m*.
**svịncolo** *sm (strada)* bretelle *f*.
**svitạre** *vt* dévisser.
**Svịzzera** *sf* : **la ~** la Suisse.
**svịzzero, -a** *agg* suisse. ♦ *sm, f* Suisse *mf*.
**svọlgere** *vt (attività, lavoro)* exercer; *(srotolare)* dérouler; *(argomento, soggetto)* développer. ❑ **svolgersi** *vr* se dérouler.
**svọlta** *sf* virage *m*; *(mutamento)* tournant *m*.
**svoltạre** *vi* tourner.
**svọlto, -a** *pp* → **svolgere**.
**svuotạre** *vt* vider.

# T

**tabaccạio, -a** *sm, f* buraliste *mf*.
**tabaccherịa** *sf* bureau *m* de tabac.
**tabạcco, -chi** *sm* tabac *m*.
**tabẹlla** *sf* tableau *m*.
**tacchịno, -a** *sm, f* dindon *m* (dinde *f*).
**tạcco, -chi** *sm* talon *m*;

**tacchi a spillo** talons aiguilles.

**taccuino** *sm* carnet *m.*

**tacere** *vi* se taire.

**taglia** *sf* taille *f*; ~ **unica** taille unique.

**tagliando** *sm* coupon *m.*

**tagliare** *vt* couper; ~ **corto** couper court; ~ **la strada a qn** couper la route à qqn; **tagliarsi i capelli/le unghie** se couper les cheveux/les ongles.

**tagliatelle** *sfpl* tagliatelles *fpl (pâtes aux œufs découpées en lanières).*

**tagliente** *agg* coupant(-e), tranchant(-e).

**taglio** *sm* coupe *f*; *(su carta)* découpage *m*; *(ferita)* coupure *f*; *(di stoffa)* coupon *m*; *(parte tagliente)* tranchant *m.*

**talco** *sm* talc *m.*

**tale** *agg dimostrativo* 1. *(di questo tipo)* tel (telle).
2. *(così grande)* tel (telle); **fa una ~ confusione!** il fait un tel vacarme *o* un de ces vacarmes!; **c'è una nebbia ~ da non vedere niente** il y a un tel brouillard qu'on n'y voit rien.
3. *(in paragoni)*: **~ madre ~ figlia** telle mère telle fille; **è ~ quale lo ricordavo** il est exactement comme je me le rappelais.
◆ *agg indefinito* : **ti cerca un tal signor Marchi** un certain monsieur Marchi te demande; **il giorno ~ all'ora ~** tel jour à telle heure.
◆ *pron indefinito (persona non precisata)*: **dei tali** des gens; **un ~ mi ha chiesto di te** quelqu'un m'a demandé de tes nouvelles; **quel ~** ce type.

**talento** *sm* talent *m.*

**tallone** *sm* talon *m.*

**talmente** *avv* tellement.

**talora** *avv* parfois.

**talvolta** *avv* parfois.

**tamburo** *sm* tambour *m.*

**tamponamento** *sm* : **~ a catena** carambolage *m.*

**tampone** *sm* tampon *m.*

**tangenziale** *sf* rocade *f.*

**tanica, -che** *sf* jerrican *m.*

**tanto, -a** *agg* 1. *(in grande quantità)* beaucoup de; **abbiamo ancora ~ tempo** nous avons encore beaucoup de temps.
2. *(in numero elevato)*: **tanti(-e)** beaucoup de;

**tanti auguri!** meilleurs vœux!

3. *(in paragoni)*: **~... quanto** autant de... que; **ha tanti fratelli quante sorelle** il a autant de frères que de sœurs.

◆ *pron* 1. *(una grande quantità)* beaucoup; **mi piace il cioccolato e ne mangio ~** j'aime le chocolat et j'en mange beaucoup.

2. *(un grande numero)*: **tanti(-e)** beaucoup; **è una ragazza come tante** c'est une fille comme il y en a beaucoup.

3. *(una quantità indeterminata)*: **~... ~** tant... tant; **un ~** tant; **pago un ~ al mese** je paie tant par mois.

4. *(in espressioni)*: **~ vale ricominciare da capo!** autant tout recommencer!; **in questo caso, ~ vale che stia a casa** dans ce cas, autant que je reste à la maison; **di ~ in ~, ogni ~** de temps en temps.

◆ *avv* 1. *(molto)* beaucoup; *(con aggettivo)* très; **ti ringrazio ~** je te remercie beaucoup; **non ~** *(poco)* pas trop.

2. *(così)* si; **è ~ sciocco da crederci** il est assez bête pour y croire.

3. *(soltanto)*: **~ per divertirsi/parlare** (juste) histoire de s'amuser/de parler; **una volta ~** pour une fois.

◆ *cong* de toute façon.

**tappa** *sf* étape *f*.

**tappare** *vt* boucher.

**tapparella** *sf* store *m*.

**tappeto** *sm* tapis *m*; **mandare qn al ~** envoyer qqn au tapis.

**tappezzeria** *sf (tessuto)* tapisserie *f*; *(carta da parati)* papier *m* peint.

**tappo** *sm (di sughero, plastica)* bouchon *m*; *(di metallo)* capsule *f*.

**tardare** *vi* être en retard. ◆ *vt* retarder.

**tardi** *avv* tard; *(oltre il termine)* trop tard; **fare ~** rentrer tard; **al più ~** au plus tard; **sul ~** *(mattina)* en fin de matinée; *(pomeriggio)* en fin d'après-midi.

**targa**, **-ghe** *sf* plaque *f*; *(di auto)* plaque d'immatriculation.

**tariffa** *sf* tarif *m*; **~ ridotta** tarif réduit; **~ unica** tarif unique.

**tartaruga**, **-ghe** *sf* tortue *f*.

**tartịna** *sf* canapé *m*.
**tartụfo** *sm* truffe *f*; *(gelato) dessert glacé à base de mousse au chocolat, recouvert de copeaux de chocolat*.
**tạsca**, **-sche** *sf* poche *f*.
**tascạbile** *agg* de poche. ◆ *sm* livre *m* de poche.
**tạssa** *sf (per servizio)* taxe *f*; *(fam: imposta)* impôt *m*.
**tassạmetro** *sm* taximètre *m*.
**tassì** = **taxi**.
**tassịsta**, **-i**, **-e** *smf* chauffeur *m* de taxi.
**tạsso** *sm* taux *m*; *(animale)* blaireau *m*; ~ **di cambio** taux de change.
**tastiẹra** *sf* clavier *m*.
**tạsto** *sm* touche *f*; *(di TV, radio)* bouton *m*.
**tạtto** *sm* toucher *m*; *(fig: accortezza)* tact *m*.
**tatuạggio** *sm* tatouage *m*.
**tạvola** *sf* table *f*; *(asse)* planche *f*; **mettersi** *o* **andare a** ~ passer à table; ~ **calda** snack(-bar) *m*.
**tavolẹtta** *sf* tablette *f*.
**tavolịno** *sm (da salotto)* table *f* basse; *(di bar)* table; *(scrivania)* bureau *m*.
**tạvolo** *sm* table *f*.
**tạxi** *sm inv* taxi *m*.
**tạzza** *sf* tasse *f*.
**tazzịna** *sf* tasse *f* à café.
**te** *pron (complemento oggetto)*: **ha salutato ~, non me** il t'a salué toi, pas moi.
**tè** *sm inv* thé *m*.
**teạtro** *sm* théâtre *m*; ~ **tenda** chapiteau *m*.
**tẹcnica**, **-che** *sf (metodo)* technique *f*; → **tecnico**.
**tẹcnico**, **-a**, **-ci**, **-che** *agg* technique. ◆ *sm, f* technicien *m* (-enne *f*).
**tecnologịa** *sf* technologie *f*.
**tedẹsco**, **-a**, **-schi**, **-sche** *agg* allemand(-e). ◆ *sm (lingua)* allemand *m*.
**tegạme** *sm* casserole *f*.
**tẹglia** *sf* plat *m* à four.
**teiẹra** *sf* théière *f*.
**tẹla** *sf* toile *f*; ~ **cerata** toile cirée.
**telecạmera** *sf* caméra *f* (de télévision).
**telecomạndo** *sm* télécommande *f*.
**telefẹrica**, **-che** *sf* téléphérique *m*.
**telefonạre** *vt & vi* téléphoner.
**telefonạta** *sf* coup *m* de

téléphone; ~ **a carico (del destinatario)** communication *f* en PCV.

**telefonino** *sm* téléphone *m* mobile.

**telefonista**, **-i**, **-e** *smf* standardiste *mf*.

**telefono** *sm* téléphone *m*; ~ **cellulare** téléphone cellulaire; ~ **a gettoni** téléphone à jetons; ~ **pubblico** téléphone public; ~ **a scatti** *téléphone muni d'un compteur d'unités*; ~ **a scheda (magnetica)** téléphone à carte; **per** ~ par téléphone.

**telegiornale** *sm* journal *m* télévisé.

**teleobiettivo** *sm* téléobjectif *m*.

**Telepass**® *sm inv* télépéage *m*.

**telespettatore**, **-trice** *sm, f* téléspectateur *m* (-trice *f*).

**televisione** *sf* télévision *f*.

**televisore** *sm* téléviseur *m*; ~ **in bianco e nero** téléviseur noir et blanc; ~ **a colori** téléviseur couleur.

**telo** *sm* toile *f*; *(asciugamano)* drap *m* de bain.

**tema**, **-i** *sm* sujet *m*; *(MUS)* thème *m*.

**temere** *vt* craindre. ◆ *vi* avoir peur; **temo che non venga** je crains qu'il ne vienne pas; **temo di no/sì** je crains que non/oui; **temo di non farcela** je crains de ne pas y arriver.

**temperamento** *sm* tempérament *m*.

**temperatura** *sf* température *f*.

**tempesta** *sf* tempête *f*.

**tempia** *sf* tempe *f*.

**tempio** *sm* temple *m*.

**tempo** *sm* temps *m*; **avere** *o* **trovare il ~di** *o* **per fare qc** avoir *o* trouver le temps de faire qqch; **fare qc in** *o* **per** ~ faire qqch à temps; **perdere** ~ perdre du temps; ~ **fa** il y a quelque temps; **allo stesso** ~ en même temps.

**temporale** *agg* temporel(-elle). ◆ *sm* orage *m*.

**temporaneo**, **-a** *agg* temporaire.

**tenace** *agg* tenace.

**tenda** *sf* rideau *m*; *(da campeggio)* tente *f*; ~ **canadese** canadienne *f*.

**tendenza** *sf* tendance *f*.

**tendere** *vt* tendre. ❑ **tendere a** *v + prep* : ~ **a qc** *(propendere per)* être enclin à qqch; ~ **a fare qc** avoir tendance à faire qqch.

**tẹndine** *sm* tendon *m.*

**tenẹre** *vt* 1. *(reggere)* tenir; ~ **qc in mano** tenir qqch dans sa main; ~ **qn per mano** tenir qqn par la main.

2. *(mantenere)* tenir, garder; ~ **la finestra aperta** laisser la fenêtre ouverte; ~ **qc a mente** retenir qqch.

3. *(presiedere)* tenir.

4. *(non allontanarsi da)* tenir; ~ **la destra/sinistra** tenir sa droite/gauche; ~ **la strada** tenir bien la route.

5. *(in espressioni)*: ~ **caldo** tenir chaud; ~ **compagnia a qn** tenir compagnie à qqn; ~ **conto di qc** tenir compte de qqch; ~ **un discorso** faire un discours; ~ **d'occhio qn** avoir qqn à l'œil.

❑ **tenersi** *vr* 1. *(reggersi)* se tenir; **tienti forte!** tiens-toi bien!

2. *(restare)* se tenir; **tienti pronto** tiens-toi prêt.

**tenerẹzza** *sf* tendresse *f.*

**tẹnero, -a** *agg* tendre.

**tẹnnis** *sm* tennis *m*; ~ **da tavolo** tennis de table.

**tennịsta, -i, -e** *smf* joueur *m* (-euse *f*) de tennis.

**tensiọne** *sf* tension *f.*

**tentạre** *vt* tenter; *(metodo, percorso)* essayer.

**tentatịvo** *sm* tentative *f.*

**tentaziọne** *sf* tentation *f.*

**tenụta** *sf* *(abbigliamento)* tenue *f*; *(resistenza fisica)* résistance *f*; **a ~ d'aria** étanche; ~ **di strada** tenue de route.

**teorịa** *sf* théorie *f.*

**teọrico, -a, -ci, -che** *agg* théorique.

**terapịa** *sf* thérapie *f.*

**tergicristạllo** *sm* essuie-glace *m inv.*

**termạle** *agg* thermal(-e).

**tẹrme** *sfpl* établissement *m* thermal; *(degli antichi Romani)* thermes *mpl.*

**tẹrminal** *sm inv* terminal *m.*

**terminạle** *agg* terminal(-e).

**terminạre** *vt* terminer. ◆ *vi* se terminer.

**tẹrmine** *sm* *(di viaggio, spettacolo)* fin *f*; *(scadenza)* délai *m*; *(parola)* terme *m*; **portare** *o* **condurre a ~qc** mener qqch à terme.

**tẹrmite** *sf* termite *m.*

**termometro** *sm* thermomètre *m.*
**termosifone** *sm* radiateur *m.*
**terra** *sf* terre *f*; **a** *o* **per ~** par terre.
**terrazza** *sf* terrasse *f.*
**terrazzo** *sm* balcon *m*; *(di terreno)* terrasse *f.*
**terremoto** *sm* tremblement *m* de terre.
**terreno** *sm* terrain *m.*
**terrestre** *agg* terrestre.
**terribile** *agg* terrible.
**terrina** *sf* terrine *f.*
**territorio** *sm (nazionale, straniero)* territoire *m*; *(montuoso, desertico)* région *f.*
**terrore** *sm* terreur *f.*
**terrorista**, **-i**, **-e** *smf* terroriste *mf.*
**terrorizzare** *vt* terroriser.
**terza** *sf (marcia)* troisième *f.*
**terzo**, **-a** *num* troisième; → **sesto**. ❑ **terzi** *smpl (altri)* tiers *mpl.*
**terzultimo**, **-a** *sm, f* avant-avant-dernier *m* (avant-avant-dernière *f*).
**tesi** *sf inv* thèse *f.*
**teso**, **-a** *agg* tendu(-e).
**tesoro** *sm (oggetti preziosi, denaro)* trésor *m*; *(naturale)* richesse *f.*
**tessera** *sf (di club, partito)* carte *f*; **~ magnetica** carte magnétique.
**tessitura** *sf* tissage *m.*
**tessuto** *sm* tissu *m.*
**test** *sm inv* test *m*; **~ di gravidanza** test de grossesse.
**testa** *sf* tête *f*; **mettersi in ~ di fare qc** se mettre en tête de faire qqch; **essere in ~ (a qc)** être en tête (de qqch); **fare di ~ propria** n'en faire qu'à sa tête; **perdere la ~** perdre les pédales; **dare alla ~ a qn** monter à la tête de qqn; **fare a ~ o croce** jouer à pile ou face; **a ~** par personne.
**testamento** *sm* testament *m.*
**testimone** *smf* témoin *m.*
**testimoniare** *vt* témoigner de. ◆ *vi* témoigner.
**testo** *sm* texte *m.*
**tetto** *sm* toit *m.*
**tettoia** *sf* hangar *m.*
**Tevere** *sm* : **il ~** le Tibre.
**ti** *(diventa* **te** *se precede lo, la, li, le, ne) pron* te; **~ ne vai?** tu t'en vas?
**tiepido**, **-a** *agg* tiède.

**tifọso, -a** *sm, f* supporter *m*.

**tịgre** *sf o sm* tigre *m*.

**timbrạre** *vt (biglietto, francobollo)* oblitérer.

**tịmbro** *sm (arnese)* tampon *m*; *(marchio)* cachet *m*, tampon; *(di voce)* timbre *m*.

**timer** ['taimer] *sm inv* minuterie *f*.

**tịmido, -a** *agg* timide.

**timọne** *sm* gouvernail *m*.

**tinẹllo** *sm* salle *f* à manger.

**tịngere** *vt* teindre.

**tinọzza** *sf* baquet *m*.

**tịnta** *sf (materiale)* teinture *f*; *(colore)* teinte *f*; **farsi la ~** se faire faire une teinture; **in ~ unita** uni.

**tịnto, -a** *pp* → **tingere.** ♦ *agg* teint(-e).

**tintorịa** *sf* teinturerie *f*.

**tịpico, -a, -ci, -che** *agg* typique.

**tịpo** *sm* type *m*.

**tipografịa** *sf* imprimerie *f*.

**tiramisù** *sm inv dessert à base de génoise imbibée de café et nappée d'un mélange de crème au « mascarpone », d'œufs et de sucre, puis saupoudrée de cacao.*

**tirạnno, -a** *sm, f* tyran *m*.

**tirạre** *vt* tirer; *(lanciare)* lancer; *(tracciare)* tracer; *(sferrare)* donner. ♦ *vi (vestito)* serrer; **~ diritto** continuer son chemin; **~ fuori qc** sortir qqch; **~ a indovinare** répondre au hasard; **~ a sorte** tirer au sort; **~ su** ramasser; **tirarsi indietro** *(rinunciare)* renoncer.

**tịro** *sm* tir *m*; *(traino)* trait *m*; **~ con l'arco** tir à l'arc.

**Tirrẹno** *sm* : **il (Mar) ~** la mer Tyrrhénienne.

**tisạna** *sf* tisane *f*.

**titolạre** *smf* propriétaire *mf*.

**tịtolo** *sm* titre *m*; **~ di studio** diplôme *m*.

**tịzio, -a** *sm, f* homme *m* (femme *f*).

**toast** [tɔst] *sm inv* croque-monsieur *m inv*.

**toccạre** *vt* toucher; *(spostare, usare)* toucher à; *(argomento)* aborder; *(riguardare)* regarder. ♦ *vi (nell'acqua)* avoir pied. ❑ **toccare a** *v + prep (capitare)* arriver; **tocca a te pagare da bere** c'est à toi de payer à boire; **'vietato ~'** 'ne pas toucher'.

**tọcco, -chi** *sm* touche *f*.

**tọgliere** *vt* enlever, ôter; *(liberare)* tirer.

**toilette** [twa'lɛt] *sf inv* toilettes *fpl*; *(mobile)* coiffeuse *f*.

**tollerante** *agg* tolérant(-e).

**tollerare** *vt* tolérer; *(dolore, cibi, caldo)* supporter.

**tolto**, **-a** *pp* → **togliere**.

**tomba** *sf* tombe *f*.

**tombino** *sm* plaque *f* d'égout.

**tombola** *sf* loto *m*.

**tondo**, **-a** *agg* rond(-e).

**tonnellata** *sf* tonne *f*.

**tonno** *sm* thon *m*.

**tono** *sm* ton *m*; *(di muscoli, pelle)* tonus *m*.

**tonsille** *sfpl* amygdales *fpl*.

**topo** *sm (piccolo)* souris *f*; *(grosso)* rat *m*.

**toppa** *sf (di stoffa)* pièce *f*; *(di serratura)* trou *m*.

**torace** *sm* thorax *m*.

**torcere** *vt* tordre.

**torcicollo** *sm* torticolis *m*.

**Torino** *sf* Turin.

**tormentare** *vt* tourmenter.

**tormento** *sm (angoscia)* tourment *m*; *(fastidio)* plaie *f*.

**tornare** *vi* revenir; *(rientrare)* revenir, rentrer; *(andare di nuovo)* retourner; *(ridiventare)* redevenir; **~ a casa** rentrer à la maison.

**torneo** *sm* tournoi *m*.

**toro** *sm* taureau *m*.

**torre** *sf* tour *f*; **~ di controllo** tour de contrôle; **la ~ di Pisa** la tour de Pise.

**torrefazione** *sf magasin où l'on torréfie et vend du café.*

**torrente** *sm* torrent *m*.

**torrone** *sm* nougat *m*.

**torta** *sf* gâteau *m*; *(ricoperta di frutta, salata)* tarte *f*; **~ gelato** gâteau glacé; **~ di mele** tarte aux pommes.

**tortellini** *smpl* tortellinis *mpl (variété de pâtes farcies)*.

**tortino** *sm (salato)* tarte *f*.

**torto**, **-a** *pp* → **torcere**. ♦ *sm* tort *m*.

**tortura** *sf* torture *f*.

**tosare** *vt* tondre; *(siepe)* tailler.

**Toscana** *sf* : **la ~** la Toscane.

**toscano**, **-a** *agg* toscan(-e).

**tosse** *sf* toux *f*.

**tossico**, **-a**, **-ci**, **-che** *agg* toxique.

**tossire** *vi* tousser.

**tostapane** *sm inv* grille-pain *m inv.*

**tostare** *vt* griller.

**totale** *agg* total(-e). ◆ *sm* total *m*; **in ~** au total.

**totano** *sm* calamar *m.*

**totocalcio** *sm* ≈ loto *m* sportif *(portant sur les pronostics des matchs de football).*

**tovaglia** *sf* nappe *f.*

**tovagliolo** *sm* serviette *f* (de table).

**tra** *prep* entre; *(di tempo)* dans; *(di distanza)* à; *(partitivo)* parmi; **detto ~ (di) noi** (soit dit) entre nous; **~ breve** *o* **poco** sous peu, d'ici peu; **~ sé e sé** en son for intérieur.

**traballare** *vi* être bancal.

**traccia, -ce** *sf* trace *f.*

**tracciare** *vt* tracer.

**tracolla** *sf* bandoulière *f*; **a ~** en bandoulière.

**tradimento** *sm* trahison *f*; *(adulterio)* infidélité *f.*

**tradire** *vt* trahir; *(coniuge)* tromper.

**tradizionale** *agg* traditionnel(-elle).

**tradizione** *sf* tradition *f.*

**tradurre** *vt* traduire.

**traduttore, -trice** *sm, f* traducteur *m* (-trice *f*).

**traduzione** *sf* traduction *f.*

**trafelato, -a** *agg* essoufflé(-e).

**traffico** *sm* circulation *f*; *(aereo, di droga)* trafic *m.*

**traforo** *sm* tunnel *m.*

**traghetto** *sm* ferry *m.*

**tragico, -a, -ci, -che** *agg* tragique.

**tragitto** *sm* trajet *m.*

**traguardo** *sm* ligne *f* d'arrivée.

**trainare** *vt* tirer, remorquer.

**traino** *sm* remorquage *m.*

**tralasciare** *vt* omettre.

**tram** *sm inv* tram *m*, tramway *m.*

**tramezzino** *sm* sandwich *m* au pain de mie.

**tramite** *prep (posta, radio)* par; *(persona)* par l'intermédiaire de.

**tramonto** *sm* coucher *m* du soleil.

**trampolino** *sm* tremplin *m.*

**trancio** *sm* tranche *f.*

**tranne** *prep* sauf; **~ che** sauf.

**tranquillante** *sm* tranquillisant *m.*

**tranquillità** *sf* tranquillité *f.*
**tranquillo**, **-a** *agg* tranquille.
**transalpino**, **-a** *agg* transalpin(-e); *(strada, ferrovia)* qui traverse les Alpes.
**transenna** *sf* barrière *f.*
**transitabile** *agg* praticable.
**transitare** *vi* circuler.
**transitivo**, **-a** *agg* transitif(-ive).
**transito** *sm* transit *m*; **'divieto di ~'** 'circulation interdite'.
**trapano** *sm* perçeuse *f*; *(del dentista)* fraise *f*, roulette *f.*
**trapianto** *sm* (MED) greffe *f.*
**trappola** *sf* piège *m.*
**trasandato**, **-a** *agg* négligé(-e).
**trascinare** *vt* traîner. ❏ **trascinarsi** *vr* se traîner; *(nel tempo)* traîner.
**trascorrere** *vt* & *vi* passer.
**trascorso**, **-a** *pp* → **trascorrere**.
**trascurare** *vt* négliger; *(omettere)* omettre.
**trasferire** *vt* *(impiegato)* muter; *(negozio, sede)* transférer. ❏ **trasferirsi** *vr* s'installer.
**trasformare** *vt* transformer.
**trasformazione** *sf* transformation *f.*
**trasfusione** *sf* transfusion *f.*
**trasgredire** *vt* transgresser.
**traslocare** *vi* déménager.
**trasloco**, **-chi** *sm* déménagement *m.*
**trasmettere** *vt* transmettre.
**trasmissione** *sf* transmission *f*; (RADIO; TV) émission *f.*
**trasparente** *agg* transparent(-e).
**trasportare** *vt* transporter.
**trasporto** *sm* transport *m.*
**trattamento** *sm* traitement *m.*
**trattare** *vt* traiter; *(negoziare)* négocier; *(commerciare)* travailler dans. ❏ **trattarsi** *vr* : **si tratta di** il s'agit de.
**trattenere** *vt* retenir; **~ qn dal fare qc** empêcher qqn de faire qqch. ❏ **trattenersi** *vr* rester; **quanto si**

**trattiene?** il reste combien de temps?; **trattenersi dal fare qc** se retenir de faire qqch.

**trattino** *sm* tiret *m*.

**tratto** *sm* trait *m*; *(di spazio)* bout *m*; *(di tempo)* laps *m* de temps; **ad un ~, d'un ~** tout à coup.

**trattore** *sm* tracteur *m*.

**trattoria** *sf* petit restaurant *m*.

**trauma**, **-i** *sm* traumatisme *m*.

**trave** *sf* poutre *f*.

**traveller's cheque** ['traveler'tʃɛk] *sm inv* traveller's check *m*.

**traversa** *sf* rue *f* transversale.

**traversare** *vt* traverser.

**traverso**, **-a** *agg* transversal(-e). ◆ *avv* : **di ~** de travers.

**travestimento** *sm* déguisement *m*.

**travestire** *vt* déguiser. ❑ **travestirsi da** *vr + prep* se déguiser en.

**tre** *num* trois; → **sei**.

**treccia**, **-ce** *sf* tresse *f*.

**trecento** *num* trois cents; → **sei**.

**tredicesimo**, **-a** *num* treizième; → **sesto**.

**tredici** *num* treize; → **sei**.

**tremare** *vi* trembler.

**tremendo**, **-a** *agg* terrible.

**tremila** *num* trois mille; → **sei**.

**Tremiti** *sfpl* : **le (isole) ~** *les îles fpl Tremiti (dans l'Adriatique, au nord des Pouilles)*.

**treno** *sm* train *m*; **~ diretto** train direct; **~ espresso** train express; **~ merci** train de marchandises; **'treni in partenza/in arrivo'** 'trains au départ/à l'arrivée'.

**trenta** *num* trente; → **sei**.

**trentesimo**, **-a** *agg* trentième; → **sesto**.

**trentina** *sf* : **una ~ (di)** une trentaine (de); **essere sulla ~** avoir la trentaine.

**Trentino** *sm* : **il ~-Alto Adige** le Trentin Haut-Adige.

**triangolo** *sm* triangle *m*.

**tribuna** *sf* tribune *f*.

**tribunale** *sm* tribunal *m*.

**trifolato**, **-a** *agg sauté à l'ail et au persil*.

**triglia** *sf* rouget *m*.

**trimestre** *sm* trimestre *m*.

**trionfare** *vi* triompher.

**trionfo** *sm* triomphe *m.*
**triplo**, **-a** *agg* triple. ◆ *sm* triple *m.*
**trippa** *sf* tripes *fpl.*
**triste** *agg* triste.
**tristezza** *sf* tristesse *f.*
**tritare** *vt* hacher.
**trito**, **-a** *agg* haché(-e). ◆ *sm hachis d'oignon et de lard.*
**trofeo** *sm* trophée *m.*
**tromba** *sf* trompette *f*; **~ delle scale** cage *f* d'escalier.
**trombone** *sm* trombone *m.*
**troncare** *vt* trancher; *(amicizia, relazione)* rompre.
**tronco**, **-chi** *sm* tronc *m.*
**trono** *sm* trône *m.*
**tropico** *sm* tropique *m*; **i tropici** les tropiques.
**troppo**, **-a** *agg* 1. *(in quantità eccessiva)* trop de; **c'è troppa nebbia** il y a trop de brouillard.
2. *(in numero eccessivo)*: **troppi(-e)** trop de; **ho mangiato troppi biscotti** j'ai mangé trop de biscuits.
◆ *pron* 1. *(una quantità eccessiva)* trop; **ho poco tempo libero, tu ~** j'ai peu de temps libre, toi tu en as trop.
2. *(un numero eccessivo)*: **troppi(-e)** trop; **non voglio altri problemi, ne ho fin troppi** je ne veux pas d'autres problèmes, je n'en ai que trop.
◆ *avv* 1. *(in misura eccessiva)* trop; **sei ~ buono** tu es trop bon; **spendo ~** je dépense trop; **parla ~ velocemente** il parle trop vite; **di ~** de *o* en trop.
2. *(molto)*: **non mi sento ~ bene** je ne me sens pas très *o* trop bien.
**trota** *sf* truite *f.*
**trovare** *vt* trouver; **andare a ~ qn** aller voir qqn. ❑ **trovarsi** *vr* se trouver; *(incontrarsi)* se retrouver.
**truccare** *vt* maquiller; *(risultato, partita)* truquer.
**trucco**, **-chi** *sm* maquillage *m*; *(artificio)* truc *m.*
**truffa** *sf* escroquerie *f.*
**truffare** *vt* escroquer.
**truppa** *sf* troupe *f.*
**tu** *pron (impersonale)* tu, on *(seconda persona)*; **e ~, ci vai?** et toi, tu y vas?
◆ *sm* : **dare del ~ a qn** tutoyer qqn; **se lo dici ~...** si c'est toi qui le dis...; **~ stesso** toi-même; **a ~ per ~** en tête à tête.
**tubetto** *sm* tube *m.*

**tubo** *sm* tuyau *m*; ~ **di scappamento** *o* **di scarico** tuyau d'échappement.
**tuffarsi** *vr* plonger.
**tuffo** *sm* plongeon *m*.
**tulipano** *sm* tulipe *f*.
**tumore** *sm* tumeur *f*.
**tuo** (*f* **tua**, *mpl* **tuoi**, *fpl* **tue**) *agg* ton (ta), tes (*pl*); **questi soldi sono tuoi** cet argent est à toi; ~ **padre** ton père; **un** ~ **amico** un des tes amis. ❑ **il tuo** (*f* **la tua**, *mpl* **i tuoi**, *fpl* **le tue**) *pron* le tien (la tienne), les tiens (les tiennes) (*pl*).
**tuonare** *v impers* : **tuona** on entend le tonnerre.
**tuono** *sm* tonnerre *m*.
**tuorlo** *sm* : ~ **(d'uovo)** jaune *m* d'œuf.
**turare** *vt* boucher.
**turbare** *vt* (*sconcertare*) troubler.
**turbolento**, **-a** *agg* (*persona*) turbulent(-e).
**turismo** *sm* tourisme *m*.
**turista**, **-i**, **-e** *smf* touriste *mf*.
**turistico**, **-a**, **-ci**, **-che** *agg* touristique.
**turno** *sm* (*di gioco*) tour *m*; (*di lavoro*) équipe *f*; **è il tuo** ~ c'est ton tour; **a** ~ à tour de rôle; **essere di** ~ être de service.
**tuta** *sf* (*da lavoro*) bleu *m* (de travail); (*sportiva*) survêtement *m*.
**tutelare** *vt* (*difendere*) défendre. ❑ **tutelarsi** *vr* se protéger.
**tuttavia** *cong* toutefois, cependant.
**tutto**, **-a** *agg* 1. (*la totalità di*) tout(-e); ~ **il giorno** toute la journée; **in tutta Europa** dans toute l'Europe; **tutti e cinque** tous les cinq.
2. (*ogni*): **tutti(-e)** tous (toutes); **telefona tutti i giorni** il téléphone tous les jours; **tutte le volte (che)** à chaque fois (que).
3. (*esclusivamente*): **è tutta colpa tua** c'est entièrement de ta faute.
4. (*molto*) tout(-e); **è** ~ **contento** il est tout content.
◆ *pron* 1. (*la totalità*) tout(-e); **bevilo** ~ bois tout; **verremo tutti** nous viendrons tous; **tutti** (*la totalità della gente*) tout le monde, tous.
2. (*ogni cosa*) tout; **mi ha raccontato** ~ il m'a tout

raconté; **non è ~** ce n'est pas tout; **in ~** *(nel complesso)* en tout; **in ~ fanno 180 euro** cela fait 180 euros en tout; **~ compreso** tout compris; **~ esaurito** complet; **~ sommato** tout compte fait.
◆ *avv (interamente)*: **tutt'altro** pas du tout; **~ il contrario** tout le contraire; **non ne sono convinto del ~** je ne suis pas tout à fait convaincu; **tutt'al più** au pire.
◆ *sm* : **il ~** le tout.
**tv** *sf inv* télé *f*.

# U

**ubbidiẹnte** *agg* obéissant(-e).
**ubbidịre**: **ubbidire a** *v + prep* obéir à.
**ubriacạre** *vt* soûler.
**ubrịaco**, **-a**, **-chi**, **-che** *agg* soûl. ◆ *sm, f* ivrogne *mf*.
**uccẹllo** *sm* oiseau *m*.
**uccịdere** *vt* tuer.
**udịto** *sm* ouïe *f*.
**ụffa** *esclam* quelle barbe!
**ufficiạle** *agg* officiel(-elle). ◆ *sm* officier *m*.
**uffịcio** *sm* bureau *m*; *(incarico)* fonctions *fpl*; **~ cambi** bureau de change; **~ informazioni** (bureau des) renseignements *mpl*; **~ oggetti smarriti** (bureau des) objets *mpl* trouvés; **~ postale** bureau de poste; **~ turistico** office *m* du tourisme.
**Uffịzi** *smpl* : **gli ~** le palais des Offices.
**uguagliạre** *vt* égaler; *(siepe, erba)* égaliser.
**uguạle** *agg* égal(-e); *(identico)* pareil(-eille). ◆ *avv* pareil; **~ a** *(identico)* pareil que; *(pari)* égal à.
**ugualmẹnte** *avv (lo stesso)* quand même.
**ụlcera** *sf* ulcère *m*.
**ulịva** = **oliva**.
**ulịvo** = **olivo**.
**ulteriọre** *agg* supplémentaire.
**ultimạre** *vt* achever, terminer.
**ụltimo**, **-a** *agg* dernier(-ère). ◆ *sm, f* dernier *m* (-ère *f*); **da ~** enfin, à la fin; **fino all'~** jusqu'au bout, jusqu'à la fin; **per ~** en dernier.
**umạno**, **-a** *agg* humain(-e).

**umidità** *sf* humidité *f.*

**umido**, **-a** *agg* humide. ◆ *sm* : **in ~** en sauce.

**umile** *agg* humble.

**umiliare** *vt* humilier. ❑ **umiliarsi** *vr* s'abaisser.

**umore** *sm* humeur *f*; **essere di buon/cattivo ~** être de bonne/mauvaise humeur.

**umorismo** *sm* humour *m.*

**un** → **uno**.

**un'** → **uno**.

**undicesimo**, **-a** *num* onzième; → **sesto**.

**undici** *num* onze; → **sei**.

**ungere** *vt* enduire; *(macchiare)* faire des taches de graisse sur; **ungersi i pantaloni** faire des taches de graisse sur son pantalon.

**unghia** *sf* ongle *m.*

**unico**, **-a**, **-ci**, **-che** *agg* unique.

**uniforme** *agg* uniforme. ◆ *sf* uniforme *m.*

**unione** *sf* union *f*; **l'Unione Europea** l'Union européenne.

**unire** *vt (mettere insieme)* joindre; *(accomunare)* unir; *(collegare)* relier.

**unità** *sf inv* unité *f*; **~ di misura** unité de mesure.

**unito**, **-a** *agg (persone)* uni(-e); *(oggetti)* attaché(-e).

**università** *sf inv* université *f.*

**universo** *sm* univers *m.*

**uno**, **-a** *art indeterminativo* un (une).

◆ *pron* 1. *(alcuno)* un (une); **~ dei miei libri/dei migliori** (l')un de mes livres/des meilleurs; **l'un l'altro** l'un l'autre; **l'~ o l'altro** l'un ou l'autre; **gli uni e gli altri** les uns et les autres.

2. *(un tale)* quelqu'un; **sta parlando con ~** il est en train de parler avec quelqu'un.

◆ *num* un; → **sei**.

**unto**, **-a** *pp* → **ungere**. ◆ *sm* graisse *f.*

**uomo** (*pl* **uomini**) *sm* homme *m*; **~ d'affari** homme d'affaires; **da ~** pour homme.

**uovo** (*pl f* **uova**) *sm* œuf *m*; **~ in camicia** œuf poché; **~ alla coque** œuf à la coque; **~ di Pasqua** œuf de Pâques; **~ sodo** œuf dur; **~ al tegamino** œuf sur le plat; **uova strapazzate** œufs brouillés.

**urbano**, **-a** *agg* urbain(-e).

**urgente** *agg* urgent(-e).
**urina** *sf* urine *f*.
**urlare** *vt & vi* hurler.
**urlo** *sm (di persona: pl f urla)* hurlement *m*; *(di animale: pl m urli)* hurlement.
**urtare** *vt* heurter; *(irritare)* agacer. ◆ *vi* : **~ contro** *o* **in qc** se heurter contre *o* à qqn. ❑ **urtarsi** *vr* se heurter; *(irritarsi)* se vexer.
**urto** *sm* choc *m*.
**USA** *smpl* : **gli ~** les États-Unis *mpl*.
**usare** *vt* utiliser.
**usato**, **-a** *agg (consumato)* usé(-e); *(di seconda mano)* d'occasion. ◆ *sm (merce)* occasions *fpl*.
**uscio** *sm* porte *f*.
**uscire** *vi* sortir; **~ di casa** sortir de chez soi; **~ di strada** quitter la route.
**uscita** *sf* sortie *f*; **~ di emergenza** *o* **di sicurezza** sortie de secours.
**usignolo** *sm* rossignol *m*.
**uso** *sm* utilisation *f*; *(abitudine)* coutume *f*, tradition *f*; **fuori ~** hors d'usage.
**ustione** *sf* brûlure *f*.
**usuale** *agg* habituel(-elle).
**usufruire**: **usufruire di** *v + prep* bénéficier de.
**utente** *smf* usager *m*.
**utile** *agg* utile; **posso esserle ~?** je peux vous aider?
**utilizzare** *vt* utiliser.
**uva** *sf* raisin *m*.
**uvetta** *sf* raisin *m* sec.

# V

**vacanza** *sf (da lavoro)* congé *m*; *(da scuola)* vacances *fpl*; *(giorno festivo)* jour *m* férié; **vacanze** *(estive)* grandes vacances; *(di Natale, Pasqua)* vacances.
**vacca**, **-che** *sf* vache *f*.
**vaccinazione** *sf* vaccination *f*.
**vado** → **andare**.
**vaglia** *sm inv* mandat *m*; **~ postale** mandat postal.
**vago**, **-a**, **-ghi**, **-ghe** *agg* vague.
**vagone** *sm* wagon *m*; **~ letto** wagon-lit *m*; **~ ristorante** wagon-restaurant *m*.
**vai** → **andare**.
**valanga**, **-ghe** *sf* avalanche *f*.
**Val d'Aosta** = **Valle d'Aosta**.

**valęre** *vi* être valable; *(avere valore)* valoir. ◆ *vt* valoir; **~ la pena di fare qc** valoir la peine de faire qqch; **vale a dire** c'est-à-dire. ❑ **valersi di** *vr + prep* se servir de.
**vąlico**, **-chi** *sm* col *m*.
**validità** *sf* validité *f*.
**vąlido**, **-a** *agg* efficace; *(valevole)* valable.
**valįgia**, **-gie** o **ge** *sf* valise *f*; **fare le valigie** faire ses valises.
**valląta** *sf* vallée *f*.
**vąlle** *sf* vallée *f*. ❑ **Valle d'Aosta** *sf* : **la Valle d'Aosta** le Val d'Aoste.
**valǫre** *sm* valeur *f*. ❑ **valori** *smpl (gioielli)* objets *mpl* de valeur; *(ideali)* valeurs.
**vąlso**, **-a** *pp* → **valere**.
**valųta** *sf* devise *f*.
**valutąre** *vt* estimer, évaluer; *(persona)* juger.
**valutaziǫne** *sf* estimation *f*, évaluation *f*.
**vąndalo**, **-a** *sm, f* vandale *m*.
**vąnga**, **-ghe** *sf* bêche *f*.
**vangęlo** *sm* évangile *m*.
**vanįglia** *sf* vanille *f*.
**vanitǫso**, **-a** *agg* vaniteux(-euse).
**vąnno** → **andare**.
**vąno**, **-a** *agg* vain(-e). ◆ *sm (stanza)* pièce *f*; *(apertura)* embrasure *f*.
**vantąggio** *sm* avantage *m*; **trarre ~ da qc** tirer profit de qqch; **essere in ~** mener.
**vantąrsi** *vr* se vanter.
**vapǫre** *sm* vapeur *f*.
**vaporętto** *sm petit bateau utilisé comme moyen de transport public à Venise*.
**vaporizzatǫre** *sm* vaporisateur *m*.
**variąre** *vt (modificarsi)* changer. ◆ *vi* changer; *(essere diverso)* varier.
**varicęlla** *sf* varicelle *f*.
**varietà** *sf inv* variété *f*.
**vąrio**, **-a** *agg (svariato)* varié(-e); *(numeroso)* plusieurs; *(diverso)* différent(-e).
**vąsca**, **-sche** *sf (contenitore)* bassin *m*; *(di piscina)* longueur *f*; **~ (da bagno)** baignoire *f*.
**vąso** *sm* vase *m*; **~ da fiori** vase; *(per piante)* pot *m* de fleurs.
**vassǫio** *sm* plateau *m*.
**vąsto**, **-a** *agg* vaste.
**Vaticąno** *sm* : **il ~** le Vatican.
**ve** → **vi**.

**vẹcchio, -a** *agg* vieux (vieille); *(sorpassato)* dépassé(-e); *(precedente)* ancien(-enne). ♦ *sm, f* vieux *m* (vieille *f*).

**vedẹre** *vt* voir; **si vede che è uscito** il a dû sortir; **vederci** voir; **~ di fare qc** tâcher de faire qqch; **farsi ~** *(farsi visitare)* se faire examiner; **avere a che ~ con** avoir (qqch) à voir avec; **non dare a ~ qc** ne pas laisser voir qqch; **non ~ l'ora che/di** avoir hâte que/de. ❑ **vedersi** *vr* se voir; **ci vediamo!** à la prochaine!

**vẹdovo, -a** *agg* veuf (veuve). ♦ *sm, f* veuf *m* (veuve *f*).

**vedụta** *sf* vue *f*.

**vegetạle** *agg* végétal(-e). ♦ *sm* végétal *m*.

**vegetariạno, -a** *agg* végétarien(-enne).

**veglịone** *sm* réveillon *m* (de la Saint-Sylvestre).

**veịcolo** *sm* véhicule *m*; **'veicoli lenti'** 'véhicules lents'.

**vẹla** *sf* voile *f*.

**velẹno** *sm* poison *m*; *(di vipera)* venin *m*.

**velenọso, -a** *agg (sostanza)* toxique; *(fungo, pianta)* vénéneux(-euse).

**vellụto** *sm* velours *m*.

**vẹlo** *sm* voile *m*; *(strato)* pellicule *f*.

**velọce** *agg* rapide.

**velocemẹnte** *avv* vite.

**velocità** *sf* vitesse *f*; **'~ max... km/h'** *panneau de limitation de vitesse.*

**vẹna** *sf* veine *f*.

**vendẹmmia** *sf* vendange *f*.

**vẹndere** *vt* vendre; **'vendesi'** 'à vendre'.

**vendẹtta** *sf* vengeance *f*.

**vendicạre** *vt* venger. ❑ **vendicarsi** *vr* se venger; **vendicarsi di** se venger de; **vendicarsi su qn** se venger sur qqn.

**vẹndita** *sf* vente *f*; **'in ~ qui'** 'en vente ici'.

**venditọre, -trice** *sm, f* vendeur *m* (-euse *f*).

**venerdì** *sm inv* vendredi *m*; → **sabato**.

**Venẹzia** *sf* Venise.

**veneziạna** *sf (tenda)* store *m* vénitien.

**venịre** *vi* venir; *(arrivare)* arriver; *(costare)* coûter; **~ male** être raté; **mi è venuto sonno** j'ai sommeil; **quanto viene?** ça fait combien?; **~**

giù descendre; **~ via** partir; *(etichetta)* se décoller; **~ a sapere qc** apprendre qqch.

**ventẹsimo**, **-a** *num* vingtième; **→ sesto**.

**vẹnti** *num* vingt; **→ sei**.

**ventilatọre** *sm* ventilateur *m*.

**ventịna** *sf* : **una ~ (di)** une vingtaine (de).

**vẹnto** *sm* vent *m*; **'forte ~ laterale'** 'vent latéral'.

**venụto**, **-a** *pp* **→ venire**.

**veramẹnte** *avv (davvero)* vraiment; *(a dire il vero)* à vrai dire.

**vẹrbo** *sm* verbe *m*.

**vẹrde** *agg* vert(-e). ◆ *sm* vert *m*; *(in città)* espaces *mpl* verts.

**verdụra** *sf* légumes *mpl*.

**vẹrgine** *agg* vierge; **la Vergine** la (Sainte) Vierge.

**vergọgna** *sf* honte *f*; **ho ~ di parlare in pubblico** ça me gêne de parler en public.

**vergognạrsi** *vr* : **~ (di)** avoir honte (de).

**verịfica**, **-che** *sf* vérification *f*.

**verificạre** *vt* vérifier. ❑ **verificarsi** *vr (dimostrarsi vero)* se vérifier; *(accadere)* se produire.

**verità** *sf* vérité *f*.

**vẹrme** *sm* ver *m*.

**vernịce** *sf* peinture *f*; *(di borse, scarpe)* vernis *m*; **'~ fresca'** 'peinture fraîche'.

**verniciạre** *vt* peindre.

**vẹro**, **-a** *agg* vrai(-e); *(autentico)* véritable. ◆ *sm* vérité *f*.

**verosịmile** *agg* vraisemblable.

**versạre** *vt* verser; *(rovesciare)* renverser.

**versiọne** *sf* version *f*; *(traduzione)* traduction *f*.

**vẹrso** *sm (di poesia)* vers *m*; *(di animale)* cri *m*; *(direzione)* sens *m*. ◆ *prep* vers; *(nei confronti di)* envers; **fare il ~ a qn** imiter qqn.

**verticạle** *agg* vertical(-e).

**vertịgine** *sf* vertige *m*; **soffrire di vertigini** avoir le vertige.

**vẹscovo** *sm* évêque *m*.

**vẹspa** *sf* guêpe *f*.

**vestạglia** *sf* robe *f* de chambre.

**vestiạrio** *sm* garde-robe *f*.

**vestịre** *vt* habiller. ◆ *vi* s'habiller.

**vestịto** *sm (da uomo)* costume *m*; *(da donna)* robe *f*.

❑ **vestiti** *smpl (indumenti)* vêtements *mpl*.
**Vesuvio** *sm* : **il ~** le Vésuve.
**veterinario**, **-a** *sm, f* vétérinaire *mf*.
**vetrata** *sf (di casa)* baie *f* vitrée; *(di chiesa)* vitrail *m*.
**vetrina** *sf* vitrine *f*.
**vetro** *sm* verre *m*; *(frammento)* éclat *m* de verre; *(di finestra, d'auto)* vitre *f*.
**vetta** *sf* sommet *m*; *(di classifica)* tête *f*.
**vettura** *sf* voiture *f*.
**vi** *pron* vous. ◆ *avv* = **ci**; **ve ne andate?** vous vous en allez?
**via** *sf* rue *f*; *(percorso)* chemin *m*; *(passaggio)* passage *m*. ◆ *prep* via. ◆ *esclam (per cacciare)* va-t'en!; *(in gara)* partez! ◆ *sm inv* signal *m* du départ. ◆ *avv* : **andare ~** partir; **cacciare ~** chasser; **tirare ~** enlever; **e così ~** et ainsi de suite; **abito in ~ Dante 36** j'habite au 36 rue Dante; **~ aerea** par avion; **~ mare** par voie maritime; **in ~ eccezionale** à titre exceptionnel; **per ~ di** à cause de; **~ di mezzo** moyen terme *m*.
**viabilità** *sf* viabilité *f*.
**viaggiare** *vi* voyager; *(veicolo)* rouler.
**viaggiatore**, **-trice** *sm, f* voyageur *m* (-euse *f*).
**viaggio** *sm* voyage *m*; **buon ~!** bon voyage!; **~ d'affari** voyage d'affaires; **~ di nozze** voyage de noces.
**viale** *sm* avenue *f*, boulevard *m*; *(in un parco)* allée *f*.
**vicenda** *sf* événement *m*. ❑ **a vicenda** *avv* mutuellement.
**viceversa** *avv* vice versa.
**vicinanza** *sf* proximité *f*; **nelle vicinanze (di qc)** à proximité (de qqch).
**vicino**, **-a** *agg* proche. ◆ *sm, f* voisin *m* (-e *f*). ◆ *avv* tout près. ◆ *prep* : **~ a** près de, à côté de; **~ di casa** voisin(-e); **da ~** de près.
**vicolo** *sm* ruelle *f*; **~ cieco** voie *f* sans issue, impasse *f*.
**video** *sm inv (schermo)* écran *m*; *(musicale)* clip *m* (vidéo).
**videocassetta** *sf* cassette *f* vidéo.
**videoregistratore** *sm* magnétoscope *m*.
**vietare** *vt* interdire; **~ a qn di fare qc** interdire à

qqn de faire qqch; **~ qc a qn** interdire qqch à qqn.

**vietato, -a** *agg* interdit(-e); **'~ l'accesso'** 'entrée interdite'; **'~ l'accesso ai mezzi non autorizzati'** *panneau interdisant l'accès du centre-ville à certaines heures aux véhicules non autorisés;* **'~ fumare'** 'interdiction de fumer'.

**vigile** *agg* vigilant(-e). ♦ *sm* : **~ (urbano)** agent *m* de police; **~ del fuoco** pompier *m*.

**vigilia** *sf* veille *f*; **la ~ di Natale** le réveillon de Noël.

**vigliacco, -a, -chi, -che** *agg* lâche. ♦ *sm, f* lâche *mf*.

**vigna** *sf* vigne *f*.

**villa** *sf* villa *f*.

**villaggio** *sm* village *m*; **~ turistico** village de vacances.

**villeggiatura** *sf* vacances *fpl*.

**villetta** *sf* maison *f*.

**vincere** *vt* gagner, remporter; *(avversario)* battre. ♦ *vi* gagner.

**vincita** *sf (vittoria)* victoire *f*; *(premio)* gain *m*.

**vincitore, -trice** *sm, f* vainqueur *m*.

**vino** *sm* vin *m*; **~ bianco** vin blanc; **~ rosso** vin rouge.

**vinto, -a** *pp* → **vincere**.

**viola** *agg inv* violet(-ette). ♦ *sm inv* violet *m*. ♦ *sf* violette *f*.

**violare** *vt* violer.

**violento, -a** *agg* violent(-e).

**violenza** *sf* violence *f*.

**vipera** *sf* vipère *f*.

**virgola** *sf* virgule *f*.

**viscosa** *sf* viscose *f*.

**visibile** *agg* visible.

**visione** *sf* vision *f*.

**visita** *sf* visite *f*; **fare ~ a qn** rendre visite à qqn; **~ medica** visite médicale.

**visitare** *vt* visiter; *(sog: medico)* examiner.

**viso** *sm* visage *m*.

**vissuto, -a** *pp* → **vivere**.

**vista** *sf* vue *f*; **a prima ~** à première vue.

**visto, -a** *pp* → **vedere**. ♦ *sm* visa *m*.

**vita** *sf* vie *f*; *(ANAT)* taille *f*.

**vitamina** *sf* vitamine *f*.

**vite** *sf (pianta)* vigne *f*; *(utensile)* vis *f*.

**vitello** *sm* veau *m*; **~ tonnato** *plat froid composé de veau bouilli découpé en fines* *tranches et nappé d'une mayonnaise au thon.*

**vittima** *sf* victime *f.*

**vitto** *sm* nourriture *f*; **~ e alloggio** le vivre et le couvert.

**vittoria** *sf* victoire *f.*

**vivace** *agg* vif (vive).

**vivente** *agg* → **essere**.

**vivere** *vt* & *vi* vivre.

**viveri** *smpl* vivres *mpl.*

**vivo**, **-a** *agg* vivant(-e); *(vivace, intenso)* vif (vive).

**viziato**, **-a** *agg (bambino)* gâté(-e); *(aria)* vicié(-e).

**vizio** *sm* vice *m.*

**vocabolario** *sm* dictionnaire *m*; *(lessico)* vocabulaire *m.*

**vocabolo** *sm* terme *m.*

**vocale** *agg* vocal(-e). ◆ *sf* voyelle *f.*

**voce** *sf* voix *f*; *(diceria)* bruit *m*, rumeur *f*; *(di vocabolario)* entrée *f*; **a bassa ~** à voix basse; **ad alta ~** à voix haute; **sotto ~** à voix basse.

**voglia** *sf* envie *f*; **avere ~ di fare qc** avoir envie de faire qqch; **avere ~ di qc** avoir envie de qqch; **contro ~** à contrecœur.

**voi** *pron* : **io resto, ~ andate?** moi je reste; vous, vous y allez?; **~ stessi** vous-mêmes.

**volante** *agg* volant(-e). ◆ *sm* volant *m.*

**volare** *vi* voler.

**vol-au-vent** [volo'van] *sm inv* bouchée *f* à la reine.

**volentieri** *avv* volontiers.

**volere** *vt* 1. *(desiderare, esigere)* vouloir; **cosa vuoi?** qu'est-ce que tu veux?; **~ qn** *(cercare)* demander qqn; **ti vogliono al telefono** on te demande au téléphone; **senza volerlo** sans le vouloir; **vorrei...** je voudrais...
2. *(permettere)* vouloir; **i miei non vogliono che venga** mes parents ne veulent pas que je vienne.
3. *(soldi)* demander; **quanto vuole per questo orologio?** combien demandez-vous pour cette montre?
4. *(decidersi a)* vouloir; **la macchina non vuole partire** la voiture ne veut pas démarrer.
5. *(necessitare di)* demander; **volerci** falloir.
6. *(in espressioni)*: **voler bene a qn** aimer qqn; **voler dire** vouloir dire; **volerne a qn** en vouloir à qqn.
◆ *sm* volonté *f*; **contro il ~**

**di qn** contre la volonté de qqn.

**volgare** *agg* vulgaire.

**volo** *sm* vol *m*; **~ charter** vol charter; **~ di linea** vol régulier.

**volontà** *sf inv* volonté *f*.

**volontario**, **-a** *agg* volontaire. ◆ *sm, f* volontaire *mf*.

**volpe** *sf* renard *m*.

**volta** *sf* fois *f*; *(di edificio)* voûte *f*; **a sua ~** à son tour; **di ~ in ~** chaque fois; **una ~** autrefois; **una ~ che** une fois que; **una ~ tanto** *(per una volta)* pour une fois; **uno per** *o* **alla ~** un seul à la fois; **a volte** quelquefois.

**voltare** *vt & vi* tourner; **~ pagina** tourner la page.

**volto** *sm* visage *m*.

**volume** *sm* volume *m*.

**vomitare** *vt & vi* vomir.

**vomito** *sm* vomissement *m*.

**vongola** *sf* clovisse *f*, palourde *f*.

**vostro**, **-a** *agg* votre, vos *(pl)*; **soni vostri questi bagagli?** ces bagages sont à vous?; **~ padre** votre père; **un ~ amico** un de vos amis. ❑ **il vostro** (*f* **la vostra**, *mpl* **i vostri**, *fpl* **le vostre**) *pron* le vôtre (la vôtre), les vôtres *(pl)*.

**votare** *vt & vi* voter.

**voto** *sm* vote *m*; *(SCOL)* note *f*.

**vulcano** *sm* volcan *m*.

**vuotare** *vt* vider.

**vuoto**, **-a** *agg* vide; *(discorso)* creux (creuse). ◆ *sm* vide *m*; *(bottiglia)* bouteille *f* vide.

# W-Z

**wafer** ['vafer] *sm inv* gaufrette *f*.

**water (closet)** *sm inv* W-C *mpl*.

**windsurf** ['windsərf] *sm inv* planche *f* à voile.

**würstel** ['vurstel] *sm inv* saucisse *f* de Strasbourg.

**yogurt** *sm inv* yaourt *m*, yoghourt *m*.

**zabaione** *sm* sabayon *m*.

**zafferano** *sm* safran *m*.

**zaino** *sm* sac *m* à dos.

**zampa** *sf* patte *f*.

**zampirone** *sm spirale que*

*l'on fait brûler pour éloigner les moustiques.*

**zampọne** *sm* pied *m* de porc farci.

**zanzạra** *sf* moustique *m*.

**zạppa** *sf* houe *f*.

**zẹbra** *sf* zèbre *m*. ❑ **zebre** *sfpl (fam)* passage *m* (pour) piétons.

**zẹlo** *sm* zèle *m*.

**zẹnzero** *sm* gingembre *m*.

**zẹppo**, **-a** *agg* bourré(-e).

**zerbịno** *sm* paillasson *m*.

**zẹro** *sm* zéro *m*; **sotto ~** au-dessous de zéro.

**zịgomo** *sm* pommette *f*.

**zịngaro**, **-a** *sm, f* gitan *m* (-e *f*).

**zịo**, **-a** *sm, f* oncle *m* (tante *f*).

**zịtto**, **-a** *agg* silencieux(-euse); **state zitti!** taisez-vous!

**zọccolo** *sm* sabot *m*.

**zollẹtta** *sf* morceau *m* de sucre.

**zọna** *sf* zone *f*; **~ blu** *o* **verde** *partie du centre-ville où, à certaines heures, seuls certains véhicules sont autorisés à circuler*; **~ disco** zone *f* bleue; **'~ industriale'** 'Z.I.'; **~ pedonale** zone piétonnière.

**zoppicạre** *vi* boiter.

**zọppo**, **-a** *agg* boiteux(-euse).

**zụcca**, **-che** *sf* potiron *m*.

**zụcchero** *sm* sucre *m*; **~ vanigliato** sucre vanillé; **~ a velo** sucre glace.

**zucchịna** *sf* courgette *f*.

**zucchịno** = **zucchina**.

**zụppa** *sf* soupe *f*; **~ inglese** *génoise imbibée de liqueur et nappée de crème anglaise et de chocolat.*

**zụppo**, **-a** *agg* trempé(-e).

South China Printing Co. LTD.
Dépôt légal : Avril 2013
N° projet : 11031927
(Printed in China)
317361/01 - Fevrier 2016